# 한 번에 합격, 자격증은 이기적

# 이렇게 기막힌 적중률

함께 공부하고 특별한 혜택까지!

이기적 스터디 카페

구독자 13만 명, 전강 무료!

이기적 유튜브

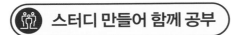

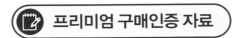

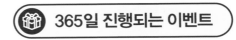

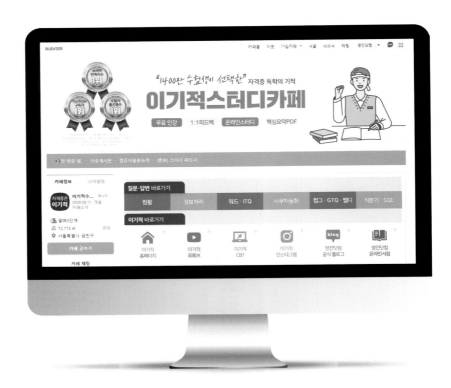

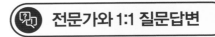

# 1년 365일 이기적이 쏜다!

365일 진행되는 이벤트에 참여하고 다양한 혜택을 누리세요.

EVENT ❶

## 기출문제 복원

- 이기적 독자 수험생 대상
- 응시일로부터 7일 이내 시험만 가능
- 스터디 카페의 링크 클릭하여 제보

이벤트 자세히 보기 ▶

EVENT ❷

## 합격 후기 작성

- 이기적 스터디 카페의 가이드 준수
- 네이버 카페 또는 개인 SNS에 등록 후 이기적 스터디 카페에 인증

이벤트 자세히 보기 ▶

EVENT ❸

## 온라인 서점 리뷰

- 온라인 서점 구매자 대상
- 한줄평 또는 텍스트 & 포토리뷰 작성 후 이기적 스터디 카페에 인증

이벤트 자세히 보기 ▶

EVENT ❹

## 정오표 제보

- 이름, 연락처 필수 기재
- 도서명, 페이지, 수정사항 작성
- book2@youngjin.com으로 제보

이벤트 자세히 보기 ▶

- N페이 포인트 5,000~20,000원 지급
- 영진닷컴 쇼핑몰 30,000원 적립
- 30,000원 미만의 영진닷컴 도서 증정

※이벤트별 혜택은 변경될 수 있으므로 자세한 내용은 해당 QR을 참고하세요.

# 이기적이 다 드립니다

여러분은 합격만 하세요! 이기적 **갓성비세트** BIG 3

## NCS를 제대로 파악하고 싶다면, All about NCS

여러분은 NCS에 대해 얼마나 알고 있나요?
NCS의 A부터 Z까지 모두 알려드려요. 이기적만 믿고 따라오세요.

## 공공기관 취업자료를 한 번에, 다 퍼주는 채용정보

채용정보도 이기적에서 빠르게 확인하세요.
고졸채용 공공기관 자료를 한눈에 볼 수 있도록 준비했어요.

## 이기적이 준비한 고퀄리티 자료, 실전 모의고사 PDF

문제를 더 많이 풀어보고 싶다고요?
실제 시험 난이도에 완벽히 맞춘 실전 모의고사 PDF를 추가로 드려요.

※ 〈2025 이기적 NCS직업기초능력평가 통합서〉를 구매하고 인증한 회원에게만 드리는 자료입니다.

이 모든 혜택 한 번에 보기 ▶

## 시험 환경 100% 재현!

# CBT 온라인 문제집

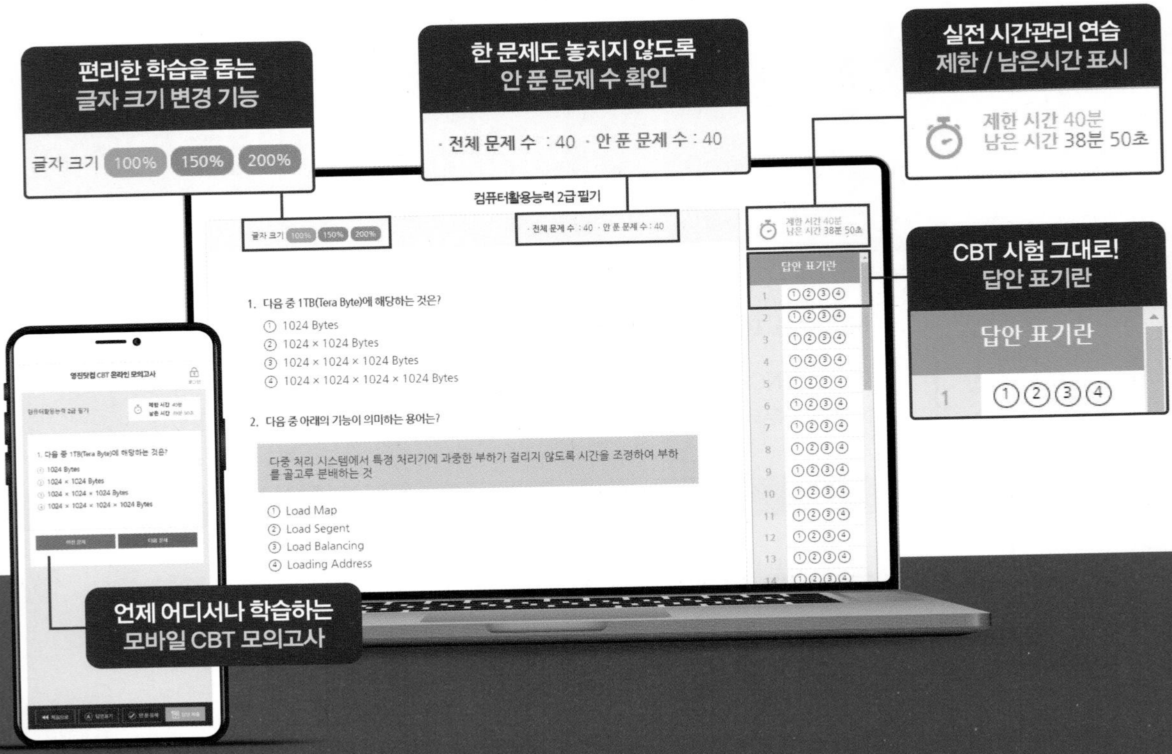


### 이용 방법

**STEP 1**
이기적 CBT
cbt.youngjin.com
접속

**STEP 2**
과목 선택 후
제한시간 안에
풀이

**STEP 3**
답안 제출하고
합격 여부
확인

**STEP 4**
틀린 문제는
꼼꼼한 해설로
복습

이기적 CBT

이렇게
기막힌
적중률

# NCS직업기초능력평가 통합서

## 1권 · 이론서

"이" 한 권으로 합격의 "기적"을 경험하세요!

YoungJin.com Y.
영진닷컴

# 차례

▶ 표시된 부분은 동영상 강의가 제공됩니다. 이기적 홈페이지(license.youngjin.com)에 접속하여 시청하세요.

▶ 제공하는 동영상과 PDF 자료는 1판 1쇄 기준 2년간 유효합니다. 단, 출제기준안에 따라 동영상 내용은 변경될 수 있습니다.

PART 09 조직이해능력



PART 10 직업윤리



PART 11 실전 모의고사



PART 01 빈출 유형 완전 정복 2권



PART 02 자소서 · 면접 완벽 가이드



구매 인증 PDF

추가 모의고사 PDF
암호 : ncs7691

다 퍼주는 채용정보
이기적 스터디 카페에서 제공

※ **참여 방법 :** '이기적 스터디 카페' 검색 → 이기적 스터디 카페(cafe.naver.com/yjbooks) 접속 → '구매인증 PDF 증정' 게시판 → 구매 인증 → 메일로 자료 받기

# 이 책의 구성

## STEP 01 전문가가 핵심만 정리한 이론으로 학습

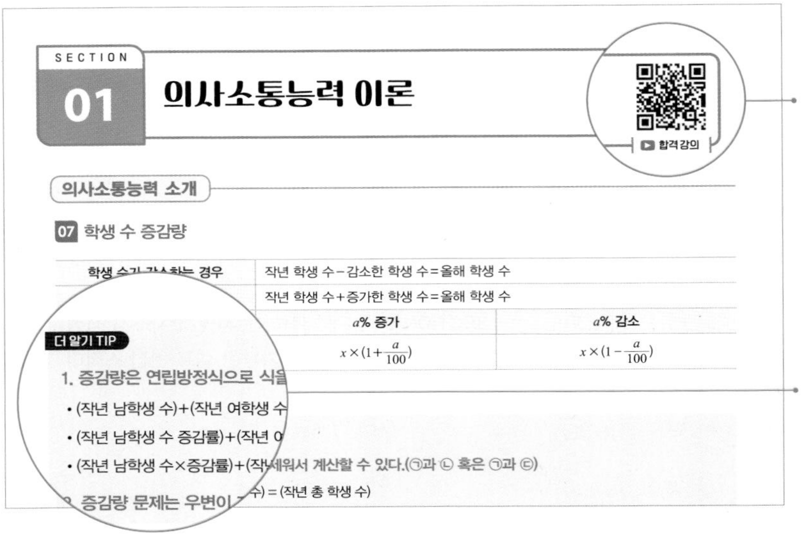


**강의 QR**
동영상 강의를 QR코드로 쉽게 시청할 수 있습니다.

**더 알기 TIP**
선생님의 다양한 팁이 삽입되어 있습니다.

## STEP 02 합격을 다지는 예상문제로 이론 복습, 유형 파악

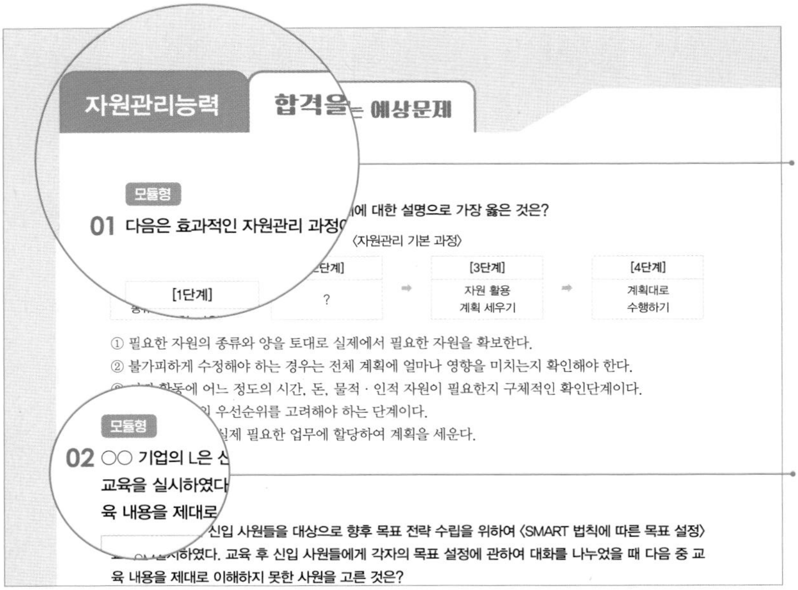


**합격을 다지는 예상문제**
이론 학습 후 문제로 바로 실력을 테스트 해보세요.

**문제 유형**
각 문제를 출제 유형에 따라 다양하게 준비했습니다.

## STEP 03 실전 모의고사로 마무리 학습

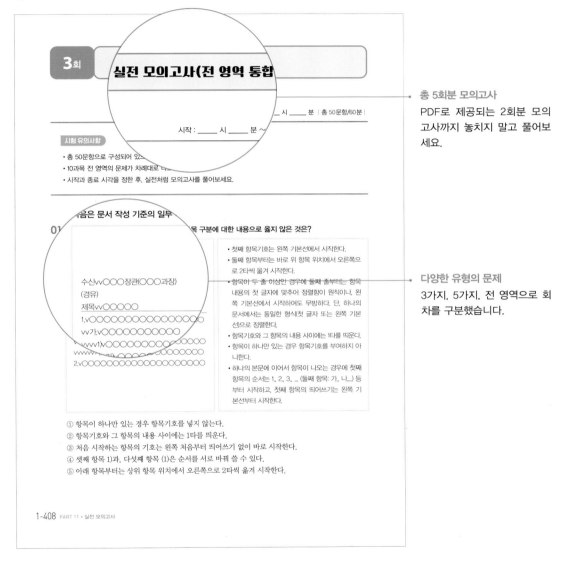

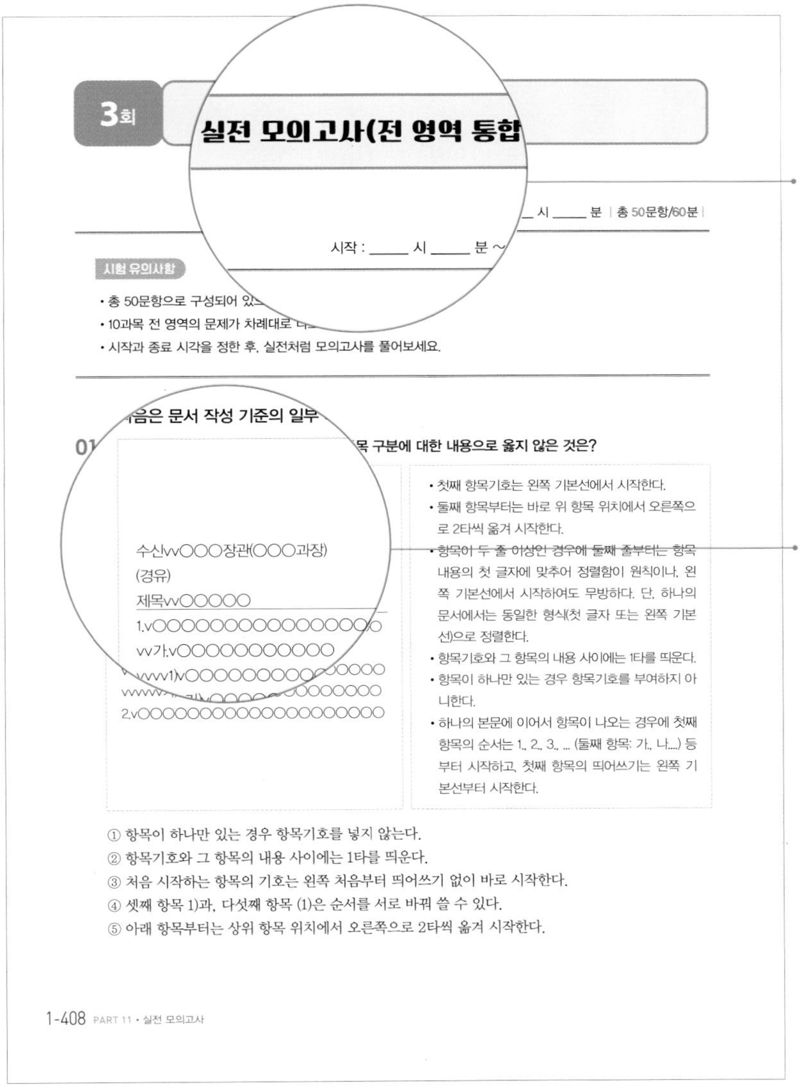

3회 실전 모의고사(전 영역 통합

시작 : _____ 시 _____ 분 ~ _____ 시 _____ 분 | 총 50문항/60분 |

시험 유의사항

- 총 50문항으로 구성되어 있
- 10과목 전 영역의 문제가 차례대로 나
- 시작과 종료 시각을 정한 후, 실전처럼 모의고사를 풀어보세요.

01 다음은 문서 작성 기준의 일부 ... 목 구분에 대한 내용으로 옳지 않은 것은?

수신∨∨○○○장관(○○○과장)
(경유)
제목∨∨○○○○○
1.∨○○○○○○○○○○○○○○○○○○
∨∨가.∨○○○○○○○○○○○○
∨∨∨∨1)∨○○○○○○○○○○○○○○○○
2.∨○○○○○○○○○○○○○○○○○○○○○

- 첫째 항목기호는 왼쪽 기본선에서 시작한다.
- 둘째 항목부터는 바로 위 항목 위치에서 오른쪽으로 2타씩 옮겨 시작한다.
- 항목이 두 줄 이상인 경우에 둘째 줄부터는 항목 내용의 첫 글자에 맞추어 정렬함이 원칙이나, 왼쪽 기본선에서 시작하여도 무방하다. 단, 하나의 문서에서는 동일한 형식(첫 글자 또는 왼쪽 기본선)으로 정렬한다.
- 항목기호와 그 항목의 내용 사이에는 1타를 띄운다.
- 항목이 하나만 있는 경우 항목기호를 부여하지 아니한다.
- 하나의 본문에 이어서 항목이 나오는 경우에 첫째 항목의 순서는 1., 2., 3., ... (둘째 항목: 가., 나.,...) 등부터 시작하고, 첫째 항목의 띄어쓰기는 왼쪽 기본선부터 시작한다.

① 항목이 하나만 있는 경우 항목기호를 넣지 않는다.
② 항목기호와 그 항목의 내용 사이에는 1타를 띄운다.
③ 처음 시작하는 항목의 기호는 왼쪽 처음부터 띄어쓰기 없이 바로 시작한다.
④ 셋째 항목 1)과, 다섯째 항목 (1)은 순서를 서로 바꿔 쓸 수 있다.
⑤ 아래 항목부터는 상위 항목 위치에서 오른쪽으로 2타씩 옮겨 시작한다.

1-408 PART 11 • 실전 모의고사

**총 5회분 모의고사**

PDF로 제공되는 2회분 모의고사까지 놓치지 말고 풀어보세요.

**다양한 유형의 문제**

3가지, 5가지, 전 영역으로 회차를 구분했습니다.

## 01 TOP 18 공공기관 출제영역표

| 구분 | 의사 | 수리 | 문제 | 개발 | 자원 | 대인 | 정보 | 기술 | 조직 | 윤리 |
|---|---|---|---|---|---|---|---|---|---|---|
| 국민연금공단 | ○ | ○ | ○ | | ○ | | ○ | | ○ | ○ |
| 근로복지공단 | ○ | ○ | ○ | | ○ | | | | | |
| 국민건강보험공단 | ○ | ○ | ○ | | | | | | | |
| 한국산업은행 | ○ | ○ | ○ | | | | ○ | | | |
| 신용보증기금 | ○ | ○ | ○ | | | | | | | |
| 한국가스기술공사 | | ○ | ○ | | ○ | | | ○ | ○ | |
| 한국원자력연료<br>주식회사 | ○ | ○ | ○ | | ○ | | ○ | ○ | ○ | |
| 한국가스공사 | ○ | ○ | ○ | | ○ | | ○ | | | |
| 한국수력원자력 | ○ | ○ | ○ | | ○ | | | ○ | | |

| 구분 | 의사 | 수리 | 문제 | 개발 | 자원 | 대인 | 정보 | 기술 | 조직 | 윤리 |
|---|---|---|---|---|---|---|---|---|---|---|
| 한국전력공사 | ○ | ○ | ○ | | ○ | | | ○ | | |
| 한국동서발전(주) | ○ | ○ | ○ | | | | | | | |
| 한국석유공사 | ○ | ○ | ○ | | ○ | | | ○ | | |
| 한국지역난방공사 | ○ | ○ | ○ | | | | ○ | ○ | ○ | ○ |
| 한국환경공단 | ○ | ○ | ○ | | | | | | ○ | |
| 도로교통공단 | ○ | ○ | ○ | | | | ○ | | | |
| 한국토지주택공사 | ○ | ○ | ○ | | | | | | | |
| 한국수자원공사 | ○ | ○ | ○ | | ○ | | | | | |
| 한국철도공사 | ○ | ○ | ○ | | | | | | | |

## 02 NCS의 모든 것

### 01 NCS 개념 소개

NCS(국가직무능력표준)란 국가가 산업현장에서의 직무수행에 요구되는 능력(지식 · 기술 · 소양 등)을 산업부문별 · 수준별로 체계화한 것으로, 산업현장의 직무를 성공적으로 수행하기 위해 필요한 능력을 표준화한 것이다.

국가직무능력표준 개념도

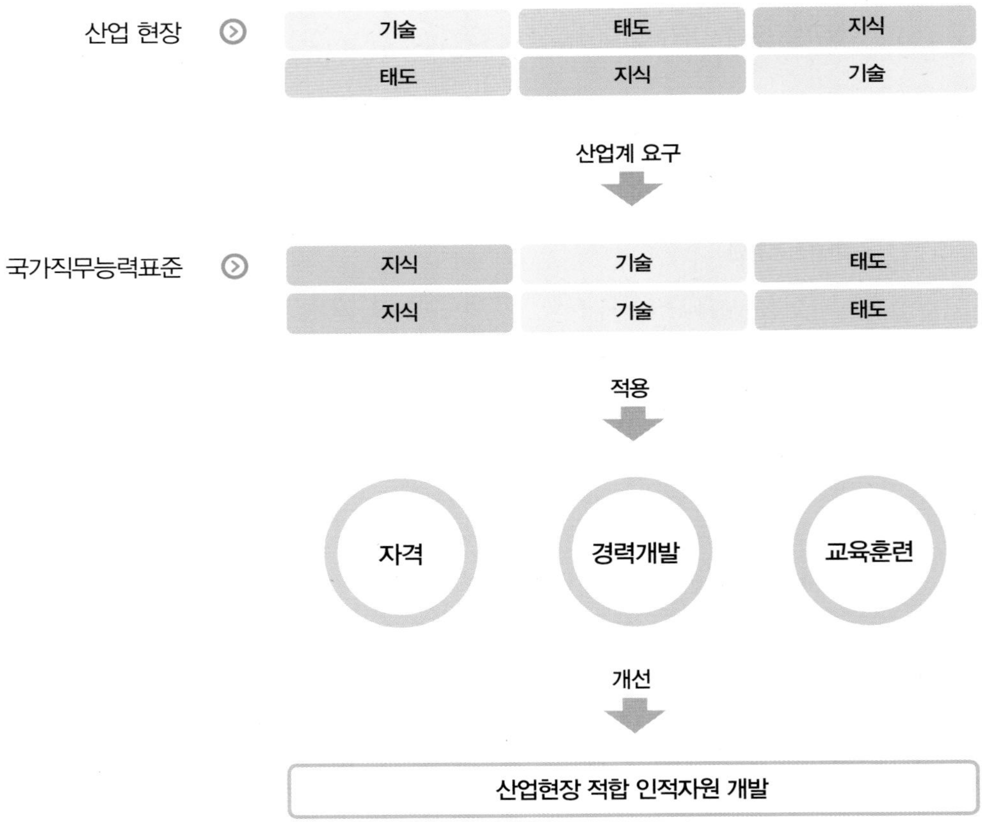

## 02 NCS 특징

① 한 사람의 근로자가 해당 직업 내에서 소관 업무를 성공적으로 수행하기 위하여 요구되는 실제적인 수행능력을 의미한다.

㉠ 직무수행능력 평가를 위한 최종 결과의 내용 반영

㉡ 최종 결과는 '무엇을 하여야 한다'보다는 '무엇을 할 수 있다'는 형식으로 제시

② 해당 직무를 수행하기 위한 모든 종류의 수행능력을 포괄하여 제시한다.

㉠ 작업능력 : 특정업무를 수행하기 위해 요구되는 능력

㉡ 작업관리능력 : 다양한 다른 작업을 계획하고 조직화하는 능력

㉢ 돌발상황 대처능력 : 일상적인 업무가 마비되거나 예상치 못한 일이 발생했을 때 대처하는 능력

㉣ 미래지향적 능력 : 해당 산업 관련 기술적 · 환경적 변화를 예측하여 상황에 대처하는 능력

③ 모듈(Module) 형태의 구성

㉠ 한 직업 내에서 근로자가 수행하는 개별 역할인 직무능력을 능력단위(Unit)화하여 개발

㉡ 국가직무능력표준은 여러 개의 능력단위 집합으로 구성

④ 산업계 단체가 주도적으로 참여하여 개발

㉠ 해당분야 산업별 인적자원개발 협의체(SC), 관련 단체 등이 참여하여 국가직무능력표준 개발

㉡ 산업현장에서 우수한 성과를 내고 있는 근로자 또는 전문가가 국가직무능력표준 개발 단계마다 참여

## 03 국가직무능력표준 분류 체계

국가직무능력표준 분류 체계는 직무의 유형을 중심으로 국가직무능력표준의 단계적 구성을 나타낸다. 한국고용직업분류(KECO)를 중심으로, 한국표준직업분류, 한국표준산업분류 등을 참고한 분류이며 대분류(24) → 중분류(81) → 소분류(273) → 세분류(1,093)의 개수로 구성되어 있다.

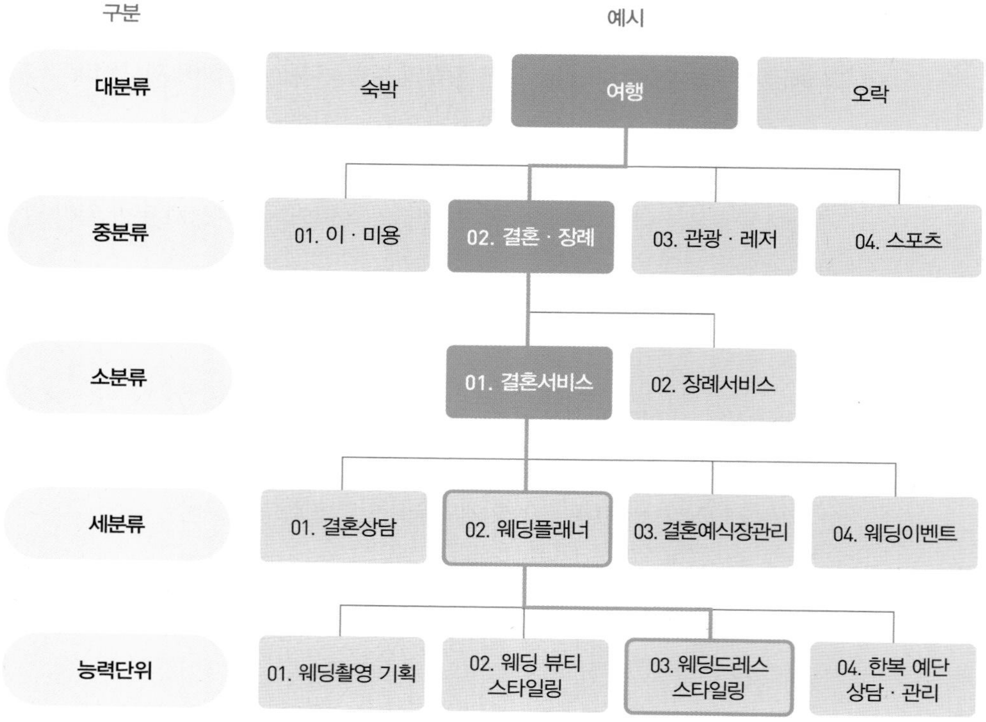

## 04 NCS 능력중심 채용

### 능력중심 채용 개념

불필요한 스펙이 아닌 직무에 필요한 스펙(On-spec)을 갖춘 인재를 NCS 평가도구를 이용하여 채용하는 방식을 말한다.

#### ① 기존 채용과의 차이점

㉠ 평가요소

| 기존 채용 | NCS 채용 |
|---|---|
| 기업 및 기관별 인재상 및 핵심가치 등에서 도출한 평가요소를 기준으로 사용<br>→ 공정성 및 객관성 부재 | 기업 및 기관별 평가요소 및 기준을 NCS 평가도구 중에서 선택하여 적용<br>→ '직업기초능력과 직무수행능력'이라는 큰 틀 안에서 평가가 이루어짐 |

㉡ 평가도구

| 기존 채용 | | NCS 채용 | |
|---|---|---|---|
| 입사 지원서 | 자전적 자기소개 | 입사 지원서 | 직무 및 경험 중심 자기소개 |
| | 직무 무관한 인적사항 | | 직무 무관한 인적사항 최소화 |
| | 직무 무관한 스펙 | | 직무 관련한 스펙 |
| 필기 전형 | 인 · 적성 평가, 단순지식 측정 필기시험 | 필기 전형 | 직무능력 중심의 필기평가 |
| 면접 전형 | 비구조화 면접<br>(취미, 성장배경 등 직무 무관한 질문) | 면접 전형 | 직무능력 중심의 구조화 면접<br>(직무관련 질문) |

#### ② 블라인드 채용 유의점

직무능력중심 채용을 블라인드 채용이라고도 한다. 차별적 요소 대신 직무 수행에 필요한 능력을 중심으로 평가하는 것으로, NCS에 제시된 직무별 능력 단위 요소를 활용하여 평가하는 것이라 할 수 있다. 블라인드 채용의 서류 작성에서 학교명을 노출하거나, 부모님이 재직 중인 기관, 직위 등을 노출할 경우 불이익을 당할 수 있다. 전공이나 학과는 괜찮지만, 학교 이메일 주소나 학교의 기숙사 주소, 학교명을 언급하거나 기입하지 않도록 유의해야 한다.

## 05 직업기초능력 소개

직업기초능력은 직업인으로서 기본적으로 함양하고 있어야 할 능력을 국가가 표준한 것으로 직장 생활 및 업무를 해 나아가는 데 있어서 필수적인 능력들을 말한다. 총 10개의 영역으로 구성되어 있으며 각 영역은 다수의 하위능력을 포함한다.

| 직업기초능력 영역 | 하위능력 |
|---|---|
| 의사소통능력 | 문서이해능력, 문서작성능력, 경청능력, 의사표현능력, 기초외국어능력 |
| 수리능력 | 기초연산능력, 기초통계능력, 도표분석능력, 도표작성능력 |
| 문제해결능력 | 사고력, 문제처리능력 |
| 자기개발능력 | 자아인식능력, 자기관리능력, 경력개발능력 |
| 자원관리능력 | 시간자원관리능력, 예산자원관리능력, 물적자원관리능력, 인적자원관리능력 |
| 대인관계능력 | 팀워크능력, 리더십능력, 갈등관리능력, 협상능력, 고객서비스능력 |
| 정보능력 | 컴퓨터활용능력, 정보처리능력 |
| 기술능력 | 기술이해능력, 기술선택능력, 기술적용능력 |
| 조직이해능력 | 국제감각, 조직체계이해능력, 경영이해능력, 업무이해능력 |
| 직업윤리 | 근로윤리, 공동체윤리 |

## 06 시험문제 유형

공공기관 NCS직업기초능력평가는 모듈형, 피셋형, 피듈형 총 3가지의 시험문제 유형으로 나뉜다. 이 세 가지 유형 중 어떤 유형으로 문제가 출제되는지에 따라 시험을 준비하는 방법도 달라지므로, 지원하는 공공기관이 어떤 유형으로 NCS직업기초능력평가를 출제하는지 파악하는 것이 좋다.

각각의 시험문제 유형에 대한 특징과 공부법은 다음과 같다.

| 구분 | 특징 | 공부법 |
|---|---|---|
| 모듈형 | • NCS직업기초능력 10가지 영역을 바탕으로 출제되는 유형으로, 지식과 암기가 필요한 유형<br>• 응시자가 이론 및 개념을 숙지하고 있는지 확인하는 유형 | 통합서를 회독하여 용어, 공식 등을 확실히 암기하는 것이 좋다. |
| 피셋형 | • 적성검사와 유사한 성격으로, 업무를 수행할 능력이 있는지 평가하는 유형<br>• 모듈형과 달리 암기가 아닌 이해가 필요한 유형<br>• 응시자의 논리적인 사고력과 추론 능력을 평가하는 유형 | • 다양한 지문을 읽고 풀어보는 것이 좋다.<br>• 시간 내에 풀 수 있는 문제와 버리는 문제를 판단하는 능력을 키우는 것도 도움이 된다. |
| 피듈형 | • 모듈형+피셋형<br>• 모듈형과 피셋형 문제가 비슷한 비중으로 출제되는 시험 | 암기능력과 정보해석 및 추론 능력을 모두 키워야 하는 유형이므로, 통합서를 회독하고 문제도 다양하게 풀어보는 것이 좋다. |

**Q** NCS가 도대체 무엇인가요?

**A** 국가직무능력표준(NCS)는 산업현장에서 직무를 성공적으로 수행하기 위해서 요구되는 지식, 기술, 태도를 국가가 산업부문별과 수준별로 체계화한 것입니다.
쉽게 표현하자면, 과거에는 취업을 위해 스펙 쌓기에 열중했었죠. 직무와 무관한 자격증들도 무분별하게 취득하기 바빴었는데, 이제는 산업현장에서 필요한 직무만 요구하겠다는 것이 바로 NCS의 취지입니다. 즉, 전공 분야와 직무 분야에 대해 집중할 수 있도록 꼭 필요한 스펙인 On-spec만을 필요로 합니다.

**Q** NCS 채용을 위해 무엇을 준비해야 하나요?

**A** ① **능력단위 확인**
먼저, NCS(www.ncs.go.kr)에서 구분하고 있는 학습 모듈을 확인해야 합니다. 본인이 희망하는 분야에 따른 분류와 능력단위를 확인하여, 필요한 능력들을 파악하는 것이 중요합니다.

② **채용공고문 확인**
채용모집 공고문을 통해 모집 분야, 채용 인원, 지원 자격, 근로 조건, 우대 사항 등을 확인하고, 채용 공고에 명시되어 있는 '직무 설명자료'를 확인합니다. 직무수행 내용, 직무 수행에 필요한 능력과 자격 등이 제시되어 있어 해당 직무에 필요한 On-spec을 준비할 수 있습니다.

③ **NCS 기반 입사서류 준비**
기존 입사지원서에서 직무와 직접적인 관련이 없는 사항들은 삭제되었습니다. NCS 기반 입사지원서에서는 최소한의 개인정보와 직무관련 능력을 파악할 수 있도록 구성되어 있습니다.

④ **NCS 기반 필기시험 준비**
채용모집 공고문에서 직업기초능력평가의 영역이 제시되었는지를 확인하고, NCS(www.ncs.go.kr) 홈페이지에 공개된 학습 자료나 수험서 등을 참고하여 학습하면 도움이 됩니다.

⑤ **NCS 기반 면접전형 준비**
'직무 설명자료'에서 제시되는 직업기초능력과 직무수행능력을 갖추었는지 다양한 면접방식을 통해 평가합니다. 직무능력을 과거에 활용한 적이 있는지 여부를 묻는 경험면접, 특정 상황을 제시하고 지원자의 행동을 통해 실제상황에서의 행동을 예상하는 상황면접, 인지적 능력을 평가하기 위한 PT면접과 토론면접 등이 대표적입니다.

**Q** 앞으로 영어점수나 자격증은 취득하지 않아도 되나요?

**A** NCS가 No-spec을 의미하는 것은 아닙니다. 해당직업의 직무수행에 있어서 필요한 능력이라면 그에 해당하는 일정한 자격들이 필요하기도 합니다. On-spec는 해당직무와 무관한 Over-spec을 막기 위함이지 No-spec을 의미하는 것은 아닙니다. 자신의 지원 분야와 해당직무에 따라 그에 맞는 준비가 필요합니다.

**Q** 동아리 활동, 인턴, 아르바이트 등의 경험이 필요한가요?

**A** 업무현장에 대한 이해와 업무 수행에 대한 경험은 긍정적으로 작용될 수 있습니다. 자신이 희망하는 취업분야를 구체적으로 설정하여 지원하고 경험하는 것이 중요합니다.

**Q** 그래서, NCS 채용이 좋은 건가요?

**A** 현재 관공서 및 공기업에서 NCS 기반의 채용이 도입 및 진행되고 있습니다. 직업기초능력과 직무중심 평가를 통해 지원자들의 스펙 쌓기 부담이 적어졌을 뿐만 아니라, NCS 도입 이후 진행된 입사지원자들의 이직률이 낮아진 사례도 많이 있습니다. 이처럼 NCS 채용은 지원자들의 스펙 부담을 낮추면서, 직무에 대한 이해 및 적응뿐만이 아니라 조직적응에도 긍정적인 효과를 보이고 있습니다.

**Q** 공기업, 공공기관 차이가 뭔가요?

**A** 공공기관은 크게 ① 공기업, ② 준정부기관, ③ 기타 공공기관으로 나뉩니다.

① **공기업 :** 국가 또는 지방공공단체의 자본에 의해서 생산 · 유통 · 서비스를 공급할 목적으로 운영되는 기업이며 자산규모가 2조 이상이어야 합니다. 시장형 공기업과 준시장형 공기업으로 나뉩니다.

– 시장형 공기업 : 총 수입액 중 자체 수입액이 85% 이상인 기업

| | | | |
|---|---|---|---|
| 인천국제공항공사 | 인천항만공사 | 한국전력공사 | 한국가스공사 |
| 한국공항공사 | 부산항만공사 | 한국남동발전 | 한국남부발전 |
| 한국동서발전 | 한국서부발전 | 한국중부발전 | 한국지역난방공사 |
| 한국수력원자력 | 한국석유공사 | 강원랜드 | |

– 준시장형 공기업 : 총 수입액 중 자체 수입액이 50~84%인 기업

| | | | |
|---|---|---|---|
| 한국가스기술공사 | 한전KPS | 한전KDN | 한국토지주택공사 |
| 주택도시보증공사 | 한국도로공사 | 한국마사회 | 한국방송광고진흥공사 |
| 한국부동산원 | 한국수자원공사 | 한국조폐공사 | 한국철도공사 |

② **준정부기관 :** 직원 정원이 50인 이상이며 총 수입액 중 자체 수입액이 50% 미만인 정부 업무를 위탁 · 집행하는 공공기관입니다. 기금관리형 준정부기관과 위탁집행형 준정부기관으로 나뉩니다.

– 기금관리형 준정부기관 : 국가재정법에 따라 기금을 관리하거나, 기금의 관리를 위탁받는 기관

| | | | |
|---|---|---|---|
| 공무원연금공단 | 국민연금공단 | 근로복지공단 | 기술보증기금 |
| 신용보증기금 | 예금보험공사 | 중소벤처기업진흥공단 | 한국무역보험공사 |
| 한국자산관리공사 | 한국언론진흥재단 | 한국주택금융공사 | 사립학교<br>교직원연금공단 |

– 위탁집행형 준정부기관 : 기금관리형 준정부기관이 아닌 준정부기관

| | | | |
|---|---|---|---|
| 건강보험심사평가원 | 국가철도공단 | 국민건강보험공단 | 도로교통공단 |
| 서민금융진흥원 | 한국가스안전공사 | 한국관광공사 | 한국교통안전공단 |
| 한국국토정보공사 | 한국농어촌공사 | 한국산업인력공단 | 한국소비자원 |
| 한국에너지공단 | 한국장애인고용공단 | 한국장학재단 | 한국환경공단 |

③ **기타 공공기관 :** 자체 수입액 비율 기준을 적용하기에 적절하지 않거나, 자율성을 보장해주어야 할 공공의 목적이 있다고 판단되는 공공기관입니다. 공기업과 준정부기관을 제외한 공공기관입니다.

| | | | |
|---|---|---|---|
| 예술경영지원센터 | 우체국시설관리단 | 공영홈쇼핑 | 강원대학교병원 |
| 예술의전당 | 새만금개발공사 | 대한체육회 | 대한적십자사 |
| 국립해양박물관 | 국립항공박물관 | 국립중앙의료원 | 국립박물관문화재단 |

PART

# 01

# 의사소통능력

차례



하위능력

문서이해능력, 문서작성능력, 경청능력, 의사표현능력, 기초외국어능력

SECTION

# 01 의사소통능력 이론

합격강의

## 의사소통능력 소개

### 01 의사소통능력의 학습 목표

| 구분 | 학습 목표 |
|---|---|
| 일반 목표 | 일 경험에서 필요한 의사소통능력이 무엇인지 이해하고, 이를 개발하기 위한 방법과 저해 요인에 대해 알아본 후 의사소통능력 향상을 위해 적용한다. |
| 세부 목표 | 1. 의사소통의 개념과 중요성을 설명할 수 있다.<br>2. 의사소통의 종류를 설명할 수 있다.<br>3. 의사소통 저해 요인을 제거할 수 있다.<br>4. 의사소통능력을 개발하기 위한 방법을 실천할 수 있다. |

### 02 의사소통능력의 의미와 중요성

의사소통은 구성원들 사이에서 서로에 대한 지각의 차이를 좁혀 주며, 선입견을 줄이거나 제거해 주는 수단이다. 직장에서 상사나 동료 혹은 부하와의 의사소통이 원활하게 이루어진다면 구성원 간 공감이 증가하고, 조직 내 팀워크가 향상된다. 향상된 팀워크는 직원들의 사기 진작과 능률 향상으로 이어진다.

### 03 의사소통의 종류

| | 의미 | 구분 | 특징 |
|---|---|---|---|
| 문서적인 측면 | 문서를 보고 그 내용을 이해하고 요점을 판단하며, 이를 바탕으로 목적과 상황에 알맞게 정보를 효과적으로 전달하기 위하여 문서를 작성하는 능력 | • 문서이해능력 : 업무와 관련된 다양한 문서를 읽고, 문서의 핵심을 이해하며, 구체적인 정보를 획득하고 수집 · 종합하는 능력<br>• 문서작성능력 : 업무 관련 상황과 목적에 적합한 문서를 시각적이고 효과적으로 작성하는 능력 | • 언어적인 의사소통에 비해 권위감이 있고 정확성과 전달성이 높고 보존성도 높음<br>• 언어적인 의사소통의 한계를 극복하기 위한 방법<br>• 문서적인 의사소통은 때로는 혼란과 곡해를 일으키는 경우도 있음 |
| 언어적인 측면 | 다른 사람들에게 말하는 목적에 맞춰서 의사표현을 하고 상대방의 이야기를 적극적으로 들어주는 능력 | • 경청능력 : 원활한 의사소통을 위해 상대방의 이야기에 주의를 기울이며 집중하고 몰입하는 능력<br>• 의사표현능력 : 자신의 의사를 목적과 상황에 맞게 설득력을 가지고 표현하는 능력 | 정확성을 높이기는 힘든 경우가 있으나 대화를 통해 상대방의 반응이나 감정을 살필 수 있고 설득할 수 있음 |

## 04 의사소통능력의 개발



### 1) 의사소통을 저해하는 요소

① '일방적으로 말하고', '일방적으로 듣는' 무책임한 마음
의사소통 과정에서 상호작용이 부족하면 정확히 전달되었는지, 이해했는지 확인하지 않아 엇갈린 정보를 갖게 된다.

② '그래서 하고 싶은 말이 정확히 뭐야?' 분명하지 않은 메시지
듣는 사람이 이해하기에 너무 복잡한 메시지, 서로 모순되는 내용을 가진 경쟁적인 메시지는 잘못된 의사소통이다.

③ '말하지 않아도 아는 문화'에 안주하는 마음
말하지 않아도 마음이 통하는 관계는 최고의 관계이지만, 비즈니스 현장에서 필요한 것은 마음으로 아는 눈치의 미덕보다는 정확한 업무 처리이다.

### 2) 의사소통능력 개발 방법

| 방법 | 내용 |
|---|---|
| 사후 검토와 피드백 활용 | • 의사소통의 왜곡에서 오는 오해와 부정확성을 줄이는 방법<br>• 말하는 사람은 사후 검토와 피드백을 이용하여 메시지의 내용이 실제로 어떻게 해석되고 있는지 조사 가능<br>• 상대방의 긍정적인 면과 부정적인 면을 균형 있게 전달하도록 주의해야 함 |
| 언어의 단순화 | • 듣는 사람을 고려하여 명확하고 이해 가능한 어휘를 주의 깊게 선택해 사용<br>• 집단 구성원들 사이에서 전문 용어를 사용하면 이해를 돕지만, 조직 밖의 사람들에게 사용하면 문제를 야기할 수 있기 때문에 주의하여 단어를 선택해야 함 |
| 적극적 경청 | • 단순하게 상대방의 이야기를 들어주는 것과 경청의 의미는 다름<br>• 듣는 것은 수동적인 데 반해 경청은 능동적인 의미의 탐색<br>• 경청은 의사소통을 하는 양쪽 모두가 같은 주제에 관해 생각하고 있다는 것 |
| 감정의 억제 | • 자신의 감정에 지나치게 몰입하게 되면, 의사소통 과정에서 상대방의 메시지를 오해하기 쉬움<br>• 반대로 자신이 전달하고자 하는 의사를 명확하게 표현하지 못할 경우, 침착하게 마음을 비우고 평정을 어느 정도 찾을 때까지 의사소통을 연기해야 함 |

# 하위 능력의 구성

## 01 문서이해능력

다양한 문서를 읽고, 그 내용을 이해하여 요점을 파악하는 능력이다.

### 1) 현장에서 요구되는 문서이해능력

• 인쇄물, 기호화된 정보, 메모 등 업무와 관련된 문서의 내용을 이해하고 요점을 파악 · 통합하는 능력
• 주어진 정보를 바탕으로 요구되는 행동이 무엇인지 적절하게 추론하는 능력
• 생산성과 효율성을 높이기 위한 자신이 이해한 업무지시의 적절성을 판단하는 능력
• 도표, 수, 기호 등을 이해하고 표현하는 능력

## 2) 문서의 종류

| 종류 | 특징 |
|---|---|
| 공문서 | • 정부 행정기관에서 대내적, 혹은 대외적 공무를 집행하기 위해 작성하는 문서를 의미<br>• 정부기관이 일반 회사 또는 단체로부터 접수하는 문서 및 일반 회사에서 정부기관을 상대로 사업을 진행하려고 할 때 작성하는 문서도 포함<br>• 엄격한 규격과 양식이 존재<br>• 최종 결재권자의 결재가 있어야 문서로서의 기능이 성립됨 |
| 기획서 | 적극적으로 아이디어를 내고 기획한 하나의 프로젝트를 문서 형태로 만들어, 상대방에게 그 내용을 전달하고 기획을 시행하도록 설득하는 문서 |
| 기안서 | • 회사의 업무에 대한 협조를 구하거나 의견을 전달할 때 작성<br>• 사내 공문서로 불림 |
| 보고서 | 특정한 일에 관한 현황이나 그 진행 상황 또는 연구 · 검토 결과 등을 보고하는 문서 |
| 설명서 | 상품의 특성이나 사물의 성질과 가치, 작동 방법이나 과정을 소비자에게 설명하는 문서 |
| 보도자료 | 정부 기관이나 기업체 등이 언론을 상대로 자신들의 정보를 기사로 보도하기 위해 보내는 자료 |
| 자기소개서 | 개인의 가정 환경과 성장 과정, 입사 동기와 근무 자세 등을 구체적으로 기술하여 자신을 소개하는 문서 |
| 비즈니스 레터 | • 사업상의 이유로 고객이나 단체에 편지를 쓰는 것, 업무나 개인 간의 연락, 직접 방문하기 어려운 고객 관리 등을 위해 사용되는 비공식적 문서<br>• 제안서나 보고서 등 공식 문서를 전달할 때 사용 |
| 비즈니스 메모 | 업무상 필요한 중요한 일이나 앞으로 체크해야 할 일이 있을 때 필요한 내용을 메모 형식으로 작성 |

더 알기 TIP

### 보고서의 종류

- **영업 보고서** : 재무제표와 달리 영업 상황을 문장 형식으로 기재해 보고하는 문서
- **결산 보고서** : 진행됐던 사안의 수입과 지출 결과를 보고하는 문서
- **일일 업무 보고서** : 매일의 업무를 보고하는 문서
- **주간 업무 보고서** : 한 주간에 진행된 업무를 보고하는 문서
- **출장 보고서** : 회사 업무로 출장을 다녀와 외부 업무나 그 결과를 보고하는 문서
- **회의 보고서** : 회의 결과를 정리해 보고하는 문서

### 설명서의 종류

- **상품소개서** : 일반인이 내용을 쉽고 친근하게 이해하도록 하는 문서, 상품의 특징 전달과 상품 구입 유도가 목적
- **제품설명서** : 제품의 특징과 활용도에 대해 세부적으로 언급하는 문서, 제품 구입도 유도하지만 제품의 사용법을 자세히 알려주는 것이 주목적

### 비즈니스 메모의 종류

- **전화 메모** : 업무부터 개인적인 전화의 전달사항 등을 당사자에게 전달하는 메모로, 휴대폰의 발달로 줄어듦
- **회의 메모** : 회의에 참석하지 못한 상사나 동료에게 회의 내용에 대해 간략하게 적어 전달하거나 회의 내용을 기록하여 기록이나 참고 자료로 남기기 위해 작성한 메모로, 월말이나 연말에 업무 상황을 파악하거나 업무 추진에 대한 궁금증이 있을 때 핵심적인 역할을 함
- **업무 메모** : 개인이 추진하는 업무나 상대의 업무 추진 상황을 적은 메모

### 3) 문서이해절차 6단계

1. 문서의 목적을 이해하기

↓

2. 이러한 문서가 작성하게 된 배경과 주제를 파악하기

↓

3. 문서의 정보를 밝혀내고 문서가 제시하고 있는 현안을 파악하기

↓

4. 상대방의 욕구와 의도 및 내게 요구되는 행동에 관한 내용을 분석하기

↓

5. 문서에서 이해한 목적 달성을 위해 취해야 할 행동을 생각하고 결정하기

↓

6. 상대방의 의도를 도표나 그림 등으로 메모하여 요약 · 정리해보기

| | | |
|---|---|---|
| 1단계 | 문서의 종류 파악하기 | 정부 행정기관에서 협조를 요청하는 공문서이구나! |
| 2단계 | 문서의 제목, 주제를 파악하기 | 회의 장소 사용과 통신 장비의 설치를 요청하기 위해서 작성되었구나! |
| 3단계 | 문서의 주어진 정보 또는 문제점 확인 | • 설명회 개최가 3월 16일에 열리고 OO서울 청사 8층 회의실에서 열리는구나!<br>• 참석자용 책상 30개 및 의자 40개가 필요하겠군.<br>* 주어진 정보의 내용 전체 또는 문제점이 해당될 수 있다. |
| 4단계 | 나에게 요구되는 행동 알기 | 책상, 의자와 강의시설을 준비해야 하는구나! |
| 5단계 | 목적 달성을 위하여 행동과 생각 결정 | 책상 30개, 의자 40개 개수를 확인하고 마이크, 빔프로젝트, 스크린 등 장비의 유무를 시설관리실에 가서 확인해 봐야겠어. |
| 6단계 | 도표, 그림 등 메모하여 요약 및 정리 | 설명회 개최 계획서를 읽어보고 설명회에 필요한 것들을 요약하고 정리하였다. |

더 알기 TIP

**문서를 보고 문서이해절차 6단계에 따라 이해하는 과정 알아보기**

문서를 제시하고 단계별로 이해하는 과정이 실전 문제로 출제된다. 1단계부터 3단계는 주어진 문서를 이해하는 과정이고 4단계부터 6단계는 나에게 요구되는 행동, 생각, 해야 할 일로 구분할 수 있다. 선택지가 대화형으로 많이 출제되며 1단계~3단계는 보통 정보를 확인하는 문장의 마무리가 '~이구나', '작성되었군'으로 끝나고 4단계~6단계는 내가 해야 할 일들로 '해야겠어', ' 해야 하는구나' 등의 미래형으로 마무리되는 문장이다.

○○안전부

수신 ○○청사관리소장(관리총괄과장)
제목 회의 장소 사용 및 통신 장비 설치 협조

「행정 효율과 협업 촉진에 관한 규정」 개정 내용 설명회 개최에 따라 회의 장소 사용 및 통신 장비 설치 등의 협조를 요청하오니 조치하여 주시기 바랍니다.

1. 설명회 개요
가. 일시 : 2024. 3. 16.(토) 11:00~18:00
나. 장소 : ○○서울청사 8층 회의실(8층 810호)
다. 참석 : 30명
2. 협조 요청 사항
가. 참석자용 책상 30개 및 의자 40개(배석자 포함) 배치
나. 강의 시설(마이크, 빔 프로젝트, 스크린 등) 설치

붙임 「행정 효율과 협업 촉진에 관한 규정」 개정 내용 설명회 개최 계획. 1부. 끝.

**○○○○장관**

○○사무관 김○ 정보○○정책과장 박○○ ○○기획관 김○○
협조자
시행 정보○○정책과-902 접수
우 03411 서울특별시 ○○구 ○○로 209 / www.dsdd.go.kr
전화번호 02-1100-1100 팩스번호 02-1100-1100 / dos0222@dsdd.go.kr / 공개

## 02 문서작성능력

업무의 목적과 상황에 적합한 아이디어나 정보를 전달할 수 있도록 문서로 작성할 수 있는 능력이다.

### 1) 문서작성 시 고려 사항

- 문서를 작성하는 목표, 즉 문서를 작성하는 이유와 전달하려는 것을 명확하게 한 후에 작성한다.
- 개인의 사고력과 표현력을 총동원하여 작성한다.
- 문서의 대상, 목적 시기를 포함하여 작성한다.
- 기획서나 제안서 등 경우에 따라 기대효과를 포함하여 작성한다.

### 2) 상황에 따른 문서작성법

| 상황 | 내용 | 예시 |
|---|---|---|
| 요청이나 확인 | 업무 내용과 관련된 요청이나 확인 절차를 요구하는 경우 | 공문서 |
| 정보제공 | 성과를 높이기 위해서 적시에 유용한 정보를 제공하는 것 | 홍보물, 보도자료, 제품설명서 등 |
| 명령이나 지시 | 단순한 요청이나 자발적인 협조가 아닌 즉각적인 업무 추진이 실행되어야 할 경우 | 업무지시서 |
| 제안이나 기획 | 혁신적인 개선, 추진 방향에 대한 의견을 제시하는 경우에 작성되며 목적을 달성하기 위함 | 기획서, 제안서 |
| 약속이나 추천 | 고객에게 제품 이용에 관한 정보를 제공하거나, 개인이 다른 회사에 지원 · 이직하고자 할 때 상사가 작성해 주는 문서 | 추천서 |

### 3) 종류에 따른 문서 작성법

| | | |
|---|---|---|
| 공문서 | 작성 시 유의사항 | 회사 외부로 전달되는 문서이므로 누가, 언제, 어디서, 무엇을, 어떻게(왜)가 정확하게 드러나도록 작성 |
| | 날짜 작성 시 유의사항 | • 연도와 월일을 반드시 함께 기입<br>• 날짜 다음에 괄호를 사용할 경우에는 마침표를 찍지 않음 |
| | 내용 작성 시 유의사항 | • 한 장에 담아내는 것이 원칙<br>• 마지막엔 반드시 '끝'자로 마무리<br>• 복잡한 내용은 항목별로 구분 ('–다음–', 또는 '–아래–')<br>• 대외문서이며 장기간 보관되는 문서이므로 정확하게 기술함 |
| 기획서 | 작성 전 유의사항 | • 기획서의 목적을 달성할 수 있는 핵심 사항이 정확하게 기입되었는지 확인<br>• 상대를 어필하려면 설득력을 갖춰야 하므로, 상대가 요구하는 것이 무엇인지 고려하여 작성 |
| | 작성 시 유의사항 | • 내용이 한눈에 파악되도록 체계적으로 목차 구성<br>• 핵심 내용의 표현에 신경 써야 함<br>• 효과적인 내용 전달을 위해 내용과 적합한 표나 그래프를 활용하여 시각화 |
| | 제출 시 유의사항 | • 충분한 검토를 한 후 제출<br>• 인용한 자료의 출처가 정확한지 확인 |
| 보고서 | 내용 작성 시 유의사항 | • 업무 진행 과정에서 쓰는 보고서인 경우, 진행 과정에 대한 핵심 내용을 구체적으로 제시<br>• 핵심 사항만을 산뜻하고 간결하게 작성(내용 중복을 피함)<br>• 복잡한 내용일 때에는 도표나 그림을 활용 |
| | 제출 시 유의사항 | • 보고서는 개인의 능력을 평가하는 기본 요인이므로, 제출하기 전에 반드시 최종점검이 필요<br>• 참고 자료는 정확하게 제시<br>• 내용에 대한 예상 질문을 사전에 추출해 보고, 그에 대한 답을 미리 준비 |
| 설명서 | 작성 시 유의사항 | • 명령문보다 평서문으로 작성<br>• 상품이나 제품에 대해 설명하는 글의 성격에 맞춰 정확하게 기술<br>• 정확한 내용 전달을 위해 간결하게 작성<br>• 소비자들이 이해하기 어려운 전문용어는 가급적 사용을 삼감<br>• 복잡한 내용은 도표를 통해 시각화하여 이해도를 높임<br>• 동일한 문장 반복을 피하고 다양하게 표현 |

### 4) 주의사항

| 문장 구성 시 | 문서 작성 시 |
|---|---|
| • 표제는 간단하게 붙이기<br>• 문서의 주요 내용을 먼저 쓰기<br>• 문장을 짧고 간결하게 쓰기<br>• 불필요한 한자 사용은 배제<br>• 긍정문으로 작성 | • 문서는 작성 시기를 정확하게 기입<br>• 작성 후 반드시 다시 한번 내용을 검토<br>• 첨부 자료는 필요한 것만 첨부<br>• 문서에 포함된 금액, 수량, 일자 등은 정확하게 기재 |

### 5) 문서 표현의 시각화

| | |
|---|---|
| 차트 시각화 | • 데이터 정보를 쉽게 이해할 수 있도록 시각적으로 표현<br>• 주로 통계 수치 등을 도표(Graph)나 차트(Chart)를 통해 명확하고 효과적으로 전달 |
| 다이어그램 시각화 | 개념이나 주제 등 중요한 정보를 도형, 선, 화살표 등 여러 상징을 사용 |
| 이미지 시각화 | 전달하고자 하는 내용을 관련 그림이나 사진 등으로 나타내는 것 |

더 알기 TIP

## 공문서 내용을 확인하고 작성법 알아보기

행정기관명

수신∨∨해당기관명
(경유)
제목∨∨문서의 내용을 쉽게 알 수 있도록 간단하고 명확하게 기재한다.

① 날짜의 표시
② 시간의 표시
③ 금액의 표시
④ 항목의 표시

..............해 주시기 바랍니다.
붙임∨∨ 첨부물의 표시–첨부물의 명칭과 수량기재.∨∨끝.

**발신 명의**

기안자 직위(직급) 서명 검토자 직위(직급) 서명 결재권자 직위(직급) 서명
협조자 직위(직급) 서명
시행 처리과명–연도별 일련번호(시행일) 접수 처리과 명–연도별 일련번호(접수일)
우 도로명주소 / 홈페이지 주소
전화번호( ) 팩스 번호( ) / 공무원의 전자우편주소 / 공개 구분
*비공개인 경우
「공공기록물 관리에 의한 법률 시행규칙」 제 18조에 따라 비공개,부분 공개

### 구체적인 공문서 작성법

| 구분 | 표시 | 설명 |
|---|---|---|
| ① 날짜의 표시 | 2024. 7. 6.(토) | • 연도와 월, 일을 반드시 기재<br>• 날짜 다음에 괄호를 사용하는 경우 마침표를 찍지 않음<br>• 숫자로 표기하되 연, 월, 일의 글자는 생략하고 그 자리에 마침표를 찍어 표시 |
| ② 시간의 표시 | 오후 3시 20분 (x)<br>15:20 (0) | 시 · 분은 24시각제에 따라 숫자로 표기하되, 시 · 분의 글자는 생략하고 그 사이에 쌍점(:)을 찍어 구분 |
| ③ 금액의 표시 | 금 113,560원 | 금액을 표시할 때에는 아라비아 숫자로 쓰되, 숫자 다음에 괄호를 하고 한글로 기재(금 일십일만삼천오백육십 원) |
| ④ 항목의 표시 | 1.→가.→1)→가)→(1)→(가)→①→㉮ | 항목의 순서를 규정에 맞게 표시 |
| 기타사항 | • 문서의 마지막에는 반드시 '끝' 자로 마무리<br>• 첨부물이 필요할 경우 '붙임'에 첨부물의 이름과 수량을 함께 기재<br>• 기안 · 검토 · 협조 · 결재권자는 직위가 있는 경우에는 직위를, 직위가 없는 경우에는 직급을 기재<br>• 민원문서인 경우로서 필요한 경우에는 시행일과 접수일란에 시 · 분까지 기재<br>• 행정기관에서 공무원에게 부여한 전자우편주소를 기재 | |

## 03 경청능력

의사소통을 위한 기본적인 자세로 다른 사람의 말을 주의 깊게 들으며 공감하는 능력이다.

### 1) 경청을 위한 기본적 태도

- 비판적 · 충고적인 태도를 버린다.
- 상대방이 말하는 의미를 이해한다.
- 단어 이외에 보여지는 표현에도 신경을 쓴다.
- 상대방이 말하는 동안 경청하고 있다는 것을 표현한다.
- 대화 시 흥분하지 않는다.

### 2) 적극적 경청과 소극적 경청

① 적극적 경청
- 자신이 상대방의 이야기에 주의를 집중하고 있음을 행동을 통해 외적으로 표현하며 듣는 것이다.
- 상대방의 말 중 이해가 안 되는 부분을 질문하거나, 자신이 이해한 내용을 확인하기도 한다.
- 상대의 발언 내용과 감정에 대해 공감할 수도 있다.

② 소극적 경청
- 상대방의 이야기에 특별한 반응을 표현하지 않고 수동적으로 듣는 것이다.
- 상대방의 말을 중간에 자르거나 다른 화제로 돌리지 않고 상대에게 수동적으로 따라가는 것이다.

### 3) 경청의 방해 요인

| | |
|---|---|
| **짐작하기** | • 상대방의 말을 듣고 받아들이기보다 자신의 생각에 들어맞는 단서들을 찾아 자신의 생각을 확인하는 것<br>• 상대방이 하는 말의 내용은 무시하고 자신의 생각이 옳다는 것만 확인하려 함 |
| **대답할 말 준비하기** | • 상대방의 말을 듣고 곧 자신이 다음에 할 말을 생각하는 데 집중해 상대방이 말하는 것을 잘 듣지 않는 것<br>• 결국 자기 생각에 빠져서 상대방의 말에 제대로 반응할 수 없음 |
| **걸러내기** | 상대의 말을 듣기는 하지만 상대방의 메시지를 온전하게 받아들이는 것이 아니라 듣고 싶지 않은 상대방의 메시지는 회피하는 것 |
| **판단하기** | 상대방에 대한 부정적인 선입견 때문에, 또는 상대방을 비판하기 위해 상대방의 말을 듣지 않는 것 |
| **다른 생각하기** | • 대화 도중에 상대방에게 관심을 기울이는 것이 어려워지고 상대방이 말하는 동안에 자꾸 다른 생각을 하는 것<br>• 지금의 대화나 상황을 회피하고 있는 위험한 신호 |
| **조언하기** | 지나치게 다른 사람의 문제를 본인이 해결해 주고자 하는 것 |
| **언쟁하기** | 언쟁은 단지 논쟁을 위해서 상대방의 말에 귀를 기울이는 것이며 언쟁은 상호 문제가 있는 관계에서 드러나는 전형적인 의사소통 패턴 |
| **자존심 세우기** | 자존심이 강한 사람은 자신의 자존심에 상처를 입힐 수 있는 내용에 대해서 거부감이 강하기 때문에 자신의 부족한 점과 관련된 상대방의 이야기를 듣지 않는 것 |
| **슬쩍 넘어가기** | 대화가 너무 사적이거나 위협적이면 주제를 바꾸거나 농담으로 넘기려 하는 것 |
| **비위 맞추기** | 상대방을 위로하기 위해서 혹은 비위를 맞추기 위해서 너무 빨리 동의하는 것으로 지나치게 치중하면 자신의 감정을 충분히 표현할 시간을 갖지 못함 |

#### 4) 경청의 올바른 자세

- 상대를 정면으로 마주하여 그와 함께 의논할 준비가 되었음을 알리기
- 손이나 다리를 꼬지 않는 자세로 상대에게 마음을 열어놓고 있다는 표시하기
- 상대방을 향하여 상체를 기울여 다가앉은 자세로 자신이 열심히 듣고 있다는 사실을 강조하기
- 우호적인 눈의 접촉을 통해 자신이 관심을 가지고 있다는 사실을 알리기
- 비교적 편안한 자세를 취하여 전문가다운 자신만만함과 편안한 마음을 상대방에게 전하기

#### 5) 경청 훈련 방법

| | |
|---|---|
| 주의 기울이기<br>(바라보기, 듣기, 따라하기) | • 몸과 마음을 다하여 주의를 기울여, 자신의 관심을 상대방에게 충분히 보여주는 것<br>• 비언어적인 것으로 상대방의 호흡, 얼굴, 몸, 어조와 억양까지 주의 |
| 상대방의 경험을 인정하고<br>더 많은 정보 요청하기 | • 언어적 · 비언어적인 표현을 통하여 상대방의 방향으로 따라가고 있음을 알려주는 것<br>• 관심과 존경을 보이며 상대방이 더 많은 것을 말할 수 있도록 함 |
| 정확성을 위해 요약하기 | 상대방에 대한 자신의 이해의 정확성을 확인하는 데 도움이 될뿐만 아니라, 서로 내용을 알게 하며 메시지 공유 가능 |
| 개방적인 질문하기 | • 개방적인 질문은 보통 '누가, 무엇을, 어디에서, 언제 또는 어떻게'라는 어휘로 시작<br>• 단답형의 대답이나 반응보다 상대방의 다양한 생각을 이해하고 더욱 많은 정보를 얻기 위한 방법 |
| '왜?'라는 질문 피하기<br>('왜?'라는 말 삼가기) | '왜?'라는 질문은 보통 진술을 가장한 부정적 · 추궁적 · 강압적인 표현이므로 사용하지 않는 것이 좋음 |

#### 6) 공감적 반응을 위한 노력

- 상대방의 이야기를 자신의 관점이 아닌 그의 관점에서 이해하려는 태도를 갖는다.
- 공감을 위해서는 상대방의 말속에 담겨 있는 감정과 생각을 이해하려 노력하며 민감하게 반응한다.
- 대화를 통해 자신이 느낀 상대방의 감정을 경험하고 그 감정을 다시 전달한다.

### 04 의사표현능력

말하는 사람이 자신의 생각과 감정(사고, 욕구, 바람)을 듣는 사람에게 효과적으로 전달하는 중요한 기술이며, 음성언어나 신체언어로 표현하는 능력이다.

#### 1) 의사표현(말하기)의 사용

- 말하는 이가 듣는 이의 생각이나 태도를 변화시키려는 의도로 주장하는 것으로 설득이 주목적이다.
- 말하는 이가 자신에게 필요한 정보를 제공받기 위하여 청자에게 질문하는 것이다.
- 말하는 이가 청자에게 자신에게 필요한 일을 하도록 요청하는 것이다.

## 2) 의사표현의 종류

| | | |
|---|---|---|
| 공식적 말하기 | 사전에 준비된 내용을 대중을 상대로 말하는 것 | |
| | 연설 | 말하는 이 혼자 여러 사람을 대상으로 자기의 사상이나 감정에 관하여 일방적으로 말하는 방식 |
| | 토의 | 여러 사람이 모여서 공통의 문제에 대하여 가장 좋은 해답을 얻기 위해 협의하는 말하기 |
| | 토론 | 어떤 논제에 관하여 찬성자와 반대자가 각기 논리적인 근거를 발표하고, 상대방의 논거가 부당하다는 것을 명백하게 하는 말하기 |
| 의례적 말하기 | 정치적 · 문화적 행사와 같이 의례 절차에 따라 하는 말하기 예 식사, 주례, 회의 등 | |
| 친교적 말하기 | 매우 친근한 사람들 사이에 가장 자연스러운 상태에 떠오르는 대로 주고받는 말하기 | |

## 3) 의사표현에 영향을 미치는 비언어적 요소

① 연단 공포증 : 면접이나 발표 등 청중 앞에서 이야기해야 하는 상황일 때, 가슴이 두근거리고 식은땀이 나는 생리적인 현상을 느끼는 것으로 심리 현상을 잘 통제하면서 구두 표현을 하는 것이 좋다.

② 말 : 의사 표현을 할 때 말의 장단, 발음, 속도, 쉼 등 중요한 요소가 있다.

| | |
|---|---|
| 장단 | 표기가 같은 말이라도 소리가 길고 짧음에 따라 전혀 다른 뜻이 된다. 이런 단어의 경우 긴 소리와 짧은 소리를 구분하여 정확하게 발음할 필요가 있다. |
| 발음 | • 정확한 의사를 전달하기 위한 것으로 정확한 발음을 한다.<br>• 정확한 발음을 하기 위해서 복식호흡을 하여 깊은 소리를 내며 침착하게 이야기하는 습관을 갖는다. |
| 속도 | • 말을 할 때 속도 변화를 통해 그 순간 화자의 감정을 알 수 있다.<br>• 발표에 능숙하게 되면 청중의 반응을 감지하면서 분위기가 처질 경우 좀 더 빠르게, 내용상 중요한 부분은 조금 여유 있게 말하는 기술을 더하게 된다. |
| 쉼 | 대화 도중에 잠시 침묵하는 것으로 의도적으로 쉼을 잘 활용함으로써 논리성, 감정 제고, 동질감 등을 확보할 수 있다. |

③ 몸짓 : 말하는 이가 의사표현 중에 보이는 몸의 방향, 자세, 몸짓도 의미를 갖는다.

| | |
|---|---|
| 몸의 방향 | 몸의 방향은 주로 말하는 이의 머리, 몸, 발 등이 듣는 이를 향하는지, 피하는지를 의미한다. |
| 자세 | • 사람들의 자세를 보며 그 사람의 감정을 이해할 수 있다.<br>• 언어적으로 표현하지 못하는 감정을 표현하는 효과적인 의사표현의 요소로 상대방의 자세에 주의를 기울임으로써 우리는 언어적 요소와는 다른 중요한 정보를 얻을 수 있다. |
| 몸짓 | • 몸짓의 가장 흔한 유형은 몸동작으로 화자가 말을 하면서 자연스럽게 동반하는 움직임으로 몸동작은 말로 설명하기는 어려운 것들을 설명할 수 있다.<br>• 상징적 동작은 문화권에 따라 다를 수 있으므로 다른 문화권의 사람들과 의사소통을 해야 할 경우에는 이런 문화적 차이를 고려해야 한다. |

④ 유머 : 우리의 의사표현을 더욱 풍요롭게 도와주며 흥미 있는 이야기, 과장된 표현, 권위에 대한 도전, 자기 자신의 이유, 엄숙한 분위기를 가볍게 전환, 변덕스러운 말, 풍자 또는 비교, 반대표현, 모방으로, 예기치 못한 방향 전환으로, 아이러니 등의 방법이 사용될 때 그 성과를 기대할 수 있다.

### 4) 효과적인 의사표현 방법

- 말하는 이는 자신이 전달하고 싶은 의도, 생각, 감정이 무엇인지 분명하게 인식한다.
- 전달하고자 하는 메시지에 전달하려는 내용이 충분히 그리고 명료하게 담기도록 내용을 적절한 메시지로 바꾼다.
- 직접 얼굴을 보고하는 것과 전화나 메일로 간접 표현하는 경우, 다른 의미가 전달될 수 있음을 고려하여 메시지를 전달하는 매체와 경로를 신중하게 선택한다.
- 듣는 이가 자신의 메시지를 어떻게 받아들였는지 피드백을 받는 것이 중요하다.
- 말하는 이의 표정, 음성적 특성, 몸짓 등 비언어적 방식을 활용하여 통해 메시지의 내용을 더욱 강력하게 전달할 수 있다.
- 확실한 의사 표현을 위해서는 반복적 전달이 필요하다.

### 5) 상황과 대상에 따른 의사 표현법

| | |
|---|---|
| 상대방의 잘못을 지적할 때 | • 질책은 샌드위치 화법을 사용하면 듣는 사람이 반발하지 않고 부드럽게 받아들일 수 있다.<br>• 샌드위치 화법은 '칭찬의 말', '질책의 말', '격려의 말' 순서대로 질책을 가운데 두고 칭찬을 먼저 한다.<br>• 충고는 주로 예를 들거나 비유법을 사용하는 것이 효과적일 수 있다. |
| 상대방을 칭찬할 때 | 상대에게 정말 칭찬해 주고 싶은 중요한 내용을 칭찬하거나, 대화 서두에 분위기 전환 용도로 간단한 칭찬을 사용하는 것이 좋다. |
| 상대방에게 요구해야 할 때 | • 일이 사적인가, 공적인가, 업무상 반드시 필요한 일인가 등 여러 상황을 고려하여 상대방에게 부탁을 할 수도 있고 명령을 할 수도 있다.<br>• 부탁해야 하는 경우는 상대방의 사정을 듣고, 상대가 들어줄 수 있는 상황인지 확인하는 태도를 보여준 후, 응하기 쉽게 구체적으로 부탁한다. 물론 이때 거절을 당해도 싫은 내색을 해서는 안 된다.<br>• 업무상 지시와 명령에도 강압적 표현보다는 청유식 표현이 효과적이다. |
| 상대방의 요구를 거절해야 할 때 | • 먼저 요구를 거절하는 것에 대한 사과를 한 다음, 응해줄 수 없는 이유를 설명한다.<br>• 요구를 들어주는 것이 불가능하다고 여겨질 때는 모호한 태도를 보이는 것보다 단호하게 거절하는 것이 좋으며, 상대방이 부정적인 감정을 가지지 않게 주의해야 한다. |
| 설득해야 할 때 | 설득은 상대방에게 나의 태도와 의견을 받아들이고 그의 태도와 의견을 바꾸도록 하는 과정이다. |

### 6) 효과적으로 도움을 얻기 위한 설득력 있는 의사 표현 지침

① 문 안에 한 발 들여놓기 기법(Foot-in-the-door technique)

말하는 이가 요청하고 싶은 도움이 100이라면 처음에는 상대방이 'Yes'라고 할 수 있도록 50, 60 정도로 부탁을 하고 점차 도움의 내용을 늘려서 상대방의 허락을 유도하는 방법이다.

② 얼굴 부딪히기 기법(Door-in-the-face technique)

말하는 이가 원하는 도움의 크기가 50이라면 처음에 100을 상대방에게 요청하고 거절을 유도하는 것이다. 거절하고 나면 미안한 마음을 가지게 되고, 좀 더 작은 도움을 요청받으면 미안한 마음을 보상하기 위해 100보다 작은 요청을 들어줄 수 있다.

## 05 기초외국어능력

외국어로 된 간단한 자료를 이해하거나, 외국인의 의사 표현을 이해하는 능력이다.



### 1) 기초외국어능력의 범위

- 외국어로 된 간단한 자료 이해
- 외국인과의 전화응대와 간단한 대화
- 외국인의 의사표현을 이해
- 자신의 의사를 외국어로 표현할 수 있는 능력
- 외국인과 간단하게 이메일이나 팩스로 업무 내용에 대해 상호 소통할 수 있는 능력

### 2) 기초외국어능력이 필요한 상황

- 전화, 메일 등 의사소통을 위해 외국어를 사용하는 경우
- 매뉴얼, 서류 등 외국어 문서를 이해해야 하는 경우
- 해외 웹 사이트의 필요한 정보를 얻기 위한 경우

### 3) 외국인과의 비언어적 의사소통

① 표정으로 알아채기
- 외국인과 대화할 때 그들의 감정이나 생각을 가장 쉽게 알 수 있는 것
- 웃는 표정은 행복과 만족, 친절을 표현
- 눈살을 찌푸리는 표정은 불만족과 불쾌를 표현
- 눈을 마주 쳐다보는 것은 흥미와 관심을 표현

② 음성으로 알아채기
- 어조 : 높은 어조(적대감이나 대립감), 낮은 어조(만족이나 안심)
- 목소리 크기 : 큰 목소리(내용 강조, 흥분, 불만족), 작은 목소리(자신감 결여)
- 말의 속도 : 빠른 속도(공포나 노여움), 느린 속도(긴장 또는 저항)

### 4) 외국인과의 의사소통에서 피해야 할 행동

- 팔이나 다리를 꼬는 행동
- 상대를 볼 때 흘겨보거나, 아예 보지 않는 행동
- 표정 없이 말하는 것
- 대화에 집중하지 않고 다리를 흔들거나 펜을 돌리는 행동
- 맞장구를 치지 않거나, 고개를 끄덕이지 않는 것
- 자료만 보는 행동
- 바르지 못한 자세로 앉는 행동
- 한숨, 하품을 하는 것
- 다른 일을 하면서 듣는 것
- 상대방에게 이름이나 호칭을 어떻게 할지 먼저 묻지 않고 마음대로 부르는 것

모듈형

**01 다음에서 제시하고 있는 문서의 특성에 대해 잘못 설명하고 있는 것은?**

- ㉠은 특정한 일에 관한 현황이나 그 진행 상황 또는 연구, 검토, 결과 등을 보고하고자 할 때 작성하는 문서이다.
- ㉡은 정부 행정기관에서 대내적, 혹은 대외적 공무를 집행하기 위해 작성하는 문서를 의미하며, 정부 기관이 일반 회사, 또는 단체로부터 접수하는 문서 및 일반 회사에서 정부 기관을 상대로 사업을 진행하려고 할 때 작성하는 문서도 포함된다.
- ㉢은 개인의 가정 환경과 성장 과정, 입사 동기와 근무 자세 등을 구체적으로 기술하여 자신을 소개하는 문서이다.
- ㉣은 업무상 필요한 중요한 일이나 앞으로 확인할 일이 있을 때 필요한 내용을 메모 형식으로 작성하여 전달하는 글이다.
- ㉤은 대개 상품의 특성이나 사물의 성질과 가치, 작동 방법이나 과정을 소비자에게 설명하는 것을 목적으로 작성한 문서이다.

① ㉠의 영업 보고서, 결산 보고서, 일일 업무 보고서, 주간 업무 보고서, 출장 보고서, 회의 보고서 등이 있다.
② ㉡은 엄격한 규격과 양식에 따라 정당한 권리를 가진 사람이 작성해야 하며 최종결재권자의 결재가 있어야 문서의 기능이 성립된다.
③ ㉢의 내용에는 이력서, 경험 및 경력기술서, 자기소개서 등이 해당한다.
④ ㉣의 종류에는 회의 메모, 업무 메모, 전화 메모 등이 있는데, 휴대폰의 발달로 전화 메모는 현저히 줄어든 상태이다.
⑤ ㉤의 종류에는 일반인들이 친근하게 읽고 내용을 쉽게 이해하도록 하는 상품소개서나, 제품의 특징과 활용도에 대해 세부적으로 언급하는 제품설명서 등이 있다.

모듈형

**02** **다음은 문서작성에 관한 교육이 끝난 후 신입 사원들이 언급한 교육내용이다. 바르게 이해하지 못한 사람은?**

> 남 사원 : 우리는 직업 생활에 있어 자신에게 주어진 각종 문서를 읽고 적절히 이해하여야 해, 각종 문서나 자료에 수록된 정보를 확인하고, 알맞은 정보를 구별하고 비교해서 통합할 수 있어야 해.
> 강 사원 : 문서이해능력과 문서활용능력은 중요하지만, 업무의 성과에 직접 영향을 미치는 요인은 아니므로 매번 미리 준비하기보다는 필요시 마다 보완하면 될 것 같아.
> 최 사원 : 문서란 제안서, 보고서, 기획서, 편지, 이메일, 팩스, 메모, 공지사항 등 문자로 구성된 것을 말하고 문서이해능력이란 직업 현장에서 자신의 업무와 관련된 인쇄물이나 기호화된 정보 등 필요한 문서를 확인하여 문서를 읽고, 내용을 이해한 후 요점을 파악하는 능력을 말해.
> 송 사원 : 문서는 단순한 의사전달 수단이 아니라 문서에서 주어진 문장이나 정보를 읽고 이해하여, 자신에게 필요한 행동이 무엇인지 추론할 수 있어야 하며, 도표, 수, 기호 등도 이해하고 표현할 수 있어야 한다는 것을 배웠어.
> 배 사원 : 문서만 잘 이해하면 되는 것이 아니라 고객이나 동료들과 의사소통을 통해 문서를 이해해야 함을 알게 되었어. 역시 소통은 중요한 것 같아.
> 정 사원 : 직업인은 주어진 문서를 빠르고 정확하게 이해하기 위해서 문서를 이해하는 구체적인 절차를 알고, 다양한 문서를 접하면서 문서이해의 구체적인 절차에 따라 문서이해능력을 키우기 위해 노력해야 해.
> 우 사원 : 직장인은 주어진 문서를 빠르고 정확하게 이해하기 위해 문서를 이해하는 구체적인 절차를 이해하여, 다양한 문서를 접할 때 실제로 활용할 수 있도록 부단히 연습해야 하는데, 사실 문서이해능력은 특별한 언어능력인 것 같아.

① 남 사원, 강 사원
② 최 사원, 배 사원
③ 강 사원, 우 사원
④ 배 사원, 정 사원
⑤ 송 사원, 정 사원

피들형

**03** ㈜전자나라의 의류 관리기 상품설명서 중 고객이 비용을 부담하는 유상 서비스 책임에 관한 내용이다. 내용을 제대로 이해한 사람을 모두 고르면?

**[유상 서비스–고객의 비용 부담에 대한 책임]**

(a) 제품 내부에 이물질(동전, 필기구, 메모리 와이어, 음료 등)이 들어가 고장이 발생한 경우
(b) 제품을 떨어뜨리는 등 충격으로 인한 제품 파손 또는 기능상 고장이 발생한 경우
(c) 옷감 건조 이외의 용도로 사용하여 고장이 발생한 경우(예 : 음식물 말림 등)
(d) 고객의 부주의 또는 시너(신나), 벤젠 등과 같은 유기 용제에 의해 제품 외관이 손상되거나 변형된 경우
(e) ㈜전자나라 정품이 아닌 부품을 사용하여 제품 고장이 발생한 경우
(전자나라 정품은 가까운 전자나라 서비스센터에서 구매해주세요.)
(f) 사용상 정상 마모되는 소모성 부품을 교환하는 경우(예: 향기 시트)
(g) 사용 전압을 잘못 선택하여 제품 고장이 발생한 경우
(h) 고객이 제품을 임의 분해하여 부속품이 분실 또는 파손된 경우
(i) 제품 기능 설명 또는 분해 없이 간단히 조정만 하는 경우
(j) ㈜전자나라 제품설명서 내에 '안전을 위한 주의사항'을 지키지 않아 고장이 발생한 경우
('안전을 위한 주의사항'을 잘 지키면 제품을 오래 사용할 수 있습니다.)
(k) 낙뢰, 화재, 풍수해, 염해, 가스, 지진 등과 같은 천재지변에 의해 고장이 발생한 경우
(l) 고객의 기타 과실에 의하여 고장이 발생한 경우
(m) 급수통 물 안 채움, 배수통 물 안 버림에 대한 서비스를 요청할 경우
(n) 배수통을 넣지 않고 물통 없음에 대한 서비스를 요청할 경우
(o) 전원차단기가 내려감으로 서비스를 요청하였으나, 제품에 이상이 없는 경우
(p) 전원 콘센트 자체 결함 또는 전원 플러그 연결이 안 된 경우 등과 같이 제품 자체의 하자가 아닌 외부 원인으로 인한 경우
(q) 사용 전원의 이상 또는 접속기기의 불량으로 인하여 고장이 발생한 경우
(r) 초기 제품 설치 이후 고객의 요구로 제품 위치를 바꾸거나, 이사 후 재설치한 경우(제품 문 분해나 조립 포함)
(s) 자사 제품으로 서비스를 요청하였으나, 타사 제품 또는 타제품 불량으로 서비스가 접수된 경우
(t) ㈜전자나라 제품 판매점이나 ㈜전자나라 서비스센터의 수리기사가 아닌 사람이 제품을 수리 또는 개조하여 고장이 발생한 경우
(u) 진열 제품 구매 시 외관의 불량을 충분히 인지하지 못하고 구매 후 서비스를 요청한 경우
(v) 제품 불량이 아닌 가구 불량 때문에 서비스를 요청한 경우
* 무상서비스 기간 내에도 위의 경우에는 서비스 신청 시 유상 처리됩니다.

가영 : 전자 제품을 구매할 때 소비자가 외관의 불량을 충분히 인지하지 못하고 구매해서 서비스를 요청하면 무료로 서비스를 받을 수 있다니 정말 다행인 것 같아.
나영 : 전원차단기가 내려간 줄 모르고 서비스를 요청했는데 서비스 기사가 와서 보니 제품에 이상이 없으면 비용이 발생하니 주의해야 할 것 같아.
다영 : 낙뢰, 화재, 풍수해, 염해, 가스, 지진 등과 같은 천재지변에 의해 고장이 발생한 때도 보험처리를 해주어서 무료로 서비스를 받을 수 있다니 참 좋은 제도인 것 같아.
은정 : 이사 후 재설치를 위해 제품의 문을 분해하거나 조립하여서 고장이 난 경우에는 비용을 내야 하니 이삿짐 센터 직원들에게 특별히 주의하라고 해야 할 것 같네.
병규 : ㈜전자나라 정품이 아닌 부품을 사용하여 제품 고장이 발생하면 수리비용을 내야 하니, 고장이 발생하면 무조건 ㈜전자나라 서비스센터에 연락해서 해결하는 것이 좋을 것 같아.

① 가영, 나영, 다영
② 나영, 다영
③ 다영, 은정
④ 나영, 은정, 병규
⑤ 나영, 다영, 은정, 병규

피듈형

**04** **다음은 서울교통공사가 '서울 지하철 민원 처리'에 대해 24년 1월에 보도한 자료 일부이다. 내용이 일치하지 않는 것은?**

(가) 2023년 한 해 접수된 총 민원은 906,412건(하루 평균 약 2,483건)이었다. 작년보다 약 0.16% 감소한 수치다. 민원 건수는 3년 연속으로 감소하는 추세다.

(나) 호선별 민원 통계

| 구분 | 계 | 1호선 | 2호선 | 3호선 | 4호선 | 5호선 | 6호선 | 7호선 | 8호선 |
|---|---|---|---|---|---|---|---|---|---|
| 2023 | 906,412 | 25,773 | 429,763 | 107,035 | 77,112 | 82,120 | 41,678 | 129,699 | 13,232 |
| 2022 | 907,893 | 27,090 | 465,256 | 109,112 | 78,391 | 64,243 | 35,292 | 116,911 | 11,598 |
| 증감률 | △0.16% | △4.86% | △7.63% | △1.90% | △1.63% | 27.83% | 18.09% | 10.94% | 14.09% |
| 수송순위 | – | 7 | 1 | 4 | 5 | 3 | 6 | 2 | 8 |

(다) 월별 민원 통계

| 구분 | 1월 | 2월 | 3월 | 4월 | 5월 | 6월 | 7월 | 8월 | 9월 | 10월 | 11월 | 12월 |
|---|---|---|---|---|---|---|---|---|---|---|---|---|
| 2023 | 51,709 | 43,987 | 37,144 | 43,009 | 95,183 | 108,699 | 104,831 | 108,403 | 90,005 | 81,816 | 85,412 | 56,214 |
| 2022 | 46,506 | 40,232 | 56,319 | 75,355 | 104,358 | 95,071 | 97,703 | 86,806 | 85,294 | 95,200 | 68,452 | 56,597 |
| 증감률 | 11.2% | 9.3% | △34.0% | △42.9% | △8.8% | 14.33% | 7.3% | 24.9% | 5.5% | △14.1% | 24.8% | △0.7% |
| 순위 | 9 | 10 | 12 | 11 | 4 | 1 | 3 | 2 | 5 | 7 | 6 | 8 |

(라) 불편 민원 유형 및 건수

| 민원 유형 | 건수 | | 증감 |
|---|---|---|---|
| | 2023 | 2022 | |
| 합계 | 712,058 (100%) | 678,929 (100%) | 33,129 |
| 전동차 냉 · 난방 | 374,873 (52.6%) | 384,366 (56.6%) | –9,493 |
| 열차 내 질서 저해 | 63,002 (8.8%) | 67,537 (9.9%) | –4,535 |
| 유실물 | 46,735 (6.6%) | 62,484 (9.2%) | –15,749 |
| 열차 지연 | 28,894 (4.1%) | 36,921 (5.4%) | –8,027 |
| 열차 환경(청결) | 19,088 (2.7%) | 23,570 (3.5%) | –4,482 |
| 열차 이용 예절 | 13,457 (1.9%) | 9,983 (1.5%) | 3,474 |
| 열차 내 시설물 | 11,562 (1.6%) | 20,811 (3.1%) | –9,249 |
| 열차 안내 방송 | 10,173 (1.4%) | 10,190 (1.5%) | –17 |
| 전용칸/전용석 | 8,874 (1.2%) | 13,079 (1.9%) | –4,205 |
| 역사 내 질서 저해 | 7,597 (1.1%) | 11,843 (1.7%) | –4,246 |
| 교통약자 서비스 | 3,122 (0.4%) | 7,389 (1.1%) | –4,267 |
| 출입문 취급 | 2,545 (0.4%) | 5,134 (0.8%) | –2,589 |
| 기타 | 17,620 (2.5%) | 25,622 (3.8%) | –8,002 |
| 마스크 관련 | 104,516 (14.7%) | – | 104,516 |

(마) 공사는 접수된 민원에 대해 신속하고 정확하게 고객에게 답변하겠다는 원칙을 세워 이에 대응하고 있다. 민원이 가장 많이 접수되는 고객센터의 작년 응대율은 98.4%였으며, 상담품질 · 상담지식 · 이용만족도 등 각종 평가 결과도 90점 이상을 기록하는 등 시간당 25건 이상을 접수하는 바쁜 상황 속에서도 우수한 성적을 거두었다. 2023년 전국 공공기관 민원콜센터 운영 현황 조사 결과(행정안전부)에 따르면, 국내 공공기관 고객센터 평균 응대율은 89.5%였다.

① 5월, 6월, 7월, 8월에 대체로 민원 건수가 많았다.

② 불편 민원이 대체로 전년 대비 감소 추세를 보이나, 열차 이용 예절 불편 민원은 전년보다 증가하였다.

③ 행정안전부의 2023년 전국 공공기관 민원콜센터 운영 현황 조사 결과에 따르면, 국내 공공기관 고객센터 평균 응대율은 89.5%인데, 서울교통공사에서 민원이 가장 많이 접수되는 고객센터의 작년 응대율이 98.4%였으므로 우수하다고 평가할 수 있다.

④ 하루에 접수된 민원은 평균 약 2,483건에 달하지만, 작년과 비교하면 약 0.16% 감소한 수치이고 3년 연속으로 민원 건수가 감소하는 추세여서 긍정으로 평가할 수 있다.

⑤ 7호선의 민원이 가장 많았고, 전년 대비 5~8호선은 민원이 감소한 대신 1~4호선은 민원이 증가하였다.

피듈형

**05** 다음은 ○○○ 발전소의 안전보건관리규정 일부이다. 내용을 제대로 파악하고 가장 적절하게 행동한 것은?

> 제3조 (용어의 정의) 이 규정에서 사용하는 용어의 정의는 다음과 같다.
> 3. '중대재해'란 다음 각호 어느 하나에 해당하는 것을 말한다.
> 가. 사망자가 1인 이상 발생한 재해
> 나. 3월 이상의 요양을 요하는 부상자가 동시에 2인 이상 발생한 재해
> 다. 부상자 또는 직업성질병자가 동시에 10인 이상 발생한 재해
>
> 제6조 (보고, 출석의 의무) 모든 근로자는 이 규정의 시행에 관하여 본사 및 사업소의 안전보건주관부서장의 요구가 있는 경우에는 지체없이 필요한 사항에 관하여 보고하거나 출석, 답변하여야 한다.
>
> 제7조 (안전보건관리 규정 작성 · 변경) ① 안전보건관리규정을 작성하거나 변경할 때에는 산업안전보건위원회의 심의 · 의결을 거쳐야 한다. 다만, 산업안전보건위원회가 설치되어 있지 아니한 경우에는 근로자 대표의 동의를 받아야 한다. (2021. 02. 25. 개정) ④ 안전보건관리규정을 작성 · 변경한 경우에는 반드시 사내 인트라넷, 게시판, 사무실 등에 게시하는 등의 방법으로 근로자들에게 알려야 한다.
>
> 제8조 (안전경영책임계획 수립 및 이행) ① 본사 안전보건주관부서장은 매년 12월 말까지 다음 연도 회사의 안전 및 보건에 관한 안전경영책임계획을 수립하여 이사회에 보고하고 승인을 받아야 하며 정부 주무부처에 제출하여야 한다. (2021. 02. 25. 개정) ⑤ 본사 안전보건 주관부서장은 매년 2월 말까지 당해 연도 안전경영책임계획의 주요 내용 및 전년도 안전경영책임계획에 대한 점검내용, 전년도 재해 현황 등을 포함하여 안전경영책임보고서를 주무부처와의 협의를 거쳐 작성하여야 하며 「공공기관 통합공시에 관한 기준」에 따라 공시하여야 한다. (2021. 02. 25. 신설)
>
> 제11조 (안전보건 전담인력 보직) ① 본사 안전보건주관부서 종사자의 보직은 사전에 안전담당 본부장의 승인을 통해 인사관리규정에 따라 시행한다. (2021. 02. 25. 개정) ② 사업소장이 안전보건담당부서 종사자를 보직하고자 할 때는 사전에 간부의 경우 안전담당 본부장의 승인, 직원의 경우 본사 안전보건주관부서의 협의를 거쳐야 한다.
> (2021. 02. 25 개정) ③ 안전 및 보건 분야 전문자격으로 채용된 인력은 안전보건 분야로 보직함을 원칙으로 하며, 인사관리규정에 따라 시행한다. (2021. 02. 25. 신설)

① 안전보건담당부서 간부를 보직하기 위해 사전에 안전보건주관부서의 합의를 거쳤다.

② 안전보건주관부서장의 출석 요구를 받았으나 급한 용무를 처리하고 있어 사유서를 제출하고 1일 후 출석하여 답변하였다.

③ 갑작스러운 기계 오작동으로 인해 부상자가 동시에 9명이나 발생하여 '중대재해'로 신속하게 처리했다.

④ 산업안전보건위원회가 설치되어 있지 않기 때문에 근로자 대표의 동의를 받아 안전보건관리규정을 변경하고 이를 사내 인트라넷, 게시판, 사무실 등에 게시하여 근로자들에게 알렸다.

⑤ 안전보건주관부서장으로서 올해 12월 말 전에 다음 연도 회사의 안전 및 보건에 관한 안전경영책임계획을 수립한 후 지체하지 않고 정부 주무부처에 제출하였다.

피듈형

**06** **다음은 공항운영규정 중 야생동물위험관리계획의 일부이다. 내용이 일치하지 않는 것은?**

2.1 공항안전운영기준(국토교통부 고시)
2.1.1 항공기-야생동물 충돌을 방지하기 위한 공항운영자의 의무를 명시하였으며, 관리계획의 수립 및 시행, 생태조사, 교육훈련 등이 포함된다.
2.1.2 공항운영자는 이에 따라 충돌위험을 최소화하기 위한 계획을 수립하여 승인을 받아야 하며, 필요한 경우 생태조사를 실시하여야 한다.
2.3 야생동 · 식물보호법
2.3.1 수렵면허 : 공항의 야생동물 통제를 위한 총기 사용은 수렵면허를 소지한 자가 유해 야생동물 포획허가를 득한 경우에 한하여 가능하다. 수렵면허 취득은 정해진 시험을 통과하고 강습을 이수한 자에 한하여 관할 행정기관에서 발급한다.
2.3.2 유해야생동물포획허가 : 공항의 항공기 안전을 확보하기 위하여 야생동물을 포획하기 위해서는 관할관청으로부터 기간, 지역, 인원, 방법에 대한 허가를 취득하여야 한다.
4.2 먹이
4.2.1 공항은 다양한 종류의 먹이를 야생동물에게 제공할 수 있는 불가피한 환경요인을 가지고 있으며, 식물의 씨앗과 열매, 곤충과 설치류, 각종 쓰레기 등이 포함된다.
4.2.2 초목은 조류에게 먹이를 제공하므로 과실수, 열매(종자, 씨앗)를 맺는 수종은 피해야 한다.
4.2.3 초목은 은폐장소와 휴식처를 제공할 수 있으므로 주의 깊게 관찰하며, 교목은 활주로와 유도로 중심으로부터 최소 150m 이상 거리를 두어야 한다.
4.3 물
4.3.1 물은 조류를 유인하는 가장 큰 유인요인으로 공항 내에 축축한 지역이나 물웅덩이가 잔존하지 않도록 관리하며, 우기에는 이러한 지역에 대한 점검과 통제 활동을 강화한다.
4.3.3 배수로는 항상 물의 흐름이 원활하여야 하며, 토사 퇴적 또는 기타 이물질로 인하여 유수의 흐름을 방해하거나 배수로 내 수초가 자생하지 않도록 정기적인 점검을 시행하여 필요한 경우 관련 부서에 요청한다.
4.3.4 일부 조류는 일몰 시간대에 배수로로 유입하므로 해당 조류가 서식할 경우에는 이에 대한 확인점검을 시행한다.

① 조류를 유인하는 가장 큰 유인요인 중 하나인 물을 관리하기 위해 공항 내에 축축한 지역이나 물웅덩이가 잔존하지 않도록 관리하며, 우기에는 이러한 지역에 대한 점검과 통제 활동을 강화한다.
② 야생동물을 포획하기 위해서는 관할관청 소속 야생동물통제관리소로부터 기간, 지역, 인원, 방법에 대한 허가를 취득하여야 한다.
③ 공항의 야생동물 통제를 위한 총기 사용은 수렵면허 시험을 통과하고 강습을 이수한 수렵면허 소지자로서 관할 행정기관에서 발급한 유해야생동물 포획허가를 득한 경우에 가능하다.
④ 조류에게 먹이를 제공할 수 있는 과실수, 열매를 맺는 수종은 피하고, 교목은 활주로와 유도로 중심으로부터 최소 150m 이상 거리를 두어야 한다.
⑤ 공항운영자는 공항안전운영기준에 따라 충돌위험을 최소화하기 위한 계획을 수립하여 승인을 받아야 하고 필요한 경우 생태조사를 시행하여야 한다.

모듈형

**07** 다음은 간이 기안문의 양식이다. 문서의 각 부분을 보고 문서작성의 원칙을 바르게 이해하지 못한 것은?

| | |
|---|---|
| 생산등록번호 | 정보공개정책과-202196987 |
| 등록일 | 2023.06.26. |
| 결재일 | 2023.06.26. |
| 공개 구분 | 대국민 공개 |

| 주무관 | 행정 사무관 | 정보공개정책 과장 | 정부 혁신 기획관 |
|---|---|---|---|
| 민○○ | 채○○ | 남○○ | 전결 2023.06.26 조○○ |
| 협조자 | | | |

# 행정업무운영 편람 발간 계획

2023.06.26.

행정안전부
정보공개정책과

① 직위/직급 및 서명란의 수와 크기는 필요에 따라 조절하여 사용할 수 있다.

② 직위가 있는 경우에는 직위를, 직위가 없는 경우에는 직급을 온전하게 쓰되 기관장과 부기관장의 직위는 간략하게 쓴다.

③ 결재권이 위임된 사항을 전결하는 경우에는 전결하는 사람의 서명란에 전결 표시를 한 후 서명하되, 서명하지 않는 사람의 서명란도 설치해 둔다.

④ 날짜를 쓸 때는 숫자로 표기하되 연, 월, 일 대신 마침표를 찍어 적는다.

⑤ 공개, 부분 공개, 비공개로 구분하여 표시한다.

모듈형

**08** 다음은 〈문서에 대한 이해와 작성법〉에 대한 신입 사원들의 대화 내용이다. 보기의 내용 중 틀린 내용을 말하는 사람은?

> 이 사원 : 기획서는 상대에게 어필해서 상대가 채택하게끔 설득력을 갖추어야 하므로 핵심 사항이 정확하게 기재되어 있는지 꼭 확인해야 해. 내용이 한눈에 파악되도록 체계적으로 목차를 구성해야 하고 효과적인 전달을 위해 내용에 적합한 표나 그래프를 활용하는 것도 좋은 방법이야.
>
> 김 사원 : 문서를 쓸 때는 인용한 자료의 출처를 밝히는 것이 원칙이야. 하지만 대외 문서가 아닌 경우에는 출처를 생략하는 것도 빠른 업무 처리를 위해서는 허용될 수도 있어.
>
> 채 사원 : 공문서는 대내외문서로 장기간 보관되므로 정확하게 기술해야 해. 내용을 육하원칙으로 쓰고 가능한 한 장에 담아내는 것을 원칙으로 문서의 끝에는 반드시 '끝'이라고 표시해야 해. 복잡한 내용의 경우에는 항목별로 구분하는 것도 필요해('-다음-', 또는 '-아래-').
>
> 남 사원 : 업무 진행 과정에서 쓰는 보고서의 경우에는 진행 과정에 대한 핵심내용을 구체적으로 제시하고, 내용에 대한 질문을 사전에 추출해보고 그에 대한 답을 미리 준비하는 것도 좋은 방법이라고 생각해.
>
> 민 사원 : 설명문은 명령문보다는 평서문으로 작성해야 해. 소비자들이 이해하기 어려운 용어는 될 수 있으면 사용하지 말고 내용을 효과적으로 전달할 수 있도록 간결하게 써야 해.
>
> 권 사원 : 기안문을 작성할 때 숫자는 아라비아 숫자로 작성하고 괄호 안에 숫자를 한글로도 기재하는데 원 뒤에 '정'까지 꼭 써야 해. 그리고 날짜는 글자 대신 마침표를 넣어 표시해야 하고 시간은 24시각제에 따라 글자를 생략하고 쌍점을 찍어서 표시하는 게 맞아.

① 이 사원, 채 사원
② 김 사원, 민 사원
③ 채 사원, 민 사원
④ 김 사원, 권 사원
⑤ 이 사원, 권 사원

모듈형

**09** 다음 문서의 밑줄 친 ㉠~㉤ 내용 중에서 바른 것은?

# 비전 연수원

수신 미래 여자 대학교(경력개발센터장) ㉠
제목 2021년 이미지 컨설턴트 아카데미 교육 안내 요청

1. 귀하와 귀 대학교의 무궁한 발전을 기원합니다.
2. 비전 연수원에서는 대학생의 취업 준비를 위해 이미지 컨설턴트 아카데미를 개설하였습니다.
3. 본 사업은 디지털의 경영환경의 변화 속에서 미래 가치 혁신을 주도할 수 있는 컨설턴트를 양성하는 것을 목표로 합니다.
4. 이미지 컨설턴트 아카데미에 대한 귀 대학교의 많은 관심과 협조를 요청합니다.

아 래

가. 교육 기간: 2021. 8. 1.(월)부터 2021. 8. 31.(화)까지. ㉡
나. 교육 시간: 수요일(14:00~16:00)과 금요일(15:00~17:00) ㉢
다. 교육 장소: 미래 여자 대학교 대회의실
라. 접수 및 비용
  1) 비용: 금 250,000원(금 이십오만 원정) ㉣
  2) 접수
    가) 방문 접수 : 교육비 현장납부 시 소정의 선물을 증정함
    나) 인터넷접수
      (1) www.visionacademy.com
      (2) 3일 이내에 하나은행 123-4567(예금주: 비전 아카데미)로 입금
      (3) 입금 시 신청자의 이름 기재 필수

붙임 1. 교육과정 안내서 1부.
2. 교육장 약도 1부.  끝. ㉤

## 비전 연수원장

대 리 박 ○○ 상 무 김 ○○ 부원장 이 ○○
협조자 비전 연수원 김나영 팀장 ○○○ ○○○○ ○○○
시행 교육개발학과 (2021. 6. 5.) 접수 경력개발과-123(2021. 6. 15.)
우 123-456 대구광역시 수성구 범어동 11 https://blog.visionacademy.com
전화번호 053-123-4567 팩스 번호 053-777-12 공개

① ㉠ ② ㉡ ③ ㉢ ④ ㉣ ⑤ ㉤

모듈형

**10** **다음은 국립국어원에서 발표한 자료 일부이다. 보기의 글을 읽고 바람직한 공공언어 사용을 위해 문서를 고치고자 한다. 보기 중 내용에 맞게 어휘를 바르게 고친 경우가 아닌 것은?**

> 공공기관에서 내보내는 보도자료에도 낯선 외국어나 어려운 한자어가 쓰이고 있다. 2017년 국립국어원에서 중앙부처 등 45개 기관을 대상으로 보도자료를 점검한 결과, 공문서를 한글로 써야 한다는 국어기본법을 어기고 외국 문자를 노출한 경우가 약 32%, 어렵고 낯선 외국어나 한자어를 남용한 경우가 약 57%로 나타났다. 다음은 공문서 등에 자주 사용되는 한자어를 다듬은 것이다.
>
> 「국어기본법」 제14조에서는 "공공기관 등은 공문서를 일반 국민이 알기 쉬운 용어와 문장으로 써야 하며, 어문규범에 맞추어 한글로 작성하여야 한다."라고 하였다. 알기 어려운 용어와 문장, 한글이 아닌 한자나 로마자를 공문서 등 공공언어에 노출하는 것은 「국어기본법」을 어기는 일이다.
>
> 공공언어를 쉽게 쓰는 방법 네 가지를 정리하자면, 먼저, 영어 약어나 알파벳이 노출된 경우는 영어 약어나 알파벳을 괄호 안에 표기하거나 우리말로 다듬거나 번역해서 제시해야 한다. 두 번째, 한자를 노출한 경우는 한글로만 표기하거나 꼭 필요하다면 괄호 안에 한자를 표기하면 된다. 세 번째, 다듬은 말이 있거나 쉬운 우리말로 대체할 수 있는 일반 외국어나 외래어는 다듬은 말을 사용해야 한다. 마지막으로, 이해하기 어렵거나 쉬운 우리말로 대체할 수 있는 한자어도 다듬은 말을 사용해야 한다. 다듬은 말을 찾아보려면 국립국어원 누리집 '다듬은 말' 게시판을 활용하면 된다.
>
> 공공언어는 국민의 눈높이에 맞춰 쉬운 말로 써야 한다. 가능한 줄임말과 전문용어는 최소화하고 쉬운 어휘를 선택해 써야 하는데 어쩔 수 없이 줄임말이나 전문용어 등을 써야 한다면, 반드시 그에 대한 설명을 덧붙여야 한다. 줄임말과 전문용어 등을 한글로 쓰지 않고 로마자나 한자로만 쓰거나 어려운 용어를 그대로 쓸 때도 소통에 지장을 줄 수 있다. 국립국어원이 2010년에 현대경제연구원에 의뢰해 조사한 바로는 귀책 사유, 봉입, 불비, 익일 등과 같은 어려운 행정용어로 1년에 약 170억 원의 손실이 발생하고, 맘프러너, 마이크로크레딧, 바우처 등과 같은 낯선 외국어나 외래어 정책 명을 사용함으로써 1년에 약 114억 원의 손실이 발생하는 것으로 나타났다. 이와 같은 어려운 말을 그대로 사용한다면, 경제적 손실이 눈덩이처럼 커질뿐더러 날마다 만들어지는 낯선 용어들로 국민과 소통하기가 더욱 어려워지고 좋은 정책조차도 국민이 제대로 혜택을 누리거나 정책에 참여하기가 어렵게 될 것이다.
>
> 문장을 쓸 때도 말하고자 하는 목적과 전달하려는 내용이 분명하게 드러나도록 명료하게 써야 한다. 명료한 문장이 되려면 문장 성분을 정확하게 사용해야 하고 번역 투 표현이나 명사 나열은 삼가야 한다. 그리고 문장은 간결하고 명료하게 써야 한다. 공공기관이 사용하는 언어는 국민의 권리 및 의무와 직접 관련이 있으므로 훨씬 더 쉽고 정확하게 써야 한다. 공공언어에 어려운 말, 잘못된 말, 불필요한 외국어, 지나치게 어려운 한자어가 없는지 되돌아보고, 쉽고 바른 공공언어를 써서 국민에게 다가가도록 해야 한다.

| | 수정 전 | 수정 후 |
|---|---|---|
| ① | 클러스터 | 산학 협력지구/연합 지구/협력지구 |
| ② | 차년도 | 다음 연도/다음 해 |
| ③ | 우리의 목표는 조국통일에 있다 | 우리의 목표는 조국 통일이다 |
| ④ | BI | 비아이(BI)/대표 이미지 |
| ⑤ | 오피니언 리더 | 여론 수집자 |

모듈형

**11** **다음은 국민건강보험공단에서 실시한 〈노인장기요양보험 체험 수기 · 사진 공모전〉에 관한 자료이다. 보기에서 수정되어야 할 내용이 아닌 것은?**

국민건강보험공단(이사장 김용익)은 감동적인 장기요양서비스 체험사례를 발굴 · 전파하여 노인장기요양보험 제도의 우수성을 알리고 국민과 함께 하는 따뜻한 장기요양보험을 만들기 위하여 '2019년 노인장기요양보험 체험수기 및 사진 공모전'을 실시한다고 밝혔다.

○ 이번 공모는 장기요양서비스를 이용한 어르신과 그 가족 및 어르신에게 서비스를 제공하는 장기요양 기관 종사자 등 전 국민을 대상으로 실시하며, 서비스 제공과정에서의 미담 사례나 감동적인 현장 등을 주제로 '체험수기 분야'와 '사진 분야'로 나누어 실시한다.

○ 이번 공모의 심사기준은 내용의 충실성이다.

○ 공모전은 3월 27일부터 4월 15일 18시까지 '노인장기요양보험 홈페이지' 및 '한국일보 홈페이지'에서 접수하며, 당선작은 외부 전문가 등으로 구성된 심사위원회에서 결정하고 6월 중 '노인장기요양보험 홈페이지'를 통해 발표한다.

○ 체험수기 분야 최우수 당선자에게는 상금 100만 원, 사진 분야 최우수 당선자에게는 상금 50만 원 등 총 30명에게 상금 970만 원과 상장을 수여하며, 당선작은 홈페이지 게시 및 작품집으로 발간하여 장기요양 기관 등 관계기관 등에 배포할 예정이다. 건보공단 관계자는 "소중한 체험을 경험하신 분들의 많은 참여를 기대하며, 앞으로도 노인장기요양보험 제도를 더욱 발전시키고 제도의 우수성을 알리는 데 최선을 다하겠다."라고 밝혔다.

○ 자세한 사항은 노인장기요양보험 홈페이지(www.longtermcare.or.kr)를 참조하거나 공모전 담당자[☎(033)736-3690~3692, 3680]에게 문의하면 된다.

**2024년 노인장기요양보험 체험수기 및 사진 공모전**

■ 공모일정 3월 27일부터 4월 15일 18시까지
■ 공모내용 ① 서비스 제공과정에서의 미담 사례
② 감동적인 현장 등을 주제로 '체험수기 분야'와 '사진 분야'
■ 참가자격 ① 장기요양서비스를 이용한 노인과 그 가족
② 노인에게 서비스를 제공하는 장기요양 기관 종사자
■ 출품방법 인터넷 접수(노인장기요양보험 홈페이지 및 한국일보 홈페이지)
■ 심사발표 '노인장기요양보험 홈페이지'를 통해 발표 (6월 중. 날짜 미정)
■ (　　　　) 내용의 충실성
■ 시상내용 ① 체험수기 분야 최우수 당선자에게는 상금 100만 원
② 사진 분야 최우수 당선자에게는 상금 50만 원
※총 30명에게 상금 970만 원과 상장을 수여하며, 당선작은 홈페이지 게시 및 작품집으로 발간하여 장기요양 기관 등 관계기관 등에 배포 예정

■ 문 의 처 노인장기요양보험 홈페이지(www.longtermcare.or.kr)
담당자[☎ (033)736–3690~3692, 3680]
■ 주 관 건보

① 3월 27일부터 4월 15일을 3. 27~4. 15로 고친다.
② (   ) 안에 들어갈 적절한 단어는 심사방법이다.
③ 인터넷 접수 시에 필요한 한국일보 홈페이지 주소도 써야 한다.
④ 시상내용 부분에서 '~에게는'이라는 표현은 불필요하므로 빼도록 한다.
⑤ 마지막 부분(주관)에 기관명을 쓸 때는 줄이지 말고 국민건강보험공단으로 쓴다.

피듈형

**12** **다음 보도자료의 밑줄 친 부분을 바르게 수정한 것으로 적절하지 않은 것은?**

**「공공기관 온실가스 최적 관리 시스템」**
**시범 보급으로 본격적인 온실가스 감축 유도**

○○부(김○○ 장관)는 지자체의 온실가스 감축 기반 시설을 강화하기 위하여, 올해 말까지 5개 광역시를 대상으로 「 공공기관 온실가스 최적 관리 시스템 」을 시범적으로 보급한다고 밝혔다. IT 기반의 「 공공기관 온실가스 최적 관리 시스템 」은 ○○부 차세대 핵심 환경 기술 개발사업의 하나로 20xx년 초부터 관련 시스템을 개발해 왔다. 특히, ○○시는 자체적으로 올해 상반기에 이미 관내 150여개 공공기관의 온실가스 배출량 자료를 원단위로 분석해 왔고, 하반기에는 이 시스템을 본격 운영할 예정이어서, ○○시의 이러한 사례는 다른 지자체에 모범사례로 활용할 전망이다. 이 시스템은 부문별한 배출량 증감 유형 및 각 인자의 상관관계 예측·분석 결과와 온실가스 감축 수단에 따른 저감 시나리오를 제공하여 해당 기관의 감축 목표를 체계적으로 관리할 수 있다. 이에, ○○부는 이번 시범 사업을 계기로 내년부터는 「 지자체 단위 」 온실가스 관리 시스템을 보급, '지자체별 온실가스 배출 목록' 및 '지자체 기후변화 대응 대책'과도 연계하여 활용할 수 있도록 준비해 나간다는 방침이다.

① 김○○ 장관 → 장관 김○○
② IT → 정보기술
③ 하나로 → 일환으로
④ 150여개 → 150여 개
⑤ 원단위로 → 원 단위로

피듈형

**13** 다음은 팀장 김길동이 신입 사원 김영수에게 한 말이다. 다양한 의사 표현법 중 어떤 화법에 해당하는가?

> 김영수 씨 이번에 올린 이벤트 관련 보고서 잘 봤어. 아주 핵심적인 내용이 잘 요약되어 있고, 편집도 잘되어서 보기 좋았어. 더군다나 신입 사원임에도 불구하고 본인의 생각이 담겨 있어서 나름 좋았어. 그렇지만 옥에 티랄까? 보고서에 비문이 많고 오탈자도 눈에 띄었어. 내가 시간을 너무 촉박하게 줘서 급히 하다 보니 그럴 수도 있을 텐데 이러한 부분을 좀 더 세심하게 본인이 확인하고 보고서를 올리면 더 좋을 것 같아. 앞으로 우리 팀에서 큰 역할을 할 것 같아. 다른 부분은 아주 좋았어. 고생했어.

① 설득 화법
② 샌드위치 화법
③ 회유 화법
④ 칭찬 화법
⑤ 압박 화법

피듈형

**14** 다음은 효과적인 경청 방법에 관한 대화이다. 이를 바탕으로 (가)~(마) 경청 방법이 순서대로 기술된 것은?

> (가) 나는 대화를 하는 동안 시간 간격이 있으면 다음에 상대방이 무엇을 말할 것인가를 추측하려고 노력하는 편이야.
> (나) 난 상대방이 전달하려는 메시지가 무엇인가를 생각해 보고 내 삶이나 목적 혹은 내 경험과 관련지어 보는 편이야.
> (다) 나는 상대방이 말한 것에 관해 이야기하고 질문을 던져 이해를 명확히 하고자 하는 편이야.
> (라) 대화 도중에 주기적으로 대화의 내용을 요약하면 상대방이 전달하려는 메시지를 이해하고 그 사람의 생각과 정보를 예측하는 데 큰 도움이 되지.
> (마) 질문을 하려고 하면, 경청을 적극적으로 하게 되고 집중이 높아지는 편이야.

① 예측하기 – 나와 관련짓기 – 판단하기 – 요약하기 – 조언하기
② 예측하기 – 나와 관련짓기 – 반응하기 – 요약하기 – 질문하기
③ 짐작하기 – 나와 관련짓기 – 판단하기 – 요약하기 – 조언하기
④ 짐작하기 – 나와 관련짓기 – 반응하기 – 넘어가기 – 질문하기
⑤ 예측하기 – 나와 관련짓기 – 반응하기 – 요약하기 – 조언하기

피듈형

**15** **다음의 사람 중 경청을 방해하는 습관을 지닌 사람들로 바르게 묶은 것은?**

> 영수 : 나는 대화를 하는 동안 시간 여유가 있으면 다음에 상대방이 무엇을 말할 것인가를 추측하려고 노력하는 편이야.
> 철수 : 나는 상대방의 말을 믿고 받아들이기보다 내 생각에 들어맞는 단서들을 찾아내 생각을 확인하는 편이야.
> 영희 : 난 상대방이 전달하려는 메시지가 무엇인가를 생각해보고 내 삶이나 목적 혹은 내 경험과 관련지어 보는 편이야.
> 다원 : 나는 상대방이 말한 것에 관해 이야기하고 질문을 던져 명료하게 이해하고자 하는 편이야.
> 은구 : 난 대화가 너무 사적이거나 위협적이면 주제를 바꾸거나 농담으로 넘기려는 경향이 있어.
> 민혜 : 대화 도중에 주기적으로 대화의 내용을 요약하면 상대방이 전달하려는 메시지를 이해하고 그 사람의 생각과 정보를 예측하는 데 큰 도움이 되지!
> 길수 : 난 다른 사람의 문제를 내가 해결해 주고자 하는 성향이 있는 편이야.
> 민혁 : 질문을 하려고 하면, 경청을 적극적으로 하게 되고 집중력이 높아지는 편이야.
> 한나 : 나는 처음에는 상대방의 말을 듣고 있다가도 내가 다음에 할 말을 생각하느라 상대방이 말하는 것을 잘 듣지 않는 것 같아.

① 영수, 철수, 다원, 은구
② 영수, 철수, 길수, 한나
③ 철수, 은구, 길수, 한나
④ 철수, 다원, 길수, 민혁
⑤ 영수, 영희, 다원, 민혜

피셋형

**16** 지하철 전 역사에서 부정 승차 단속 캠페인을 벌이고 있다. 다음은 그중의 일부 내용을 옮긴 것이다. 다음 사람의 대화 중 내용을 잘못 이해한 사람은?

부정 승차는 범죄행위입니다. 지하철 전 역사에서 부정 승차를 집중 단속합니다. 단 한 번의 부정 승차도 철도사업법 제10조에 의해 30배의 부가금이 부과되며, 형법 제348조의 2 등에 따라 처벌받을 수 있습니다. 부정 승차 모니터링 시스템을 통하여 과거 사용분까지 소급하여 부과하고 있습니다. 부정 승차란 승차권 없이 전철을 이용하거나 승차장으로 들어선 경우, 무임 대상이 아닌 사람이 우대용 교통카드를 이용하는 경우, 성인이 청소년이나 어린이용 요금을 내고 전철을 탄 경우입니다. 신분에 맞는 교통카드를 이용해 주세요. 표시가 없는 것은 일반용이며, 파랑은 청소년, 초록은 어린이, 빨강은 경로, 노랑은 유공자 혹은 장애인용입니다. 부정 승차 적발 시 승차 구간의 1회권 운임과 그 30배의 부가금을 징수합니다. 또한, 과거 부정 사용권에 대해서도 소급하여 누적 징수합니다. 부정 승차 처벌 법령에 따르면 편의시설 부정 이용죄(형법 제348조의 2)에서는 3년 이하의 징역 또는 5백만 원 이하의 벌금 등으로 되어있습니다. 또한, 무임 승차 시에는 경범죄 처벌법 제3조 제1항 제39호에 의해 10만 원 이하의 벌금 등이 부과될 수 있습니다.

영수 : 부정 승차를 하다 잘못하면 범법자가 될 수도 있겠네.
철수 : 승차권 없이 승차장으로 들어섰지만, 전철을 타지 않았다면 부정 승차는 아니겠지?
영희 : 손자가 어린이용 승차권이 있어 할아버지께 드렸고 할아버지는 그것을 이용했다고 하네. 이 경우 설마 부정 승차는 아니겠지?
다원 : 기본요금이 1,350원이면 부정 승차 적발 시 부가금으로 최소한 40,500원을 내야 하네.
은구 : 과거까지 어떻게 알겠어. 소급 적용한다는 것이 말이나 돼? 공연히 해 보는 소리겠지!

① 영수, 철수, 영희, 다원, 은구
② 철수, 영희, 다원, 은구
③ 영수, 영희
④ 다원, 은구
⑤ 철수, 영희, 다원

피듈형

**17** **멘토인 김 대리가 멘티인 이 사원에게 의사소통에 대해 멘토링한 아래의 내용 중 잘못 멘토링한 것은?**

(가) 보고할 때는 항상 보고 대상자가 누구인지를 생각하고, 무슨 메시지를 전할지 생각해야 해. 그리고 무슨 방법으로 할 것 인지도. 예를 들어 팀장에게 보고하는 것하고 그룹의 회장님께 보고하는 것이 같을 수는 없겠지.

(나) 의사소통이란 서로 다른 프레임워크를 가지고 있는 사람들이 공통으로 공유할 수 있는 의미와 이해를 만들어내기 위해 서로 언어 또는 문서만으로 상호 노력하는 과정이지. 일방적인 말하기가 되지 않도록 의사소통의 정확한 목적을 알고 의견을 나누는 자세가 필요할 거야.

(다) 상대방의 잘못을 지적할 때 샌드위치 화법을 사용하는 것도 한 방법일 거야. 샌드위치 화법이란 칭찬의 말 + 질책의 말 + 격려의 말의 구조로 이야기하는 것인데 마치 샌드위치처럼 질책을 가운데에 두고 칭찬을 먼저 한 다음 끝에 격려의 말을 하는 방법이야.

(라) 비즈니스 세계에서는 결론을 먼저 이야기하는 것도 좋은 방법이 되지. 모두 머리가 복잡하고 바쁘니까. 그리고 듣는 사람으로서는 결론을 먼저 아니까 안심이 되지. 상대방에 대한 배려가 될 수 있어.

(마) 의사소통에서 매우 중요한 것이 경청하는 것이지. 그리고 적극적으로 반응을 하는 것이고 아울러 좋은 질문을 할 수 있어야 해. 좋은 질문을 할 수 있다는 것은 그만큼 경청했고 의사소통하고 있는 주제나 상대방에 관해 관심이 있다는 것이겠지.

① (가)
② (나)
③ (다)
④ (라)
⑤ (마)

피듈형

## 18 다음의 문맥상 가장 적절한 접속사로 연결된 것은?

르네상스 시대는 오감의 균형을 최고의 가치로 삼았다. 그 대표적인 인물이 레오나르도 다 빈치이다. 다 빈치는 자타가 공인하는 균형 잡힌 오감의 인물이었다. 반면 근대로 들어오면서 오감의 불균형 시대가 열렸다. 오감 중에서 시각의 우위 시대에 접어든 것이었다. 근대의 이성주의와 합리주의에 매몰되면서 시각 주의가 탄생하게 되었다. 즉, 보는 것이 믿는 것이다(To see is to believe)라는 명제가 최고의 가치로 자리 잡게 되었다. 다시 말해서 보이는 것이 곧 믿을 수 있는 것이 되었다. 시각 주의의 대표주자로 인쇄술을 발명한 구텐베르크를 들 수 있다. 주지하다시피 인쇄된 활자는 선형으로만 읽힌다. 이것은 인간의 사고 패턴을 선형적으로 만드는 데 결정적인 역할을 하게 되었다. 세상은 비선형적으로 움직이는데 우리는 선형적인 사고를 하면서 살아왔다. 오감의 융합에 근거한 상상력이 최후를 맞이하게 되었다.

(가)________ 4차 산업혁명과 더불어 찾아온 디지털 시대가 되면서 다시 상황이 역전되고 있다. 다양한 기술을 통해 균형 잡힌 감각의 융복합이 가능해지고 있다. 본래 인간은 이, 목, 구, 비, 촉의 다양한 감각 능력을 복합적으로 처리하고 표출할 수 있는 존재이다. (나)________ 새로운 디지털 미디어의 출현으로 이 같은 오감 능력이 시공간의 제약을 넘어 전달되고 또한 재현되고 있는 것이다. 인간이 미디어를 발명한 것은 시공간을 초월해서 의사소통하기 위한 것이었다.

(다)________ 아날로그 미디어는 오감을 한꺼번에 저장하고 전달할 수 없었기 때문에 이것을 분리해서 각각 확장했다. 이와 대조적으로 디지털로 인하여 몸 안에서 뒤섞인 감각의 융합을 몸 바깥에서도 자유자재로 저장하고 전달하고 확산시키는 것이 가능해졌다. 디지털이 아날로그보다 더 감각적이라 말하는 것도 이 때문이다.

| | (가) | (나) | (다) |
|---|---|---|---|
| ① | 그리고 | 그리고 | 하지만 |
| ② | 그리고 | 그리고 | 그럼에도 불구하고 |
| ③ | 그러나 | 반면 | 하지만 |
| ④ | 그러나 | 그리고 | 하지만 |
| ⑤ | 그러나 | 반면 | 그럼에도 불구하고 |

피듈형

**19** 다음의 (가), (나)에 들어갈 수 있는 가장 적절한 접속사는?

디지털 네이티브(Digital native)란 태어나서부터 자연스럽게 디지털 언어와 기기들을 사용함으로써 디지털 친화적인 형태와 사고하는 세대를 말한다. 2001년 프렌스키(Prensky)가 처음 사용하면서 널리 사용되게 되었다. 디지털 네이티브는 자유와 도전정신을 가지고 필요한 정보를 습득하기 위해 인터넷을 적극적으로 활용하고 만족한 결과를 얻을 때까지 인내하고 집중하는 경향이 높다. 그리고 디지털기기 사용 시 요구되는 멀티 태스킹(Multi-tasking)이 익숙하다. 개성이 강해서 오프라인에서 팀워크 형성이 어려움을 겪는다. 반면 온라인에서는 적극적인 협업의 형태를 보인다. 학습 과정 없이 본능적으로 디지털기기를 사용하고 생활 속 깊이 디지털화되어 있어서 다른 소비자 세그먼트와 완전히 구분되는 디지털 라이프스타일을 가지고 있다. (가)________ 디지털 이민자는 디지털 네이티브처럼 태어나서부터 디지털화가 된 것이 아니라, 디지털화의 필요성을 인식하고 학습의 결과로 디지털 언어와 기기들을 사용하고 이를 통해 디지털 친화적인 형태와 사고를 가진 세대이다. 아날로그 세대의 엑센트가 남아있어서 디지털 작업과 디지털 사용 시에도 일부 아날로그 방식의 행태들을 보인다. 디지털 네이티브와 디지털 이민자와의 구분하는 간단한 방법은 다음과 같다. PC로 작업한 문서를 출력 과정 없이 모니터에서 바로 수정 작업을 하면 디지털 네이티브이다. 반면 출력해서 수정하면 디지털 이민자이다. (나)________ 재미있는 인터넷 게시글을 보면 모니터로 사람들을 불러 모으거나, 스마트폰으로 사람들에게 보여 주면 디지털 이민자이다. 반면에 게시글 URL을 메신저로 공유하면 디지털 네이티브라 할 수 있다.

| | (가) | (나) |
|---|---|---|
| ① | 또한 | 그러나 |
| ② | 또한 | 그리고 |
| ③ | 그러나 | 한편 |
| ④ | 그리고 | 그러나 |
| ⑤ | 반면 | 그리고 |

[20～21] **다음 글을 읽고 물음에 답하시오.**

코로나 팬데믹 상황에서도 국가 간 무역 거래는 활발하게 이루어지고 있다. 무역 거래를 위해서는 다음과 같은 3가지 단계를 거치게 된다. 첫째, 해외시장 조사 단계이다. 어떤 물품을 (가)_____ 할 것인지를 고려하여 (가)_____ 하고자 하는 물품을 선정한 후 그 물품이 어느 시장에서 어느 만큼 판매 또는 구매될 가능성에 관하여 해외시장 조사를 수행하게 된다. 둘째, 예비 교섭 단계이다. 해외시장 조사를 거쳐 (나)_____ 시장이 결정되면 (나)_____ 시장의 어느 거래처와 거래를 수행할 것인지에 대하여 다수의 거래처를 선정하고, 선정된 다수의 거래처에 거래 권유장을 발송한다. 거래 권유장은 문화, 관습, 역사, 언어가 다른 외국인에게 자사를 처음으로 소개하는 편지이므로 상대방이 구매 의욕을 불러일으키고 좋은 인상을 가질 수 있도록 개성과 진실성 있게 작성해야 한다. (____________________).

거래개시의 희망 사항, 자사의 업종, 취급 품목, 영업상태, 신용 상태 및 거래국가, 자국 내에서의 자사의 지위, 경험, 생산 규모, 거래방식, 가격조건, 결제조건 등의 거래 조건을 명시하고 상대방을 통하여 시장을 개척하고자 한다는 점을 간접적으로 표현한다. 거래 권유장을 (다)_____ 한 상대방이 거래하고자 하는 의사표시인 조회를 해오면 이에 대하여 거래 조회에 대한 (라)_____ 을(를) 하고 상호 간의 신용조사가 행해진다. 셋째, 계약 성립단계이다. 거래상대방의 신용장을 조사한 결과 신용이 양호하다고 판단되면 계약을 성립시킬 목적으로 거래상대방에게 (마)_____ 의 의사표시를 하고, 이 (마)_____ 에 따라 거래상대방이 승낙을 해오면 계약이 성립한다. 한편, (마)_____ 과(와) 승낙의 과정을 거치지 아니하고 거래상대방이 주문을 해오는 경우, 매도인이 이 주문에 따라 주문승낙을 한다면 계약이 성립하게 된다.

피셋형

**20 ( )에 들어갈 내용으로 가장 적절한 것은?**

① 거래 조회 요청 시 주의 또는 포함되어야 할 사항은 다음과 같다.
② 거래 권유장 작성 시 주의할 사항은 다음과 같다.
③ 거래 권유장에 포함될 주요 내용은 다음과 같다.
④ 거래 청약의 의사표시 시 포함될 주요 내용은 다음과 같다.
⑤ 매도인이 주문에 따라 주문 승낙 시 포함되어야 할 주요 내용은 다음과 같다.

피셋형

**21 위의 지문에서 (가), (나), (다), (라), (마)에 들어갈 가장 적절한 말을 순서대로 나열한 것은?**

① 취급 – 목적 – 인수 – 회신 – 제의
② 판매 – 목표 – 수취 – 회신 – 제의
③ 취급 – 목적 – 수취 – 회신 – 청약
④ 취급 – 목표 – 수취 – 회신 – 청약
⑤ 판매 – 목표 – 인수 – 회신 – 청약

[22~23] **다음 글을 읽고 물음에 답하시오.**

**제1장 서론**
1. 연구 배경과 목적
2. 선행연구 검토
3. 연구 범위와 내용

**제2장 농촌 빈집 관련 법 · 제도 및 정책 현황**
1. 빈집 관련 법 · 제도
2. 중앙정부의 정책 및 사업 현황
3. 지방자치단체의 정책 현황
4. (　　　　　　　　　　)
5. 연구 이슈 도출

**제3장 전국 농촌 빈집 실태 분석**
1. 농촌 실태 분석의 개요
2. 전국 농촌 빈집 현황
3. 지역별 농촌 빈집 현황
4. 시사점

**제4장 농촌 마을 빈집 현황 및 활용 사례**
1. 사례 마을의 빈집 현황
2. 농촌 빈집 활용 사례
3. 종합과 시사점

**제5장 농촌 빈집 정책의 방향과 과제**
1. 해외 정책 사례
2. 농촌 빈집 정책 수립 방향
3. 법 · 제도 및 정책 개선과제

**제6장 요약 및 결론**
1. 연구 요약
2. 연구 한계와 향후 과제

〈보기〉

1. 우리나라에서 농촌 빈집 정비와 관련된 정책 및 사업은 다음과 같다. 우선 「농어촌정비법」에 근거한 '농어촌주택개량 사업' 및 귀농, 귀촌 지원사업의 일환으로 추진되는 '농촌빈집정비사업'이 대표적이다. 이와 더불어 지역개발사업의 맥락으로 농림축산식품부의 '일반농산어촌개발사업'과 국가균형발전위원회의 '취약지역 생활여건개조사업'이 추진되고 있다. 일반농산어촌개발사업 중 농촌 빈집과 관련된 사업은 기초생활 기반 확충 차원의 빈집 철거 및 수리지원, 유휴시설 활용 임대주택 조성 등이 있다. 취약지역 생활여건 개조사업에서 빈집 정비는 철거 방식으로 제한되지만, 타 부처 사업과 연계를 할 수 있도록 마중물 역할을 한다. 농식품부의 농촌 빈집 실태조사에서는 파악된 빈집 정보를 귀농, 귀촌 종합센터 등 관계기관에서 제공하고 있으나 농촌 빈집에 대한 실효성 있는 정보를 제공하지 못한다는 평가를 받고 있다.

2. 농촌 빈집을 포함한 주거 정책 사무가 중앙정부에서 지자체로 이양됨에 따라, 각 지자체는 지역 여건에 맞추어 빈집 정비와 활용 정책을 수립하고 있다. 그러나 지자체 수준의 빈집 대책은 구체적인 역할과 범위가 명확히 제시되지 않고, 부서별로 담당 업무가 분산되어 있으며, 지역 단위 빈집 정보 구축이 원활하지 않아 혼란을 일으키고 있다.

피셋형

**22** **농촌 빈집 실태와 정책 과제 보고서를 작성하기 위한 목차이다. 보기의 내용을 고려할 때 목차의 (    ) 부분에 들어갈 내용으로 가장 적절한 것은?**

① 귀농 귀촌 관련 종합센터 현황
② 중앙정부와 지방정부의 역할 분담
③ 현행 빈집 정책의 한계 및 시사점
④ 농촌 빈집 관련 제도 및 정책의 변천사
⑤ 농촌 빈집 정책 관련 중앙정부와 지방정부의 역학 관계 변화

피셋형

**23** **다음은 위의 농촌 빈집 실태와 정책 과제 보고서의 일부 내용이다. 목차를 고려했을 때 설명하고 있는 부분은?**

빈집 관련 사업이 제대로 연계되지 않으며, 추진 주체 간 협력 및 역할 분담이 미흡하다. 현행 빈집 정비사업은 대체로 철거 위주로 추진되지만, 철거 이후 나대지는 대부분 방치되고 있다. 마을 주민들이 철거된 대지에 귀농인의 집, 마을 체험 시설을 조성하는 등 다양한 정부 사업을 연계하여 마을 활성화에 기여하는 사례를 찾을 수 있었으나, 이는 일부에 불과하다. 이러한 마을 공동체의 자발적 실천 활동을 체계적으로 지원하기 위한 중앙정부 및 지자체 차원의 노력이 절실하다. 특히 지자체는 빈집 실태 파악 및 철거, 활용 대책 수립과 관련하여 여러 부서로 분산된 사업 전반을 기획하고 업무를 일원화하는 등 정책 추진 체계를 정비할 필요가 있다.

① 제3장 전국 농촌 빈집 실태 분석 4. 시사점
② 제4장 농촌 마을 빈집 현황 및 활용 사례 2. 농촌 빈집 활용 사례
③ 제4장 농촌 마을 빈집 현황 및 활용 사례 3. 종합 및 시사점
④ 제5장 농촌 빈집 정책의 방향과 과제 2. 농촌 빈집 정책 수립 방향
⑤ 제5장 농촌 빈집 정책의 방향과 과제 3. 법 · 제도 및 정책 개선과제

피셋형

**24** **다음 (가)~(라) 글에 대한 설명으로 옳지 않은 것은?**

(가) 최근 지속해서 발생하고 있는 공직자의 부패 · 비리 사건으로 인해 공직에 대한 신뢰 및 공직자의 청렴성이 위기 상황에 직면해 있으며, 이는 공정사회 및 선진 일류국가로의 진입을 막는 최대 장애 요인으로 작용하고 있으나 이를 효과적으로 규제하기 위한 제도적 장치가 미비한 상태입니다.

(나) 「부정청탁 및 금품 등 수수의 금지에 관한 법률」 일명 김영란법(이하 "청탁금지법"이라 함)은 공직자 등의 공정한 직무 수행을 저해하는 부정청탁 관행을 근절하고, 공직자 등의 금품 등의 수수행위를 직무 관련성 또는 대가성이 없는 경우에도 제재할 수 있도록 하여 공직자 등의 공정한 직무 수행을 보장하고 공공기관에 대한 국민의 신뢰를 확보하기 위해 제정되었습니다.

(다) 공직자 등이 업무와 관련된 부정청탁을 받거나 금품 등을 수수한 경우 직무 수행의 공정성이 저해되므로, 공직자 등이 위반행위 신고 등 청탁금지법에 따른 조치를 함으로써 불이익을 당하지 않도록 보호하고자 합니다.

(라) 공직자 등이 수행하는 다양한 직무들은 대부분 공적인 정책의 결정 및 집행 등과 관련한 것들로 공적 정책들은 이해관계에 실질적인 영향을 미치므로 이해관계자들이 민감하게 반응합니다. 또한, 공직자 등은 법적인 권위에 근거하여 국가 운영과 관련한 다양하고 실질적인 권한을 행사하면서 다양한 주체들에 대한 영향력이 존재하여 공정한 직무 수행에 위협이 있을 수 있는 상황입니다. 공직자 등이 수행하는 직무의 특성에 비추어 국가나 공공기관의 책무 및 역할이 매우 중요하며 직무를 직접 수행하는 공직자 등의 자세도 중요합니다.

출처 : 생활법령 법제처

① (라)의 글은 (다) 글을 뒷받침해주고 있다.
② (가)에서 문제점을 밝히고 (나) 해결책을 제시하였다.
③ (다)는 공직자의 보호, (라)는 공직자 등이 수행하는 직무의 특성에 대하여 설명하고 있다.
④ 전체 글의 제목으로 '공공기관에 대한 국민 신뢰 확보'가 적절하다.
⑤ (라)의 글 다음으로 청탁금지법에 따른 국가의 책무와 공직자의 의무가 올 수 있다.

피셋형

**25** **다음 글을 논리적인 순서에 맞게 배열한 것은?**

> (가) 개인 건강정보의 발달 배경은 2010년대 급격한 스마트폰의 보급과 인터넷의 발달, 클라우드 및 사물인터넷 등의 기술 발전에 따라 개인이 건강기록을 관리할 수 있는 환경으로 변화되었기 때문이다.
>
> (나) 개인 건강정보란 기관이 주체가 되어 건강관리를 하는 것이 아니라 개인 스스로 건강을 관리하는 시스템을 의미하는 것으로 스마트폰 및 웨어러블 기기 등을 통해 수집한 체중, 혈당, 심박수 등의 생체정보를 취합해 사용자 스스로 열람하고 관리할 수 있는 것을 말한다.
>
> (다) 개인 건강정보(PHR)를 수집하는 웨어러블 기기 중 현재 시장점유율이 높은 제품은 활동량 측정계와 스마트워치이며 건강관리제품으로 인해 헬스케어 산업 내 쉽게 침투한 경향이 있다.
>
> (라) 이러한 변화는 기존 의료 서비스 기관에서 치료를 받던 '수동적 소비자'에서 자신의 건강을 책임질 수 있는 방법을 획득하여 스스로 건강을 직접 관리할 수 있는 '능동적 소비자'로서의 전환을 의미한다.
>
> (마) 현재는 개인에게서 생성되는 생체정보만을 중심으로 논의하고 있지만 향후 PHR은 개인 건강과 관련된 의료정보(의료기관), 건강검진 정보(공공기관) 등을 모두 포함하는 개념으로 확대 발전이 가능하다.
>
> 출처 : 과학기술정책연구원

① (가) – (마) – (나) – (다) – (라)
② (다) – (가) – (나) – (마) – (라)
③ (나) – (다) – (가) – (라) – (마)
④ (나) – (가) – (다) – (라) – (마)
⑤ (가) – (나) – (다) – (마) – (라)

피셋형

## 26 다음 빈칸에 들어갈 문장을 〈보기〉에서 골라 순서대로 바르게 나열한 것은?

의학과 의료기관의 패러다임이 변하고 있다. 질병 치료가 처음에는 의료진의 직관에 근거한 실험의 영역에 놓여 있었지만, 기술의 발달로 통계와 확률의 영역인 경험 의학으로 이행되게 되었다. 오랫동안 경험 의학 혹은 근거 기간 의학에 머물러 있던 의학 패러다임이 최근 빅데이터, 인공지능, 유전자 분석 등의 혁신적인 기술과 만나면서 정밀의학, 개인 맞춤 의료, 예방의학으로 발전하고 있다.

근거 중심 의학이란 행동과 결과의 상관관계가 일정하게 나타나서 진단 및 치료를 통계와 확률적 판단에 근거하는 것으로 예를 들면, 특정 약물에 대한 환자의 회복 가능성은 55% 정도라고 예측하고 이를 기반으로 투약 여부를 결정하는 것이다. 이러한 성공 가능성은 특정 질병–특정 원인–특정 치료법이라는 진단–치료 모델을 근거로 한다. ( ㉠ ) 진단–치료 모델에서 제외된 것이 있는데 바로 환자 개인의 특이성이다. 각 질병에 대한 일반적인 치료법은 일정 정도의 성공 가능성을 가지지만 반대로 말하면 일부 사람들에게는 효과가 전혀 없다는 말과 같다. 현재 질환별 치료제의 평균 약물 반응성은 관절염 약의 경우 50%, 알츠하이머 30%, 암 관련 약의 경우 25% 수준이다. ( ㉡ ) 정밀한 진단을 위한 선결 조건은 근거 중심 의학에서 놓치고 있었던 환자 개인의 특이성을 아는 것이다. 즉, 개인마다 다른 유전적 요인과 환경적 요인 등을 사전에 인지해 개별 환자에게 맞는 최적화된 치료법을 제공하는 것이 필요하다. ( ㉢ ) 이러한 패러다임의 변화가 가능하게 된 동인은 유전자 정보기술로 환자와 일반 소비자 개인의 유전체 정보 획득이 가능해졌으며 병원 의료 정보시스템, 의료영상 기술과 의료정보 기술의 발전으로 환자의 진단, 처방과 진료 내역이 모두 저장되어 있어 과거 병력과 진행 상황을 파악할 수 있게 되었다. 이와 함께 최근 나노기술, 센싱기술, 웨어러블기술로 개인의 생활습관에 대한 기록과 수집이 가능해졌기 때문이다.

〈보기〉

(가) 환자는 일반적으로 인정된 치료법이 본인에게 효과가 있을지 없을지 알 수 없지만, 질병을 치료하고 관리하기 위해서 계속 비용을 지출할 수밖에 없는 실정이다.

(나) 지금까지는 모든 인간을 같게 가정하고 치료했다면 정밀의학은 유전체 분석을 통해 그룹별로 구분하고 맞춤 의료를 제공하는 것이다.

(다) 예를 들어, 인슐린 분비의 장애를 원인으로 하는 당뇨병의 경우, 인슐린을 외부에서 투입하는 방식으로 치료하고, 관상동맥 막힘을 원인으로 하는 심근경색은 스텐트(stent) 삽입 혹은 혈관 이식을 통한 혈액 관류를 확보함으로써 치료하는 것이다.

| | ㉠ | ㉡ | ㉢ |
|---|---|---|---|
| ① | (가) | (나) | (다) |
| ② | (다) | (가) | (나) |
| ③ | (나) | (가) | (다) |
| ④ | (가) | (다) | (나) |
| ⑤ | (다) | (나) | (가) |

피셋형

## 27 다음 제시문을 읽고 각 단락의 제목을 잘못 연결한 것은?

(가) 2018년 말 기준, 모든 범죄에 대해 사형제를 법적으로 폐지한 국가는 106개국, 법적 또는 실질적 사형 폐지국은 142개국이다. 42년 전, 전 세계에서 사형제도를 폐지한 국가가 16개였던 것을 고려하면 해가 갈수록 사형을 폐지하는 국가는 늘고 집행하는 국가는 줄어드는 경향을 확인할 수 있다. 전 세계에서 사형 폐지를 위한 실질적인 노력이 이루어지고 있음에도 한국은 여전히 사형제도를 가지고 있는 국가 중 하나이다. 한국도 이런 국제적인 흐름을 모르는 것이 아니지만 여전히 사형제도의 존치를 주장하는 사람들이 있기 때문이다. 사람들이 여전히 사형제를 지지하는 이유 중 하나는 사형제에 대한 정확한 정보가 부족하기 때문이다. 무고한 사람이 사형을 당할 수도 있고, 공정한 재판을 받지 못하거나 제대로 된 변호를 받지 못해 사형을 당할 수도 있지만 이러한 문제점을 인식하고 있는 사람은 많지 않다.

(나) 영국은 1966년 사형을 폐지했는데, 이후 20년간 살인사건이 그 전 20년보다 60% 증가했다(김영옥, 박사학위논문). 더욱이 1급(계획)살인과 2급(우발)살인의 비율이 28대72에서 41대59로 바뀌었다고 한다(케네스 월핀). 사형제에 의해 범행이 억제될 가능성이 큰 것은 계획 살인인데 사형이 폐지되자 훨씬 더 많이 증가한 것이다. 살인범에게 피살당하는 것이 최악의 인권침해라고 볼 때, 살인범죄를 억제함으로써 무고한 피해자를 줄이는 일이야말로 진정한 인권보장이다. 또 상대적으로 경미한 처벌을 받을 때 생길 수 있는 보복범죄 가능성도 줄일 수 있다.

(다) 헌법 제10조에서는 모든 국민은 사람으로서 지니는 가치와 존엄성을 가지며 행복하게 살아갈 권리가 있는 것과 국가는 개인이 지닌 침범할 수 없는 기본적 인권을 확실히 인정하고 이를 보장해야 할 의무가 있음을 밝히고 있다. 국가는 무고한 국민의 인권과 생명을 보장하고 보호해야 하며 약자를 보호할 의무가 있다. 살인범죄의 피해자는 주로 여성과 어린이, 노약자 등이다. 따라서 약자의 인권은 물론 정의와 형평성, 헌법이 보장하는 진정한 평등권을 구현하려면 사형제도는 폐지되어서는 안 된다.

(라) 흉악범죄를 저지른 사람은 당연히 그 행위에 대한 처벌을 받아야 하지만 처벌이 또 다른 살인이 되는 것은 막아야 한다. 그것은 '보복'일 뿐 정의가 아니다. 국가가 진정으로 해야 할 일은 사람을 죽이는 일이 아니라 남겨진 사람들과 피해자 가족들과 사건으로 인해 영향을 받은 많은 시민에게 다시는 이런 일이 일어나지 않게 하기 위한 앞으로의 방침과 대책을 마련하는 것이다. 일부 국가에서는 정치적 반대자를 제거하기 위한 정치적 수단으로 사형을 집행하기도 한다. 김대중 전 대통령은 7, 80년대 군부독재 시절 한 명의 인권활동가로서 표현의 자유를 평화롭게 행사했다는 이유만으로 가택연금과 징역, 암살 시도 등의 수많은 고초를 겪은 후 결국 '내란음모죄'로 사형을 선고받게 된다. 다행히 그는 국제앰네스티와 많은 사람의 도움을 받아 사형을 면하고 석방되었으며, 1997년 한국의 대통령이 되었다.

(마) 사회를 병들게 하는 폭력적인 범죄에 대한 원인과 해결 방법은 복잡하지만 종종 정치인들은 사형이 범죄 문제에 대한 '해결책'이라며 옹호한다. 사형이 효율적인 범죄를 해결책이 될 수 있는가를 생각해보아야 한다. 유엔은 두 차례 사형제도와 범죄억제의 관계를 조사했지만, 그 상관관계를 증명하지 못했다. 마약 관련 범죄에 대한 사형의 적용은 국제법에 위반되는 사항이다. 사형제도가 장기간의 징역형보다 더 강력한 억제 기능을 한다는 어떠한 명백한 근거도 존재하지 않음에도 아시아-태평양 지역 전체 16개 나라 중 10개국은 여전히 마약 관련 범죄에 사형을 적용하고 있으며, 2017년 중동 및 북아프리카 지역에서는 마약 관련 사형집행 건수가 가장 높게 나타났다. 그러나 아태, 중동 및 북아프리카 지역에서 광범위하게 사용되는 엄벌주의식 반마약 조처는 문제 해결에 완전히 실패했다. 오히려 캐나다에서는 사형제도 폐지 후에 살인율이 44%로 감소했고 주(州)마다 다른 제도를 가진 미국은 사형을 폐지한 18개 주의 살인율이 그렇지 않은 주보다 훨씬 낮게 나타났다. 사형제도가 범죄율을 낮춰줄 것이라는 근거 없는 기대로 다른 방안에 대한 고민이 거의 없는 것은 아닌지 되돌아봐야 한다.

① (가) 사형제도 폐지 경향
② (나) 사형제도의 흉악범죄 예방과 감소 효과
③ (다) 사형제도의 약자에 대한 인권보장 기능
④ (라) 사형제 폐지의 수혜자 김대중 대통령
⑤ (마) 사형제도를 대체할 효율적인 범죄억제 방안의 필요성

피듈형

**28** **다음은 ○○○ 공사의 보고서의 일부이다. 보고서의 주제로 가장 적절한 것은?**

현대사회는 옛날보다 더 빠르게 변화하고 있다. 노동시장도 예외는 아니다. 산업의 구조가 바뀌고 직업의 종류가 달라지는가 하면 취업하는 사람들도 예전 같지 않다. 더 많은 이익을 내는 산업은 놀랄만큼 성장하고, 그렇지 못한 산업은 기운이 꺾이는 중이다. 그런가 하면 자동화와 기계화로 특별한 기술이 필요 없는 단순하고 반복적인 일은 대부분 사람 대신 기계가 하고 있다. 역사적으로 기계와 기술의 발전은 몇 번의 산업 혁명으로 나타나기도 했다. 이렇게 사회를 가로지르는 변화는 우리의 삶을 바꾸는 크고 작은 원인이 된다. 미래 직업에 대해 알고 잘 준비하기 위해 먼저 미래에 어떤 산업이 성장하고 어떤 직업이 유망한지 알아야 할 것이다.

직업은 산업구조가 변화하면서 새로 생기기도 하고 사라지기도 한다. 경제가 발전하면 산업도 따라서 번성하고 직업도 변화한다. 개발도상국은 농업을 중심으로 한 1차 산업이 주를 이룬다. 경공업과 중공업을 중심으로 한 2차 산업이 발달한 나라는 경공업과 중공업에 관련된 직업에서 일하는 사람이 많다. 선진국일수록 서비스 산업 중심으로 3차 산업이 발달하고 직업도 서비스업이 많다. 우리나라도 3차 산업인 서비스업의 발달과 확대를 목표로 나아가는 중이다. 그래서 서비스업에서 일하는 사람들이 점점 늘어나고 있다. 최근에는 4차 산업혁명과 관련된 직업이 주목받는 분위기로 직업의 종류도 다양해지고 이전에는 상상하지 못한 새로운 직업이 등장하기도 한다. 이처럼 산업과 경제는 한 몸이다. 여기에서 갈라져 나오는 직업의 성장과 발달은 필연적인 연결고리를 갖는다. 더불어 경제가 나아가는 방향과 발전하는 속도를 판가름하는 데 중요한 단서를 제공한다.

과거와 현재를 바탕으로 하지 않은 미래는 없다. 중장기 인력 수급 전망을 통해 얻은 통계 자료를 바탕으로 현재를 진단하고 보다 나은 미래로 나아가야 할 것이다. 2018년에서 2028년 중장기 인력 공급에는 몇 가지 특징이 있다. 저출산과 고령화의 영향으로 노동력이 부족해지는 현상이 나타나기 시작하고, 베이비붐 세대가 고령층이 됨에 따라 경제활동 인구가 줄어들고 경제활동 참가율도 점점 줄어들 것으로 전망된다. 또한, 고학력화가 심화되어 경제활동 인구에서 저학력자보다 고학력자 수가 많아지면서 노동시장 구조에 변화를 줄 것으로 판단된다. 그리고 청년층과 중년층의 경제활동 참가율이 높아지는 현상과 장년층의 경제활동 참가율이 늘어나지 않는 현상이 동시에 나타나고 청년층과 중년층의 인구는 크게 줄어들지만, 이들 연령대의 일자리 수요는 계속되면서 경제활동 참가율이 늘어날 것으로 전망된다. 그러나 장년층은 인구가 많아져서 경제활동 참가율이 정체될 것이다. 아울러 여성의 학력이 높아지고 경력단절 여성들의 재취업으로 인해 여성의 경제활동 참가율이 크게 높아질 것이다. 따라서 여성 인력은 미래 인력 수급 전체에 미치는 인구의 영향을 확인하는 지표가 될 것이다.

21세기는 직업 유목민의 시대라고 한다. 하루가 다르게 변화하는 현대사회에서 과거의 평생직장 개념은 찾아보기 힘들어졌다. 직업 유목민을 일컫는 잡 노마드는 직업(Job)과 유목민(Nomad)을 합친 말로 직업을 따라 옮겨 다니는 현대인을 유목민에 비유한 것이다. 유목민은 풀과 물이 있는 곳을 찾아 사는 곳을 옮겨 다니며 가축을 길러 생계를 꾸리는 사람들을 말한다. 잡 노마드가 의미하는 현대의 유목민은 첨단화된 기기를 통해 세상과 소통한다. 요즘은 어디에서나 노트북, 휴대전화, 태블릿 패드와 같은 첨단 장비를 이용해 업무를 처리하는 잡 노마드족을 볼 수 있다. 이들은 기기를 이용해 시간과 공간의 제약을 받지 않고 언제 어디서든 필요한 정보를 찾을 수 있다. 또한, 기존의 사회적 가치와 삶의 방식에 얽매이지도 않는다. 그리고 끊임없이 자신을 바꾸면서 자유롭게 직업을 개척하는 것이 일상인 사람들이다. 일을 찾아 옮겨 다니며 '사회에 적응하지 못하는 현상'을 의미했던 말이 지금은 이처럼 자유롭게 이동하며 창의적으로 생활하는 사람을 일컫는 말로 쓰이고 있다. 최근에는 이러한 노마드의 자유로운 생활양식이 다양한 형태로 나타난다. 잡 노마드뿐만 아니라 하우스 노마드(House nomad), 핫딜 노마드(Hot deal nomad)가 그들이다. 지금까지 집은 사람들에게 정착을 의미했다. 그러나 하우스 노마드에게 집은 잠시 머무는 공간일 뿐 정착하는 장소나 소유하는 자산이 아니다. 또 인터넷과 SNS를 통해 정보를 공유하며 쇼핑 순례를 하는 핫딜 노마드도 등장했다. 이처럼 하룻밤 자고 나면 달라지는 사회에 먼 미래를 예측하는 일이 의미가 있을까. 미래는 우리가 상상조차 하지 못하는 일들과 함께 올 수도 있다. 지금 세계를 충격에 빠뜨리고 있는 코로나 19처럼 미래에는 모든 예측을 바꾸어야 하는 또 다른 사건이 기다리고 있을지도 모른다. 이미 심상치 않은 기후와 환경의 변화가 뜻밖의 재앙을 예고하고 있다. 예견된 악재는 많지만, 아직 오지 않은 미래를 걱정한다고 해서 달라지지 않는다. 이것이 전망이 미래를 보장하지 못하는 이유이다. 그러나 전망을 통해 미래를 엿볼 수는 있다. 어떤 변화와 예기치 못한 사건이 생기더라도 세대교체는 이루어지게 된다. 미래에는 더욱 발전된 4차 산업혁명과 함께 개인의 취향을 넘어 삶의 방식이 되는 자유로운 노마드식 삶을 모든 계층에서 목격할 수 있을 것이다. 미래 사회는 새로운 미래를 자신의 손으로 열어가는 진정한 21세기형 신(新) 잡 노마드족의 시대가 될 것이다.

① 미래 산업사회의 특징과 미래 일자리
② 4차 산업사회와 잡 노마드 현상
③ 산업혁명이 부른 변화양상과 미래 사회 일자리 예측
④ 중장기 인력 수급 전망을 통한 미래 일자리 세계의 변화
⑤ 산업구조의 변화에 따른 직업의 변천과 미래 일자리

피셋형

## 29 다음에 제시된 글의 주제로 가장 적절한 것은?

(가) 북극곰은 먹이사슬 최상위에 존재하는 지상 최대의 육식 동물이다. 라틴어로 '바다의 곰'을 의미하는 학명 Ursus maritinus에서 알 수 있듯이 북극곰은 생 대부분을 바다와 빙하 주변에서 보낸다. 북극곰은 북극해, 캐나다 일부 지역, 알래스카, 러시아, 그린란드와 노르웨이(스발바르 제도)에 걸쳐 서식한다. 먹이를 찾거나 번식을 하기 위해 먼 거리를 걷거나 수영할 수 있고 어떤 때는 최대 600,000 평방 킬로미터에 이르는 광활한 지역까지도 이동한다.

(나) 기후변화로 인해 북극은 전 세계 평균보다 2배 정도 빠르게 기온이 상승하고 있다. 지속적인 해빙의 감소에 따른 서식지 상실로 2008년 5월 북극곰은 미국 멸종위기종보호법(Endangered Species Act)에 따라 멸종위기종으로 지정되었다. 북극곰은 생존을 위해 많은 양의 지방을 필요로 하기 때문에 먹이를 사냥하는 데 대부분의 시간을 사용한다. 주 먹잇감은 주로 바다표범과 바다물범이지만, 해빙의 감소는 북극곰이 사냥에 성공하는 확률을 점차 줄이고 있다. 북극곰들이 먹이 없이 지내는 기간이 길어질수록 건강 상태도 악화된다. 허드슨 베이의 빙하가 1주일씩 빨리 녹을 때마다 북극곰들은 약 10kg씩 체중이 감소한 채 해안가를 찾아오고 있다. 건강하지 못한 북극곰들은 새끼를 덜 낳기 때문에 해당 지역의 멸종으로 이어질 수밖에 없는 상황이다. 또한, 석유와 천연가스 탐사, 지나친 산업 개발은 북극곰과 북극 생태계에 악영향을 미치고 있다. 개발 과정에서 발생하는 석유 유출은 곰의 체온을 유지해주는 털의 보온 효과를 떨어뜨릴 수 있다. 현재까지 북극해의 석유 유출을 완벽히 막거나 컨트롤할 수 있는 방법이 없어 북극 생태계는 지속해서 위험에 처해 있다. 게다가 순수하고 깨끗한 이미지의 북극은 이제 멀다. 북극의 먹이사슬에서 유해 화학물질의 농도는 매우 높게 측정되고 있다. 다이옥신, 퓨란, DDT 등의 잔류성 유기오염물질(POPs)은 대기와 해류를 타고 먼 거리를 이동하여 극지방에까지 영향을 끼친다. 이미 배출된 독성 물질은 자연 분해가 거의 되지 않아 생물학적 기능(성장, 번식, 면역)을 저해하고 어미 곰의 모유를 오염시키고 있다. 더욱이 해빙의 감소는 북극곰이 어쩔 수 없이 육지에서 더 많은 시간을 보내도록 만들고 있다. 먹이와 살 곳을 찾아 북극 해안가의 인간 주거지로 접근하는 경우가 늘어남에 따라 해당 지역사회와 북극곰 모두에게 위험한 상황을 초래한다.

(다) 해빙에 의존해 살아가는 북극곰은 기후변화로부터 직접적인 영향을 받는 중요한 지표종으로 북극 생태계 전반과 기후변화의 흐름을 이해하는 데 큰 도움을 준다. 또한, 북극곰은 먹이사슬의 최상위 포식자로써 북극 생태계의 균형을 유지하는 데 중요한 역할을 한다. 북극곰의 위기는 북극 해양 생태계의 또 다른 문제를 파악하는 신호일 수 있다. 최근 발표된 모든 연구 결과 지표는 북극의 해빙이 무서운 속도로 녹고 있음을 극명하게 보여 준다. 따라서 북극곰 보호를 위해 기후변화 대응, 주요 서식지 보호, 산업화가 미치는 영향 줄이기, 더 안전한 커뮤니티 생성, 지속 가능한 관광 장려, 지속 가능한 사냥 확보, 북극곰 연구 지원, 북극곰의 미래 검토 등의 노력이 수반되어야 한다.

(라) 기후 온난화는 북극곰과 지역 생태계에만 부정적 영향을 미치는 것이 아니다. 해양이 달아오른 지표의 열과 이산화탄소를 흡수할수록 해수 온도는 상승하고 산성화되며, 산호 백화 현상과 더 강한 폭풍을 일으킨다. 해양의 산성도는 조개를 비롯한 작은 갑각류를 위협하며 먹이사슬의 붕괴를 가져오고 있다. 또한, 해수 온도의 상승은 전 세계 빙하와 빙모를 녹여 바닷물의 양을 늘린다. 이는 해수면 상승으로 이어져 고도가 낮은 섬이나 베니스같은 해안 도시를 위협하고 있다.

① 멸종 위기의 북극곰 보호 운동의 필요성
② 기후 온난화의 심각성과 환경 보호의 필요성
③ 기후변화에 대응하는 올바른 태도
④ 북극곰과 북극 생태계의 보전
⑤ 기후변화의 원인과 생태오염 해결전략

피셋형

**30** **다음 빈칸에 들어갈 내용으로 가장 적절한 것은?**

달에도 바다가 있다. 그러나 물이 없는 마른 바다다. 정확히는 진한 색의 현무암으로 뒤덮인 평원이라 지구에서 보았을 때 어두운색으로 보인다고 해서 붙은 이름이다. 바다만 있을 뿐만 아니라 호수와 후미, 늪도 있다. 그러나 크기의 차이가 있을 뿐, 기본적으로 바다와 다른 지형은 아니다.

과학자들은 바다가 약 30~40억 년 전에 생긴 것으로 추측한다. 당시 태양계에는 행성이 만들어지는 과정에서 생긴 운석이나 소행성 같은 작은 천체들이 많았다. 이런 천체들은 태양계의 커다란 행성과 위성에 충돌하여 크레이터를 만들었는데 달에도 마찬가지로 커다란 크레이터가 여럿 생겼다. 작은 천체들의 충돌이 거의 사라질 무렵, 아직 핵분열이 활발하게 일어나서 뜨겁던 달의 내부에서 나온 열이 축적되어 마그마를 만들었다. 다만 달의 질량이 작은 탓에 달의 지각 중 현무암질만 녹아서 분출되고, 이들이 비교적 낮은 지형인 크레이터 중심부를 채우면서 평원을 만들었다. 이 지형이 오늘날 보는 바다라는 것이다. 현재 남은 기록으로는 달에 바다의 이름을 가장 먼저 붙인 사람은 독일의 천문학자, 요하네스 케플러다. 그는 망원경으로 달을 관찰하여 달의 어두운 부분이 물이 차 있는 바다라고 생각했다. 이후의 천문학자들은 달의 바다를 더 깊게 연구하여 지도를 만들고 이름을 붙였다. 재미있는 점은 기상 현상에서 따온 이름이 많았다는 것이다. 당시의 학자들은 달과 지구의 각종 기상 현상에 연관성이 있다고 생각했는데 이러한 관념이 반영된 것이다. 기상 현상을 딴 대표적인 이름이 아폴로 11호가 착륙한 곳으로 유명한 고요의 바다 외에 구름의 바다, 비의 바다, 습기의 바다, 증기의 바다, 추위의 바다, 평온의 바다 등이다.

바다가 있으니 당연히 대륙도 있을 터, 달 표면에서 상대적으로 밝은색을 띠는 곳을 달의 대륙이라고 부른다. 실제로 대륙은 바다보다 높은 지형이다. 바다와는 달리 칼슘과 알루미늄이 많아 밝은색으로 보인다. 달의 바다가 지구의 바다와 다르듯 달의 대륙도 지구의 대륙과 다르다. 지구 표면에서는 바람과 물에 의해 풍화작용이 끊임없이 일어난다. 이 때문에 날카로운 지형은 뭉툭해지고 높이 솟은 산은 깎여나가서 낮아진다. 그러나 달에는 대기가 없어 풍화작용이 일어나지 않는다. 비가 올 일이 없는 것은 물론이고 바람 한 점 불지 않는다는 얘기다. 이 때문에 (                    ). 많은 산은 운석의 충돌로 만들어진 것으로 만들어진 지 최소한 30억 년이 넘은 것들이다. 달은 지구처럼 지질 현상이 일어나지 않는 '죽은 별'이라 달 표면의 분화구들은 대부분 운석이 충돌한 흔적이라고 생각된다.

출처 : 한국항공우주연구원

① 달의 대륙에는 높고 뾰족한 산들이 많다.
② 달의 대륙에는 높이 솟았던 산은 깎여나가서 낮아진 것이다.
③ 달은 마른 바다와 뾰족한 산이 존재하게 되었다.
④ 달의 많은 산은 지구의 산보다 높다.
⑤ 달의 높은 산은 운석의 충돌로 만들어졌다는 것이다.

피셋형

**31** 다음의 대화에서 제시문의 내용과 다르게 이해하고 이야기 한 사람들을 바르게 묶은 것은?

구매 의사결정 하는 데 있어서 소비자들은 항상 합리적인 판단을 하지는 않는다. 나름 다양한 인지적 편견을 가지고 의사결정을 하곤 한다. 일반적으로 수요에 따라 가격이 달라진다는 경제학에 기반한 이 수요의 법칙들이 때로는 잘 적용되지 않은 경우가 있다. 이는 소비자들이 구매하면서 경제학적인 법칙 이외에 여러 가지 심리적인 요소들을 고려하기 때문이다. 이러한 심리적인 현상을 설명하는 것 중에 대표적인 몇 가지를 소개하면 다음과 같다.

첫째, 베블런 효과이다. 이는 과시 효과, 허영 효과라고도 하는데, 특정 제품의 가격이 상승할수록 그 제품의 소비량이 증가하는 효과이다. 둘째, 톱니 효과이다. 이는 소비 행동의 관성화를 지칭하는 것이다. 수입에 비례해서 소비 지출을 하는 것이 당연함에도 불구하고 소득이 줄어들어도 이미 소비하던 습관과 규모를 유지하는 소비 행태를 보이는 경우를 말한다. 셋째, 밴드웨건 효과이다. 이는 동행 효과, 편승 효과, 유행 효과 등 다양하게 불린다. 다른 수요자들이 더 많이 필요하리라 예측하여 개별 수요자가 수요를 증가시키는 현상을 의미한다. 넷째, 스놉 효과이다. 이는 역학 효과, 속물 효과, 혹은 백로 효과라고도 하는데, 어떤 제품을 소비하는 사람들의 수가 증가하면 반대로 그 제품에 대한 수요가 감소하는 효과이다. 즉, 다른 수요자의 수요가 개별 수요자의 수요를 오히려 줄게 만드는 현상을 의미한다. 다섯째, 전시 효과다. 시위 효과라고도 하는데 사회 일반 소비수준에서 영향을 받아 남의 소비 행동을 모방하려는 사회심리학적 소비성향이다.

갑돌 : 쓰는 것을 한 번 늘리기는 쉬워도 줄이는 것은 어렵다고 일반적으로 말하잖아. 이 경우는 톱니 효과의 일종이겠지.

을순 : 특정 상품에 많은 사람이 몰리면 희소성 추구나 차별화를 위해 다른 상품을 구매하려는 현상이 일어나는데 이는 일종의 베블런 효과이다.

삼식 : 유모차 중에 노르웨이 프리미엄 유모차인 스토케는 한 대에 1~2백만 원 한다고 해. 웬만한 가정에서는 필수품처럼 여겨지고 있다고 해. 고가의 제품일수록 개별 수요 및 시장 수요가 큰 현상을 의미하는 스놉 효과의 일종이라고 할 수 있지.

영수 : 주변 사람들이 어떤 제품을 구매하기 시작하면 일종의 유행이 되어서 그 제품을 구매가 늘어나는 것은 밴드웨건 효과의 일종이지.

민혜 : 국가 간 소비성향에서 나타나는데, 소득수준이 낮은 국가가 선진국의 소비 행태를 따라가는 것도 전시 효과의 일종이라고 할 수 있겠지.

① 갑돌, 을순
② 을순, 삼식
③ 삼식, 영수
④ 영수, 민혜
⑤ 갑돌, 민혜

모듈형

## 32 다음의 글을 읽고 본문의 내용을 바르게 이해한 것은?

코로나 19의 확산으로 인해 경제, 사회, 교육, 문화 활동이 대면에서 비대면 활동으로 급격하게 전환되었다. 이로 인해 일상생활에서 느끼는 비대면의 비중은 커졌지만, 코로나 19 이후의 온라인 판매액 성장률은 일반적인 인식만큼 크지 않고 이전의 추세가 답보되는 상태이다. 즉, 현실에서 느끼는 대면 활동에서 비대면 활동으로의 전환과 데이터가 괴리하는 현상이 존재한다는 것이다.

코로나 이전 3년간(2017년 1월~2020년 1월)의 온라인 쇼핑 판매 월평균 실질 성장률은 1.51%였다. 그리고 코로나 이후(2020년 1월~2020년 11월) 온라인 쇼핑 판매 월평균 실질 성장률은 1.54%였다. 이를 보면 알 수 있듯, 코로나 이전과 이후 온라인 쇼핑 판매 성장률은 대체로 비슷했다.

반면, 오프라인 판매액은 코로나 19로 인한 소득감소 효과와 거리 두기로 인한 온라인 쇼핑 대체효과가 동시에 작용하여 큰 폭으로 감소하였고, 그 결과 전체 소매 판매액이 큰 감소세를 보였다. 전체 소매 판매액에서 차지하는 온라인 판매액 비중을 확인한 결과 온라인 판매가 오프라인 판매를 대체하고 있음을 확인할 수 있었다. 코로나로 인해 온라인 쇼핑 판매액이 평균 20~30% 상승하였고, 사회적 거리 두기 2~2.5단계 기간에는 대체효과로 인해 35%나 상승하였다. 그리고 이러한 대체효과는 거리 두기 단계와 비례하여 나타났다. 즉, 소득감소로 인한 전체적인 소비 감소가 온라인 쇼핑에 악영향을 주었음에도 온라인 판매가 오프라인 판매를 대체함으로써 전체 소비에서 온라인 소비가 차지하는 비중이 크게 증가하였다는 것을 알 수 있다.

온라인 쇼핑은 코로나 19 기간 소득탄력성이 크게 떨어지면서 소득 변동과는 별도로 일정 수준 지출 비중을 유지하는 필수재적 성격을 지니게 되었고, 이는 소비에서 온라인 쇼핑의 의존성이 높아졌음을 의미한다.

한편, 그러한 온라인 판매에서도 품목별로 유의미한 비대칭적 영향이 존재했다. 음 · 식료품, 가전 · 전자 · 통신기기, 농 · 축산물, 생활용품, 가구, 음식 서비스 등 실내활동과 관련된 품목에 한해서는 코로나 이전과 비교해 온라인 판매액이 크게 증가하였다. 하지만 여행 및 교통 서비스, 문화 및 레저 서비스, 의복, 신발, 가방 등 실외활동과 관련된 품목은 코로나 이전과 비교해 온라인 판매액이 감소하였다. 즉, 코로나 19의 영향으로 경제 전체적으로 대면 관련 소비에서 비대면 관련 소비로 전환되어감을 확인할 수 있다.

2020년 1년 동안 온라인 쇼핑은 괄목한 성장을 보였고, 온라인 소비 의존성을 크게 높였다. 비대면 소비가 대면 소비를 대체했기 때문에 큰 폭의 소비 지출감소와 경기 침체를 막을 수 있었고, 더 나아가 감염병 확산 예방에 도움을 주었다.

하지만 포스트 코로나 시대에 비대면 소비 시장의 성장이 가속화될지, 과거로 회귀될지는 단정지을 수 없다. 코로나가 아직 끝나지 않은 시점에서 경제 주체들의 소비 변화가 비대면에서 다시 대면으로 바뀔지는 알 수 없기 때문이다.

① 코로나 19 이후의 온라인 판매액 성장은 비대면의 비중만큼 커졌음이 여러 수치에서 증명되고 있다.
② 포스트 코로나 시대가 도래하여 코로나 문제가 해결되면 비대면 소비 시장은 예전으로 돌아가 성장이 가속화될 것이다.
③ 오프라인 판매액은 큰 폭으로 감소했지만, 온라인 쇼핑의 영향으로 전체 소매 판매액에는 영향을 미치지 못했다.
④ 코로나 19 동안의 온라인 쇼핑은 필수재적인 성격으로 바뀌면서 온라인 쇼핑에 대한 의미가 기존의 의식과 비교해 달라지게 되었다.
⑤ 지난 1년 동안 큰 성장을 보인 온라인 쇼핑은 온라인 소비 의존성을 크게 높였다. 이는 큰 폭의 소비 지출감소와 경기 침체를 막는 데 도움을 주었지만, 코로나 확산 예방에는 별 도움을 주지 못했다.

피셋형

**33** **다음 글의 내용과 가장 일치하지 않는 것은?**

〈린 스타트업〉의 저자인 에릭 리스는 4차 산업 혁명 시대를 맞이하여 창업기업을 포함해서 기존 기업들도 비즈니스를 전개하면서 린 스타트업 방식을 적용해야 한다고 했다. 특히 비즈니스 모델 개발 시, 다양한 시장 가정을 세우는 데 있어 빠른 프로토타입을 만들어 기민하게 테스트하고 고객의 피드백을 수시로 받아 진화해야 한다고 강조했다. 프로토타입 수준의 제품과 서비스를 기획하고 고객에게 지속해서 배포함으로써 빠른 고객 피드백을 반영하여 완성 제품과 서비스로 진화하는 것이 중요하다. 시장에 대한 가정들을 검증하기 위한 작업과 시장 선도력을 가지는 비즈니스를 찾는, 즉 비즈니스 모델 개발 시간을 줄이는 최소 기능 제품개발의 프로세스를 강조하였다. 린 사고방식을 통해 출시 전 실제 고객과 접촉하는 빈도를 높여서 낭비를 줄이고 이를 통해 시장에 대한 잘못된 가정을 최대한 빨리 검증하고 회피할 수 있다. 비즈니스 모델, 아이디어 개발 → 시장에 프로토타입 제품, 서비스 출시 → 마켓 측정 → 데이터 수집 → 일련의 과정을 통해 학습 → 학습을 기반으로 비즈니스 모델, 아이디어 수정의 일련의 순환적 과정인 Plan-Do-See 순환구조를 끊임없이 진행해야 한다고 했다.

이러한 논의 하에 피보팅의 중요성을 강조하였다. 그에 의하면 피보팅을 창업가가 사업을 진행하는 과정에서 제품, 전략, 성장 엔진에 대해 새롭고 근본적인 가설을 테스트하기 위해 경로를 구조적으로 수정하는 방향 전환이라고 정의했다. 이후 피보팅은 스타트업에서 일종의 성공 공식으로 받아들여졌다.

김난도 외(2020)의 책 〈트렌드코리아 2021〉에서는 이 스타트업 용어가 코로나 19로부터 비롯된 경제위기 상황에서 다시 한번 주목을 받고 있다고 한다. 그들에 의하면 바이러스의 창궐은 사람들의 소비 행동을 완전히 흔들어 놓았다. 온라인 구매가 일상화되고 집 밖에서 수행하던 많은 활동이 집 안으로 들어왔다. 수업, 회의 등 대면으로 행해지던 일들은 모두 비대면으로 전환되고, 식당, 카페, 극장, 운동 시설 등에서는 정부가 사회적 거리 두기 단계를 변경할 때마다 썰물처럼 손님이 빠져나갔다. 그런데 지금 우리가 경험하는 이러한 변화는 코로나 19로 촉발되긴 했지만, 사실 그동안 서서히 진행되던 변화이기도 하다. 다만 변화의 속도가 그리 빠르지 않아 우리가 미처 깨닫지 못했을 뿐이다. 기업들 역시 눈앞에 산적한 문제들을 해결하느라 이러한 변화에 미온적으로 대처해왔다. 하지만 코로나 19 사태를 계기로 이 트렌드 변화에 빠르게, 그리고 적극적으로 대응하는 일이 최우선 과제가 되었다. 나아가 팬데믹 경제에 적응하는 문제는 이제 스타트업뿐만 아니라 개인 사업자와 대기업을 막론하고 모든 경제 주체에게 중요한 과제가 되었다.

절체절명의 위기를 경험하면서 바로 지금 우리 사회에 나타나고 있는 변화에 적극적으로 대응하지 않으면 미래의 생존까지 위협받는다는 사실을 깨달았기 때문이다. 위기를 넘어 새로운 시대로의 도약을 앞둔 시기에 거침없이 피보팅하는 기업만이 생존을 넘어 새로운 성장의 기회를 얻을 수 있다.

① 린 스타트업 방식에 의하면 완전성이 떨어지더라도 프로토타입 수준의 제품과 서비스를 기획하여 소비자에게 선을 보이고 그들의 빠른 피드백을 반영하여 완성 제품과 서비스로 진화시키는 것이 중요하다.
② 4차 산업혁명과 코로나 팬데믹으로 인하여 경영환경이 급변하는 상황에서 시장에 동태적으로 대응하기 위한 전략으로 린 스타트업 방식은 매우 유용하다.
③ 린 스타트업은 비즈니스 모델을 개발하는 시간을 줄이는 최소 기능 제품개발 프로세스를 강조한다.
④ 린 스타트업은 비즈니스 모델의 진화를 Plan-Do-See의 선형 관계로 보고 있다.
⑤ 린 스타트업 방식은 급변하는 환경 하에서 스타트업뿐만 아니라 개인, 거대 조직 모두에게 적용할 수 있는 방법이다.

피셋형

**34** 다음의 글을 바탕으로 6명이 대화를 하고 있다. 6명의 대화 중 글의 내용을 바르게 이해한 사람들을 묶은 것은?

> 밈(Meme)은 한 사람이나 집단에서 다른 지성으로 생각 혹은 믿음이 전달될 때 전달되는 모방 가능한 사회적 단위를 총칭한다. 밈은 1976년, 리처드 도킨스의 〈이기적 유전자〉에서 문화의 진화를 설명할 때 처음 등장한 용어이다. 밈의 존재를 주장하는 학자들은 사회와 문화의 발전, 진화를 설명하기 위해서는 단순히 유전자에 기초한 생물학적 아이디어에만 의지할 것이 아니라 밈이라는 문화적 복제자까지 고려해야 할 것이라고 말한다. 사회생물학과 진화심리학에서 밈을 지나치게 생물학적으로, 유전자에 한정된 개념으로 생각하지 않는다면 밈 개념을 사용하여 유전자만으로는 설명할 수 없었던 많은 사회 문화적 현상을 설명할 수 있다는 것이다.
>
> 〈밈〉이라는 책을 쓴 수잔 블랙모어는 현대사회에서는 오히려 밈의 진화가 유전자의 진화보다 더욱 중요한 역할을 한다고 주장한다. 그러므로 밈은 유전자와 같은 방향으로 진화하기도 하지만 반대 방향으로 진화하여 유전자의 진화와 반하는 경우도 있다는 것이다.
>
> 김난도 외(2020)의 책 〈트렌드 코리아 2021〉에서 밈은 대중화되면 생명력을 잃는다고 했다. 누구나 알게 되는 순간 재미나 절묘함이 급속하게 떨어지는 것이다. 이처럼 밈의 중요한 특성 중 하나는 바로 끝이 있다는 것이다. 대중들은 하나의 밈이 끝나면 곧바로 다음 밈으로 갈아타는 현상이 있다고 했다.

갑돌 : 아마 시즌제 콘텐츠가 좋은 예가 아닐까. 수년 전만 해도 해외에서만 가능한 포맷이라 평가됐던 시즌제 드라마의 경우 이제 국내에서도 흔히 볼 수 있는 익숙한 포맷으로 자리 잡고 있잖아.

을순 : 넷플릭스의 〈킹덤〉같은 것이 시리즈로 제작되긴 했지만, 드라마 시즌제는 또 다른 이야기를 기대할 수 있어 아름다운 퇴장으로 보기는 힘들 것 같은데.

삼식 : 나는 게임을 좋아하는데 게임 업계도 일정 기간 게임을 즐긴 후 모든 데이터를 초기화하고 새로운 콘텐츠를 더한 게임을 즐기는 시즌제가 떠오르고 있어.

영수 : 글쎄 게임은 좀 다르지 않을까? 게이머들의 랭킹전 등급이 초기화되면 새로운 게임을 하는 것으로 봐야 할 것 같아.

사순 : 2020년 여름에 스타벅스 매장에서 한정판 서머 레디백을 받기 위해 오픈 시간 전부터 줄을 서서 받았는데 이것도 좋은 예가 될 것 같은데 너희들 생각은 어떠니?

민혜 : 최근에는 한정판을 다시 판매해서 돈을 버는 MZ세대가 있다고 들었어. 한정판이나 한정판 재판매는 위에서 이야기하는 맥락의 연장선상으로 보기는 무리인듯해.

① 을순, 영수, 민혜
② 을순, 삼식, 사순
③ 갑돌, 삼식, 사순
④ 갑돌, 삼식, 민혜
⑤ 갑돌, 영수, 민혜

피셋형

## 35 다음 글의 제목으로 가장 적절한 것은?

〈역사란 무엇인가〉를 저술한 E.H.카는 역사는 사실 자체에만 함몰되는 것도, 역사가의 주관 속에만 존재하는 것도 아니라고 주장한다. 카에 따르면 역사란 역사가와 사실들의 지속적 상호작용의 과정이자, 현재와 과거의 끊임없는 대화라고 하였다.

역사를 어떻게 인식하느냐에 대해서는 다양한 관점이 존재하고 있다. 아이젠버그 같은 학자의 경우는 역사를 기억에 의한 정치적인 현상으로 보고 있다. 그는 역사는 말해지고 행해진 것들에 대한 기억이라고 요약했다. 이처럼 과거에 이루어진 말과 행동들에 대해 현재 기억되고 있는 것은 과거에 대한 인식을 결정할 뿐만 아니라 역사가 우리 자신의 현재에 갖는 의미를 결정한다. 다시 말해 과거의 사건들을 우리가 어떻게 기억하느냐가 장차 우리가 무엇을 생각하고 어떻게 살 것인지를 결정한다는 뜻이다. 과거와 현재 사이에, 역사와 그에 대한 우리의 인식 사이에 기억이라는 매개를 상기시키는 이유는 기억이 매우 정치적인 현상이기 때문이다.

최효찬(2012)은 〈마흔, 인문학을 만나라〉의 책에서 기억의 정치는 어쩌면 강자의 전유물처럼 보인다. 왜냐하면, 역사는 강자의 관점에서 서술되기 때문이다. 강대국들이 자신들의 과거에 대해 왜곡된 기억의 정치를 실천하고 있는 사례는 역사에서 수없이 찾아볼 수 있다. 미국의 정치학자 프레드 달마이어에 따르면 유럽의 아메리카 정복은 인류 역사상 가장 참혹한 제노사이드의 역사였다. 그것은 7천만 명의 인디언 원주민들을 학살 또는 기아와 질병 등 죽음으로 몰고 간 과정이었다. 그래서 어떤 학자들은 이를 아메리카 홀로코스트라고 일컫는다.

문제는 오늘날 미국인들이 어떻게 역사를 가르치고 있는가 하는 점이다. 지금 미국인들은 인디언들에게 강요한 제노사이드의 유혈에 대해서는 한마디도 언급하지 않는다. 그저 콜럼버스를 영웅으로 추앙하고 그가 정복한 날을 콜럼버스의 날로 기리고 있을 뿐이라고 기술하고 있다. 국가 권력의 담당자들 또는 지배적인 사회세력들이 과거의 사건에 대해 국가적 신화를 창조해 진실을 은폐, 왜곡, 축소, 과장하는 집단적인 신화의 창조 역시 기억의 정치에 있어 중요한 측면들이라 할 수 있다.

① 제노사이드와 기억의 정치
② 역사적 사실의 왜곡 현상
③ 역사적 사건을 보는 관점
④ 기억의 정치는 강자의 산물
⑤ 기억 조작에 의한 역사 왜곡

PART

# 02

# 수리능력

차례



## 하위능력

기초연산능력, 기초통계능력, 도표분석능력, 도표작성능력

SECTION

# 01 수리능력 이론

합격강의

## 수리능력 소개

### 01 수리능력의 학습 목표

| 구분 | 학습 목표 |
|---|---|
| 일반 목표 | 업무 상황에서 요구되는 수리능력의 의미와 중요성을 이해하고, 도표의 의미를 파악하거나 도표를 이용해서 결과를 효과적으로 제시하는 능력을 기를 수 있다. |
| 세부 목표 | 1. 수리능력의 의미와 중요성을 설명할 수 있다.<br>2. 도표 분석 및 작성의 필요성을 설명할 수 있다.<br>3. 다양한 단위를 읽고 해석할 수 있다. |

### 02 수리능력의 의미와 중요성

수리능력은 여러 자연현상이나 사회 현상들을 추상화 · 계량화하여 그 본질적 성질에 대해 설명하는 능력으로 단순히 숫자를 계산하는 것만 배우는 것이 아니라 복잡하고 어려운 문제들을 계산하고 해결해 가는 과정을 통해 논리적으로 생각하는 방법과 문제해결력을 배우는 것이다. 수리능력의 향상을 통해 수리력뿐만 아니라 추리력, 분석적인 사고능력, 엄격한 논리 체계 및 사물을 인식하고 이해하는 방법을 배우고, 이러한 것들은 모든 과학의 언어로서 자연과학, 공학, 인문학, 사회과학에 이르기까지 광범위하게 응용된다.

## 하위 능력의 구성

### 01 기초연산능력

직장 생활에서 필요한 기초적인 사칙연산과 계산 방법을 이해하고 활용하는 능력이다.

### 1) 업무 활용

| 기초연산능력 업무 활용 예시 |
|---|
| • 부서의 연간 예산을 수립하여야 하는 경우<br>• 영수증을 정리하여 정산하여야 하는 경우<br>• 업무상 계산을 수행하고 결과를 정리하는 경우<br>• 업무비용을 측정하는 경우<br>• 고객과 소비자의 정보를 조사하고 결과를 종합하는 경우<br>• 조직의 예산안을 작성하는 경우<br>• 업무 수행 경비를 제시하여야 하는 경우<br>• 다른 상품과 가격 비교를 하는 경우<br>• 업무상 계산을 수행하고 결과를 정리하는 경우 |



더 알기 TIP

**알아두면 유용한 단위환산표**

| 단위 | 단위 환산 |
|---|---|
| 길이 | 1cm = 10mm 1m = 100cm, 1km = 1,000m |
| 넓이 | $1cm^2 = 100mm^2$, $1m^2 = 10,000cm^2$ $1km^2 = 1,000,000m^2$ |
| 부피 | $1cm^3 = 1,000mm^3$, $1m^3 = 1,000,000cm^3$, $1km^3 = 1,000,000,000m^3$ |
| 들이 | $1m\ell = 1cm^3$, $1d\ell = 100cm^3 = 100m\ell$, $1\ell = 1,000cm^3 = 10d\ell$ |
| 무게 | 1cm = 1,000g, 1t = 1,000kg = 1,000,000g |
| 시간 | 1분 = 60초, 1시간 = 60분 = 3,600초 |
| 할푼리 | 1푼 = 0.1할, 1리 = 0.01할, 1모 = 0.001할 |

## 02 기초통계능력

평균, 합계, 빈도와 같은 기초적인 통계기법을 활용하여 자료를 정리하고 요약하는 능력이다.

### 1) 업무 활용

| 기초통계능력 업무 활용 예시 |
|---|
| • 고객과 소비자의 정보를 조사하여 자료의 경향성을 제시하는 경우<br>• 연간 상품 판매 실적을 제시하는 경우<br>• 업무 비용을 다른 조직과 비교해야 하는 경우<br>• 업무 결과를 제시하는 경우<br>• 상품 판매를 위한 지역 조사를 실시하는 경우<br>• 판매 전략을 수립하고 시장 관리를 하여야 하는 경우<br>• 판매를 예측하여 목표를 수립하여야 하는 경우<br>• 거래처 관리를 하여야 하는 경우<br>• 판매 활동의 효율화를 도모하는 경우<br>• 마케팅 분석을 하여야 하는 경우<br>• 재무 관리와 이익 관리를 하여야 하는 경우 |

### 2) 통계와 통계학의 의미

① 통계 : 어떤 현상의 상태를 양으로 반영하는 숫자이며, 특히 사회집단의 상황을 숫자로 표현한 것이다. 근래에는 통계적 방법의 급속한 진보와 보급에 따라 자연적인 현상이나 추상적인 수치의 집단도 포함해서 일체의 집단적 현상을 숫자로 나타낸 것이다.

② 통계학 : 불확실한 상황에서 현명한 의사결정을 하기 위한 이론과 방법을 다루는 분야이며 주로 자료의 수집, 분류, 분석 그리고 해석의 체계를 갖는다.

### 3) 통계의 기능

- 많은 수량적 자료를 처리 가능하고 쉽게 이해할 수 있는 형태로 축소한다.
- 표본을 통해 연구 대상 집단의 특성을 유추한다.
- 의사결정의 보조 수단이다.
- 관찰 가능한 자료를 통해 논리적으로 결론을 추출 · 검증한다.

### 4) 통계 용어 알기

| 용어 | 의미 |
|---|---|
| 범위 | • 분포의 흩어진 정도를 알아보는 방법으로 최고값과 최젓값을 가지고 파악<br>• 최고값에서 최젓값을 뺀 값 |
| 평균 | 집단의 특성을 요약하기 위해 가장 빈번하게 활용하는 값<br>• 산술평균 : 전체 사례수의 값을 모두 더한 후, 총 사례수로 나눈 값<br>• 가중평균 : 각 관찰값에 자료의 상대적 중요도(가중치)를 곱하여 모두 더한 값을 가중치의 합계로 나누어 구한 값 |
| 분산 | 자료의 퍼져 있는 정도를 구체적인 수치로 알려주는 도구<br>• 각 관찰값과 평균값과의 제곱을 모두 더한 값을 총 횟수로 나누어 구함<br>• 각 관찰값과 평균값과의 차이의 제곱을 모두 합한 값을 개체의 수로 나눈 값 |
| 표준편차 | 평균으로부터 얼마나 떨어져 있는가를 측정하는 개념으로 분산값의 제곱근 값을 의미 |
| 빈도와 빈도분포 | • 빈도 : 어떤 사건이 일어나거나 증상이 나타나는 정도<br>• 빈도분포 : 빈도를 표나 그래프로 종합적이면서도 일목요연하게 표시하는 것 |

### 5) 다섯 숫자의 요약

평균과 표준편차만으로는 원자료의 전체적인 형태를 파악하기 어려우므로 최솟값, 중앙값, 최댓값, 하위 25% 값, 상위 25% 값 등을 활용한다.

| 다섯 숫자 | 설명 |
|---|---|
| 최솟값 | 원자료 중 값의 크기가 가장 작은 값 |
| 최댓값 | 원자료 중 값의 크기가 가장 큰 값 |
| 중앙값 | • 정확하게 중간에 있는 값<br>• 관찰값을 최솟값부터 최댓값까지 크기 순서로 배열하였을 때 중앙에 위치하는 관찰값<br>• 평균값과는 다르며 자료값 중 어느 하나가 너무 크거나 작을 때 자료의 특성을 잘 나타냄 |
| 하위 25% 값, 상위 25% 값 | 원자료를 크기순으로 배열하여 4등분한 값으로 백분위 수의 관점에서 제25백분위수, 제75백분위수로 표기 |

## 03 도표분석능력

직장 생활에서 도표(그림, 표, 그래프 등)의 의미를 파악하고, 필요한 정보를 해석하여 자료의 특성을 규명하는 능력이다.



### 1) 업무 활용

| 도표분석능력 업무 활용 예시 |
|---|
| • 업무 수행 과정에서 도표로 주어진 자료를 해석하는 경우<br>• 도표로 제시된 업무 비용을 측정하는 경우<br>• 조직의 생산 가동률 변화표를 분석하는 경우<br>• 계절에 따른 고객의 요구도가 그래프로 제시된 경우<br>• 경쟁 업체와의 시장점유율이 그림으로 제시된 경우 등 |

### 2) 도표의 종류

도표는 관리나 문제 해결의 과정에서 다양하게 활용되며, 목적과 용도에 따라 형상을 여러 가지로 조합하여 하나의 도표를 작성하므로 활용되는 국면에 따라 도표의 종류를 달리할 필요가 있다.

| 구분 | 종류 |
|---|---|
| 목적별 | 관리(계획 및 통제) / 해설(분석) / 보고 |
| 용도별 | 경과 그래프 / 내역 그래프 / 비교 그래프 / 분포 그래프 / 상관 그래프 / 계산 그래프 / 기타 |
| 형상별 | 선(절선) 그래프 / 막대 그래프 / 원 그래프 / 점 그래프 / 층별 그래프 / 방사형 그래프 / 기타 |

### 3) 형상별 그래프의 종류

① 선(절선) 그래프

- 변수의 시간에 따른 변화를 나타낼 때 이용한다. 예 연도별 매출액 추이 변화 등
- 선의 기울기를 통해 변화의 정도를 쉽게 파악할 수 있고, 중간 지점 수치도 짐작 가능하다.
- 경과 · 비교 · 분포(도수 · 곡선 그래프)를 비롯하여 상관관계 등을 나타낼 때(상관선 그래프 회귀선) 사용한다.

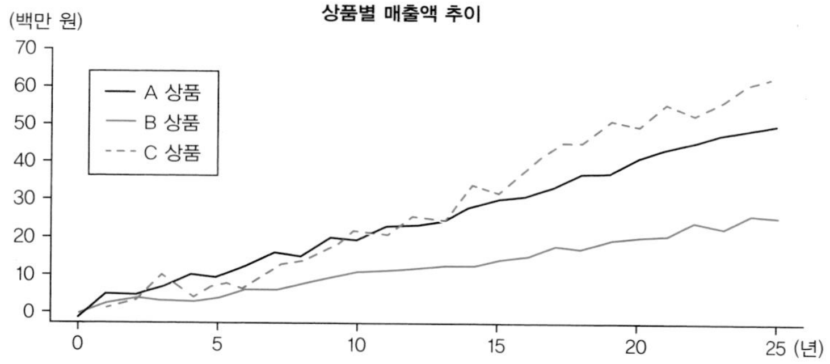


▲ 선 그래프

② 막대 그래프

- 비교하고자 하는 수량을 막대 길이로 표시하고, 그 길이를 비교하여 각 수량의 대소 관계를 나타내는 데 적합하다. 예 영업소별 매출액, 성적별 인원 분포 등
- 가장 간단한 형태의 그래프로 여러 항목의 크기 변화 및 차이를 한눈에 파악하는 용도로 사용한다.

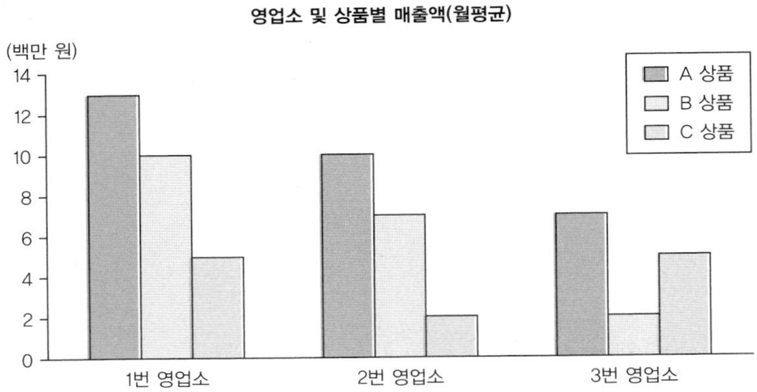


▲ 막대 그래프

③ 원 그래프

- 내역이나 내용의 구성비를 분할하여 나타내고자 할 때 활용할 수 있다. 예 제품별 매출액 구성비 등
- 전체에 대한 각 계열의 비율을 부채꼴 중심각의 크기로 나타낸다.
- 전체 또는 부분과 부분의 비율을 이해하는 데 유용하다.

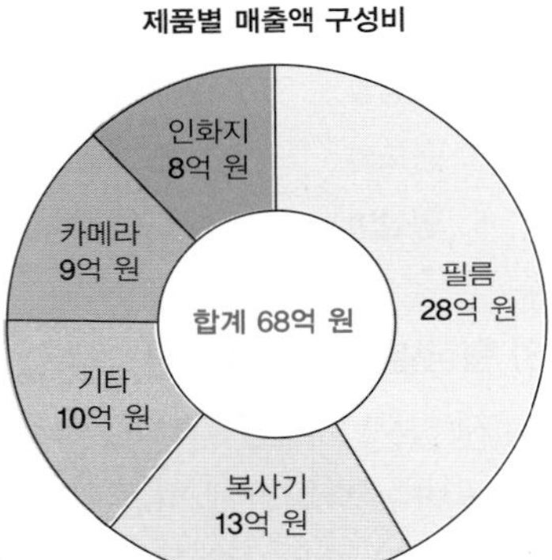


원 그래프 ▶

④ 점 그래프

- 두 개의 변수나 항목들의 관련성을 시각화하는 데 사용한다.
- 지역 분포를 비롯하여 상품 등의 평가나 위치, 성격을 표시하는 데 활용한다. 예 광고비율과 이익률의 관계 등

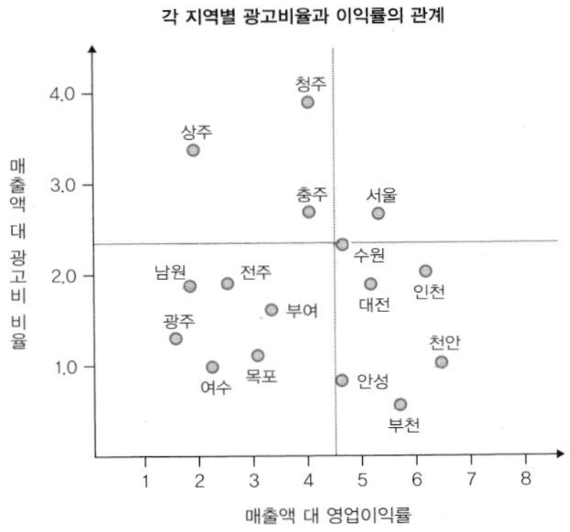


점 그래프 ▶

⑤ 방사형 그래프

- 비교하는 수량을 직경 또는 반경으로 나누어 중심에서의 거리에 따라 각 수량의 관계를 나타낸다.
- 막대 그래프나 선 그래프에 비해 해석하기 어렵지만, 여러 변수와 여러 개체를 동시에 시각화한다. 예 매출액의 계절 변동 등

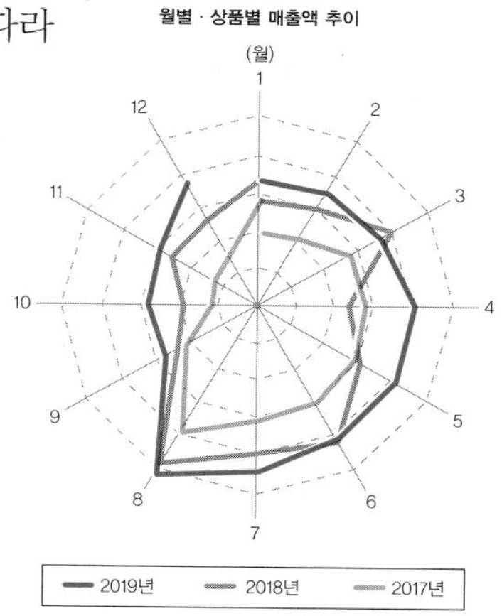


방사형 그래프 ▶

### 4) 도표 해석상의 유의사항

① 요구되는 지식의 수준

도표의 해석은 특별한 지식을 요구하지 않는 경우가 대부분이지만 지식 수준에는 차이가 있으므로, 직업인으로서 자신의 업무와 관련된 기본적인 지식 습득을 통하여 특별한 지식을 상식화할 필요가 있다.

② 도표에 제시된 자료의 의미에 대한 정확한 숙지

도표를 무심코 해석하다 보면 자료의 의미를 확대 해석할 수도 있다. 예컨대 K 사의 지원자 수가 많았다는 것이 반드시 K 사의 근로자 수가 많다는 것을 의미하지 않는데 양자를 같은 것으로 오인할 수 있다.

③ 도표로부터 알 수 있는 것과 없는 것의 구별

주어진 도표로부터 알 수 있는 것과 알 수 없는 것을 완벽하게 구별하여 주어진 도표를 토대로 자신의 주장을 충분히 추론할 수 있는 보편타당한 근거를 제시해야 한다.

④ 총량의 증가와 비율 증가의 구분

비율이 같다고 하더라도 총량 차이가 있을 수 있고, 비율에 차이가 있더라도 총량이 표시되어 있지 않으면 비율 차이를 근거로 절대적 양의 크기를 평가할 수 없으므로 세심한 검토가 요구된다.

⑤ 백분위수와 사분위수의 이해

백분위수는 크기 순으로 배열한 자료를 100등분하는 수의 값을 의미한다. 예컨대 제p백분위수란 자료를 크기순으로 배열하였을 때 p%의 관찰값이 그 값보다 작거나 같고, (100−p)%의 관찰값이 그 값보다 크거나 같게 되는 값을 말한다. 사분위수란 자료를 4등분한 것으로 제1사분위수는 제25백분위수, 제2사분위수는 제50백분위수(중앙값), 제3사분위수는 제75백분위수에 해당한다.

## 04 도표작성능력

직장 생활에서 자료(데이터)를 이용하여 도표를 효과적으로 제시하는 능력이다.

### 1) 업무 활용

| 도표작성능력 업무 활용 예시 |
|---|
| • 업무 결과를 도표를 활용하여 정리하는 경우<br>• 업무의 목적에 맞게 계산 결과를 묘사하는 경우<br>• 업무 중 계산을 수행하고 결과를 정리하는 경우<br>• 업무에 필요한 비용을 시각화해야 하는 경우<br>• 고객과 소비자의 정보를 조사하고 결과를 설명하는 경우 등 |

### 2) 도표 작성 절차

① 어떠한 도표로 작성할 것인지 결정

- 주어진 자료를 검토하여 어떠한 도표를 활용하여 작성할 것인지를 결정한다.
- 도표는 목적이나 상황에 따라 올바르게 활용할 때 실효를 거둘 수 있으므로 어떠한 도표를 활용할 것인지를 결정하는 일이 선행되어야 한다.

② 가로축과 세로축에 나타낼 것을 결정

- 자료를 활용하여 가로축과 세로축에 무엇을 나타낼 것인지를 결정한다.
- 가로축에는 명칭 구분(연, 월, 장소 등), 세로축에는 수량(금액, 매출액 등)을 나타내며 축의 모양은 L자형이다.

③ 가로축과 세로축의 눈금의 크기를 결정

자료를 가장 잘 표현할 수 있도록 가로축과 세로축의 눈금의 크기를 결정한다. 한 눈금의 크기가 너무 크거나 작으면 자료의 변화를 잘 표현할 수 없다.

④ 자료를 가로축과 세로축이 만나는 곳에 표시

자료 각각을 결정된 축에 표시할 때 가로축과 세로축이 만나는 곳에 정확히 표시해야 한다.

⑤ 표시된 점에 따라 도표 작성

- 표시된 점들을 활용하여 도표를 작성한다.
- 선 그래프라면 표시된 점들을 선분으로 이어 도표를 작성하고, 막대 그래프라면 표시된 점들을 활용하여 막대를 그려 도표를 작성한다.

⑥ 도표의 제목 및 단위 표시

도표를 작성한 후에는 도표의 상단 혹은 하단에 제목과 함께 단위를 표기한다.

### 3) 도표 작성 시 유의할 점

| 구분 | 유의할 점 |
|---|---|
| 선(절선) 그래프 | • 가로축에 명칭 구분(연, 월, 장소 등), 세로축에 수량(금액, 매출액 등)을 제시하며, 축의 모양은 L자형으로 작성<br>• 선의 높이에 따라 수치를 파악하는 경우가 많으므로 세로축의 눈금을 가로축의 눈금보다 크게 하는 것이 효과적임<br>• 선이 두 종류 이상인 경우에는 반드시 무슨 선인지 그 명칭을 기입해야 하며, 그래프를 보기 쉽게 하기 위해서는 중요한 선을 다른 선보다 굵게 한다든지 그 선만 색을 다르게 표현 |
| 막대 그래프 | • 막대를 세로로 하는 것이 보다 일반적이며, 막대의 폭은 모두 같게 함<br>• 축은 L자형이 일반적이나 가로 막대 그래프는 사방을 틀로 싸는 것이 좋음<br>• 가로축은 명칭 구분(연, 월, 장소, 종류 등)으로, 세로축은 수량(금액, 매출액 등)으로 정하며, 막대 수가 부득이하게 많을 경우에는 눈금선을 기입하는 것이 알아보기 쉬움 |
| 원 그래프 | • 정각 12시의 선을 시작 선으로 하며, 이를 기점으로 오른쪽으로 그림<br>• 분할선은 구성 비율이 높은 순서로 그리되, '기타' 항목은 구성 비율의 크기에 관계없이 가장 뒤에 그림<br>• 각 항목의 명칭은 같은 방향으로 기록하는 것이 일반적이지만, 만일 각도가 적어서 명칭을 기록하기 힘든 경우에는 지시선을 써서 기록 |
| 층별 그래프 | • 층별을 세로로 할지, 가로로 할지는 기호나 여백에 따라 판단. 구성 비율 그래프는 가로로 작성<br>• 눈금선을 넣지 않아야 하며, 층별로 색이나 모양이 모두 완전히 다르게 표현<br>• 같은 항목은 옆에 있는 층과 선으로 연결하여 보기 쉽도록 하고, 세로 방향일 경우 위로부터 아래로, 가로 방향일 경우 왼쪽에서 오른쪽으로 나열 |

### 4) 효과적인 그래프 작성법

① 그래프에 텍스트 더하기 : 그래프 제목, X축, Y축, 범례 등은 그래프를 보조하는 수단으로 활용한다.

② 그래프에 선 긋기 : 시각화 그래프에는 X축, Y축 외에도 추가로 선을 더해 그래프가 전하는 데이터 인사이트를 강조한다.

③ 그래프 요소의 색 바꾸기 : 그래프에 특정한 부가 요소를 더하지 않고, 색을 활용해 자신이 의도한 메시지를 강조한다.

## 응용수리

## 01 사칙연산 계산법

### 1) 수의 계산

① 교환법칙 : $a+b=b+a$ , $a\times b=b\times a$

② 결합법칙 : $a+(b+c)=(a+b)+c$, $a\times(b\times c)=(a\times b)\times c$

③ 분배법칙 : $(a+b)\times c=a\times c+b\times c$

### 2) 혼합계산의 순서

① 괄호가 있는 경우 : 소괄호 ( ) → 중괄호 { } → 대괄호 [ ] 순으로 계산한다.

② 연산기호의 혼합식 : 곱셈(×)과 나눗셈(÷)을 먼저 계산한 후 덧셈(+)과 뺄셈(−)을 계산한다.
③ 계산 순서 상관 없는 경우 : 곱셈(×)과 나눗셈(÷), 덧셈(+)과 뺄셈(−)끼리는 우선순위가 동일하다.

## 02 기타방정식

### 1) 최대공약수, 최소공배수

| | |
|---|---|
| 약수와 배수 | a가 b로 나누어떨어질 때 a는 b의 배수, b는 a의 약수 |
| 소수 | 1과 자기 자신만을 약수로 갖는 수. 즉, 약수의 개수가 2개인 수<br>예 10 이하의 소수 : 2, 3, 5, 7 |
| 합성수 | 1과 자기 자신 이외의 수를 약수로 갖는 수. 즉, 소수가 아닌 수 또는 약수의 개수가 3개 이상인 수<br>(※ 1은 소수도 합성수도 아님) |
| 최대공약수 | 2개 이상의 자연수의 공통된 약수 중에서 가장 큰 수 |
| 최소공배수 | 2개 이상의 자연수의 공통된 배수 중에서 가장 작은 수 |
| 서로소 | 1 이외에 공약수를 가지지 않는 두 자연수. 즉, 최대공약수가 1인 두 자연수 |
| 소인수분해 | 주어진 합성수를 소수의 거듭 제곱의 형태로 나타내는 것<br>예 2의 세제곱은 2를 3번 곱한 것 |
| 날짜 · 요일 | • 1일 = 24시간 =1,440(24×60)분 = 86,400(1,440×60)초<br>• 월별 일수는 1, 3, 5, 7, 8, 10, 12월은 31일, 4, 6, 9, 11월은 30일, 2월은 28일 또는 29일<br>• 윤년(2월 29일)은 4년에 1회 |

### 2) 수에 관한 문제

① 연속하는 자연수

연속하는 수를 $\alpha$라 할 때,

- 연속하는 두 정수인 경우 : $\alpha$, $\alpha+1$ 또는 $\alpha-1$, $\alpha$
- 연속하는 세 정수인 경우 : $\alpha-1$, $\alpha$, $\alpha+1$ 또는 $\alpha$, $\alpha+1$, $\alpha+2$
- 연속하는 두 짝수(홀수)의 경우 : $\alpha$, $\alpha+2$ 또는 $\alpha-2$, $\alpha$
- 연속하는 세 짝수(홀수)의 경우 : $\alpha-2$, $\alpha$, $\alpha+2$ 또는 $\alpha$, $\alpha+2$, $\alpha+4$

② 자릿수 문제 해결

- 두 자리의 자연수 : 십의 자리의 숫자를 a, 일의 자리의 숫자를 b라 했을 때, $10a+b$이다.
- 세 자리의 자연수 : 백의 자리의 숫자를 a, 십의 자리의 숫자를 b, 일의 자리의 숫자를 c라 했을 때, $100a+10b+1c$이다.

③ 유한집합의 원소 개수

유한집합 A, B, C의 원소의 개수를 n(A), n(B), n(C)이라 할 때,

- $n(A\cup B) = n(A)+n(B)-n(A\cap B)$
- $n(A-B) = n(A)-n(A\cap B)$
- $n(A\cup B\cup C) = n(A)+n(B)+n(C)-n(A\cap B)-n(B\cap C)-n(C\cap A)+n(A\cap B\cap C)$

④ 지수법칙, 곱셈공식 인수분해

| 지수법칙 | |
|---|---|
| m, n이 자연수일 때 | n이 자연수일 때 |
| • $a^m \times a^n = a^{m+n}$<br>• $(a^m)^n = a^{m \times n}$<br>• $m>n \rightarrow a^m \div a^n = a^{m-n}$<br>$m=n \rightarrow a^m \div a^n = 1$<br>$m<n \rightarrow a^m \div a^n = \frac{1}{a^{n-m}}$ (단, $a \neq 0$)<br>※ $a^0 = 1$ | • $(ab)^n = a^n b^n$<br>• $\left(\frac{a}{b}\right)^n = \frac{a^n}{b^n}$ (단, $b \neq 0$) |

| 곱셈공식과 인수분해 | |
|---|---|
| 곱셈공식 | 인수분해 |
| ㉠ $(a+b)^2 = a^2+2ab+b^2$<br>㉡ $(a-b)^2 = a^2-2ab+b^2$<br>㉢ $(a+b)(a-b) = a^2-b^2$<br>㉣ $(x+a)(x+b) = x^2+(a+b)x+ab$<br>㉤ $(ax+b)(cx+d) = acx^2+(ad+bc)x+bd$ | ㉠ $a^2+2ab+b^2 = (a+b)^2$<br>㉡ $a^2-2ab+b^2 = (a-b)^2$<br>㉢ $a^2-b^2 = (a+b)(a-b)$<br>㉣ $x^2+(a+b)x+ab = (x+a)(x+b)$<br>㉤ $acx^2+(ad+bc)x+bd = (ax+b)(cx+d)$ |

⑤ 제곱근과 유리화

• 제곱근에서 a=$x^2$일 때, $x$를 $a$의 제곱근 또는 $a$의 제곱근을 $x$라 함

| 제곱근의 성질 | 제곱근의 연산 | |
|---|---|---|
| | a>0, b>0일 때 | a>0일 때 |
| a>0일 때,<br>$\sqrt{a^2} = \sqrt{(-a)^2} = a$, $(\sqrt{a})^2 = (-\sqrt{a})^2 = a$<br>$\sqrt{a^2} = \lvert a \rvert = \begin{cases} a & (a \geq 0) \\ -a & (a<0) \end{cases}$ | • $\sqrt{a} \times \sqrt{b} = \sqrt{ab}$<br>• $\sqrt{a} \div \sqrt{b} = \frac{\sqrt{a}}{\sqrt{b}} = \sqrt{\frac{a}{b}}$<br>• $\sqrt{a^2 b} = a\sqrt{b}$<br>• $\sqrt{\frac{a}{b^2}} = \frac{\sqrt{a}}{b}$ | • $m\sqrt{a}+n\sqrt{a} = (m+n)\sqrt{a}$<br>• $m\sqrt{a}-n\sqrt{a} = (m-n)\sqrt{a}$ |

• 분모의 유리화

| 분모의 유리화 공식 |
|---|
| $\frac{a}{\sqrt{b}} = \frac{a \times \sqrt{b}}{\sqrt{b} \times \sqrt{b}} = \frac{a\sqrt{b}}{b}$ (단, $a>0$, $b>0$) |

## 03 일의 양

전체 작업량을 1로 놓고, 단위 시간 동안 한 일의 양을 기준으로 식을 세운다.

- 하루 동안 $A$가 혼자서 일했을 때 단위 시간 동안 한 일의 양 $=\frac{1}{A}$
- 하루 동안 $B$가 혼자서 일했을 때 단위 시간 동안 한 일의 양 $=\frac{1}{B}$
- 하루 동안 $A$와 $B$가 일했을 때 단위 시간 동안 한 일의 양 $=\frac{1}{A}+\frac{1}{B}=\frac{B+A}{AB}$

## 04 거속시(거리 · 속력 · 시간)

- 거리 = 속력 × 시간
- 속력 $=\frac{\text{거리}}{\text{시간}}$
- 시간 $=\frac{\text{거리}}{\text{속력}}$

**더 알기 TIP**

**1. 속력이 바뀌는 경우 : 시속 $a$km로 가다가 시속 $b$km로 갈 때는 각 구간에서 걸린 시간의 합**

(시속 $a$km로 가는 데 걸린 시간)+(시속 $b$km로 가는 데 걸린 시간) = 총 걸린 시간

**2. 시간 차가 발생하는 경우 : P가 출발한 지 $a$분 후 Q가 출발하여 $x$분 후에 만났을 때**

오래 걸린 시간 동안 간 거리 = 짧게 걸린 시간 동안 간 거리
P가 $(a+x)$분 동안 간 거리 = Q가 $x$분 동안 간 거리

**3. 마주 보고 출발하여 중간에 만난 경우 : P, Q 두 사람이 $x$분 후에 만날 때**

P, Q 두 사람이 $x$분 동안 걸은 거리의 합 = P, Q 두 사람이 있던 지점 사이의 거리

**4. 트랙을 도는 경우 : P, Q 두 사람이 $x$분 후에 만날 때**

- 반대 방향으로 돌 때 → P, Q 두 사람이 $x$분 동안 걸은 거리의 합 = 트랙 둘레의 길이
- 같은 방향으로 돌 때 → P, Q 두 사람이 $x$분 동안 걸은 거리의 차 = 트랙 둘레의 길이

## 05 소금물

- 소금물의 농도 $=\frac{\text{소금의 양}}{\text{소금물}}\times 100$
- (소금의 양) = 소금물 $\times\frac{\text{농도}}{100}$
- $\frac{\mathrm{A}x}{100}+\frac{\mathrm{B}y}{100}=$ 전체 농도 $\times\frac{x+y}{100}$

더 알기 TIP

### 1. 소금물에 물을 더 넣었거나 증발시키는 경우

소금물의 양은 늘거나 줄어들며 농도도 감소하거나 증가하게 된다. 그러나 소금의 양은 변하지 않는다. 따라서 소금의 양의 변화가 없는 경우에는 소금의 양으로 두고 계산식을 세우자. 물은 농도를 0%로 놓고 계산하면 된다.

(기존 소금물에 들어있는 소금의 양) + (추가한 물에 들어있는 소금의 양 = 0) = (기존 소금물에 들어있는 소금의 양)

(기존 소금물에 들어있는 소금의 양) − (증발한 물에 들어있던 소금의 양 = 0) = (기존 소금물에 들어있는 소금의 양)

### 2. 두 소금물을 섞을 경우

두 소금물을 섞으면 소금물의 양은 각각의 소금물의 양을 합한 것과 같고, 농도는 변하나 소금의 양은 변하지 않는다. 따라서 소금의 양은 변화가 없으므로 소금의 양을 기준으로 두고 계산식을 세운다.

(A 소금물의 소금의 양) + (B 소금물의 소금의 양) = (A+B 소금의 양)

### 3. 농도가 서로 다른 두 소금물의 양을 다르게 하여 섞을 경우

2번의 유형에서 응용된 문제이다. 소금의 양의 변화가 없으므로 소금의 양을 기준으로 두고 계산식을 세우고 연립방정식을 이용하여 계산할 수 있다.

A 농도　　　　　　　B 농도

(소금물 $x$의 소금의 양) + (소금물 $y$의 소금의 양) $= \frac{Ax}{100} + \frac{By}{100}$ = 전체 농도 $\times \frac{x+y}{100}$

(소금물 $p$의 소금의 양) + (소금물 $q$의 소금의 양) $= \frac{Ap}{100} + \frac{Bq}{100}$ = 전체 농도 $\times \frac{p+q}{100}$

### 4. 소금물에 소금을 더 넣은 경우

소금을 추가할 경우 소금물의 양, 농도, 소금의 양 모두 값이 변하게 된다. 소금물의 양이 대부분 백의 자리이므로 약분하여 수를 줄여서 계산하면 된다.

(기존 소금물의 소금의 양) + (추가된 소금의 양) = (완성된 소금물의 소금의 양)

## 06 정가, 할인, 단리법 • 복리법

| | |
|---|---|
| **정가** | • 이익 = 원가 × 이익률<br>• 정가 = 원가 + 이익<br>= 원가 + (원가 × 이익률) = 원가 × (1 + 이익률)<br>• $a$원에서 $b$% 이익을 더한 가격 $= a \times (1 + \frac{b}{100})$ |
| **할인** | • 할인 = 정가 × 할인율<br>• 판매가 = 정가 − 할인<br>= 정가 − (정가 × 할인율) = 정가 × (1 − 할인율)<br>• $a$원에서 $b$% 할인한 가격 $= a \times (1 - \frac{b}{100})$ |

| 단리법 · 복리법(원금 : $a$, 이율 : $r$, 기간 : $n$, 원리합계 : $s$) | |
|---|---|
| **단리법** | **복리법** |
| • 원금에 대해서만 약정된 이자율과 기간을 곱해 이자를 계산<br>• $S = a \times (1 + r \times n)$ | • 원금에 대한 이자를 가산한 후 이 합계액을 새로운 원금으로 계산<br>• $S = a \times (1 + r)^n$ |

PART 02 수리능력

## 07 학생 수 증감량

| | | |
|---|---|---|
| 학생 수가 감소하는 경우 | 작년 학생 수－감소한 학생 수＝올해 학생 수 | |
| 학생 수가 증가하는 경우 | 작년 학생 수＋증가한 학생 수＝올해 학생 수 | |
| 학생 수가 퍼센트로 변한 경우 | $a$% 증가 | $a$% 감소 |
| | $x\times(1+\frac{a}{100})$ | $x\times(1-\frac{a}{100})$ |

**더 알기 TIP**

1. 증감량은 연립방정식으로 식을 세워서 계산할 수 있다.(㉠과 ㉡ 혹은 ㉠과 ㉢)
   - (작년 남학생 수)+(작년 여학생 수) = (작년 총 학생 수)
   - (작년 남학생 수 증감률)+(작년 여학생 수 증감률) = (총 학생 수의 증감률)
   - (작년 남학생 수×증감률)+(작년 여학생 수×증감률) = (올해 총 학생 수)
2. 증감량 문제는 우변이 자연수(사람의 수이므로)가 나와야 한다. 그러므로 우변은 분자의 배수가 나와야 한다.

## 08 경우의 수(사건이 일어나는 가짓수)

### 1) 합 · 곱의 법칙

사건 A가 일어나는 경우의 수를 a사건 B가 일어나는 경우의 수를 b라 할 때,

① **합의 법칙** : 사건 A 또는 사건 B가 일어나는 경우의 수＝a＋b

　예 한 개의 주사위를 던져서 2의 배수 또는 5의 배수가 나오는 경우의 수

② **곱의 법칙** : 사건 A와 사건 B가 동시에 일어나는 경우의 수＝a×b

　예 1,2,3,4가 적힌 4장의 카드를 한 번씩만 사용하여 만들 수 있는 두 자리 자연수의 개수

### 2) 계승(!)

기호 '!' 은 팩토리얼이다. 팩토리얼은 '수를 단계적으로 곱한다.'는 뜻으로 어떤 수를 $n$이라고 할 때, '$n!$'이라고 되어 있으면 1부터 차례대로 $n$까지 곱하는 것이다.

### 3) 순열(Permutation)

서로 다른 n개에서 r개를 택하여 순서 있게 늘어놓은 것이다.

$${}_n\mathrm{P}_r=n(n-1)(n-2)(n-3)\cdots(n-r+1)\ (\text{단, } 0\le r\le n)=\frac{n!}{(n-r)!}$$

| 중복순열 | 같은 것이 있는 순열 |
|---|---|
| 중복을 허락하여 만든 순열로, 서로 다른 $n$개 중 중복을 허락하여 r개를 택하는 중복순열의 수는 ${}_n\Pi_r$로 나타낸다.<br>$${}_n\Pi_r=\underbrace{n\times n\times\cdots\times n}_{r\text{개}}=n^r$$<br>예 4개의 야구공을 서로 다른 3개의 상자에 넣는 방법의 수 | n개에서 서로 같은 것이 각각 $p, q, \cdots, r$개씩 있을 때, 모두 택하여 일렬로 나열하는 순열의 수를 구하면 다음과 같다.<br>$$\frac{n!}{p!\times q!\times\cdots\times r!}\ (\text{단 } p+q+r=n)$$<br>예 문자 a, a, b를 일렬로 나열하는 경우의 수 |

#### 4) 원순열

서로 다른 것을 원형으로 배열하는 순열은 서로 다른 $n$개를 원형으로 배열한 것이다.

$\frac{{}_{n}P_{n}}{n}=\frac{n!}{n}=(n-1)!$

예 원탁에 4명이 앉는 경우의 수 : $(4-1)!=3!=3\times2\times1=6$가지



#### 5) 조합(Combination)

서로 다른 $n$개에서 $r$개를 뽑는 것(순서 상관없이 나열)이다.

| 조합 | 조합의 성질 |
|---|---|
| ${}_{n}C_{r}=\frac{n!}{r!(n-r)!}=\frac{{}_{n}P_{r}}{r!}$(단, $0\le r\le n$) | ${}_{n}C_{0}=1$, ${}_{n}C_{n}=1$, ${}_{n}C_{1}=n$, ${}_{n}C_{r}={}_{n}C_{n-r}$ |

예 남자 3명, 여자 2명 중 남자 2명, 여자 1명을 뽑는 경우의 수

#### 6) 중복 조합

서로 다른 $n$개에서 중복을 허락하여 $r$개를 택하는 조합이다.

${}_{n}H_{r}={}_{n+r-1}C_{r}=\frac{(n+r-1)!}{r!(n-1)!}$

| 순열과 조합의 비교 | |
|---|---|
| • 순열 : 서로 다른 $n$개에서 $r$개를 순서대로 나열하는 경우의 수<br>• ${}_{n}P_{r}=\frac{n!}{(n-r)!}$<br>• ${}_{n}P_{n}=n!$, $0!=1$, ${}_{n}P_{0}=1$ | • 조합 : 서로 다른 $n$개에서 $r$개를 순서에 상관없이 나열하는 경우의 수<br>• ${}_{n}C_{r}=\frac{n!}{(n-r)!\times r!}$<br>• ${}_{n}C_{n}={}_{n}C_{n-r}$, ${}_{n}C_{0}={}_{n}C_{n}=1$ |

예 탁구공, 야구공, 테니스공 중에서 4개의 공을 선택하는 방법의 수(단, 각 종류의 공은 4개 이상씩 있고, 같은 종류의 공은 서로 구별하지 않는다.)

### 09 확률

#### 1) 사건이 일어날 확률

사건 $A$가 일어날 확률$=\frac{\text{사건 }A\text{가 일어나는 경우의 수}}{\text{모든 경우의 수}}$ ※$0\le P(A)\le1$

예 500원짜리 동전을 연속해서 세 번 던질 경우 두 번째와 세 번째에 모두 앞면이 나올 확률

#### 2) 여사건의 확률

사건 $A$에 대한 $A$가 발생하지 않을 사건을 여사건($A^{C}$)이라 할 때, 사건 $A$가 일어날 확률을 P, 사건 $A$가 일어나지 않을 확률은 (1−P)이다.

$P(A^{C})=1-P(A)=1-p$

예 서로 다른 주사위 2개를 동시에 던질 때, 적어도 한 개는 홀수가 나올 확률

### 3) 확률의 덧셈

두 사건 $A$, $B$가 동시에 일어나지 않을 때 $A$가 일어날 확률을 p, $B$가 일어날 확률을 q라고 하면, 사건 $A$ 또는 $B$가 일어날 확률은 (p+q)이다.

$P(A \cup B) = P(A) + P(B) - P(A \cap B)$

예 수학과 1학년 정원은 50명이다. 1학년 중에서 선형대수를 듣는 학생은 35명이고, 정수론을 듣는 학생은 38명이며 두 과목을 모두 듣고 있는 학생은 29명이라고 할 때, 수학과 1학년 학생 중 한 사람을 조사했을 때 이 학생이 선형대수 또는 정수론을 듣고 있을 확률

### 4) 조건부 확률

두 사건 $A$, $B$에 대하여 사건 $A$가 일어났다고 가정했을 때, 사건 $B$가 일어날 확률을 조건부 확률 $P(B|A)$이라 한다.

$P(B|A) = \dfrac{P(A \cap B)}{P(A)}$

예 A 학교 전교생은 200명이다. 200명의 학생 중 남학생과 여학생의 수는 아래 표와 같다. 이 학교에서 임의로 선택한 1명이 여학생일 때, 이 학생이 안경을 쓰지 않았을 확률

| 구분 | 남학생 | 여학생 |
|---|---|---|
| 안경 쓴 학생 | 50명 | 70명 |
| 안경을 쓰지 않은 학생 | 50명 | 30명 |

## 자료해석 풀이 노하우

## 01 자료 확인 및 분석

### 1) 자료의 제목과 내용 및 주어진 조건 확인하기

① 표 제목 : 제목을 통해 자료의 내용을 파악하고, 범위를 확인할 수 있다.
② 질문을 통해 문제 유형 파악 : 문제 유형이 특별한 경우에 각주(※, *, 표시) 등 추가 정보가 주어진다.
③ 문제 유형별 질문

| | | |
|---|---|---|
| 일반형 문제 | 보기 有 | 이에 대한 <보기>의 설명 중 옳은(옳지 않은) 것을 고른 것은? |
| | 보기 無 | 이에 대한 설명으로 옳은(옳지 않은) 것은? |
| 수리계산형 문제 | | ~를 구한 것은? / ~와 ~를 각각 구한 것은? |
| 연결형 문제 | | <보기>를 근거로 A, B, C에 해당하는 것을 바르게 나열한 것은? |

### 2) 단위 확인하기

- 단위는 자료의 속성 및 측정 방법 등을 알려 준다(상대적 자료일 때 주의).
- 구성비(기준수는 가로 합과 세로 합의 총합) vs 증가율(전기 대비 vs 전년 동기 대비)
- %와 %p의 차이 : %(퍼센트)는 전체의 수량을 100으로 할 때 해당 수량이 가지는 양이고, %p(퍼센트 포인트)는 %(퍼센트) 간의 차이를 말한다.

**더 알기 TIP**

**1. 증가, 감소 : 시계열 자료에 주로 출제**

- 증가 = 성장 = 상승 = 신장
- 감소 = 하락 = 위축 = 후퇴
- 증감 = 변화 = 변동 = 등락
- 증가폭 = 증가량 vs 증가율 = 증가세 = 증가속도
- 증가폭 vs 감소폭 vs 증감폭
- 증가율 vs 감소율 vs 증감율

**2. 지속적, 꾸준히, 계속, 연속, 매년, 매분기, 매월 : 예외가 허용되지 않음**

- 대체로, 경향, 추세 → 약간의 예외 인정
- 비(非)~, 미(未)~, ~외(外) → 여사건을 묻는 것(한국 외 국가, 미응답률 등)
- ~뿐이, ~만이, ~가 유일하게 → 해당되는 것이 ~ 외에도 존재하는지 확인
- ~에 관계없이(~에 상관없이, ~와 무관하게) → 각각의 ~에서
- 비교급(~가 ~보다 크다/작다)에 주의
- a 대비 b, a당 b, a에 대한 b의 비율 → 분모에 a 분자에 b를 두는 것(b/a)

### 3) 표 or 그림(항목, 변수, 데이터) 확인하기

- 가로축 · 세로축의 데이터를 분류해 놓은 기준을 알 수 있다.
- 문제 해결을 위한 데이터가 숫자로 표시되어 있으므로 데이터를 대략적으로 보고 지문을 접하면 더 빠르게 문제를 해결할 수 있다.
  - 예 절대적 자료 vs 상대적 자료(비율, 지수, a당 b)
  - 예 횡단면 자료 vs 시계열 자료

### 4) 각주 및 정보 박스 확인하기

- 예시, 이의 제기 방지, 단어 풀이 등의 역할을 한다.
- 공식, 구체적 수치, 핵심 개념, 조건이 제시된 경우 중요하다.

### 5) 지문의 우선순위 파악하기

- 주어진 시간 안에 빠르게 문제를 풀기 위해 우선순위를 정해 접근한다.
- 1순위 : 손쉽게 파악할 수 있는 지문, 주어진 자료의 범위나 속성에서 벗어난 지문(제시된 자료와 관련 없는 지문)
- 2순위 : 간단한 계산으로 해결할 수 있는 지문, 구성비 또는 증감률을 한 번만 계산하면 되는 지문, 주어진 공식에 대입하면 되는 지문, 두 개체 비교형 지문
- 3순위 : 복잡한 계산을 요구하는 지문(지나치게 많은 양의 계산, 계산 단계가 2단계 이상인 경우, 공식의 변환 및 치환), 복잡한 공식 안에서 특정 변수 간의 관계를 묻는 지문, 어려운 가정형 지문(주어진 조건에서 상당히 많은 부분을 변경해야 하는 가정)

## 02 문제의 유형

| | | | |
|---|---|---|---|
| 문제의 유형 | 일반형 문제 | 주어진 자료에 대한 해석 중 옳은 것과 옳지 않은 것을 구별하는 유형 | |
| | 특수형 문제 | 수리계산문제 | 계산능력 등 수 처리 능력을 묻는 유형 |
| | | 연결형 문제 | 표의 변수나 데이터에 빈칸을 만들어 놓고 해석 지문들을 이용하여 해당하는 이름들을 연결하는 유형 |

### 1) 연결형 문제의 지문 유형

연결형 문제의 지문은 선다형, 보기형 단독으로 출제되거나 두 가지의 유형이 결합해 출제된다.

① **자료 읽기형** : 선택지(보기)에서 묻는 핵심 파악 후, 해당 자료를 찾아 일치 여부를 판단하는 유형이다.

| | | |
|---|---|---|
| **대소 비교 · 순서 찾기형** | 항목 간의 크기 및 순서 비교, 항목 중 최댓값과 최솟값, 해당 값이 몇 번째(몇 위)인지를 묻는 유형<br>예 2021년에 교통사고 건수가 가장 낮은 지역은 A 지역이다. | |
| **순서 일치형** | 두 변수 간의 순서 일치 여부를 묻는 유형으로 두 변수의 관련성이 높으면 순서가 일치할 가능성도 높아짐 | |
| | 완전 일치형 | 두 변수 간 순서가 완전히 일치하는지 묻는 유형<br>예 'X가 ~할수록 Y가 ~하다.' 또는 'X와 Y의 순서는 일치한다.' |
| | 부분 일치형 | 두 변수 간 순서의 일치 여부를 따질 때, 소수의 예외가 인정되는 유형<br>예 'X가 ~할수록 Y가 ~하는 경향이 있다.' |
| **시간의 흐름형** | 증가와 감소 | 두 시점 사이에 데이터의 증가와 감소를 확인하는 유형 |
| | 정비례와 반비례 | 두 데이터가 기간마다 증가와 감소 방향이 일치하면 정비례, 증가와 감소 방향이 반대이면 반비례하는 유형 |
| | 지속적인 증가 | 계속, 연속, 매년 · 분기마다 증가, 꾸준히, 항상 증가하는 유형(예외가 없음) |
| | 증가 추세(경향) | 전반적으로 증가, 대체로 증가하는 유형(몇 번의 예외가 있음) |
| | A 시점 이후 | 제시된 시점을 기준으로 증가, 감소 등 수치의 변화를 확인하는 유형 |

② **자료계산 유형** : 주어진 수치 정보에 공식을 적용하거나 계산한 값으로 새로운 정보를 파악해야 하는 유형으로 자료에서 변화폭, 변화율, 구성비 등을 자주 묻는다.

③ **추론 · 판단 유형** : 주어진 자료를 단순히 읽는 것이 아니라 심층적인 분석을 요구하는 유형으로, 특이한 구조의 표가 제시되거나 복수의 자료가 제시된 경우에는 자료들 사이의 관계(상관관계, 인과관계, 상하관계 등)를 묻는 지문이 출제된다.

④ **가정형** : '만일 ~라면'이라는 전제를 적용했을 때 진위를 확인하는 유형으로 이미 주어진 조건을 변경하는 가정, 표에 제시된 수치를 바꾸는 가정, 특정한 변수를 고정하는 가정이 주로 출제된다.

모듈형

**01** 보배가 혼자 일하면 24분이 걸리고, 경아가 혼자 일하면 20분이 걸리는 일이 있다. 보배가 2분 동안 먼저 일을 하고 난 후 나머지 일을 보배와 경아가 같이 했다고 할 때, 같이 일한 시간은?

① 8분 ② 10분 ③ 12분 ④ 15분 ⑤ 20분

모듈형

**02** 정원, 성실, 병규가 함께 일을 하면 9일이 걸리는 일이 있다. 정원이와 병규가 같이 일을 하면 12일이 걸리고 성실이와 병규가 함께 일을 하면 15일이 걸리는 일이라고 할 때, 정원이와 성실이 둘이서 함께 하루에 할 수 있는 일의 양은? (단, 정원, 성실, 병규가 같이 일을 하는 일의 양은 1이다.)

① $\frac{7}{45}$ ② $\frac{13}{45}$ ③ $\frac{1}{180}$ ④ $\frac{7}{180}$ ⑤ $\frac{13}{180}$

모듈형

**03** 원가 30,000원인 상품에 30%의 이익을 붙여 정가를 정하였다. 이 상품이 잘 팔리지 않아 정가에서 $x$%를 할인하여 팔았더니 원가의 17%만큼 이익이 남았다고 한다. 이때 $x$의 값은?

① 4% ② 6% ③ 8% ④ 10% ⑤ 12%

모듈형

**04** 현우는 ○○볼 과자를 가장 좋아한다. 매일 1개씩 사 먹다 보니 한 번에 여러 개를 사는 것이 더 나을 것 같아서 계산을 해보기로 하였다. ○○볼 과자 1개당 1,500원이고 한 번에 100개를 주문하면 8.5%를 할인해준다고 한다. 이때 ○○볼 과자를 100개 구매하는 것과 1개씩 구매하는 금액을 비교했을 때 100개를 한 번에 구매하는 것이 더 이득이 되는 구매 개수가 있다. 이때, ○○볼 과자 개수와 이득을 보는 가격을 바르게 짝지은 것은? (단, ○○볼 과자는 1개 단위로만 구매할 수 있다.)

① 90개, 650원 ② 91개, 650원 ③ 92개, 750원 ④ 93개, 750원 ⑤ 94개, 650원

모듈형

**05** 영어 단어 MONEY에서 5개의 문자를 일렬로 나열할 때, M 또는 Y가 맨 뒤에 오는 경우의 수는?

① 12가지 ② 20가지 ③ 24가지 ④ 36가지 ⑤ 48가지

모듈형

**06** 영진, 윤기, 수지, 선진, 민희 5명을 일렬로 세울 때, 윤기와 선진이가 서로 이웃하지 않은 경우의 수는?

① 72가지 ② 60가지 ③ 56가지 ④ 48가지 ⑤ 44가지

모듈형

**07** 스카이캐슬 입시반 7명 중에서 4명을 뽑아 원탁에 앉히려고 할 때, 가능한 경우의 수는?

① 240가지 ② 210가지 ③ 200가지 ④ 180가지 ⑤ 170가지

모듈형

**08** 남학생 5명과 여학생 4명 중에서 남학생 2명과 여학생 2명을 대표로 뽑는 경우의 수는?

① 52가지 ② 60가지 ③ 62가지 ④ 64가지 ⑤ 70가지

모듈형

**09** CREW팀 8명은 점심시간에 5층으로 되어있는 식당 건물 1층에서 엘리베이터를 탔다. 8명 중에서 각 층에서 3명, 3명, 2명 순서대로 3개 층에서 내렸다고 할 때 나올 수 있는 경우의 수는?

① 560가지 ② 1,120가지 ③ 1,240가지 ④ 1,680가지 ⑤ 2,240가지

모듈형

**10** 빨간 공 6개, 파란 공 4개가 들어있는 상자에서 한 번에 2개를 꺼낼 때, 적어도 1개는 빨간 공을 꺼낼 확률은?

① $\frac{1}{15}$ ② $\frac{2}{15}$ ③ $\frac{13}{15}$ ④ $\frac{1}{3}$ ⑤ $\frac{2}{3}$

모듈형

**11** 은정이와 병규는 100원짜리 동전을 10번 던져서 앞면이 나오면 은정이가 가져가고, 나머지는 병규가 가지고 싶은 만큼 가져도 된다고 하였다. 그 결과 은정이는 400원을 가지게 되었다. 은정이가 400원을 가지게 되고, 동시에 병규가 300원 이하의 금액을 가져갈 확률의 경우의 수는? (단, 병규는 동전을 가져가지 않을 수도 있다.)

① 90가지　② 120가지　③ 140가지　④ 150가지　⑤ 180가지

모듈형

**12** 주머니에 빨간색 구슬 3개, 초록색 구슬 4개, 노란색 구슬 2개가 있다. 구슬 2개를 차례대로 꺼낼 때, 모두 빨간색이거나 모두 초록색이거나 모두 노란색일 확률은? (단, 꺼낸 구슬은 다시 넣는다.)

① $\frac{29}{9}$　② $\frac{31}{9}$　③ $\frac{25}{81}$　④ $\frac{29}{81}$　⑤ $\frac{32}{81}$

모듈형

**13** 1부터 9까지 숫자가 적힌 공이 주머니 안에 들어있다. 2개의 공을 차례대로 뽑고 뽑은 공은 주머니에 다시 넣지 않는다고 할 때, 처음에 뽑은 공의 숫자는 십의 자릿수, 두 번째 뽑은 공의 숫자는 일의 자릿수로 한다고 할 때, 주머니에서 2개의 공을 뽑아서 만든 숫자가 64 이상이 될 확률은?

① $\frac{29}{72}$　② $\frac{31}{9}$　③ $\frac{32}{81}$　④ $\frac{77}{81}$　⑤ $\frac{65}{72}$

모듈형

**14** 비가 온 다음 날 비가 올 확률은 $\frac{1}{3}$이고, 비가 오지 않은 다음 날 비가 올 확률은 $\frac{1}{4}$이다. 월요일에 비가 왔을 때, 같은 주 수요일에 비가 올 확률은?

① $\frac{1}{6}$　② $\frac{2}{9}$　③ $\frac{5}{12}$　④ $\frac{5}{18}$　⑤ $\frac{7}{18}$

피셋형

**15** 다음은 2019~2023년 로봇산업 연구개발 현황에 대한 자료이다. 다음 중 옳지 않은 것은?

〈로봇산업 연구개발 현황〉

(단위 : 건, 백만 원)

| 용도별 | 2019 | | 2020 | | 2021 | | 2022 | | 2023 | |
|---|---|---|---|---|---|---|---|---|---|---|
| | 건수 | 금액 | 건수 | 금액 | 건수 | 금액 | 건수 | 금액 | 건수 | 금액 |
| 정부 지원 연구개발 | 322 | 81,603 | 647 | 132,817 | 646 | 173,246 | 864 | 261,634 | 399 | 121,936 |
| 외부지출 연구개발 | 87 | 4,852 | 149 | 8,692 | 22 | 4,418 | 75 | 3,852 | 168 | 4,414 |
| 타 국가지원 연구 도입 | 12 | 8,200 | 0 | 0 | 27 | 10,617 | 20 | 1,000 | 25 | 4,324 |
| 자체연구개발 | 552 | 67,019 | 1,088 | 98,779 | 1,015 | 102,060 | 1,123 | 112,959 | 1,426 | 176,353 |

① 외부지출 연구개발과 자체연구개발 건수의 증감 추이가 같다.
② 정부 지원 연구개발 금액은 매년 50% 이상 차지한다.
③ 조사 기간 동안 매년 자체연구개발 건수의 비중이 가장 크다.
④ 타 국가지원 연구 도입 건수는 증감을 반복한다.
⑤ 연구개발 전체 금액이 전년 대비 가장 큰 폭으로 증가한 해는 2022년이다.

피셋형

**16** 다음은 2019~2023년 시도별 및 성별의 고용률에 대한 자료이다. 다음 중 옳은 것은?

〈2019~2023년 시도별 및 성별의 고용률〉

(단위 : %)

| 시도별 | 성별 | 2019 | 2020 | 2021 | 2022 | 2023 |
|---|---|---|---|---|---|---|
| 서울 | 남자 | 69.8 | 69.5 | 68.4 | 68.6 | 67.8 |
| | 여자 | 50.9 | 51.7 | 51.6 | 52.2 | 51.6 |
| 부산 | 남자 | 66.1 | 66.7 | 65.3 | 65.1 | 64.3 |
| | 여자 | 46.9 | 46.7 | 46.8 | 48.7 | 47.6 |
| 대구 | 남자 | 69.5 | 67.6 | 66.6 | 67.6 | 67.2 |
| | 여자 | 49.7 | 50.5 | 50.3 | 48.8 | 46.8 |
| 인천 | 남자 | 72.8 | 72.4 | 73.0 | 72.0 | 70.8 |
| | 여자 | 51.1 | 51.2 | 53.0 | 53.3 | 52.0 |
| 광주 | 남자 | 68.7 | 68.3 | 68.3 | 68.5 | 66.9 |
| | 여자 | 48.0 | 50.3 | 51.0 | 50.5 | 50.8 |
| 대전 | 남자 | 69.2 | 68.8 | 67.8 | 69.4 | 69.9 |
| | 여자 | 50.6 | 49.4 | 49.9 | 50.5 | 51.7 |
| 울산 | 남자 | 73.3 | 73.0 | 71.2 | 70.9 | 71.0 |
| | 여자 | 44.0 | 46.0 | 46.3 | 46.8 | 44.7 |
| 제주 | 남자 | 76.0 | 76.9 | 75.8 | 75.4 | 72.3 |
| | 여자 | 62.8 | 65.0 | 61.2 | 61.6 | 62.0 |

① 시도별 여자 고용률의 증감 추이는 매년 동일하다.
② 울산의 남자 고용률은 2023년을 제외하고 매년 증가했다.
③ 고용된 남자의 수는 제주가 가장 많다.
④ 2023년 전년 대비 여자 고용률이 상승한 지역은 3곳이다.
⑤ 인천의 남자 고용률은 조사 기간 동안 3번째로 높다.

피셋형

**17** 다음은 전국 도서관 현황에 대한 자료이다. 다음 중 옳지 않은 것은?

〈전국 도서관 현황〉

| 통계분류 | | 2022 | | | 2023 | | | 2024 | | |
|---|---|---|---|---|---|---|---|---|---|---|
| | | 지자체 | 교육청 | 사립 | 지자체 | 교육청 | 사립 | 지자체 | 교육청 | 사립 |
| 전국 | 도서관 수(관) | 758 | 231 | 21 | 791 | 231 | 20 | 840 | 233 | 23 |
| | 총 도서(인쇄) 수(권) | 65,050,319 | 33,051,315 | 722,201 | 70,608,355 | 33,642,437 | 714,329 | 76,100,507 | 34,312,905 | 946,996 |
| | 총 비도서 수(점) | 2,091,059 | 1,699,626 | 30,996 | 4,513,550 | 1,731,504 | 28,613 | 2,330,546 | 1,746,179 | 35,889 |
| | 총 연속간행물 수(종) | 74,905 | 60,800 | 26,988 | 66,102 | 61,301 | 2,786 | 62,845 | 56,336 | 906 |
| | 총 전자자료 수(종) | 12,301,932 | 2,232,400 | 3,466 | 15,420,662 | 3,313,215 | 6,908 | 15,975,968 | 3,499,871 | 7,364 |
| | 연간 자료실 이용자 수(명) | 143,901,988 | 50,717,488 | 432,475 | 143,368,249 | 47,266,614 | 552,967 | 148,911,663 | 46,281,164 | 732,454 |
| | 연간 대출 도서 수(권) | 94,866,285 | 28,787,077 | 467,736 | 98,491,250 | 27,731,496 | 409,711 | 101,090,083 | 25,679,151 | 461,188 |

① 지자체의 도서관 수의 증감 추이와 교육청 총 도서(인쇄) 수의 증감 추이가 동일하다.
② 2023년 지자체 연간 자료실 이용자 수는 전년 대비 1% 미만 감소하였다.
③ 2024년 교육청의 총 연속간행물 수는 전년 대비 약 9% 감소하였다.
④ 연간 대출 도서 수는 매년 지자체가 가장 많다.
⑤ 2023년 사립 도서관의 총 전자자료 수는 전년 대비 가장 큰 폭으로 증가했다.

피셋형

**18** 다음은 2021~2023년 노인 복지 생활 시설에 관한 자료이다. 다음 중 옳지 않은 것은?

| 시설 | | 2021 | 2022 | 2023 |
|---|---|---|---|---|
| | | 시설 수(개소) | 시설 수(개소) | 시설 수(개소) |
| 노인 주거 복지시설 | 소계 | 404 | 390 | 382 |
| | 양로시설 | 252 | 238 | 232 |
| | 노인 공동생활가정 | 119 | 117 | 115 |
| | 노인 복지주택 | 33 | 35 | 35 |
| 노인 의료 복지시설 | 소계 | 5,242 | 5,287 | 5,529 |
| | 노인 요양시설 | 3,261 | 3,390 | 3,595 |
| | 노인 요양 공동생활가정 | 1,981 | 1,897 | 1,934 |
| 노인 여가 복지시설 | 소계 | 67,324 | 68,013 | 68,413 |
| | 노인 복지관 | 364 | 385 | 391 |
| | 경로당 | 65,604 | 66,286 | 66,737 |
| | 노인 교실 | 1,356 | 1,342 | 1,285 |

① 2021년 노인 복지주택은 노인 주거 복지시설의 약 8%를 차지한다.
② 2023년 노인 복지관은 전년 대비 약 1.6% 증가했다.
③ 노인 여가 복지시설은 지속해서 증가한다.
④ 2022년 노인 의료 복지시설은 전년 대비 1% 이상 증가했다.
⑤ 노인 공동생활가정의 증감 추이와 노인 교실 증감 추이가 동일하다.

피셋형

**19** 다음은 2020~2023년 시도별 환승유형 비율을 나타낸 자료이다. 다음 중 옳은 것은?

(단위 : %)

| 구분 | 2020 | | 2021 | | 2022 | | 2023 | |
|---|---|---|---|---|---|---|---|---|
| | 버스 | 지하철 | 버스 | 지하철 | 버스 | 지하철 | 버스 | 지하철 |
| 전체 | 30.2 | 16.6 | 16.5 | 30.6 | 30.8 | 16.7 | 30.3 | 16.9 |
| 서울 | 15.9 | 24.8 | 26.4 | 14.3 | 15.0 | 25.8 | 14.5 | 26.2 |
| 부산 | 32.4 | 11.4 | 12.0 | 32.1 | 32.7 | 12.3 | 32.7 | 12.3 |
| 인천 | 23.7 | 16.2 | 15.8 | 22.5 | 32.6 | 13.0 | 22.9 | 16.2 |
| 대구 | 30.1 | 14.6 | 12.9 | 32.1 | 22.5 | 16.1 | 32.7 | 12.6 |
| 광주 | 66.8 | 2.5 | 2.7 | 66.5 | 50.1 | 4.0 | 66.6 | 3.2 |
| 대전 | 48.8 | 4.0 | 3.8 | 49.4 | 67.6 | 2.7 | 48.3 | 3.7 |
| 울산 | 88.2 | 1.7 | 1.3 | 84.5 | 84.6 | 0.9 | 85.0 | 0.8 |
| 경기 | 23.1 | 16.0 | 13.9 | 27.1 | 27.1 | 14.0 | 27.3 | 14.1 |

① 2022년 버스 노선 간 환승 비율이 가장 높은 도시는 2023년 지하철 노선 간 환승 비율이 가장 낮다.
② 전체 지하철 노선 간 환승의 비율은 매년 버스 노선 간 환승 비율보다 낮다.
③ 2023년 각 시도별 지하철 노선 간 환승 비율이 전년 대비 모두 증가했다.
④ 2023년 부산의 버스 노선 간 환승은 2020년 대비 1% 이상 증가했다.
⑤ 2020년 서울 버스 노선 간 환승 횟수가 2023년 인천 지하철 노선 간 환승 횟수보다 적다.

[20~21] 다음은 2019년 분기별 교육 정도별 실업률을 나타낸 자료이다. 이를 바탕으로 이어지는 질문에 답하시오.

(단위 : %)

| 성별 | 교육 정도별 | 2019 1/4 | 2019 2/4 | 2019 3/4 | 2019 4/4 |
|---|---|---|---|---|---|
| 계 | 중졸 이하 | 6.1 | 3.1 | 2.7 | 3.3 |
| | 고졸 | 4.6 | 4.5 | 3.8 | 3.5 |
| | 대졸 이상 | 3.9 | 4.2 | 3.2 | 2.9 |
| 남자 | 중졸 이하 | 6.0 | 4.3 | 3.9 | 4.3 |
| | 고졸 | 5.0 | 4.9 | 4.0 | 3.7 |
| | 대졸 이상 | 3.6 | 3.9 | 3.0 | 2.7 |
| 여자 | 중졸 이하 | 6.2 | 2.1 | 1.7 | 2.4 |
| | 고졸 | 4.1 | 3.9 | 3.5 | 3.1 |
| | 대졸 이상 | 4.3 | 4.6 | 3.4 | 3.1 |

피셋형

## 20 다음 중 옳지 않은 것은?

① 2019년 3/4분기는 전 분기 대비 모든 항목이 감소하였다.
② 2019년 4/4분기 고졸 실업률은 전 분기 대비 약 7.9% 감소하였다.
③ 2019년 2/4분기 전분기 대비 여성 중졸 이하 실업률의 증감이 가장 높다.
④ 2019년 3/4분기 남성 고졸 실업률은 전 분기 대비 약 18% 감소하였다.
⑤ 2019년 2/4분기 대졸 실업률은 전 분기 대비 8% 이상 증가하였다.

모듈형

**21** 위의 표를 이용하여 작성한 그래프로 옳지 않은 것은?

①

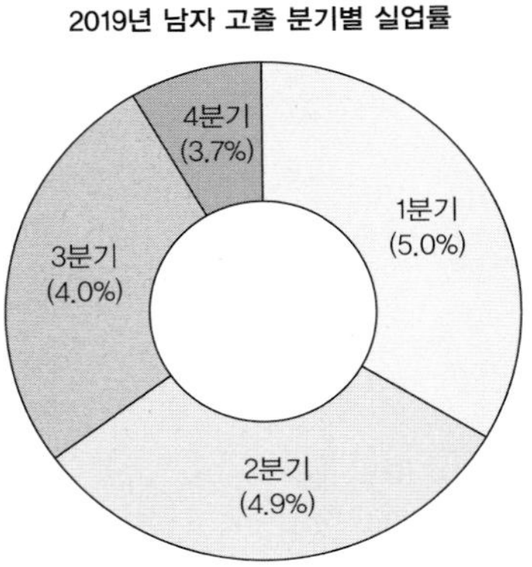


②

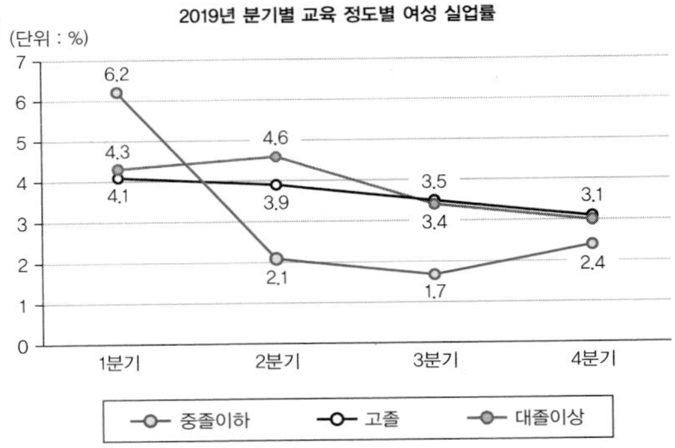


③

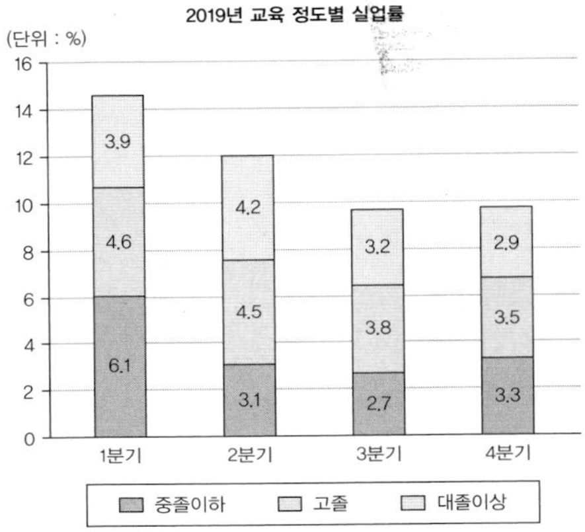


④

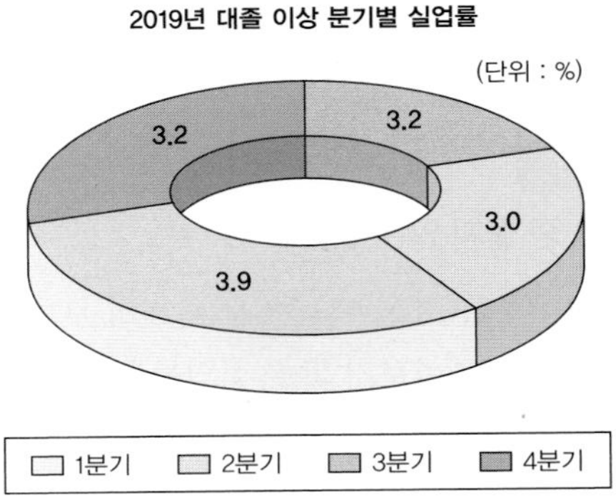


⑤

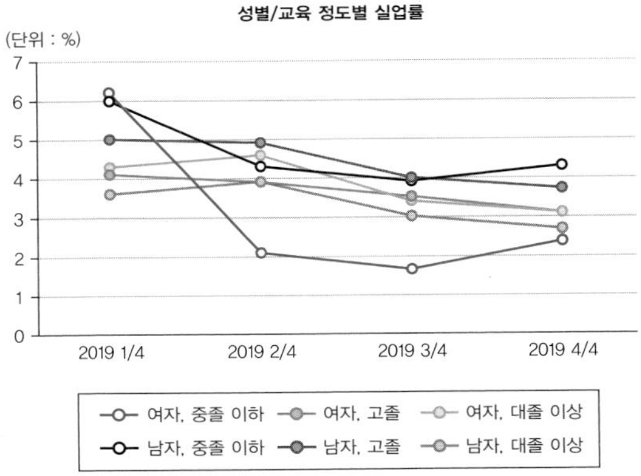

피셋형

**22** 다음은 2021~2023년 도로 종류별 차종별 평균 일교통량에 대한 자료이다. 다음 중 옳은 것은?

〈2021~2023년 도로 종류별 차종별 평균 일교통량〉

(단위 : 대)

| 도로 종류 | 차종 구분 | 2021 | 2022 | 2023 |
|---|---|---|---|---|
| | | 교통량 | 교통량 | 교통량 |
| 고속국도 | 계 | 47,917 | 47,745 | 49,281 |
| | 승용차 | 32,850 | 32,824 | 34,188 |
| | 버스 | 1,424 | 1,467 | 1,466 |
| | 화물차 | 13,643 | 13,454 | 13,627 |
| 일반국도 | 계 | 12,897 | 12,883 | 13,185 |
| | 승용차 | 9,772 | 9,816 | 10,040 |
| | 버스 | 254 | 247 | 238 |
| | 화물차 | 2,871 | 2,820 | 2,907 |
| 지방도 (국가 지원) | 계 | 8,615 | 8,600 | 8,834 |
| | 승용차 | 6,039 | 6,092 | 6,367 |
| | 버스 | 227 | 219 | 220 |
| | 화물차 | 2,349 | 2,289 | 2,247 |
| 지방도 | 계 | 5,342 | 5,381 | 5,411 |
| | 승용차 | 3,766 | 3,822 | 3,887 |
| | 버스 | 148 | 152 | 150 |
| | 화물차 | 1,428 | 1,407 | 1,374 |

① 연도별 전체 교통량은 모든 차종에서 증감 추이가 같다.

② 2021년 고속국도의 화물차는 고속국도 교통량 전체의 28% 미만이다.

③ 2022년 지방도(국가 지원)의 교통량은 전년도에 비해 차종 모두 감소했다.

④ 2022년 지방도의 교통량이 2번째로 많은 차종은 2023년에 지방도 교통량이 전년 대비 2% 이상 감소했다.

⑤ 2023년 일반국도의 승용차는 전년 대비 약 2.4% 증가했다.

피셋형

**23** 다음은 2015~2018년 행정구역별 신혼부부 수를 나타낸 자료이다. 다음 중 옳은 것은?

〈2015~2018년 행정구역별 신혼부부 수〉

(단위 : 쌍)

| 행정구역별 | 2015 | 2016 | 2017 | 2018 |
|---|---|---|---|---|
| 서울특별시 | 291,341 | 278,294 | 263,148 | 246,867 |
| 부산광역시 | 90,578 | 88,339 | 83,545 | 77,755 |
| 대구광역시 | 62,811 | 61,356 | 59,102 | 56,985 |
| 인천광역시 | 89,747 | 87,898 | 83,619 | 80,023 |
| 광주광역시 | 40,707 | 39,309 | 37,534 | 35,659 |
| 대전광역시 | 43,803 | 42,449 | 40,061 | 37,736 |
| 울산광역시 | 38,537 | 37,507 | 35,376 | 32,861 |

① 행정구역별 신혼부부 수의 전년 대비 감소량 순위는 2016년과 2017년이 동일하다.
② 2016년 광주광역시의 신혼부부 수는 전년 대비 1,400쌍 이상 감소했다.
③ 2018년 대구광역시의 신혼부부 수는 2016년 대비 약 7% 감소했다.
④ 서울특별시의 신혼부부 수는 2016년부터 2018년까지 모두 전년 대비 5% 이상 감소하였다.
⑤ 2015년 대비 2018년 행정구역별 신혼부부 수 증감률은 모두 10% 이상이다.

피셋형

**24** 다음은 입 · 내원에 따른 진료비와 급여비 현황에 대한 자료이다. 이에 대한 설명으로 옳지 않은 것은?

〈입 · 내원 진료비와 급여비 현황〉

(단위 : 원, 일)

| 구분 | | 2018년 | 2019년 | 2020년 | 2021년 | 2022년 | 2023년 |
|---|---|---|---|---|---|---|---|
| 입 · 내원 1일당 | 진료비 | 54,979 | 58,544 | 63,213 | 67,144 | 73,799 | 79,575 |
| | 급여비 | 41,180 | 43,781 | 47,303 | 50,185 | 55,672 | 59,966 |
| 1인당 월평균 | 입 · 내원 일수 | 1.64 | 1.64 | 1.68 | 1.69 | 1.72 | 1.77 |
| | 진료비 | 90,248 | 95,759 | 106,286 | 113,612 | 126,891 | 140,663 |
| | 급여비 | 67,598 | 71,612 | 79,536 | 84,916 | 95,724 | 106,000 |

① 조사 기간 동안 1인당 월평균 진료비와 급여비의 차이는 급여비의 35% 이하이다.
② 2021년 1인당 월평균 급여비는 전년 대비 약 6.8% 증가했다.
③ 2023년 입 · 내원 1일당 급여비는 전년 대비 약 5% 증가했다.
④ 1인당 월평균 입 · 내원 일수를 제외한 항목의 증감 추이가 동일하다.
⑤ 2020년 입 · 내원 1일당 진료비는 같은 해 입 · 내원 1일당 급여비의 2배 이하다.

피셋형

**25** 다음은 지역별 의료기관 분포 현황을 나타낸 자료이다. 그래프를 이용한 내용으로 옳지 않은 것은?

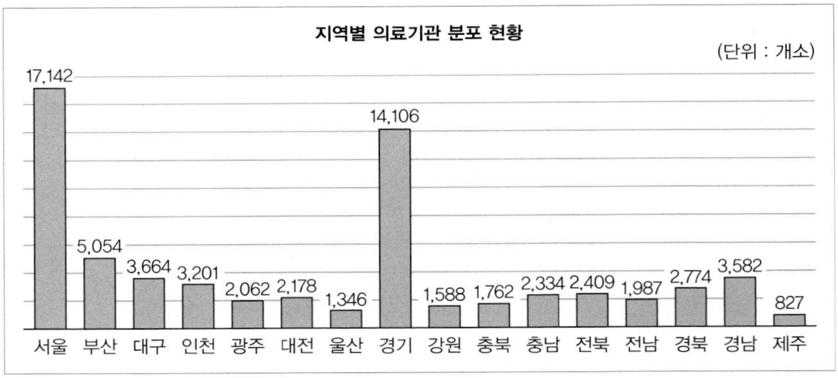


① 지역별 의료기관이 두 번째로 적은 지역은 울산이다.

② 서울과 경기를 제외한 나머지 지역 중 의료기관 수가 두 번째로 많은 지역과 세 번째로 적은 지역의 차는 전북의 의료기관 수보다 작다.

③ 서울이 차지하는 비중은 부산의 3배 이상이다.

④ 광역시의 의료기관 수의 합은 서울의 의료기관 수보다 크다.

⑤ 지역별 의료기관 수가 많을수록 의료기관(종합병원, 병원, 의원 등)이 고르게 분포하고 있다고 볼 수 있다.

피셋형

**26** 다음은 행정소송 접수 및 처리 현황에 대한 자료이다. 다음 중 옳은 것을 모두 고른 것은? (단, 소수점 둘째 자리에서 반올림한다.)

〈2017~2020년 행정소송 접수 및 처리 현황〉

(단위 : 건)

| 구분 | 2017 | 2018 | 2019 | 2020 |
|---|---|---|---|---|
| 접수 건수 | 36,969 | 37,130 | 37,772 | 40,073 |
| 처리 건수 | 18,800 | 18,560 | 16,414 | 18,868 |
| 승소 건수 | 10,250 | 10,064 | 8,991 | 10,478 |
| 패소 건수 | 1,814 | 1,811 | 1,687 | 1,807 |

ㄱ. 2017~2020년 처리 건수 대비 승소 건수 비중은 50% 이상이다.
ㄴ. 조사 기간 동안 패소 건수가 감소 추세이다.
ㄷ. 접수 건수 대비 처리 건수 비중이 가장 높은 해는 2019년이다.
ㄹ. 2020년 처리 건수의 전년 대비 증감률은 약 15%이다.

① ㄱ, ㄴ
② ㄱ, ㄹ
③ ㄴ, ㄷ
④ ㄴ, ㄹ
⑤ ㄷ, ㄹ

피셋형

**27** 다음은 주택관리 현황에 대한 자료이다. 다음 중 옳은 것을 모두 고른 것은?

| 구분 | 2022년 말 관리대상 | | 2023년 말 관리대상 | |
|---|---|---|---|---|
| | 단지 수 | 세대 수 | 단지 수 | 세대 수 |
| 국민임대 | 50 | 24,481 | 53 | 25,278 |
| 장기전세 | 151 | 29,839 | 151 | 29,839 |
| 행복주택 | 19 | 3,578 | 43 | 8,240 |
| 재개발 | 213 | 61,688 | 229 | 64,346 |
| 영구임대 | 17 | 22,672 | 17 | 22,672 |
| 공공임대 | 17 | 17,432 | 17 | 17,432 |
| 주거환경 | 13 | 1,963 | 13 | 1,963 |
| 외국인임대 | 2 | 175 | 2 | 175 |
| 기타임대 | 15 | 5,078 | 18 | 5,994 |

〈보기〉

ㄱ. 2022년 말 관리대상의 단지 수 대비 세대 수의 비중이 가장 큰 항목은 영구임대이다.
ㄴ. 2023년 말 관리대상의 단지 수 대비 세대 수의 비중이 가장 작은 항목은 재개발이다.
ㄷ. 관리대상의 단지 수가 전년 대비 증가한 항목은 3개이다.
ㄹ. 2022년 말 관리대상의 세대 수 순위와 2023년 말 관리대상의 세대 수 순위가 다르다.

① ㄱ, ㄴ
② ㄱ, ㄹ
③ ㄴ, ㄷ
④ ㄴ, ㄹ
⑤ ㄷ, ㄹ

[28~29] **다음은 2016년부터 2019년 출입국 통계에 대한 자료이다. 이어지는 질문에 답하시오.**

• 연도별 출입국(외국인 · 국민) 추이

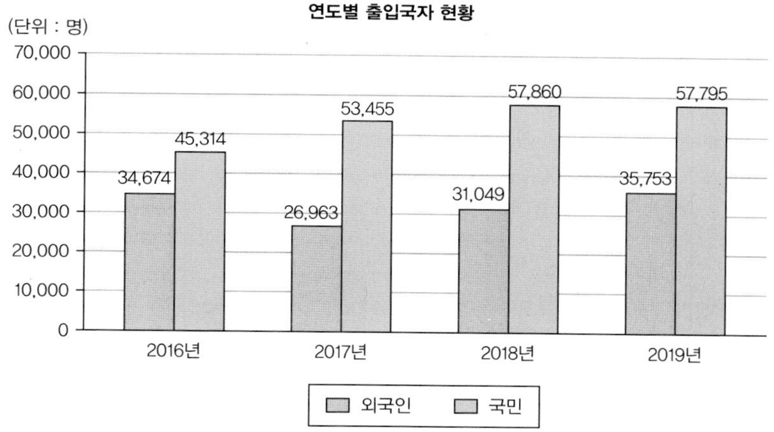


• 연도별 출입항 항공기 및 선박 현황

(단위 : 대, 척)

| 구분 | 2016 | 2017 | 2018 | 2019 |
|---|---|---|---|---|
| 항공기 | 442 | 469 | 510 | 542 |
| 선박 | 172 | 171 | 166 | 164 |

피셋형

**28 위의 자료에 대한 설명으로 옳지 않은 것은?**

① 외국인의 출입국 현황은 2017년부터 꾸준히 증가하였다.
② 국민의 출입국 현황은 지속해서 증가하였다.
③ 국민 대비 외국인의 출입국 비중은 항상 50% 이상이다.
④ 외국인과 국민의 출입국자의 차이가 가장 큰 해는 2018년이다.
⑤ 2019년 외국인 출입국자는 전년 대비 약 15% 증가하였다.

피셋형

**29 연도별 출입항 항공기 및 선박 전체에 대한 선박의 비중이 가장 큰 해와 가장 작은 해를 차례대로 고른 것은?**

① 2016년, 2019년　② 2016년, 2018년　③ 2018년, 2016년
④ 2019년, 2016년　⑤ 2017년, 2019년

피셋형

**30** 다음은 2017~2023년 불법조업 외국 어선 단속현황에 대한 자료이다. 이에 대한 〈보고서〉의 내용 중 옳은 것만을 모두 고른 것은?

불법조업 외국 어선 단속현황

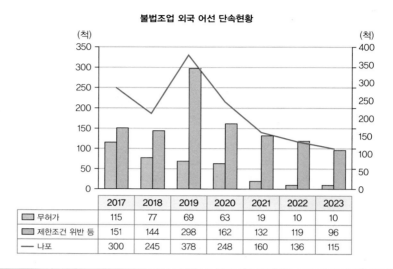

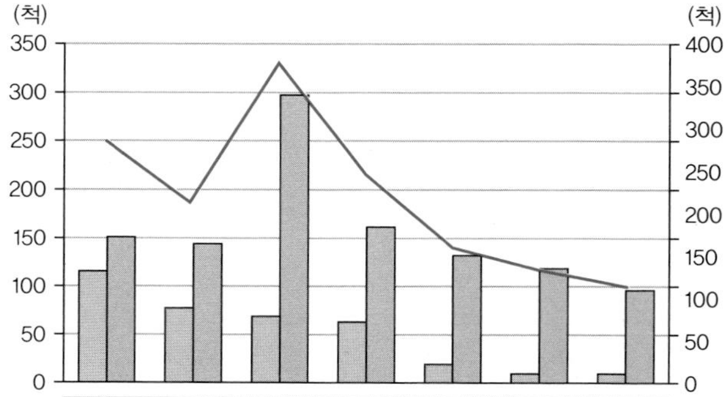


| | 2017 | 2018 | 2019 | 2020 | 2021 | 2022 | 2023 |
|---|---|---|---|---|---|---|---|
| 무허가 | 115 | 77 | 69 | 63 | 19 | 10 | 10 |
| 제한조건 위반 등 | 151 | 144 | 298 | 162 | 132 | 119 | 96 |
| 나포 | 300 | 245 | 378 | 248 | 160 | 136 | 115 |

〈보고서〉

불법조업 외국 어선의 단속은 해양에서 주권 해상의 일부로 국가 공권력의 증명적인 역할을 한다. 따라서, 타국 어선이 불법조업 시 범죄행위임을 나타내는 방증이 될 수 있다. 2017년부터 2023년까지의 현황을 통해 분석하고자 한다. 먼저, ㉠ '배타적 경제수역어업주권법', '영해 및 접속수역법' 위반 외국 어선 대비 제한조건 위반 등의 비중이 가장 큰 해는 2022년으로 우리 어선의 피해가 상당했음을 알 수 있다.
2018년 세월호 참사 이후에 해경이 해체된 후 중국 어선의 불법행위가 증가하였다. 이에 단속 횟수를 늘렸고, 이로 인해 ㉡ 2019년 제한조건 위반 등의 건수가 전년 대비 154건 증가했다. 반면, ㉢ 2020년에는 해양경비안전본부로 해체된 해경 업무 이관 및 조업질서가 회복되었다. 이로 인해 전년 대비 제한조건 위반 등의 건수가 감소했다.
㉣ 2019년 이후 우리나라에서 허가되지 않은 외국 어선(무허가)의 수는 감소 추세에 있으며, 사법처리 강화 및 국제법 반영을 통해 더욱 축소되리라 전망된다.

① ㉠, ㉢
② ㉡, ㉣
③ ㉠, ㉡, ㉢
④ ㉡, ㉢, ㉣
⑤ ㉠, ㉡, ㉢, ㉣

[31～32] 다음은 시도별 경제성장률에 대한 자료이다. 이를 바탕으로 이어지는 질문에 답하시오.

〈시도별 경제성장률〉

(단위 : %)

| 행정구역별 | 2015 | 2016 | 2017 | 2018 | 2019 |
|---|---|---|---|---|---|
| 서울 | 2.9 | 2.8 | 2.3 | 3.6 | 1.9 |
| 대구 | 3.0 | 0.0 | 1.7 | 2.4 | 1.2 |
| 전남 | 0.7 | 2.3 | 1.3 | 2.2 | 2.4 |
| 인천 | 1.8 | 2.6 | 4.3 | 0.7 | 1.4 |
| 광주 | 2.0 | 3.1 | 1.3 | 5.0 | 2.8 |
| 대전 | 3.0 | 3.5 | 0.8 | 0.9 | 3.3 |
| 충북 | 7.0 | 5.8 | 6.1 | 6.3 | 1.7 |
| A | 0.6 | 0.9 | −0.7 | −2.2 | 1.5 |
| B | 7.3 | 5.1 | 4.2 | 2.8 | 6.7 |
| 부산 | 3.0 | 1.7 | 1.6 | 1.7 | 2.1 |
| C | −2.6 | 2.5 | −1.2 | −1.2 | 1.8 |
| 경기 | 5.5 | 4.7 | 6.6 | 6.0 | 2.3 |
| 강원 | 2.0 | 2.9 | 4.1 | 1.9 | 3.0 |
| 제주 | 7.4 | 8.0 | 4.6 | −0.9 | 0.9 |
| D | 1.1 | 3.2 | 5.4 | 0.6 | 2.4 |
| 전북 | 1.0 | −0.8 | 1.9 | 1.7 | 2.3 |
| 경남 | 1.7 | 0.7 | −0.7 | 0.6 | 1.4 |

※ 경제성장률(%)={(당해년도 GDP−전년도 GDP)/전년도 GDP}×100

피셋형

**31** 위 자료에서 A～D에 들어갈 지역으로 알맞은 것은?

㉠ 울산과 경북은 2017년과 2018년 전년 대비 경제성장률이 감소했다.
㉡ 경북은 2019년 1.8% 이상 경제성장률이 증가했다.
㉢ 충남과 세종은 조사 기간 동안 경제성장률이 지속해서 증가했다.
㉣ 세종은 2019년 경제성장률이 높은 상위 3개 지역 중 하나이다.

| | A | B | C | D |
|---|---|---|---|---|
| ① | 경북 | 세종 | 울산 | 충남 |
| ② | 경북 | 충남 | 울산 | 세종 |
| ③ | 울산 | 세종 | 충남 | 경북 |
| ④ | 울산 | 세종 | 경북 | 충남 |
| ⑤ | 울산 | 충남 | 경북 | 세종 |

피셋형

**32** 2016년 전년 대비 증감률이 가장 큰 폭으로 증가한 지역의 전년도 GRDP가 30조 원일 때, 당해연도의 GRDP는? (단, 소수점 첫째 자리에서 반올림한다.)

① 약 30조 원
② 약 31조 원
③ 약 32조 원
④ 약 33조 원
⑤ 약 34조 원

피셋형

**33** 다음 표는 노인 학대 현황 중 가족–환경 원인 현황이다. 노인 학대의 원인 중 가족 구성원 간 갈등이 가장 많았던 연도의 전년 대비 가족의 경제적 어려움의 증감률은? (단, 소수점 첫째 자리에서 반올림한다.)

(단위 : 건수)

| 원인별 | 2015 | 2016 | 2017 | 2018 | 2019 |
|---|---|---|---|---|---|
| 계 | 3,530 | 4,223 | 4,329 | 5,045 | 4,850 |
| 학대 피해 노인–학대행위자 갈등 | 1,917 | 2,376 | 2,709 | 3,064 | 3,154 |
| 가족 구성원 간의 갈등 (자녀 간, 형제 간, 친족 간) | 893 | 1,112 | 1,005 | 1,268 | 1,135 |
| 가족의 경제적 어려움 | 720 | 735 | 615 | 713 | 561 |

① 15%
② 16%
③ 17%
④ −15%
⑤ −16%

PART 03

# 문제해결능력

차례



**하위능력**

사고력, 문제처리능력

SECTION 01

# 문제해결능력 이론

▶ 합격강의

## 문제해결능력 소개

### 01 문제해결능력의 학습 목표

| 구분 | 학습 목표 |
|---|---|
| 일반 목표 | 직장 생활에서 발생하는 문제의 의미와 문제해결의 기본적 사고를 올바르게 인식하고 해결하는 능력을 기를 수 있다. |
| 세부 목표 | 1. 문제와 문제해결의 개념을 말할 수 있다.<br>2. 문제의 유형별 특징을 구분할 수 있다.<br>3. 문제해결을 위해 4가지 기본적 사고를 활용할 수 있다.<br>4. 문제해결의 장애 요소와 해결 방법을 제시할 수 있다. |

### 02 문제해결능력의 의미와 중요성

문제해결능력이란 직장 생활에서 업무 수행 중에 발생되는 여러 가지 문제를 창조적, 논리적, 비판적 사고를 통해 그 문제를 올바르게 인식하고 적절히 해결하는 능력을 말한다. 최근의 문제들은 더욱 복합적이고 다양한 형태로 나타나고 있으므로, 문제해결능력은 모든 직업인에게 직면한 문제를 바르게 인식하고 바람직한 문제 해결을 위해 요구되는 가장 중요한 요소이다.

### 03 문제와 문제점의 구분

| 문제 | 문제점 |
|---|---|
| 업무를 수행할 때 답을 요구하는 질문이나 의논하여 해결해야 하는 사항 | • 문제의 근본 원인이 되는 사항<br>• 문제해결에 필요한 열쇠인 핵심<br>• 문제의 발생을 미리 방지할 수 있는 사항 |

예 난폭 운전으로 전복 사고가 났을 경우, 사고의 발생을 문제라 하고, 난폭 운전은 문제점에 해당

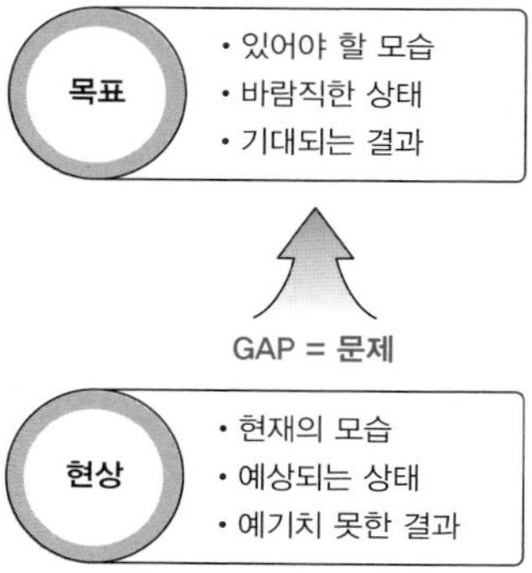

## 04 문제의 유형

### 1) 기능에 따른 문제 유형

제조문제, 판매 문제, 자금 문제, 인사 문제, 정리 문제, 기술상 문제 등이 있다.



### 2) 해결 방법에 따른 문제 유형

| 구분 | 창의적 문제 | 분석적 문제 |
|---|---|---|
| 문제 제시 방법 | 현재 문제가 없더라도 보다 나은 방법을 찾기 위한 문제 탐구로, 문제 자체가 명확하지 않음 | 현재의 문제점이나 미래의 문제로 예견될 사안에 대한 문제 탐구로, 문제 자체가 명확함 |
| 해결 방법 | 창의력에 의한 많은 아이디어를 통해 해결 | 분석, 귀납과 같은 논리적 방법을 통해 해결 |
| 해답 수 | 많은 답 가운데 보다 나은 것을 선택 | 답의 수가 적으며, 한정되어 있음 |
| 주요 특징 | 주관적, 직관적, 감각적, 정성적, 개별적, 특수성 | 객관적, 논리적, 정량적, 이성적, 일반적, 공통성 |

### 3) 시간에 따른 문제 유형

과거 문제, 현재 문제, 미래 문제가 있다.

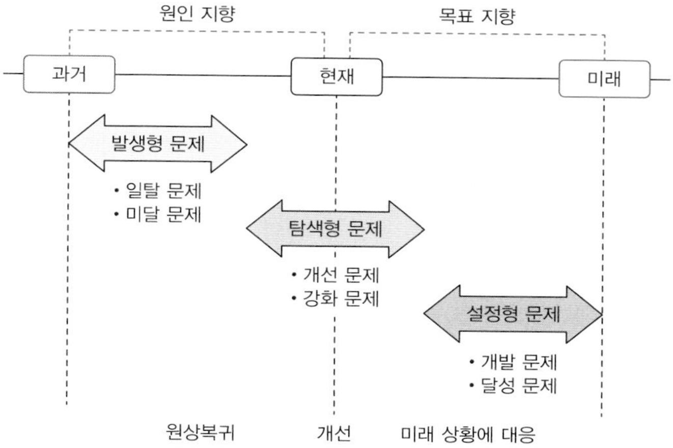


### 4) 업무 수행 과정에 따른 문제 유형

① **발생형 문제(보이는 문제)** : 눈에 보이는 문제, 원인이 내재되어 있는 원인지향적 문제, 원상 복귀가 필요한 문제, 이미 발생한 문제로 해결이 필요한 문제이다.

예 기계 고장, 성능 불량, 제품의 하자, 영업 손실 발생 등

- **일탈 문제** : 어떤 기준을 일탈함으로써 발생한 문제
- **미달 문제** : 기준에 미달하여 발생한 문제

② **탐색형 문제(찾는 문제)** : 눈에 보이지 않는 찾아야 하는 문제, 현재 상황을 개선하거나 효율을 높이기 위한 문제, 더 잘해야 하는 문제, 방치하면 큰 손실이 따르는 문제이다.

- **잠재 문제** : 문제가 잠재되어 있어 보거나 인식하지 못하다가 결국은 문제가 확대되어 해결이 어려운 문제(조사나 분석을 통해 찾아야 함)
- **예측 문제** : 현재는 문제가 없지만 진행 상황을 예측했을 때 미래에 문제 발생 가능성이 있는 문제

- 발견 문제 : 현재는 아무런 문제가 없으나 다른 타기업의 업무 방식이나 선진기업의 업무 방법 등의 정보를 얻음으로써 보다 좋은 제도나 기법, 기술을 발견하여 개선 · 향상할 수 있는 문제

③ 설정형 문제(미래 문제) : 미래 상황에 대응하는 장래의 경영 전략의 문제로 미래 문제, '앞으로 어떻게 할 것인가?'의 문제, 창조적 노력이 필요한 창조적 문제, 미래지향적으로 새로운 과제나 목표를 설정함에 따라 일어나는 목표지향적 문제이다.

## 05 문제해결의 의의와 요소

### 1) 문제해결의 의의

- 목표와 현상을 분석하고, 분석결과를 바탕으로 과제를 도출하여 최적의 해결책을 찾아 실행하고 평가해 가는 행동을 의미한다.
- 조직 측면 : 자신이 속한 조직의 관련 분야에서 세계 일류수준을 지향하며, 경쟁사와 대비하여 탁월하게 우위를 확보하기 위해서 끊임없는 문제해결이 요구된다.
- 고객 측면 : 고객이 불편하게 느끼는 부분을 찾아 개선과 고객 감동을 통한 고객 만족을 높이는 측면에서 문제해결이 요구된다.
- 자기 자신 측면 : 불필요한 업무를 제거하거나 단순화하여 업무를 효율적으로 처리하게 됨으로써 자신을 경쟁력 있는 사람으로 만들어나가는 데 문제해결이 요구된다.

### 2) 문제해결의 기본 요소

문제해결을 위해 체계적인 교육 훈련, 문제해결에 대한 지식, 문제 관련 지식에 대한 가용성, 문제해결자의 도전의식과 끈기, 문제에 대한 체계적인 접근이 개인에게 기본 요소로 요구된다.

### 3) 문제해결의 필수 요소

- 문제해결을 위해서는 체계적인 교육 훈련을 통해 일정 수준 이상의 문제해결능력을 발휘할 수 있도록 조직과 각 실무자가 노력해야 한다.
- 고정관념과 편견 등 심리적 타성 및 기존의 패러다임을 극복하고 새로운 아이디어를 효과적으로 낼 수 있는 창조적 스킬 등을 습득하는 것이 필요하다.
- 습득한 스킬을 바탕으로 문제를 조직 전체의 관점과 각 기능단위별 관점으로 구분하고, 스스로 해결할 수 있는 부분과 조직 전체의 노력으로 해결할 수 있는 부분으로 나누어 체계적으로 접근해야 한다.

## 06 문제해결의 기본적 사고

### 1) 전략적 사고

현재 당면하고 있는 문제와 그 해결 방법에만 집착하지 말고, 그 문제와 해결 방안이 상위 시스템과 어떻게 연결되어 있는지를 생각하는 것이 필요하다.

### 2) 분석적 사고

전체를 각각의 요소로 나누어 그 요소의 의미를 도출한 다음 우선순위를 부여하고 구체적인 문제해결 방법을 실행하는 것이 요구된다(성과 지향 및 가설 지향, 사실 지향의 문제).

### 3) 발상의 전환

기존에 가지고 있는 사물과 세상을 바라보는 인식의 틀을 전환하여 새로운 관점에서 바라보는 사고를 지향해야 한다.

### 4) 내 · 외부 자원의 활용

문제해결 시 기술, 재료, 방법, 사람 등 필요한 자원확보 계획을 수립하고 내 · 외부 자원을 효과적으로 활용해야 한다.



## 07 문제해결의 장애 요인

| 구분 | 내용 |
| --- | --- |
| 문제를 철저하게 분석하지 않는 경우 | • 직관에 의해 성급하게 판단하여 문제의 본질을 파악하지 못함<br>• 근본적인 문제해결을 못하거나 새로운 문제를 야기하는 결과를 초래할 가능성 있음 |
| 고정관념에 얽매이는 경우 | 편견, 고정관념 등으로 증거와 합리적 논리를 무시하여 새로운 아이디어와 가능성 무시 |
| 쉽게 떠오르는 단순한 정보에 의지하는 경우 | 기존의 단순한 정보에 의존하여 문제해결을 못하거나 오류 발생 |
| 너무 많은 자료를 수집하려고 노력하는 경우 | 무계획적인 분량 위주의 자료수집으로 문제 분석 또는 해결에 자원을 투입하지 못하고 자료의 우선순위를 알지 못하게 됨 |

## 08 문제해결의 방법

| 구분 | 소프트 어프로치 | 하드 어프로치 | 퍼실리테이션 |
| --- | --- | --- | --- |
| 상황 | 같은 문화적 토양을 가진 구성원으로 이심전심으로 서로를 이해하는 상황 | 상이한 문화적 토양을 가지고 있는 구성원으로 의견 조율이 필요한 상황 | 집단적 의사결정이 필요한 상황 |
| 방법 | • 직접적인 표현보다 무언가를 시사하거나 암시를 통해 의사를 전달<br>• 기분을 서로 통하게 함으로써 문제해결을 도모<br>• 제3자는 결론으로 끌고 갈 지점을 미리 머릿속에 그려가면서 권위나 공감에 의지해 타협과 조정을 통해 해결을 도모 | • 서로의 생각을 직설적으로 주장하고 논쟁이나 협상을 통해 서로의 의견을 조정<br>• 사실과 원칙에 근거한 토론이 중심적으로 역할을 함<br>• 제3자는 사실과 원칙을 기반으로 구성원에게 지도와 설득을 하고 전원이 합의하는 일치점을 찾아내려 해야 함 | • 퍼실리테이션이란 촉진을 의미<br>• 깊이 있는 커뮤니케이션을 통해 서로의 문제점을 이해하고 공감함으로써 창조적인 문제해결을 도모<br>• 구성원이 자율적으로 실행<br>• 제3자가 합의점이나 줄거리를 준비해 놓고 예정대로 결론이 도출되어 가는 것이어서는 안됨 |
| 특징 | 결론이 애매하게 끝나는 경우가 적지 않지만 그런 경우에도 이심전심을 유도하여 파악함 | 합리적이나 잘못하면 단순한 이해관계의 조정에 그칠 수 있음. 창조적인 아이디어나 높은 만족감을 이끌어 내기 어려움 | 구성원의 동기 및 팀워크가 강화되고 초기에 생각하지 못했던 창조적인 해결 방법이 도출됨 |

## 하위 능력의 구성

### 01 창의적 사고

#### 1) 창의적 사고의 의미

새로운 가치를 창출하는 능력으로 공동체 생활을 하는 사람은 기본으로 갖추어야 할 덕목이며 문제해결을 위해 경험적 지식을 해체하여 새로운 아이디어를 다시 도출하는 것으로 독특한 확산적 사고이다.

#### 2) 창의적 사고의 특징

사고력, 성격, 태도에 걸친 전인적인 가능성을 포함하는 창의적 가능성까지 포함하는 것으로서 주변에서 발견할 수 있는 내적 정보와 책이나 외부 현상인 외적 정보의 조합이고, 사회나 개인에게 새로운 가치를 창출하며 교육 훈련을 통해 개발될 수 있는 능력이다.

#### 3) 창의적 사고 개발 방법

| | | |
|---|---|---|
| 자유연상법 | 생각나는 대로 자유롭게 발상 | 브레인스토밍 |
| 강제연상법 | 각종 힌트에 강제적으로 연결 지어서 발상 | 체크리스트 |
| 비교발상법 | 주제의 본질과 닮은 것을 힌트로 발상 | NM법, 시네틱스 |

① **자유연상법** : 어떤 주제에서 생각나는 것을 계속해서 열거해 나가는 발산적 사고 중 하나의 방법으로 자유연상법의 가장 대표적인 방법이 브레인스토밍이다.

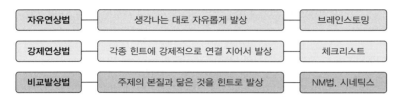

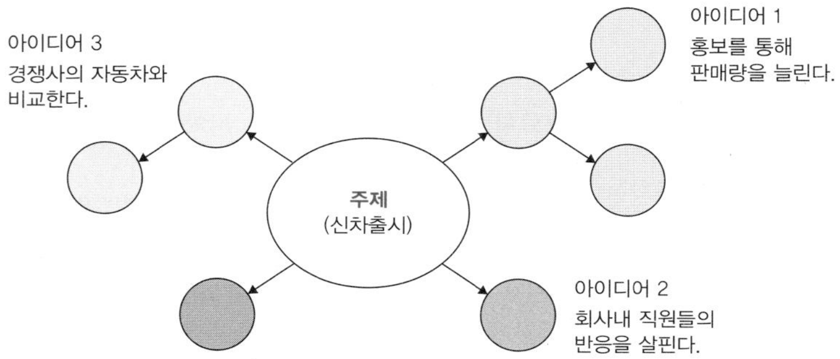


- **브레인스토밍** : 미국의 알렉스 오즈번이 고안한 그룹 발산 기법으로 창의적 사고를 위한 발산 방법 중 가장 흔히 사용하며 집단의 효과를 살려 자유분방한 아이디어 도출을 목적으로 한다.

| 브레인스토밍의 진행 방법 | 브레인스토밍의 4대 원칙 |
|---|---|
| • 주제를 구체적이고 명확하게 정하기<br>• 구성원의 얼굴을 볼 수 있는 좌석 배치와 큰 용지 준비<br>• 구성원들의 다양한 의견을 도출할 수 있는 사람을 리더로 선발<br>• 다양한 분야의 5~8명 정도로 구성<br>• 자유롭게 누구나 발언 가능하며, 모든 발언 기록<br>• 아이디어에 대한 평가 금지 | • 비판 엄금 : 평가는 유보<br>• 자유 분방 : 무엇이든 자유롭게 발언<br>• 질보다 양 : 가능한 많은 아이디어 도출 목표<br>• 결합과 개선 : 다른 사람의 아이디어에 자극받아 아이디어를 수정하고 즉시 조합 |

② 강제연상법 : 각종 힌트에서 강제로 연결 지어 발상하는 방법으로, 가장 대표적인 방법은 체크리스트이다.

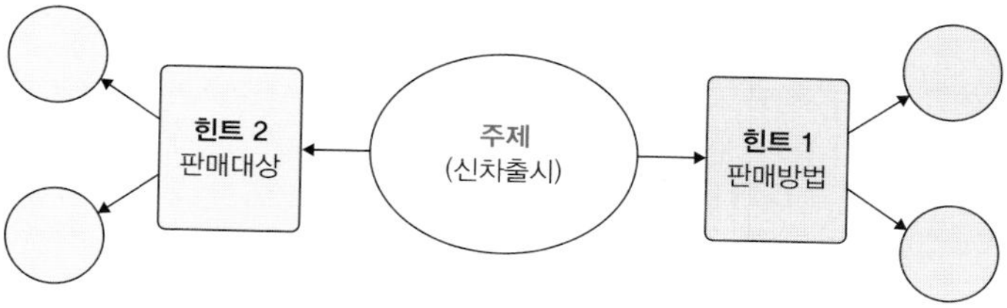


③ 비교발상법 : 주제와 본질적으로 닮은 것을 힌트로 하여 새로운 아이디어를 얻는 방법이다.

- NM법 : 대상과 비슷한 것을 찾아내 그것을 힌트로 새로운 아이디어 등을 생각하는 방법
- 시네틱스 : 서로 관련이 없어 보이는 것들을 조합하여 새로운 것을 도출해내는 집단 아이디어 발상법

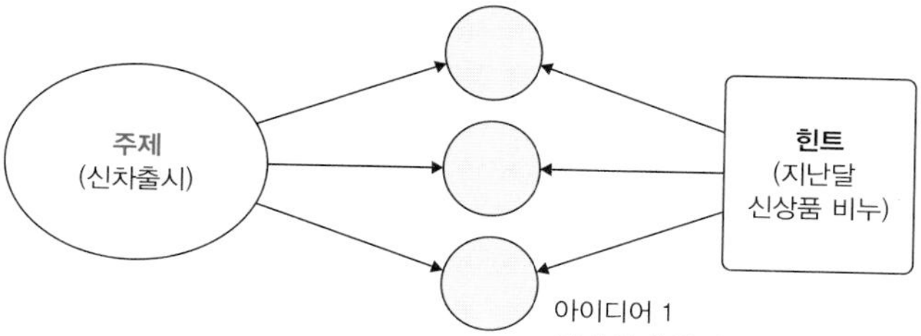


## 02 논리적 사고

### 1) 논리적 사고의 의미

논리적 사고란 사고의 전개에 있어 전후 관계의 일치 여부를 살피고, 아이디어를 평가하는 능력을 말한다.

### 2) 논리적 사고의 구성요소

① 생각하는 습관 : 논리적 사고의 기본, 무엇을 접하든 늘 생각하는 습관이 필요하다.
② 상대 논리의 구조화 : 상대 논리의 약점을 찾아 나의 생각을 재구축하여 상대를 설득할 수 있다.
③ 구체적인 생각 : 구체적 이미지를 그리고 숫자 등을 적용하여 구체적으로 표현하는 방법을 활용한다.
④ 타인에 대한 이해 : 상대의 인격이나 상대 주장의 전부를 부정하지 않고 존중해야 한다.
⑤ 설득 : 나의 주장을 다른 사람에게 이해시켜 그 사람이 내가 원하는 행동을 하게 만드는 것이다.

### 3) 논리적 사고 개발 방법

① 피라미드 구조화 방법

- 하위의 사실이나 현상부터 사고하여 근거를 수집하고 상위의 주장을 만들어 가는 방법이다.
- 보조 메시지들을 통해 주요 메인 메시지를 얻고, 다시 메인 메시지를 종합한 최종적인 정보를 도출한다.

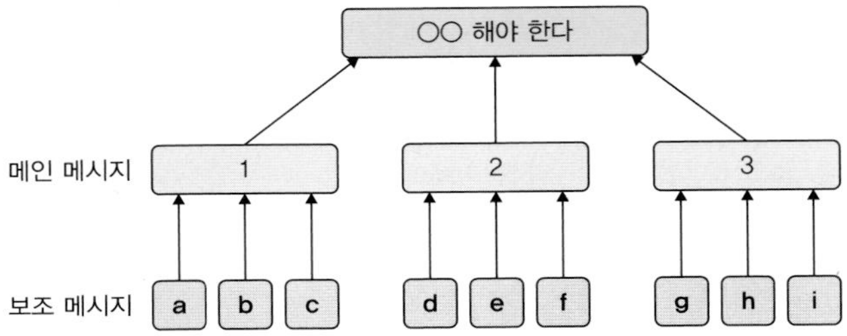


② So what 기법

- 눈앞의 정보로부터 의미를 찾아내어 가치 있는 정보를 끌어내고 자문자답하는 사고이다.
- 주어와 술어를 포함하는 완성된 문장을 통해 "어떻게 해야 한다."라는 내용을 포함한다.

| 상황 | So what 기법을 활용한 예 |
| --- | --- |
| • 우리 회사의 자동차 판매 대수가 사상 처음으로 전년 대비 마이너스를 기록했다.<br>• 우리나라의 자동차 업계 전체는 일제히 적자 결산을 발표했다.<br>• 주식 시장은 몇 주간 조금씩 하락하는 상황에 있다. | • 자동차 관련 기업의 주식을 사서는 안 된다.<br>• 지금이야말로 자동차 관련 기업의 주식을 사야 한다.<br>• "주식을 사지 말라." 혹은 "주식을 사라."라는 메시지가 있어 주장이 명확하며, 상황을 모두 망라하고 있으므로, "So what?"을 사용하였다고 말할 수 있다. |

## 03 비판적 사고

### 1) 비판적 사고의 의미

비판적 사고는 어떤 주제나 주장 등에 대해 적극적으로 분석하고 종합하며 평가하는 능동적인 사고를 의미한다. 비판적 사고는 문제의 핵심을 중요한 대상으로 보고 지식, 정보를 바탕으로 객관적 근거에 기초를 두고 현상을 분석하고 평가하는 사고이다. 비판적 사고를 개발하기 위해 지적호기심, 객관성, 개방성, 융통성, 지적 회의성, 지적 정직성, 체계성, 지속성, 결단성, 다른 관점에 대한 존중 등의 태도를 갖추어야 한다.

### 2) 비판적 사고를 위한 태도

비판적인 사고를 하기 위해서는 어떤 현상에 대해서 문제의식을 바탕으로 지각의 폭을 넓히는 것이 필요하고, 지각의 폭을 넓히는 일은 정보에 대한 개방성을 가지고 편견을 갖지 않는 것으로 고정관념을 타파하는 것이다.

## 04 문제처리능력

### 1) 문제 인식의 의미와 절차

문제 인식은 해결해야 할 전체 문제를 파악하여 우선순위를 정하고, 선정문제에 대한 목표를 명확히 하는 절차를 거치는데 이를 위해 비즈니스 시스템상 환경 분석, 주요 과제 도출, 과제 선정의 과정이 필요하다.

| 절차 | 환경 분석 | 주요 과제 도출 | 과제 선정 |
| --- | --- | --- | --- |
| 내용 | 비즈니스 시스템상 거시환경 분석 | 분석 자료를 토대로 성과에 미치는 영향과 의미를 검토하여 주요 과제 도출 | 후보 과제를 도출하고 효과 및 실행가능성 측면에서 평가하여 과제 선정 |

### 2) 환경 분석

문제가 발생하였을 때, 주요 과제를 해결하기 위해 먼저 실시하는 것이 환경 분석이고 환경 분석을 위해서 주로 사용되는 기법으로는 3C 분석, SWOT 분석 방법이 있다.

① 3C 분석 : 사업 환경을 구성하는 고객, 경쟁사, 자사를 3C라 한다.

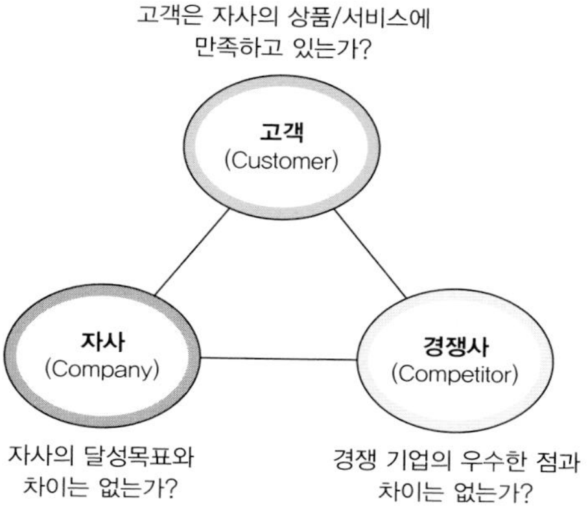
고객은 자사의 상품/서비스에 만족하고 있는가?
고객 (Customer)
자사 (Company)
경쟁사 (Competitor)
자사의 달성목표와 차이는 없는가?
경쟁 기업의 우수한 점과 차이는 없는가?

② SWOT 분석

| **SWOT 분석** | 내부 강점(Strengths) | 내부 약점(Weaknesses) |
| --- | --- | --- |
| 기업 내부의 강점과 약점, 외부 환경의 기회와 위협 요인을 분석·평가하고 서로 연관 지어 전략 및 문제해결 방법을 개발하는 방법 | • 성격의 장점<br>• 비즈니스 역량, 강점<br>• 개인적 경험, 경력<br>• 학업적 또는 사회적 성취<br>• 취미/특기/자격증 | • 성격적 단점<br>• 학력, 학점, 자격증 등의 부족<br>• 외국어 수준, 해외 경험 부족<br>• 나이, 공백기간<br>• 가정, 경제적 어려움<br>• 신체, 외무, 핸디캡 등 |
| 외부 기회(Opportunities) | **SO** : 강점을 통해 기회를 살림 | **WO** : 약점을 보완하여 기회를 살림 |
| • 학교 내 기회<br>• 대외적 기회<br>• 가족, 친지 등<br>• 인터넷, SNS, 소셜 미디어<br>• 동아리, 동호회, 아르바이트 등 | • 공격적인 전략<br>• 기회를 활용하면서 강점을 더 강화<br>• 사업 구조, 사업 영역, 사업 포트폴리오 시장 확대 | • 국면 전환 전략<br>• 외부 환경의 기회를 활용하면서 자신의 약점을 보완<br>• 운영 효과 개선, 타기업과 제휴 추진 |
| 외부 위협(Threats) | **ST** : 강점을 통해 위협을 최소화/회피 | **WT** : 약점 보완 & 위협 최소화/회피 |
| • 노동/산업/취업 환경의 어려움<br>• 학교/교육 환경의 어려움<br>• 국가/사회 환경의 위기나 어려움<br>• 지역/글로벌 환경 등의 위협<br>• 치열한 경쟁 사회, 경쟁 시대 | • 다각화 전략<br>• 외부 환경의 위협 요소를 회피하면서 자신의 강점을 활용<br>• 신사업 진출, 신제품 개발 | • 방어적 전략<br>• 외부 환경의 위협 요소를 회피하고 자신의 약점을 보완<br>• 원가 절감, 사업 축소 |

| 외부 환경 분석 방법 | 내부 환경 분석 방법 |
|---|---|
| • 자신을 제외한 모든 정보를 기술<br>• 수집한 세상의 변화 내용을 시작으로 당사자에게 미치는 영향을 점차 구체화<br>• 인과관계가 있는 경우 화살표로 연결<br>• 동일한 데이터라도 자신에게 긍정적으로 전개되면 기회로, 부정적으로 전개되면 위협으로 구분<br>• SCEPTIC 체크리스트를 활용하면 효과적(사회, 경쟁, 경제, 정치, 기술, 정보, 고객) | • 경쟁자와 비교하여 나의 강점과 약점을 분석<br>• 강점과 약점의 내용은 보유하거나 동원 가능하거나 활용 가능한 자원<br>• MMMITI를 활용하면 효과적(사람, 물자, 돈, 정보, 시간, 이미지) |

### 3) 주요 과제 도출

환경 분석을 통해 현상을 파악한 후 분석결과를 검토하여 주요 과제를 도출해야 하는데, 과제안 간의 수준의 동일성, 표현의 구체성, 기간 내 해결 가능성 등을 확인해야 한다.

### 4) 과제 선정

과제안 중 효과 및 실행 가능성 측면을 평가하여 가장 우선순위가 높은 안을 선정하는데, 과제의 목적, 목표, 자원 현황 등을 종합적으로 고려하여 평가해야 한다. 과제 해결의 중요성, 과제 착수의 긴급성, 과제 해결의 용이성을 고려하여 여러 개의 평가 기준을 동시에 설정하는 것이 바람직하다.

| 과제안 평가 기준 | |
|---|---|
| 과제 해결의 중요성 | 매출/이익 기여도, 지속성/파급성, 고객만족도 향상, 경쟁사와의 차별화, 자사 내부 문제해결 등 |
| 과제 착수의 긴급성 | 달성의 긴급도와 달성에 필요한 시간 등 |
| 과제 해결의 용이성 | 실시상의 난이도, 필요자원 적정성 등 |

### 5) 문제 원인과 구조 파악

① 문제 도출

- 문제 도출이란 선정된 문제를 분석하여 해결해야 할 것이 무엇인지를 명확히 하는 것이다.
- 현상에 대해 문제를 분해하여 인과관계 및 구조를 파악하는 단계이다.

| 절차 | 문제 구조 파악 | 핵심 문제 선정 |
|---|---|---|
| 내용 | 문제를 작고, 다룰 수 있는 이슈들로 세분화 | 문제에 영향력이 큰 이슈를 핵심이슈로 선정 |

② 문제 구조 파악

- 전체 문제를 개별화된 세부 문제로 재구성하는 과정이다.
- 문제의 내용 및 부정적인 영향 등을 파악하여 문제의 구조를 도출하는 것을 의미한다.
- 원인을 분명히 하고 문제의 본질과 실제를 봐야 하며, 다양하고 넓은 시야에서 문제를 판단해야 한다.

③ 로직트리(Logic Tree) 방법

- 문제의 원인을 깊이 파고든다든지 해결책을 구체화할 때, 제한된 시간 속에서 문제의 넓이와 깊이를 추구할 때 주요 과제를 나무 모양으로 정리하는 기술이다.
- 전체 과제를 명확히 해야 하며 주요 과제를 분해하는 가지의 수준을 맞춰야 하고, 원인이 중복되거나 누락되지 않고 각각의 합이 전체를 포함해야 한다.

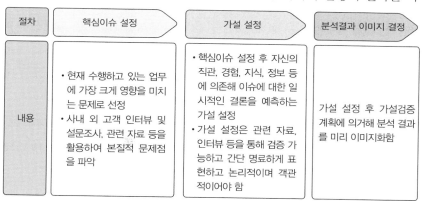

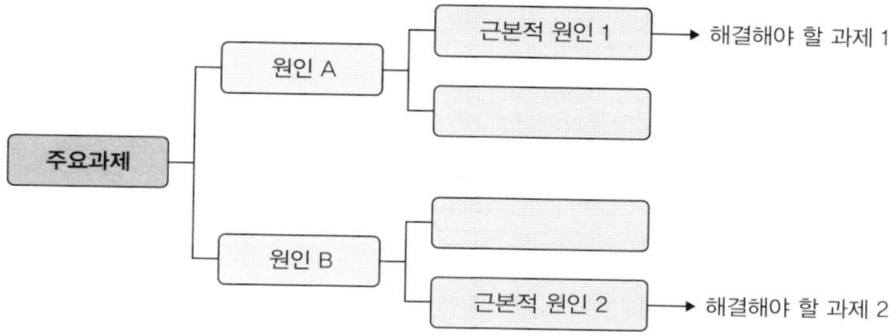


④ 원인 분석

원인 분석이란 파악된 핵심 문제에 관한 분석을 통해 근본 원인을 도출하는 단계이다.

| 절차 | 이슈 분석 | 데이터 분석 | 과제 선정 |
|---|---|---|---|
| 내용 | 핵심이슈 설정<br>가설 설정<br>아웃풋 이미지 결정 | 데이터 수집 계획 수립<br>데이터 정리 및 가공<br>데이터 해석 | 근본원인을 파악하고<br>원인과 결과 도출 |

⑤ 쟁점 분석

쟁점 분석은 핵심이슈 설정, 가설 설정, 분석결과 이미지 결정의 절차를 거쳐야 한다.

| 절차 | 핵심이슈 설정 | 가설 설정 | 분석결과 이미지 결정 |
|---|---|---|---|
| 내용 | • 현재 수행하고 있는 업무에 가장 크게 영향을 미치는 문제로 선정<br>• 사내 외 고객 인터뷰 및 설문조사, 관련 자료 등을 활용하여 본질적 문제점을 파악 | • 핵심이슈 설정 후 자신의 직관, 경험, 지식, 정보 등에 의존해 이슈에 대한 일시적인 결론을 예측하는 가설 설정<br>• 가설 설정은 관련 자료, 인터뷰 등을 통해 검증 가능하고 간단 명료하게 표현하고 논리적이며 객관적이어야 함 | 가설 설정 후 가설검증계획에 의거해 분석 결과를 미리 이미지화함 |

⑥ 데이터 분석

- 데이터 분석은 데이터 수집 계획 수립, 데이터 수집, 데이터 분석의 절차를 거쳐 수행한다.
- 데이터 수집 시에는 목적에 따라 수집 범위를 정하고, 전체 자료의 일부인 표본을 추출하는 전통적인 통계학적 접근과 전체 데이터를 활용한 빅데이터 분석을 구분해야 한다.
- 데이터는 객관적인 사실을 수집해야 하며 자료의 출처를 명확히 밝힐 수 있어야 한다.
- 데이터 수집 후에는 목적에 따라 수집된 정보를 항목별로 분류 정리한 후 '무엇을', '어떻게', '왜'를 고려해서 데이터를 분석하고, 의미를 해석해야 한다.

⑦ 원인 파악

- 원인 파악은 이슈와 데이터 분석을 통해서 얻은 결과를 바탕으로 최종 원인을 확인하는 단계이다.
- 원인 파악 시에는 원인과 결과 사이에 패턴이 있는지를 확인하는 것이 필요하다.
- 원인의 인과 관계 패턴

| | |
|---|---|
| **단순한 인과 관계** | 원인과 결과를 분명하게 구분할 수 있는 경우로, 날씨가 더울 때 아이스크림 판매량이 증가는 경우 |
| **닭과 계란의 인과 관계** | 원인과 결과를 구분하기 어려운 경우로, 브랜드의 향상이 매출 확대로 이어지고, 매출 확대가 다시 브랜드의 인지도 향상으로 이어지며 서로 엉켜 있어 쉽게 원인과 결과를 밝혀내기 어려운 상황 |
| **복잡한 인과 관계** | 단순한 인과 관계와 닭과 계란의 인관 관계 두 가지 유형이 복잡하게 서로 얽혀 있는 경우로 대부분 문제가 이에 해당한다. |

### 6) 해결안 개발의 의미와 절차

해결안 개발은 해결안 도출, 해결안 평가 및 최적안 선정의 절차로 진행되며, 해결안 개발은 문제로부터 도출된 근본 원인을 효과적으로 해결할 수 있는 최적의 해결 방안을 수립하는 단계이다.

① 해결안 도출

- 열거된 근본 원인을 어떠한 시각과 방법으로 제거할 것인지에 대한 독창적이고 혁신적인 아이디어를 도출한다.
- 유사한 방법이나 목적을 갖는 내용은 군집화를 거쳐 최종 해결안으로 정리하는 과정을 거쳐 제시해야 한다.

② 해결안 평가 및 최적안 선정

- 해결안 평가 및 최적안 선정 과정에서는 문제(What), 원인(Why), 방법(How)을 고려해서 해결안을 평가하고 가장 효과적인 해결안을 선정한다.
- 해결안 선정은 중요도와 실현가능성 등을 고려해서 종합적인 평가와 각 해결안의 채택 여부를 결정하는 과정이다.

### 7) 실행 및 평가 단계의 의미와 절차

해결안 개발을 통해 만들어진 실행 계획을 실제 상황에 적용하는 활동으로 애초에 장애가 되는 문제의 원인들을 해결안을 사용해 제거해 나가는 단계이다.

| 절차 | 실행 계획 수립 | 실행 | 사후관리(Follow-up) |
|---|---|---|---|
| 내용 | 최종 해결안을 실행하기 위한 구체적인 계획 수립 | 실행 계획에 따른 실행 및 모니터 | 실행 결과에 대한 평가 |

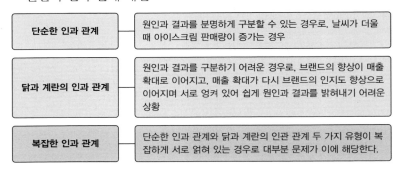

① 실행 계획 수립

- 실행 계획 수립은 무엇을(What), 어떤 목적으로(Why), 언제(When), 어디서(Where), 누가(Who), 어떤 방법으로(How)의 물음에 대한 답을 가지고 계획하는 단계이다.
- 자원(인적, 물적, 예산, 시간)을 고려하여 수립한다.
- 실행 계획 수립 시에는 세부 실행내용의 난이도를 고려하여 가급적이면 각 해결안별 구체적인 실행계획서를 작성하여 실행의 목적과 과정별 진행 내용을 일목요연하게 파악하도록 하는 것이 필요하다.

② 실행 및 사후관리(Follow-up)

- 실행 및 사후관리 단계는 가능한 사항부터 실행한다.
- 과정에서 나온 문제점을 해결해가면서 해결안의 완성도를 높이고 일정한 수준에 도달하면 전면적으로 전개해 나가는 것이 필요하다.
- 사전 조사(Pilot test)를 통해 문제점을 발견하고, 해결안을 보완한 후 대상 범위를 넓혀서 전면적으로 실시한다.
- 실행상의 문제점 및 장애요인을 신속히 해결하기 위해서 감시 체제(Monitoring system)를 구축하는 것이 바람직하다.
- 바람직한 상태가 달성되었는지, 문제가 재발하지 않을 것을 확신할 수 있는지, 사전에 목표한 기간 및 비용은 계획대로 지켜졌는지, 혹시 또 다른 문제를 발생시키지 않았는지, 해결책이 주는 영향은 무엇인지 등을 고려한다.



## 문제해결 응용

### 01 집합

집합은 어떤 조건에 의해 그 범위를 확실하게 구별할 수 있는 것들의 모임으로 집합의 원리를 이용해 명제의 원리를 도출하고 문제를 풀 수 있다.

#### 1) 집합과 원소

집합은 어떤 특정한 조건에 의해 그 범위가 확실하게 결정될 수 있는 요소들의 모임을 의미하고, 원소는 집합을 이루고 있는 대상이다.

#### 2) 집합의 연산

| 교집합 : A∩B | 합집합 : A∪B | 차집합 : A−B | 여집합 : $(A∪B)^C$ |
|---|---|---|---|
| A에도 속하고 B에도 속하는 원소 전체의 집합 | A에 속하거나 B에 속하는 모든 원소들로 이루어진 집합 | A에서 B를 뺀 부분 | 전체에서 그 부분만 뺀 개념 |
| 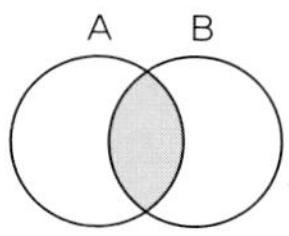 | 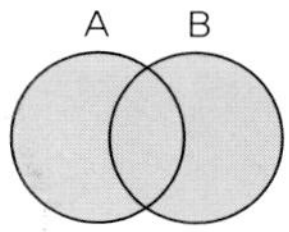 | 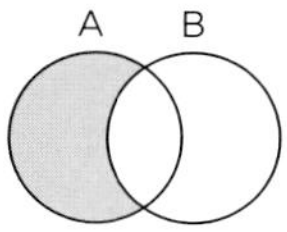 | 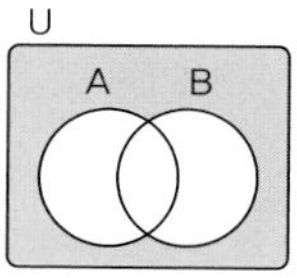 |

### 3) 집합의 기본적 연산 법칙

| | | |
|---|---|---|
| **교환 법칙** | 자리를 바꾸어 연산해도 같은 결과 | $A \cup B = B \cup A$<br>$A \cap B = B \cap B$ |
| **결합 법칙** | 괄호의 위치, 즉 연산의 순서를 바꿔도 같은 결과 | $(A \cup B) \cup C = A \cup (B \cup C)$<br>$(A \cap B) \cap C = A \cap (B \cap C)$ |
| **분배 법칙** | 괄호 밖의 A가 괄호 안의 B와 C에 골고루 분배 | $A \cup (B \cap C) = (A \cup B) \cap (A \cup C)$<br>$A \cap (B \cup C) = (A \cap B) \cup (A \cap C)$ |
| **흡수 법칙** | 두 집합 사이의 합집합이면서 교집합일 때 한 집합으로 흡수된 결과가 나오는 것 | $A \cap (A \cup B) = A$<br>$A \cup (A \cap B) = A$ |
| **드모르간 법칙** | 논리합의 부정은 논리곱과 같고 논리곱의 부정은 논리합과 같음 | $(A \cup B)^c = A^c \cap B^c$<br>$(A \cap B)^c = A^c \cup B^c$ |

## 02 명제

명제는 참/거짓을 명확하게 판별할 수 있는 식 또는 문장을 말한다. 명제에는 접속사 없이 단독적으로 쓰이는 단칭명제, 연결사를 포함하고 있는 복합명제, 주어와 술어의 포함관계를 나타내는 정언명제, 가정이나 조건으로 표현되는 가언명제, '또는'으로 연결되어 선택하는 선언명제, '그리고'로 연결되는 연언명제, 명제를 거짓으로 만드는 부정명제 등이 있다. 한편 두 개 이상의 명제들이 모여서 어떤 주장을 할 때, 이 명제들을 논증이라고 부른다.

### 1) 명제의 유형

| 유형 | 설명 | 예시 |
|---|---|---|
| **정언명제** | • 정언명제는 대상 또는 사태에 대하여 단언적으로 말하는 명제<br>• 가언명제, 선언명제와 같은 복합명제를 구성 | '고래(주개념)는 포유류(빈개념)이다.' |
| **가언명제 (조건명제)** | • "만약 S가 P라면, Q는 R이다."와 같이, 어떤 가정이나 조건으로 표현되는 명제<br>• 앞에 있는 S(전건)은 가정의 역할을 하고, 뒤에 있는 P(후건)은 결론의 역할 | '만약 고래가 포유류라면 새끼를 낳을 것이다.' |
| **선언명제** | • 두 개의 정언명제 P와 Q가 있어서 '또는'으로 연결된 명제<br>• 배타적 선언문 : P, Q가 둘 다 참일 때 $P \vee Q$가 거짓인 경우 → 철수는 남자 또는 여자이다.<br>• 포괄적 선언문 : P, Q가 둘 다 참일 때 $P \vee Q$가 참인 경우 → 철수는 학생 또는 남자이다. | '고래는 어류 또는 포유류이다.' |
| **연언명제** | • 정언명제 P와 Q가 '그리고'로 결합된 명제<br>• 연언 기호는 'and'의 역할을 하며, •, ∧(Wedge), &(Ampersand)로 표시<br>• 'P · Q'와 같이 표현 | '영희는 학생, 그리고 영희는 여자다.' |
| **부정명제** | • 명제에서 부정은 특정 명제나 조건의 의미를 반대로 바꾸는 것으로 명제에 대하여 부정인 명제를 구하는 것<br>• 그 명제를 거짓으로 만드는 명제<br>• 부정은 ~라는 기호를 써서 표시하기 때문에 명제 P를 부정할 경우 ~P라고 표시<br>• 조건문의 경우 P → Q의 부정은 P∧~Q라고 표시 | '한국의 남자는 군대에 간다.'의 부정은 '한국의 남자는 군대에 가지 않는다'. |

**더 알기 TIP**

정언명제의 형식

| 모든 | 고래는 | 포유동물 | 이다. |
|---|---|---|---|
| 양화사(수량) | 주개념 | 반개념 | 계사 |
| 모든(전칭), 어떤(특칭), 단칭 | 주어 | 술어 | 주개념과 빈개념을 연결<br>긍정 또는 부정의 뜻을 나타냄<br>(~이다, ~아니다) |

## 2) 명제의 역/이/대우

명제가 참이어도 그 역과 이가 반드시 참인 것은 아니지만 명제가 참이면 그 대우는 반드시 참이다.

| 명제 | | p → q |
|---|---|---|
| 역 | 원래 명제의 가정과 결론을 바꾼 것 | q → p |
| 이 | 가정과 결론을 부정한 것 | ~p → ~q |
| 대우 | 가정과 결론을 바꾸고 부정한 것 | ~q → ~p |

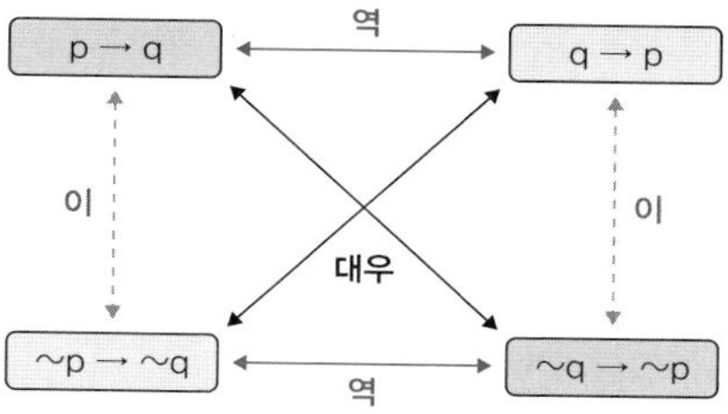


## 3) 필요충분조건

- p → q가 참일 때, p는 q이기 위한 충분조건이다.
- p → q가 참일 때, q는 p이기 위한 필요조건이다.
- p → q도 참이고, q → p도 참이면, p는 q이기 위한 필요충분조건, q도 p이기 위한 필요충분조건 이다.

## 4) 각 명제의 진리표

① 가언명제의 진리표

p인 경우 q가 아닐 때만 거짓이다.

| p | q | p → q |
|---|---|---|
| T | T | T |
| T | F | F |
| F | T | T |
| F | F | T |

② 선언명제의 진리표

p와 q가 모두 거짓일 때만 거짓이다.

| p | q | p∨q |
|---|---|---|
| T | T | T |
| T | F | T |
| F | T | T |
| F | F | F |

**더 알기 TIP**

**p가 거짓이면 p → q는 참이고, p와 q가 모두 거짓일 때 p → q는 거짓이다.**

p가 거짓(F)일 경우에 원칙적으로 p → q의 진리 값을 결정할 수 없지만, 반드시 모든 명제는 참이거나 거짓이어야 하므로, p가 거짓(F)일 때 결론의 값과 상관없이 조건문 p → q의 진리 값을 참(T)으로 하자고 논리학에서 약속한 것이다. 따라서 선언명제의 진리표에서도 p가 거짓(F)일 때 q가 거짓(F)이어야 p → q 조건문이 거짓(F)이 된다.

| 포괄적 선언문<br>p와 q가 둘 다 참이어도 p 또는 q가 참인 명제 | | | 배타적 선언문<br>p와 q가 둘 중 하나만 참이어야 참인 명제 | | |
|---|---|---|---|---|---|
| p | q | p∨q | p | q | p∨q |
| T | T | T | T | T | F |
| T | F | T | T | F | T |
| F | T | T | F | T | T |
| F | F | F | F | F | F |

③ 연언명제의 진리표

두 명제가 모두 참일 때만 참이다.

| p | q | p∨q |
|---|---|---|
| T | T | T |
| T | F | F |
| F | T | F |
| F | F | F |

④ 부정명제의 진리표

p와 q는 항상 반대의 진리값을 갖는데 이것을 모순 관계라고 한다.

| p | ~q |
|---|---|
| T | F |
| F | T |

### 5) 간단한 정언명제 풀이

삼단논법이란 미리 알려진 두 전제에서 하나의 새로운 결론을 이끄는 대표적인 연역추론의 방법인데, '모든'과 '어떤'이 들어간 간단한 정언명제의 풀이는 정언삼단논법 대입법을 실행한다. 정언삼단논법은 문장의 형태에 따라 결론 찾기 5가지 유형과 전제 찾기 6가지 유형을 벤다이어그램을 통해 풀이할 수 있다.

① 정언명제의 표준 형식

정언명제는 주개념의 분량에 따라 모든(전칭)과 어떤(특칭), 계사의 질에 따라 ~이다(긍정), 아니다(부정)으로 구분되어 표준명제를 형성한다.

| 전칭긍정(A) | 전칭부정(E) | 특칭긍정(I) | 특칭부정(O) |
|---|---|---|---|
| 모든 S는 P이다. | 모든 S는 P가 아니다. | 어떤 S는 P이다. | 어떤 S는 P가 아니다. |
| 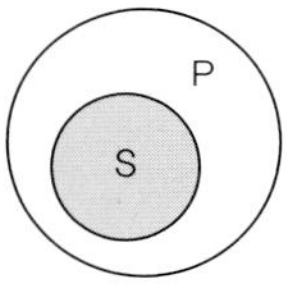  | 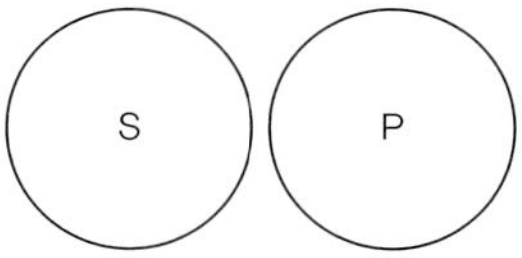  | 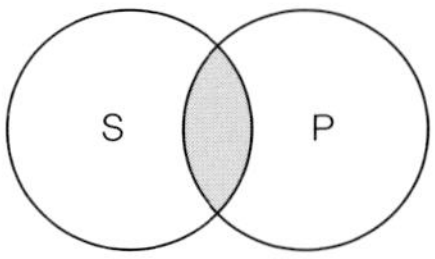  | 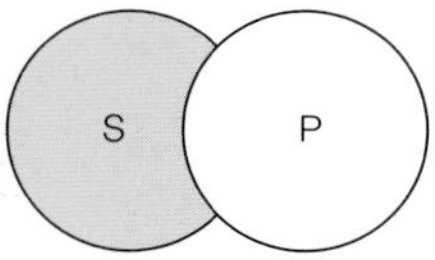  |

② 벤다이어그램 풀이법

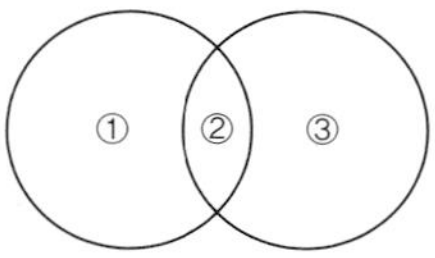


| | |
|---|---|
| | '모든 p는 q이다.'는 ①이 공집합 |
| | '모든 p는 ~q이다.'는 ②가 공집합(서로소) |
| | '어떤 p는 q이다.' ②가 공집합이 아님 |
| | '어떤 p는 ~q이다.'는 ①이 공집합 아님 |

③ 정언삼단논법 유형별 풀이

| 구분 | 명제 | 항상 참 |
|---|---|---|
| **결론 찾기 1** | 전제 1 : 모든 A는 B이다.<br>전제 2 : 모든 B는 C이다.<br>결론 : (　　　　　　) | 모든 A는 C이다.<br>어떤 A는 C이다.<br>어떤 C는 A이다. |
| **결론 찾기 2** | 전제 1 : 모든 A는 B이다.<br>전제 2 : 모든 A는 C이다.<br>결론 : (　　　　　　) | 어떤 B는 C이다.<br>어떤 C는 B이다. |
| **결론 찾기 3** | 전제 1 : 모든 A는 B이다.<br>전제 2 : 모든 C는 A이다.<br>결론 : (　　　　　　) | 모든 C는 B이다.<br>어떤 C는 B이다.<br>어떤 B는 C이다. |
| **결론 찾기 4** | 전제 1 : 모든 A는 B이다.<br>전제 2 : 어떤 A는 C이다.<br>결론 : (　　　　　　) | 어떤 C는 B이다.<br>어떤 B는 C이다. |
| **결론 찾기 5** | 전제 1 : 모든 A는 B이다.<br>전제 2 : 어떤 B는 C이다.<br>결론 : (　　　　　　) | 없음 |
| **전제 찾기 1** | 전제 1 : 모든 A는 B이다.<br>전제 2 : (　　　　　　)<br>결론 : 모든 A는 C이다. | 모든 B는 C이다. |
| **전제 찾기 2** | 전제 1 : 모든 A는 B이다.<br>전제 2 : (　　　　　　)<br>결론 : 모든 C는 B이다. | 모든 C는 A이다. |
| **전제 찾기 3** | 전제 1 : 모든 A는 B이다.<br>전제 2 : (　　　　　　)<br>결론 : 어떤 A는 C이다. | 모든 B는 C이다. |
| **전제 찾기 4** | 전제 1 : 모든 A는 B이다.<br>전제 2 : (　　　　　　)<br>결론 : 어떤 B는 C이다. | 모든 C는 A이다.<br>모든 A는 C이다.<br>어떤 A는 C이다. |
| **전제 찾기 5** | 전제 1 : 어떤 A는 B이다.<br>전제 2 : (　　　　　　)<br>결론 : 어떤 A는 C이다. | 모든 B는 C이다. |
| **전제 찾기 6** | 전제 1 : 어떤 A는 B이다.<br>전제 2 : (　　　　　　)<br>결론 : 어떤 B는 C이다. | 모든 A는 C이다. |

### 6) 기타 복잡한 명제 풀이

복잡한 정언명제, 가언명제, 선언명제, 기타 명제가 복잡하게 섞여 있는 경우에는 대우를 활용하여 풀거나 기호화를 통해 풀이한다.

- 대우를 활용한 단순한 명제 풀이의 경우에는 정언(모든)명제를 기준으로 정언명제 → 가언(조건)명제 → 선언명제 순서로 조건들을 고려하면서 풀이해야 한다.
- 가언명제, 선언명제만 있는 경우에는 기호화나 동치관계를 통해 풀이한다.
- 서술형 명제의 경우에는 기호화를 통해 정언, 가언, 선언의 유형을 파악하여 풀이한다.

## 03 논리 게임

- 참과 거짓이 정해지지 않은 상태로 출제되는 문제를 참/거짓 문제라 칭한다.
- 서로 모순되어 충돌하는 명제를 찾는 것이 시작점이다.
- 진술자들이 서로를 지목하여 참과 거짓을 논하는 경우 경우의 수를 적고 참과 거짓을 체크하여 풀이한다.
- 진술자들이 서로를 지목하는 것이 아니라 특정 대상을 지목해 참/거짓을 판단하는 경우, 모든 경우의 수를 표로 작성해서 진술을 기입해 풀어야 한다.
- 타인을 참 또는 거짓이라고 직접적으로 진술하는 경우, 둘 다 참이거나 둘 다 거짓이 된다. 즉 둘 다 진리값이 같게 된다. 참여자들의 진술을 근거로 참과 거짓을 판단해서 풀이한다.
- 선택지를 대입해서 문제를 푼다.
- A∨B의 형태를 찾아서 (A, B), (~A, B), (A, ~B)로 쪼개서 풀이하는 방법이 있다.

## 04 배치

### 1) 배치 문제 풀이법

① 표 그리기

② 제시된 정보를 간략하게 도식화

| 유형 | 예시 |
|---|---|
| 선후 관계가 확실한 경우 | 철수>영희 |
| 바로 옆에 위치하는 경우 | 철수–영희 or 영희–철수 |
| 연속해서 위치하지 않는 경우 | 철수–(X)–영희 or 영희–(X)–철수 |
| 사이에 다른 사람이나 사물이 위치하는 경우 | 철수–(?)–영희 or 철수>(?)>영희 |
| A와 B의 관계는 불확실하나, C와의 관계가 확실한 경우 | 영희<br>철수 – 민수 |

③ 확정된 조건부터 표에 기입하되, 확정된 조건과 확정되지 않은 조건을 구분하여 풀이하는 것에 주의

- 조건에서 언급되지 않은 내용의 선택지는 항상 참인 것을 고르는 문제에서 정답일 확률이 낮다.
- 항상 참인 것을 고르는 문제에서는 확정된 조건을 언급하는 선택지가 정답일 확률이 높다.

④ 제시된 정보로부터 새로운 정보들을 추론하여 표에 기입

제시된 정보를 연결하고 규칙들을 결합, 제한 조건들을 검토하여 추론한다.

### 2) 일렬배치

일렬배치 문제는 제시된 정보들을 기반으로 나열된 순서를 찾는 문제, 또는 N번째에 있는 사람이나 사물을 찾는 형식으로 출제된다.

① 표 그리기

② 정보 도식화

③ 확정된 조건부터 표에 기입

④ 제시된 정보로부터 추론한 새로운 정보표에 기입

### 3) 평면배치

팀 짜기, 방 배치, 동아리나 출장, 강의실이나 회의실 등의 유형으로 출제된다.

| 문제 유형 | 풀이 순서 |
|---|---|
| 팀짜기 | • 팀의 수에 맞게 표를 그리되 팀별로 팀원의 수만큼 칸을 나눔<br>• 확정된 조건부터 표에 기입<br>• 팀원 수와 팀원의 조건을 고려하여 경우의 수를 따짐 |
| 방 배치 | • 방의 개수와 위치를 고려하여 건물 모양의 표를 그림<br>• 확정 조건부터 표에 기입<br>• 층수나 방 배정 조건 등을 고려하여 경우의 수를 따짐 |
| 동아리나 출장, 강의실, 회의실 등 | • 조건에 맞게 표를 그림<br>• 확정 조건 기입<br>• 조건에서 추론한 새로운 정보를 기입 |



### 4) 원형배치

일렬배치의 심화된 형태로서 시작과 끝이 없고 맞은편, 오른쪽, 왼쪽 등의 위치 조건을 통해 풀이한다.

① 원을 그리고 화살표를 이용하여 도식화

② 맞은편이 제시되면 변수는 짝수이며, 두 변수를 동시에 고려

③ 정리된 변수가 있는 경우 우선 임의로 변수를 배치하고, 변경이 필요하면 원형을 회전하여 풀이

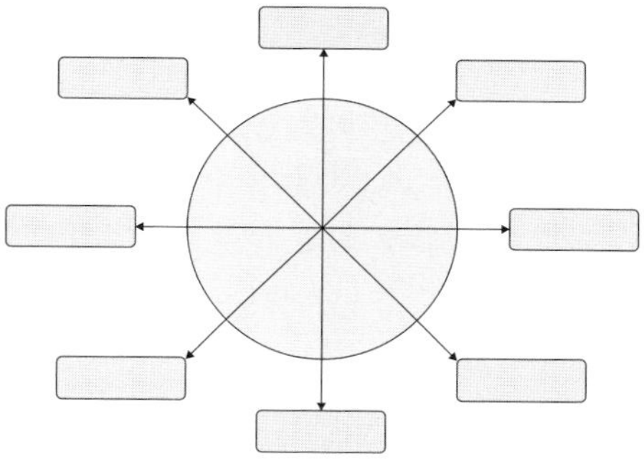

### 5) 통합배치

명제와 배치, 참/거짓과 배치 등 여러 문제 형식을 통합하여 출제된다.

모듈형

**01 문제의 유형에 대한 설명이다. 각 기호에 들어갈 내용으로 바르게 묶은 것은?**

- ㉠은 더 잘해야 하는 문제로 현재 상황을 개선하거나 효율을 높이기 위한 문제를 의미한다. ㉠은 눈에 보이지 않는 문제로, 문제를 방치하면 뒤에 큰 손실이 따르거나 결국 해결할 수 없는 문제로 나타나게 된다. 이러한 ㉠은 ㉡, ㉢, ㉣의 세 가지 형태로 구분된다.
- ㉡은 문제가 잠재되어 있어 보지 못하고 인식하지 못하다가 결국은 문제가 확대되어 해결이 어려운 문제를 의미한다. 이와 같은 문제는 존재하나 숨어있기 때문에 조사 및 분석을 통해서 찾아야 할 필요가 있다.
- ㉢은 지금 현재로서는 문제가 없으나 현 상태의 진행 상황을 예측이라는 방법을 사용하여 찾아야 앞으로 일어날 수 있는 문제가 보이는 문제를 의미한다.
- ㉣은 현재로서는 담당 업무에 아무런 문제가 없으나 유사 타기업의 업무 수행 방식이나 선진기업의 업무 방법 등의 정보를 얻음으로써 보다 좋은 제도나 기법, 기술을 발견하여 개선, 향상할 수 있는 문제를 말한다.

| | ㉠ | ㉡ | ㉢ | ㉣ |
|---|---|---|---|---|
| ① | 발생형 문제 | 일탈 문제 | 미달 문제 | 발견 문제 |
| ② | 설정형 문제 | 개발 문제 | 예측 문제 | 달성 문제 |
| ③ | 탐색형 문제 | 잠재 문제 | 미달 문제 | 발견 문제 |
| ④ | 탐색형 문제 | 잠재 문제 | 예측 문제 | 발견 문제 |
| ⑤ | 설정형 문제 | 이탈 문제 | 미달 문제 | 달성 문제 |

피듈형

**02 각 사례에 적합한 사고 개발 방법을 바르게 연결한 것은?**

㉠ 대학 신입생들을 위한 새로운 색조 화장품 출시라는 주제에 대해 예를 들어 지난달에 히트한 향수라는 신상품이 있었다고 한다면 지난달 신상품인 향수의 판매 전략을 토대로 새로운 색조 화장품의 판매 전략 아이디어를 도출하는 방법

㉡ 대학 신입생들을 위한 새로운 색조 화장품 출시라는 주제에 대해 판매 방법이라는 힌트를 미리 정해서 '대학생들을 대상으로 이벤트를 진행한다.', '신규 해외 수출 지역을 물색한다.' 등 힌트를 통해 아이디어를 떠올리는 방법

㉢ 대학 신입생들을 위한 새로운 색조 화장품 출시라는 주제에 대해 '홍보를 통해 판매량을 늘린다.', '대학생들을 대상으로 하는 이벤트를 진행한다.', '회사 내 신입 직원들의 반응을 살핀다.', '경쟁사의 제품과 비교한다.' 등 자유롭게 아이디어를 창출하는 방법

| | ㉠ | ㉡ | ㉢ |
|---|---|---|---|
| ① | 체크리스트 | NM법 | 브레인스토밍 |
| ② | NM법 | 브레인스토밍 | 체크리스트 |
| ③ | 수렴적 사고법 | 브레인스토밍 | NM법 |
| ④ | MECE | 체크리스트 | 브레인스토밍 |
| ⑤ | NM법 | 체크리스트 | 브레인스토밍 |

모듈형

**03 사고력에 해당하는 설명이다. 각 기호에 들어갈 내용으로 바르게 묶은 것은?**

> ㉠은 사고의 전개에 있어서 전후의 관계가 일치하고 있는가를 살피고, 아이디어를 평가하는 능력을 의미한다. 이러한 ㉠은 다른 사람을 공감시켜 움직일 수 있게 하며, 짧은 시간에 헤매지 않고 사고할 수 있게 한다. 또한, 행동하기 전에 생각을 먼저 하게 하며, 주위를 설득하는 일이 훨씬 쉬워진다. ㉠을 하기 위해서는 생각하는 습관, ㉡, 구체적인 생각, 타인에 대한 이해, ㉢의 5가지 요소가 필요하다.
>
> 제출한 기획안이 거부되었을 때, 추진하고 있는 프로젝트를 거부당했을 때, '왜 생각한 것처럼 되지 않을까, 만약 된다고 한다면 무엇인 부족한 것일까?' 하고 생각하기 쉽다. 그러나 이때 자신의 논리로만 생각하면 독선에 빠지기 쉽다. 이때는 ㉡이 필요하다. 상대의 논리에서 약점을 찾고, 자기 생각을 재구축한다면 분명히 다른 메시지를 전달할 수 있게 된다.
>
> ㉠은 고정된 견해를 낳는 것이 아니며, 자신의 사상을 강요하는 것도 아니므로, 자신이 함께 일을 진행하는 상대와 의논하기도 하고 ㉢해나가는 가운데 자신이 깨닫지 못했던 새로운 가치를 발견하고 생각해 낼 수 있다. 또한, 반대로 상대에게 반론하는 가운데 상대가 미처 깨닫지 못했던 중요한 사항을 발견할 수 있다. ㉢는 공감을 필요로 하고, 논쟁을 통해 이루어지는 것이 아니라 논증을 통해 정교해진다.

| | ㉠ | ㉡ | ㉢ |
|---|---|---|---|
| ① | 비판적 사고 | 설득 | 상대 논리의 구조화 |
| ② | 논리적 사고 | 타인에 대한 이해 | 설득 |
| ③ | 논리적 사고 | 상대 논리의 구조화 | 설득 |
| ④ | 창의적 사고 | 설득 | 타인에 대한 이해 |
| ⑤ | 비판적 사고 | 설득 | 구체적인 생각 |

모듈형

## 04 다음 중 바르게 설명된 것은?

> ㉠ 문제처리능력은 문제를 해결해 나가는 실천 과정에서 실제로 요구되는 능력으로 업무 수행 중에 발생한 문제의 원인 및 특성을 파악하고, 적절한 해결안을 선택, 적용하고 그 결과를 평가하여 피드백하는 능력을 말한다.
> ㉡ 문제해결은 문제 도출, 문제 인식, 원인 분석, 해결안 개발, 실행 및 평가의 절차를 거쳐서 이루어진다.
> ㉢ 해결안 개발은 문제로부터 도출된 근본 원인을 효과적으로 해결할 수 있는 최적의 해결 방안을 수립하는 단계를 의미한다.
> ㉣ 문제해결 절차 중 해결해야 할 전체 문제를 파악하여 우선순위를 정하고, 선정 문제에 대한 목표를 명확히 하는 단계를 문제 도출 단계라고 한다.
> ㉤ 원인 분석이란 파악된 핵심 문제에 대한 분석을 통해 해결 방안을 도출하는 단계이다.

① ㉠, ㉢ ② ㉠, ㉡, ㉢ ③ ㉡, ㉢, ㉣
④ ㉢, ㉣ ⑤ ㉠, ㉡, ㉢, ㉣, ㉤

피듈형

## 05 제시된 과제와 해결 방법을 바르게 연결한 것은?

> 애견용품 제조 및 판매회사인 ㈜펫집사는 지난해 업계 최초로 판매를 시작한 '센서가 부착된 애견 방석'이 선풍적인 인기를 끌어 업계 3위 판매량을 달성할 수 있었다. 그러나 잇달아 경쟁업체의 다양한 신제품들이 출시되면서 '센서가 부착된 애견 방석'의 판매이익이 급격히 감소하고 있는 현상이 발견되었다. 따라서 홍보팀에 '센서가 부착된 애견 방석'의 판매이익 개선이라는 주요 과제가 주어졌다.

> ㉠ 주요 과제를 해결하는 데 있어서 가장 먼저 시행되는 것이 환경 분석이다.
> ㉡ 환경 분석을 위해 주요 사용되는 기법으로는 3C 분석, SWOT 분석 방법, MECE 사고법 등이 있다.
> ㉢ 3C 분석은 사업 환경을 구성하고 있는 요소인 자사, 경쟁사, 고객에 대한 체계적인 분석을 통해서 환경을 분석하는 방법이다.
> ㉣ SWOT는 기업 내부의 강점과 약점, 외부 환경의 기회, 위협 요인을 분석 평가하고 이들을 서로 연관 지어 전략을 개발하고 문제 해결 방안을 개발하는 방법이다.
> ㉤ SO 전략은 외부 환경의 위협을 회피하기 위해 강점을 활용하는 전략이며, WT 전략은 외부 환경의 위험을 회피하고 자신의 약점을 최소화하는 전략이다.

① ㉠, ㉡, ㉢ ② ㉠, ㉡, ㉤ ③ ㉡, ㉢, ㉣
④ ㉠, ㉢, ㉣ ⑤ ㉠, ㉡, ㉢, ㉣, ㉤

피셋형

## 06 주어진 조건이 성립한다고 가정할 때, 반드시 참인 것은?

전제 1 : 인사팀 구성원은 두뇌가 명석하고 꼼꼼하다.
전제 2 : 김완벽은 인사팀 소속이다.
전제 3 : 이보통은 교육팀 소속이다.

① 김완벽은 이보통보다 두뇌가 명석하다.
② 교육팀은 전반적으로 인사팀보다 두뇌가 명석하지 않다.
③ 김완벽은 꼼꼼하고 두뇌가 명석하다.
④ 이보통은 두뇌가 명석하거나 꼼꼼하다.
⑤ 두뇌가 명석하고 꼼꼼한 사람은 인사팀 구성원이다.

피셋형

## 07 빈칸에 들어갈 알맞은 전제는?

전제 1 : 건강한 사람은 모두 의사를 두려워하지 않는다.
전제 2 : (                                        )
결론 : 운동선수들은 모두 의사를 두려워하지 않는다.

① 어떤 운동선수는 건강한 사람이다.
② 모든 운동선수는 건강한 사람이 아니다.
③ 모든 운동선수는 건강한 사람이다.
④ 어떤 운동선수는 건강한 사람이 아니다.
⑤ 의사를 두려워하는 모든 사람은 건강한 사람이 아니다.

피셋형

## 08 주어진 전제조건을 통해 도출될 수 있는 결론으로 알맞은 것은?

전제 1 : 신혼부부는 결혼식장에 간다.
전제 2 : 어떤 결혼식장은 제주도에 있다.
결론 : (                                        )

① 어떤 신혼부부는 결혼식장에 가지 않는다.
② 제주도에 있지 않으면 신혼부부가 아니다.
③ 신혼부부는 제주도에 간다.
④ 제주도는 결혼식장이다.
⑤ 신혼부부는 제주도에 갈 수도 있다.

피셋형

## 09 주어진 명제가 모두 참일 때, 반드시 참인 명제는?

(가) 달리는 사람은 택시를 타지 않는다.
(나) 오토바이를 타는 사람은 택시를 탄다.
(다) 오토바이를 타지 않는 사람은 버스를 탄다.

① 택시를 타는 사람은 달리는 사람이다.
② 버스를 타지 않는 사람은 오토바이를 타지 않는다.
③ 버스를 타는 사람은 달리는 사람이다.
④ 달리는 사람은 버스를 탄다.
⑤ 택시를 타는 사람은 오토바이를 탄다.

피셋형

## 10 주어진 결론이 참이 되기 위해 전제 2의 명제로 적당한 것은?

전제 1 : 폭식을 하면 아랫배에 통증이 온다.
전제 2 : (                                        )
결론 : 배탈이 나지 않으면 폭식을 한 것이 아니다.

① 아랫배에 통증이 오지 않는다면 폭식을 한 것은 아니다.
② 폭식하면 배탈이 난다.
③ 아랫배에 통증이 오지 않는다면 배탈이 나지 않는다.
④ 아랫배에 통증이 온다면 배탈이 난다.
⑤ 배탈이 나면 폭식을 한 것이다.

피셋형

## 11 주어진 전제를 근거로 반드시 참인 결론은?

전제 1 : 홍길동은 수학을 못한다.
전제 2 : 예술에 관심이 많은 사람은 과학을 못한다.
전제 3 : 홍길동은 과학이나 국어를 잘한다.
결론 : (                                        )

① 홍길동은 과학을 잘하고 예술에 관심이 많다.
② 홍길동은 과학을 못하고 예술에 관심이 많다.
③ 홍길동은 예술에 관심이 많지 않다.
④ 홍길동은 예술에 관심이 많다.
⑤ 홍길동은 예술에 관심이 많고 국어를 못한다.

피셋형

**12** 김길동은 사기죄로 경찰 조사를 받고 있다. 증인으로 나온 나영희, 김병순, 신달식 세 명이 다음과 같이 진술하였다. 세 명 중 한 명의 진술만 참이고 나머지 두 명은 거짓이다. 참인 진술을 한 사람은 누구이며, 경찰은 이러한 조건으로 김길동을 어떻게 판단할 것인가를 바르게 연결한 것은?

> 나영희 : 김길동 씨는 과거에도 2번 이상 사기를 친 적이 있습니다.
> 김병순 : 경찰관님 나영희 씨 이야기는 거짓입니다.
> 신달식 : 김길동 씨는 적어도 한번은 사기를 친 적이 있습니다.

① 나영희 – 유죄
② 김병순 – 유죄
③ 신달식 – 유죄
④ 나영희 – 무죄
⑤ 김병순 – 무죄

피셋형

**13** 다음 대화를 나누고 있는 세 사람 중 한 사람은 교수이고, 다른 한 사람은 의사 나머지 한 사람은 변호사이다. 의사는 항상 참말만 하고 변호사는 언제나 거짓말만 한다. 교수는 때에 따라서는 참말을 하기도 하고 거짓말을 하기도 한다. 이러한 가정과 아래의 대화 내용을 바탕으로 A, B, C의 직업을 추정한 것으로 맞는 것은?

> A : 나는 교수야.
> B : A는 교수 맞아.
> C : 나는 교수 아니야.

A B C
① 변호사 – 교수 – 의사
② 교수 – 의사 – 변호사
③ 의사 – 변호사 – 교수
④ 변호사 – 의사 – 교수
⑤ 교수 – 변호사 – 의사

피셋형

**14** **김길동, 이영희, 박예은, 김다람, 김동희 5명은 공채시험에 합격하여 들어온 입사 동기들이다. 멘토인 김 대리가 이 중에 수석으로 입사한 사람이 있다는 소식을 듣고 물어봤더니 다음과 같이 답을 했다. 그런데 이 중에 한 사람은 진실을 이야기하고 나머지는 모두 거짓을 이야기했다. 수석을 한 사람은?**

> 김길동 : 저도 수석 하고 싶었는데 못했어요. 전 아니에요.
> 이영희 : 김길동 님이 거짓말하고 있어요. 김길동 님이 수석이에요.
> 박예은 : 아닌데요. 이영희 님이 수석인데요.
> 김다람 : 잘은 모르겠는데 적어도 저는 아니에요.
> 김동희 : 제가 알기로는 박예은 님이 수석인데요.

① 김길동 ② 이영희 ③ 박예은
④ 김다람 ⑤ 김동희

피셋형

**15** **범인은 다음 중 갑돌이, 을순이, 병순이, 정돌이 중에 있다. 다음의 조건을 충족할 때 범인을 바르게 연결한 것은?**

> **〈진술〉**
> 갑돌이 : 병순이가 범인이다.
> 을순이 : 나는 범인이 아니다.
> 병순이 : 정돌이가 범인이다.
> 정돌이 : 병순이는 거짓말하고 있다.

> **〈조건〉**
> (가) 갑돌이, 을순이, 병순이, 정돌이 4명 중 한 명은 진실을 말하고 나머지는 모두 거짓말한 경우
> (나) 갑돌이, 을순이, 병순이, 정돌이 4명 중 한 명만 거짓을 말하고 나머지는 모두 진실을 말한 경우

| | (가) | (나) |
|---|---|---|
| ① | 갑돌이 | 을순이 |
| ② | 을순이 | 병순이 |
| ③ | 병순이 | 정돌이 |
| ④ | 을순이 | 정돌이 |
| ⑤ | 갑돌이 | 병순이 |

피셋형

**16** **코로나로 인해 마스크 대란이 생겼다. 김길동이 사는 동네에 약국이 7개가 있다. 약국이 돌아가면서 일요일에 문을 열기로 하였다. 이번 주 일요일에 반드시 문을 열지 않는 약국으로 바르게 추론한 것은?**

> (가) G 약국이 문을 연다.
> (나) F 약국이 문을 열지 않으면 G 약국은 문을 연다.
> (다) D 약국이 문을 열면 G 약국은 문을 열지 않는다.
> (라) B 약국 또는 E 약국이 문을 열면 D 약국이 문을 연다.
> (마) A 약국이 문을 열면 E 약국도 문을 연다.
> (바) C 약국이 문을 열지 않으면 A 약국도 문을 열지 않는다.

① A 약국, B 약국, C 약국, D 약국, E 약국, F 약국
② B 약국, D 약국, F 약국
③ A 약국, B 약국, D 약국, E 약국
④ A 약국, C 약국, D 약국, F 약국
⑤ B 약국, C 약국, D 약국, E 약국, F 약국

피셋형

**17** **진로를 고민 중인 김다원 학생은 일단 대기업은 확정했는데 나머지에 대해서는 고민 중이다. 다음의 조건을 놓고 고민할 경우 대기업 이외 진로를 최종적으로 확정한 것은?**

> (가) 대기업에 지원한다면 중견기업은 지원하지 않는다.
> (나) 중소기업에 지원한다면 공기업도 지원한다.
> (다) 중견기업 또는 공기업에 지원한다.
> (라) 공무원에 지원한다면 공기업은 지원하지 않는다.

① 공기업
② 공무원
③ 중소기업, 공기업
④ 중견기업, 중소기업
⑤ 공기업, 중견기업

피셋형

**18** **인사팀 10명이 2대의 자동차로 야유회를 간다. 제시된 조건을 참고할 때 항상 거짓인 것은?**

- 인사팀은 일철, 이철, 삼철, 사철, 오철, 육순, 칠순, 팔순, 구순, 십순이 있다.
- 각 자동차에는 5명씩 타야 한다.
- 차를 운전해 본 경험은 일철이와 이철이만 있다.
- 이철이와 사철이만 야유회 장소를 정확히 알기 때문에 각각 다른 자동차에 타야 한다.
- 오철이와 육순이는 앞좌석에만 탈 수 있다.
- 칠순이와 팔순이는 같은 자동차를 타려고 한다.

① 이철이와 칠순이는 같은 자동차에 탄다.
② 삼철이와 사철이가 같은 자동차에 타면 구순이와 십순이는 같은 차에 타게 된다.
③ 구순이와 십순이는 같은 차에 탈 수 있다.
④ 일철이가 운전하는 자동차에 칠순이가 타면 삼철이와 십순이는 이철이가 운전하는 차에 탄다.
⑤ 이철이가 운전하는 차에 삼철이가 타면 구순이와 십순이는 일철이가 운전하는 자동차에 탄다.

피셋형

**19** **여행 동호회 9명이 5층 호텔에 투숙 중이다. 제시된 조건을 참고할 때 참이 아닌 것은?**

조건 1. 이번 여행을 함께 하는 동호회원은 일순, 이순, 삼순, 사순, 오철, 육철, 칠순, 팔순, 구철이다.
조건 2. 각 층은 각각 1인실 하나, 2인실 하나로 구성되어 있다.
조건 3. 1인실에는 1명, 2인실에는 1~2명이 투숙하고 있다.
조건 4. 2층 2인용 객실과 3층 1인용 객실은 아무도 투숙하지 않았다.
조건 5. 부부인 칠순이와 구철이는 같은 객실에 투숙하고 있으며 오철이 보다 두 층 아래에 투숙 중이다.
조건 6. 일순이와 삼순이는 같은 층에 투숙하고 있고, 이순이 보다 한 층 아래에 투숙하고 있다.
조건 7. 육철이는 일순이 보다 위층에 있다.
조건 8. 팔순이는 이순이 보다 2층 위에 투숙하고 있다.
조건 9. 부부일 경우에만 같은 객실에 투숙하였다.

① 칠순이와 구철이는 일순이보다 위층에 투숙하고 있다.
② 이순이는 팔순이보다 아래층에 투숙하고 있다.
③ 육철이는 팔순이보다 위층에 투숙하고 있다.
④ 사순이는 팔순이보다 아래층에 투숙하고 있지 않다.
⑤ 칠순이와 구철이는 육철이보다 위층에 투숙하고 있지 않다.

피셋형

**20** **크로스오버 열풍의 주역인 팬텀싱어 6팀(에델라인클랑, 포레스텔라, 흉스프레소, 인기 현상, 포르테 디 콰트로, 미라클라스)이 콘서트를 한다. 아래에 제시된 조건대로 공연 순서를 정한다고 할 때 참인 것은?**

- 에델라인클랑은 3번째 아니면 4번째 순서이다.
- 포레스텔라는 흉스프레소와 다른 한 팀의 공연이 순서대로 끝나면 곧이어 등장한다.
- 인기 현상은 흉스프레소, 포레스텔라 보다 빠른 순서이다.
- 첫 순서가 인기 현상이라면 포르테 디 콰트로는 5번째 순서이다.

① 포르테 디 콰트로는 흉스프레소 보다 빠른 순서가 아니다.
② 흉스프레소는 미라클라스보다 먼저 등장한다.
③ 포레스텔라는 1, 2, 3번째에는 등장할 수 없다.
④ 미라클라스는 첫 무대 아니면 마지막 무대를 장식한다.
⑤ 인기 현상은 마지막으로 출연한다.

피셋형

**21** **제시된 조건을 고려하여 홍길동 대리가 작성한 '차주 회의실 사용 계획'이다. 항상 참이 되지 않는 것은?**

㉠ 차주 월요일부터 금요일까지 영업팀, 인사팀, 생산팀, 구매팀이 회의실을 사용해야 한다.
㉡ 사용시간은 1~4타임이고 연속으로 2개 타임까지 사용할 수 있다.
㉢ 회의실이 비는 시간은 없어야 한다.
㉣ 전날 사용한 시간대에는 다음날 사용할 수 없다.

[차주 회의실 사용 계획]

| | |
|---|---|
| 월요일 | 영업팀이 1타임만, 인사팀이 3타임만, 생산팀이 4타임만 사용한다. |
| 화요일 | 구매팀이 1타임만 사용하고 연속으로 사용하는 팀은 없다. |
| 수요일 | 영업팀이 2타임과 3타임을 사용한다. |
| 목요일 | 인사팀이 2타임만, 생산팀이 3타임만 사용한다. |
| 금요일 | 인사팀이 1타임만, 영업팀이 4타임만 사용한다. |

① 영업팀은 매일 회의실을 사용한다.
② 화요일 4타임은 영업팀이 사용한다.
③ 수요일 1타임은 인사팀 또는 생산팀이 사용한다.
④ 목요일 1타임은 영업팀이 사용한다.
⑤ 금요일 2타임은 생산팀이 사용한다.

피셋형

**22** **신입 사원 갑돌이, 을순이, 삼식이, 사순이, 오돌이는 각각 대전, 부산, 대구, 광주, 울산으로 출장을 가게 되었다. 다음 조건 중 갑돌이, 을순이, 삼식이가 출장 가는 지역을 순서대로 묶은 것은?**

> 갑돌이 : 우리는 각각 나누어서 출장을 가고, 서로 다른 지역으로 간다.
> 을순이 : 나는 대전에 가지 않고 갑돌이는 대구에 가지 않는다.
> 삼식이 : 나는 부산에 가지 않고 을순이는 광주에 가지 않는다.
> 사순이 : 나는 광주에 가고 삼식이는 대전에 가지 않는다.
> 오돌이 : 나는 울산에 가고 갑돌이는 광주에 가지 않는다.

① 대전 – 부산 – 대구
② 부산 – 대구 – 대전
③ 대구 – 대전 – 부산
④ 대전 – 대구 – 부산
⑤ 대구 – 부산 – 대전

피셋형

**23** **그룹 신입 사원으로 입사한 갑돌이, 을순이, 삼식이, 사순이는 계열사 A, B, C, D에 각각 배치받아 일하고 있다. 이들이 일하는 있는 곳과 바르게 연결된 것은?**

> • 갑돌이와 삼식이는 C 사에 대외 공문을 보낸 적이 있다.
> • D 사에서 사순이를 데려가려 했으나 무산이 되었고 갑돌이와 을순이에게 접촉한 적이 있다.
> • 갑돌이와 삼식이는 A 사에 근무하는 사람과 만나서 술을 한잔했다.
> • 사순이는 A 사에 출장 갔다 오는 길에 B 사에 잠시 들러 동기들을 보고 왔다.

| | A | B | C | D |
|---|---|---|---|---|
| ① | 갑돌이 | 을순이 | 삼식이 | 사순이 |
| ② | 을순이 | 갑돌이 | 사순이 | 삼식이 |
| ③ | 사순이 | 삼식이 | 을순이 | 갑돌이 |
| ④ | 을순이 | 삼식이 | 사순이 | 갑돌이 |
| ⑤ | 삼식이 | 을순이 | 갑돌이 | 사순이 |

[24～25] 다음은 A 공항 주차 요금 기준에 대한 자료이다. 다음 질문에 답하시오.

〈A 공항 주차 요금 기준〉

| 구분 | 기본요금 | 1일권 |
|---|---|---|
| 승용차 | 기본 30분 1,000원, 추가 15분 500원 | 월～목 20,000원, 금～일, 공휴일 30,000원 |
| 승합차(SUV) | 기본 30분 1,200원, 추가 10분 400원 | 40,000원 |

※ 주차 요금은 30분 단위로 부과되고, 잔여 시간이 30분 미만일 경우 30분으로 간주한다.

피셋형

**24** 김 과장은 제주 출장을 위해 SUV인 자차를 A 공항 주차장에 주차한 뒤 이동하기로 했다. 4월 1일 목요일 오전 8시 입차하여 4월 3일 토요일 오전 11시에 출차할 예정이다. 이때 김 과장이 지불해야 할 주차 요금은?

① 46,000원
② 56,000원
③ 87,200원
④ 102,200원
⑤ 122,400원

피셋형

**25** 김 과장은 승용차인 자차를 이용할 경우 회사에서 교통비 지원이 불가하다는 박 사원의 이야기를 듣고 승용차인 회사 차량을 이용하여 A 공항 주차장을 이용하기로 하였다. 위의 일정과 같을 때 김 과장이 지불해야 할 주차 요금은?

① 46,000원
② 56,000원
③ 66,000원
④ 76,000원
⑤ 86,000원

피셋형

**26** ○○ 기업은 계약을 체결하기 위해 방문한 외국인 바이어에게 숙소를 제공하려고 한다. 다음 〈조건〉에 따라 숙소를 선정할 때 적합한 호텔은?

〈호텔 평가 및 선정 조건〉

- 호텔의 등급에 따란 점수를 부여한다.
  5성급–5점, 4성급–3점, 3성급 이하–1점
- 수영장, 피트니스 센터, 사우나가 있는 경우 각각 가점 3점을 부여한다.
- 룸의 크기가 클수록 평가 점수가 높으며 각각 1점부터 5점까지 1점씩 차등을 두고 평가한다.
- 1박당 가격이 낮을수록 평가 점수가 높으며 각각 1점부터 5점까지 1점씩 차등을 두고 평가한다.
- 평가 점수의 총점이 동점인 경우 룸의 크기가 큰 호텔을 선정한다.

〈호텔 정보〉

| 구분 | 룸 크기 | 1박당 가격 | 등급 | 부대시설 |
|---|---|---|---|---|
| A 호텔 | 29㎡ | 44만 원 | ★★★★★ | 수영장, 라운지카페, 피트니스 센터 |
| B 호텔 | 53㎡ | 34만 원 | ★★★★ | 수영장, 레스토랑 |
| C 호텔 | 31㎡ | 48만 원 | ★★★★★ | 수영장, 사우나 |
| D 호텔 | 58㎡ | 38만 원 | ★★★ | 피트니스 센터, 레스토랑 |
| E 호텔 | 30㎡ | 40만 원 | ★★★★ | 사우나, 레스토랑, 키즈카페 |

① A ② B ③ C ④ D ⑤ E

피셋형

**27** 구매팀의 김 대리는 협력업체를 선정하고자 한다. 협력업체는 총점이 가장 높은 업체로 선정하고자 한다. 다음의 조건을 기준으로 판단했을 때 보기에서 옳은 것으로 묶인 것은?

| 업체명 | 품질평가지수 | 제시 가격 | 직원 수 | 업력 |
|---|---|---|---|---|
| A | 90 | 2,500만 원 | 70명 | 5년 |
| B | 80 | 2,000만 원 | 80명 | 7년 |
| C | 70 | 1,500만 원 | 90명 | 10년 |
| D | 60 | 1,000만 원 | 100명 | 2년 |

| | | | | | | |
|---|---|---|---|---|---|---|
| 품질(40%) | 구간 | 90~100 | 80~89 | 70~79 | 60~69 | 60 미만 |
| | 점수 | 100 | 90 | 80 | 70 | 60 |
| 가격(40%) | 구간 | 1,000만 원 미만 | 1,000~1,490만 원 | 1,500~1,990만 원 | 2,000~2,490만 원 | 2,500만 원 이상 |
| | 점수 | 100 | 90 | 80 | 70 | 60 |
| 직원 수(10%) | 구간 | 100명 이상 | 90~99명 | 80~89명 | 70~79명 | 70명 미만 |
| | 점수 | 100 | 90 | 80 | 70 | 60 |
| 업력(10%) | 구간 | 10년 이상 | 7~9년 | 5~6년 | 3~4년 | 3년 미만 |
| | 점수 | 100 | 90 | 80 | 70 | 60 |

〈보기〉

(가) 현재의 상태에서 가장 총점이 높은 업체는 C 업체이고, 가장 낮은 업체는 A 업체이다.
(나) A 업체가 가격을 600만 원 낮추면 최종 협력업체로 선정될 수 있다.
(다) B 업체가 직원 수를 10명을 더 늘리면 최종 협력업체로 선정될 수 있다.
(라) 같은 조건으로 1년 후에 한다면 D 업체가 최종 협력업체로 선정될 수 있다.
(마) D 업체가 품질평가지수를 10 더 올리면 최종 협력업체로 선정될 수 있다.

① (가), (나), (다), (라), (마)
② (나), (다), (마)
③ (다), (라), (마)
④ (가), (나), (마)
⑤ (나), (라), (마)

피셋형

## 28 다음은 실업급여 대상자에 관한 자료이다. 제시된 자료에 대한 설명으로 옳은 것은?

〈실업급여 대상자 안내〉

■ 실업급여 수급 조건

① 이직일 이전 18개월간(초단시간 근로자의 경우, 24개월) 피보험단위 기간이 통산하여 180일 이상일 것

② 근로의 의사와 능력이 있음에도 불구하고 취업(영리를 목적으로 사업을 영위하는 경우 포함)하지 못한 상태에 있을 것

③ 재취업을 위한 노력을 적극적으로 할 것

④ 이직 사유가 비자발적인 사유일 것(이직 사유가 법 제58조에 따른 수급자격의 제한 사유에 해당하지 아니할 것)

※ 실업급여는 실업의 의미를 충족하는 비자발적 이직자에게 수급자격을 인정하는 것이지만, 자발적 이직자도 이직하기 전에 이직을 하지 않기 위해 노력을 다하였으나 사업주 측의 사정으로 더 이상 근로하는 것이 곤란하여 이직한 경우 이직의 불가피성을 인정하여 수급 자격을 부여함

■ 수급자격이 제한되지 아니하는 정당한 이직 사유(시행규칙 제101조 제2항 별표2)

1. 다음 각 목의 어느 하나에 해당하는 사유가 이직일 전 1년 이내에 2개월 이상 발생한 경우
   - 가. 실제 근로조건이 채용 시 제시된 근로조건이나 채용 후 일반적으로 적용받던 근로조건보다 낮아지게 된 경우
   - 나. 임금체불이 있는 경우
   - 다. 소정 근로에 대하여 지급받은 임금이 「최저임금법」에 따른 최저임금에 미달하게 된 경우
   - 라. 「근로기준법」 제53조에 따른 연장 근로의 제한을 위반한 경우
   - 마. 사업장의 휴업으로 휴업 전 평균임금의 70% 미만을 지급받은 경우
2. 사업장에서 종교, 성별, 신체장애, 노조 활동 등을 이유로 불합리한 차별대우를 받은 경우
3. 사업장에서 본인의 의사에 반하여 성희롱, 성폭력, 그 밖의 성적인 괴롭힘을 당한 경우
4. 사업장의 도산 · 폐업이 확실하거나 대량의 감원이 예정되어 있는 경우
5. 다음 각 목의 어느 하나에 해당하는 사정으로 사업주로부터 퇴직을 권고받거나, 인원 감축이 불가피하여 고용조정계획에 따라 실시하는 퇴직 희망자의 모집으로 이직하는 경우
   - 가. 사업의 양도 · 인수 · 합병
   - 나. 일부 사업의 폐지나 업종전환
   - 다. 직제개편에 따른 조직의 폐지 · 축소
   - 라. 신기술의 도입, 기술혁신 등에 따른 작업형태의 변경
   - 마. 경영의 악화, 인사 적체, 그 밖에 이에 준하는 사유가 발생한 경우

6. 다음 각 목의 어느 하나에 해당하는 사유로 통근이 곤란(통근 시 이용할 수 있는 통상의 교통수단으로는 중 하나에 해당하는 사유로 통근이 곤란(통근 시 이용할 수 있는 통상의 교통수단으로는 사업장으로의 왕복에 드는 시간이 3시간 이상인 경우를 말한다)하게 된 경우
  - 가. 사업장의 이전
  - 나. 지역을 달리하는 사업장으로의 전근
  - 다. 배우자나 부양하여야 할 친족과의 동거를 위한 거소 이전
  - 라. 그 밖에 피할 수 없는 사유로 통근이 곤란한 경우
7. 부모나 동거 친족의 질병 · 부상 등으로 30일 이상 본인이 간호해야 하는 기간에 기업의 사정상 휴가나 휴직이 허용되지 않아 이직할 경우
8. 「산업안전보건법」 제2조 제7호에 따른 "중대 재해"가 발생한 사업장으로서 그 재해와 관련된 고용노동부 장관의 안전보건상의 시정명령을 받고도 시정 기간까지 시정하지 아니하여 같은 재해 위험에 노출된 경우
9. 체력의 부족, 심신장애, 질병, 부상, 시력 · 청력 · 촉각의 감퇴 등으로 피보험자에게 주어진 업무를 수행하게 하는 것이 곤란하고, 기업의 사정상 업무 종류의 전환이나 휴직이 허용되지 않아 이직한 것이 의사의 소견서, 사업주 의견 등에 근거하여 객관적으로 인정되는 경우
10. 임신, 출산, 만 8세 이하 또는 초등학교 2학년 이하의 자녀 육아, 「병역법」에 따른 의무복무 등으로 업무를 계속수행하기 어려운 경우로서 사업주가 휴가나 휴직을 허용하지 않아 이직한 경우
11. 사업주의 사업 내용이 법령의 제정 · 개정으로 위법하게 되거나 취업 당시와는 달리 법령에서 금지하는 재화 또는 용역을 제조하거나 판매하게 된 경우
12. 정년의 도래나 계약 기간의 만료로 회사를 계속 다닐 수 없게 된 경우
13. 그 밖에 피보험자와 사업장 등의 사정에 비추어 그러한 여건에서는 통상의 다른 근로자도 이직했을 것이라는 사실이 객관적으로 인정되는 경우

출처 : 고용노동부

① 자발적 퇴사의 경우 수급 제한 대상자이다.

② 회사 합병으로 인해 조직이 개편되어 퇴직을 권고받아 퇴직한 경우 실업급여 수급이 가능하다.

③ 회사 이전으로 인해 통근이 왕복 2시간이 되어 퇴사한 경우 실업급여 수급이 가능하다.

④ 부모의 질병 또는 부상 등으로 30일 이상 본인이 간호해야 하는 기간에 기업의 사정상 휴직이 허용되지 않아 이직할 경우 실업급여 수급이 가능하지만, 동거 친족의 경우에는 불가하다.

⑤ 건강상의 이유로 업무를 수행하는 것이 곤란하고, 기업의 사정상 업무전환이 허용되지 않아 퇴사한 경우 실업급여 수급이 가능하다.

피셋형

**29 영희는 철수에게 다음과 같은 메모를 남기고 이곳 카페에서 10시에 만나자고 했다. 이를 바탕으로 철수가 찾아간 카페는?**

조건 : 1. 암호문은 원문의 한글 자모음과 암호를 찾기 위한 Key를 조합해서 만든다.
2. 원문은 표의 맨 위 줄에서 찾고 암호를 찾기 위한 Key는 표의 가장 왼쪽 줄에서 찾아 교차점에 있는 한글 자모음이 암호문이 된다.
3. 예시 원문이 ㅁ이고, 암호 찾기 Key가 ㅗ이면, 암호문은 ㄹ이 된다.

| | ㄱ | ㄴ | ㄷ | ㄹ | ㅁ | ㅏ | ㅓ | ㅗ | ㅜ | ㅣ |
|---|---|---|---|---|---|---|---|---|---|---|
| ㄱ | ㄷ | ㄹ | ㅁ | ㅏ | ㅓ | ㅗ | ㅜ | ㅣ | ㄱ | ㄴ |
| ㄴ | ㄹ | ㅁ | ㅏ | ㅓ | ㅗ | ㅜ | ㅣ | ㄱ | ㄴ | ㄷ |
| ㄷ | ㅁ | ㅏ | ㅓ | ㅗ | ㅜ | ㅣ | ㄱ | ㄴ | ㄷ | ㄹ |
| ㄹ | ㅏ | ㅓ | ㅗ | ㅜ | ㅣ | ㄱ | ㄴ | ㄷ | ㄹ | ㅁ |
| ㅁ | ㅓ | ㅗ | ㅜ | ㅣ | ㄱ | ㄴ | ㄷ | ㄹ | ㅁ | ㅏ |
| ㅏ | ㅗ | ㅜ | ㅣ | ㄱ | ㄴ | ㄷ | ㄹ | ㅁ | ㅏ | ㅓ |
| ㅓ | ㅜ | ㅣ | ㄱ | ㄴ | ㄷ | ㄹ | ㅁ | ㅏ | ㅓ | ㅗ |
| ㅗ | ㅣ | ㄱ | ㄴ | ㄷ | ㄹ | ㅁ | ㅏ | ㅓ | ㅗ | ㅜ |
| ㅜ | ㄱ | ㄴ | ㄷ | ㄹ | ㅁ | ㅏ | ㅓ | ㅗ | ㅜ | ㅣ |
| ㅣ | ㄴ | ㄷ | ㄹ | ㅁ | ㅏ | ㅓ | ㅗ | ㅜ | ㅣ | ㄱ |

보기 : 원문 : (__________)
암호문 : ( ㅏ ㅏ ㅁ ㅁ ㅓ ㅜ )
암호 찾기 Key : ( ㄹ ㅗ ㄴ ㄱ ㅣ ㄷ )

① 고모도
② 건남
③ 건담
④ 가나다
⑤ 간담

피셋형

**30** **청소년인 철수는 친구들과 지하철역에서 지하철을 기다리면서 다음과 같이 대화를 나누었다. 다음 중 대화의 내용이 아래의 이용 약관을 바탕으로 판단해 보았을 때 가장 부적절한 사람은?**

제11조(운임 · 요금의 계산)

① 수도권 내 구간만 이용하거나 수도권 외 구간만을 이용하는 경우의 운임은 이용 거리에 따라 다음과 같이 계산합니다. 다만, 수도권 내 구간과 수도권 외 구간을 연속하여 이용하는 경우에는 수도권 내 구간의 운임을 먼저 계산한 후 수도권 외 구간의 이용 거리 4km까지 마다 별표2에서 정한 추가 운임을 합산한 후 끝수 처리한 금액으로 합니다.

1. 기본 운임 : 10km까지 별표2에서 정한 운임
2. 추가 운임 : 10km 초과 50km까지는 5km마다, 50km 초과구간은 8km마다 별표2에서 정한 추가 운임을 더한 금액

② 도시철도 구간에서 운임을 계산하는 거리는 따로 정한 경우를 제외하고는 가장 가까운 경로로 계산합니다.

③ 도시철도와 버스 상호 간에 교통카드를 사용하여 일정한 횟수와 시간 이내에 환승 이용하는 여객의 운임은 다음 각호와 같이 이용 거리에 따라 통합운임을 적용합니다. 다만 통합운임의 적용은 각각의 교통수단을 승하차할 때마다 단말기에 교통카드를 접촉하여 이용 거리가 산출되는 경우에 한정하여 적용합니다.

1. 통합운임은 도시철도 이용 거리와 버스 이용 거리를 합산하여 산출합니다.
2. 환승 이용한 거리의 합이 다음의 각 목이 정하는 거리 이내인 경우에는 환승 이용한 각 교통수단 중 기본 운임이 가장 높은 교통수단의 운임으로 합니다.
   가. 서울 광역, 경기(직행) 좌석형 및 인천광역(좌석) 시내버스인 경우 30km
   나. 각 목 이외 버스인 경우 10km
3. 환승 이용한 거리의 합이 제2호에 정한 거리를 초과하는 구간은 5km마다 별표2의 추가 운임을 합산하여 산출한 금액으로 합니다. 다만, 그 금액이 각각의 교통수단 운임의 합을 초과하는 경우에는 각각의 교통수단 운임의 합으로 합니다.

④ 제3항의 환승 인정 횟수는 4회(5회 승차)까지이며, 선 교통수단 하차 후 30분 이내 후교통수단 승차의 경우로 하되, 21:00~다음 날 07:00까지는 1시간 이내로 합니다. 다만, 환승 통행 목적이 아닌 동일노선 환승의 경우는 통합운임을 적용하지 않습니다.

⑤ 공항철도 인천공항2터미널~청라국제도시 구간을 포함하여 이용하는 경우, 제1항 및 제3항에 정한 운임에 해당 구간 이용 운임을 합산한 금액으로 합니다.

⑥ 선 · 후불교통카드를 이용하여 영업 시작부터 당일 06:30까지 승차한 경우 기본 운임은 제11조에 의하여 산출된 기본 운임의 20%를 할인하여 끝수 처리한 금액으로 합니다. 다만, 다른 교통수단을 먼저 이용하고 환승 승차한 경우에는 제외합니다.

* 부정 승차 적발 시 승차 구간의 1회권 기본 운임과 그 30배의 부가금을 징수합니다. 또한, 과거 부정 사용권에 대해서도 소급하여 누적 징수합니다.

제9조(운임 · 요금의 끝수 처리)

① 1회권 및 단체권의 운임요금 계산 시 30원 미만은 버리고, 30원 이상 70원 미만은 50원으로 하며, 70원 이상은 100원으로 합니다.

② 선 · 후불교통카드 운임 계산 시 10원 미만의 끝수가 발생할 경우에는 5원 미만은 버리고, 5원 이상은 10원으로 합니다.

③ 정기권 운임 계산 시 50원 미만은 버리고, 50원 이상은 100원으로 합니다.

별표2

| 구분 | | 금액 |
|---|---|---|
| 기본 운임 | 가. 어른 기본 운임 | |
| | (1) 교통카드 | 1,250원 |
| | (2) 1회권 | 1,350원 |
| | 나. 청소년 기본 운임 | |
| | (1) 교통카드 | 720원 |
| | (2) 1회권 | 1,350원 |
| | 다. 어린이 기본 운임 | |
| | (1) 교통카드 | 450원 |
| | (2) 1회권 | 450원 |
| 추가 운임 | 라. 추가 운임 | |
| | (1) 어른 | 100원 |
| | (2) 청소년 | 80원 |
| | (3) 어린이 | 50원 |
| 다만, 청소년이 1회권을 이용할 경우에는 어른용 추가 운임이 적용됩니다. | | |

철수 : 분당에 가기 위해 경기직행 좌석버스와 지하철을 연결해서 타려고 하는데 만약에 요금을 합산해서 계산한 금액이 4,500원이고 버스요금과 지하철 요금을 각각 계산했더니 2,000원, 2,300원이 나왔다면 4,300원으로 계산되겠네.

영희 : 부정 승차하다 적발되면 과거에 부정 승차 이력이 있으면 그것까지 소급 적용한다니까 최소한 40,500원을 내야 하네.

예진 : 여기서 1호선을 타고 천안까지 가는데 100km네. 만약에 수도권 구간이 50km라면 요금이 얼마나 나올까? 청소년 교통카드이니까 2,400원 나오겠지.

민혜 : 청소년 교통카드니 그렇게 나오지. 일회용 승차권을 사용하면 천안까지 3,450원 내야 해.

은애 : 그러면 여기서 천안 가는 데 일회용 승차권을 이용하면 어른들이 교통카드로 승차했을 때보다 100원 더 내게 되네.

① 철수　　② 영희
③ 예진　　④ 민혜
⑤ 은애

PART

04

# 자기개발능력

차례



### 하위능력

자아인식능력, 자기관리능력, 경력개발능력

SECTION 01

# 자기개발능력 이론

합격강의

## 자기개발능력 소개

### 01 자기개발능력의 학습 목표

| 구분 | 학습 목표 |
|---|---|
| 일반 목표 | 일터에서 직업인으로서 자신의 능력, 적성, 특성 등의 이해를 기초로 자기발전 목표를 스스로 수립하고 성취해나가는 능력을 기른다. |
| 세부 목표 | 1. 자기개발의 의미와 중요성을 설명할 수 있다.<br>2. 자기개발의 방법과 이와 관련된 장애 요인을 해결할 수 있다.<br>3. 자기개발 계획과 전략을 수립할 수 있다. |

### 02 자기개발능력의 의미와 중요성

자기개발능력은 직업인으로서 자신의 능력과 적성, 특성 등을 이해하고 목표 성취를 위해 스스로 관리하며 개발해 나가는 능력을 의미한다. 직업인들에게 변화하는 환경에 적응하고, 직업 생활에서 높은 업무 수행 성과를 내며, 자신의 경력을 관리하기 위하여 자신의 능력, 적성, 특성 등을 이해하고 목표 성취를 위해 스스로 관리하며 개발해 나가는 능력의 함양은 필수적이며 매우 중요하게 여겨지고 있다.

### 03 자기개발능력의 필요성과 특징

#### 1) 자기개발능력의 필요성

① 변화하는 환경에 적응
② 업무 성과 향상
③ 주변 사람들과 긍정적인 인간관계 형성
④ 자신이 달성하고자 하는 목표 성취
⑤ 개인적으로 보람된 삶을 살기 위한 목적

#### 2) 자기개발능력의 특징

① 자신을 이해하는 것
② 자신에게 적합한 목표와 자기개발 방법을 선정
③ 단기간이 아닌 평생에 걸쳐서 이루어지는 과정
④ 일과 관련하여 이루어지는 활동

⑤ 생활 가운데 이루어져야 하는 것
⑥ 모든 사람이 해야 하는 것

## 04 자기개발이 이루어지는 과정

| 단계 | 1단계 : 자아인식 | 2단계 : 자기관리 | 3단계 : 경력개발 |
| --- | --- | --- | --- |
| 의미 | 직업 생활과 관련하여 자신의 가치, 신념, 흥미, 적성, 성격 등으로 자신을 파악하는 것 | 자신을 이해하고 목표를 성취하기 위해 자신의 행동 및 업무 수행을 관리하고 조정하는 것 | 경력개발은 개인의 경력목표와 전략을 수립하고 실행하며 피드백하는 과정 |
| 도움이 되는 질문 예시 | • 업무 수행 시 나의 장단점은?<br>• 나의 직업 흥미는?<br>• 나의 적성은? | • 나의 업무에서 생산성과 대인관계를 향상할 방법은 무엇일까?<br>• 자기관리 계획은 어떻게 수립하는 것일까? | • 내가 설계하는 나의 경력은?<br>• 나는 언제 승진하고 퇴직할까?<br>• 경력개발과 관련된 최근 이슈는 무엇인가? |

## 05 자기개발 계획 수립과 자기개발 전략

### 1) 자기개발 설계 전략

| | |
| --- | --- |
| 장단기 목표 수립 | • 장기 목표는 5~20년 뒤를 설계, 자신의 욕구, 가치, 흥미, 적성 및 기대를 고려하여 일과 관련하여 직무의 특성, 타인과의 관계 등을 고려<br>• 단기 목표는 1~3년 정도의 목표를 의미, 장기 목표를 위하여 필요한 직무 경험, 개발해야 하는 능력, 자격증, 쌓아두어야 할 인간관계 등을 고려 |
| 인간관계 고려 | 사람은 다양한 인간관계를 맺으며 살아가고 있으므로 인간관계도 고려 |
| 현재의 직무 고려 | 직무를 담당하는데 필요한 능력과 자신의 수준, 개발해야 할 능력, 관련된 적성을 고려 |
| 구체적인 방법으로 계획 | 자신이 수행해야 할 자기개발 방법을 명확하고 구체적으로 수립하면 효율적으로 노력할 수 있고, 진행 과정도 쉽게 파악 가능 |
| 자신을 브랜드화<br>(PR : Public Relations) | 나를 브랜드화하는 방법은 단순히 자신을 알리는 것을 넘어 자신을 다른 사람과 차별화하는 특징을 밝혀내고 이를 부각하기 위해 지속적인 자기개발을 하며 알리는 것 |

### 2) 자기개발 계획 수립이 어려운 이유

| | |
| --- | --- |
| 자기 정보의 부족 | 자신의 흥미, 장점, 가치, 라이프스타일을 충분히 이해하지 못함 |
| 내부 작업 정보 부족 | 회사 내의 경력기회 및 직무 가능성에 대해 충분히 알지 못함 |
| 외부 작업 정보 부족 | 다른 직업이나 회사 밖의 기회에 대해 충분히 알지 못함 |
| 의사결정 시 자신감의 부족 | 자기개발과 관련된 결정을 내릴 때 자신감 부족 |
| 일상생활의 요구사항 | 개인의 자기개발 목표와 일상생활(가정) 간 갈등 |
| 주변 상황의 제약 | 재정적 문제, 연령, 시간 등 |

## 하위 능력의 구성

### 01 자아인식능력

#### 1) 자아인식의 의미와 방법

① 자아의 개념
- 자아(自我)는 자신에 대한 인식과 신념의 체계적이고 일관된 집합이다.
- 자아는 내면적인 성격이며, 정신이라고 할 수 있다.

② 자아인식
다양한 방법을 활용하여 자신이 어떤 분야에 흥미가 있고, 어떤 능력의 소유자이며, 어떤 행동을 좋아하는지를 종합적으로 분석하여 이해하는 것이다.

③ 자아존중감
- 개인의 가치에 대한 주관적인 평가와 판단을 통해 자기결정에 도달하는 과정이다.
- 스스로에 대한 긍정적 또는 부정적 평가를 통해 가치를 결정짓는 것이다.
- 자신의 정체성 형성에 영향을 주는 중요한 요소이다.
- 타인에게 영향을 받으며 환경에 적응할 수 있도록 도움을 주어 긍정적인 자아가 형성된다.

④ 나를 아는 방법

| 스스로 질문을 통해 알아내는 방법 |
| --- |
| • 일을 할 때 나의 성격의 장단점은 무엇인가?<br>• 현재 일과 관련된 나의 부족한 부분은 무엇인가?<br>• 일과 관련한 나의 목표는 무엇인가?<br>• 그것은 나에게 어떠한 의미가 있는가?<br>• 지금 현재 내가 하고 있는 일이 정말로 내가 원했던 일을 하고 있는가? |

| 다른 사람의 의견 물어서 알아내는 방법 |
| --- |
| • 나의 장단점은 무엇인가?<br>• 내가 무엇을 하고 있을 때 가장 재미있어 보이는가?<br>• 어려움이나 문제 상황에 처했을 때 나는 어떠한 행동을 하는가? |

| 표준화된 검사 도구를 활용 |
| --- |
| • 커리어넷(www.career.go.kr) : 직업흥미검사, 직업적성검사, 직업가치관검사<br>• 워크넷(www.work.go.kr) : 직업흥미검사, 적성검사, 직업가치관검사, 직업인성검사 외 다수 |

#### 2) 일과 관련된 나의 특성

- 흥미는 일에 대한 관심이나 재미를 의미하고, 적성은 개인이 잠재적으로 가지고 있는 재능과 개인이 보다 쉽게 잘 할 수 있는 주어진 학습 능력을 의미한다.
- 경험을 통해 자신의 흥미나 적성을 발견하고 이를 적극적으로 개발하려는 노력이 중요하다.
- 상황과 업무에 맞춰 흥미나 적성을 개발하는 노력이 필요하다.
- 일터의 조직문화, 조직풍토를 잘 이해할 수 있어야 일에 잘 적응하며 흥미를 높이고 적성을 개발할 수 있다.

### 3) 반성의 의미

① 성찰의 필요성

- 다른 일을 하는 데 필요한 노하우 축적
- 지속적인 성장 기회 제공
- 신뢰감 형성의 원천 제공
- 창의적인 사고 능력 개발 기회 제공

② 성찰 방법

| 성찰 노트 작성 | 끊임없이 질문 |
| --- | --- |
| 잘했던 일과 잘못했던 일을 생각해 보고, 개선점 등을 형식 없이 메모 | • 지금 일이 잘 진행되거나 그렇지 않은 이유는 무엇인가?<br>• 이 상태를 변화시키거나 혹은 유지하기 위하여 해야 하는 일은 무엇인가?<br>• 이번 일 중 다르게 수행했다면 더 좋은 성과를 냈을 방법은 무엇인가? |

## 02 자기관리능력

### 1) 단계별 자기관리 계획 수립 방법

| 단계 | 내용 |
| --- | --- |
| [1단계]<br>비전 및 목적 정립 | 비전 및 목적을 정립하기 위한 질문<br>• 나에게 가장 중요한 것은 무엇인가?<br>• 나의 가치관 혹은 내가 생각하는 의미 있는 삶은?<br>• 내가 살아가는 원칙은?<br>• 내 삶의 목적은 어디에 있는가? |
| ⬇ | |
| [2단계]<br>과제 발견 | 과제 발견을 위한 질문<br>• 현재 주어진 역할 및 능력은 무엇인가?<br>• 상충되는 역할은 없는가?<br>• 현재 변화해야 할 것은 없는가? |
| ⬇ | |
| [3단계]<br>일정 수립 | 일정 계획 방법<br>• 우선순위에 따라 구체적인 일정 수립<br>• 월간 계획 → 주간 계획 → 하루 계획 순으로 작성<br>• 월간 계획은 장기적인 관점에서 계획하고 준비해야 할 일을 작성<br>• 주간 계획은 우선순위가 높은 일을 먼저 하도록 계획<br>• 하루 계획은 자세하게 시간 단위로 작성 |
| ⬇ | |
| [4단계]<br>수행 | 지금 내가 하려는 일, 이 일에 영향을 미치는 요소, 이를 관리하기 위한 방법 |
| ⬇ | |
| [5단계]<br>반성 및 피드백 | 수행 결과 분석, 결과를 피드백하여 다음 수행에 반영<br>• 어떤 목표를 성취하였는가?<br>• 일을 수행하는 동안 어떤 문제에 직면했는가?<br>• 어떻게 결정을 내리고 행동했는가?<br>• 우선순위, 일정에 따라 계획적으로 수행하였는가? |

### 2) 합리적인 의사결정 방법

① 합리적 의사결정

자신의 목표를 위한 대안을 찾아보고 가장 실행 가능성이 높은 방법을 선택하여 행동하는 것이다.

| 합리적 의사결정 절차 |
| --- |
| • 의사결정에 앞서 발생한 문제가 어떤 원인에 의한 것인지, 문제의 특성이나 유형은 무엇인지 파악<br>• 의사결정의 기준과 가중치를 정함<br>• 의사결정에 필요한 정보를 수집<br>• 의사결정을 하기 위한 가능한 모든 대안을 찾기<br>• 대안들을 앞서 수집한 자료에 기초하여 의사결정 기준에 따라 장단점을 분석하고 평가<br>• 최적의 안을 선택하거나 결정<br>• 의사결정을 내리면 결과를 분석하고 다음에 더 좋은 의사결정을 내리기 위하여 피드백 |

② 거절의 의사결정과 거절하기

거절로 발생할 문제들과 자신이 거절하지 못해서 수락했을 때의 기회비용을 따져 보고, 거절하기로 결정하였다면 이를 추진할 수 있는 의지가 필요하다.

| 거절의 의사결정을 하기 위한 유의사항 |
| --- |
| • 상대방의 말을 들을 때에는 주의하여 귀를 기울여서 문제의 본질을 파악<br>• 거절의 의사결정은 빠를수록 좋음(오래 지체될수록 상대방은 긍정의 대답을 기대하게 되고, 거절하기 더욱 어려워짐)<br>• 거절할 때에는 분명한 이유 필요<br>• 대안 제시 |

③ 의사결정의 오류

| 의사결정의 오류 | 내용의 설명 |
| --- | --- |
| 숭배에 의한 논증<br>(동굴의 우상) | 권위 있는 전문가의 말을 따르는 것이 옳다는 의사결정은 일반적으로 옳을 수 있지만 고정 행동 유형으로 따라간다면 문제가 있다. |
| 상호성의 법칙 | 상대의 호의로 인한 부담으로 인해 부당한 요구를 거절하지 못하게 된다면 문제가 있다. |
| 사회적 증거의 법칙 | 베스트셀러를 사는 것처럼 많은 사람들의 행동을 무의식적으로 따라간다면 문제가 있다. |
| 호감의 법칙 | 자신에게 호감을 주는 상대의 권유에 무의식적으로 따라간다면 문제가 있다. |
| 권위의 법칙 | 권위에 맹종하여 따라간다면 문제가 있다. |
| 희귀성의 법칙 | '얼마 없습니다', '이번이 마지막 기회입니다'라는 유혹에 꼭 필요하지 않은 것임에도 따라간다면 문제가 있다. |

### 3) 내면 관리 방법

① 인내심 키우기

- 자신의 목표를 분명히 하기
- 새로운 시각으로 상황을 분석하기

② 긍정적인 마음 가지기

- 먼저 자신을 긍정하기
- 자신의 능력과 가치를 신뢰하고 있는 그대로의 자신을 받아들여 건강한 자아상 확립하기

### 4) 업무 수행 영향 요인과 성과 향상 방법

| 업무 수행에 영향을 미치는 요인 | 업무 수행 성과를 높이기 위한 전략 |
|---|---|
| • 시간이나 물질과 같은 자원<br>• 업무 지침<br>• 개인의 능력(지식이나 기술 포함)<br>• 상사 및 동료의 지원 | • 일을 미루지 않는다.<br>• 업무를 묶어서 처리한다.<br>• 다른 사람과 다른 방식으로 일한다.<br>• 회사와 팀의 업무 지침을 따른다.<br>• 역할 모델을 설정한다. |



## 03 경력개발능력

### 1) 경력

- 일생에 걸쳐서 지속적으로 하게 되는 일과 관련된 경험이다.
- 직위, 직무와 관련된 역할이나 활동뿐만 아니라 여기에 영향을 주고받는 환경적 요소도 포함한다.
- 전문적인 일이나 특정 직업에만 한정된 개념은 아니며, 승진만을 추구하는 활동도 아니다.
- 누구든지 일과 관련된 활동을 하고 있으면 경력을 추구하는 것이다.
- 모든 사람은 각자 독특한 직무, 지위, 경험을 쌓기 때문에 각자 나름대로 독특한 경력을 추구한다.

### 2) 경력개발

자신과 자신의 환경 상황을 인식하고 분석하여 합당한 경력 관련 목표를 설정하는 과정으로서, 경력계획과 경력계획을 준비하고 실행하며 피드백 하는 경력관리로 이루어진다.

| 경력개발의 필요성 | |
|---|---|
| 환경 변화 | 지식정보의 빠른 변화, 인력난 심화, 삶의 질 추구, 중견사원 이직 증가 |
| 조직 요구 | 경영 전략 변화, 승진 적체, 직무 환경 변화, 능력주의 문화 |
| 개인 요구 | 발달 단계에 따른 가치관 · 신념변화, 전문성 축적 및 성장요구 증가, 개인의 고용시장 가치 증대 |

### 3) 경력개발 계획 수립 과정과 방법

① 경력단계 모형

성인 초기에 직업을 선택하고, 조직에 입사하여 경력초기의 과정을 거치며, 성인 중기에 경력 중기 또는 경력 말기의 과정을, 성인 말기에 경력 중기 또는 경력 말기의 직업생활을 유지하고 퇴직을 준비하는 과정을 거친다.

| [1단계] | |
|---|---|
| 직업 선택(0~25세) | • 최대한 여러 직업의 정보를 수집하여 탐색 후 나에게 적합한 최초의 직업 선택<br>• 관련학과 외부 교육 등 필요한 교육 이수 |

⬇

| [2단계] | |
|---|---|
| 조직 입사(18~25세) | • 원하는 조직에서 일자리 얻음<br>• 정확한 정보를 토대로 적성에 맞는 적합한 직무 선택 |

⬇

| 단계 | 내용 |
|---|---|
| [3단계] 경력 초기(25~40세) | • 조직의 규칙과 규범에 대해 배움<br>• 직업과 조직에 적응해 감<br>• 역량(지식, 기술, 태도)을 증대시키고 꿈을 추구해 나감 |
| [4단계] 경력 중기(40~55세) | • 경력 초기를 재평가하고 업그레이드 된 꿈으로 수정함<br>• 성인 중기에 적합한 선택을 하고 지속적으로 열심히 일함 |
| [5단계] 경력 말기(55~퇴직) | • 지속적으로 열심히 일함<br>• 자존심 유지<br>• 퇴직준비의 자세한 계획(경력 중기부터 준비하는 것이 바람직) |

② 경력계발 계획

| 단계 | 내용 |
|---|---|
| [1단계] 직무정보 탐색 | • 관심 직무에서 요구하는 능력<br>• 고용이나 승진 전망<br>• 직무만족도 등 |
| [2단계] 자신과 환경 이해 | • 자신의 능력, 흥미, 적성, 가치관<br>• 직무 관련 환경의 기회와 장애 요인 |
| [3단계] 경력 목표 설정 | • 장기목표 수립 : 5~7년<br>• 단기목표 수립 : 2~3년 |
| [4단계] 경력개발 전략 수립 | • 현재 직무의 성공적 수행<br>• 역량 강화<br>• 인적 네트워크 강화 |
| [5단계] 실행 및 평가 | • 실행<br>• 경력 목표, 전략의 수정 |

### 4) 경력개발의 다양한 이슈

① 평생학습 사회

② 투잡스(Two-jobs)

③ 청년 실업

④ 창업경력

⑤ 독립근로자와 같은 새로운 노동 형태 등장

⑥ 일과 생활의 균형(Work-Life Balance, WLB)

모듈형

**01 다음 ㉠에 들어갈 단어는?**

> 직장인 A 씨는 4차 산업혁명으로 인하여 변화하는 사회와 직장 내에서 변화하는 업무처리에 빠르게 적응하기 위하여 자신의 능력을 스스로 관리하며 개발해 나가고 있다. 이처럼 ( ㉠ )은 직업인으로서 자신의 능력, 적성, 특성 등을 이해하고 목표성취를 위해 스스로 수립하고 성취해 나가는 능력을 말한다.

① 자아인식능력
② 경력개발능력
③ 대인관계능력
④ 자기개발능력
⑤ 자기관리능력

모듈형

**02 다음은 자기개발에 관한 내용이다. A~E 사원 중 잘못 말하고 있는 사원은?**

① A 사원 : 자기개발은 스스로 계획하고 실행한다는 의미야.
② B 사원 : 자기개발은 평생에 걸쳐 지속해서 학습해야 해.
③ C 사원 : 자기개발은 자신을 이해하는 것보다 타인을 먼저 이해해야 해.
④ D 사원 : 대인관계, 감정관리, 의사소통도 자기개발이라 할 수 있어.
⑤ E 사원 : 모든 사람이 해야 하는 것이 자기개발이야.

모듈형

**03** **자기개발능력은 3가지 자아인식, 자기관리, 경력개발로 이루어진다. 〈보기〉는 자아인식, 자기관리, 경력개발의 개념과 연결된 질문이다. 각 개념에 따라 해당하는 질문을 알맞게 짝지은 것은?**

〈보기〉

1. 자아인식, 자기관리, 경력개발 개념

(가) 직업 생활과 관련하여 자신의 가치, 흥미, 적성, 성격 등 자신이 누구인지 파악하는 것
(나) 개인의 경력목표와 전략을 수립하고 실행하며 피드백하는 과정
(다) 자신을 이해하고 목표를 성취하기 위해 자신의 행동 및 업무 수행을 관리하고 조정하는 것

2. 질문

㉠ 나의 직업 흥미는?
㉡ 나의 업무에서 생산성을 높이기 위해서는 어떻게 해야 할까?
㉢ 나는 언제쯤 승진하고 퇴직을 하게 될까?
㉣ 대인관계를 향상하는 방법은 무엇일까?
㉤ 나의 적성은?

| | (가) | (나) | (다) |
|---|---|---|---|
| ① | ㉠, ㉣ | ㉡, ㉢ | ㉡ |
| ② | ㉡, ㉤ | ㉢ | ㉠, ㉣ |
| ③ | ㉠, ㉤ | ㉡, ㉢ | ㉣ |
| ④ | ㉡, ㉣ | ㉢ | ㉠, ㉤ |
| ⑤ | ㉠, ㉤ | ㉢ | ㉡, ㉣ |

피셋형

**04** **다음 〈보기〉는 A 씨가 커피전문점을 운영하며 겪는 내용이다. A 씨는 자신의 점포를 운영하며, 지속해서 성장하기 위해 자기개발을 하려고 한다. 그러나 자기개발을 방해하는 여러 가지 방해요인이 있다. 〈보기〉를 읽고 (가)~(마)까지 자기개발 방해요인을 바르게 나열한 것은?**

〈보기〉

1. 자기개발을 방해하는 요인

> 자기개발을 방해하는 요인에는 개인의 감정적인 욕구에 따라 다른 행동을 보이거나, 의식적이거나 무의식적으로 부정적 사고를 하는 경우, 자신에 대한 신뢰가 부족하여 새로운 도전에 자신감이 부족한 경우, 다른 사람에 의해 움직이는 의존적인 경향, 자기개발 방법을 몰라 어떻게 해야 할지 모르는 경우, 실행력이 부족한 경우가 있다.

2. 자기개발 사례

> A 씨는 커피전문점으로 창업을 하면서 커피전문점을 운영하는 데 도움도 되고 자기 자신에게도 도움이 되는 것을 찾고 있다.
>
> (가) 커피전문점 운영과 자기개발에 도움을 주기 위해 찾고 있지만, 무엇이 필요한지 무엇을 하면 좋을지 몰라 아무것도 못 하고 시간만 흘려보내고 있다.
>
> (나) POP를 배우기 위해 마음은 먹었지만, 막상 늦은 퇴근 시간과 피곤함으로 주저주저하며 실천하지 못하고 있다.
>
> (다) 커피전문점에 메뉴판을 새로 개선하기 위해 POP를 배우기로 했다. 여러 가지 필요한 준비물이 많아서 다니기에 어려움이 많았고, 많은 연습이 필요했기에 시간 투자도 많이 해야 했다. 늦은 퇴근 시간과 피곤함으로 POP에 시간을 투자하는 것이 힘들어서 배우기가 싫은 마음이 들었다.
>
> (라) POP를 배우면서 예쁘게 꾸미고 색깔을 어울리게 잘 배치해야 하는데 미적 감각이 부족하고, '다른 사람들은 잘하는데 왜 나는 못 할까?' 라는 생각이 들었다.
>
> (마) POP를 배우는 사람들과 여러 시간을 함께하면서 친해졌고, 그중에서 나와 잘 맞는 사람이 있어 같이 연습도 하고 차도 마실 기회도 얻었다. POP를 잘 하는 터라 나는 POP를 하면서 그 사람에게 여러 가지 어려움을 계속 물어보면서 계속 함께하기를 바라며 따라다니면서 같이 배우고 있다.

① 부정적 사고 – 자신감 부족 – 실행력 부족 – 의존적 경향 – 자기개발방법에 대한 무지
② 자기개발방법에 대한 무지 – 의존적 경향 – 실행력 부족 – 자신감 부족 – 부정적 사고
③ 자기개발방법에 대한 무지 – 실행력 부족 – 부정적 사고 – 자신감 부족 – 의존적 경향
④ 실행력 부족 – 자신감 부족 – 부정적 사고 – 자기개발방법에 대한 무지 – 의존적 경향
⑤ 자신감 부족 – 의존적 경향 – 실행력 부족 – 자기개발방법에 대한 무지 – 부정적 사고

피셋형

**05** **다음 〈보기〉는 C 컨설팅회사 사원들이 자기개발 방해요인에 관해서 이야기 나누는 내용이다. Y 사원의 대화 내용의 괄호 ㉠에 들어갈 알맞은 내용은?**

〈보기〉

C 컨설팅회사는 성공적이고 효과적인 자기개발에 관해 이야기하던 중 자기개발을 방해하는 요인에 대해서 분석하기로 했다.

X 부장 : 자기개발을 하는 건 좋은데 일상에서 방해하는 요인들이 많은 것 같아요. 그것에 대해서 서로가 경험한 내용이나 생각한 내용을 이야기해 보는 건 어떨까요?

W 대리 : 저는 자기개발을 하는 시간이 저에게 도움이 많이 되고, 업무 활용에 도움이 되어서 너무 좋았습니다. 그러나 가정을 책임지고 있는 한 사람으로 자기개발에 들어가는 교육비가 무척 부담스러웠습니다.

Y 사원 : 네. 맞습니다. 직장에서 일하고 가정으로 돌아가 육아와 살림으로 바쁜 시간을 보내고 있습니다. 바쁜 시간이지만 틈을 내어 자기개발을 한다는 것은 저에게 너무나 힐링이 되고 있습니다. 그러나 ( ㉠ ). 보완하기 위해서 영양제를 챙겨 먹거나, 조금이라도 일찍 일어나서 운동을 해보는 것도 좋을 것 같습니다.

Z 사원 : 네. 운동하는 것 또한 자기개발의 하나일 것 같습니다. 저는 제가 배우는 것이 집 근처에 있지 않아서 멀리 배우러 다니다 보니 거리가 멀고 걸리는 시간도 너무 많아 힘든 것 같습니다.

X 부장 : 네. 맞습니다. 방해요인에 교육비, 시간 부족, 게으름, 소극적인 태도 등 여러 가지가 많습니다. 그렇지만 잘 이겨내고 자기개발을 한다면 자신에게나, 직장 생활을 하는 데 많은 도움이 될 것 같습니다.

① 운동을 너무 적게 하고 있습니다.
② 게으름이 너무 심합니다.
③ 직장에 일이 너무 많습니다.
④ 너무 소극적입니다.
⑤ 체력이 너무 부족합니다.

피셋형

**06** 자기개발 목표를 설계하기 위해서 전략이 필요하며 그 전략을 세우기 위해 고려해야 할 사항이 있다. 다음 〈보기〉는 은행에 입사한 B 씨가 자기개발 목표를 설계한 내용이다. 설계한 내용을 바탕으로 목표를 수립하기 위한 구체적 방법으로 적절하지 않은 것은?

**〈자기개발 설계 전략을 위해 고려해야 할 사항〉**

첫째, 5~20년 뒤의 장기목표와 1~3년 정도의 단기목표를 수립한다.
둘째, 인간관계를 발전시켜 나가는 데에도 고려한다.
셋째, 현재의 직무 상황에 필요한 능력, 자신의 수준, 개발해야 할 능력 등을 고려한다.
넷째, 수행해야 할 자기개발방법을 명확하고 구체적으로 수립한다.
다섯째, 자신을 다른 사람과 차별화하는 특징을 밝히고 부각한다.

〈보기〉

B 씨는 K 은행에 입사하여 은행 내에서 CS 고객만족도에서 최고의 직원이 되는 게 목표이다. 또한, 장기적으로 봤을 때는 보험설계에 관한 공부를 하여 보험 자격증을 취득하는 것이 목표이며, 은행 내에서 직장동료, 상사 간의 친절하게 대하고 가정 안에서도 시간을 활용하여 틈틈이 보험에 관한 공부하는 시간을 가질 것이다. 보험 자격증 공부는 은행 내에서도 고객을 상담할 때나 자신의 자산을 위해서도 필요하다. CS 고객만족도가 좋은 직원들의 사례를 보고 모방하면서 직접 해보기도 하고 출근하기 전이나 저녁에 잠자리에 들기 전에 1시간씩 보험 자격증 공부를 할 것이며, SNS를 통해서 은행 내에서 고객을 만족시키는 방법이나 보험에 대한 유용한 팁을 알릴 것이다.

① CS 고객만족도 최고의 직원이 되기 위해 고객들에게 관심의 말 한마디를 해본다.
② 보험에 대한 자격증 취득을 위해 새벽에 일어나서 1시간씩 공부한다.
③ CS 고객만족도를 위해 열심히 일한다.
④ 보험자격증 취득을 위해 온라인 강의를 30분씩 듣는다.
⑤ 직장동료들과 CS 고객만족도를 높일 방법을 나누어 본다.

모듈형

**07** 자신이 직업을 갖고 그 일을 효과적으로 하기 위해서는 준비와 노력이 필요하다. 다음 〈보기〉는 일을 효과적으로 수행하기 위해 어떠한 준비와 노력을 하고 있는지 설명하고 있다. 〈보기〉에서 K 씨가 이야기하고 있는 내용의 의미는?

〈보기〉

나의 이름은 K이고 나이는 35세이다. 나는 금융회사에서 일하고 있으며, 자산관리를 공부하여 자산관리에 대한 전문가가 되는 것이 꿈이다. 나는 사람들과 어울려 대화하는 것을 좋아한다. 그렇지만 나는 여러 가지에 관심이 많아 한 가지에 집중을 못 할 때가 많다. 이제 입사한 지 5년 차이지만 자산관리를 하는데 처음보다는 관심이 더 많이 생겼고, 나의 자산관리에도 조금이나마 도움이 되어 자산을 불려 나가는 데에도 재미가 쏠쏠하다. 일을 하는 데 있어 아직 컴퓨터 활용이 부족해서 문서를 처리하는데 다른 사람들보다 시간이 오래 걸리는 부족한 면이 있지만, 사람들과 어울리는 것을 좋아하다 보니 고객들과 상담하는 데는 누구보다 자신이 있다. 또한, 상담을 많이 하다 보니 나날이 발전해 나가고 있으며 나와의 성격과도 잘 맞다.

① 자아인식 ② 자기관리 ③ 경력개발 ④ 내면 관리 ⑤ 의사결정 방법

모듈형

**08** 올바른 자아인식에 대한 설명으로 잘못된 것은?

① 자신을 존중하고 자신을 가치 있게 여긴다.
② 자신의 가치를 확신하므로 개인과 팀의 성과를 높인다.
③ 자신의 한계를 인식하고 보완해야 하겠다는 욕구가 생긴다.
④ 자아 존중감을 확인시켜 자기개발에 방해가 된다.
⑤ 자신의 능력을 파악하므로 자기개발을 어떻게 할 것인지 결정할 수 있다.

[09~10] 아래의 〈보기〉를 읽고 물음에 답하시오.

〈보기〉

전자서비스센터에 근무하는 사원들끼리 일을 하여 이야기를 나누었습니다. 사원인 Y 씨는 "너무 힘들어.", "너무 지겹고 재미없어.", "맨날 야근하고 힘들어서 못 다니겠어."라며 투덜거렸습니다. 사원인 K 씨는 묵묵히 일하며 주말에 놀러 갈 생각만 하고 있습니다. "돈만 벌면 되니까 그냥 하는 거야.", "쉬는 날에 재미있게 놀면 되지."라고 생각하며 부정적이지는 않으나 아무런 흥미가 없었습니다. 사원인 L 씨는 무슨 일을 하든지 즐거웠습니다. "내가 하는 일이 다른 사람에게 도움을 주고, 정보를 줄 수 있어서 너무 좋아."라며 좋아했습니다. 사원인 P 씨는 "일하는 건 너무 좋은데 미래에 별로 도움이 될 거 같지 않아서 재미가 없어."라며 반신반의했습니다. 전자서비스센터에 다니는 모든 사원은 일에 관한 생각이 모두 달랐습니다.

모듈형

**09** 직장에 대한 흥미와 자신이 잠재적으로 가지고 있는 적성은 다르다. 〈보기〉는 직장에 대한 흥미와 적성에 관해 이야기 나누는 내용이다. 흥미와 적성이 제일 높은 사람은?

① Y 사원 ② K 사원 ③ L 사원 ④ P 사원 ⑤ 아무도 없음

모듈형

**10** 매우 부정적인 Y 씨 사원의 경우, 마인드 컨트롤을 통해 문제 상황을 해결할 수 있다. 자신을 의식적으로 관리할 때 드는 생각으로 옳은 것은?

① "나는 힘들어서 이 일을 계속 못할 거야."
② "지금 하는 일이 나한테 별로 도움이 안 될 거야."
③ "나는 이 일을 더 잘할 수 있고, 지금보다 더 즐겁게 일할 수 있을 거야."
④ "나는 조금만 더 다니다가 일을 그만두게 될 거야."
⑤ "나는 내 적성에 맞지 않는 일을 하는 게 틀림없어."

[11~12] **아래의 〈보기〉를 보고 물음에 답하시오.**

〈보기〉

C 교재 출판사에 다니는 L 씨는 입사한 지 3년 차이고 입사한 지 3년 동안 교재를 편집하고 디자인하는 일을 해왔습니다. 이 일을 하는 데 있어서 부족함이 없다고 느꼈지만 최근 들어 표지디자인을 하는 데 있어서 상사에게 디자인 실력이나 감각이 떨어진다는 이야기를 많이 듣기도 하고 혼도 났습니다. 처음이 아니라 여러 번 이야기를 들었기 때문입니다. 그래서 일과가 끝나고 곰곰이 생각했습니다. 지금까지는 교재를 편집 하는 데 있어 글꼴이나 그림, 글의 배치를 센스있게 편집하는 것에 신경을 쓰고 그에 관한 서적도 읽어보며 열심히 노력했습니다. 그러나 표지디자인에서는 부족하다고 느꼈습니다. 그래서 L 씨는 ( ㉠ )고 생각했습니다.

피셋형

**11** **L 씨는 자신을 돌아보는 반성의 시간을 가졌다. ㉠에 들어갈 생각으로 적절하지 않은 것은?**

① "조금만 더 해보고 안되면 회사를 그만두어야겠다."
② "부족한 부분을 조금 더 상세하게 다른 직원에게 물어봐야겠다."
③ "표지디자인을 배울 수 있는 곳에 가서 좀 더 배워야겠다."
④ "다른 사람들은 어떻게 하는지 물어봐야겠다."
⑤ "도서관에 가서 관련된 분야의 도서를 찾아봐야겠다."

모듈형

**12** **L 씨는 자신을 돌아보는 성찰의 시간을 가졌다. 성찰을 왜 해야 하는지에 대한 설명으로 옳지 않은 것은?**

① 지속적인 성장의 기회를 만들어준다.
② 다른 사람에게 신뢰감을 줄 수 있다.
③ 창의적인 생각이 나오게 된다.
④ 실수에 대한 원인을 파악하고 그 부분은 피해야 한다.
⑤ 다른 일을 하는데 노하우가 생긴다.

[13~15] **아래의 단계별 자기관리 계획을 보고 물음에 답하시오.**

|  | |  |
|---|---|---|
| 1단계 : 비전 및 목적 정립 | ▶ | 자신에게 가장 중요한 것 파악<br>가치관, 원칙, 삶의 목적 정립<br>삶의 의미 파악 |
| ▼ | | |
| 2단계 : 과제 발견 | ▶ | 현재 주어진 역할 및 능력<br>역할에 따른 활동목표<br>우선순위 선정 |
| ▼ | | |
| 3단계 : 일정 수립 | ▶ | 하루, 주간, 월간 계획 수립 |
| ▼ | | |
| 4단계 : 수행 | ▶ | 수행과 관련된 요소분석 수행방법 찾기 |
| ▼ | | |
| 5단계 : 반성 및 피드백 | ▶ | 수행결과 분석 피드백 |

피셋형

## 13 위의 단계별 자기관리 계획을 나타낸 표에서 〈보기〉의 내용이 해당하는 단계는?

**〈보기〉**

ⓐ 여행을 어디로 갈 것인가?
ⓑ 각자가 제일 잘하는 것은 무엇인가?
ⓒ 각자 해야 할 역할 분담은 무엇인가?
ⓓ 더 필요한 것은 없는가?

① 1단계 ② 2단계 ③ 3단계 ④ 4단계 ⑤ 5단계

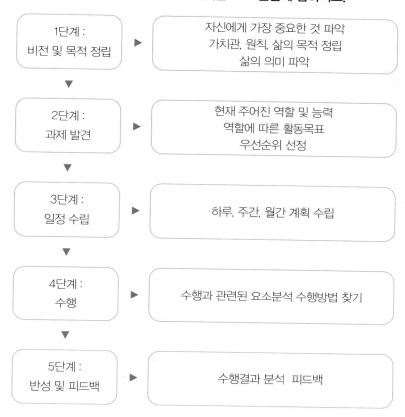

모듈형

**14** **3단계 일정 수립 단계에 관한 내용으로 옳지 않은 것은?**

① 빨리 해결해야 할 문제는 우선순위를 높게 한다.
② 월간 계획은 장기적인 관점으로 준비해야 할 일을 작성한다.
③ 빨리 해결해야 할 문제의 우선순위를 높게 잡으면 중요한 일을 놓치게 된다.
④ 주간 계획은 우선순위가 높은 일을 먼저 하도록 계획을 세운다.
⑤ 월간 계획 → 주간 계획 → 하루 계획 순으로 작성한다.

피셋형

**15** **2단계 과제 발견에서 수행해야 할 역할들이 도출되면 해야 할 일을 우선순위에 따라 구분하여야 한다. 우선순위에 따라 해야 할 일을 하려고 할 때 〈보기〉의 내용에 밑줄 친 부분 중 3순위에 해당하는 것은?**

| | |
|---|---|
| 2순위<br>계획, 준비해야 될 문제 | 1순위<br>제일 먼저 해결해야 될 문제 |
| 4순위<br>하찮은 일 | 3순위<br>필히 해결해야 될 문제 |

〈보기〉

H 씨는 M 공사에 다니는 직장인이다. 평소에는 집에서 ㉠ 텔레비전을 보며, ㉡ 방청소와 옷장 정리를 한다. 직장에서는 아침에 ㉢ 메일, 메신저를 확인하고, ㉣ 마감 날짜가 급박한 프로젝트로 바쁜 시간을 보내고 있다. 퇴근 후 ㉤ 친구들과 모임을 가지며, ㉥ 자격증 공부를 한다.

① ㉠, ㉡ ② ㉣, ㉥ ③ ㉢, ㉤ ④ ㉤, ㉥ ⑤ ㉡, ㉢

모듈형

## 16 합리적인 의사결정 절차 순서를 바르게 나열한 것은?

| | |
|---|---|
| ㉠ 발생한 문제의 원인, 특성, 유형 파악 | ㉡ 가능한 모든 대안 찾기 |
| ㉢ 수집한 자료에 기초, 장단점 분석, 평가 | ㉣ 필요한 정보 수집 |
| ㉤ 의사결정 기준과 가중치 결정 | ㉥ 최적의 안을 선택 결정 |
| ㉦ 결과를 분석, 피드백 | |

① ㉣-㉠-㉡-㉢-㉤-㉥-㉦
② ㉠-㉡-㉤-㉣-㉢-㉥-㉦
③ ㉣-㉢-㉠-㉡-㉤-㉦-㉥
④ ㉠-㉤-㉣-㉡-㉢-㉥-㉦
⑤ ㉠-㉣-㉢-㉡-㉤-㉥-㉦

피셋형

## 17 다음 내용은 의사결정의 오류에 관한 사례이다. 의사결정 오류에 관한 사례가 〈보기〉의 내용과 같을 때 의사결정 오류 법칙과 사례가 알맞게 짝지어진 것은?

〈보기〉

(가) 상대가 식사와 선물을 대접하며 보험을 권유하는 것에 거절하지 못하고 보험을 들긴 했는데 재정적인 부담이 들어 감당하지 못하는 경우

(나) 주변에 많은 사람이 비싼 가방이 예쁘다며 그 가방을 너도, 나도 똑같이 메고 다닐 때 나도 사람들을 따라 가방을 사서 메고 다니는 경우

(다) 백화점에 옷을 사러 갔는데 이 옷이 이번이 마지막이라며 판매할 때 필요 없는 옷임에도 옷을 사는 경우

| | (가) | (나) | (다) |
|---|---|---|---|
| ① | 호감의 법칙 | 권위의 법칙 | 희귀성의 법칙 |
| ② | 상호성의 법칙 | 사회적 증거의 법칙 | 호감의 법칙 |
| ③ | 호감의 법칙 | 희귀성의 법칙 | 사회적 증거의 법칙 |
| ④ | 상호성의 법칙 | 사회적 증거의 법칙 | 희귀성의 법칙 |
| ⑤ | 권위의 법칙 | 상호성의 법칙 | 사회적 증거의 법칙 |

[18~19] **다음의 〈보기〉를 보고 물음에 답하시오.**

〈보기〉

우리가 삶을 살아갈 때 어떠한 상황에서 자신이 손해를 본다고 생각할 때가 있다. 그때 화를 내거나 감정적으로 다른 사람에게 다가간다면 신뢰감을 주지 못할 것이다. 또한 어떠한 일에 실패하거나 '나는 잘하지 못할 거야.', '나는 성공하지 못할 거야.' 하고 부정적인 생각을 할 때가 있다. 그렇지만 인생의 성공에 있어서 (  ㉠  )과 ㉡ 긍정적인 마음을 가지는 것이 필요하다. (  ㉠  )을 기르면 자신의 목표를 성취할 수 있으며, 긍정적인 마음과 긍정적인 사고를 통해 성공을 이끌어낼 수 있다.

모듈형

**18 위의 〈보기〉에서 ㉠에 들어갈 알맞은 단어는?**

① 자신감 ② 인내심 ③ 실행력 ④ 경력개발 ⑤ 자존감

모듈형

**19 ㉠, ㉡ 을 가지기 위해서 해야 할 방법으로 옳지 않은 것은?**

① 나는 운동을 하면 극복할 수 있을 것 같아.
② 나는 매일 매일 감사일기를 쓰면 좋을 것 같아.
③ 나의 장점을 다른 사람과 나누면 더 좋은 에너지가 생길 것 같아.
④ 내가 해야 할 일을 조금 더 자세히 세분화 해보면 이겨낼 수 있을 것 같아.
⑤ 다른 사람 탓으로 돌리면 내 마음이 훨씬 편해지니까 좋을 것 같아.

피셋형

**20 아래의 〈보기〉에서 업무 수행 성과를 높이기 위한 전략으로 올바르지 않은 것은?**

〈보기〉

나는 퇴근 시간 이후에 운동하는 시간, 독서를 하는 시간 등 ㉠ 나만의 자유시간을 가지고, ㉡ 노트북이 있어 언제 어디서든지 업무가 가능하다. 또한 ㉢ 컴퓨터 활용능력이 뛰어나서 다른 사람들보다 시간을 절약하여 일할 수 있고, ㉣ 일을 미루지 않고 그때그때 업무처리를 할 수 있다. 나와 맞지 않는 동료와 휴식시간을 가지지만 서로의 정보가 공유될까 봐 ㉤ 자료를 숨겨 놓기에 바쁘다. 또한, 잠시 휴식시간을 이용하여 관련 뉴스나 회사 공지사항을 확인하여 게시판을 검색하기도 한다.

① ㉠ ② ㉡ ③ ㉢ ④ ㉣ ⑤ ㉤

PART

# 05

# 자원관리능력

차례



하위능력

시간자원관리능력, 예산자원관리능력, 물적자원관리능력, 인적자원관리능력

SECTION

# 01 자원관리능력 이론

▶ 합격강의

## 자원관리능력 소개

### 01 자원관리능력의 학습 목표

| 구분 | 학습 목표 |
|---|---|
| 일반 목표 | 직업생활에서 필요한 자원을 확인하고 확보하여, 업무 수행에 이를 할당하는 능력을 기를 수 있다. |
| 세부 목표 | 1. 자원의 종류와 자원관리의 중요성을 설명할 수 있다.<br>2. 자원의 낭비 요인을 제거할 수 있다.<br>3. 효과적인 자원관리 과정을 설명할 수 있다. |

### 02 자원관리능력의 의미와 중요성

자원관리능력을 구성하는 시간관리능력, 예산관리능력(돈), 물적자원관리능력, 인적자원관리능력은 모든 사람에게 매우 중요한 능력이라 할 수 있다. 자원이 하나라도 확보되지 않는다면 어떤 일도 진행할 수 없으며, 한 가지 유형의 자원이 부족하여 다른 유형의 자원 확보가 어려울 수도 있다. 이러한 자원의 특성으로 인해 자원을 효과적으로 확보, 유지, 활용하는 자원관리가 매우 중요하다.

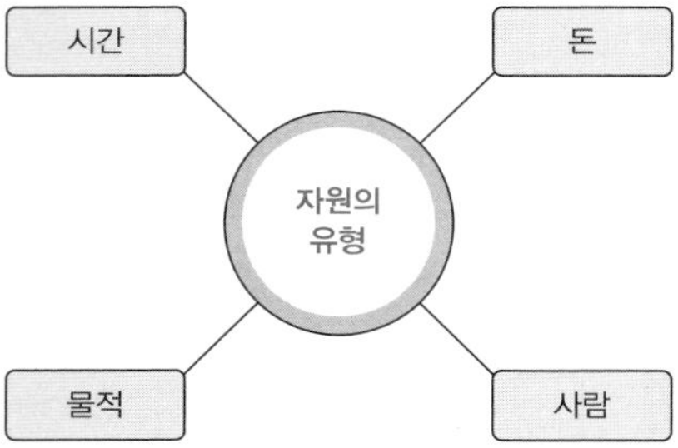


### 03 자원의 종류와 개념

기업 활동을 위한 자원에는 '시간, 예산(돈), 물적자원, 인적자원'이 있다. 과거에는 천연자원이 가장 중요한 자원이었으나, 최근에는 시간과 예산을 가장 중요한 자원으로 인식하고 있다. 기업 활동에서의 자원은 더 높은 성과 창출을 위한 노동력과 기술이다.

## 04 기업 입장에서의 자원

| 구분 | 내용 |
|---|---|
| 경영 목적 | • 기업이 나아가야 할 방향과 목적 예 비전, 가치관, 사훈, 기본 방침 등<br>• 경영자를 포함한 전체 구성원의 공유가 필요 |
| 인적자원 | • 기업 경영 목적을 달성하기 위한 조직의 구성원<br>• 조직 구성원들의 역량과 직무 수행에 기초하여 기업 경영이 이루어짐<br>→ 인적자원의 선발, 배치 및 활용이 중요 |
| 자금 | • 기업 경영 활동에 필요한 돈<br>• 기업의 경영 목표를 달성하는 데 필요한 활동은 자금에 의해 수행<br>• 확보되는 자금 정도에 따라 기업 방향과 범위가 정해짐 |
| 전략 | • 기업 경영 목적을 달성하기 위해 기업 내 모든 자원을 조직화하기 위한 일련의 방침 및 활동<br>• 조직의 목적에 따라 전략 목표 설정<br>• 조직 내외부의 환경 분석을 통해 도출 |

## 05 자원의 낭비 요인

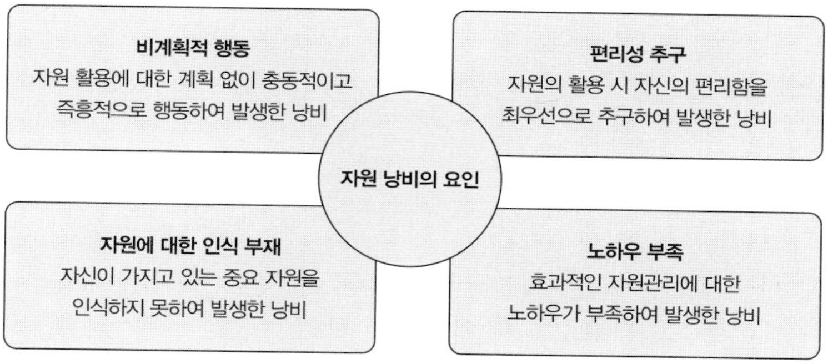


## 06 자원관리의 4단계 과정

### 1) 필요한 자원의 종류와 양 확인

'어떠한' 자원이 '얼마만큼' 필요한지 파악하는 단계로, 일반적으로 '시간, 예산(돈), 물적자원, 인적자원'으로 구분하여 파악한다.

### 2) 이용 가능한 자원의 수집과 확보

필요한 양보다 조금 더 여유 있게 최대한 자원을 확보한다.

### 3) 자원 활용 계획 수립

자원이 투입되는 활동의 우선순위를 고려하여 자원을 할당하고 계획한다.

#### 4) 계획에 따른 수행

계획을 수립한 대로 업무를 추진한다.

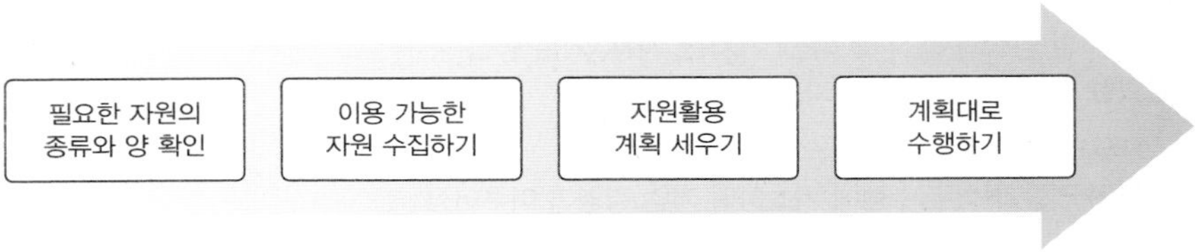


## 하위 능력의 구성

### 01 시간관리능력

직업생활에서 필요한 시간을 확인하고 확보하여, 업무 수행에 이를 할당하는 능력이다.

#### 1) 시간의 특성

- 매일 24시간이 똑같이 반복적으로 주어진다.
- 속도가 일정하다.
- 흘러가는 시간을 멈출 수 없다(비융통성).
- 빌리거나 저축할 수 없다.
- 어떻게 사용하는지에 따라 가치가 달라진다.
- 시절에 따라 밀도와 가치가 다르다.

#### 2) 시간 단축

① 시간 단축의 의의
정해진 업무량에 투입되는 시간의 축소 또는 한정된 시간에 할 수 있는 업무량의 증가를 의미한다.

② 기업의 시간 단축 효과
생산성 향상, 가격 인상, 위험감소, 시장점유율 증가의 효과가 있다.

#### 3) 시간 관리

① 시간 관리의 의의
개인이나 사회생활에서 각자의 습관이나 개성, 삶의 목표에 맞는 일정을 만들고 그에 따라 시간을 유용하게 사용하여 좋은 결과를 거두는 기술로 시간을 효과적으로 관리하면 삶의 문제를 해결하는 데 도움이 된다.

② 시간 관리의 효과

| | |
|---|---|
| **스트레스 관리** | 시간 관리를 통하여 일에 대한 부담 감소 |
| **균형적인 삶** | 직장에서 일을 수행하는 시간이 감소하여 다양한 삶 향유 가능 |
| **생산성 향상** | 시간을 효율적으로 관리할 경우 생산성 향상 가능 |
| **목표 성취** | 시간 관리는 목표에 매진할 시간을 갖도록 함 |

③ 시간 낭비 요인

| | |
|---|---|
| **외적 요인** | 외부인이나 외부에서 일어나는 시간에 의한 것으로 스스로 조절이 불가능 |
| **내적 요인** | 자신 내부의 습관으로 인한 것으로 분명히 하는 것이 어려움 |

더 알기 TIP

**시간 관리에 대한 오해**

- 시간 관리는 상식에 불과하다.
- 시간에 쫓기면 일을 더 잘할 수 있다.
- 달력과 할 일에 대한 목록만으로 충분하다.
- 시간 관리는 창의적인 일을 하는 데 방해가 된다.

PART 05 자원관리능력

### 4) 시간 계획

① 시간 계획의 의의

시간을 최대한 활용하기 위하여 가장 많이 반복되는 일에 가장 많은 시간을 분배하고, 최단 시간에 최선의 목표를 달성하는 것이다.

② 시간 계획의 순서

명확한 목표 설정 → 일의 우선순위 결정 → 예상 소요시간 결정 → 시간계획서 작성 순서로 계획한다.

| 구분 | 긴급함 | 긴급하지 않음 |
|---|---|---|
| **중요함** | 긴급하면서 중요한 일<br>• 위기상황<br>• 급박한 문제<br>• 기간이 정해진 프로젝트 | 긴급하지 않지만 중요한 일<br>• 인간관계 구축<br>• 새로운 기회 발굴<br>• 중장기 계획 |
| **중요하지 않음** | 긴급하지만 중요하지 않은 일<br>• 잠깐의 급한 질문<br>• 일부 보고서 및 회의<br>• 눈앞의 급박한 상황 | 긴급하지 않고 중요하지 않은 일<br>• 하찮은 일<br>• 우편물, 전화<br>• 시간 낭비 거리 |

③ 시간 계획의 기본원리(60:40 Rule)

본인이 가진 시간의 60%는 계획된 일에, 20%는 계획 외의 행동에 나머지 20%는 자신이 창조성을 발휘하는 데 활용하는 규칙이다.

## QUIZ

**○○기업에서 새로운 프로젝트를 진행하려고 한다. 업무와 소요시간이 다음과 같을 때 모든 업무를 수행하기 위해 소요되는 시간은? (단, 동시에 여러 업무를 수행할 수 있지만, 선행 업무를 끝내야 다음 업무를 수행할 수 있다.)**

| 업무 | 소요시간 | 선행 업무 |
|---|---|---|
| A | 3 | 없음 |
| B | 4 | A |
| C | 2 | B, D |
| D | 4 | E |
| E | 2 | 없음 |
| F | 4 | C |

① 11시간 ② 12시간 ③ 13시간 ④ 14시간 ⑤ 15시간

**해설**

PERT(Program Evaluation and Review Technique)를 이용하여 문제를 해결한다. PERT란 작업의 순서나 진행 상황을 한눈에 파악할 수 있도록 작성한 것을 의미한다. PERT에 따라 업무 수행 순서를 나타내면 다음과 같다.

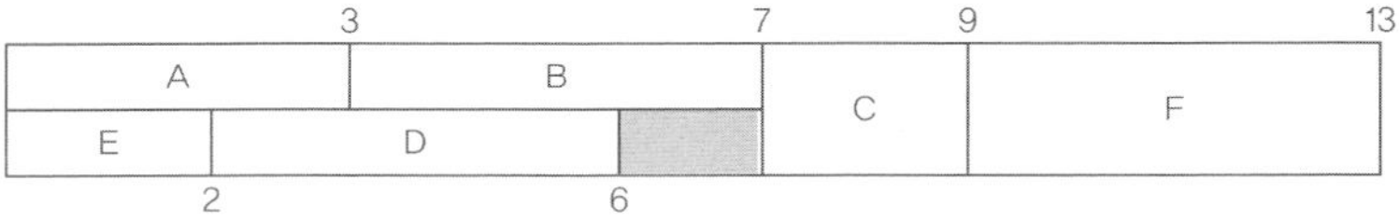


따라서, 총 13시간이 걸린다.

**정답 ③**

## 02 예산관리능력

직장 생활에서 이용 가능한 예산을 확인하고, 어떻게 사용할 것인지를 계획하며, 사용하는 능력이다.

### 1) 예산관리와 예산관리능력의 의미

예산관리는 비용 산정 + 예산 편성 + 예산 통제(집행)를 뜻하며, 예산관리능력은 이용 가능한 예산을 확인하고 어떻게 사용할 것인지 계획하여, 그대로 사용하는 능력을 말한다.

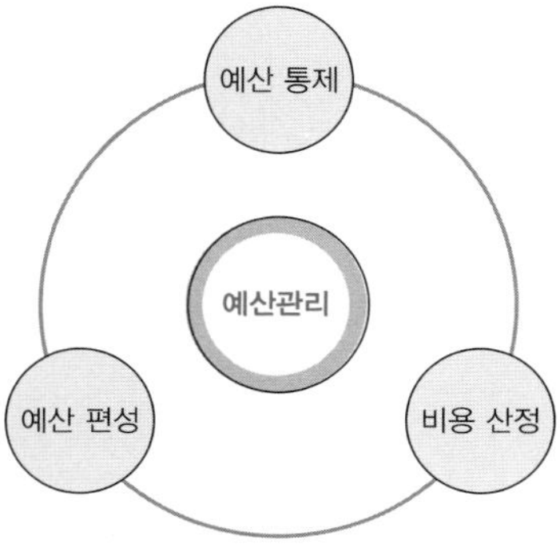

### 2) 예산관리능력의 필요성

개인이나 기업의 예산은 한정되어 있으므로 정해진 예산을 효율적으로 사용하여 최대한의 성과를 내기 위해 예산관리능력이 필요하다.

### 3) 적정예산의 수준

적정예산의 수준이란 무조건 적은 비용이 아닌, 책정 비용과 실제 비용의 차이가 적은 상태의 예산이다.

개발 책정 비용 〉 개발 실제 비용 → **경제력 손실**

개발 책정 비용 = 개발 실제 비용 → **이상적 상태**

개발 책정 비용 〈 개발 실제 비용 → **적자 발생**

### 4) 직접비용(Direct Cost)과 간접비용(Indirect Cost)

직접비용과 간접비용은 추적 가능 여부에 따라 분류할 수 있다.

| 구분 | 직접비용 | 간접비용 |
|---|---|---|
| 정의 | 제품의 생산이나 서비스를 창출하기 위해 직접 소비된 비용 | 제품을 생산하거나 서비스를 창출하기 위해 소비된 비용 중 직접비용을 제외한 비용 |
| 예시 | 재료비, 원료비와 장비비, 시설비, 인건비 등 | 보험료, 건물관리비, 광고비, 통신비, 사무비품비, 각종 공과금 등 |

**더 알기 TIP**

- **재료비** : 제품의 제조를 위하여 구매된 재료에 대해 지출된 비용
- **원료비와 장비비** : 제품을 제조하는 과정에서 소모된 원료나 필요한 장비에 지출된 비용으로 실제로 구매나 임대에 사용한 비용을 모두 포함
- **시설비** : 제품을 효과적으로 제조하기 위한 목적으로 건설되거나 구매된 시설에서 지출된 비용
- **여행(출장) 및 잡비** : 제품 생산 또는 서비스를 창출하기 위해 출장이나 타지역으로 이동이 필요한 경우와 기타 과제 수행 상에서 발생하는 다양한 비용
- **인건비** : 제품 생산 또는 서비스 창출을 위한 업무를 수행하는 사람에게 지급되는 비용으로서, 계약에 의해 고용된 외부 인력에 대한 비용도 인건비에 포함되며, 일반적으로 인건비는 전체 비용 중 가장 큰 비중 차지

### 5) 예산관리 절차

① **예산이 필요한 활동 규명** : 예산을 배정하기 전, 예산 범위 내에서 수행해야 하는 활동과 소요 예산을 정리한다.
② **우선순위 결정** : 우선적으로 예산이 배정되어야 하는 활동을 도출하기 위하여 활동별 예산지출 규모를 확인하고 우선순위를 확정한다.
③ **예산 배정** : 우선순위가 높은 활동부터 예산을 배정한다.

### 6) 과업세부도

과업세부도란 과제 및 활동계획 수립 시 가장 기본적인 수단으로 활용되는 그래프로 필요한 모든 일들을 중요한 범주에 따라 체계화해서 구분해 놓는다.

**더 알기 TIP**

- **수익체계표** : 경쟁관계인 두 회사의 제품별 홍보에 따른 수익체계를 정리한 표
- **수익체계표 읽는 법** : 양수인 경우 수익을 의미하고 음수인 경우 손해를 의미

(단위 : 억 원)

| 구분 | | X 회사 | | |
|---|---|---|---|---|
| Y 회사 | | A 제품 | B 제품 | C 제품 |
| | D 제품 | ( 1, −2 ) | ( 3, 5 ) | ( −1, −3 ) |
| | E 제품 | ( 10, 3 ) | ( 2, 2 ) | ( 9, −5 ) |
| | F 제품 | ( 3, 17 ) | ( −4, 10 ) | ( 6, 6 ) |

* X 회사가 A 제품을 판매하고 Y 회사가 D 제품을 판매할 경우 X 회사의 이익은 1억 원이고, Y 회사의 손해는 2억 원이다.

## 03 물적자원관리능력

직장생활에서 필요한 물적자원을 확인하고, 활용하는 능력이다.

### 1) 물적자원의 종류

① **자연자원** : 자연 상태 그대로의 자원 예 석탄, 석유 등
② **인공자원** : 인위적으로 가공하여 만든 자원 예 시설, 장비 등

### 2) 물적자원관리의 중요성

다양한 물적자원을 얼마나 확보하고 활용할 수 있는지가 개인과 국가의 큰 경쟁력이 된다. 산업의 고도화와 함께 다양한 물적자원이 활용되고 있으며, 이를 필요한 시기와 장소에 활용하는 것이 매우 중요하다.

① **효과적인 관리를 이룰 경우 :** 경쟁력 향상, 과제 및 사업의 성공

② **관리가 부족할 경우 :** 경제적 손실, 과제 및 사업의 실패

### 3) 물적자원 활용의 방해 요인

보유하고 있는 물적자원을 적절하게 활용할 수 없도록 하는 방해 요인에는 다양한 것들이 있다.

| 구분 | 내용 |
|---|---|
| 보관 장소를 파악하지 못하는 경우 | 보관할 때 아무 곳에나 놓아두면 필요할 때 물품을 찾기 어렵고 적시에 공급되지 못할 수 있음 |
| 훼손된 경우 | 물품은 무기한 사용할 수 없으므로 적절히 관리하여 고장이나 훼손이 발생하지 않도록 해야 함 |
| 분실한 경우 | 물품을 분실한 경우 재구입해야 하므로 경제적 손실 발생 |
| 목적 없이 물건을 구입한 경우 | 필요하여 구입한 물건은 활용도가 높아서 평상시 관리를 잘하게 되지만, 뚜렷한 목적 없이 구입한 물건은 관리에 소홀해짐 |

### 4) 물적자원관리 과정

| 구분 | 내용 |
|---|---|
| 사용 물품과 보관 물품의 구분 | • 계속 사용할 물품인지 아닌지 구분하여 가까운 시일 내에 활용하지 않는 물품은 창고나 박스에 보관<br>• 반복 작업 방지 및 물품 활용의 편리성 제공 |
| 동일 및 유사 물품의 분류 | 동일성의 원칙을 반영하여 같은 품종을 같은 장소에 보관하고, 유사성의 원칙대로 유사품을 인접한 장소에 보관하면 보관한 물품을 찾는 데 소요되는 시간을 단축함 |
| 품의 특성에 맞는 보관 장소 선정 | • 개별적인 물품의 특성(물품 재질, 무게, 부피 등)을 고려하여 보관 장소를 선정한 후에 차례로 정리하되, 정리할 때는 회전대응 보관의 원칙을 반영하여 물품의 활용 빈도가 상대적으로 높은 것을 가져다 쓰기 쉬운 위치에 보관<br>• 물품의 형상, 소재에 따라 보관 |

### 5) 바코드와 QR코드의 사용

① 바코드(Bar Code)

컴퓨터가 판독하기 쉽고 데이터를 빠르게 입력하기 위하여 굵기가 다른 검은 막대와 하얀 막대를 조합시켜 문자나 숫자를 코드화한 것이다.

② QR코드(Quick-Response Code)

흑백 격자무늬 패턴으로 정보를 나타내는 매트릭스 형식의 바코드로, 넉넉한 용량을 강점으로 다양한 정보를 담을 수 있다.

③ 바코드의 원리를 활용한 물품 관리

자신의 물품을 기호화하여 위치 및 정보를 작성해 놓으면 물품을 효과적으로 관리할 수 있다.

## 04 인적자원관리능력

직장 생활에 있어서 인적자원의 품성, 능력, 지식을 파악하고 관리하며, 활용하는 능력이다.

### 1) 인적자원의 정의

기업 경영 목적을 달성하기 위한 조직의 구성원으로, 기업 경영은 조직 구성원들의 역량과 직무 수행에 기초하여 이루어지기 때문에 구성원들이 능력을 최고로 발휘하기 위해서 인적자원의 선발 · 배치 및 활용이 중요하다.

### 2) 효율적인 인사관리의 원칙

| | |
|---|---|
| 적재적소 배치의 원칙 | 해당 직무 수행에 가장 적합한 인재를 배치해야 함 |
| 공정 보상의 원칙 | 근로자의 인권을 존중하고 공헌도에 따라 노동의 대가를 공정하게 지급해야 함 |
| 공정 인사의 원칙 | 직무 배당, 승진, 상벌, 근무 성적의 평가, 임금 등을 공정하게 지급해야 함 |
| 종업원 안정의 원칙 | 직장에서 신분이 보장되고 계속해서 근무할 수 있다는 믿음을 갖게 하여 근로자가 안정된 회사 생활을 할 수 있도록 해야함 |
| 창의력 개발의 원칙 | 근로자가 창의력을 발휘할 수 있도록 새로운 제안, 건의 등의 기회를 마련하고, 적절한 보상을 하여 인센티브를 제공해야 함 |
| 단결의 원칙 | 직장 내에서 구성원들이 소외감을 느끼지 않도록 배려하고, 서로 유대감을 가지고 협동 · 단결하는 체제를 이루도록 함 |

### 3) 개인 차원에서의 인적자원관리

① 인맥

자신이 알고 있거나 관계를 형성하고 있는 사람들, 일반적으로 가족이나 친구, 직장동료, 선후배, 동호회 등 다양한 사람들을 포함한다.

| | |
|---|---|
| 핵심 인맥 | 자신과 직접적인 관계에 있는 사람을 의미 |
| 파생 인맥 | 핵심 인맥으로부터 알게 된 사람을 의미 |

② 인맥 활용의 장점

- 각종 정보와 정보의 소스 획득할 수 있다.
- 참신한 아이디어와 해결책을 도출할 수 있다.
- 유사시 필요한 도움을 받을 수 있다.
- 관계를 통해 나 스스로를 알게 되는 계기가 된다.
- 삶이 탄력적으로 변한다.
- 취업, 승진, 창업, 고객 확보 등의 도움을 주는 결정적 역할을 할 수 있다.

③ 인맥 관리 방법

| | |
|---|---|
| 명함 관리 | • 상대의 개인 신상이나 특징 등 자신이 참고할 수 있는 정보를 명함에 메모<br>• 명함관리 프로그램 활용(스마트폰이나 태블릿 PC를 이용한 명함 관련 앱 사용) |
| 인맥 관리 카드 | • 자신의 주변에 있는 인맥을 관리하기 위하여 작성하는 관리카드<br>• 이름, 관계, 직장 및 부서, 학력, 출신지, 연락처, 친한 정도 등을 기입<br>• 핵심 인맥과 파생 인맥을 구분하여 작성 |
| 소셜네트워크 (SNS) | • 현대사회는 초연결사회로 직접 대면하지 않고 시간과 공간을 초월하여 네트워크상에서 인맥을 형성하고 관리<br>• 기존의 소셜네트워크 서비스와 더불어 비즈니스 특화 인맥 관리 서비스(BNS–Business social Network Service)로 관심이 증대됨 |

### 4) 조직차원에서의 인적자원관리

기업체의 경우 인적자원에 대한 관리가 조직에 큰 성과에 영향을 미친다.

| 인적자원의 특성 | |
|---|---|
| 능동성 | 인적자원은 능동적이고 반응적인 성격이 있다. 인적자원으로부터의 성과는 인적자원의 욕구와 동기, 태도와 행동, 만족감에 따라 결정된다. |
| 개발 가능성 | 인적자원은 자연적인 성장, 성숙과 함께 오랜 기간에 걸쳐 개발될 수 있는 잠재능력과 자질을 보유하고 있다. |
| 전략적 자원 | 보유한 자원을 활용하는 주체가 사람, 즉 인적자원이므로 어느 자원보다 전략적으로 중요하다. |

### 5) 효과적인 인력배치의 원칙

① 적재적소주의(The Right Man for the Right Job)

팀의 효율성을 높이기 위해 팀원의 능력이나 성격 등과 가장 적합한 위치에 배치하여 능력을 최대로 발휘할 수 있도록 한다.

② 능력주의

개인에게 능력을 발휘할 수 있는 기회와 장소를 부여하고, 그 성과를 바르게 평가하며, 평가된 능력과 실적에 대해 그에 상응하는 보상을 주는 원칙이다.

③ 균형주의

전체와 개체가 균형을 이룰 수 있도록 모든 팀원에 대해 평등한 적재적소를 고려할 필요성이 있다.

### 6) 인력 배치의 유형

① 양적 배치 : 작업량과 조업도, 여유 또는 부족 인원을 감안하여 소요 인원을 결정 및 배치하는 것이다.

② 질적 배치(=적재적소의 배치) : 능력이나 성격 등과 가장 적합한 위치에 배치하는 것이다.

③ 적성 배치 : 팀원의 적성 및 흥미에 따라 배치하는 것으로 양적 · 질적 · 적성배치는 따로 분리되는 것이 아니라 적절히 조화되어야 한다.

모듈형

**01 다음은 효과적인 자원관리 과정이다. 2단계에 대한 설명으로 가장 옳은 것은?**

〈자원관리 기본 과정〉

| [1단계] | | [2단계] | | [3단계] | | [4단계] |
|---|---|---|---|---|---|---|
| 필요한 자원의 종류와 양 확인 | ➡ | ? | ➡ | 자원 활용 계획 세우기 | ➡ | 계획대로 수행하기 |

① 필요한 자원의 종류와 양을 토대로 실제에서 필요한 자원을 확보한다.
② 불가피하게 수정해야 하는 경우는 전체 계획에 얼마나 영향을 미치는지 확인해야 한다.
③ 어떤 활동에 어느 정도의 시간, 돈, 물적 · 인적 자원이 필요한지 구체적인 확인단계이다.
④ 업무나 활동의 우선순위를 고려해야 하는 단계이다.
⑤ 확보한 자원을 실제 필요한 업무에 할당하여 계획을 세운다.

모듈형

**02 ○○ 기업의 L은 신입 사원들을 대상으로 향후 목표 전략 수립을 위하여 〈SMART 법칙에 따른 목표 설정〉 교육을 실시하였다. 교육 후 신입 사원들에게 각자의 목표 설정에 관하여 대화를 나누었을 때 다음 중 교육 내용을 제대로 이해하지 못한 사원을 고른 것은?**

SMART 법칙은 목표를 어떻게 설정하고 그 목표를 성공적으로 달성하기 위해 꼭 필요한 필수 요건들을 S.M.A.R.T.라는 5개 철자에 따라 제시한 것이다. 한정된 시간을 효율적으로 활용하기 위해서는 먼저 분명한 목표가 필요하며 이를 장기, 중기, 단기 단위로 잘게 쪼개는 과정이 필요하다. 이와 더불어 당장 그날 해야 할 일을 명확히 규명하는 것도 시간 계획을 세우는 데 있어 핵심적인 과정이라고 할 수 있다.

〈SMART 법칙에 따른 목표 설정〉

| 구분 | 내용 |
|---|---|
| S(Specific) 구체적으로 | 목표를 구체적으로 작성한다. |
| M(Measurable) 측정 가능하도록 | 목표를 수치화, 객관화시켜서 측정 가능한 척도를 세운다. |
| A(Action-oriented) 행동 지향적으로 | 사고 및 생각에 그치는 것이 아닌 행동을 중심으로 목표를 세운다. |
| R(Realistic) 현실성 있게 | 실현 가능한 목표를 세운다. |
| T(Time limited) 시간적 제약이 있게 | 목표를 설정함에 있어 제한 시간을 둔다. |

① 박 대리 : 인사 고과에 반영되는 외국어 점수를 올려야겠다고 생각하고 있었는데, 교육 후 토익 800점을 목표로 계획을 세웠습니다.
② 김 사원 : 보고서를 작성할 때 마감 시간에 맞춰 작성하기보다 여유롭게 작성했었는데, 교육 후 마감일 하루 전날 시간을 지정하고 보고서를 미리 완성하기로 하였습니다.
③ 이 과장 : 올해는 꾸준히 운동하자는 계획을 세웠는데, 교육 후 일주일에 최소 3번, 30분씩 조깅을 하기로 계획을 세웠습니다.
④ 송 사원 : 고객에게 항상 친절한 직원이 되자는 목표가 있었는데, 교육 후 우리 회사를 고객 만족도 1위로 만들자고 계획하였습니다.
⑤ 정 대리 : 올해는 전문서적을 읽기로 마음을 먹었는데, 교육 후 한 달에 책을 1권씩 읽고 1년 동안 12권의 독서 목표를 세웠습니다.

모듈형

**03** **다음은 신입 사원 K의 시간 관리 내용이다. K가 수정해야 할 시간 관리 및 계획을 모두 고른 것은?**

㉠ 마감 기한이 2일 남은 보고서를 먼저 완성한 후 소모품을 주문하였다.
㉡ 자기개발을 위하여 퇴근 후에, 외국어 학원 2시간과 자격증 취득 전문 학원 2시간을 수강하였다.
㉢ 지난달 제출하지 못한 제안서를 이번 달 계획에 추가하였다.
㉣ 매일 해야 할 업무를 체크리스트에 작성하여 책상에 붙여 두었다.

① ㉠, ㉡ ② ㉡, ㉣ ③ ㉢ ④ ㉠, ㉣ ⑤ ㉡

모듈형

**04** **다음 직원들의 일정표를 참고할 때 모든 직원이 참여하여 2시간 가량의 회의를 진행할 수 있는 가장 적절한 시간은? (단, 12:30~13:30은 점심시간이며, 점심시간에는 회의를 진행하지 않는다.)**

| | 업무 | 출장 | 미팅 | 외출 |
|---|---|---|---|---|
| 부장 | 9:30-11:30 | | 14:30-15:30 | |
| 차장 | | 9:00-12:30 | | |
| 과장 | | | | 11:00-13:30 |
| 대리 | 13:30-14:30 | | 10:00-11:30<br>14:30-16:00 | |
| 주임 | 15:00-16:30 | | | |

① 10:00-12:00 ② 14:00-16:00 ③ 15:00-16:30
④ 15:30-17:30 ⑤ 16:30-18:30

모듈형

**05** N 기업은 2022년 SS 신제품 개발 프로젝트를 진행하려고 한다. 다음과 같은 업무와 소요 기간이 필요하다고 할 때, 모든 업무를 수행하기 위해 필요한 최소 기간은?

〈생산공정표〉

| 구분 | 소요 기간(일) | 선행 업무 |
|---|---|---|
| A | 5 | 없음 |
| B | 3 | 없음 |
| C | 3 | A |
| D | 14 | E, H |
| E | 9 | C, F |
| F | 2 | B, G |
| G | 4 | 없음 |
| H | 10 | C |

* 동시에 여러 업무를 진행할 수 있으며, 선행 업무가 마무리되어야 다음 업무를 진행할 수 있다.

① 32일 ② 31일 ③ 30일 ④ 29일 ⑤ 28일

모듈형

**06** 3월 8일에 입사한 정원이는 팀장의 말에 따라 신입 사원 교육을 이수하려고 한다. 가능한 한 빠르게 신입 사원 교육을 마칠 수 있는 날짜와 수강하는 교육은 무엇인가? (단, 3월은 월요일부터 시작한다.)

〈신입 사원 교육 내용〉

• 교육 일정 및 시간

| 강의명 | 강의시간 | 강의 요일 |
|---|---|---|
| 산업안전보건 | 10:00~11:00 | 매주 목요일 |
| 직장 내 성희롱 예방 | 10:00~11:00<br>13:00~14:00 | 매주 월요일 |
| 전화응대 및 근무수칙 | 10:30~12:00 | 매달 1, 3주 수요일 |
| 커뮤니케이션 스킬 | 9:00~12:00<br>14:00~17:00 | 매달 2, 4주 목요일 |
| 프레젠테이션 스킬 | 9:00~11:00<br>15:00~17:00 | 넷째 주 목요일 |
| 보고서 작성법 | 11:00~13:00<br>16:00~18:00 | 첫째 주 화요일 |
| 조직의 이해 | 10:00~18:00 | 셋째 주 수요일 |
| 비즈니스매너 | 16:30~17:30 | 매주 화요일 |

※ 교육은 공휴일 및 주말 포함한 업무시간 이외의 시간에 진행되지 않는다.
※ 업무시간 : 9:00~18:00(점심시간 12:00~13:00)

- 신입 사원은 산업안전보건 교육과 직장 내 성희롱 예방 교육을 필수로 이수해야 한다.
- 신입 사원은 공지된 강의 중 필수 이수 교육을 포함하여 5개 강의를 이수해야 한다.
- 한 달에 수강할 수 있는 최대 교육의 수는 3개이다.
- 매월 넷째 주 목요일 14:00에는 1시간가량 전체 회의가 있다.

팀장 : 정원 씨, 오늘 직장 내 성희롱 예방 교육이 있으니 꼭 참여하시고, 우리 부서는 보고서 작성과 프레젠테이션이 주요 업무이기 때문에 해당 교육은 필수로 수강하셔야 합니다. 또한, 4월 말에 마무리되는 S/S 신제품 개발 회의로 인해 해당 프로젝트가 마무리될 때까지는 3시간 이상 자리를 비우면 안 될 것 같아요. 신입 사원 업무 중 매일 우편으로 보내야 하는 서류들이 있으니 퇴근 1시간 30분 전에 우체국에 방문해서 처리해주세요.

| | 날짜 | 수강하는 교육 |
|---|---|---|
| ① | 3월 23일(화) | 산업안전보건, 직장 내 성희롱 예방, 프레젠테이션 스킬, 보고서 작성법, 전화응대 및 근무수칙 |
| ② | 3월 23일(화) | 산업안전보건, 직장 내 성희롱 예방, 프레젠테이션 스킬, 보고서 작성법, 조직의 이해 |
| ③ | 3월 30일(화) | 직장 내 성희롱 예방, 프레젠테이션 스킬, 보고서 작성법, 커뮤니케이션 스킬, 전화응대 및 근무수칙 |
| ④ | 4월 6일(화) | 산업안전보건, 직장 내 성희롱 예방, 프레젠테이션 스킬, 보고서 작성법, 비즈니스 매너 |
| ⑤ | 4월 6일(화) | 산업안전보건, 직장 내 성희롱 예방, 프레젠테이션 스킬, 보고서 작성법, 전화응대 및 근무수칙 |

[07~08] ○○ 공사의 박 대리는 '인천 → 이스탄불 → 마드리드 → 런던 → 인천'의 경로로 해외 출장을 다녀오려고 한다. 다음 자료를 토대로 이어지는 질문에 답하시오.

〈표 1〉 항공사별 이동 시간

| 구분 | 인천 → 이스탄불 | 이스탄불 → 마드리드 | 마드리드 → 런던 | 런던 → 인천 |
|---|---|---|---|---|
| A 항공사 | 11시간 55분 | 10시간 45분 | 5시간 5분 | 18시간 10분 |
| B 항공사 | 12시간 25분 | 4시간 40분 | 6시간 | 15시간 30분 |
| C 항공사 | 17시간 55분 | 7시간 30분 | 7시간 5분 | 11시간 |
| D 항공사 | 19시간 35분 | 8시간 30분 | 4시간 40분 | 13시간 45분 |

〈표 2〉 항공사별 출발 시각

| 구분 | 인천 → 이스탄불 | 이스탄불 → 마드리드 | 마드리드 → 런던 | 런던 → 인천 |
|---|---|---|---|---|
| A 항공사 | 3월 4일 12:25 | 3월 5일 07:00 | 3월 7일 14:45 | 3월 11일 00:40 |
| B 항공사 | 3월 3일 23:20 | 3월 6일 12:30 | 3월 8일 19:00 | 3월 9일 17:20 |
| C 항공사 | 3월 3일 00:35 | 3월 7일 15:00 | 3월 9일 20:00 | 3월 10일 10:00 |
| D 항공사 | 3월 1일 10:35 | 3월 7일 10:00 | 3월 8일 10:00 | 3월 8일 20:00 |

〈표 3〉 항공사별 요금

(단위 : 만 원)

| 구분 | 인천 → 이스탄불 | 이스탄불 → 마드리드 | 마드리드 → 런던 | 런던 → 인천 |
|---|---|---|---|---|
| A 항공사 | 87 | 21 | 38 | 60 |
| B 항공사 | 75 | 50 | 35 | 75 |
| C 항공사 | 66 | 38 | 29 | 92 |
| D 항공사 | 50 | 34 | 40 | 87 |

피셋형

**07** 박 대리는 고객사와 미팅이 있어 해외 출장을 가기로 하였다. 먼저 이스탄불에서 2~3일을 머문 후, 마드리드에서 1~2일, 마지막으로 런던에서 1~2일 동안 머무를 예정이다. 3월 10일 오후 3~7시에 진행되는 회사 세미나에 참석해야 하므로 3시간 전까지 귀국해야 한다. 이때 박 대리의 출국 예정일시와 귀국 예정일시로 가능한 것은? (단, 시차는 고려하지 않으며, 항공기 출발 시각까지 해당 지역에 머문다. 귀국 시 탑승할 수 있는 가장 빠른 비행편을 선택한다.)

| | 출국 예정일시 | 귀국 예정일시 |
|---|---|---|
| ① | 3월 1일 10:35 | 3월 8일 20:00 |
| ② | 3월 4일 12:25 | 3월 11일 00:40 |
| ③ | 3월 3일 23:20 | 3월 11일 10:00 |
| ④ | 3월 3일 00:35 | 3월 10일 08:50 |
| ⑤ | 3월 3일 00:35 | 3월 9일 17:20 |

피셋형

**08** 인천에서 이스탄불로 가는 D 항공기가 결항되어, 최 과장이 귀국 시간을 고려하지 말고 편하게 출장을 다녀오라고 하였다. 박 대리는 위의 일정 경로 그대로 출국 시각과 관계 없이 총 항공기 요금이 가장 저렴한 항공편으로 이동하기로 하였다. 경로 중 '이스탄불 → 마드리드 → 런던'으로 이동할 때에는 B와 D 항공사만 이용할 수 있는 상황이라면 박 대리의 총 항공기 요금은 얼마인가? (단 같은 항공사를 3번 이상 이용할 수 없다.)

① 160만 원 ② 195만 원 ③ 204만 원 ④ 231만 원 ⑤ 236만 원

피셋형

**09** K 씨는 본사를 출발하여 A~G 영업소를 방문할 예정이다. 최단 거리의 경로로 방문한다고 할 때, 걸리는 시간은? (단, 모든 영업소는 한 번만 방문하고, 같은 경로를 다시 이용하지 않는다.)

〈본사 • 영업소 간 거리〉

| 구분 | 본사 | A | B | C | D | E | F | G |
|---|---|---|---|---|---|---|---|---|
| A | 9 | | | | 11 | 7 | | |
| B | 12 | | | | | | 26 | 23 |
| C | | | | | | 5 | | 17 |
| D | | 11 | | | | 14 | | 23 |
| E | | 7 | | 5 | 14 | | | |
| F | | | 26 | | | | | 8 |
| G | | | 23 | 17 | 23 | | 8 | |

※ K 씨는 시속 60km로 이동한다.

① 86분 ② 90분 ③ 93분
④ 105분 ⑤ 120분

피듈형

**10** **T 사의 전략기획팀에서 5월 휴가 일정을 확정하려고 한다. 다음의 조건을 바탕으로 휴가 일정을 확정하려고 할 때 정 사원의 휴가가 시작되는 날은?**

〈조건〉

- 조건 1. 전략기획팀은 송 부장, 최 차장, 정 과장, 배 과장, 남 대리, 우 대리, 강 사원, 정 사원 총 8명이다.
- 조건 2. 최소 2명 이상 근무해야 하며, 부장 또는 차장이 휴가일 때 사원은 휴가를 갈 수 없다.
- 조건 3. 사원이 함께 휴가를 갈 수 없으며 과장 1명과 함께 근무해야 한다.
- 조건 4. 휴가는 주말과 공휴일을 제외하고 연속 3일이다.
  (예) 금요일에 휴가가 시작되면 금요일, 월요일, 화요일 3일이 휴가이다.
- 조건 5. 마지막 금요일이 포함된 주에는 전략개발팀 회의가 있어 아무도 휴가를 갈 수 없다.
- 조건 6. 송 부장, 남 대리는 5월 첫째 주에 휴가를 간다.
- 조건 7. 강 사원은 첫째 주 금요일부터 휴가를 간다.
- 조건 8. 최 차장은 5월 16일부터 휴가를 간다.
- 조건 9. 배 과장은 셋째 주 금요일에 휴가를 마치고 출근할 예정이다.

[5월 달력]

| 일 | 월 | 화 | 수 | 목 | 금 | 토 |
|---|---|---|---|---|---|---|
| 1 | 2 | 3 | 4 | 5 | 6 | 7 |
| 8 | 9 | 10 | 11 | 12 | 13 | 14 |
| 15 | 16 | 17 | 18 | 19 | 20 | 21 |
| 22 | 23 | 24 | 25 | 26 | 27 | 28 |
| 29 | 30 | 31 | | | | |

① 5월 2일　　② 5월 9일　　③ 5월 11일
④ 5월 13일　　⑤ 5월 18일

모듈형

**11 다음은 예산의 구성요소에 대한 설명이다. ㉮와 ㉯에 각각에 해당하는 항목으로 알맞게 연결된 것은?**

( ㉮ )은 제품 생산 또는 서비스를 창출하기 위해 직접 소비된 것으로 여겨지는 비용을 말하고, ( ㉯ )은 제품을 생산하거나 서비스를 창출하기 위해 소비된 비용 중에서 ( ㉮ )을 제외한 비용으로, 제품 생산에 직접 관련되지 않은 비용을 말한다. ( ㉯ )은 과제에 따라 매우 다양하며, 과제가 수행되는 상황에 따라서도 다양하게 나타날 수 있다. 많은 사람이 이처럼 ( ㉯ )을 정확하게 예측하지 못해 어려움을 겪는 경우가 많다. 이러한 예산의 구성요소를 바탕으로 예산서를 작성할 수 있다. 예산서는 계획된 일의 목표달성을 위해서도 필요하지만, 사업 및 프로젝트 수주 시 중요한 평가항목 중 하나이다.

ㄱ. 제품의 제조를 위하여 구매된 재료에 대하여 지출한 비용
ㄴ. 상품이나 서비스에 대한 정보를 여러 가지 매체를 통하여 소비자에게 널리 알리는 의도적인 활동을 위한 비용
ㄷ. 제품을 효과적으로 제조하기 위한 목적으로 건설되거나 구매된 시설에 지출한 비용
ㄹ. 사무작업을 위하여 사무실 내에서 사용되는 각종 비품에 대한 비용
ㅁ. 제품 생산 또는 서비스 창출을 위한 업무를 수행하는 사람들에게 지급되는 비용. 계약 때문에 고용된 외부 인력에 대한 비용도 포함되며 일반적으로 전체 비용 중 가장 큰 비중을 차지

| | ㉮ | ㉯ |
|---|---|---|
| ① | ㄱ, ㄷ, ㅁ | ㄴ, ㄹ |
| ② | ㄱ, ㄷ, ㄹ | ㄴ, ㅁ |
| ③ | ㄱ, ㄴ, ㅁ | ㄷ, ㄹ |
| ④ | ㄴ, ㄹ, ㅁ | ㄱ, ㄷ |
| ⑤ | ㄴ, ㄷ | ㄱ, ㄹ, ㅁ |

피듈형

**12** **다음의 내용처럼 ○○기관의 직원들 급여가 2022년 기준에서 2023년 기준으로 변경되었을 때, 현재 2023년 조건으로 적용하여 계산하면 급여의 최고액과 최저액의 차이는?**

〈2022년 조건〉

1. 직원들의 급여는 기본급과 성과급의 합계이다.
2. 기본급은 근속연수를 기준으로 1년씩 경과할 때마다 5만 원씩 올라간다.
3. 성과급은 직원들의 전년도 매출액을 기준으로 등급이 정해진다.
4. 매출액 등급은 A, B, C, D, E로 나누어지며 성과급은 최대 100만 원부터 20만 원 단위로 감액하여 계산된다.

〈월 급여 기준〉

(단위 : 만 원)

| 직원 | 2022년 | | | |
|---|---|---|---|---|
| | 기본급 | 성과급 | 합계 | 매출액 |
| 가 | 280 | 100 | 380 | B |
| 나 | 310 | 80 | 390 | E |
| 다 | 350 | 60 | 410 | D |
| 라 | 320 | 20 | 350 | C |
| 마 | 300 | 40 | 340 | A |

〈2023년 조건〉

1. 직원들의 급여 차이가 너무 큰 것을 고려하여 기본급의 비율을 높이고 성과급을 줄이기로 하였다.
2. 기본급은 근속연수가 1년 경과 시 30만 원씩 올라간다.
3. 매출액 등급은 A, B, C, D, E로 나누어지며 성과급은 최대 50만 원부터 10만 원 단위로 감액하여 계산된다.

① 50만 원 ② 40만 원 ③ 30만 원
④ 20만 원 ⑤ 10만 원

[13~14] 다음은 본사와 거래처 간의 교통수단에 대한 자료이다. 다음 자료를 보고 답을 구하여라.

〈본사와 거래처 간 교통수단〉

(단위 : 원, 분)

| 본사 출발/도착 | | 교통요금 | 소요 시간 | 거래처 출발/도착 | | 교통요금 | 소요 시간 |
|---|---|---|---|---|---|---|---|
| 기차역 | A | 4,000 | 25 | 기차역 | A | 4,500 | 5 |
| | B | 3,000 | 20 | | B | 3,500 | 20 |
| 버스 정류장 | A | 1,300 | 20 | 버스 정류장 | A | 1,500 | 30 |
| | B | 1,300 | 15 | | B | 1,500 | 25 |
| 공항 | A | 7,000 | 30 | 공항 | A | 10,000 | 10 |
| | B | 5,000 | 40 | | B | 15,000 | 5 |

| 출발/도착 | | 교통요금 | 소요 시간 |
|---|---|---|---|
| 본사 ↔ 거래처 | 기차 | 40,000원 | 90분 |
| | 버스 | 25,000원 | 210분 |
| | 비행기 | 55,000원 | 50분 |

※ 기차의 경우 발권 15분, 비행기의 경우 탑승 수속 시간 50분이 추가된다.

피듈형

**13** 본사 직원인 K 대리는 오늘 오후 2시에 거래처와 미팅이 잡혀있다. K 대리는 가장 빠른 교통수단을 이용하려고 할 때, 미팅에 늦지 않기 위하여 본사에서 최소 몇 시에 출발해야 하는가? (단, 교통수단 외의 시간은 고려하지 않는다.)

① 10시 40분　② 11시 15분　③ 11시 45분
④ 12시 10분　⑤ 12시 15분

피듈형

**14** K 대리는 거래처와의 미팅을 마치고 본사로 복귀하려고 한다. 이때, 출장비는 10만 원으로 가장 빠르게 복귀할 수 있는 교통수단을 이용하려고 한다. 이때 총 소요 시간과 비용을 구한 것은? (단, 교통수단 외 시간은 고려하지 않는다.)

| | 소요 시간 | 비용 |
|---|---|---|
| ① | 280분 | 97,000원 |
| ② | 280분 | 96,000원 |
| ③ | 270분 | 95,000원 |
| ④ | 270분 | 96,000원 |
| ⑤ | 270분 | 97,000원 |

[15~16] **다음은 서로 경쟁 관계에 있는 Dream 회사와 Vision 회사가 각각 제품을 홍보하는 방법에 따라 달라지는 수익체계를 정리하였다. 다음 물음에 답을 구하여라.**

〈수익체계 표〉

| 구분 | | Dream 회사 | | |
|---|---|---|---|---|
| | | X | Y | Z |
| Vision 회사 | X | (2,7) | (–5,6) | (10,3) |
| | Y | (6,–1) | (9,0) | (–8,6) |
| | Z | (9,–4) | (8,–3) | (0,12) |

〈시기별 소비가 선호품목〉

| 시기 | 선호품목 |
|---|---|
| 1~3월 | Y |
| 4~6월 | X |
| 7~9월 | X, Z |
| 10~12월 | Z |

※ 괄호 안의 숫자는 Vision 회사와 Dream 회사의 홍보로 얻은 월 수익(억 원)이다.
예를 들어 Vision 회사가 Y 제품을 홍보하고 Dream 회사 Z 제품을 홍보하면 Vision 회사의 손해는 8억 원 Dream 회사의 수익은 6억 원이다.

※ 제품을 선호하는 시기에 홍보하면 수익체계의 값에 월 수익의 50%가 증가하고, 월 손해의 50%는 감소한다.

피셋형

**15** 다음 중 Vision 회사와 Dream 회사가 얻는 수익의 합이 두 번째로 큰 경우는 언제인지 바르게 고른 것은? (단, 시기는 고려하지 않는다.)

| | Vision 회사 | Dream 회사 |
|---|---|---|
| ① | X | X |
| ② | X | Z |
| ③ | Z | X |
| ④ | Z | Z |
| ⑤ | Y | Y |

피셋형

**16** 다음 중 Vision 회사는 수익체계 표를 바탕으로 분기별 홍보전략을 세우고자 한다. 현재 Dream 회사가 어떤 제품을 판매할지 모르는 상태이다. 매 분기 Vision 회사가 기대수익률이 가장 높은 품목들을 선택한다고 할 때, Vision 회사의 연간 기대수익은?

① 81.5억 원 ② 82.5억 원 ③ 83.5억 원 ④ 86.5억 원 ⑤ 87.5억 원

[17~18] 다음은 티셔츠를 판매하는 T 회사에서 2023년도를 맞아 신제품으로 티셔츠 1,000장을 출시하려고 한다. 다음 물음에 답을 구하여라.

〈신제품 티셔츠〉

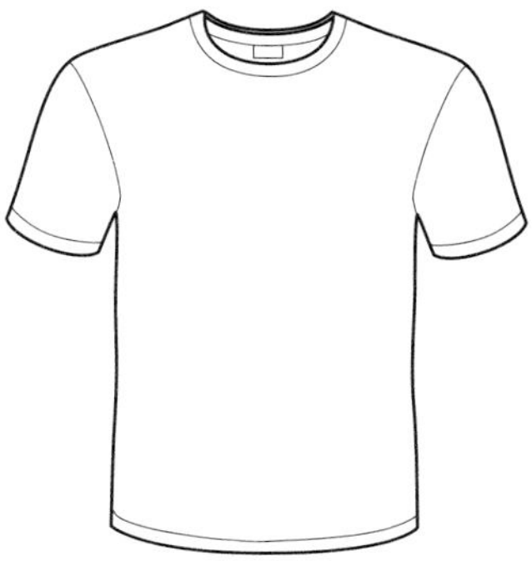

〈원단의 종류와 단가〉

| 원단 종류 | 오염 정도 | 단가(1장/원) |
|---|---|---|
| A | 상 | 3,000 |
| B | 중 | 4,000 |
| C | 하 | 6,000 |

〈업체별 내용〉

| 업체명 | 공임비 (원/개) | 1일 최대 제작 수량(개) | 휴무일 |
|---|---|---|---|
| 가 | 6,000 | 65 | 매주 토, 일 |
| 나 | 9,000 | 50 | 매주 토요일 |
| 다 | 10,000 | 45 | 없음 |
| 라 | 7,000 | 55 | 매월 2, 4주 일요일 |

피셋형

**17** T 회사는 다음 조건에 따라 원단을 결정하려고 한다. 가장 적합한 원단을 고른 것은?

〈조건〉

- 티셔츠 한 장을 만들기 위해서는 원단 2장이 필요하다(앞면, 뒷면).
- 제품 1개당 생산 단가가 가장 저렴한 원단을 우선순위로 둔다.
- 제품 1개당 생산 단가가 3,000원 이상 차이가 나지 않는다면 오염의 정도가 낮은 원단을 선택한다.

① C　② B, C　③ A　④ A, B　⑤ B

피셋형

**18** T 회사는 2022년 3월 1일 화요일부터 티셔츠 1,000장을 가장 빠르게 제작을 할 수 있는 업체를 선정하려고 한다. 다음 달력을 참고하여 T 회사가 선정할 업체를 고른 것은? (단, 3월 1일은 공휴일이나 휴무일에 해당하지 않으면 공장은 쉬지 않고 제작하는 것으로 본다.)

| 일 | 월 | 화 | 수 | 목 | 금 | 토 |
|---|---|---|---|---|---|---|
| | | 1 | 2 | 3 | 4 | 5 |
| 6 | 7 | 8 | 9 | 10 | 11 | 12 |
| 13 | 14 | 15 | 16 | 17 | 18 | 19 |
| 20 | 21 | 22 | 23 | 24 | 25 | 26 |
| 27 | 28 | 29 | 30 | 31 | | |

① 가, 나 ② 라 ③ 다 ④ 나 ⑤ 가

피셋형

**19** **다음은 M 기업의 여비규정이다. 부산으로 출장을 다녀온 B 과장의 지출명세를 토대로 여비를 바르게 구한 것은?**

1. 여비의 종류
   여비는 운임 · 숙박비 · 식비 · 일비 등으로 구분한다.
   1) 운임 : 여행 목적지로 이동하기 위해 교통수단을 이용함에 있어 소요되는 비용을 충당하기 위한 여비
   2) 숙박비 : 여행 중 숙박에 소요되는 비용을 충당하기 위한 여비
   3) 식비 : 여행 중 식사에 소요되는 비용을 충당하기 위한 여비
   4) 일비 : 여행 중 출장지에서 소요되는 교통비 등 각종 비용을 충당하기 위한 여비

2. 운임의 지급
   1) 운임은 철도운임 · 선박운임 · 항공운임으로 구분한다.
   2) 국내운임은 [표 1]에 따라 지급한다.

3. 일비 · 숙박비 · 식비의 지급
   1) 국내 여행자의 일비 · 숙박비 · 식비는 [표 1]에 따라 지급한다.
   2) 일비는 여행일수에 따라 지급한다.
   3) 숙박비는 숙박하는 밤의 수에 따라 지급한다. 다만 출장 기간이 2일 이상인 경우의 지급액은 출장 기간 전체의 총액 한도 내 실비로 계산한다.
   4) 식비는 여행일수에 따라 지급한다.

[표 1] 국내 여비 지급표

| 철도운임 | 선박운임 | 항공운임 | 일비(1인당) | 숙박비(1박당) | 식비(1일당) |
|---|---|---|---|---|---|
| 실비(일반실) | 실비(2등급) | 실비 | 30,000원 | 실비(상한액 45,000원) | 30,000원 |

〈B 과장의 지출 내역〉

| 항목 | 1일 차 | 2일 차 | 3일 차 | 4일 차 |
|---|---|---|---|---|
| KTX 운임(일반실) | 54,000 | – | – | 54,000 |
| 부산 시내버스요금 | – | 3,000 | – | 1,500 |
| 부산 시내택시요금 | 6,300 | – | 15,000 | 7,500 |
| 식비 | 15,000 | 50,000 | 40,000 | 10,000 |
| 숙박비 | 45,000 | 40,000 | 45,000 | – |

① 453,000원 ② 486,300원 ③ 473,000원 ④ 483,000원 ⑤ 478,000원

피듈형

**20** 물적 자원의 활용을 방해하는 요인은 다양한 측면에서 발생할 수 있다. 다음 글은 물적 자원 활용의 방해요인이 작용된 사례이다. 방해요인을 적절하게 설명한 것은?

> 공공장소 '자동심장충격기' 허술… 경기도 내 3대 중 1대 고장
>
> 급성심정지 환자의 생명을 구하기 위해 공공장소에 설치된 자동심장충격기(AED) 3대 중 1대가 고장이 난채 방치된 것으로 확인됐다. AED는 심정지 증상 발생 초기에 환자의 생존율을 50%까지 끌어올려, 공공장소 설치가 의무화돼 있다. 경기도는 시민감사관 29명과 함께 지난달 1~19일 도내 AED 의무설치 기관 479곳(2,142대)을 감사한 결과, 155곳(32.4%)에서 761대가 작동 불량으로 나타났다고 밝혔다.
>
> 특히, 적발된 155곳에 설치된 AED는 모두 1,020대로 보유기기의 74.6%가 고장이 난 상태였다. 도에 따르면 현재 도내 2,908곳의 의무설치기관에 5,187대의 AED가 설치돼 있다. 이번 감사에선 관리가 취약할 것으로 예상되는 공동주택 600가구 이하 321곳(558대)에 대해선 전수조사, 5대 이상을 보유한 600가구 초과 공동주택 145곳(1,555대)에 대해서는 표본조사를 했다. 또 철도역사 · 여객자동차터미널 · 항만 등 다중이용시설 13곳 29대는 전수조사했다.
>
> 조사에선 AED 정상 작동 여부, 배터리 · 패드 유효기간 준수 여부, 설치 장소의 적정성 등을 살펴봤다. 장비 미작동 외에 배터리 및 패드 유효기한 경과, 위치안내 표시부 적정, 관리자 미표시 등 경미한 위반사항까지 합치면 모두 394곳(검사 대상의 82.3%)에서 1,835대가 부적합한 것으로 파악됐다. 도는 시 · 군 보건소에 위반사항을 시정 및 권고 조치하고 보건복지부에 법령 지침 개정을 건의하기로 했다.
>
> AED는 급성심정지 환자에게 '골든타임'(4분 이내)에 사용할 경우 생존율을 30~50% 높일 수 있는 의료기기다. 2007년 '응급의료에 관한 법률(시행규칙 제38조의 2)' 제정으로 500가구 이상의 공공주택 외에 공공의료기관, 구급차, 여객항공기 및 공항 등 사람들의 이동이 많고 빨리 접근할 수 있는 장소에 설치가 의무화됐다.
>
> 출처 : 세계일보, 2020.07.01.

① 관리 소홀로 인한 물적 자원을 분실하면 다시 해당 물품을 구입해야 하므로 경제적 손실이 발생한다. 구매한 물품을 분실되지 않게 관리하고 적절한 장소에 보관하여 물품이 필요할 때 적재적소에 활용될 수 있도록 하는 것이 중요하다.

② 자원 관리가 허술하면 정작 필요한 생명을 구해야 할 위급상황에서 활용할 수 없을 뿐만 아니라 물품이 훼손돼 소중한 자원이 낭비된다. 따라서 물적 자원을 지속해서 적절히 관리하는 일은 자원이 필요할 때 목적에 맞게 제때 활용하고 낭비를 막기 위해서 중요하다.

③ 물적 자원이 필요한 상황에서 제때 공급을 하지 못하고 시간을 지체하면 아무런 효과도 거둘 수 없게 되므로 물적 자원을 보관하고 있는 위치를 정확하게 파악하는 게 중요하다.

④ 분명한 목적 없이 구매한 물품은 관리가 소홀하게 되고 필요하면 보관 장소 또한 파악이 어려워 적재적소에서 활용할 수 없게 된다.

⑤ 경우에 따라 동일한 물품이 시중에서 팔지 않는 경우로 인하여 물품이 정작 필요할 때 절대적으로 사용할 수 없는 상황이 올 수도 있으므로 되도록 분실하는 경우를 막아야 한다.

피듈형

**21** **물적 자원을 효과적으로 관리할 경우 과제 및 사업의 성공과 더불어 경쟁력 향상을 도모할 수 있으나, 물적 관리가 부족할 경우 과제 및 사업의 실패뿐만 아니라 경제적 손실도 가져올 수 있으므로 필요한 물적 자원을 확보하고 적절히 관리하는 것은 매우 중요하다. 다음은 효과적인 물적 자원을 관리하기 위한 과정으로 제시된 내용을 읽고 가장 적절하지 않은 물적 자원관리의 과정은?**

〈물적 자원관리의 과정〉

효과적인 물적 자원관리 과정에는 물품을 정리하고 보관할 때는 반복 작업을 방지하고 물품 활용의 편리성을 위하여 해당 물품을 앞으로도 계속 사용할지 그렇지 않을지 구분한다. 그리고 같은 물품은 동일성의 원칙과 유사성의 원칙에 따라 같은 장소에 보관하거나 인접한 장소에 보관함이 옳다. 물품은 각각의 특성을 고려하여 보관 장소를 선정하는 것이 매우 중요하다. 보관이 필요한 물품의 재질, 사용의 목적, 물품의 부피와 무게에 따라 보관 장소를 달리해야 한다. 입 · 출하의 빈도가 높은 품목을 출입구 가까운 곳에 보관하여 상시 사용을 원활히 하고, 물품의 활용 빈도가 상대적으로 높은 것은 쉽고 빠르게 가져올 수 있는 위치에 보관한다.

① 지난 정기총회 행사에 사용했던 물품들은 물품보관창고에 보관하였다.
② 사무실에서 직원들이 자주 사용하는 사무용품은 찾기 편리하고 가까운 곳에 비치해 두었다.
③ 업무가 종료된 관련 서류는 서류보관함에 서류명, 날짜, 작성자 등 기본 내용을 라벨링하여 서류를 종류별 또는 목적별로 정리하였다.
④ 종이류와 유리, 플라스틱 등은 보관 장소를 다르게 하였고 특히 유리의 경우 쉽게 파손될 우려가 있으므로 따로 보관하였다.
⑤ 책상 위에 널려 있는 물건들을 모두 수납장과 상자에 집어넣어 깔끔하게 정리하였다.

[22~23] T 기업은 〈조건〉에 따라 대형마트를 건설하고자 한다. 이를 바탕으로 이어지는 질문에 답하시오.

〈조건〉

- 아파트 A~C 및 주택 단지 D~F가 〈그림〉과 같이 위치하고 있다.
- T 기업은 각 아파트 및 주택 단지의 교통비가 최소인 지역에 대형마트를 건설하려고 한다.
- 대형마트는 도로의 교차점에 위치하고, 한 변의 길이는 모두 100m이다.
- 교통비는 100m당 300원이다.

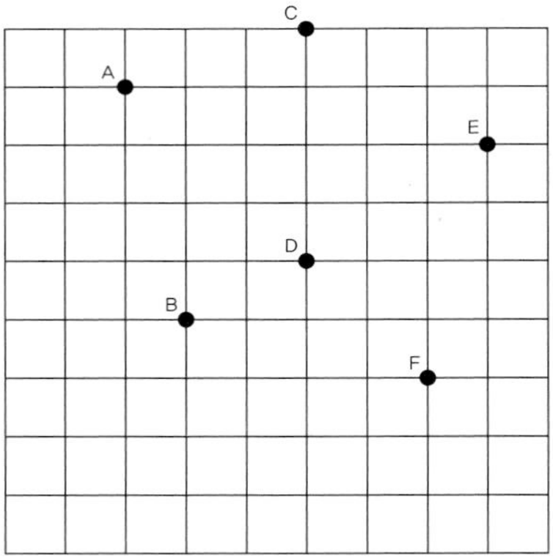


피셋형

**22** T 기업에서 건설한 대형마트에서 각 아파트 및 주택 단지의 총 교통비는?

① 6,600원 ② 6,800원 ③ 7,000원
④ 7,200원 ⑤ 7,400원

피셋형

**23** A, B, C, E에서 출발할 때, 100m당 교통비가 동일하지만 D와 F에서 출발할 때 100m당 교통비가 500원으로 변경되었다. 이때 대형마트에서 각 아파트 및 주택 단지의 총 교통비는?

① 9,200원 ② 9,000원 ③ 8,600원
④ 8,200원 ⑤ 8,000원

[24~26] ○○회사는 원재료를 받아서 제품을 생산하여 판매한다. 아래 표는 원재료별 회사들의 평가등급 결과와 ○○회사의 팀별로 선호 비중을 정리한 내용이다. 다음을 참고하여 물음에 답하시오. (단, 1등급이 최고등급이고 5등급이 최하등급이다.)

〈평가등급 결과〉

| 구분 | 가격 | 품질 | A/S | 이동 거리 |
|---|---|---|---|---|
| A 사 | 3등급 | 2등급 | 5등급 | 1등급 |
| B 사 | 4등급 | 2등급 | 1등급 | 2등급 |
| C 사 | 2등급 | 3등급 | 2등급 | 3등급 |
| D 사 | 3등급 | 4등급 | 1등급 | 1등급 |
| E 사 | 2등급 | 4등급 | 2등급 | 2등급 |

※ 등급별로 1등급이 5점이며, 이후로 한 등급씩 낮아질 때마다 1점씩 감소한다.

〈팀별 선호 비중〉

| 구분 | 가격 | 품질 | A/S | 이동 거리 |
|---|---|---|---|---|
| 영업팀 | 20% | 10% | 40% | 20% |
| 마케팅팀 | 30% | 20% | 50% | 10% |
| 기획팀 | 10% | 20% | 10% | 40% |
| 인사팀 | 20% | 30% | 30% | 20% |
| 총무팀 | 30% | 50% | 20% | 30% |

※ 최종점수 = (각 항목의 등급별 점수) × (선호 비중) 의 총점

피듈형

**24** 다음 중 영업팀이 가장 선호하는 회사를 고른 것은?

① A 사 ② B 사 ③ C 사
④ D 사 ⑤ E 사

피듈형

**25** 다음 중 E 사를 가장 선호하는 팀을 고른 것은?

① 영업팀 ② 마케팅팀 ③ 기획팀
④ 인사팀 ⑤ 총무팀

피듈형

**26** **○○회사에서는 아래 조건에 따라 선호 비중을 계산하는 방법을 변경하고자 한다. 변경된 방식으로 선호 비중을 계산했을 때, ○○회사에서 선택하게 되는 회사는?**

> 기존 각 항목에 대한 팀별 선호 비중의 평균값을 구하고 그 평균값으로 해당 항목에 대한 선호 비중을 구하여라. 모든 부서에 동일하게 적용한다.

① A 사 ② B 사 ③ C 사
④ D 사 ⑤ E 사

모듈형

**27** **다음은 조직 내의 효과적인 인력배치의 원칙에 대한 설명이다. (가)~(다)에 대한 인력배치의 원칙을 순서대로 바르게 나열한 것은?**

> (가) 모든 팀원에 대한 평등한 적재적소, 즉 팀 전체의 적재적소를 고려할 필요가 있다는 것이다. 팀은 사람과 사람이 모여 이룬 작은 사회이기 때문이다. 팀 전체의 능력 향상, 의식 개혁, 사기 증진 등을 도모하는 의미에서 전체와 개체가 균형을 이루어야 한다.
> (나) 팀의 효율성을 높이기 위해 팀원을 그의 능력이나 성격 등과 가장 적합한 위치에 배치하여 팀원 개개인의 능력을 최대로 발휘해 줄 것을 기대하는 것이다. 배치는 작업이나 직무가 요구하는 요건과 개인이 보유하고 있는 조건이 서로 균형 있고, 적합하게 대응해야 성공할 수 있다.
> (다) 개인에게 능력을 발휘할 기회와 장소를 부여한 뒤, 그 성과를 바르게 평가하고 평가된 능력과 실적에 대해 상응하는 보상을 하는 원칙을 말한다. 여기서 말하는 능력은 개인이 가진 기존의 능력에만 한정하지 않고, 미래에 개발 가능한 능력도 있으므로 이를 개발하고 양성하는 측면도 고려해야 한다.

① 적재적소 주의 – 능력 주의 – 균형 주의
② 적재적소 주의 – 균형 주의 – 능력 주의
③ 능력 주의 – 적재적소 주의 – 균형 주의
④ 균형 주의 – 능력 주의 – 적재적소 주의
⑤ 균형 주의 – 적재적소 주의 – 능력 주의

피듈형

**28** T 기업 경영지원팀에서 신입 사원 채용 최종 면접 준비를 위해 면접관 2명을 위촉하려고 한다. 다음 조건을 바탕으로 면접관으로 위촉될 수 있는 사람은?

〈조건〉

- 면접관은 다음 중 조건을 충족하는 사람으로 위촉한다.
  - 근속 기간이 5년 이상
  - 석사 또는 박사 학위 취득자
  - 과장 이상의 직급
  - 면접 일정 모두 참여 가능자
  - 채용 부서의 관련 분야 전문 지식 또는 경험을 가진 자
  - 인사업무 경력이 있는 자

- 면접 일정
  : 4월 19일(화) 10:00~14:00 / 4월 23일(토) 9:00~16:00 / 4월 29일(금) 14:00~18:00

- 면접관 후보

| 이름 | 직급 | 근속연수 | 비고 |
|---|---|---|---|
| 권한석 | 이사 | 20년 | • ○○대학교 경영학 박사<br>• 4/15부터 5일간 해외 출장 예정<br>• 4/22 개인 사정으로 3일간 휴가 신청 |
| 엄석준 | 부장 | 13년 | • △△대학교 경영학 석사 취득 후 박사 진행 중<br>• 2001년부터 3년간 인사팀 근무 |
| 유민한 | 차장 | 8년 | • ○○대학교 경영학 석사<br>• 매주 화요일 – 기획팀 프로젝트 회의(종일) |
| 배수현 | 대리 | 3년 | • ◎◎대학교 졸업(경영학 전공)<br>• 현재 인사팀 소속으로 근무 중 |
| 유현숙 | 부장 | 4년 | • ★★대학교 경영학 석사<br>• 2019년 인사팀 팀장으로 근무 |
| 장원숙 | 차장 | 7년 | • □□대학교 졸업(물리학 전공)<br>• 매월 마지막 주 토요일 사내 교육 진행(10시~12시) |
| 신민재 | 과장 | 5년 | • ××대학교 경제학 석사<br>• 4/19 오후 3시부터 2시간 해외 바이어와 미팅<br>• 지난해 상반기 서류전형 및 경력직 수시채용 면접 진행 |
| 채주형 | 주임 | 1년 | • ◇◇대학교 전산학 석사<br>• 4월 첫째 주 월요일 회의 참석<br>• 지난해 상반기 서류전형 진행 |

① 배수현, 신민재　② 엄석준, 유민한　③ 엄석준, 신민재
④ 채주형, 유현숙　⑤ 유민한, 유현숙

[29~30] **코로나 19로 회사 내 근무 인원을 최소화하라는 회사의 지침에 의해 다음 〈조건〉을 바탕으로 출근을 하려고 한다. 이를 바탕으로 이어지는 질문에 답하시오.**

〈조건〉

- 최소한의 인원만 출근하며 하루에 최대 3명만 출근할 수 있다.
- 김 팀장은 주임과 함께 출근한다.
- 2명인 팀은 같은 날 출근하지 않는다.
- 주임은 일주일에 최소 2번 이상 출근한다.
- 월요일에는 각 팀에 1명씩 출근한다.
- 박 대리는 주임이 모두 출근하지 않은 날만 출근한다.
- 당직근무 일정표

| 월 | 화 | 수 | 목 | 금 |
|---|---|---|---|---|
| 강 주임 | 장 사원 | 최 주임 | 이 대리 | 조 사원 |

※ 당직근무는 출근 후 연장하여 진행되며, 당직근무 전날과 다음날은 휴무다.

| 생산팀 | 영업팀 | 총무팀 |
|---|---|---|
| 김 팀장, 최 주임 | 이 대리, 강 주임 | 박 대리, 장 사원, 조 사원 |

피셋형

**29** **월요일~금요일 중 최소한의 인원이 출근하는 요일은?**

① 월요일 ② 화요일 ③ 수요일 ④ 목요일 ⑤ 금요일

피셋형

**30** **다음 중 반드시 옳다고 볼 수 없는 것은?**

① 김 팀장은 월요일에만 출근한다.
② 이 대리는 화요일과 목요일에만 출근한다.
③ 박 대리는 화요일과 목요일에만 출근한다.
④ 최 주임은 수요일과 금요일에만 출근한다.
⑤ 월요일, 수요일, 금요일은 대리가 모두 출근하지 않는다.

PART

# 06

# 대인관계능력

차례



**하위능력**

팀워크능력, 리더십능력, 갈등관리능력, 협상능력, 고객서비스능력

SECTION 01

# 대인관계능력 이론

합격강의

## 대인관계능력 소개

### 01 대인관계능력의 학습 목표

| 구분 | 학습 목표 |
|---|---|
| 일반 목표 | 직업 생활에서 협조적인 관계를 유지하고 조직 구성원들에게 도움을 줄 수 있으며, 조직 내부 및 외부의 갈등을 원만히 해결하고 고객의 요구를 충족시켜줄 수 있는 능력을 기를 수 있다. |
| 세부 목표 | 1. 대인관계의 의미와 중요성을 설명할 수 있다.<br>2. 직업 생활에서 대인관계를 향상시키기 위한 방법을 활용할 수 있다.<br>3. 다양한 대인관계 양식을 이해한다. |

### 02 대인관계능력의 의미와 중요성

대인관계능력은 직업생활에서 협조적인 관계를 유지하고 조직 구성원들에게 도움을 줄 수 있으며, 조직 내부 및 외부의 갈등을 원만히 해결하고, 상대방의 요구를 파악 · 충족해줄 수 있는 능력을 의미한다.

### 03 대인관계능력의 실천과 유형

#### 1) 대인관계능력을 향상하기 위해 실천할 수 있는 방법

- 상대방에 대한 이해와 배려하기
- 약속 이행 및 언행일치하기
- 진정성 있는 태도 갖기
- 사소한 일에 대한 관심 갖기
- 칭찬하고 감사하는 마음 갖기

#### 2) 8가지의 다양한 대인관계 양식

| 구분 | 특징 | 보완점 |
|---|---|---|
| 지배형 | • 대인관계에 자신이 있으며 자기주장이 강하고 타인에 대해 주도권을 행사<br>• 지도력과 추진력이 있어서 집단적인 일을 잘 지휘함<br>• 강압적이고 독단적, 논쟁적이어서 타인과 잦은 마찰을 빚음<br>• 윗사람의 지시에 순종적이지 못하고 거만하게 보일 수 있음 | • 타인의 의견을 잘 경청하고 수용하는 자세를 기를 것<br>• 타인에 대한 자신의 지배적 욕구를 깊이 살펴보는 시간이 필요 |
| 실리형 | • 대인관계에서 이해관계에 예민하고 치밀하며 성취 지향적<br>• 자기중심적이고 경쟁적이며 자신의 이익을 우선적으로 생각하기 때문에 타인에 대한 관심과 배려가 부족<br>• 타인을 신뢰하지 못하고 불공평한 대우에 예민 | • 타인의 이익을 배려하는 노력이 필요<br>• 타인과의 신뢰를 형성하는 일에 깊은 관심을 갖는 것이 바람직 |

| | | |
|---|---|---|
| **냉담형** | • 이성적이고 냉철하며 의지력이 강하고 타인과 거리를 두며 대인관계를 맺는 경향성 있음<br>• 타인의 감정에 무관심하고 상처 주기 쉬움<br>• 따듯하고 긍정적인 감정을 표현하기 어렵고 오랜 기간 깊게 사귀지 못함 | 타인의 감정 상태에 깊은 관심을 지니고, 긍정적인 감정을 부드럽게 표현하는 기술을 습득하는 것이 필요 |
| **고립형** | • 혼자 있거나, 혼자 일하는 것을 좋아하며 감정을 잘 드러내지 않음<br>• 타인을 두려워하고 사회적 상황을 회피하며 자신의 감정을 지나치게 억제<br>• 침울한 기분이 지속되고 우유부단하며 사회적으로 고립될 가능성 있음 | • 대인관계의 중요성을 인식하고 좀 더 적극적인 노력해야 함<br>• 타인에 대한 불편함과 두려움에 대해 깊이 생각해 보는 것이 바람직함 |
| **복종형** | • 대인관계에서 수동적이고 의존적이며 타인의 의견을 잘 따르고 주어진 일을 순종적으로 잘함<br>• 자신감이 없고 타인의 주목을 받는 일을 피함<br>• 자신이 원하는 바를 타인에게 잘 전달하지 못함<br>• 어떤 일에 대한 자신의 의견과 태도를 확고하게 지니지 못하며 상급자의 위치에서 일하는 것을 매우 부담스러워 함 | • 자기표현, 자기주장이 필요함<br>• 대인관계에서 독립성을 키우는 것이 바람직함 |
| **순박형** | • 단순하고 솔직하며 대인관계에서 너그럽고 겸손한 경향이 있음<br>• 타인에게 설득당하기 쉬워 주관 없이 타인에게 너무 끌려다닐 수 있으며 잘 속거나 이용당할 가능성이 높음<br>• 원치 않는 타인의 의견에 반대하지 못하고 화가 나도 타인에게 알리기 어려움 | • 타인의 의도를 좀 더 깊게 들여다보고 행동하는 신중함이 필요<br>• 자신의 의견을 표현하고 주장하는 노력을 해야 할 것 |
| **친화형** | • 따뜻하고 인정이 많으며 대인관계에서 타인을 잘 배려하여 도와주고 자기희생적이 태도를 취함<br>• 타인을 즐겁게 해주려고 지나치게 노력하며 타인의 고통과 불행을 보면 도와주려고 과도하게 나서는 경향<br>• 타인의 요구를 잘 거절하지 못하고 타인의 필요를 자신의 것보다 앞세우는 경향성 | • 타인과의 정서적 거리를 유지하는 노력이 필요함<br>• 타인의 이익만큼 나의 이익도 중요함을 인식해야 할 것 |
| **사교형** | • 외향적이고 쾌활하며 타인과 함께 대화하기를 좋아하고 타인으로부터 인정받고자 하는 욕구가 강함<br>• 혼자서 시간 보내는 것을 어려워하며 타인의 활동에 관심이 많아 간섭하며 나서는 경향이 있음<br>• 흥분을 잘하고 충동적인 성향이 있으며 타인의 시선을 끄는 행동을 많이 하거나 자신의 개인적인 일을 타인에게 너무 많이 이야기하는 경향이 있음 | 타인에 대한 관심보다 혼자만의 내면적 생활에 좀 더 깊은 관심을 지니고 타인으로부터 인정받으려는 자신의 욕구에 대해 깊이 생각해 볼 필요가 있음 |

## 하위 능력의 구성

### 01 팀워크능력

#### 1) 팀워크(Teamwork = Team + Work)

팀구성원이 공동의 목적을 달성하기 위하여 상호관계성을 가지고 협력하여 업무를 수행하는 것이다.

### 2) 팀워크를 유지하기 위해 갖춰야 할 요소 VS 팀워크를 저해하는 요소

| 팀워크를 유지하기 위해 갖춰야 할 요소 | 팀워크를 저해하는 요소 |
|---|---|
| • 팀원 간에 공동의 목표의식과 강한 도전의식<br>• 팀원 간에 상호 신뢰하고 존중<br>• 서로 협력하면서 각자의 역할과 책임을 다함<br>• 솔직한 대화로 서로를 이해<br>• 강한 자신감으로 상대방의 사기를 드높임 | • 조직에 대한 이해 부족<br>• 자기중심적인 이기주의<br>• '내가'라는 자아의식의 과잉<br>• 질투나 시기로 인한 파벌주의<br>• 그릇된 우정과 인정<br>• 사고방식의 차이에 대한 무시 |

### 3) 효과적인 팀워크의 특성

- 팀의 사명과 목표를 명확하게 기술한다.
- 창조적으로 운영된다.
- 결과에 초점을 맞춘다.
- 역할과 책임을 명료화시킨다.
- 조직화가 잘 되어있다.
- 개인의 강점을 활용한다.
- 리더십 역량을 공유하며 구성원 상호 간에 지원을 아끼지 않는다.
- 팀 풍토를 발전시킨다.
- 의견의 불일치를 건설적으로 해결한다.
- 개방적으로 의사소통한다.
- 객관적인 결정을 내린다.
- 팀 자체의 효과성을 평가한다.

### 4) 팔로워십(Followership)

팀원이 구성원으로서 자신의 역할을 충실하게 잘 수행해 내는 것을 의미한다.

### 5) 팔로워십의 유형

| 구분 | 자아상 | 동료/리더의 시각 | 조직에 대한 자신의 느낌 |
|---|---|---|---|
| 소외형 | • 자립적인 사람<br>• 일부러 반대의견 제시<br>• 조직의 양심 | • 냉소적<br>• 부정적<br>• 고집이 셈 | • 자신을 인정해주지 않음<br>• 적절한 보상이 없음<br>• 불공정하고 문제가 있음 |
| 순응형 | • 기쁜 마음으로 과업 수행<br>• 팀플레이를 함<br>• 리더나 조직을 믿고 헌신함 | • 아이디어가 없음<br>• 인기 없는 일은 하지 않음<br>• 조직을 위해 개인 요구 양보 | • 기존 질서를 따르는 것이 중요<br>• 리더의 의견을 거스르는 것은 어려움<br>• 획일적인 태도와 행동에 익숙함 |
| 실무형 | • 조직의 운영 방침에 민감<br>• 사건을 균형 잡힌 시각으로 봄<br>• 규정과 규칙에 따라 행동함 | • 개인의 이익을 극대화하기 위한 흥정에 능함<br>• 적당한 열의와 평범한 수완으로 업무 수행 | • 규정 준수를 강조<br>• 명령과 계획의 빈번한 변경<br>• 리더와 부하 간의 비인간적 풍토 |
| 수동형 | • 판단, 사고를 리더에 의존<br>• 지시가 있어야 행동 | • 하는 일이 없음<br>• 제 몫을 하지 못함<br>• 업무 수행에는 감독이 반드시 필요 | • 규정 준수를 강조<br>• 명령과 계획의 빈번한 변경<br>• 리더와 부하 간의 비인간적 풍토<br>• 노력과 공헌을 해도 아무 소용이 없음<br>• 리더는 항상 자기 마음대로 함 |
| 주도형<br>(모범형) | • 이상적인 유형<br>• 독립적/혁신적 사고 측면에서 스스로 생각하고 건설적 비판<br>• 자기 나름의 개성이 있고 혁신적이며 창조적인 특성<br>• 적극적 참여와 실천 측면에서 솔선수범하고 주인의식 | | |

### 6) 팀워크 촉진 방법 4가지

① 동료 피드백 장려하기

- 동료 피드백을 장려하는 데 도움이 되는 4단계 과정

| [1단계] | | [2단계] | | [3단계] | | [4단계] |
|---|---|---|---|---|---|---|
| 분명한 목표와 우선순위 설정 | ➡ | 행동과 수행을 관찰 | ➡ | 즉각적인 피드백 | ➡ | 수행성과에 대한 인정 |

② 갈등을 해결하기

③ 창의력 조성을 위해 협력하기

| 협력을 장려하는 환경을 조성하기 위한 방법 | |
|---|---|
| • 팀원의 말에 흥미를 가지고 대하라<br>• 상식에서 벗어난 아이디어에 대해 비판하지 말라<br>• 모든 아이디어를 기록하라<br>• 아이디어를 개발하도록 팀원을 고무시켜라 | • 많은 양의 아이디어를 요구하라<br>• 침묵을 지키는 것을 존중하라<br>• 관점을 바꿔 보라<br>• 일상적인 일에서 벗어나 보라 |

④ 참여적으로 의사결정하기

| 의사결정에 도움이 되는 질문 | 구성원의 동참을 얻기 위한 질문 |
|---|---|
| • 쟁점의 모든 측면을 다루었는가?<br>• 모든 팀원과 협의하였는가?<br>• 추가 정보나 조언을 얻기 위해 팀 외부와 협의할 필요가 있는가? | • 모든 팀원이 의사결정에 동의하는가?<br>• 팀원들은 의사결정을 실행함에 있어서 각자의 역할을 이해하고 있는가?<br>• 팀원들은 의사결정을 열정적으로 실행하고자 하는가? |

## 02 리더십능력

### 1) 리더십(Leadership)의 개념

- 조직의 공통된 목적을 달성하기 위하여 개인이 조직원들에게 영향을 미치는 과정
- 조직 구성원들로 하여금 조직목표를 위해 자발적으로 노력하도록 영향을 주는 행위
- 목표달성을 위하여 어떤 사람이 다른 사람에게 영향을 주는 행위
- 어떤 주어진 상황 내에서 목표달성을 위해 개인 또는 집단에 영향력을 행사하는 과정
- 자신의 주장을 소신 있게 나타내고 다른 사람들을 격려하는 힘

### 2) 리더(Leader)와 관리자(Manager)의 차이

| 리더(Leader) | 관리자(Manager) |
|---|---|
| • 새로운 상황 창조자<br>• 혁신 지향적<br>• 내일에 초점<br>• 동기 부여<br>• 사람을 중시<br>• 정신적<br>• 계산된 위험(Risk)을 취함<br>• '무엇을 할까'를 생각 | • 상황에 수동적<br>• 유지 지향적<br>• 오늘에 초점<br>• 사람을 관리<br>• 체제나 기구를 중시<br>• 기계적<br>• 위험(Risk)을 회피<br>• '어떻게 할까'를 생각 |

### 3) 리더십의 유형

| 구분 | 유형 설명 | 유형 특징 |
|---|---|---|
| 독재자 유형 | • 정책 의사결정과 대부분의 핵심 정보를 그들 스스로에게만 국한하여 소유하고 고수하려는 경향<br>• 특히 집단이 통제가 없이 방만한 상태에 있을 때 혹은 가시적인 성과물이 보이지 않을 때 사용한다면 효과적 | • 질문은 금지<br>• 모든 정보는 내 것이라 생각<br>• 실수를 용납하지 않음 |
| 민주주의에 근접한 유형 | • 그룹에 정보를 잘 전달하려고 노력하고, 전체 그룹의 구성원 모두를 목표 방향 설정에 참여하게 함<br>• 구성원들에게 확신을 심어 주려고 함<br>• 혁신적이고 탁월한 직원들을 거느리고 있으며, 계속 그 방향을 지향할 때 가장 효과적 | • 참여<br>• 토론의 장려<br>• 거부권 |
| 파트너십 유형 | • 파트너십에서는 리더와 구성원 사이의 구분이 희미<br>• 리더가 조직에서 한 구성원이 되기도 함<br>• 소규모 조직이나 성숙한 조직에서 풍부한 경험과 재능을 소유한 개개인들에게 적합 | • 평등<br>• 집단의 비전<br>• 책임 공유 |
| 변혁적 유형 | • 개개인과 팀이 유지해 온 이제까지의 업무 수행 상태를 뛰어넘고자 함<br>• 변혁적 리더는 전체 조직이나 팀원들에게 변화를 가져오는 원동력 | • 카리스마<br>• 자기 확신<br>• 존경심과 충성심<br>• 풍부한 칭찬<br>• 감화 |

### 4) 리더십 역량 강화를 위한 동기부여

| 내적 동기를 유발하는 방법 | |
|---|---|
| • 긍정적 강화법을 활용<br>• 창의적인 문제 해결법을 찾기<br>• 코칭<br>• 지속적으로 교육 | • 새로운 도전의 기회를 부여<br>• 자신의 역할과 행동에 책임감<br>• 변화를 두려워하지 않음 |

### 5) 리더십 역량 강화를 위한 임파워먼트

① 임파워먼트의 정의 : 조직 구성원들을 신뢰하고 그들의 잠재력을 믿으며, 그 잠재력의 개발을 통해 고성과(High Performance) 조직이 되도록 하는 일련의 행위로 정의한다.

② 임파워먼트의 이점

| 임파워먼트가 잘된 조직이 되면 개인이 갖게 되는 긍정적 인식 |
|---|
| • 나는 매우 중요한 일을 하고 있으며, 이 일은 다른 사람이 하는 일보다 훨씬 중요한 일이다.<br>• 일의 과정과 결과에 나의 영향력이 크게 작용했다.<br>• 나는 정말로 도전하고 있고 계속 성장하고 있다.<br>• 우리 조직에서는 아이디어가 존중되고 있다.<br>• 내가 하는 일은 항상 재미가 있다.<br>• 우리 조직의 구성원들은 모두 대단한 사람들이며, 다 같이 협력해서 승리하고 있다. |

③ 임파워먼트의 3가지 충족 기준 : 여건의 조성, 재능과 에너지의 극대화, 명확하고 의미 있는 목적

④ 임파워먼트의 여건

| 높은 성과를 내는 임파워먼트 환경의 특징 |
|---|
| • 도전적이고 흥미 있는 일<br>• 학습과 성장의 기회<br>• 높은 성과와 지속적인 개선을 가져오는 요인들에 대한 통제<br>• 성과에 대한 지식<br>• 긍정적인 인간관계<br>• 개인들이 공헌하며 만족한다는 느낌 |

⑤ 임파워먼트의 장애 요인

| | |
|---|---|
| **개인 차원** | 주어진 일을 해내는 역량의 결여, 동기의 결여, 결의의 부족, 책임감 부족, 의존성 |
| **대인 차원** | 다른 사람과의 성실성 결여, 약속 불이행, 성과를 제한하는 조직의 규범, 갈등처리 능력 부족, 승패의 태도 |
| **관리 차원** | 통제적 리더십 스타일, 효과적 리더십 발휘 능력 결여, 경험 부족, 정책 및 기획의 실행 능력 결여, 비전의 효과적 전달능력 결여 |
| **조직 차원** | 공감대 형성이 없는 구조와 시스템, 제한된 정책과 절차 |

### 6) 변화 관리(리더의 자질)의 방법

① 의의 : 현대 비즈니스의 특징이 지속적으로 변하고 유동적이라는 점에서 변화 관리가 리더에게 매우 중요한 자질로 부각된다.

② 효과적인 변화 관리의 3단계

| [1단계] 변화를 이해 | ➡ | [2단계] 변화를 인식 | ➡ | [3단계] 변화를 수용 |
|---|---|---|---|---|
| • 변화가 왜 필요한가?<br>• 무엇이 변화를 일으키는가?<br>• 변화는 모두 좋은 것인가?<br>• 상부로부터의 지원 | | • 개방적인 분위기 조성<br>• 객관적인 자세 유지<br>• 구성원의 감정 살피기<br>• 변화의 긍정적인 면 강조<br>• 변화에 적응할 시간 주기 | | • 시간을 내어 변화와 관련해 자주 논의<br>• 구성원의 생각이나 제안을 직접 말할 수 있는 분위기 만들기 |

## 03 갈등관리능력

### 1) 갈등의 의미

조직을 구성하는 개인과 집단, 조직 간에 잠재적 또는 현재적으로 대립하고 마찰하는 사회적 · 심리적 상태를 말한다.

| 갈등의 단서 | 갈등 증폭의 원인 |
|---|---|
| • 지나치게 감정적으로 논평과 제안<br>• 타인의 의견 발표가 끝나기 전에 타인의 의견에 대해 공격<br>• 핵심을 이해하지 못한 것에 대해 서로 비난<br>• 편을 가르고 타협 거부<br>• 개인적인 수준에서 미묘한 방식으로 서로를 공격 | • 적대적 행동<br>• 입장 고수<br>• 감정적 관여 |

### 2) 갈등의 쟁점 및 유형

① 갈등의 2가지 쟁점

| 핵심 문제 | 감정적 문제 |
|---|---|
| • 역할 모호성<br>• 방법에 대한 불일치<br>• 목표에 대한 불일치<br>• 절차에 대한 불일치<br>• 책임에 대한 불일치<br>• 가치에 대한 불일치<br>• 사실에 대한 불일치 | • 공존할 수 없는 개인적 스타일<br>• 통제나 권력 확보를 위한 싸움<br>• 자존심에 대한 위협<br>• 질투<br>• 분노 |

② 갈등의 2가지 유형

| 불필요한 갈등 | 해결할 수 있는 갈등 |
|---|---|
| 개개인이 저마다 문제를 다르게 인식하거나 정보가 부족한 경우, 편견 때문에 발생한 의견 불일치로 적대적 감정이 생길 때 불필요한 갈등이 일어난다. | 목표와 욕망, 가치, 문제를 바라보는 시각과 이해하는 시각이 다를 경우에 일어날 수 있는 갈등이다. |

### 3) 갈등의 5단계 과정

| [1단계] | | [2단계] | | [3단계] | | [4단계] | | [5단계] |
|---|---|---|---|---|---|---|---|---|
| 의견 불일치 | ➡ | 대결 국면 | ➡ | 격화 국면 | ➡ | 진정 국면 | ➡ | 갈등의 해소 |

- 1단계 의견 불일치 : 인간은 다른 사람들과 함께 부딪치면서 살아가게 되는데, 서로 생각이나 신념, 가치관이 다르고 성격도 다르기 때문에 다른 사람들과 의견의 불일치를 가져온다.
- 2단계 대결 국면 : 의견 불일치가 해소되지 않으면 대결 국면으로 빠져들며, 서로의 입장을 고수하려는 강도가 높아지면서 서로 긴장은 더욱 높아지고 감정적인 대응이 더욱 격화되어 간다.
- 3단계 격화 국면 : 격화 국면에 이르게 되면 상대방의 생각이나 의견, 제안을 부정하고, 상대방은 그에 대한 반격으로 대응함으로써 자신들의 반격을 정당하게 생각한다.
- 4단계 진정 국면 : 시간이 지나면서 정점으로 치닫던 갈등이 점차 감소하는 진정 국면에 들어서며, 협상 과정을 통해 쟁점이 되는 주제를 논의하고 새로운 제안을 하고 대안을 모색하게 된다.
- 5단계 갈등의 해소 : 갈등 당사자들은 문제를 해결하지 않고는 자신들의 목표를 달성하기 어렵다는 것을 알게 된다. 갈등의 해소는 회피형, 지배 또는 강압형, 타협형, 순응형, 통합 또는 협력형 등의 방법으로 이루어진다.

### 4) 갈등 해결 방안

① 갈등 해결 방법의 5가지 유형

| | |
|---|---|
| **회피형**<br>(I lose–You lose) | • 회피형은 자신과 상대방에 대한 관심이 모두 낮은 경우<br>• 갈등 상황에 대하여 상황이 나아질 때까지 문제를 덮어두거나 위협적인 상황에서 피하고자 하는 경우<br>• 상대방의 욕구와 본인의 욕구를 모두 만족시킬 수 없게 됨 |

| | |
|---|---|
| **경쟁형**<br>(Win–Lose) | • 경쟁형은 지배형(Dominating)이라고도 함<br>• 자신에 대한 관심은 높고 상대방에 대한 관심은 낮은 경우<br>• 경쟁형은 상대방의 목표 달성을 희생시키면서 자신의 목표를 이루기 위해 전력을 다하는 전략으로 제로섬(Zero–sum) 개념을 의미 |
| **수용형**<br>(I lose–You Win) | • 수용형은 자신에 대한 관심은 낮고 상대방에 대한 관심은 높은 경우<br>• 상대방의 관심을 충족하기 위하여 자신의 관심이나 요구는 희생함으로써 상대방의 의지에 따르는 경향<br>• 상대방이 거친 요구를 하는 경우에 전형적으로 나타나는 반응 |
| **타협형**<br>(Give and Take) | • 타협형은 자신에 대한 관심과 상대방에 대한 관심이 중간 정도인 경우<br>• 서로가 받아들일 수 있는 결정을 하기 위하여 타협적으로 주고받는 방식<br>• 갈등 당사자들이 반대의 끝에서 시작하여 중간 정도 지점에서 타협하여 해결점을 찾는 것으로, 갈등 당사자 간에 불신이 클 때는 실패 |
| **통합형**<br>(Win–Win) | • 통합형은 협력형이라고도 하며, 자신은 물론 상대방에 대한 관심이 모두 높은 경우<br>• 문제 해결을 위하여 서로 간에 정보를 교환하면서 모두의 목표를 달성할 수 있는 해법을 찾음<br>• 서로의 차이를 인정하고 배려하는 신뢰감과 공개적인 대화를 필요로 하며, 통합형이 가장 바람직한 갈등 해결 유형 |

② 갈등 해결을 위해서 모색할 사항

| 갈등 해결 방법 모색 |
|---|
| • 다른 사람들의 입장을 이해한다.<br>• 어려운 문제는 피하지 말고 맞선다.<br>• 자신의 의견을 명확하게 밝히고 지속적으로 강화한다.<br>• 사람들과 눈을 자주 마주친다.<br>• 마음을 열어놓고 적극적으로 경청한다.<br>• 타협하려 애쓴다.<br>• 어느 한쪽으로 치우치지 않는다.<br>• 논쟁하고 싶은 유혹을 떨쳐낸다.<br>• 존중하는 자세로 사람들을 대한다. |

③ 윈–윈(Win–Win) 갈등관리모델

| | |
|---|---|
| **[1단계]**<br>**충실한 사전 준비** | • 비판적인 패러다임 전환<br>• 자신의 위치와 관심사 확인<br>• 상대방의 입장과 드러내지 않은 관심사 연구 |
| **[2단계]**<br>**긍정적인 접근 방식** | • 상대방이 필요로 하는 것에 대해 생각해 보았다는 점을 인정<br>• 자신의 '윈–윈 의도' 명시<br>• 윈–윈 절차, 즉 협동적인 절차에 임할 자세가 되어 있는지 알아보기 |
| **[3단계]**<br>**두 사람의 입장 명확화** | • 동의하는 부분 인정하기<br>• 기본적으로 다른 부분 인정하기<br>• 자신이 이해한 바를 점검하기 |
| **[4단계]**<br>**윈–윈에 기초한 기준에 동의** | • 상대방에게 중요한 기준을 명확히 하기<br>• 자신에게 어떠한 기준이 중요한지 말하기 |
| **[5단계]** | 몇 가지 해결책을 생각해 내기 |
| **[6단계]** | 몇 가지 해결책 평가하기 |
| **[7단계]** | 최종 해결책을 선택하고, 실행하는 것에 동의하기 |

## 04 협상능력

### 1) 협상(Negotiation)의 의미

갈등상태에 있는 이해당사자들이 대화와 논쟁을 통해 서로를 설득하여 문제를 해결하려는 정보전달 과정이자 의사결정 과정이다.

### 2) 협상의 특징

| | |
|---|---|
| **의사소통 차원** | 상대방으로부터 최선의 것을 얻어내기 위해 상대방을 설득하는 커뮤니케이션 과정 |
| **갈등 해결 차원** | 갈등 관계에 있는 이해당사자들이 대화를 통해서 갈등을 해결하고자 하는 상호작용 과정 |
| **지식과 노력 차원** | 우리가 얻고자 하는 것을 가진 사람의 호의를 얻어내기 위한 것에 관한 지식이며, 노력의 분야 |
| **의사결정 차원** | 둘 이상의 이해당사자들이 여러 대안 가운데서 이해당사자들 모두가 수용 가능한 대안을 찾기 위한 의사결정 과정 |
| **교섭 차원** | 선호가 서로 다른 협상 당사자들이 합의에 도달하기 위해 공동으로 의사결정하는 과정 |

### 3) 협상 과정 5단계

| [1단계] 협상 시작 | • 협상 당사자들 사이에 상호 친근감 형성<br>• 간접적인 방법으로 협상 의사를 전달<br>• 상대방의 협상 의지를 확인<br>• 협상 진행을 위한 체제를 구축 |
|---|---|

⬇

| [2단계] 상호 이해 | • 갈등 문제의 진행 상황과 현재 상황을 점검<br>• 적극적으로 경청하고 자기주장을 제시<br>• 협상을 위한 협상 대상 안건을 결정 |
|---|---|

⬇

| [3단계] 실질 이해 | • 겉으로 주장하는 것과 실제로 원하는 것을 구분하여 실제로 원하는 것을 파악<br>• 분할과 통합 기법을 활용하여 이해관계를 분석 |
|---|---|

⬇

| [4단계] 해결 대안 | • 협상 안건마다 대안들을 평가<br>• 개발한 대안들을 평가<br>• 최선의 대안에 대해서 합의하고 선택<br>• 대안 이행을 위한 실행 계획을 수립 |
|---|---|

⬇

| [5단계] 합의 문서 | • 합의문을 작성<br>• 합의문의 합의 내용, 용어 등을 재점검<br>• 합의문에 서명 |
|---|---|

### 4) 협상에서 주로 나타나는 실수 7가지와 효과적 대처 방안

| 협상의 실수 | 대처 방안 |
|---|---|
| 준비되기도 전에 협상을 시작하는 것 | • 상대방이 먼저 협상을 요구하거나, 재촉하면 준비가 덜 되었다고 솔직히 말한다.<br>• 상대방의 입장을 묻는 기회로 삼으며, 준비가 되지 않았을 때는 듣기만 한다. |
| 잘못된 사람과의 협상 | • 협상 상대가 협상에 대하여 책임을 질 수 있고 타결 권한을 가지고 있는 사람인지 확인하고 협상을 시작한다.<br>• 상급자는 협상의 올바른 상대가 아니다(최고책임자는 협상의 세부사항을 잘 모르기 때문). |
| 특정 입장만 고집하는 것(입장 협상) | • 협상에서 한계를 설정하고 다음 단계를 대안으로 제시한다.<br>• 상대방이 특정 입장만 내세우는 협상을 할 때는 조용히 그들의 준비를 도와주고 서로 의견을 교환하면서 상대의 마음을 열게 한다. |
| 협상의 통제권을 잃을까 두려워하는 것 | • 통제권을 잃을까 염려되면 그 사람과의 협상 자체를 고려해본다.<br>• 자신의 한계를 설정하고 그것을 고수하면 그런 염려를 하지 않게 된다. |
| 설정한 목표와 한계에서 벗어나는 것 | • 한계와 목표를 잃지 않도록 그것을 기록하고, 기록된 노트를 협상의 길잡이로 삼는다.<br>• 더 많은 것을 얻기 위해 한계와 목표를 바꾸기도 한다. |
| 상대방에 대해서 너무 많은 염려를 하는 것 | • 상대방이 원하는 것을 얻을까 너무 염려하지 않는다.<br>• 협상을 타결 짓기 전에 자신과 상대방이 각기 만족할 만한 결과를 얻었는지, 협상 결과가 현실적으로 효력이 있었는지, 모두 만족할 만한 상황이 되었는지 확인한다. |
| 협상 타결에 초점을 맞추지 못하는 것 | • 협상의 모든 단계에서 협상의 종결에 초점을 맞추고, 항상 종결을 염두에 둔다.<br>• 특정한 목적을 위해 협상을 하고 있으므로 목표가 가까이 왔을 때 쟁취하게 되는 것이다. |

### 5) 협상 전략의 종류

① 협력 전략(문제해결 전략)

Win–Win 전략의 정신을 가지고 있으며, 협상 참여자들이 협동과 통합으로 문제를 해결하고자 하는 협력적 문제해결 전략이다.

② 유화 전략(양보 전략)

Lose–Win 전략으로 양보 · 순응 · 화해 · 수용 · 굴복 전략이다. 상대방이 제시하는 것을 일방적으로 수용하여 협상의 가능성을 높이려는 전략이다.

③ 회피 전략(무행동 전략)

Lose–Lose 전략으로 협상을 피하거나 잠정적으로 중단하거나 철수하는 전략이다. 나도 손해 보고 상대방도 피해를 입게 되어 모두가 손해를 보게 되는 전략이다.

④ 강압 전략(경쟁 전략)

Win–Lose 전략으로 공격적 전략이며 경쟁 전략이다. 자신이 상대방보다 힘에 있어서 우위를 점유하고 있을 때 자신의 이익을 극대화하기 위한 공격적 전략이다.

### 6) 상대방 설득 방법(9가지)

① See – Feel – Change 전략

See 전략은 시각화하고 직접 보게 하여 이해시키는 전략이며, Feel 전략은 스스로가 느끼게 하여 감동시키는 전략, Change 전략은 변화시켜 설득에 성공한다는 전략이다.

| See | ➡ | Feel | ➡ | Change |
|---|---|---|---|---|
| 시각화하여 이해시킨다. | | 느끼게 하여 감동시킨다. | | 변화시켜 설득에 성공한다. |

② 상대방 이해 전략

협상 과정상의 갈등 해결을 위해서 상대방에 대한 이해가 선행되어 있으면 갈등 해결이 용이하다는 전략이다.

③ 호혜 관계 형성 전략

협상 당사자 간에 어떤 혜택들을 주고받은 관계가 형성되어 있으면 그 협상 과정상의 갈등 해결에 용이하다는 전략이다.

④ 헌신과 일관성 전략

협상 당사자 간에 기대하는 바에 일관성 있게 헌신적으로 부응하여 행동하게 되면 협상 과정상의 갈등 해결이 용이하다는 전략이다.

⑤ 사회적 입증 전략

어떤 과학적인 논리보다도 동료를 비롯한 사람들의 말과 행동으로 상대방을 설득하는 것이 협상 과정에서 생기는 갈등을 해결하기가 더 쉽다는 전략이다.

⑥ 연결 전략

협상 과정에서 갈등이 발생했을 때 그 갈등 문제와 갈등관리자를 연결하는 것이 아니라 그 갈등을 야기한 사람과 관리자를 연결하면 갈등 해결이 용이해진다는 전략이다.

⑦ 권위 전략

직위나 전문성, 외모 등을 이용하면 협상 과정에서 생기는 갈등의 해결에 도움이 될 수 있다는 전략이다.

⑧ 희소성 해결 전략

인적 · 물적 자원 등의 희소성을 해결하는 것이 협상 과정에서 생기는 갈등의 해결에 용이하다는 전략이다.

⑨ 반항심 극복 전략

협상 과정상의 갈등관리를 위해서 자신의 행동을 통제하려는 상대방에게 반항한다는 것에 관련된 전략이다.

## 05 고객서비스능력

### 1) 고객서비스의 의미

다양한 고객의 요구를 파악하고, 대응법을 마련하여 고객에게 양질의 서비스를 제공하는 것이다.

### 2) 고객의 불만 표현 유형 및 대응 방안

① 불만 표현의 4가지 유형

| 유형 | 특징 | 대응 방안 |
|---|---|---|
| **거만형** | 자신의 과시욕을 드러내고 싶어 하는 고객 | • 정중하게 대함<br>• 과시욕이 충족될 수 있도록 그들의 언행을 제지하지 않고 인정함<br>• 의외로 단순한 면이 있으므로 일단 그의 호감을 얻게 되면 여러 면으로 득이 됨 |
| **의심형** | 직원의 설명이나 제품의 품질에 대해 의심을 많이 하는 고객 | • 분명한 증거나 근거를 제시하여 스스로 확신을 갖도록 유도<br>• 때로는 책임자가 응대 |
| **트집형** | 자신의 목적을 이루기 위해 사소하거나 엉뚱한 것을 문제 삼는 고객 | • 이야기를 경청하고, 맞장구치고, 추켜세우고, 설득해 가는 방법이 효과적<br>• 잠자코 고객의 의견을 경청하고 사과를 하는 응대가 바람직 |
| **빨리빨리형** | 성격이 급하고 확신 있는 말이 아니면 잘 믿지 않는 고객 | • 애매한 화법을 사용하면 고객은 신경이 더욱 날카롭게 곤두섬<br>• 여러 가지 일을 신속하게 처리하는 모습을 보이면 응대하기 쉬움 |

② 대응 시 유의사항

| 불평에 대한 잘못된 인식을 하지 않고, 좋은 방안으로 활용하기 위해 꼭 알아야 할 사항 |
|---|
| • 불만족 고객 대부분은 불평하지 않음<br>• 불평하는 고객은 사업자를 도와주려는 생각에서 불평하는 경우가 많으므로, 고객의 불평을 감사하게 생각<br>• 고객의 불평은 종종 거친 말로 표현되나, 불만의 내용이 공격적이기 때문에 그런 것은 아님<br>• 대부분의 불평 고객은 단지 기업이 자신의 불평을 경청하고, 잘못된 내용을 설명하고 제대로 고치겠다고 약속하면서 사과하기를 원함<br>• 미리 들을 준비를 하고 침착하게 긍정적으로 고객을 대하며, 대부분의 불평은 빠르게 큰 심적 소진 없이 해결 |

### 3) 고객의 불만 처리 프로세스

① 불만 고객 : 서비스 제공자(기업)를 상대로 불만을 표현하고 해결을 요구하는 고객

| 고객 불만의 원인 |
|---|
| • 서비스 제공자의 불친절한 태도<br>• 고객에 대한 무관심(Apathy)<br>• 고객의 요구 외면<br>• 무시(Brush-Off)<br>• 건방떨기 및 생색내기(Condescension)<br>• 무표정과 기계적 서비스(Robotism)<br>• 규정 핑계(Rule Book)<br>• 고객 뺑뺑이 돌리기(Run around) |

② 고객 불만 처리 8단계 프로세스

| [1단계] 경청 | [5단계] 정보 파악 |
|---|---|
| • 고객의 항의에 경청하고 끝까지 듣는다.<br>• 선입관을 버리고 문제를 파악한다. | • 문제해결을 위해 꼭 필요한 질문만 하여 정보를 얻는다.<br>• 최선의 해결방법을 찾기 어려우면 고객에게 어떻게 해 주면 만족스러운지를 묻는다. |
| **[2단계] 감사와 공감 표시** | **[6단계] 신속 처리** |
| • 일부러 시간을 내서 해결의 기회를 준 것에 감사를 표시한다.<br>• 고객의 항의에 공감을 표시한다. | 잘못된 부분을 신속하게 시정한다. |
| **[3단계] 사과** | **[7단계] 처리 확인과 사과** |
| 고객의 이야기를 듣고 문제점에 대해 인정하며 잘못된 부분에 대해 사과한다. | 불만 처리 후 고객에게 처리 결과에 만족하는지를 물어본다. |
| **[4단계] 해결 약속** | **[8단계] 내부 피드백** |
| 고객이 불만을 느낀 상황에 관해 관심과 공감을 보이며, 문제의 빠른 해결을 약속한다. | 고객 불만 사례를 회사 및 전 직원에게 알려 다시는 동일한 문제가 발생하지 않도록 한다. |

### 4) 고객만족도 조사

① 고객만족도 조사의 목적

고객의 주요 요구를 파악하여 가장 중요한 고객 요구를 도출하고, 자사가 가지고 있는 자원을 토대로 경영 프로세스의 개선에 활용함으로써 경쟁력을 증대시키는 것이다.

② 고객만족 측정 시 오류의 유형

| 고객 만족 측정 시 발생할 수 있는 오류의 유형 |
|---|
| • 고객이 원하는 것을 알고 있다고 생각<br>• 적절한 측정 프로세스 없이 조사를 시작<br>• 비전문가로부터 도움을 얻음<br>• 포괄적인 가치만을 질문<br>• 중요도 척도를 오용<br>• 모든 고객이 동일한 수준의 서비스를 원하고 필요로 한다고 가정 |

③ 고객만족도 조사 계획

| [1단계] | | [2단계] | | [3단계] | | [4단계] | | [5단계] |
|---|---|---|---|---|---|---|---|---|
| 고객만족도 조사 계획 수립 | ➡ | 조사 분야 및 대상 결정 | ➡ | 조사 목적 설정 | ➡ | 조사 방법 및 횟수 | ➡ | 조사 결과 활용 계획 |

모듈형

**01** 직업 생활에서 협조적인 관계를 유지하고 조직 구성원들에게 도움을 줄 수 있으며, 조직 내부 및 외부의 갈등을 원만히 해결하고, 상대방의 요구를 파악하여 충족해줄 수 있는 능력은?

① 자원관리능력 ② 의사소통능력 ③ 조직이해능력
④ 대인관계능력 ⑤ 자기개발능력

모듈형

**02** 대인관계능력을 향상하기 위해 실천할 수 있는 방법이 아닌 것은?

① 상대방에 대해 이해하도록 하고 양보하는 행동을 보인다.
② 상대방이 처한 상황을 고려하여, 큰일에 관심을 보인다.
③ 정해진 약속을 잘 이행하여, 말과 행동을 같게 한결같은 모습을 보인다.
④ 상대방에 대한 칭찬과 감사하는 마음을 갖는다.
⑤ 타인에 대한 진정성 있는 태도를 유지한다.

피듈형

**03** 다음의 〈보기〉는 대인관계능력을 향상하는 방법에 대한 설명이다. 〈보기〉의 내용을 읽고, 대인관계능력을 향상하는 방법에 대해서 잘못 이해하고 있는 사람을 고른 것은?

〈보기〉

대인관계란 이해와 양보의 미덕을 기반으로 이루어지며, 다른 사람들에 대한 이해와 양보는 그들과의 유대관계를 강화하고 당신에 대한 인격과 신뢰를 쌓게 되는 것이다. 나의 작은 희생과 양보가 계속 쌓여 나중에는 큰 이익으로 돌아올 수 있다. 약간의 친절과 공손함은 매우 중요하다. 인간관계에서의 커다란 손실은 사소한 것으로부터 비롯된다. 사람들은 매우 상처받기 쉽고 내적으로 민감하다. 언행일치는 정직 그 이상의 의미를 갖는다. 정직은 사실대로 말하는 것으로 우리가 하는 말을 사실과 일치시키는 것이다. 언행일치는 사실을 우리의 말에 일치, 즉 실현하는 것으로 약속을 지키고 기대를 충족시키는 것이다. 사람들은 작은 칭찬과 배려, 감사하는 마음에 감동하게 되지만, 사소한 무관심과 불만에 쉽게 상처받는다. 진정성 있는 태도는 신뢰 관계 형성에 매우 중요하다. 진정성 있는 태도를 보여줄 수 있는 한 가지 예는 바로 진지한 사과이다.

① 영진 : 일반적으로 사소한 일에 관심을 가지는 사람에 대해 우리는 긍정적인 평가를 한다.
② 빛나 : 약속은 가능한 지키고자 노력하는 태도가 중요하다.
③ 성현 : 모든 대인관계에서 상호 간 역할과 목표에 대한 명확한 의견 교환이 필요하다.
④ 한별 : 사람은 언행일치하는 모습을 보여야 타인에게 신뢰를 줄 수 있다.
⑤ 영희 : 너무 진지한 사과는 분위기를 딱딱하게 하므로 사과는 유머러스하게 한다.

피들형

**04** **사람마다 관계에 대한 욕구가 다르므로 관계를 맺는 양식도 다르다. 다음의 〈표〉는 다양한 대인관계 양식에 대한 설명이다. 〈표〉의 내용을 읽고, 각 유형에 적합한 보완점으로 바람직하지 않은 것은?**

| 구분 | 특징 |
|---|---|
| 지배형 | • 대인관계에 자신이 있으며 자기주장이 강하고 타인에 대해 주도권을 행사<br>• 지도력과 추진력이 있어서 집단적인 일을 잘 지휘함<br>• 강압적이고 독단적, 논쟁적이어서 타인과 잦은 마찰을 빚음 |
| 실리형 | • 대인관계에서 이해관계에 예민하고 치밀하며 성취 지향적<br>• 자기중심적이고 경쟁적이며 자신의 이익을 우선적으로 생각, 타인에 관한 관심과 배려가 부족<br>• 타인을 신뢰하지 못하고 불공평한 대우에 예민 |
| 냉담형 | • 이성적이고 냉철하며 의지력이 강하고 타인과 거리를 두며 대인관계를 맺는 경향성 있음<br>• 타인의 감정에 무관심하고 상처 주기 쉬움<br>• 따뜻하고 긍정적인 감정을 표현하기 어렵고 오랜 기간 깊게 사귀지 못함 |
| 고립형 | • 혼자 있거나, 혼자 일하는 것을 좋아하며 감정을 잘 드러내지 않음<br>• 타인을 두려워하고 사회적 상황을 회피하며 자신의 감정을 지나치게 억제<br>• 침울한 기분이 지속되고 우유부단하며 사회적으로 고립될 가능성 있음 |
| 복종형 | • 대인관계에서 수동적이고 의존적이며 타인의 의견을 잘 따르고 주어진 일을 순종적으로 잘함<br>• 자신감이 없고 타인의 주목을 받는 일을 피함<br>• 자신이 원하는 바를 타인에게 잘 전달하지 못함 |
| 순박형 | • 단순하고 솔직하며 대인관계에서 너그럽고 겸손한 경향이 있음<br>• 타인에게 설득당하기 쉬워 주관 없이 타인에게 너무 끌려다닐 수 있음<br>• 원치 않는 타인의 의견에 반대하지 못하고 화가 나도 타인에게 알리기 어려움 |
| 친화형 | • 따뜻하고 인정이 많으며 대인관계에서 타인을 잘 배려하여 도와주고 자기희생적인 태도를 보임<br>• 타인을 즐겁게 해주려고 지나치게 노력하며 타인의 고통과 불행을 보면 도와주려고 나서는 경향<br>• 타인의 요구를 잘 거절하지 못하고 타인의 필요를 자신의 것보다 앞세우는 경향성 |
| 사교형 | • 외향적이고 쾌활하며 타인과 함께 대화하기를 좋아하고 타인으로부터 인정받고자 하는 욕구 강함<br>• 혼자서 시간 보내는 것을 어려워하며 타인의 활동에 관심이 많아 간섭하며 나서는 경향이 있음<br>• 타인의 시선을 끄는 행동을 많이 하거나 자신의 개인적인 일을 타인에게 많이 이야기하는 경향 |

① 지배자형의 보완점은 타인의 의견을 잘 경청하고 수용하는 자세를 기르는 것이며, 사교형의 보완점은 타인으로부터 인정받으려는 자신의 욕구에 대해 깊이 생각해 보는 것이다.

② 친화형의 보완점은 타인과의 신뢰를 형성하는 일에 깊은 관심을 두는 것이며, 실리형의 보완점은 타인과의 정서적 거리를 두는 노력에 있다.

③ 냉담형의 보완점은 타인의 감정 상태에 깊은 관심을 보이는 것이며, 순박형의 보완점은 자신의 의견을 표현하는 것이다.

④ 고립형의 보완점은 대인관계의 중요성을 인식하고 좀 더 적극적인 노력을 하는 것이며, 복종형의 보완점은 대인관계에서 독립성을 키우는 것이다.

⑤ 순박형의 보완점은 타인의 행동을 들여다보는 신중함이며, 지배자형의 보완점은 타인에 대한 자신의 지배적 욕구를 살펴보는 것이다.

모듈형

**05** **팀워크를 유지하기 위해 갖춰야 할 요소 중 가장 적절하지 않은 것은?**

① 팀원 간에 공동의 목표의식과 강한 도전의식을 기르게 하는 것
② 팀원 간에 서로 믿고 존중하게 하는 것
③ 서로 협력하면서 각자의 역할과 책임을 다하는 것
④ 솔직한 대화로 서로를 이해하는 것
⑤ 강한 자신감으로 자신의 사기를 드높이는 것

모듈형

**06** **팀원들과의 협동심이 강조되는 팀워크는 팀이 단순히 모이는 것을 중요시하는 것이 아니라 목표달성의 의지를 가지고 성과를 내는 것이다. 효과적인 팀워크가 발휘되는 팀의 특성을 나타낸 것이 아닌 것은?**

① 팀의 사명과 표를 명확하게 기술하고 공유하며, 창조적으로 운영된다.
② 결과에 초점을 맞추고, 역할과 책임을 명료화시킨다.
③ 조직화가 잘 되어있으며, 개인의 강점을 잘 활용한다.
④ 리더십 역량을 공유하며 구성원 상호 간에 지원을 아끼지 않으며, 팀의 풍토를 발전시킨다.
⑤ 의견의 불일치를 건설적으로 해결하며, 개방적인 의사소통을 하며 주관적인 결정을 내린다.

모듈형

**07** **팔로워십 유형은 마인드를 나타내는 독립적 사고 축과 행동을 나타내는 적극적 실천 축으로 나누어지며 이에 따라 팔로워십 유형을 소외형, 순응형, 실무형, 수동형 4가지로 구분할 수 있다. 다음의 〈표〉는 팔로워십의 4가지 유형이 조직에서 느낀 '조직에 대한 자신의 느낌'을 설명한 내용이다. 〈표〉의 내용을 읽고, 조직에서 각 유형을 바라보는 자아상으로 적합하지 않은 것은?**

| 구분 | 조직에 대한 자신의 느낌 |
|---|---|
| 소외형 | • 자신을 인정 안 해줌<br>• 적절한 보상이 없음<br>• 불공정하고 문제가 있음 |
| 순응형 | • 기존 질서를 따르는 것이 중요<br>• 리더의 의견을 거스르는 것은 어려운 일임<br>• 획일적인 태도 행동에 익숙함 |
| 실무형 | • 규정 준수를 강조<br>• 명령과 계획의 빈번한 변경<br>• 리더와 부하 간의 비인간적 풍토 |
| 수동형 | • 규정 준수를 강조<br>• 명령과 계획의 빈번한 변경<br>• 노력과 공헌을 해도 아무 소용이 없음 |

① 소외형은 일부러 반대 의견을 제시하는 것으로 보이며, 순응형은 기쁜 마음으로 과업을 수행함
② 순응형은 리더나 조직을 믿고 헌신하는 것으로 보이며, 실무형은 규정과 규칙에 따라 행동함
③ 실무형은 사건을 균형 잡힌 시각으로 바라보는 것으로 보이며, 수동형은 리더에 의존하는 모습임
④ 실무형은 자립하는 사람으로 보이며, 수동형은 지시가 있어야 행동하는 것처럼 보임
⑤ 실무형은 조직의 운영방침에 민감하게 반응하는 것으로 보이며, 순응형은 팀플레이를 함

피셋형

**08** **○○공사의 경영기획실 팀원들은 한 달에 한 번 ○○공사의 전체 아이디어를 취합하여, 새롭게 진행할 프로젝트의 아이디어를 정하고 있다. 채택된 아이디어를 기획하는 회의는 매달 마지막 주 월요일마다 진행된다. ○○공사에서 진행되는 아이디어 기획 회의에서 경영기획실 팀원들이 회의한 내용이 〈보기〉와 같을 때, 각 팀원의 팔로워십 유형을 바르게 연결한 것은?**

〈보기〉

김 대리 : 오늘은 전체 아이디어를 취합해서 나온 '효율적인 스마트 워크 사업과 적용방안'에 대한 기획 회의를 진행하겠습니다. 회의에 참석해주신 팀원들이 의견을 다양하고, 공평하게 내어 주면 좋겠습니다. 회의 규칙을 준수하되 이번 안건에 대한 의견을 자유롭게 주시고 다수의 의견이 반영된 내용을 토대로 결과를 도출하도록 하겠습니다.

이 부장 : '효율적인 스마트 워크 사업과 적용방안'은 지난 분기에도 진행되었던 사업으로 알고 있는데요. 새로운 프로젝트는 아닌 것 같고, 아직 효과가 좋은지 잘 모르겠어요. 그리고 지금 현재 진행되고 있는 사업 아닌가요? 음, 진행하고 있는 사업을 더 확장하려면 지금 적용되고 있는 이 사업의 개선점을 찾아서 보완하는 것이 좋을 것 같습니다.

오 사원 : 알겠습니다. 이 부장님께서 지시해 주시면, '효율적인 스마트 워크 사업과 적용방안'에 대한 개선점을 찾아서 보고 올리겠습니다.

최 주임 : '효율적인 스마트 워크 사업과 적용방안'에 관련된 자료를 확인해 보았습니다. 저는 이번 안건과 관련하여 경영지원팀에서 정해진 회의 결과를 따르도록 하겠습니다.

| | 팀원 | 유형 |
|---|---|---|
| ① | 김 대리 | 실무형 |
| ② | 이 부장 | 수동형 |
| ③ | 이 부장 | 순응형 |
| ④ | 오 사원 | 수동형 |
| ⑤ | 최 주임 | 실무형 |

모듈형

**09** ○○공사는 이번에 대대적으로 시스템의 환경을 변화시키고, ○○공사 자체적으로 인트라넷을 개선하기 위한 시스템 도입이 한창이다. ○○공사 경영기획실 팀장은 최근 공사의 외부 환경과 사내 환경의 시스템 변화와 기존에 진행하고 있던 경영기획실의 사업을 확장하는 과정에서 팀원들이 변화에 적응하지 못하고 혼란을 겪는 모습을 관찰하게 되었다. 경영기획실의 팀원들이 변화에 대처할 수 있도록 팀워크를 촉진하는 방법을 적용하고자 할 때, 적절하지 않은 것은?

① 팀원들이 서로 동료 피드백을 할 수 있도록 동료 피드백을 장려하는 분위기를 조성한다.
② 팀원들이 변화에 따른 갈등 상황을 잘 해결할 수 있도록 갈등에 도움이 되는 질문을 공유한다.
③ 팀원들에게 변화에 대한 과정을 설명하고, 변화가 일어나는 것은 바람직한 것임을 알린다.
④ 팀원들에게 변화에 따른 창의력 조성을 위해 서로 협력할 수 있도록 독려한다.
⑤ 팀원들이 참여적으로 의사결정을 할 수 있도록 의사결정에 도움이 되는 질문을 통해 대화한다.

모듈형

**10** 다음은 5명의 학생이 모여서 리더십에 대해서 이야기를 나누는 내용이다. 학생들이 나누는 이야기의 내용이 〈보기〉와 같을 때, 리더십에 대해 잘못 이야기하는 사람은?

〈보기〉

영진 : 내가 생각하는 리더는 미래 통찰력을 가지고 조직의 성장에 영향력을 미치는 공통된 목표를 제시하여야 하고, 그 목표를 달성할 수 있도록 조직원과 팀워크를 이루어 성과를 내는 과정이라고 생각해.
성현 : 리더십은 반드시 직위를 수반하는 것이 아니며, 조직 구성원들이 조직 목표를 위해 자발적으로 노력하도록 영향을 주는 행위라고 생각해.
서영 : 음…. 나는 리더십이란 어떠한 상황이 주어지더라도 그 상황 안에서 개인 또는 집단에 영향력을 행사하는 과정이라고 생각해.
최영 : 내 생각엔 리더십은 자신의 주장을 소신있게 나타내고 다른 사람들을 격려하는 힘이라고 생각해.
빛나 : 내 생각은 리더는 강력하게 구성원을 이끄는 주도성이 필요하다고 생각해. 그래서 주도적으로 이끌어 내는 능력이 리더십이라고 생각해.

① 영진
② 성현
③ 서영
④ 최영
⑤ 빛나

[11~12] 아래의 〈보기〉를 보고 물음에 답하시오.

〈보기〉

1. 리더십의 유형

| 구분 | 유형 특징 |
|---|---|
| Ⓐ 독재자 유형 | 질문은 금지 / 모든 정보는 내 것이다 / 실수를 용납하지 않음 |
| Ⓑ 민주주의에 근접한 유형 | 참여 / 토론의 장려 / 거부권 |
| Ⓒ 파트너십 유형 | 평등 / 집단의 비전 / 책임 공유 |
| Ⓓ 변혁적 유형 | 카리스마 / 자기 확신 / 존경심과 충성심 |

2. 리더십의 상황

| 리더십의 상황 | |
|---|---|
| ㉠ 상황 | 풍부한 경험과 재능을 소유한 개개인들에게 사용하면 적합하다. |
| ㉡ 상황 | 가시적인 성과물이 보이지 않을 때 사용하면 효과적이다. |
| ㉢ 상황 | 팀원들에게 변화를 가져오는 원동력이 필요할 때 사용하면 효과적이다. |
| ㉣ 상황 | 혁신적인 방향을 지향할 때 사용하면 효과적이다. |

3. 부서별 팀장 특징

| 구분 | 부서별 팀장 특징 |
|---|---|
| 기획조정실 박 팀장 | 기획조정실에서 근무하면서 일을 처리하는 과정에서 팀장과 팀원 간에 평등한 위치에서 함께하는 모습을 자주 보였다. 일에 관련된 업무에 대해서 공동으로 책임을 공유하였으며, 구성원들은 일에 대한 이해도가 높은 편이었다. |
| 경영지원팀 김 팀장 | 경영지원팀 내에서 구성원들에게 존경받는 모습을 보였다. 구성원들에게 칭찬과 지지를 아끼지 않으며, 구성원들은 자신과 관련된 업무에 대해서 적극적으로 참여하는 모습을 보였다. |
| 전략기획실 이 팀장 | 전략기획실 안에서 전략적인 사업을 이끌며, 어떤 실수도 용납하지 않는다. 모든 의사결정은 대부분 이 팀장이 맡아서 하며, 핵심정보를 구성원들과 공유하지 않아서 구성원들은 일에 대한 이해도가 낮은 편이다. |
| 고객지원팀 오 팀장 | 고객지원팀의 구성원들을 이끌며, 목표를 잘 전달하려고 노력했다. 오 팀장은 토론을 장려하고, 구성원들 모두를 목표 설정에 참여하게 하며, 구성원들에게 확신을 심어주었다. |

피셋형

**11** 〈보기〉는 리더십의 유형에 관한 설명이다. 내용을 읽고, Ⓐ~Ⓓ의 리더십 유형에 맞게 리더십의 상황인 ㉠~㉣이 맞게 연결된 것은?

① Ⓐ 독재자 유형, ㉠ 상황
② Ⓑ 민주주의에 근접한 유형, ㉣ 상황
③ Ⓑ 민주주의에 근접한 유형, ㉡ 상황
④ Ⓒ 파트너십 유형, ㉢ 상황
⑤ Ⓓ 변혁적 유형, ㉣ 상황

피셋형

**12** 위의 〈보기〉의 내용을 읽고, Ⓐ~Ⓓ의 리더십 유형에 맞게 각 부서 팀장의 리더십 유형을 바르게 짝지은 것은?

| | 유형 | 부서별 팀장 |
|---|---|---|
| ① | Ⓐ 독재자 유형 | 기획조정실 박 팀장 |
| ② | Ⓑ 민주주의에 근접한 유형 | 경영지원팀 김 팀장 |
| ③ | Ⓒ 파트너십 유형 | 고객지원팀 오 팀장 |
| ④ | Ⓒ 파트너십 유형 | 기획조정실 박 팀장 |
| ⑤ | Ⓓ 변혁적 유형 | 전략기획실 이 팀장 |

모듈형

**13** ○○공사 고객지원팀 팀장이 최근 팀원들이 업무에 집중하지 못하는 것을 발견하게 되었다. 팀원들이 본인의 업무에 잘 적응하고 집중할 수 있도록 동기를 부여하는 방법을 적용하고자 할 때, 동기부여 방법 중에서 '내적 동기를 유발하는 방법'으로 적절하지 않은 것은?

① 팀원들에게 새로운 도전의 기회를 부여한다.
② 팀원들이 창의적인 문제 해결법을 찾도록 도와준다.
③ 팀원들이 자신의 역할과 행동에 책임감을 갖도록 한다.
④ 팀원들이 긍정적 강화법을 활용할 수 있도록 한다.
⑤ 팀원들이 서로 비판적으로 의견을 주고 받을 수 있도록 도와준다.

모듈형

**14** ○○공사 전략기획실 팀장이 전략기획실이 높은 성과를 낼 수 있도록 임파워먼트 환경을 만들어 주려고 한다. 높은 성과를 내는 임파워먼트 환경의 특징으로 적절하지 않은 것은?

① 전략기획실 안에서 팀원들에게 학습과 성장의 기회를 제공한다.
② 팀원들이 도전적이고 흥미 있는 일을 할 수 있도록 돕는다.
③ 높은 성과와 지속적인 개선을 가져오는 요인을 제공하여 해결할 수 있도록 돕는다.
④ 전략기획실 팀원들에게 성과에 대한 지식을 습득할 수 있도록 한다.
⑤ 전략기획실 안에서 긍정적인 인간관계를 형성한다.

모듈형

**15** **현대 비즈니스는 끊임없이 변하고 유동적이기 때문에 변화관리는 리더에게 있어서 매우 중요한 자질로 부각되었다. 다음의 〈보기〉는 리더가 효과적인 변화관리를 하기 위한 과정을 3단계로 설명한 내용이다. 내용 중 2단계 '변화를 인식'하는 방법으로 적합하지 않은 것은?**

〈보기〉

| [1단계] | | [2단계] | | [3단계] |
|---|---|---|---|---|
| 변화를 이해 | | 변화를 인식 | | 변화를 수용 |
| • 변화가 왜 필요한가?<br>• 무엇이 변화를 일으키는가?<br>• 변화는 모두 좋은 것인가? | ➡ | ? | ➡ | • 시간을 내어 변화와 관련해 자주 논의<br>• 구성원의 생각이나 제안을 직접 말할 수 있는 분위기 만들기 |

① 변화를 인식할 수 있도록 개방적인 분위기를 조성한다.
② 변화를 인식할 수 있도록 주관적인 자세를 유지한다.
③ 변화에 대한 구성원의 감정을 세심하게 살핀다.
④ 변화에 대한 긍정적인 면을 강조한다.
⑤ 변화에 적응할 시간을 적절하게 준다.

피듈형

**16** **다음 〈보기〉의 글은 커뮤니케이션 소프트웨어 개발로 성공한 A 사의 사례이다. 새로운 프로젝트 작업에서 기존 개발자들과 신입 개발자 사이에 의견의 차이가 생겨난 상황이다. 〈보기〉의 상황으로 미루어 볼 때, 갈등의 단서로 볼 수 없는 것은?**

〈보기〉

A 사는 커뮤니케이션 소프트웨어 개발로 성공한 중견기업이다. 새로운 프로젝트를 위해서 역량이 뛰어난 신입 직원들이 많이 들어왔는데, 기존의 개발 프로세스와 플랫폼에 불만이 많다. 그들은 효율적인 프로세스와 더 기능이 풍부한 플랫폼이 있는데, 기존의 개발자들이 이전의 체제를 고집한다고 생각한다. 반면, 기존의 개발자들은 신입 개발자들이 원하는 프로세스는 안정적이지 못하고, 도입하려는 플랫폼은 불필요한 기능이 많다고 생각한다. 이전 방법도 시장 반응이 좋았었는데, 왜 갑자기 새로운 걸 하려고 하는지 이해가 가지 않는다.

출처 : 그러니까, 제 말은요. 2021

① 지나치게 감정적인 논평과 제안을 하고 있다.
② 타인의 의견 발표가 끝나기도 전에 타인의 의견을 공격하고 있다.
③ 핵심을 이해하지 못한 것에 대해 서로 비난하고 있다.
④ 서로 편을 가르고 타협하기를 거부하고 있다.
⑤ 공통적인 수준에서 미묘한 방식으로 서로 공격하고 있다.

피들형

**17** **다음은 다양한 학생들이 모여서 갈등과 갈등의 유형에 관해서 이야기를 나누는 내용이다. 학생들이 나누는 이야기의 내용이 〈보기〉와 같을 때, 갈등과 갈등의 유형에 대해 잘못 이해한 학생을 모두 고른 것은?**

〈보기〉

영진 : 나는 갈등의 이유가 당사자 간에 가치, 규범, 이해, 아이디어, 목표 등이 서로 불일치하여 충돌하는 상태로 의견 차이가 생기기 때문이라고 생각해. 그래서 갈등은 해결하기 어렵고 해결 방법도 없어.

성현 : 갈등의 진행 과정은 의견 불일치 〉 대결 국면 〉 격화 국면 〉 진정 국면 〉 갈등의 해소 순서야.

서영 : 갈등의 유형 중 회피형은 갈등 상황에 대하여 상황이 나아질 때까지 문제를 덮어 두거나 위협적인 상황에서 피하고자 하는 유형으로, 나도 지고 너도 지는 방법이야.

빛나 : 갈등의 원인을 파악하고 조직원들과 함께 문제를 능동적으로 해결하기 위해서는 갈등관리능력의 함양이 필수적이야.

한별 : 갈등의 유형 중 통합형(협력형)은 문제해결을 위하여 서로 간에 정보를 교환하면서 모두의 목표를 달성할 수 있는 유형으로, 나도 이기고 너도 이기는 방법이야. 통합형이 가장 바람직한 갈등 해결 유형이라 할 수 있어.

최영 : 근심 걱정, 스트레스, 분노 등의 부정적인 감정이 생기는 경우, 잘못 이해하거나 부족한 정보 등 전달이 불분명한 커뮤니케이션이 발생하는 경우, 편견, 변화에 대한 저항, 기존 방식에 대한 거부감 등에서 나오는 의견 불일치가 나타날 경우 등은 필요한 갈등이 일어나는 예라고 할 수 있어.

경원 : 목표를 달성하기 위해 노력하는 조직이라면 갈등은 항상 일어나기 마련이지. 갈등이 해결되지 않고 방치된다면 조직의 발전을 저해하는 골칫덩어리가 된다고 생각해.

선재 : 목표와 욕망, 가치, 문제를 바라보는 시각과 이해하는 시각이 다를 경우에 일어날 수 있는 갈등은 서로가 원하는 모든 것을 만족시켜주면 저절로 해결되기도 해.

① 영진, 성현, 서영
② 서영, 빛나, 한별
③ 최영, 경원, 선재
④ 영진, 최영, 경원
⑤ 성현, 빛나, 한별

피듈형

**18** ○○공사의 경영지원팀 팀장은 최근 팀원들 간에 생긴 갈등의 골이 깊어져 고민에 빠져 있다. 갈등은 한 순간에 발생하여 끝나는 것이 아니다. 사소한 문제라고 생각했던 것이 생각지 않게 큰 문제가 되어 부서에서 어려움을 겪고 있다. 다음 〈표〉는 갈등의 과정이다. 갈등의 과정은 〈표〉처럼 몇 가지 단계를 거치면서 진행된다. 갈등 해결의 단계를 ㉠~㉤으로 나타내었다. ㉠~㉤의 순서로 적절한 것은?

| | |
|---|---|
| ㉠ | 단순한 해결방안은 없고 제기된 문제들에 대하여 새로운 다른 해결점을 찾아야 한다. 감정이 개입되어 상대방의 주장에 대한 문제점을 찾기 시작하고, 자신의 입장에 대해서 옹호하면서 양보를 완강히 거부하게 된다. |
| ㉡ | 상대방에 대한 불신, 좌절, 부정적인 인식이 확산되면서 다른 요인들까지 불을 붙이는 상황에 빠지기도 하며, 상대방의 생각이나 의견 제안을 부정하고 상대방에 대한 반격으로 대응함으로써 자신들의 반격을 정당하게 생각한다. |
| ㉢ | 갈등 당사자들은 문제를 해결하지 않고는 자신들의 목표를 달성하기 어렵다는 것을 알게 된다. 경우에 따라서는 결과에 다 만족할 수 없는 경우도 있지만, 어떻게 해서든지 서로 일치하려고 한다. |
| ㉣ | 서로 생각이나 신념, 가치관이 다르고 성격도 다르므로 다른 사람들과 의견의 불일치를 가져오며, 사소한 오해로 인한 사소한 갈등이라도 그냥 내버려 두면 심각한 갈등으로 발전하게 된다. |
| ㉤ | 계속되는 논쟁과 긴장이 귀중한 시간과 에너지만 낭비하자 이러한 상태가 무한정 유지될 수 없다는 것을 느끼고 점차 흥분과 불안이 가라앉혀 이성과 이해의 원상태로 돌아가려 한다. |

① ㉢ − ㉡ − ㉠ − ㉣ − ㉤
② ㉣ − ㉡ − ㉠ − ㉤ − ㉢
③ ㉢ − ㉠ − ㉡ − ㉤ − ㉣
④ ㉣ − ㉠ − ㉡ − ㉤ − ㉢
⑤ ㉣ − ㉠ − ㉡ − ㉢ − ㉤

모듈형

**19** ○○공사의 전략기획팀 팀장은 전략기획팀 내에서 생긴 갈등 상황으로 힘들어하고 있다. 팀장은 갈등 해결을 위해서 다양한 사항에 대해서 모색하고 있다. 갈등 해결을 위해서 모색할 사항이 아닌 것은?

① 다른 사람들의 입장을 이해하며, 사람들이 당황하는 모습을 자세하게 살핀다.
② 어려운 문제는 피하거나, 다른 방법을 찾도록 한다.
③ 자신의 의견을 명확하게 밝히고 지속해서 강화한다.
④ 사람들과 마음을 열어 놓고 적극적으로 경청한다.
⑤ 상대방을 존중하는 자세로 사람들을 대한다.

모듈형

**20** **협상이란 갈등 상태에 있는 이해당사자들이 대화와 논쟁을 통해서 서로를 설득하여 문제를 해결하려는 정보전달 과정이자 의사결정 과정을 의미한다. 협상은 어느 한 면으로 특정 짓기에는 너무도 다양하다. 협상의 특징을 설명한 내용이 잘못 연결된 것은?**

| | |
|---|---|
| ㉠ | 협상이란 이해당사자들이 자신들의 욕구를 충족시키기 위해 상대방으로부터 최선의 것을 얻어내기 위해 상대방을 설득하는 커뮤니케이션 과정 |
| ㉡ | 갈등 관계에 있는 이해당사자들이 대화를 통해서 갈등을 해결하고자 하는 상호작용 과정 |
| ㉢ | 우리가 얻고자 하는 것을 가진 사람의 호의를 얻어내기 위한 것에 관한 지식이며, 노력의 분야 |
| ㉣ | 둘 이상의 이해당사자들이 여러 대안 가운데서 이해당사자들 모두가 수용 가능한 대안을 찾기 위한 의사결정 과정 |
| ㉤ | 선호가 서로 다른 협상 당사자들이 합의에 도달하기 위해 공동으로 의사결정하는 과정 |

① ㉠ 의사소통 차원
② ㉡ 갈등 해결 차원
③ ㉢ 지식과 노력 차원
④ ㉣ 의사결정 차원
⑤ ㉤ 협상 차원

모듈형

**21** **협상 과정은 관점에 따라 다양한 형태이나, 다음 〈보기〉의 협상의 과정은 5단계로 설명하고 있다. 〈보기〉를 설명하는 내용 중 가장 적합하지 않은 것은?**

〈보기〉

| [1단계] | → | [2단계] | → | [3단계] | → | [4단계] | → | [5단계] |
|---|---|---|---|---|---|---|---|---|
| 협상 시작 | | 상호 이해 | | 실질 이해 | | 해결 대안 | | 합의 문서 |

① 1단계 협상 시작 : 협상 당사자들 사이에 상호 친근감을 쌓고, 간접적인 방법으로 협상 의사를 전달함
② 2단계 상호 이해 : 갈등문제의 진행 상황과 현재 상황을 점검하며, 이해관계를 분석함
③ 3단계 실질 이해 : 겉으로 주장하는 것과 실제로 원하는 것을 구분하여 실제 원하는 것을 찾아냄
④ 4단계 해결 대안 : 협상 안건마다 대안들을 평가하고, 최선의 대안에 대해서 합의하고 선택함
⑤ 5단계 합의 문서 : 합의문을 작성하고, 합의문상의 합의 내용이나 용어 등을 재점검함

피셋형

**22** **협상의 전략의 종류는 매우 다양하며, 상황에 따라 적절하게 협상 전략을 구사하는 것이 매우 중요하다. 다음은 다양한 협상 전략에 관한 사례들이다. 협상에 관한 사례와 협상의 전략이 〈보기〉와 같을 때, 협상 전략과 다양한 사례가 알맞게 짝지어진 것은?**

〈다양한 사례〉

| | |
|---|---|
| A | 영희는 자신의 자취방에 조명을 바꾸려고 하였으나, 여윳돈이 부족하였다. 학교 선배를 통해서 자신의 학교에 조명인테리어 아르바이트를 하며 학비를 대고 있는 동료가 있다는 것을 알게 되었다. 그는 영어 작문에 자신이 없어 항상 고민하고 있었고 영희는 그에게 조명을 달아주는 대가로 영어 작문 개인 교습을 해주겠다고 제안하였고, 그는 영희의 제안을 받아들였다. 결국, 영희는 저렴한 가격으로 조명을 달 수 있었다. |
| B | 중소기업 K 사의 대리인 철수는 L 기업에서 부품을 구매하는 역할을 담당하고 있다. K 사는 절대적으로 중요한 부품인 스위치를 L 사로부터 개당 3,000원에 구입해 왔다. 그런데 L 사는 어느날 스위치의 가격을 개당 3,500원으로 올리겠다는 의사를 보였다. 이에 철수는 곰곰이 생각해 본 후, L 사의 제안을 기꺼이 받아들였다. 철수는 단기적으로는 자신의 회사가 약간 손해를 보더라도, 장기적으로 L 사와의 관계를 생각해 볼 때 제안을 받아들이는 것이 훨씬 이익이 된다고 생각하였다. |
| C | 대기업 영업부장인 김영수 씨는 신제품 출시 가격에 대해서 도매업체 T 사와 가격 협상을 하고 있었다. 그런데 도매업체 T 사는 신제품에 별반 관심을 보이지 않았다. 또한, 김영수 부장은 시간과 노력을 투자하여 T 사와 협상할 가치가 낮다고 생각하는 중이었다. 따라서 김영수 부장은 과감하게 협상을 포기하였다. |
| D | 중소기업 영업부장인 이민수 씨는 기존의 재고를 처리할 목적으로 거래처 박 부장과 협상 중이다. 그러나 박 부장은 자금 부족을 이유로 이를 거절하였다. 이 부장은 자신의 회사에서 물품을 제공하지 않으면 박 부장의 회사가 매우 곤란한 지경에 빠진다는 사실을 알고 있었기에, 앞으로 박 부장과 거래하지 않을 것이라는 엄포를 놓았다. 이에 따라 이 부장은 성공적으로 협상을 끌어낼 수 있었다. |

〈협상 전략〉

| 협상 전략 | | 내용 |
|---|---|---|
| ㉠ | 강압 전략 | 인간관계를 중요하게 여기지 않는 경우, 자신의 이익을 극대화해야만 하는 경우, 상대방에 비해 자신의 힘이 강한 경우, 상대방과의 인간관계가 나쁘고 신뢰가 전혀 없는 경우 |
| ㉡ | 회피 전략 | 자신이 얻게 되는 결과나 인간관계 모두에 관심이 없는 경우, 협상의 가치가 매우 낮은 경우, 상대방에게 심리적 압박감을 주어 필요한 것을 얻어 내려 하는 경우, 협상 이외의 방법으로 쟁점 해결이 가능한 경우 |
| ㉢ | 유화 전략 | 결과보다는 상대방과의 인간관계 유지를 선호하는 경우, 상대방과의 충돌을 피하고자 하는 경우, 자신의 이익보다는 상대방의 이익을 고려해야 하는 경우, 단기적으로 손해를 보더라도 장기적인 관점에서 이익이 되는 경우 |
| ㉣ | 협력 전략 | 협상 당사자들이 서로에 대한 정보를 많이 공유하고 있을 때, 협상 당사자 간에 신뢰가 쌓여 있는 경우, 우호적 인간관계의 유지가 중요한 경우 |

① A 사례 – ㉣ 협력 전략 / C 사례 – ㉡ 회피 전략 / D 사례 – ㉠ 강압 전략
② B 사례 – ㉡ 회피 전략 / A 사례 – ㉣ 협력 전략 / C 사례 – ㉢ 유화 전략
③ A 사례 – ㉣ 협력 전략 / C 사례 – ㉢ 유화 전략 / B 사례 – ㉡ 회피 전략
④ C 사례 – ㉡ 회피 전략 / D 사례 – ㉠ 강압 전략 / A 사례 – ㉢ 유화 전략
⑤ D 사례 – ㉠ 강압 전략 / B 사례 – ㉡ 회피 전략 / C 사례 – ㉢ 유화 전략

피셋형

**23** ○○공사는 시민이 제기하는 문의, 제안, 불만, 신고 등 각종 고객의 소리(VOC)를 수집, 처리, 분석, 활용하기 위해 전산시스템을 구축하고 실행하고 있다. ○○공사의 VOC 운영 프로세스와 고객 유형별 VOC 처리기한이 〈보기〉와 같을 때, VOC 운영 프로세스를 통해 기대할 수 있는 바로 적절하지 않은 것은?

〈○○공사 VOC 운영 프로세스〉

| [1단계] VOC 수집 | | [2단계] VOC 처리 | | [3단계] VOC 분석 | | [4단계] VOC 공유/활용 |
|---|---|---|---|---|---|---|
| 콜센터 | | 문의/응답 | | 원인 분석 | | VOC 현황 부서 통보 |
| 민원 | ➡ | 요청처리 | ➡ | 이슈도출 | ➡ | 부서별 공유 |
| 홈페이지 | | 고객 응대 | | 개선 요인 발굴 | | VOC 확인 |
| SNS | | 현 수준 및 개선 대상 파악 | | 개선 항목 점검 | | 평가 반영 (우수직원 포상) |
| 대외 기관 | | | | 서비스 품질 모니터링 | | |

〈○○공사 고객 유형별 VOC 처리기한〉

| 고객요구유형 | 처리기한 | 업무일 기준 | 부서장 확인 필요 여부 |
|---|---|---|---|
| 단순문의 | 24시간 | 1업무일 (업무시간 외인 경우 익일 업무일) | × |
| 불만 | 48시간 | 2업무일 (업무시간 외인 경우 익일 업무일) | ○ |
| 칭찬 | 48시간 | 2업무일 (업무시간 외인 경우 익일 업무일) | ○ |
| 건의 | 72시간 | 3업무일 (업무시간 외인 경우 익일 업무일) | ○ |
| 긴급요청 | 24시간 | 1업무일 (업무시간 외인 경우 익일 업무일) | × |
| 고충 | 168시간 | 7업무일 (업무시간 외인 경우 익일 업무일) | ○ |

① VOC 운영 프로세스는 VOC 수집, 처리, 분석, 공유 및 활용에 따른 프로세스를 따르므로, 체계적으로 느껴지며 VOC 처리결과에 따라서 고객 요구 유형을 파악하여 처리하니 고객이 원하는 서비스가 무엇인지 생생하게 파악할 수 있다.

② VOC 평가 결과가 우수한 부서 및 직원에 대하여 포상 등이 적극적으로 실시되므로, 사내보상 시스템과 VOC 운영 프로세스의 효율적인 관리를 통해 직무 만족을 얻을 수 있다.

③ ○○공사 특정 부서에서 일하는 직원들과 이용하는 시민들 모두 VOC 시스템을 통해서 고객 스스로 자신이 신청한 서비스의 진행 상황을 실시간으로 정확하게 조회할 수 있다.

④ VOC 시스템을 통해서 의견을 제시하고 아이디어를 건의함으로써, ○○공사의 서비스를 받는 고객으로서 ○○공사 경영에 간접적으로 참여할 수 있다.

⑤ 고객 유형별 VOC 처리기한에서 부서장 확인이 필요 없는 VOC 문의의 경우는 24시간 이내에 업무를 처리할 수 있도록 VOC 운영 프로세스는 효율적으로 운영된다.

피듈형

**24** 고객을 다루기 위해서는 다양한 고객의 유형을 알아야 한다. 누군가는 회사의 제품이나 서비스에 만족하고, 누군가는 불만감을 가질 수 있다. 다음 표는 불만을 표현하는 고객의 4가지 유형과 특징을 설명한 내용이다. 표의 내용을 보고, 각 유형에 맞는 적합한 고객 응대가 아닌 것은?

| 유형 | 특징 |
|---|---|
| 거만형 | 자신의 과시욕을 드러내고 싶어 하는 고객 |
| 의심형 | 직원의 설명이나 제품의 품질에 대해 의심을 많이 하는 고객 |
| 트집형 | 자신의 목적을 이루기 위해 사소하거나 엉뚱한 것을 문제 삼는 고객 |
| 빨리빨리형 | 성격이 급하고 확신 있는 말이 아니면 잘 믿지 않는 고객 |

① 거만형은 정중하게 대하며, 과시욕이 충족될 수 있도록 그들의 언행을 제시하지 않고 인정함
② 거만형은 의외로 단순한 면이 있으므로 일단 그의 호감을 얻게 되면 여러 면으로 득이 됨
③ 의심형은 사건을 분명한 증거나 근거를 제시하여 스스로 확신을 갖도록 유도함
④ 트집형은 단순한 면이 있으므로 일단 호감을 얻는 것이 중요함
⑤ 빨리빨리형은 여러 가지 일을 신속하게 처리하는 모습을 보이면 응대하기 쉬움

모듈형

**25** 다음 고객 불만 처리 8단계의 과정을 설명하는 내용으로 적합하지 않은 것은?

| [1단계] | | [2단계] | | [3단계] | | [4단계] |
|---|---|---|---|---|---|---|
| 경청 | ➡ | 감사와 공감 표시 | ➡ | 사과 | ➡ | 해결 약속 |
| **[5단계]** | | **[6단계]** | | **[7단계]** | | **[8단계]** |
| 정보 파악 | ➡ | 신속 처리 | ➡ | 처리 확인과 사과 | ➡ | 내부 피드백 |

① 1단계, 2단계는 고객의 항의에 경청하고 끝까지 이야기를 들으며, 고객의 항의에 공감을 표시한다.
② 3단계에서 고객의 이야기를 듣고 문제점에 대해 인정하며 잘못된 부분에 대해 사과한다.
③ 4단계는 문제해결을 위해 꼭 필요한 질문을 하고, 최선의 해결 방법을 찾도록 한다.
④ 5단계, 6단계는 고객에게 어떻게 해주면 만족스러운지 확인하고, 잘못된 부분을 신속하게 시정한다.
⑤ 7단계, 8단계는 불만 처리 후 고객에게 처리결과에 대한 여부 확인과 전 직원에게 알려 다시는 동일한 문제가 발생하지 않도록 사후관리를 한다.

PART

# 07

# 정보능력

차례



**하위능력**

컴퓨터활용능력, 정보처리능력

SECTION 01

# 정보능력 이론

합격강의

## 정보능력 소개

### 01 정보능력의 학습 목표

| 구분 | 학습 목표 |
|---|---|
| 일반 목표 | 직업 생활에서 기본적인 컴퓨터를 활용하여 필요한 정보를 수집, 분석, 활용하는 능력을 기를 수 있다. |
| 세부 목표 | 1. 자료와 정보의 차이를 설명할 수 있다.<br>2. 정보화 사회의 특징을 설명할 수 있다.<br>3. 컴퓨터가 활용되는 분야 및 정보처리 과정을 설명할 수 있다. |

### 02 정보능력의 의미와 중요성

정보능력은 직업생활에서 기본적인 컴퓨터를 활용하여 필요한 정보를 수집, 분석, 활용하는 능력을 의미한다. 이에 따라 정보능력은 컴퓨터활용능력과 정보처리능력으로 구분할 수 있으며, 업무 수행에 적합한 정보를 신속히 발견하고, 정확한 해결책을 창출할 수 있는 능력을 함양하는 것이 매우 중요하다.

### 03 자료, 정보, 지식의 개념

| | |
|---|---|
| 자료 | 정보 작성을 위해 필요한 숫자나 문자를 나열한 것 예 고객의 주소와 성별, 이름, 나이, 전화번호, 활용 횟수 |
| 정보 | 특정한 목적에 맞게 가공한 것 예 제품 활용 평균 횟수, 제품에 따른 디자인 |
| 지식 | 가치 있는 정보 |

### 04 정보의 특징

#### 1) 적시성과 독점성

정보는 우리가 원하는 시간에 제공되어야 하며, 제공되지 못할 경우 정보의 가치가 없어진다.

#### 2) 공개 정보, 반공개 정보, 비공개 정보

공개 정보보다는 반공개 정보, 반공개 정보보다는 비공개 정보가 더 큰 가치를 가진다.

## 05 정보화 사회

### 1) 정보화 사회의 의미

컴퓨터와 전자통신 기술이 결합하여 전세계가 하나의 공간으로 네트워크 커뮤니케이션이 가능하고 각 분야에 필요한 가치있는 정보를 창출하고 윤택한 생활을 영위하도록 발전시켜 나가는 것이다.

### 2) 정보화 사회에서 필수적으로 해야 할 일

내가 원하는 정보를 검색하고, 검색한 자료를 파일로 보관하거나 프린트로 출력해서 관리하며 인터넷을 통해 전파하는 것이다.



## 06 컴퓨터활용 분야

| 분야 | 구분 | 내용 |
|---|---|---|
| 기업경영 | • 경영정보시스템(MIS)<br>• 의사결정지원시스템(DSS) | 기업경영에 필요한 정보를 효과적으로 지원해 주는 시스템 |
| 행정 | 사무자동화 | 문서 작성과 보관을 할 수 있으며 전자결재시스템을 통해 컴퓨터로 결재가 가능함 |
| 산업 | • 공장자동화<br>• 상품의 판매 시점 관리(POS) | • 제품 수주에서부터 설계, 제조, 검사, 출하에 이르기까지 컴퓨터로 자동화<br>• 편의점이나 백화점에서 매출액 계산, 원가 및 재고 관리를 위해 사용 |
| 기타 | • 디지털 교과서<br>• 재택근무 | • 종이교과서가 자기주도학습을 실현할 수 있는 교과서로 전환<br>• 정보통신의 발달로 컴퓨터를 이용해 업무처리 |

## 07 IT기기를 활용한 정보처리 과정

| 기획 | ➡ | 수집 | ➡ | 관리 | ➡ | 활용 |
|---|---|---|---|---|---|---|
| 5W2H | | 목적에 적합한 정보 인수 | | • 목적성<br>• 용이성<br>• 유용성 | | 정보기기에 대한 이해나 정보기술 |

**더 알기 TIP**

**5W2H 원칙** : WHAT(무엇을), WHERE(어디에서), WHEN(언제까지), WHY(왜), WHO(누가), HOW(어떻게), HOW MUCH(얼마나)를 의미한다.

- **WHAT(무엇을)** : 어떠한 정보를 수집할 것인지 계획
- **WHERE(어디에서)** : 정보원을 파악
- **WHEN(언제까지)** : 정보의 수집 시점 고려
- **WHY(왜)** : 정보의 필요목적 고려
- **WHO(누가)** : 정보활동의 주체 확정
- **HOW(어떻게)** : 정보의 수집방법 검토
- **HOW MUCH(얼마나)** : 정보수집의 비용성 중시

QUIZ

**다음 내용에서 5W2H 중 'WHERE'과 'WHY'에 해당하는 부분은?**

| 사 례 |
| --- |
| Q 기업은 운동복을 직접 디자인하고 판매하는 기업이다. ㉠ 운동복을 디자인하는 데 앞서 요즘 트렌드를 파악하고 운동복의 디자인과 기능이 어떠한 면에서 부족한지, ㉡ 개선해야 될 부분은 무엇인지 설문조사를 통하여 우리가 직접 입어보고 부족한 부분을 개선해 나가고, ㉢ 디자인과 기능적인 면에 대한 정보를 한달 내에 파악한 후 ㉣ 의류 디자인팀에서 ㉤ 인터넷이나 매장을 돌아다니면서 디자인과 기능에 대한 정보를 알아보고 운동복을 만들 예정이다. ㉥ 기존에 있던 디자인에서 조금 보완해 나갈 예정이다. |

① ㉠, ㉢ ② ㉡, ㉥ ③ ㉠, ㉤ ④ ㉡, ㉣ ⑤ ㉣, ㉤

해설

WHERE는 정보원을 파악하는 것이고, WHY는 정보의 필요 목적을 이야기하는 것이다. 이 기업은 운동복 기업으로 필요 목적은 운동복을 디자인하는 데 있고, 정보원은 인터넷이나 매장 내에서 그 정보를 파악할 수 있다.

정답 ③

## 하위 능력의 구성

### 01 컴퓨터활용능력

업무 수행에 필요한 정보를 수집, 분석, 조직, 관리, 활용할 때 컴퓨터를 사용하는 능력이다.

#### 1) 인터넷 서비스의 종류 및 특징

| 분야 | 내용 |
| --- | --- |
| 이메일<br>(E-mail) | • 인터넷을 통해 편지나 정보를 주고받을 수 있는 서비스<br>• 빠르고 정확하게 전달<br>• 업무나 학습에 이메일 활용 |
| 메신저<br>(Messenger) | • 실시간으로 메시지와 데이터를 주고받을 수 있는 소프트웨어<br>• 응답이 즉시 이루어져 속도가 빠름<br>• 컴퓨터로 작업하면서 메시지를 주고받음<br>• 문자채팅, 음성채팅, 동영상 파일을 보낼 수 있음<br>• 뉴스, 증권, 음악 정보 서비스 제공 |
| 인터넷 디스크/<br>웹하드 | • 컴퓨터 하드디스크와 같은 기능을 인터넷에서 이용할 수 있는 서비스<br>• 대용량 자료를 보관, 공유, 전달 가능 |
| 클라우드<br>(Cloud) | • 인터넷을 통해 제공되는 서버를 활용해 정보를 보관해 두었다가 필요할 때 꺼내쓰는 기능<br>• 데이터의 저장, 처리, 네트워킹 및 다양한 애플리케이션 사용 등 네트워크 기반으로 제공<br>• 주소록, 동영상, 음원, 오피스 문서, 게임, 메일 다양한 콘텐츠가 대상임 |
| SNS | • 온라인 인맥을 목적으로 개설된 커뮤니티형 웹사이트<br>• 트위터, 페이스북, 인스타그램 같은 1인 미디어와 정보 공유 |
| 전자상거래 | • 인터넷을 통해 상품을 사고 팔거나, 재화 용역을 거래하는 사이버 비즈니스<br>• 소비자와의 거래와 모든 기관과의 거래와 관련되는 행위 |

**더 알기 TIP**

**1. SNS와 메신저의 차이점**

SNS는 개인의 사진이나 동영상, 자신의 의견을 공유하는 소셜네트워크 서비스이지만 메신저는 실시간으로 파일, 동영상을 주고받으며 서로 메시지를 주고받는다.

**2. 전자상거래 B2B와 B2C**

- B2B : 기업과 기업 사이에 이루어지는 전자상거래 기업이 온라인상에서 상품을 직접거래
  - ⓔ 중소기업이 다른 기업에 부품을 납품하는 경우
- B2C : 기업과 소비자 간의 거래
  - ⓔ S 전자에서 고객이 컴퓨터를 구매하는 경우



### 2) 인터넷을 이용한 정보검색

① 정보검색의 정의

많은 정보 중에서 특정 목적에 적합한 정보만을 신속하고 정확하게 찾아내는 수집, 분류, 축적하는 과정이다.

② 정보검색의 단계

검색주제 선정 ▶ 정보원 선택 ▶ 검색식 작성 ▶ 결과 출력

첫째, 검색할 주제를 선정한다.
둘째, 인터넷, 신문, 책 등 어디서 정보를 찾아낼 것인지를 선택한다.
셋째, 검색단어의 키워드를 작성한다.
넷째, 키워드에 대한 결과를 출력한다.

### 3) 검색엔진의 유형

① **키워드 검색방식** : 찾고자 하는 정보와 관련된 핵심 언어인 키워드를 직접 입력하여 이를 검색엔진에 보내어 키워드와 관련된 정보를 찾는 방식이다.

② **주제별 검색방식** : 인터넷상에 존재하는 웹문서들을 주제별, 계층별로 정리하여 데이터베이스를 구축 후 검색하는 방식이다.

③ **자연어 검색방식** : 검색엔진에서 문장 형태의 질의어를 형태소 분석을 거쳐 5W2H를 읽어내고 분석하여 각 질문에 답이 들어 있는 사이트를 연결해 주는 방식이다.

④ **통합형 검색방식** : 사용자가 입력하는 검색어들이 연계된 다른 검색엔진에게 보내고 이를 통하여 얻어진 검색 결과를 사용자에게 보여 주는 방식이다.

### 4) 인터넷 정보를 검색할 때 주의사항

- 키워드 선택이 중요하다.
- 웹 검색이 정보검색의 최선은 아니라는 사실에 주의한다.
- 웹 검색 결과로 검색엔진이 제시하는 결과물의 가중치를 너무 신뢰하면 안된다.

### 5) 소프트웨어의 종류 및 특징

| 종류 | 특징 |
|---|---|
| 워드프로세서 | • 문서의 내용을 화면으로 확인하면서 쉽게 수정 기능, 문서 작성 후 인쇄 및 저장 기능, 글이나 그림의 입력 및 편집 기능이 가능한 프로그램<br>• 워드프로세서의 기능 : 입력 기능, 표시 기능, 저장 기능, 편집 기능, 인쇄 기능 |
| 스프레드시트 | • 쉽게 계산을 수행하여 줌, 계산 결과를 차트로 표시하여 줌, 문서를 작성하고 편집 가능한 프로그램<br>• 스프레드시트의 구성단위 : 셀, 열, 행, 영역 |
| 프레젠테이션 | • 멀티미디어를 이용하여 각종 정보를 사용자 또는 대상자에게 전달하는 프로그램<br>• 보고, 회의, 상담, 교육 등에서 정보를 전달하는 데 널리 활용 |
| 데이터베이스 | 대량의 자료를 관리하고 내용을 구조화하여 검색이나 자료 관리 작업을 효과적으로 실행하는 프로그램 |
| 그래픽 소프트웨어 | • 새로운 그림을 그리거나 사진파일을 불러와 편집하는 프로그램<br>• 그래픽 소프트웨어의 종류 : 포토샵, 3D MAX, 코렐드로 |
| 유틸리티 프로그램 | • 사용자가 좀 더 쉽게 사용할 수 있도록 도와주는 소프트웨어(프로그램)<br>• 유틸리티 프로그램 종류 : 파일 압축(알집, 밤톨이), 바이러스 백신(V3, 터보백신), 화면 캡처(스내그잇, 캡순이, 안카메라), 이미지 뷰어, 동영상 재생 |

### 6) 데이터베이스 구축의 필요성

① 데이터베이스의 정의

데이터와 파일, 그들의 관계 등을 생성하고 유지하고 검색할 수 있게 해주는 소프트웨어이다.

② 데이터베이스의 필요성

- 데이터의 중복을 줄인다.
- 데이터의 무결성을 높인다.
- 검색을 쉽게 해준다.
- 데이터의 안정성을 높인다.
- 프로그램의 개발 기간을 단축한다.

③ 데이터베이스의 기능

| 구분 | 내용 |
|---|---|
| 입력 기능 | 형식화된 폼을 사용하여 내용을 편리하게 입력 |
| 데이터의 검색 기능 | 필터나 쿼리를 이용하여 데이터를 빠르게 검색, 추출 |
| 데이터의 일괄 기능 | 많은 데이터를 종류별로 분류하여 일괄적으로 관리 |
| 보고서 기능 | 데이터로 청구서나 명세서 등 손쉽게 작성 |

④ 데이터베이스의 작업 순서

시작 ▶ 데이터베이스 만들기 ▶ 자료 입력 ▶ 저장 ▶ 자료 검색 ▶ 보고서 인쇄 ▶ 종료

## 02 정보처리능력

직업 생활에 필요한 정보를 수집하고 분석하여 의미 있는 정보를 찾아내며, 찾아낸 정보를 업무 수행에 적절하도록 조직 관리하고 활용하는 능력이다.

### 1) 정보의 필요성

의사결정을 하거나 문제의 답을 알아내고자 할 때, 가지고 있는 정보가 부족하거나 무엇인지 인식하게 될 때 필요하다.

### 2) 정보의 수집 경로

① 정보원 : 필요한 정보를 수집할 수 있는 원천이다.
② 1차 자료 : 단행본, 학술지와 논문, 연구보고서, 특허정보, 표준규격자료, 신문, 잡지 등이 있다.
③ 2차 자료 : 사전, 백과사전, 편람, 연감, 서지데이터베이스 등이 있다.

### 3) 정보수집을 잘하려면?

① 인포메이션 VS 인텔리전스(일반적인 정보 VS 예측 가능한 정보)
② 1초라도 먼저 정보를 잡아라(선수필승)
③ 머릿속에 서랍을 만들자(머릿속에 정리해두기)
④ 정보수집용 하드웨어(컴퓨터 파일, 스크랩)

PART 07 정보능력

**QUIZ**

**다음 내용에서 ㉠, ㉡에 대한 설명으로 옳지 않은 것은?**

| 사 례 |
|---|
| A 방송사에서 9시 뉴스를 시작합니다.<br>아나운서 : ㉠ 수도가 서울인 대한민국은 코로나로 인해 ㉠ 경제회복이 5%에 못미칩니다. 그러나 국민들이 코로나 백신을 30% 이상을 맞았다고 합니다. 앞으로 코로나 백신을 계속 맞으므로 인해서 ㉡ 경제회복이 10% 정도 회복될 전망입니다. |

① ㉠은 하나하나의 개별적인 정보로써 인포메이션에 해당된다.
② ㉠ 판단하기 쉽게 도와주는 하나의 정보 덩어리이다.
③ ㉡은 단순한 정보가 아니라 직접적으로 도와주는 정보이다.
④ 우리는 인텔리전스 정보를 수집해야 한다.
⑤ ㉡은 직접적으로 도와주는 정보 인텔리전스에 해당된다.

해설
판단하기 쉽게 도와주는 정보는 인포메이션이 아니라 인텔리전스이다. ㉠은 단순한 정보인 인포메이션에 해당된다.

정답 ②

#### 4) 정보 분석의 절차

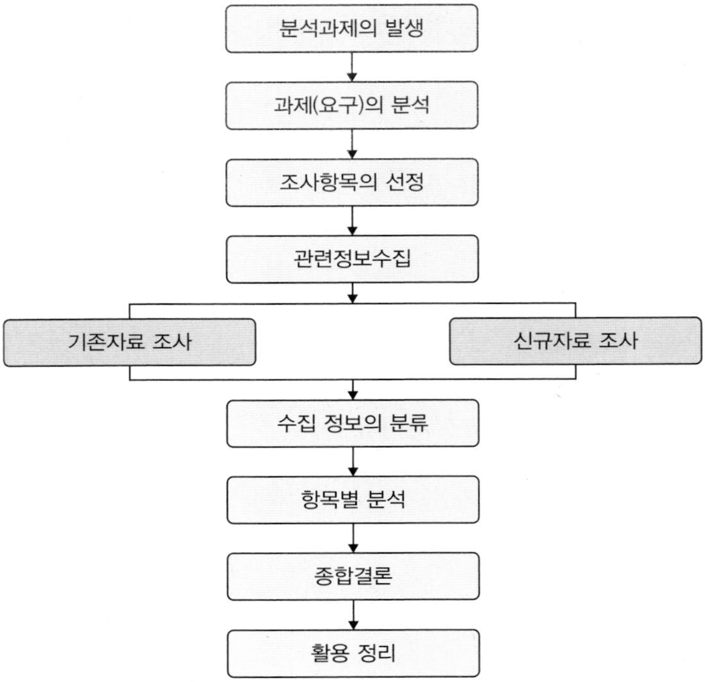


#### 5) 정보 활용의 형태

① 동적 정보 : 시시각각으로 변하는 정보 예 뉴스프로그램, 인터넷 기사, 유튜브, 영상, 이메일

② 정적 정보 : 보존되어 멈추어 있는 정보 예 잡지, 책, 스마트폰, USB, 외장하드

#### 6) 정보의 효율적인 관리 및 효과적인 활용

① 목록을 이용한 정보 관리

중요한 항목을 찾아 기술한 후 정리하면서 만들어진 방식이다.

② 색인을 이용한 정보 관리

- 주요 키워드나 주제어를 가지고 소장하고 있는 정보원을 관리하는 방식이다.
- 목록은 한 정보원에서 만들지만, 색인은 여러 개를 추출하여 여러 색인어를 부여한다.

③ 분류를 이용한 정보 관리

- 정보를 유사한 것끼리 모아 체계화하여 정보를 관리하는 방식이다.
- 컴퓨터 폴더를 생성하여 디렉토리를 만들 때, 웹 브라우저에서 즐겨찾기를 만들 때 사용한다.

더 알기 TIP

| 기준 | 내용 | 예 |
|---|---|---|
| 시간적 기준 | 정보의 발생 시간별로 분류 | 2012년 봄, 7월 등 |
| 주제적 기준 | 정보의 내용에 따라 분류 | 정보사회, 서울대학교 등 |
| 기능적/용도별 기준 | 정보가 이용되는 기능이나 용도에 따라 분류 | 참고자료용, 강의용, 보고서작성용 등 |
| 유형적 기준 | 정보의 유형에 따라 분류 | 도서, 비디오, CD, 한글파일, 파워포인트 파일 등 |

### 7) 사이버 공간에서 지켜야 할 예절

네티켓은 사이버 공간에서 지켜야 할 예절을 뜻하며, 통신망을 뜻하는 네크워크와 예절을 뜻하는 에티켓의 합성어로 사이버 공간에서 지켜야 할 비공식적인 규약이다.

| 전자우편(E-mail)을 사용할 때 네티켓 | 게시판을 사용할 때 네티켓 |
|---|---|
| • 메시지는 가능한 한 짧게 요점만 작성하기<br>• 메일을 보내기 전에 주소가 올바른지 확인하기<br>• 제목은 메시지 내용을 함축해 간략하게 쓰기<br>• 가능한 메시지 끝에 서명(성명, 직위, 단체명, 메일주소, 전화번호)을 포함 시키되 너무 길지 않도록 하기<br>• 메일로 타인에 대해 말할 때는 정중함을 지키기<br>• 타인에게 피해를 주는 언어(비방이나 욕설)는 쓰지 않기 | • 글의 내용은 간결하게 요점만 작성하기<br>• 제목에는 글의 내용을 파악할 수 있는 함축된 단어를 쓰기<br>• 글의 내용 중에 잘못된 점이 있으면 빨리 수정하거나 삭제하기<br>• 타인의 의견에 대해 무조건적인 비판 및 비방, 유언비어를 남기지 않기<br>• 게시판의 주제와 관련 없는 내용은 올리지 않기 |
| **온라인 대화(채팅)를 사용할 때 네티켓** | **인터넷 게임을 할 때 네티켓** |
| • 마주보고 이야기하는 마음가짐으로 임하기<br>• 대화방에 들어가면 지금까지 진행된 대화의 내용과 분위기를 경청하기<br>• 엔터키를 치기 전에 한번 더 생각하기<br>• 광고, 홍보 등을 목적으로 악용하지 말기<br>• 유언비어와 속어, 욕설은 삼가고 상호비방의 내용은 금하기 | • 상대방을 존중하며 경어를 사용하기<br>• 인터넷 게임에 너무 집착하지 않기<br>• 온라인 게임은 온라인상의 오락으로 끝내기<br>• 게임 중에 일방적으로 퇴장하는 것은 무례한 일임<br>• 게이머도 일종의 스포츠맨이므로 스포츠맨십을 가지기<br>• 이겼을 때는 상대를 위로하고 졌을 때는 깨끗하게 물러서기 |

### 8) 인터넷의 역기능

| 인터넷의 역기능 | 예시 |
|---|---|
| 불건전 정보의 유통 | 음란사이트, 엽기사이트, 도박사이트, 폭력사이트, 반사회적 사이트 |
| 컴퓨터 바이러스 | 컴퓨터 내부에 침투하여 자료를 손상하거나 다른 프로그램을 파괴하는 프로그램 |
| 사이버 언어폭력 | 욕설, 비방(명예 훼손), 도배, 성적 욕설(음담패설), 유언비어, 악성 댓글 |
| 사이버 성폭력 | 인터넷 채팅이나 게시판, SNS등을 통해 성적 수치심을 주는 행위 |
| 인터넷 중독 | 인터넷에 지나치게 빠져 생활의 곤란을 겪게 되는 경우 |
| 저작권 침해 | 불법으로 복제된 소프트웨어 파일을 배포하거나 저작권자 동의 없이 공개하는 경우 |
| 해킹 | 다른 시스템에 불법으로 침입하여 저장된 정보를 임의로 변경, 삭제 또는 절취하는 행위 |
| 개인정보 유출 | 해킹이나 바이러스 감염 등으로 개인정보 유출 |

더 알기 TIP

**컴퓨터 바이러스 예방법**

- 출처가 불분명한 전자우편의 첨부파일은 백신 프로그램으로 바이러스 검사 후 사용한다.
- 실시간 감시 기능이 있는 백신 프로그램을 설치하고 정기적으로 업데이트한다.
- 바이러스가 활동하는 날에는 시스템을 사전에 미리 검사한다.
- 정품 소프트웨어를 구입하여 사용하는 습관을 가진다.
- 중요한 파일은 습관적으로 별도의 보조기억장치에 미리 백업을 해놓는다.
- 프로그램을 복사할 때는 바이러스 감염 여부를 확인한다.

### 9) 개인정보 유출 방지 방법

- 회원가입 시 이용약관 읽기
- 이용목적에 부합하는 정보를 요구하는지 확인하기
- 비밀번호는 정기적으로 교체하기
- 정체불명의 사이트는 멀리하기
- 가입 해지 시 정보 파기 여부 확인하기
- 뻔한 비밀번호 쓰지 않기

모듈형

**01** 다음은 정보에 대한 특징으로 옳지 않은 것은?

① 정보의 가치는 자신에게는 중요한 재화가 되지만 다른 사람에게는 재화가 아닐 수도 있다.
② 정보는 원하는 시간과 장소에서 제공되어야 한다.
③ 공개 정보보다 비공개 정보의 가치가 더 높다.
④ 정보의 가치는 절대적인 기준이 있다.
⑤ 정보는 경제성과 경쟁성을 동시에 추구해야 한다.

모듈형

**02** 다음 중 정보화 사회에 대한 설명으로 옳지 않은 것은?

① 정보화 사회는 정보의 사회적 중요성이 가장 많이 요구된다.
② 수직적 네트워크 커뮤니케이션이 가능한 사회이다.
③ 경제활동의 중심이 상품의 정보나 서비스, 지식의 생산으로 옮겨간다.
④ 다양한 소프트웨어의 개발로 네트워크화가 이루어진다.
⑤ 정보의 가치 생산을 중심으로 사회 전체가 움직인다.

피듈형

**03** 다음은 농림축산식품부의 '친환경 과수 재배기술'과 관련한 신문기사이다. 다음 내용을 통해 알 수 있는 6T 기술은?

> 친환경 과수 재배기술, 새로운 길 열려
>
> 농림축산식품부의 지원을 받아 조성된 전남대 친환경농업연구소는 친환경 과수 재배를 위해 병해충을 효과적으로 방제하는 미생물 개발에 성공했다고 밝혔다. 전남대 친환경농업연구소 김길용 교수가 10년여간의 연구 끝에 개발한 젤라틴/키틴 분해 미생물(GCM)은 곰팡이, 유충 등에 함유된 젤라틴과 키틴을 분해하여 병해충을 생물학적으로 방제하고, 작물의 생육을 촉진하는 역할을 하는 것으로 입증되었다.
>
> 이 미생물을 복숭아 재배 농가에 적용한 결과, 비용은 관행 재배 대비 3분의 1 수준인 ha당 약 70만 원(관행 약 2백만 원)이 드는 반면, 생산량은 관행보다 약 10% 증가할 것으로 예상된다. 시험 재배에 참여한 귀농 6년차 배회춘 부부는 "농약을 사용하지 않아도 복숭아에 많이 발생하는 진딧물, 복숭아심식나방, 탄저균 등이 거의 발견되지 않고, 관행 재배보다 낙화율도 낮다."며 특히 병해충에 취약해 친환경 재배가 어려운 복숭아를 무농약으로 재배할 수 있다는 데 기대감을 나타냈다.

① BT(Bio Technology)
② NT(Nano Technology)
③ CT(Cultural Technology)
④ ET(Environmental Technology)
⑤ ST(Space Technology)

피듈형

**04** **다음 내용은 컴퓨터가 여러 분야에서 어떻게 활용이 되고 있는지 설명하는 내용이다. 괄호 안에 들어가는 단어를 순서대로 나열한 것은?**

> 중소기업에 다니는 백 사원은 직장에서 업무처리를 하는 데 있어 모든 문서 서류를 작성하고, 민원서류를 발급하고, 결재할 때 ( ㉠ )이/가 이루어져 있어 편리하고 업무가 효율적으로 처리된다. 코로나로 인해 직장에 나가지 못할 때는 집에서 컴퓨터로 일을 처리할 수 있는 ( ㉡ ) 가 이루어지고 있다. 또한 백 사원의 자녀가 다니는 학교에서는 종이 교과서가 아닌 ( ㉢ )로 전환되어 자기주도학습을 할 수 있다. 코로나 시대에 대면이 아닌 비대면이 더욱 강조되고 있어 컴퓨터가 여러 분야에서 많이 활용되고 있다.

| | ㉠ | ㉡ | ㉢ |
|---|---|---|---|
| ① | 의사결정지원시스템 | 사무자동화 | 디지털 교과서 |
| ② | 사무자동화 | 경영정보시스템 | 에듀테크 |
| ③ | 경영정보시스템 | 의사결정지원시스템 | 사무자동화 |
| ④ | 사무자동화 | 재택근무 | 디지털 교과서 |
| ⑤ | 재택근무 | 사무자동화 | 에듀테크 |

모듈형

**05** **◇◇기업 영업부에 근무하는 민 사원은 신규 고객사 유치를 위해 5W2H 원칙에 따라 기획을 하려고 한다. 다음 중 5W2H 원칙의 요소와 내용의 연결이 적절하지 않은 것은?**

① WHAT : 아직 거래하지 않은 기업의 목록, ◇◇기업 주력 상품에 대한 상세 정보
② WHEN : 이번 달 말까지
③ WHERE : 내근 및 외근
④ WHY : 신규 고객사 유치
⑤ HOW : IT팀 DB 담당 최 사원

모듈형

## 06 다음 대화에서 이야기하고 있는 인터넷 서비스는?

A 사원 : 우리 기업은 공유하여 사용하는 파일이 많은데 어떻게 하면 효율적으로 사용할 수 있을까요?
B 사원 : 파일을 복사해서 USB에 저장하면 되지 않을까요?
C 사원 : 그렇게 하면 너무 번거로울 것 같은데 좀 더 쉬운 방법은 없을까요?
D 사원 : 아! 서로 데이터도 주고받고 대화가 가능한 거면 더 좋을 거 같아요. 일할 때 업무상 물어볼 게 있으면 대화로 주고받을 수 있고, 더 효율적으로 일을 할 수 있을 거 같아요.
B 사원 : 좋은 아이디어네요. 그럼, 대화가 가능하고 데이터를 주고받을 수 있는 소프트웨어이면 좋겠네요.
C 사원 : 네. 좋아요.

① 전자우편
② 페이스북
③ 인터넷 디스크
④ 웹하드
⑤ 메신저

모듈형

## 07 다음 사례는 인터넷 서비스와 관련된 사례이다. 사례에 해당하는 서비스는?

(가) 프리랜서 L 씨는 홈페이지를 만드는 디자이너이다. 집에서 재택근무를 하는 L 씨는 일하기 위하여 에어컨과 세탁기에 "에어컨아 30분 뒤에 전원을 꺼줄래?", "세탁기야, 1시간 뒤에 세탁기 돌려줘." 라고 이야기하면 상호 소통하여 에어컨과 세탁기가 자동으로 움직이는 서비스를 사용한다.
(나) L 씨는 필요한 정보를 인터넷 서버를 통해서 정보를 보관하고 필요할 때 서버를 통해서 꺼내 쓸 때 활용한다.

| | (가) | (나) |
|---|---|---|
| ① | 전자상거래 | 전자우편 |
| ② | 웹하드 | 메신저 |
| ③ | 사물인터넷(IoT) | SNS |
| ④ | 사물인터넷(IoT) | 클라우드 컴퓨팅 |
| ⑤ | 웹하드 | 클라우드 컴퓨팅 |

모듈형

**08** K 사원은 신제품 홍보 기획안을 작성하기 위해 세대별 트렌드와 최신 이슈 등의 자료 조사를 인터넷 검색을 통해 수집하려고 한다. 인터넷 정보 검색에 관한 내용으로 옳은 것은?

① 키워드가 짧을수록 많은 양의 정보를 검색할 수 있으므로 키워드를 짧게 선택한다.
② 원하는 정보를 찾기 위해 검색 기술을 이용하여 검색하면 시간을 단축할 수 있다.
③ 짧은 시간에 많은 양의 정보를 탐색할 수 있는 웹 검색을 주로 이용한다.
④ 검색 엔진 나름대로 정확성이 높다고 판단되는 데이터를 화면의 상단에 표시하므로 신뢰하고 이용한다.
⑤ 인터넷상에는 원하는 정보만 있으므로 검색하면 정보를 얻을 수 있다.

모듈형

**09** 영업부에서 일하는 이 씨는 업무보고서를 작성하기 위해 계획을 세웠다. 계획서를 보고 이 씨가 사용한 프로그램을 바르게 나열한 것은?

(가) 업무보고서에 필요한 내용이나 그림을 검색하여 필요한 내용을 복사하거나 캡처한 뒤 저장한다. 그리고 글과 그림을 적당하게 배치하여 삽입한다. 이 업무보고서는 다른 사람에게 전달하기 쉽고, 알아보기 쉽게 만들어야 한다.
(나) 업무보고서에 필요한 수치를 표로 작성하고 수치를 함수를 통해서 계산한다. 계산한 값을 차트로 작성한다.
(다) (가), (나)의 파일의 크기가 너무 커서 파일의 크기를 줄여주기로 했다. 파일의 크기를 줄여주고 나니 디스크의 저장공간을 넓혀주고, 파일을 전송하는 데 걸리는 시간도 단축된다.

| | (가) | (나) | (다) |
|---|---|---|---|
| ① | 데이터베이스 | 스프레드시트 | 유틸리티 프로그램 |
| ② | 프레젠테이션 | 데이터베이스 | 그래픽 소프트웨어 |
| ③ | 프레젠테이션 | 스프레드시트 | 그래픽 소프트웨어 |
| ④ | 스프레드시트 | 프레젠테이션 | 유틸리티 프로그램 |
| ⑤ | 프레젠테이션 | 스프레드시트 | 유틸리티 프로그램 |

모듈형

**10** 다음 ○○공사 직원들이 나눈 대화 내용 중 데이터베이스에 대해 잘못 말한 직원을 모두 고른 것은?

> A 부장 : 기업에서 데이터는 매우 중요한 자산입니다. 데이터의 효용성을 높이기 위해 데이터베이스를 이용해야 합니다.
> B 과장 : 맞습니다. 하지만 데이터 유지비용이 많이 들기 때문에 필요한 경우 담당자와의 회의를 통해 데이터를 공유하는 것은 어떨까요?
> C 대리 : 데이터가 중복되지 않고 한 곳에만 기록되어 있으면 유지비용도 줄일 수 있고, 무결성이 높아질 수 있으므로 한 곳에서 관리하는 것이 중요할 것 같습니다.
> D 사원 : 지난번 SKY 프로젝트를 진행할 때, 데이터베이스가 있으니 한 번에 여러 파일에서 데이터를 찾을 수 있어서 검색이 쉬웠어요. 데이터베이스는 필요하다고 생각합니다.
> E 사원 : 검색이 쉬울 수 있지만 C 대리님의 말씀처럼 데이터가 한 곳에 있다면 보안이 어렵지 않을까요? 부서마다 보안에 신경 써야 하는 부분도 있으리라 생각됩니다.

① A 부장, B 과장
② B 과장, C 대리
③ B 과장, E 사원
④ C 대리, D 사원
⑤ D 사원, E 사원

모듈형

**11** 다음 중 데이터베이스 관리시스템(DBMS)의 주요 필수 기능과 거리가 먼 것은?

① 모든 응용 프로그램들이 요구하는 데이터 구조를 지원하기 위해 데이터들의 형태에 대해 정의한다.
② 데이터와 데이터 관계를 확실하게 정의한다.
③ 데이터의 갱신, 삽입, 삭제 작업을 정확하게 수행하여 무결성이 파괴되지 않도록 제어한다.
④ 데이터의 검색, 갱신, 삽입, 삭제 등을 체계적으로 처리하기 위해 까다로운 확인 절차를 통해 조작한다.
⑤ 여러 사용자가 데이터베이스를 동시에 접근하여 데이터를 처리할 수 있도록 병행제어 한다.

모듈형

**12** 다음 중 4차 산업혁명을 포괄하는 것은?

① 인공지능(AI)
② 사물인터넷(IoT)
③ ICT
④ VR
⑤ 드론

피듈형

**13** **다음은 4차 산업혁명의 기술의 사용 사례에 관한 내용이다. 다음의 사례에서 공통으로 알 수 있는 4차 산업혁명의 기술은?**

> • Netflix 및 Procter&Gamble 같은 회사들은 이를 사용하여 고객 수요를 예측한다. 또한, 과거 및 현재의 제품/서비스의 주요 속성을 분류하고 이러한 속성과 옵션의 상업적 성공 간의 관계를 모델링하여 새로운 제품 및 서비스에 대한 예측 모델을 구축하고 있다. P&G는 포커스 그룹, 소셜 미디어, 테스트 시장 및 초기 매장 출시에서 나온 데이터 및 분석 결과를 사용하여 신제품을 계획, 생산 및 출시하고 있다.
> • 기계 고장을 예측할 수 있는 요인들이 장비의 연도, 제조업체, 모델과 같은 정형 데이터뿐만 아니라 수백만 개의 로그 항목, 센서 데이터, 오류 메시지 및 엔진 온도를 포괄하는 비정형 데이터에 깊이 묻혀 있을 수 있다. 조직들은 문제가 발생하기 전에 잠재적 문제에 대한 이러한 징후들을 분석함으로써 유지 보수를 보다 비용 효율적으로 배치하고 부품 및 장비 가동 시간을 최대화할 수 있다.
> • 보안 환경 및 규정 준수 요구사항은 계속해서 진화하고 있다. 이를 사용하면 데이터에서 사기를 나타내는 패턴을 식별하고 대량의 정보를 집계하여 규제 보고를 훨씬 빠르게 할 수 있다.

① 빅데이터
② 인공지능(AI)
③ 사물인터넷(IoT)
④ 가상현실(VR)
⑤ 자율주행 자동차

모듈형

**14** **기업이나 어떤 조직을 운영하는 데 있어서 중요한 것은 정보이다. 정보를 언제 필요로 하는지에 대한 설명으로 적절하지 않은 것은?**

① 문제의 답을 알아내고자 할 때
② 의사결정을 해야 할 때
③ 가지고 있는 정보가 부족할 때
④ 필요한 정보가 무엇인지 인식하게 될 때
⑤ 문제의 상황이 발생했을 때

모듈형

**15** **다음 자료를 1차 자료와 2차 자료로 바르게 구분한 것은?**

| | | |
|---|---|---|
| ㉠ 단행본 | ㉡ 백과사전 | ㉢ 신문 |
| ㉣ 편람 | ㉤ 연구보고서 | ㉥ 연감 |

| | 1차 자료 | 2차 자료 |
|---|---|---|
| ① | ㉠, ㉢, ㉥ | ㉡, ㉣, ㉤ |
| ② | ㉠, ㉤, ㉥ | ㉡, ㉢, ㉣ |
| ③ | ㉡, ㉣, ㉤ | ㉠, ㉢, ㉥ |
| ④ | ㉠, ㉢, ㉤ | ㉡, ㉣, ㉥ |
| ⑤ | ㉡, ㉣, ㉥ | ㉠, ㉢, ㉤ |

[16~17] 다음은 T 기업의 반도체 제품 번호 부여방식에 대한 설명이다. 이어지는 질문에 답하시오.

〈T 기업 반도체 제품 번호 부여방식〉

TMP 89 F S 60 x T UG

각 숫자와 문자는 다음의 사항을 나타낸다.

- T 기업 마이크로제어장치
- 마이크로제어장치 코어

| 코드 | 89 | 92 |
|---|---|---|
| 내용 | 870/C1 | 900/H1 |

- ROM 타입

| 코드 | C | E | F | P |
|---|---|---|---|---|
| ROM 타입 | Mask | EEP-ROM | Flash | OTP |

- ROM 크기

| 코드 | P | S | U | W | F | Y | Z |
|---|---|---|---|---|---|---|---|
| 용량(KB) | 48 | 60/64 | 96 | 124/128 | 192 | 256 | 384 |

- 마이크로제어장치 하위 유형
- 마이크로제어장치 개정
- 자동차 품질 등급

| R | T | I | S |
|---|---|---|---|
| 등급 A | | 등급 B | |
| -40℃~+85℃ | -40℃~+125℃ | -40℃~+85℃ | -40℃~+125℃ |

- 패키지

| | | | |
|---|---|---|---|
| QG | 플라스틱 축소판 쿼드 아웃 패키지 | UG | 플라스틱 쿼드 플랫 패키지 |
| XBG | 플라스틱 볼 그리드 어레이 | MG | 플라스틱으로 포장된 SOP<br>(Small-outPackage) |
| WBG | 웨이퍼 레벨 칩 크기 패키지 | NG | 플라스틱 축소 SDIP |

피듈형

**16** 다음 중 900/H1 마이크로제어장치 코어를 기반으로 Mask 192 ROM 크기를 가지고 자동차 품질 B등급의 플라스틱 쿼드 플랫 패키지를 가진 마이크로제어장치의 시리얼 넘버는?

① TMP89CF60xRUG ② TMP89PF60xSUG ③ TMP92CF60xTUG
④ TMP92CF60xIUG ⑤ TMP92EF60xIUG

피듈형

**17** **다음 제품 번호에 대한 설명으로 옳지 않은 것은?**

TMP89PW60xIMG

① 해당 제품의 패키지는 플라스틱으로 포장된 SOP이다.
② ROM 크기는 124KB 혹은 128KB이다.
③ 마이크로제어장치 코어는 870/C1이다.
④ 자동차 품질은 B등급으로 +86℃이다.
⑤ ROM 타입은 OTP이다.

모듈형

**18** **○○기업은 3년 전부터 신제품 개발을 위해 연구실을 운영하고 있다. 주기적인 보안 교육 및 보안 실태 검사 등을 통해 보안에 신경 쓰고 있다, 3주 후 신제품 개발 발표 전까지 보안에 더 신경 쓰라는 상사의 지시가 있었다고 할 때, 정보관리 방법으로 옳은 것은?**

① 영어 대문자와 소문자, 특수문자를 포함하여 9자리 이상의 비밀번호를 설정했으므로 변경 없이 사용한다.
② 인가받지 않은 USB, 외장 하드 등을 반입하지 않았는지 확인한다.
③ 자리를 비울 때, 직원들을 신뢰하므로 별도의 비밀번호는 설정하지 않는다.
④ 자리마다 이메일 및 핸드폰 번호가 있는 명함을 꽂아두고, 보안절차를 어기는 직원을 주기적으로 확인한다.
⑤ 신제품 개발 마무리 단계로 완벽하게 마무리하기 위해 관련 문서를 가지고 퇴근한다.

모듈형

**19** **사이버 공간에서 지켜야 할 예절을 네티켓이라고 한다. 전자우편(E-Mail)과 온라인 대화(채팅)에서 지켜야 할 네티켓의 내용으로 옳지 않은 것은?**

① 강 사원 : 전자우편에서 제목은 메시지 내용을 함축하여 간략하게 써야 합니다.
② 김 사원 : 마주 보고 이야기하는 마음으로 온라인 대화(채팅)를 해야 합니다.
③ 나 사원 : 전자우편과 온라인 대화에서는 비방하는 내용이나 욕설을 쓰지 않아야 합니다.
④ 박 사원 : 전자우편을 보낼 때 메시지는 길게 작성하여 받는 사람이 구체적으로 알 수 있도록 작성합니다.
⑤ 정 사원 : 온라인 대화에서는 진행된 대화의 내용과 분위기에 경청합니다.

피듈형

**20** **우리 주변에 여러 가지 스트레스로 인해 인터넷이나 게임에 중독된 사람들이 있다. 다음 내용을 통해 인터넷이나 게임에 중독된 사람들의 이유를 찾아볼 수 있다. 그러면 중독된 사람들에게는 어떠한 도움을 주는지에 대한 설명으로 옳지 않은 것은?**

> 우리가 인터넷에 중독되기 쉬운 이유는 가족 문제, 학업 문제 등 여러 가지 이유로 그 문제들을 회피할 수 있고, 만족감을 바로 얻을 수 있기 때문이다. 현실에서는 하지 못하는 공격성을 마음껏 표출할 수 있고, 인터넷에서 잘하게 되면 다른 사람들로부터 인정받을 기회도 제공된다.

① 자신에게 어떠한 어려움이 있는지 알고 돕는 과정이 필요하다.
② 인터넷이나 게임에 빠져드는 원인을 조절함으로써 긍정적인 변화가 무엇인지 알려 줄 필요가 있다.
③ 실행 가능한 목표를 세워본다.
④ 유혹적인 상황을 피하는 것이 좋다.
⑤ 가족 문제 및 대인관계의 어려움을 회피한다.

피듈형

**21** **다음 사례를 방지하기 위한 방법은?**

> A 학생은 중간고사 시험과 수행평가를 준비하는 중이다. 수행평가를 준비하려고 인터넷 검색하고 있었다. 인터넷 검색을 하던 중에 당첨이 되면 상품권을 받을 수 있다는 것을 보았다. '상품권을 받으면 내가 원하는 가방을 살 수 있을 텐데'라는 생각이 들었다. 학생 신분으로써 경품권을 응모할 수 없기에 어머니께 말씀드리지 않고 어머니의 연락처, 주민등록번호, 계좌를 이용하여 경품권에 응모하였다. 경품권에 응모한 A 학생은 당첨이 되기를 기대하며 중간고사와 수행평가 준비를 하였다. 며칠 후 경품권 응모 결과가 나왔다.

① 회원 가입 시 이용 약관을 읽기
② 비밀번호는 정기적으로 교체하기
③ 이용목적에 부합하는 정보를 요구하는지 확인하기
④ 가입 해지 시 정보 파기 여부 확인하기
⑤ 뻔한 비밀번호 쓰지 말기

모듈형

**22** 다음은 Windows 바로 가기 키에 대하여 두 사람이 다음과 같이 대화를 나누었을 때 ㉠~㉥ 중 옳지 않은 것은?

> 김 사원 : 이 내용을 복사해서 다른 내용에 붙여넣었으면 좋겠어요.
> 이 사원 : 그렇게 하기 위해서는 ㉠ Ctrl+C로 복사하고 Ctrl+V로 붙여넣기로 하면 되겠네요.
> 김 사원 : 인터넷에 중요한 내용이 있네요. 이 화면 ㉡ 전체 내용을 캡처하려면 PrintScreen으로 하면 되겠네요. 근데 ㉢ 캡처를 자동저장 하려면 Alt+Printscreen이네요.
> 박 사원 : 근데 이 내용은 전체선택하여 지워야 할 거 같아요.
> 김 사원 : ㉣ 전체 선택하는 것은 Ctrl+A이고, ㉤ 지우는 것은 Ctrl+R를 누르면 지워지겠네요.
> 박 사원 : 네 그럼 작업한 문서를 저장하고 ㉥ Alt+F4를 누르고 시스템 종료해요.

① ㉠, ㉢　② ㉡, ㉣　③ ㉢, ㉤　④ ㉤, ㉥　⑤ ㉢, ㉣

모듈형

**23** L 기업에 다니는 P 사원은 사무실 프린터가 고장이 나서 새로 주문하였다. 도착한 프린터를 설치하고 마우스 기능을 바꾸려고 Y 사원과 대화를 하는 내용으로 옳지 않은 것은?

① P 사원 : 프린터를 설치하려면 제어판에 들어가서 프린터 추가를 하면 설치가 가능합니다.
② Y 사원 : 사무실에는 프린터가 여러 대 있으니 이 프린터로 계속 사용하려면 기본 프린터로 설정해야 합니다.
③ P 사원 : 마우스의 오른쪽 기능과 왼쪽 기능은 바꿀 수 없습니다. 왜냐하면 오른쪽과 왼쪽 기능이 정해져 있기 때문입니다.
④ Y 사원 : 기본 프린터는 여러 대로 지정할 수 없습니다. 한 대만 지정할 수 있습니다.
⑤ Y 사원 : 마우스의 포인터 자국을 표시할 수 있습니다.

피듈형

**24** 다음과 같은 시트의 [F4] 셀에 주어진 수식을 넣으면 나타나는 오류는?

| | A | B | C | D | E | F |
|---|---|---|---|---|---|---|
| 1 | | 국어 | 영어 | 수학 | 사회 | 합계 |
| 2 | 최민아 | 85 | 92 | 76 | 88 | |
| 3 | 김선희 | 80 | 83 | 86 | 91 | |
| 4 | 박민정 | 91 | 86 | 82 | 79 | =SUM(B4:F4) |
| 5 | 맹현수 | 78 | 87 | 94 | 86 | |

① 순환 참조 경고　② #DIV/0!　③ #VALUE!
④ #N/A　⑤ #NUM!

피듈형

**25** 다음 중 성별이 '남'인 직원의 근속연수 합계를 구하는 수식으로 옳지 않은 것은?

| | A | B | C | D | E |
|---|---|---|---|---|---|
| 1 | 사원번호 | 이름 | 성별 | 직위 | 근속년수 |
| 2 | A-090312 | 최효종 | 남 | 이사 | 12 |
| 3 | A-120507 | 송윤아 | 여 | 과장 | 9 |
| 4 | A-190101 | 민유희 | 여 | 사원 | 3 |
| 5 | A-170218 | 이중현 | 남 | 사원 | 4 |
| 6 | A-100819 | 박유신 | 남 | 차장 | 11 |
| 7 | A-100730 | 조재진 | 남 | 차장 | 11 |
| 8 | A-151013 | 신현아 | 여 | 대리 | 6 |
| 9 | A-141111 | 강혜선 | 여 | 대리 | 7 |
| 10 | A-131217 | 한수현 | 여 | 과장 | 8 |

① =DSUM(A1:E10,E1,C1:C2)
② =SUMIF(C2:C10,"=남",E2:E10)
③ =SUMIFS(E2:E10,C2:C10,"=남")
④ =SUM(IF(C2:C10=C2,E2:E10,0))
⑤ =SUM(C2:C10)

피듈형

**26** 다음 중 [D2:D7] 영역을 선택한 후 한 번에 총금액을 구하려고 한다. 다음 중 올바른 수식은?

| | A | B | C | D |
|---|---|---|---|---|
| 1 | 제품명 | 단가 | 수량 | 금액 |
| 2 | 에어컨 | 2,100,000 | 5 | |
| 3 | 냉장고 | 2,430,000 | 3 | |
| 4 | TV | 1,500,000 | 10 | |
| 5 | 세탁기 | 860,000 | 15 | |
| 6 | 스타일러 | 1,120,000 | 6 | |
| 7 | 노트북 | 680,000 | 20 | |

① =SUMPRODUCT(B2:B7,C2:C7)
② =B2*C2
③ =B2:B7*C2:C7
④ =B2*C2:B7*C7
⑤ =SUM(B2:B7,C2:C7)

피듈형

**27** 다음과 같이 주민등록번호를 입력하였다. 보안을 위해 〈수정 후〉와 같이 뒤 6자리를 블라인드 처리하고자 한다. [D2] 셀에 들어갈 함수식으로 옳은 것은?

〈수정 전〉

| | A | B | C | D |
|---|---|---|---|---|
| 1 | No. | 이름 | 부서 | 주민번호 |
| 2 | 1 | 천XX | 경영지원팀 | 961025-1096587 |
| 3 | 2 | 강OO | 영업1팀 | 970622-1234567 |
| 4 | 3 | 한◇◇ | 영업2팀 | 000319-3456789 |
| 5 | 4 | 안□□ | 개발1팀 | 931217-2145678 |
| 6 | 5 | 지▲▲▲ | 개발2팀 | 910312-1356891 |

⬇

〈수정 후〉

| | A | B | C | D |
|---|---|---|---|---|
| 1 | No. | 이름 | 부서 | 주민번호 |
| 2 | 1 | 천XX | 경영지원팀 | 961025-1****** |
| 3 | 2 | 강OO | 영업1팀 | 970622-1****** |
| 4 | 3 | 한◇◇ | 영업2팀 | 000319-3****** |
| 5 | 4 | 안□□ | 개발1팀 | 931217-2****** |
| 6 | 5 | 지▲▲▲ | 개발2팀 | 910312-1****** |

① =REPLACE(D2,8,6,"**")

② =REPLACE(D2,9,6,"*")

③ =REPLACE(D2,8,6,"******")

④ =REPLACE(D2,9,6,"*")

⑤ =REPLACE(D2,9,6,"******")

모듈형

**28** P 기업은 스프레드시트를 이용하여 월말 결산 보고서를 작성하려고 한다. 금액의 회계 표시를 추가하기 위해 셀 서식 대화상자를 이용하려고 할 때 사용해야 할 단축키는?

① Ctrl + O　② Ctrl + 1　③ Ctrl + C　④ Ctrl + V　⑤ Ctrl + X

모듈형

**29** **다음은 P 컴퓨터 학원에 강사들이 모여 엑셀에 대해 이야기를 하고 있다. 강사들이 이야기하고 있는 엑셀에 대한 기능을 바르게 연결한 것은?**

> (가) A 강사 : 숫자에 1,000단위 구분 기호를 표시하고, 개수를 입력할 때 숫자 뒤에 "개"를 입력해야 다른 사람들이 보기에 쉽게 알아볼 수 있고, 한꺼번에 처리할 수 있는 기능이 있어.
> (나) B 강사 : 전체 표 자료에서 주어진 조건에 맞춰서 글꼴 색깔을 빨간색으로 바꿔주고, 글꼴을 굵게 해주면 바로 눈에 띄게 해주는 기능도 있어.
> (다) C 강사 : 또 총합계와 평균, 순위 등을 내는 기능도 있어 우리가 직접 계산하지 않고 참 편해.
> (라) D 강사 : 학생들의 성적에 얼마의 점수를 더하거나 감소시키면 가상의 점수가 얼마인지 비교할 수 있는 데이터 자료를 나오면 좋을 것 같아! 가상의 점수를 대입시켜보고 분석해보는 것도 엑셀의 장점인 것 같아!

| | (가) | (나) | (다) | (라) |
|---|---|---|---|---|
| ① | 셀서식 | 조건부 서식 | 고급필터 | 피벗 테이블 |
| ② | 조건부 서식 | 자동필터 | 함수 | 고급필터 |
| ③ | 셀서식 | 조건부 서식 | 피벗 테이블 | 시나리오 |
| ④ | 자동필터 | 셀서식 | 고급필터 | 함수 |
| ⑤ | 셀서식 | 조건부 서식 | 함수 | 시나리오 |

모듈형

**30** **B 공사에 다니는 K 신입 사원은 워드프로세서에 보고서를 작성하는 중이었다. 보고서에는 표가 많아서 표를 작성하는 데 많은 어려움을 겪고 있다. 표를 작성하는 데에 대한 설명으로 옳지 않은 것은?**

① 표를 작성할 때 테두리의 종류와 굵기를 변경할 수 있다.
② 셀에 면색과 무늬 색을 변경할 수 있다.
③ 셀과 셀을 합치거나 나눌 수 있다.
④ 표 전체의 크기를 변경하려면 Ctrl을 누르고 방향키를 누르면 변경할 수 있다.
⑤ 선택한 셀 부분의 너비만 변경하려면 Shift를 누르고 방향키를 누르면 변경할 수 있다.

PART

# 08

# 기술능력

차례



## 하위능력

기술이해능력, 기술선택능력, 기술적용능력

SECTION

# 01 기술능력 이론

합격강의

## 기술능력 소개

### 01 기술능력의 학습 목표

| 구분 | 학습 목표 |
|---|---|
| 일반 목표 | 직업생활에서 쉽게 접하는 기술을 이해하고, 선택하여, 다양한 상황에 기술을 적용할 수 있다. |
| 세부 목표 | 1. 기술의 정의와 중요성, 지속 가능한 기술에 대하여 설명할 수 있다.<br>2. 직업 생활에 필요한 기술능력에는 무엇이 있고, 기술능력의 향상 방법은 어떤 것이 있는지 설명할 수 있다.<br>3. 산업재해의 의미와 예방대책에 대해 설명할 수 있다. |

### 02 기술능력의 의미와 중요성

일상적으로 요구되는 수단, 도구, 조작 등에 관한 기술적인 요소들을 이해하고, 적절한 기술을 선택하며, 적용하는 능력을 의미한다. 직업인이 직업생활에서 일상적으로 접하는 기술을 이해하고, 효율적인 기술을 선택하여 다양한 상황에 기술을 적용하기 위해서는 기본적인 기술능력의 함양은 필수적이다.

### 03 기술

#### 1) 기술의 정의

기술이란 물리적인 것뿐만 아니라 사회적인 것으로서 지적인 도구를 특정한 목적에 사용하는 지식체계이다. 인간이 주위환경에 대한 통제를 확대하는 데 필요한 지식의 적용이며 제품이나 용역을 생산하는 원료, 생산공정, 생산방법, 자본재 등에 관한 지식의 집합체이다.

#### 2) 노하우(Know-how)와 노와이(Know-why)

기술은 원래 노하우(Know-how)개념이 강했으나 시대의 변화로 노하우(Know-how)와 노와이(Know-why)가 결합하게 되었고, 현대적 기술은 주로 과학을 기반으로 하는 기술(Science-based technology)이 되었다.

| | |
|---|---|
| 노하우(Know-how) | • 흔히 특허권을 수반하지 않는 과학자, 엔지니어의 체화된 기술<br>• 경험적이고 반복적인 행위로 지식이 획득되며 전수(Technique, Art) |
| 노와이(Know-why) | • 어떻게 기술이 성립하고 작용하는가에 관한 원리적 측면의 기술<br>• 이론적인 지식으로 과학적인 탐구에 의해 획득되며 전수 |

### 3) 기술의 특징

- 하드웨어나 인간에 의해 만들어진 비자연적인 대상, 혹은 그 이상이다.
- 기술을 설계, 생산, 사용하기 위한 정보, 기술, 절차를 갖는 데 노하우(Know-how)가 필요하다.
- 하드웨어를 생산하는 과정이다.
- 인간의 능력을 확장하기 위한 하드웨어와 그것의 활용이다.
- 정의 가능한 문제들을 해결하기 위해 순서화되고 이해 가능한 노력이다.

### 4) 기술의 중요성

- 글로벌 경쟁 시대에서는 조직이 우수한 기술을 확보하고 활용함에 따라 기업의 경쟁력을 결정한다.
- 기술 이전이 빠른 산업 분야에서는 기술의 변화와 동향을 재빨리 습득하는 것이 매우 중요하다.
- 3D 프린팅, 로봇, 빅데이터, 사물인터넷, 인공지능 등 미래 주도 기술은 새로운 형태의 산업을 탄생시킬 수 있다.



### 5) 지속 가능 발전과 지속 가능 기술

| 지속 가능 발전이란? |
| --- |
| • 인구와 산업의 발전이 무한한 계획될 수 없다는 문제에서 등장<br>• 지구촌의 현재와 미래를 포괄하는 개념<br>• 현재 욕구를 충족시키는 발전이지만, 동시에 후속 세대의 욕구를 침해하지 않는 발전<br>• 경제력 확력과 사회적 평등, 환경의 보존을 동시에 충족<br>• 현재와 미래 세대의 발전과 환경적 요구를 충족하는 방향으로 이루어져야 하고 환경보호가 발전의 중심적인 요소가 되어야 함 |
| **지속 가능 기술이란?** |
| • 이용 가능한 자원과 에너지를 고려<br>• 자원이 사용되고 그것이 재생산되는 비율의 조화를 추구<br>• 자원의 질을 생각하며 자원이 생산적인 방식으로 사용되는가를 주의<br>• 고갈되지 않는 자연의 에너지를 활용하고 낭비적인 소비 형태를 지양하며 기술적 효용만이 아닌 환경 효용 추구 |

## 04 기술능력 향상 방법

### 1) 기술능력이 뛰어난 사람의 특징

| | |
| --- | --- |
| **문제 인식** | 실질적 해결이 필요한 문제를 인식 |
| **해결책 개발** | 인식된 문제를 위해 다양한 해결책을 개발하고 평가 |
| **선택과 적용** | 실제적인 문제를 해결하기 위해 지식과 기타 자원을 선택하고 최적화하여 적용 |
| **자원의 활용** | 주어진 한계 속에서 그리고 제한된 자원을 가지고 일함 |
| **효용성** | 기술적 해결에 대한 효용성을 평가 |
| **기술체계의 사용** | 여러 상황 속에서 기술의 체계와 도구를 사용하고 배울 수 있음 |

### 2) 기술능력 향상을 위한 방법

| | |
|---|---|
| 전문 연수원을 통한 기술과정 연수 | • 전문적인 교육을 통해 양질의 인재양성 기회를 제공<br>• 전문가의 진행으로 이론과 실무 중심의 교육을 동시에 실시<br>• 연수 분야의 노하우를 가지고 있어 체계적이고 현장 밀착된 교육<br>• 최신 실습 장비, 시청각 시설, 전산 시설 등 각종 부대 시설의 활용<br>• 산학협력 연수 및 국내외 우수연수기관의 협력으로 연수 가능<br>• 연수비가 저렴하며 고용보험환급으로 교육비 부담이 적음 |
| E-learning을 활용한 기술교육 | • 시간과 장소에 구애받지 않으며 컴퓨터와 인터넷 연결이 있다면 자유롭게 학습<br>• 내용과 순서의 선택이 개개인의 요구에 맞게 학습 가능하여 스스로 학습을 조절<br>• 비디오, 사진, 텍스트, 소리, 동영상 등 멀티미디어 학습 가능<br>• 이메일, 토론방, 자료실 등을 통해 의사교환과 상호작용이 자유로움<br>• 업데이트로 새로운 내용 반영이 쉬워 새로운 교육에 대한 요구나 내용을 신속하게 반영하여 교육 비용 절감 효과 |
| 상급학교 진학을 통한 기술교육 | • 폴리텍대학, 인력개발원과 같은 실무 중심 전문교육기관이나 전문대학, 대학 및 대학원과 같은 상급학교의 진학으로 학문적이고 최신 기술을 반영한 교육 가능<br>• 산업체와의 프로젝트 활동으로 실무 중심 교육이 가능<br>• 종사자와 함께 교육을 받으므로 인적 네트워크 형성에 도움이 되며 경쟁을 통해 학습효과가 향상 |
| OJT를 활용한 기술교육 | • OJT(On the Job Training)란 조직 안에서 피교육자인 종업원이 직무에 종사하면서 받게 되는 훈련<br>• 업무 수행에 필요한 지식 · 기술 · 태도 · 능력을 훈련받으며 직장훈련 · 직장지도 · 직무상의 지도<br>• 모든 관리 · 감독자는 업무 수행상의 지휘감독자이며 부하직원의 능력향상을 책임지는 교육자<br>• 교육자와 피교육자 사이에 친밀감이 조성되며 시간 낭비가 적고 조직에 필요한 교육이 가능 |

## 05 산업재해의 원인과 예방

### 1) 산업재해의 의미

산업재해는 산업활동 중의 사고로 인해 사망하거나 부상을 당하고, 유해 물질에 의한 중독 등으로 직업성 질환에 걸리거나 신체적 장애를 가져오는 결과를 뜻하며 산업안전보건법에서는 근로자가 업무에 관계되는 건설물 · 설비 · 원재료 · 가스 · 증기 · 분진 등에 의하거나, 직업과 관련되어 사망 또는 부상하거나 질병에 걸리게 되는 것을 산업재해로 정의한다.

### 2) 산업재해의 기본적 원인

| | |
|---|---|
| 교육적 원인 | • 안전지식의 불충분과 안전 수칙의 오해<br>• 경험이나 훈련의 불충분과 작업관리자의 작업 방법의 교육 불충분<br>• 유해 위험 작업 교육 불충분 |
| 기술적 원인 | • 건물 · 기계 장치의 설계 불량과 구조물의 불안정<br>• 재료의 부적합, 생산공정의 부적당<br>• 점검 · 정비 · 보존의 불량 |
| 작업 관리상 원인 | • 안전 관리 조직의 결함과 안전 수칙 미지정<br>• 작업 준비 불충분<br>• 인원 배치 및 작업 지시 부적당 |

### 3) 산업재해의 직접적 원인

| | 행동 | 방지 방법 |
|---|---|---|
| **불안전 행동** | • 위험 장소 접근, 안전장치 기능 제거<br>• 보호 장비의 미착용 및 잘못 사용<br>• 운전 중인 기계의 속도 조작, 기계 · 기구의 잘못된 사용<br>• 위험물 취급의 부주의<br>• 불안전한 상태 방치와 불안전한 자세와 동작<br>• 감독 및 연락의 잘못 | • 근로자의 불안전한 행동을 지적할 수 있는 안전 규칙 및 안전 수칙을 제정<br>• 근로자 상호 간에 불안전한 행동을 지적하여 안전에 대한 이해를 증진<br>• 정리 · 정돈과 조명, 환기 등을 잘 수행하여 쾌적한 작업 환경을 조성 |
| | **상태** | **제거 방법** |
| **불안전 상태** | • 시설물 자체 결함, 전기 시설물의 누전<br>• 구조물의 불안정과 소방기구의 미확보<br>• 안전 보호 장치 결함, 복장 · 보호구의 결함<br>• 시설물의 배치 및 장소 불량, 작업 환경 결함<br>• 생산공정의 결함, 경계 표시 설비의 결함 등 | • 각종 기계 · 설비 등을 안전성이 보장되도록 제작하고, 항상 양호한 상태로 작동되도록 유지 관리를 철저히 해야한다.<br>• 기후, 조명, 소음, 환기, 진동 등의 환경 요인을 잘 관리하여 사고 요인을 미리 제거한다. |

### 4) 산업재해의 영향

| | |
|---|---|
| **개인에게 미치는 영향** | 재해를 당한 본인 및 가족의 정신적 · 육체적 고통, 일시적 또는 영구적인 노동력 상실과 생계에 대한 막대한 손실 |
| **기업에게 미치는 영향** | 재해를 당한 근로자의 보상 부담과 노동 인력 결손으로 인한 작업 지연, 재해로 인한 건물 · 기계 · 기구 등의 파손, 재해로 인한 근로 의욕 침체와 생산성의 저하 |

### 5) 산업재해의 예방 대책

**1단계 〈안전 관리 조직〉**
경영자는 안전 목표를 설정하고 안전 관리 책임자를 선정하며,
안전 계획을 수립하고, 이를 시행 · 감독

⬇

**2단계 〈사실의 발견〉**
사고 조사, 안전 점검, 현장 분석, 작업자의 제안 및 여론 조사,
관찰 및 보고서 연구 등을 통하여 사실을 발견

⬇

**3단계 〈원인 분석〉**
재해의 발생 장소, 재해 형태, 재해 정도, 관련 인원,
직원 감독의 적절성, 공구 및 장비의 상태 등을 정확히 분석

⬇

**4단계 〈기술 공고화〉**
원인 분석을 토대로 적절한 시정책,
즉 기술적 개선, 인사 조정 및 교체, 교육, 설득, 공학적 조치 등을 선정

⬇

**5단계 〈시정책 적용 및 뒤처리〉**
안전에 대한 교육 및 훈련 실시, 안전지설과 장비의 결함 개선,
안전 감독 실시 등의 선정된 시정책을 적용

## 하위 능력의 구성

### 01 기술이해능력

기술이해능력은 기본적인 업무 수행에서 필요한 기술의 원리 및 절차를 이해하는 능력이다.

#### 1) 기술시스템의 의미와 발전

① 기술시스템의 의미

- 미국의 기술사학자 휴즈가 기술이 연결되어 시스템을 만든다는 특성을 일반화한 것이다.
- 인공물의 집합체만이 아니라 회사, 투자회사, 법적제도, 정치, 과학, 자연자원을 모두 포함한다.
- 기술적인 것과 사회적인 것이 결합해서 공존하며 사회기술시스템이라고 불리기도 한다.

② 기술시스템의 발전 단계

**1단계 〈발명, 개발, 혁신의 단계〉**
기술 시스템이 탄생하고 성장
시스템을 디자인 하고 초기 발전을 추진하는 기술자들의 역할이 중요

⬇

**2단계 〈기술 이전의 단계〉**
성공적인 기술이 다른 지역으로 이동
시스템을 디자인 하고 초기 발전을 추진하는 기술자들의 역할이 중요

⬇

**3단계 〈기술 경쟁의 단계〉**
기술시스템 사이의 경쟁
기업가들의 역할이 중요

⬇

**4단계 〈기술 공고화 단계〉**
경쟁에서 승리한 기술시스템의 관성화
자문 엔지니어와 금융전문가의 역할이 중요

#### 2) 기술혁신의 특성

① 과정 자체가 불확실하고 장기간의 시간을 필요

- 아이디어의 원천이나 신제품에 대한 소비자의 수요, 기술개발의 결과 등은 예측이 어렵다.
- 기술혁신의 성공이 사전의 의도나 계획없이 우연히 이루어질 경우 사전계획을 세우기 어렵다.
- 성과로 나타나기까지 장시간을 필요로 한다.

② 지식 집약적인 활동

- 기술개발에 참여한 엔지니어의 지식은 문서화가 어려워 다른 사람에게 쉽게 전파될 수 없다.
- 연구원과 엔지니어가 바뀌는 경우 기업의 기술과 지식이 크게 손실되어 지속이 어렵다.

③ 혁신 과정의 불확실성과 모호함은 기업 내에서 많은 논쟁과 갈등을 유발
- 기업의 기존 조직 운영 절차나 제품 구성, 생산 방식, 조직의 권력 구조 등의 새로운 변화를 야기하므로 조직 내 이해관계자 사이 갈등이 구조적으로 존재한다.
- 기술개발의 대안을 놓고 대립과 충돌이 생긴다.

④ 조직의 경계를 넘나드는 특성
- 연구개발 부서 단독으로 수행될 수 없다.
- 마케팅부서 및 구매부서, 생산부서의 협력과 외부 전문가의 자문을 필요로 한다.
- 상호의존성을 갖고 있어서 하나의 기술이 개발되면 다른 기술에 영향을 준다.

### 3) 기술혁신의 과정과 역할

아이디어 단계에서부터 시작하여 상업화 단계에 이르기까지 기술혁신의 전 과정이 성공적으로 수행되기 위해서는 혁신에 참여하는 핵심 인력들이 다음과 같은 5가지 역할을 수행해야 한다.

| 기술혁신의 역할 | 혁신 활동 | 필요한 자질과 능력 |
|---|---|---|
| 아이디어 창안 | • 아이디어 창출과 가능성 검증<br>• 업무 수행의 새로운 방법 고안<br>• 혁신적인 진보를 위한 탐색 | • 각 분야의 전문 지식<br>• 추상화와 개념화 능력<br>• 새로운 분야의 일을 즐기는 태도 |
| 챔피언 | • 아이디어의 전파<br>• 혁신을 위한 자원 확보<br>• 아이디어 실현을 위한 헌신 | • 위험을 감수하는 태도<br>• 아이디어 응용에 관한 관심 |
| 프로젝트 관리 | • 리더십 발휘<br>• 프로젝트 기획 및 조직<br>• 프로젝트의 효과적인 진행 감독 | • 의사결정 능력<br>• 업무 수행 방법에 대한 지식 |
| 정보 수문장 | • 조직 외부의 정보를 내부 구성원에게 전달<br>• 조직 내의 정보원 기능 | • 높은 수준의 기술적 역량<br>• 원만한 대인관계 능력 |
| 후원 | • 혁신에 대한 격려와 안내<br>• 불필요한 제약으로부터 프로젝트 보호<br>• 혁신에 대한 자원 획득 지원 | 조직의 주요 의사결정에 대한 영향력 |

### 4) 기술 실패의 원인

| | | | | |
|---|---|---|---|---|
| 무지 | 부주의 | 차례 미준수 | 오만 | 조사, 검토 부족 |
| 조건의 변화 | 기획 불량 | 가치관 불량 | 조건운영 불량 | 미지의 상태 |

## 02 기술선택능력

### 1) 기술선택의 의미

기업이 어떤 기술을 외부로부터 도입하거나 자체 개발하여 활용할 것인가를 결정하는 것이다. 기술을 선택할 경우에는 주어진 시간과 자원의 제약하에서 선택 가능한 대안 중 최적이 아닌 최선의 대안을 선택하는 합리적 의사결정을 추구해야 한다.

## 2) 기술선택을 위한 의사결정

| 상향식 기술선택(Bottom Up Approach) | 하향식 기술선택(Top Down Approach) |
|---|---|
| • 기업 전체 차원에서 필요한 기술에 대한 체계적인 분석이나 검토 없이 연구자나 엔지니어들이 자율적으로 기술을 선택하는 것<br>• 장점 : 기술 개발자들의 흥미를 유발하고, 창의적인 아이디어를 활용할 수 있음<br>• 단점 : 기술자들이 지식과 흥미만을 고려하여 기술을 선택할 경우 고객수요 및 서비스 개발에 부적합하거나, 기업 간 경쟁에서 승리할 수 없는 기술이 선택될 수 있음 | • 기술 경영진과 기술 기획담당자들에 의한 체계적인 분석을 통해 기업이 획득해야 하는 대상 기술과 목표기술 수준을 결정하는 것<br>• 기업이 직면한 외부 환경과 보유 자원의 분석을 통해 중장기적인 목표를 설정, 이를 달성하기 위해 필요한 핵심 고객층과 그들에게 제공하는 제품 및 서비스를 결정<br>• 사업 전략의 성공적인 수행을 위해 필요한 기술들을 열거하고, 각각의 기술에 대한 획득의 우선순위를 결정하는 것 |

## 3) 기술선택을 위한 우선순위 결정 시 고려사항

- 제품의 성능이나 원가에 미치는 영향력이 큰 기술
- 기술을 활용한 제품의 매출과 이익 창출 잠재력이 큰 기술
- 쉽게 구할 수 없는 기술
- 기업 간에 모방이 어려운 기술
- 기업이 생산하는 제품 및 서비스에 보다 광범위하게 활용할 수 있는 기술
- 최신 기술로 진부화될 가능성이 적은 기술

## 4) 기술선택을 위한 절차

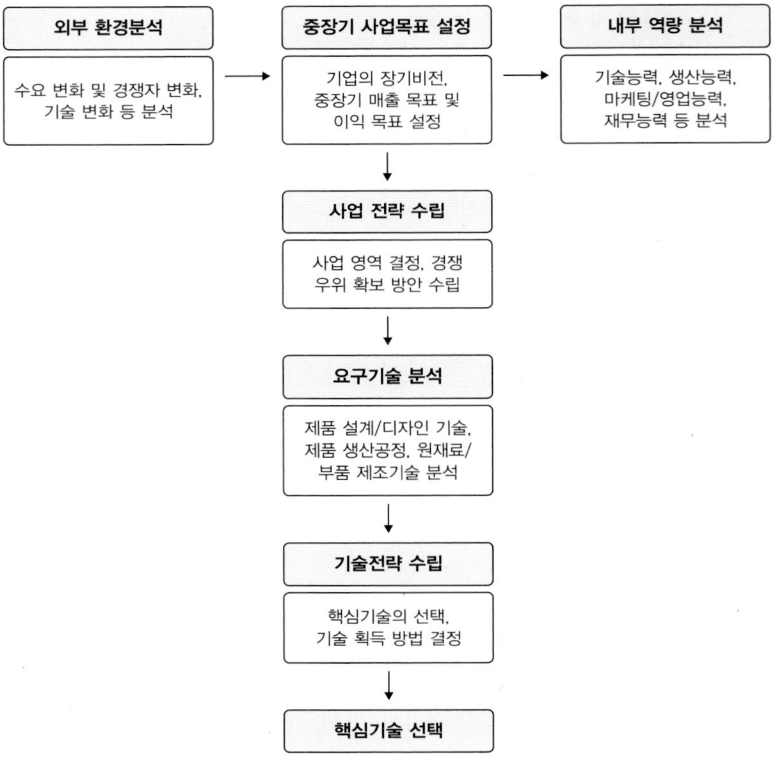

### 5) 벤치마킹

① 의미 : 단순한 모방과는 달리 우수한 기업이나 성공한 상품, 기술, 경영방식 등의 장점을 충분히 배우고 익힌 후 자사의 환경에 맞추어 재창조하는 것이다.

② 벤치마킹의 종류

| | | |
|---|---|---|
| 비교 대상에 따라 | 내부 벤치마킹 | • 같은 기업 내의 다른 지역, 타 부서, 국가 간의 유사한 활용을 비교 대상으로 함<br>• 자료수집이 용이하며 다각화된 우량기업의 경우 효과가 큰 반면, 관점이 제한적일 수 있고 편중된 내부 시각에 대한 우려가 있다는 단점을 가지고 있음 |
| | 경쟁적 벤치마킹 | • 동일 업종에서 고객을 직접적으로 공유하는 경쟁기업을 대상으로 함<br>• 경영 성과 관련 정보 입수와 업무/기술 비교가 가능한 반면, 윤리적인 문제가 발생할 소지가 있고 대상의 적대적 태도로 자료 수집이 어렵다는 단점이 있음 |
| | 비경쟁적 벤치마킹 | • 제품, 서비스 및 프로세스의 단위 분야에 있어 가장 우수한 실무를 보이는 비경쟁적 기업 내의 유사 분야를 대상으로 함<br>• 혁신적인 아이디어의 창출 가능성은 높은 반면 다른 환경의 사례를 가공하지 않고 적용할 경우 효과를 보지 못할 가능성이 높음 |
| | 글로벌 벤치마킹 | • 프로세스에 있어 최고의 성과를 보유한 동일 업종의 비경쟁적 기업을 대상으로 함<br>• 접근 및 자료 수집과 비교 가능한 업무/기술 습득이 상대적으로 용이한 반면, 문화 및 제도적인 차이에 대한 검토가 없을 경우, 잘못된 분석결과가 발생할 수 있음 |

| | | |
|---|---|---|
| 수행 방식에 따라 | 직접적 벤치마킹 | • 벤치마킹 대상을 직접 방문하여 수행하는 방법<br>• 직접 접촉하여 자료를 입수하고 조사하므로 정확도와 지속 가능한 장점이 있음<br>• 벤치마킹 대상 선정이 어렵고 수행비용 및 시간이 과다하게 소요됨 |
| | 간접적 벤치마킹 | • 인터넷 및 문서형태의 자료를 통해서 수행하는 방법<br>• 벤치마킹 대상의 수에 제한이 없고 다양하며, 비용 또는 시간적 측면에서 상대적으로 많이 절감할 수 있다는 장점이 있음<br>• 벤치마킹 결과가 피상적이며 정확한 자료의 확보가 어렵고, 특히 핵심자료의 수집이 상대적으로 어렵다는 단점이 있음 |

### 6) 매뉴얼의 종류(사용서, 설명서, 편람, 안내 등)

① 제품 매뉴얼

- 사용자를 위해 제품의 특징이나 기능 설명, 사용 방법과 고장 조치 방법, 유지 보수 및 A/S, 폐기까지 제품에 관련된 모든 서비스에 대해 소비자가 알아야 할 모든 정보를 제공하는 것이다.
- 제품 사용자의 유형과 사용 능력을 파악하고 혹시 모를 사용자의 오작동까지 고려해야 한다.
- 제품의 안전한 사용 중에 해야 할 일 또는 하지 말아야 할 일까지 정의해야 한다.

② 업무 매뉴얼

- 어떤 일의 진행 방식, 지켜야 할 규칙, 관리상의 절차 등을 일관성 있게 여러 사람이 보고 따라할 수 있도록 표준화하여 설명하는 지침서이다.
- 프랜차이즈 점포의 '편의점 운영 매뉴얼', '제품 진열 매뉴얼', 기업의 '부서 운영 매뉴얼', '품질 경영 매뉴얼' 등이 있다.
- 올림픽이나 스포츠의 경우 '올림픽 운영 매뉴얼', '경기 운영 매뉴얼' 등이 있으며, 재난대비 매뉴얼인 '재난대비 국민행동 매뉴얼' 등도 있다.

더 알기 TIP

**매뉴얼 작성을 위한 노하우**

- 내용은 정확하게 작성
  - 가능한 한 단순하고 간결하게 작성하여 비전문가도 쉽게 이해할 수 있어야 함
  - 애매모호한 단어 사용을 금지
  - 매뉴얼 개발자는 제품에 대해 충분한 지식을 습득하여 추측성 기능의 내용 서술은 하지 않음. 추측성 기능 설명은 사용자에게 사고를 유발할 수 있음
- 사용자가 알기 쉬운 문장으로 작성
  - 한 문장은 통상 단 하나의 명령, 또는 밀접하게 관련된 몇 가지 명령만을 포함함
  - 의미 전달을 위해 수동태보다는 능동태의 동사를 사용, 명령을 사용할 때는 단정적으로 표현, 추상적 명사보다는 행위동사를 사용
- 사용자에 대한 심리적 배려
  - "어디서? 누가? 무엇을? 언제? 어떻게? 왜?"라는 사용자의 질문들을 예상하고 사용자에게 답을 제공
  - 사용자가 한 번 본 후 빨리 외울 수 있도록 배려하는 것도 필요
- 사용자가 찾고자 하는 정보를 쉽게 찾을 수 있어야 함
  - 사용자가 필요한 정보를 빨리 찾기 쉽도록 구성
  - 짧고 의미 있는 제목과 비고(Note)는 사용자가 원하는 정보의 위치를 파악하는 데 도움이 됨
- 사용하기 쉬워야 함
  - 사용자가 보기 불편하게 크다거나 혹은 작거나, 복잡한 구조는 피하는 것이 좋음
  - 사용이 용이하도록 하는 것은 매뉴얼의 제작 형태에 따라 달라짐

### 7) 지식재산권

① 지식재산권의 정의

지식재산권(Intellectual property)은 인간의 창조적 활동 또는 경험 등을 통해 창출하거나 발견한 지식 · 정보 · 기술이나 표현, 표시 그 밖에 무형적인 것으로서 재산적 가치가 실현될 수 있는 지적 창작물에 부여된 권리를 말한다. 지적소유권이라고도 한다.

② 지적재산권의 특징

- 국가 산업발전 및 경쟁력을 결정짓는 '산업자본'이다.
- 눈에 보이지 않는 무형의 재산이다.
- 지식재산권을 활용한 기술제휴 및 협력으로 다국적 기업화가 이루어진다.
- 권리보장과 특허를 통해 연쇄적인 기술개발을 촉진하는 계기를 마련한다.

③ 지식재산권의 체계

- **산업재산권** : 산업분야의 창작물과 관련된 권리
- **저작권** : 문화예술분야의 창작물과 관련된 권리
- **신지식재산권** : 반도체 배치설계나 온라인 디지털 콘텐츠와 같이 경제, 사회 · 문화의 변화나 과학기술의 발전에 따라 새로운 분야에서 출현한 권리

- **산업재산권**
  - 특허 : 기술적 창작인 원천 핵심기술(대발명)
  - 실용신안 : Life-Cycle이 짧고 실용적인 주변 개량 기술(소발명)
  - 의장 : 심미감을 느낄 수 있는 물품의 형상, 모양
  - 상표 : 타 상품과 식별할 수 있는 기호, 문자, 도형
- **저작권**
  - 협의저작권 : 문학, 예술분야 창작물
  - 저작인접권 : 실연, 음반제작사, 방송사업자권리
- **신지식재산권**
  - 첨단산업저작권 : 반도체직접회로배치설계, 생명공학, 식물신품종
  - 산업저작권 : 컴퓨터프로그램, 인공지능, 데이터베이스
  - 정보재산권 : 영업비밀, 멀티미디어, 뉴미디어 등



## 03 기술적용능력

### 1) 기술적용 시 고려사항

① 기술적용에 따른 비용이 많이 드는가?

좋은 기술이란 업무 프로세스의 효율성을 높이고 성과를 향상시키면서 기술을 적용하는 데 요구되는 비용이 합리적이어야 한다.

② 기술의 수명 주기는 얼마인가?

기술을 적용하는 데에는 비용과 시간이 요구되는데, 만약 그동안에 또 다른 새로운 기술이 등장하게 된다면 현재 기술의 가치는 떨어지게 되므로 기술의 수명 주기를 고려하는 것은 매우 중요하다.

③ 기술의 전략적 중요도는 어느 정도인가?

새로운 기술의 도입은 변화를 시도하거나 혁신을 꾀하기 위해 이루어지는 경우가 많기 때문에 회사의 전략과 얼마나 조합을 이루느냐를 판단하는 것은 매우 중요하다.

④ 잠재적으로 응용 가능성이 있는가?

기술이 단순한지, 아니면 가까운 미래에 또 다른 발전된 기술로 응용 가능성이 있는지를 검토하여 직장에 대한 특성과 회사의 비전과 전략에 맞추어 응용 가능한가를 고려해야 한다.

**더 알기 TIP**

첫째, 선택한 기술을 그대로 적용하는 경우 시간을 절약할 수 있고 쉽게 받아들여 적용할 수 있으며, 비용 측면에서도 절감의 효과를 거둘 수 있다. 그러나 선택한 기술이 부적합한 경우 실패로 돌아갈 수 있는 위험 부담이 크다는 단점이 있다.

둘째, 선택한 기술을 그대로 적용하되, 불필요한 기술은 과감히 버린다.

셋째, 선택한 기술을 분석하고, 가공하여 활용하는 경우 그대로 받아들여 적용하는 것보다는 시간적인 부담이 있을 수 있지만, 자신의 직장에 대한 여건과 환경 분석 그리고 업무 프로세스의 효율성을 최대화할 수 있는 장점이 있다.

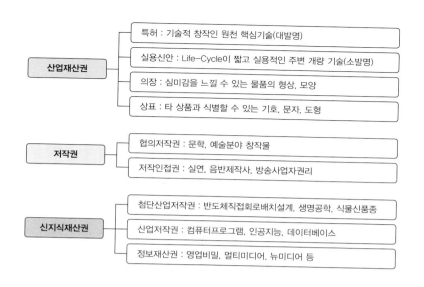

### 2) 기술경영자와 기술관리자

| | 기술경영자 | 기술관리자 |
|---|---|---|
| 의미 | 기술개발이 결과 지향적으로 수행되도록 유도하는 능력을 갖추어야 하고, 기술개발 과제의 세부사항까지 파악할 수 있도록 치밀해야 하며, 기술개발 과제의 전 과정을 전체적으로 조망할 수 있는 능력 필요 | 기술적인 능력 외에 추가적으로 요구되는 것은 계획서 작성, 인력 관리, 예산 관리, 일정 관리 등을 포함하는 행정 능력 등 중간급 매니저로서 기술경영자와는 다른 능력이 필요 |
| 능력 | • 기술을 기업의 전반적인 전략 목표에 통합시키는 능력<br>• 빠르고 효과적으로 새로운 기술을 습득하고 기존의 기술에서 탈피하는 능력<br>• 효과적으로 평가할 수 있는 능력<br>• 기술 이전을 효과적으로 할 수 있는 능력<br>• 제품개발 시간을 단축할 수 있는 능력<br>• 복잡하고 서로 다른 분야에 걸쳐 있는 프로젝트를 수행할 수 있는 능력<br>• 조직 내의 기술 이용을 수행할 수 있는 능력<br>• 기술 전문 인력을 운용할 수 있는 능력 | • 기술을 운용하거나 문제를 해결할 수 있는 능력<br>• 기술직과 의사소통을 할 수 있는 능력<br>• 혁신적인 환경을 조성할 수 있는 능력<br>• 기술적, 사업적, 인간적인 능력을 통합할 수 있는 능력<br>• 시스템적인 관점에서 인식하는 능력<br>• 공학적 도구나 지원방식을 이해할 수 있는 능력<br>• 기술이나 추세를 이해할 수 있는 능력<br>• 기술팀을 통합할 수 있는 능력 |

### 3) 네트워크 혁명

네트워크 혁명은 인터넷이 상용화된 1990년대 이후에 시작되었으며, 그 효과가 이제 다양한 형태로 나타나고 있다. 정보통신 네트워크가 전 지구적이기 때문에 네트워크 혁명도 본질적으로 전 지구적이다. 사람과 사람이 연결되는 방식이 혁신적으로 바뀌는 네트워크 혁명의 사회는 연계와 상호의존으로 특징 지워지는 사회이다.

### 4) 네트워크 혁명의 3가지 법칙

① 무어의 법칙

인텔의 설립자 고든 무어(Gordon Moore)가 처음으로 주장한 것으로 컴퓨터의 반도체 성능이 18개월마다 2배씩 증가한다는 법칙이다.

② 메트칼프의 법칙

근거리 통신망 이더넷(Ethernet)의 창시자 로버트 메트칼프(Robert Metcalfe)가 주장한 것으로 네트워크의 가치는 사용자 수의 제곱에 비례한다는 법칙이다. 많은 사람이 연결되도록 네트워크를 형성하는 것이 중요하다.

③ 카오의 법칙

법칙경영 컨설턴트 존 카오(John Kao)가 주장한 것으로 창조성은 네트워크에 접속되어 있는 다양성에 지수함수로 비례한다는 법칙이다. 다양한 사고를 가진 사람이 네트워크로 연결되면 그만큼 정보교환이 활발해져 창조성이 증가한다.

### 5) 네트워크 혁명의 역기능

① 디지털 격차(Digital divide)

- 디지털이 보편화되면서 디지털 정보화 수준에 따라 격차가 커지는 것을 의미한다.
- 디지털을 제대로 활용할 수 있는 사람들은 디지털의 편리함을 누리는 반면, 디지털을 제대로 이용할 수 없는 사람들은 불편함을 느낀다.
- 단순한 '격차'에서 끝나지 않고, 인식과 생각, 문화 등 사회적 격차로 확대되어 '소외' 현상을 일으킬 수 있다.

**더 알기 TIP**

**디지털 격차(Digital divide)의 사례**

모바일뱅킹, 모바일티켓발권, 무인점포, 키오스크사용, 인터넷 환경에 노출이 많이되는 과도(過度)한 이용에 따른 '인터넷 중독(中毒)', '스마트 폰 중독'이라는 새로운 사회문제를 야기(惹起)하는 반면, 저소득층(低所得層), 장애인(障礙人), 노령층(老齡層) 등은 가정에서는 인터넷을 배울 기회나 PC등 관련 기기의 부재(不在) 등으로 상대적으로 정보통신 기술에 노출될 기회가 일반 국민에 비해 부족하게 되는 현상이 발생

| 구분 | 종류 | 주요내용 |
|---|---|---|
| 1 | 음식주문 | ① 패스트푸드점 ② 커피전문점 ③ 분식점 |
| 2 | 티켓발매 | ④ 기차 ⑤ 영화관 ⑥ 고속버스 |
| 3 | 요금정산 | ⑦ 무인주차장 |
| 4 | 민원발급 | ⑧ 주민등록등본 ⑨ 가족관계증명서 |
| 5 | 물류 | ⑩ 무인택배함 |

② 정보화에 따른 실업의 문제 : 인공지능의 발전으로 인한 일자리 축소가 일어난다.

③ 인터넷 게임과 채팅 중독

④ 범죄 및 반사회적인 사이트의 활성화

⑤ 정보기술을 이용한 감시

### 6) 4대 핵심 기술 융합

| | |
|---|---|
| 나노기술 | 제조, 건설, 교통, 의학, 과학기술 연구에서 사용되는 새로운 범주의 물질, 장치, 시스템 |
| 생명공학기술 | 나노 규모의 부품과 공정의 시스템을 가진 물질 중에서 가장 복잡한 생물 세포나노기술, 생명공학기술, 정보기술의 융합연구 |
| 정보기술 | 유비쿼터스 및 글로벌 네트워크 요소를 통합하는 컴퓨터 및 통신시스템의 기본 원리 |
| 인지과학 | 사람의 뇌와 마음의 구조와 기능 |

모듈형

**01** 다음 (가)~(다)에서 제시된 사례와 관련된 개념에 대한 설명으로 가장 적절하지 않은 것은?

(가) 글로벌 신발 업체 팀버랜드 CEO의 스워츠 사장은 그린피스로부터 팀버랜드 신발 생산에 필요한 가죽이 노예 노동, 산림 파괴, 아마존 토착민의 이주 등을 부추길 수 있다는 메일을 받았다. 이에 쉽게 무시할 수도 있었지만 환경에 관심이 있던 사장은 가죽이 어느 지역에서 오는지를 추적할 수 있는 시스템을 만드는 과정에 참여했고, 협력업체들로부터 가죽 조달이 환경 파괴 지역에서 공급되지 않도록 철저히 확인했다.

(나) ○○발전에 따르면 이번 보고서는 친환경발전소 운영과 4차 산업혁명 에너지 패러다임 선도를 위한 발전 기술 등 지속 가능한 미래사업의 청사진을 제시했다. 또한, 정적 전력공급, 미래성장 동력 강화, 친환경 발전소 운영, 행복하고 안전한 일터, 협력회사 동반성장, 지역사회 행복동행의 '6대 중대이슈'를 선정, 관련 실적과 향후 계획에 대해 상세히 보고했다. 아울러 일자리 창출에 대한 노력 등 국민들의 관심과 요구에 적극적으로 부응하고자 노력한 점, 유엔 지속 가능 발전 목표(Sustainable Development Goals, SDGs)에 대한 지지 선언을 함으로써 공기업의 사회적 책임 범위를 국제사회까지 넓혔다는 점이 주목할 만한 성과로 꼽힌다.

(다) 서울시는 2019년 9월 10일부터 수소택시를 시범 운영한다고 밝혔다. 수소자동차는 신재생에너지인 수소 에너지를 에너지원으로 달리는 차로 배기가스가 나오는 일반 차량들과는 달리 공기를 정화하는 기능을 하고 있어 친환경적이다.

① 이용 가능한 자원과 에너지를 계획적으로 저장하는 것이다.
② 태양 에너지와 같은 고갈되지 않는 자연 에너지를 활용하는 것이다.
③ 자원이 사용되고 재생산되는 비율의 조화를 추구하는 것이다.
④ 낭비적인 소비 형태를 지양하고 기술적 효용만이 아닌 환경효용을 추구한다.
⑤ 자원의 질을 생각하고 자원이 생산적인 방식으로 사용되는가에 주의를 기울인다.

모듈형

**02** **우리나라 산업안전보건법에서는 산업재해란 근로자가 업무에 관계되는 건설물 · 설비 · 원재료 · 가스 · 증기 · 분진 등에 의하거나 작업 기타 업무에 기인하여 사망 또는 부상하거나 질병에 이환되는 것이라고 규정하고 있다. 다음 (가)~(다)의 산업재해 발생 사례 중 원인으로 어디에도 해당이 되지 않는 것은?**

> (가) 공사 현장에서 약 9.5m의 떨어질 위험이 있는 에어컨 실외기 설치용 바닥(1.2×0.6m)에서 낙하물 방지망 설치 작업을 하는 경우에는 바닥 단부에 안전난간을 설치하거나 안전대를 안전대 부착설비에 걸어 사용하도록 하는 등의 조치를 취하지 않았다.
> (나) LPG 저장탱크 개방검사를 위해 개방 전 탱크 내 LPG를 완전히 제거하지 못하였고 촉박한 검사 시간으로 인해 LPG 저장탱크 내 잔류가스 제거 여부 미확인 및 불활성화 조치를 미실시하였다.
> (다) 공장 내 천장에 설치되어 있는 형광등을 교체하기 위하여 이동식 사다리를 설치하고 형광등 교체 후 내려오던 중 사다리가 흔들리면서 추락하였다. 작업 시 작업자는 머리 손상을 예방할 수 있는 안전모를 착용하지 않았다.

① 안전 작업 절차 미준수
② 추락 위험 장소에 대한 추락 방지 미조치
③ 안전 수칙 및 보호장구의 미흡
④ 인원 배치 및 작업 지시 부적당 등
⑤ 장비의 불안정, 점검 · 정비 · 보존의 불량 등

모듈형

**03** ○○건설사의 직원들은 안전관리 산업재해를 예방하기 위해 〈산업재해 예방대책 5단계〉에 따라 단계별로 시행할 수 있는 예방대책을 논의 중이다. 단계별로 추가적인 예방대책을 제시할 수 있는 내용으로 적절하지 않은 말을 한 사람은?

〈하인리히의 재해 예방 5단계〉

| 단계 | 예방 내용 |
|---|---|
| 1단계 : 안전관리조직 | 경영자의 안전 목표 설정, 안전관리자의 선임, 안전의 라인 및 참모 조직 안전활동 방침 및 수립계획, 조직을 통한 안전활동 재개 |
| 2단계 : 사실의 발견 | 사고 및 활동 기록의 검토, 작업분석, 점검 및 검사, 각종 안전회의 및 토의, 근로자의 제안 및 여론 조사 |
| 3단계 : 평가 · 분석 | 사고원인 및 경향성 분석, 인적 · 물적 · 환경적 조건분석, 작업공정분석, 교육 훈련 및 적성 배치 분석, 안전수칙 및 보호장비의 적부 |
| 4단계 : 시정책의 선정 | 기술적 개선, 배치조정, 안전행정의 개선, 안전운동의 개선 |
| 5단계 : 시정책의 적용 | 교육적 · 기술적 · 규제적 대책의 실시, 재평가 후 보안 및 시정 |

① 박 대리 – 3단계에서는 사고기록과 관련 자료를 분석하는 게 좋을 것 같습니다.
② 김 사원 – 4단계에서는 교육과정과 교육훈련에서 문제가 있다면 개선점을 찾아야 할 것 같습니다.
③ 이 과장 – 5단계에서는 선정된 시정 대책으로 안전 감독을 실시하는게 좋겠습니다.
④ 송 사원 – 1단계에서는 안전 목표 계획이 잘 시행되는지 현장을 방문하여 면담할 수 있겠습니다.
⑤ 정 대리 – 2단계에서는 현장에서 사고 발생 시 원인을 조사해야 합니다.

모듈형

**04** **다음은 기술시스템의 발전 단계 중 어느 한 단계에 대한 특징이다. 관련된 설명으로 옳은 것은?**

> 국가연구개발 사업으로 개발한 결과물(기술, 지식, 정보)을 산업체에 적용하고 응용하는 과정으로 정부는 연구개발사업을 기획 · 발주하고, 연구원은 선도개발을 통하여 기술을 산업체에 확산하며, 산업체는 개발된 연구 결과물을 상용화함으로써 긍정적으로 정부 연구개발사업이 국민경제에 이바지하는 것을 목적으로 하고 있다. 이는 기술이 양도, 실시권허락, 기술지도, 공동연구, 합작투자 또는 인수 · 합병 등의 방법을 통하여 기술보유자(당해 기술을 처분할 권한이 있는 자를 포함한다)로부터 그 외의 자에게 양도되는 것을 말한다.
>
> 기술의 형태에 따라 특허 등 산업재산권, 산업재산권과 노하우 기술을 포함하는 것으로 분류할 수 있으며, 소유권의 양도 여부에 따라 기술매각(양도) 또는 기술실시, 기술실시권의 유형에 따라 전용실시권과 통상실시권, 독점실시권과 비독점 실시권으로 구분할 수 있다.

① 기업가의 역할이 중요하다.
② 혁신적인 기술력이 필요한 단계이다.
③ 기술시스템이 탄생하고 성장하는 단계이다.
④ 성공적인 기술이 다른 지역으로 이동하는 단계이다.
⑤ 기술이 공고화되면서 자문 및 금융전문가의 역할이 중요해진다.

모듈형

**05** **다음은 성공적인 기술혁신에 관련된 글이다. 기술혁신의 특성 중 어떤 특성에 대한 설명인가?**

> 과거 외국의 기술을 도입하여 기술혁신을 추진하던 추격 시기와는 달리 스스로 새로운 궤적을 형성해나가는 탈추격형 혁신 활동이 몇몇 분야에서 나타나면서 기술혁신과 관련된 불확실성이 높아지고 있다. 추격형 기술개발과정에서는 개발해야 할 기술이 이미 존재하고 있기 때문에 기술개발의 불확실성은 상대적으로 낮았다. 그 기술이 개발 가능하다는 것, 그리고 특정의 설계 방식을 갖추어야 한다는 것을 알 수 있었기 때문이다. 그러나 탈추격 단계에서의 기술혁신은 많은 경우 모방할 대상이 없으며, 또 그 기술이 개발 가능한 것인지도 미리 알기 어렵다. 따라서 탈추격 단계에서 기술혁신을 성공적으로 수행하기 위해서는 불확실성에 대한 새로운 접근 방식이 필요하다. 탈추격 단계에서 나타나는 기술 경제적 불확실성 관리의 핵심을 기술적 불확실성에 대한 대응과 정당성 확보가 필요하고, 대응방안을 모색해야 한다. 새로운 궤적을 형성하는 기술혁신의 경우 그것과 관련된 기술지식이 확보되어야 하고, 또 사회에서 수용할 수 있는 정당성이 확보되어야만 기술혁신활동이 성공적으로 지속될 수 있기 때문이다.

① 기술혁신은 지식 집약적인 활동이다.
② 혁신 과정의 모호함은 기업 내에서 많은 논쟁과 갈등을 유발할 수 있다.
③ 기술혁신은 그 과정 자체가 매우 불확실하다.
④ 기술혁신은 장기간의 시간이 필요하다.
⑤ 기술혁신은 조직의 경계를 넘나드는 특성이 있다.

모듈형

**06** 다음은 아이디어 단계에서부터 상업화 단계에 이르기까지 기술혁신 과정과 각 과정에서 핵심인력의 역할에 관련된 내용이다. 다음 중 ㉠~㉢에 들어 가는 내용이 바르게 나열된 것은?

| 기술혁신의 역할 | 혁신 활동 | 필요한 자질과 능력 |
|---|---|---|
| (　　　　) | • 아이디어 창출과 가능성 검증<br>• 업무 수행의 새로운 방법 고안<br>• 혁신적인 진보를 위한 탐색 | • 각 분야의 전문 지식<br>• 추상화와 개념화 능력<br>• 새로운 분야의 일을 즐기는 태도 |
| (　　　　) | • 아이디어의 전파<br>• 혁신을 위한 자원 확보<br>• 아이디어 실현을 위한 헌신 | • (　　㉢　　)<br>• 아이디어 응용에 관한 관심 |
| (　㉠　) | • 리더십 발휘<br>• 프로젝트 기획 및 조직<br>• 프로젝트의 효과적인 진행 감독 | • 의사결정능력<br>• 업무 수행 방법에 대한 지식 |
| (　㉡　) | • 조직 외부의 정보를 내부 구성원에게 전달<br>• 조직 내의 정보원 기능 | • 높은 수준의 기술적 역량<br>• 원만한 대인관계능력 |
| (　　　　) | • 혁신에 대한 격려와 안내<br>• 불필요한 제약으로부터 프로젝트 보호<br>• 혁신에 대한 자원 획득 지원 | 조직의 주요 의사결정에 대한 영향력 |

| | ㉠ | | ㉡ | | ㉢ |
|---|---|---|---|---|---|
| ① | 챔피언 | – | 후원 | – | 진취적인 자세 |
| ② | 챔피언 | – | 프로젝트 관리 | – | 창의적인 아이디어 |
| ③ | 프로젝트 관리 | – | 아이디어 창안 | – | 도전하려는 자세 |
| ④ | 프로젝트 관리 | – | 정보 수문장 | – | 위험을 감수하는 태도 |
| ⑤ | 후원 | – | 챔피언 | – | 트랜드를 인지하는 역량 |

모듈형

**07** 우리가 직업 생활에서 필요한 기술을 선택하고자 할 경우, 우선 고려해야 할 결정 요소로 적합하지 않은 것은?

① 제품의 성능이나 원가에 미치는 영향력이 큰 기술
② 기술을 활용한 제품의 매출과 이익 창출 잠재력이 큰 기술
③ 쉽게 구할 수 없는 기술이며, 기업 간에 모방이 어려운 기술
④ 기업이 생산하는 제품 및 서비스에 협의적으로 활용할 수 있는 기술
⑤ 최신 기술로 진부화 손실이 일어날 가능성이 적은 기술

모듈형

**08** 지난해 동종 업계 시장 점유율 1위를 차지한 ○○공사는 올해는 업계 시장 점유율 2위로 떨어졌다. ○○공사는 동종 업계 시장 점유율 1위를 다시 차지하기 위해서 사내 경영 전략 TF팀을 조직하였다. 새로운 기술을 선택하기 위하여 다음의 절차에 따라서 진행하려고 한다. 제시된 기술선택 절차에 따라서 수행할 내용으로 적절하지 않은 것은?

① ㉠ – 동종 업계 경쟁사의 변화를 분석하고, 수요의 변화, 기술의 변화를 지속적으로 확인한다.
② ㉡ – 중장기 사업 목표에 따라서 기술능력, 생산능력, 마케팅능력, 영업능력 등을 분석한다.
③ ㉢ – 동종 업계와 비교하여 자사의 경쟁 우위 확보 방안을 수립한다.
④ ㉣ – 자사의 강점과 기술과 새로운 기술을 비교하여 사업 영역을 결정한다.
⑤ ㉤ – 자사의 핵심 기술을 자체적으로 개발할 것인지, 외부에서 위탁하여 의뢰할 것인지 결정한다.

모듈형

**09** **다음 (가)~(다)에서 제시된 사례와 관련된 개념에 대한 설명으로 가장 적절하지 않은 것은?**

(가) 제록스는 물류 부문에 새로운 개념의 도입을 시도했다. 제록스가 개선하고 싶어하는 입고에서 출고까지의 과정은 비록 업종은 다르지만 많은 기업에 공통적인 과정으로, 동종업종이라는 테두리를 넘어 전체업종으로 대상기업을 확대한 것이다. 또한 카탈로그 회사의 물류부문을 조사하여 물류의 생산성을 높일 수 있었다.

(나) 미국 대표적인 자동차 회사 포드는 일본의 우수한 자동차들로 인해 시장점유율을 점차 빼앗기고 있었지만 고객의 불만사항 및 요구사항을 리스트화해서 이를 기준으로 경쟁사 모방을 시도하였고, 이는 모방이 아닌 전략적인 분석 및 적용을 진행하여 모든 부품을 세심하게 분석하여 개선한 결과 미국에서 최고의 자동차 회사로 성장할 수 있었다.

(다) 싱가포르 3대 은행 중의 하나인 DBS는 기술 혁신을 바탕으로 '파괴'를 목표로 국가에서 후원받았다. DBS는 Google(구글), Amazon(아마존), Netflix(넷플릭스), Apple(애플), LinkedIn(링크드인), Facebook(페이스북)의 등의 IT 기업들의 행보를 쉴 새 없이 조사하고 배워 내부에 적용해 보면서 적합한 시스템을 적용한 후 개선을 반복하고 꾸준히 학습하여 그들만의 기업문화를 만들어갔다.

① 경쟁사나 선진 기업 등 대상 프로세스와 비교를 통해 자신의 취약점을 발견해 낸다.
② 특정 분야에서 뛰어난 업체나 상품, 기술, 경영방식 등을 배워 합법적으로 응용하는 것을 의미한다.
③ 외부로부터 성공한 벤치마킹 사례를 바로 받아들여 조직에 빠르게 적용하도록 한다.
④ 기업에서 경쟁력을 제고하기 위한 방법의 일환으로 타사에서 배워오는 혁신 기법이다.
⑤ 단순한 모방과 달리 자신의 환경에 적합한 기술로 재창조하는 것이다.

모듈형

**10** **벤치마킹의 분류는 다양하며, 상황에 따라 적절하게 벤치마킹을 적용하는 것이 매우 중요하다. 다음은 다양한 벤치마킹의 사례들이다. 벤치마킹의 다양한 사례와 비교 대상에 따른 벤치마킹의 분류가 〈보기〉와 같을 때, 벤치마킹의 분류와 다양한 사례가 알맞게 짝지어진 것은?**

〈보기〉

| | |
|---|---|
| A | 패션브랜드 AABB 사는 세계 각국에 매장을 둔 유명 여성복 브랜드이다. AABB 사의 요즘 고민은 계속 늘어나는 VOC가 고민이다. 고객들의 늘어나는 VOC를 해결하기 위해서 고객만족센터를 두었지만, 무용지물이다. 그래서 AABB 사는 특단의 조치를 마련했다. 세계 각국에 매장마다 고객의 불만이나 VOC를 훌륭하게 처리한 사례를 공유하여 까다로운 상황에 대처하는 가장 효과적인 방안을 모색하기로 했다. |
| B | 최근 세계적으로 동물의 생명권에 대한 목소리가 높아지고 있다. 모피나 가죽으로 옷과 가방을 만드는 회사에 대한 사회적 비난의 목소리와 법적 규제가 거세지고 있는 상황이다. 멸종위기 종 보호와 동물 사육 환경 개선을 위해 어떤 노력을 기울일지, 세계 각국의 규제를 어떻게 준수할지, 모피나 가죽사용을 반대하는 여론에 어떻게 대응할지에 대해서 대처하기 위해서 동종 업계의 경쟁사와 함께 전략을 세우기로 했다. |
| C | 대기업 금융 계열의 ABC 신용카드사는 신용카드와 할부금융 서비스를 제공하는 회사이다. ABC 신용카드사는 독특한 디자인경영으로 동업계에서 우수한 성과를 내고 있다. 디자인경영은 신용카드의 혜택구성, 신규 가입 고객 유치 비결 등 신용카드 사업에 국한된 기능이 아니기 때문에 ABC 신용카드사와 다른 업종의 기업에서도 얼마든지 활용 가능하다. |
| D | 끊임없이 새로운 디자인을 내놓으며 유행에 빠르게 대응해야 하는 SAP(유통제조일괄) 패션브랜드는 상품이 쉽게 상해서 금방금방 팔아야만 하는 생선가게나 꽃집의 재고 관리 방식을 통해 재고 회전율을 높일 방안을 모색했다. 생선이나 꽃은 패션과 전혀 관련 없는 분야이지만 재고를 빨리 처리하는 방면으로는 업계의 차이를 초월하기 때문에 우수한 성과를 보이고 있다. |

〈벤치마킹의 분류〉

| 벤치마킹의 분류 | | 내용 |
|---|---|---|
| ㉠ | 글로벌 벤치마킹 | 접근 및 자료 수집이 용이하고 비교 가능한 업무/기술 습득이 상대적으로 용이한 반면, 문화 및 제도적인 차이로 발생되는 효과에 대한 검토가 없을 경우, 잘못된 분석결과가 발생할 가능성이 크다. |
| ㉡ | 비경쟁적 벤치마킹 | 혁신적인 아이디어의 창출 가능성은 높은 반면 다른 환경의 사례를 가공하지 않고 적용할 경우 효과를 보지 못할 가능성이 크다. |
| ㉢ | 경쟁적 벤치마킹 | 경영 성과와 관련된 정보 입수가 가능하며, 업무/기술에 대한 비교가 가능한 반면 윤리적인 문제가 발생할 소지가 있으며, 대상의 적대적 태도로 인해 자료 수집이 어렵다는 단점이 있다. |
| ㉣ | 내부 벤치마킹 | 자료 수집이 용이하며 다각화된 우량기업의 경우 효과가 큰 반면 관점이 제한적일 수 있고 편중된 내부 시각에 대한 우려가 있다는 단점이 있다. |

① A사례 – ㉡ 비경쟁적 벤치마킹, D사례 – ㉠ 글로벌 벤치마킹
② B사례 – ㉡ 비경쟁적 벤치마킹, C사례 – ㉢ 경쟁적 벤치마킹
③ A사례 – ㉣ 내부 벤치마킹, B사례 – ㉢ 경쟁적 벤치마킹
④ A사례 – ㉣ 내부 벤치마킹, C사례 – ㉠ 글로벌 벤치마킹
⑤ B사례 – ㉠ 글로벌 벤치마킹, D사례 – ㉣ 내부 벤치마킹

피듈형

**11** 다음은 각 차량별 자동차 사양을 비교한 자료이다. 아래의 표를 참고하여 옳은 것을 모두 고른 것은?

| 구분 | | | A | B | C | D |
|---|---|---|---|---|---|---|
| 주요제원 | 엔진형식 | | I4 | V6 | V6 | I4 |
| | 과급방식 | | 싱글터보 | 자연흡기 | 자연흡기 | 싱글터보 |
| | 배기량 | | 2,261cc | 3,564cc | 3,778cc | 2,544cc |
| | 연료 | | 가솔린 | 가솔린 | 가솔린 | 가솔린 |
| | 연비(등급) | 수동 | 8.7km/ℓ | 8.5km/ℓ | 9.0km/ℓ | 8.3km/ℓ |
| | | 자동 | 8.9km/ℓ | 8.3km/ℓ | 9.2km/ℓ | 8.9km/ℓ |
| | 승차인원 | | 7인승 | 7인승 | 7~8인승 | 7~8인승 |
| | 구동방식 | | 풀타임 4륜구동 | 풀타임 4륜구동 | 풀타임 4륜구동 | 풀타임 4륜구동 |
| | 변속기 | | 자동 10단 | 자동 9단 | 자동 8단 | 자동 9단 |
| | 최대출력 | | 304hp | 314hp | 295hp | 300hp |
| | 최대토크 | | 42.9kg.m | 36.8kg.m | 36.2kg.m | 37.5kg.m |
| 치수 | 전장 | | 5,050mm | 5,200mm | 4,980mm | 5,100mm |
| | 전폭 | | 2,005mm | 2,010mm | 1,975mm | 1,950mm |
| | 전고 | | 1,775mm | 1,785mm | 1,750mm | 1,760mm |
| | 축거 | | 3,025mm | 3,073mm | 2,900mm | 2,950mm |
| | 윤거 전 | | 1,699mm | 1,709mm | 1,708mm | 1,703mm |
| | 윤거 후 | | 1,699mm | 1,702mm | 1,716mm | 1,698mm |
| | 공차중량 | | 2,085kg | 정보없음 | 1,950~1,960kg | 2,045kg |
| | 전륜타이어 | | 255mm/50 /20inch | 250mm/55 /20inch | 245mm/50~60 /18~20inch | 255mm/55 /20inch |
| | 후륜타이어 | | 255mm/50 /20inch | 250mm/55 /20inch | 255mm/50~60 /18~20inch | 255mm/55 /20inch |

㉠ 자동이든 수동이든 연비는 C 차량이 가장 좋은 것 같아요!
㉡ 최대토크와 연비 둘 다 A 차량이 C 차량보다 나은 것 같아요~
㉢ 타이어 폭이 넓고 편평비가 좋으면 안전하게 차량을 탈 수 있으니 D 차량이 가장 좋군!
㉣ 자동차는 길고 넓어야지! 그러니 B 차량으로 선택하는 것이 제일 낫겠어~
㉤ 자동 기어 변속 장치는 가벼워야 하고 이왕이면 고출력 차량이 좋겠지? 그러니까 B 차량이 좋겠어!

① ㉡, ㉢, ㉣
② ㉠, ㉡, ㉤
③ ㉠, ㉢, ㉣
④ ㉠, ㉢, ㉤
⑤ ㉡, ㉣, ㉤

[12~15] 다음 세단기 사용설명서를 보고 다음 물음에 답하시오.

〈조작스위치와 표시판넬의 명칭과 기능〉

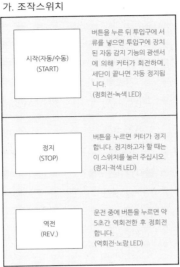

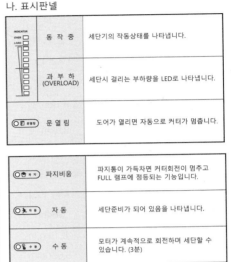

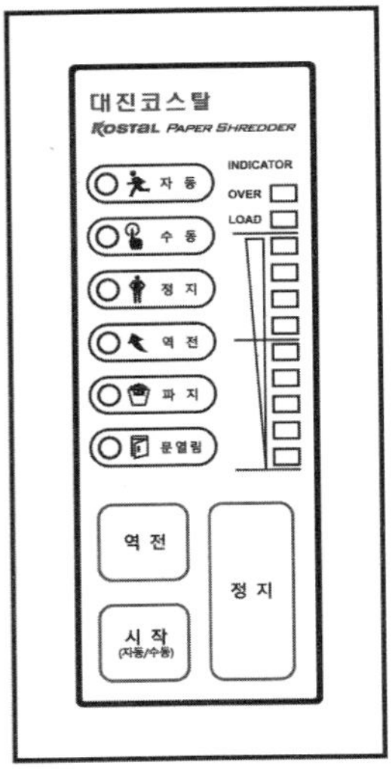


가. 조작스위치

| | |
|---|---|
| 시작(자동/수동)<br>(START) | 버튼을 누른 뒤 투입구에 서류를 넣으면 투입구에 장치된 자동 감지 기능의 광센서에 의해 커터가 회전하며, 세단이 끝나면 자동 정지됩니다.<br>(정회전-녹색 LED) |
| 정지<br>(STOP) | 버튼을 누르면 커터가 정지합니다. 정지하고자 할 때는 이 스위치를 눌러 주십시오.<br>(정지-적색 LED) |
| 역전<br>(REV.) | 운전 중에 버튼을 누르면 약 5초간 역회전한 후 정회전합니다.<br>(역회전-노랑 LED) |

나. 표시판넬

| | | |
|---|---|---|
| INDICATOR OVER LOAD | 동 작 중 | 세단기의 작동상태를 나타냅니다. |
| | 과 부 하<br>(OVERLOAD) | 세단시 걸리는 부하량을 LED로 나타냅니다. |
| 문열림 | 문 열 림 | 도어가 열리면 자동으로 커터가 멈춥니다. |

| | | |
|---|---|---|
| 파 지 | 파지비움 | 파지통이 가득차면 커터회전이 멈추고 FULL 램프에 점등되는 기능입니다. |
| 자 동 | 자 동 | 세단준비가 되어 있음을 나타냅니다. |
| 수 동 | 수 동 | 모터가 계속적으로 회전하며 세단할 수 있습니다. (3분) |

### 사용 방법

대진코스탈 문서세단기는 자동으로 작동되므로 정지 스위치를 사용하지 않아도 세단 후에 정지가 되고, 과다 투입 시에는 자동으로 역전이 됩니다.

**다음의 순서로 조작하여 주십시오.**

1. 도어를 열고 메인스위치를 'ON'으로 놓고 도어를 닫아 주십시오.
2. 시작 버튼을 1회 누르면 LED가 '자동'으로 점등되며 세단 준비가 된 상태입니다.
3. 세단할 종이를 투입하십시오.
   (세단이 끝나면 자동으로 정지됩니다.)
4. 적정 매수 이상의 종이가 투입되면 자동 역회전됩니다.
5. 센서가 감지 못하는 작은 종이를 세단 시에는 수동으로 세단이 가능합니다.
   시작 버튼을 한 번 더 누르시면 '수동'에 점등됩니다.
   이 상태는 수동으로 세단이 가능한 상태이며 종이를 넣어서 세단하면 됩니다.
   세단이 끝나면 약 3분 후에 자동모드로 돌아갑니다.
6. 파지비움에 불이 들어오면 파지함을 비워 주십시오.
7. 세단 중 문이 열리면 자동으로 동작이 멈춥니다.
   (문을 닫고 시작 버튼을 누르고 다시 세단하십시오.)

## 사용상의 주의

**사고 예방을 위해 다음의 주의사항을 지켜 주십시오.**

가. 기계 내부에는 커터부가 있어 위험하오니 절대로 손을 넣지 마십시오.
나. 커터가 종이를 빨아들이는 힘이 강력하오니, 절대로 종이 위에 손을 놓는다든지 종이를 손가락 사이에 끚는다든지 붙잡지 마십시오.
다. 어린이가 세단기를 사용하지 않도록 하여 주십시오.
라. 종이 이외의 물건을 넣지 마십시오.
- 호치키스, 클립 등은 커터에 손상을 주기 때문에 넣지 마십시오. 또한 카본지, 젖은 종이, 풀 묻은 종이(접착식 셀로판테이프, 고무테이프 등), OHP 필름(전용기 사용), 비닐 등은 세단을 삼가 주십시오.
- 투입구의 바로 앞에 커터가 회전하고 있습니다. 머리칼, 넥타이, 목걸이, 옷소매, 손팔찌, 시계줄 등이 투입구의 내부로 들어가지 않도록 주의하여 주십시오. 회전 중인 커터에 딸려 들어가면 매우 위험합니다.

마. 기타
- 고정되어 있는 스위치부나 상부 케이스 등은 절대로 열지 마십시오.
- 세단기를 이동할 경우에는 바퀴가 잘 움직이는지 확인하고 조심스레 이동하여 주십시오.

- 전원코드는 기계 후면에 있습니다. 코드를 잡아당겨 이동하거나 집기 밑에 놓지 않도록 주의하여 주십시오.
- 본체에 걸터 앉는다든지 물건을 올려 놓지 마십시오.
- 비교적 세단기 무게가 무겁고 무게 중심이 높기 때문에 이동할 때에는 바닥면의 요철에 주의하여야 하며 무리하게 누르지 마십시오.
- 수시로 전압상태를 점검하여 기계수명과 작동에 무리가 가지 않도록 해 주십시오.
- 문서세단기 정격 사용 시간은 10분입니다.
- 모터 온도 과열 방지 센서 작동 시 30~40분 정도 휴식 후 재사용할 수 있습니다.

## A/S 요청 전 점검 사항

● A/S를 요청하기 전에 다음의 사항들을 꼭 점검하여 주십시오.

| 상태 | 점검 및 시행조치 |
|---|---|
| • 자동으로 종이가 세단되지 않을 때<br>• 종이가 없는데도 세단기가 계속 돌아갈 때 | • 자동 램프가 깜빡이는지 확인하십시오.<br>• 센서를 재설정하십시오. 방법은 정지 상태에서 투입구에 종이를 넣고 정지 버튼을 5초 누른 후, 다시 시작 버튼을 눌러주세요. |
| • 파지 램프가 켜져 있을 때 | • 파지 박스의 파지를 비우십시오. |
| • 파지 박스를 비운 후에도 파지 LED에 점등 된 경우 | • 전원 차단 후 파지 박스를 꺼내십시오.<br>• 내부 상단에 있는 직사각형 철판을 막대기나 자로 툭툭 털고, 파지 박스 삽입 후 전원을 켜고 도어를 닫으십시오. |
| • 도어 램프가 켜져 있을 때 | • 도어를 닫아 주십시오. |
| • 서류를 투입하면, 커터가 역회전 될 때 | • 투입하는 종이의 매수가 너무 많으므로, 적정량을 투입하여 주십시오. |
| • 서류가 부드럽게 세단되지 않을 때 | • 카본지나 젖은 종이를 투입하였는지 확인하여 주십시오. |
| • 기계에서 정상음이 아닌 소음이 날 때 | • 세단기 설치 바닥은 평평한지 확인하여 주십시오.<br>• 커터가 파손되었는지 확인하여 주십시오.<br>• 220V용의 기계를 다른 전압의 전원에 사용하고 있지 않은지 확인하여 주십시오. |

※ ㈜대진코스탈 본사 및 지정 업체 외 수리로 인한 고장 및 비정상 부품 사용으로 인한 고장은 책임지지 않습니다.
※ 이상의 조치를 하여도 안 될 경우에는 구매점이나 본사로 다음 사항들을 연락하여 주십시오.
① 고장 상태 ② 기종명 ③ 제조번호 ④ 구입 연월일

구입 및 A/S 문의 : 1588 - 8007

피듈형

**12 다음 중 조작스위치와 표시판넬의 상태표시로 옳지 않은 것을 고른 것은?**

① 정지(STOP)버튼은 정지시키고자 할 때 사용 가능하다.
② 과부하 버튼은 세단 시 걸리는 부하량을 LED로 나타낸다.
③ 수동 버튼은 3분 동안 모터가 계속 회전하며 세단할 수 있다.
④ 파지비움 버튼은 파지 통이 가득차면 커터 회전이 멈추고 FULL 램프에 점등이 된다.
⑤ 역전(REV.) 버튼은 운전 중에 누르면 약 5초간 정회전한 후 역회전을 하면서 노랑 LED가 들어온다.

피듈형

## 13 다음 중 세단기 사용 방법으로 옳지 않은 것은?

① 센서가 감지 못하는 종이를 세단 시에는 수동으로 세단이 가능하다.
② 적정 매수 이상의 종이가 투입되면 자동 역회전이 되지 않으니 직접 수동으로 작동시켜야한다.
③ 세단 중 문이 열리면 동작이 멈추므로 문을 닫고 시작 버튼을 누른다.
④ 세단기를 사용하지 않을 때 절전 기능이 동작하여 정지상태가 된다.
⑤ 파지 비움에 불이 들어오면 파지함을 비운다.

피듈형

## 14 다음 중 세단기 사용상 주의할 부분으로 옳은 것은?

① 전원코드를 잡아당겨 이동하고 코드는 최대한 보이지 않는 곳에 잘 정리해야 한다.
② 본체에 가벼운 물건을 올려두어도 괜찮다.
③ 모터 온도 과열 방지 센서 작동 시 10분 정도 휴식 후 사용하면 된다.
④ 세단기를 이동할 경우 바퀴가 잘 움직이는지 확인하고 조심스레 이동해야 한다.
⑤ 문서 세단기 정격 사용 시간은 60분이다.

피듈형

## 15 다음 중 세단기 A/S를 요청하기 전 사항으로 옳지 않은 것은?

① 기계에서 정상음이 아닌 소음이 나면 센서를 재설정하고 다시 시작 버튼을 누른다.
② 도어 램프가 켜져 있는 경우는 도어를 닫아야 한다.
③ 서류가 부드럽게 세단되지 않으면 카본지나 젖은 종이를 투입하지 않았는지 확인한다.
④ 자동으로 종이가 세단되지 않으면 자동 램프가 깜빡이는지 확인한다.
⑤ 파지 박스를 비운 후에도 파지 LED가 점등되면 내부 상단에 직사각형 철판을 털어주고 전원을 켜고 도어를 닫아본다.

[16~18] 다음 가습기 사용설명서를 보고 다음 물음에 답하시오.

〈스위치 사용 방법〉

**가열식 가습기 특성상 가습을 시작하거나 정지할 때 시간이 소요됩니다.**

### 스위치 사용법–가습(ON/OFF)

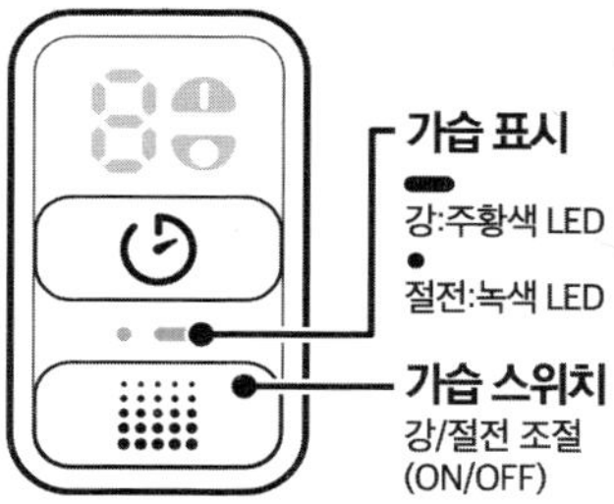


● 가습 스위치를 **2초간 길게 눌러** 제품을 **ON/OFF** 할 수 있습니다.

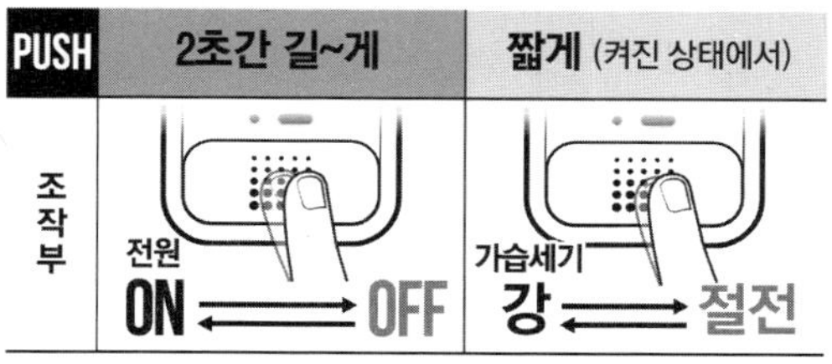


● 제품이 켜지면 가습이 **강(주황색 LED)**으로 시작됩니다.
● LED 점등 30초 후 전체 디스플레이 밝기가 80%로 감소됩니다.

### 스위치 사용법–켜짐·꺼짐예약

**제품 작동 중에만 예약설정이 가능합니다.**
**켜짐·꺼짐예약은 동시에 설정할 수 없습니다.**
**켜짐예약은 1시간만 설정 가능하며, 꺼짐예약은 2·4·8시간으로 설정 가능합니다.**
TIP **잠자기 전 켜짐예약 설정으로 편안한 숙면을 유도해줍니다.**

**켜짐·꺼짐예약이란?** 사용자의 쾌적한 실내 환경을 위한 **켜짐·꺼짐 예약 기능**으로 원하는 시간에 맞추어 가습을 **운전·정지** 합니다.

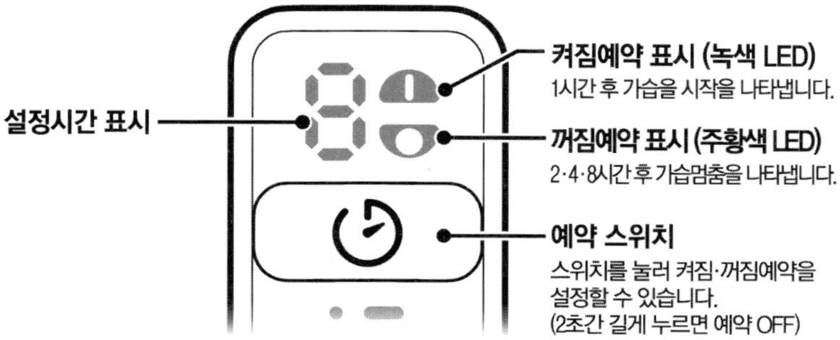

| 예약설정 | 켜짐예약 | 꺼짐예약 | | | 예약설정 안함 |
|---|---|---|---|---|---|
| 조작부 | 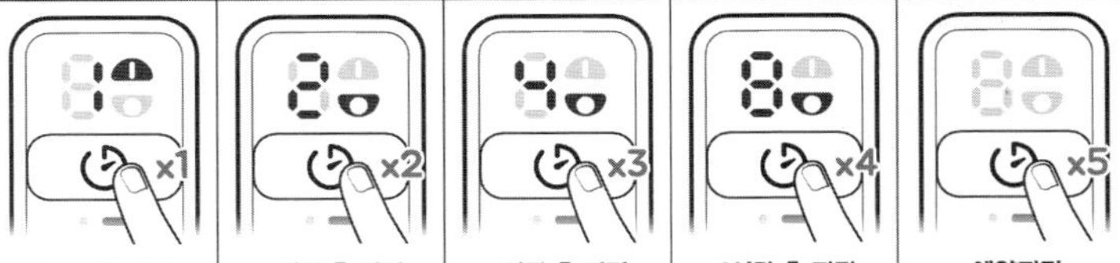 1시간 후 켜짐 | 2시간 후 꺼짐 | 4시간 후 꺼짐 | 8시간 후 꺼짐 | 예약꺼짐 |
| 가습 상태 변화 | 작동이 정지되고 **1시간 후** 가습 **시작** | **설정시간이 지난 후** 가습 **정지** | | | **가습중** (변화없음) |

〈세척 및 보관 시 주의사항〉

**경 고**

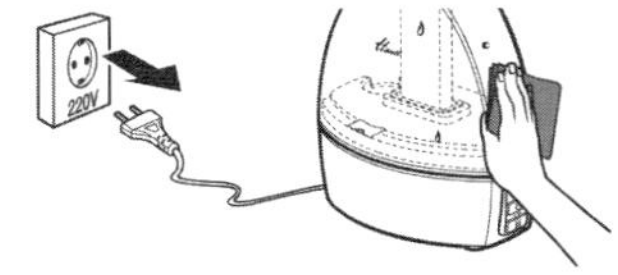


제품을 **사용하지 않거나 외출, 청소 시**에는 **전원플러그**를 반드시 콘센트에서 **빼주세요.**

- 화재 및 감전의 원인이 됩니다.

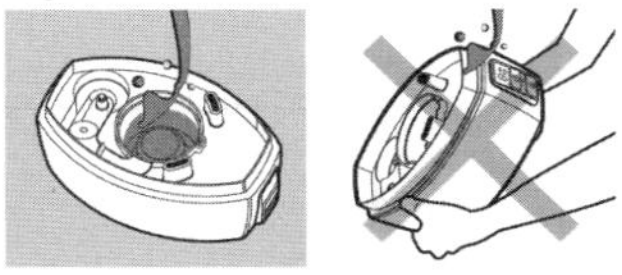

본체의 **가열수조 외에는 물이 닿지 않도록** 주의해주세요. 조작부 내부에 물이 들어갔을 경우 사용을 중단하고 서비스센터에 문의하세요.

- 화재, 감전, 상해 및 제품고장의 원인이 됩니다.

**주 의**

**중성세제** 또는 **깨끗한 물** 이외의 화학용제(벤젠, 신나 등) 및 금속 재질의 솔, 철수세미, 연마제 등으로 세척하지 마세요.

- 변형 및 변색의 원인이 됩니다.

**가습 직후에는 본체에 남아있는 물, 히터부가 뜨거우므로** 취급에 주의하여 주세요. (결합 및 분리 할 때, 세척할 때 등)

- 부상의 원인이 됩니다.

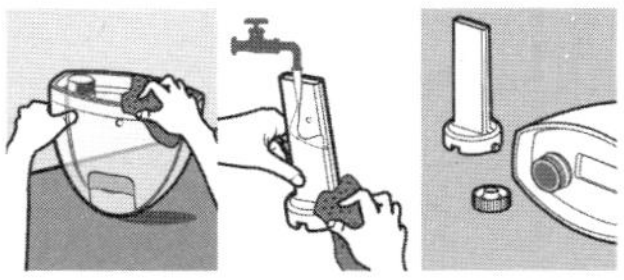

**물통 및 구성품**은 오염되지 않도록 사용 후 **깨끗이 세척**하여주세요. 장기간동안 사용하지 않을 경우 물기를 완전히 건조하고 통풍이 잘 되는 곳에서 말린 후 보관해주세요.

- 제품 오염의 원인이 됩니다.

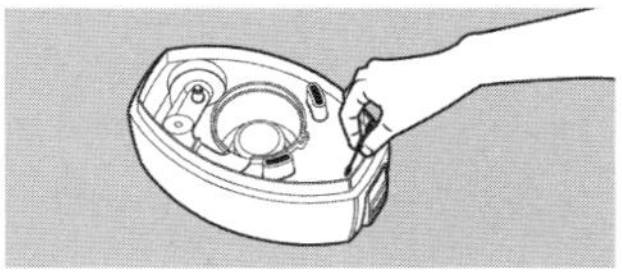

본체의 **틈새에 잔여물이 없도록** 관리해주세요.

- 제품 오염의 원인이 됩니다.

| 증상 | 확인 사항 | 조치 방법 |
|---|---|---|
| 제품이 전혀 동작하지 않아요. | 전원플러그가 콘센트에 빠져있거나 불안정하게 꽂혀있지 않나요? | 전원플러그를 꽂은 후 다시 사용해 주세요. |
| | 전기가 제대로 공급되고 있나요? | 전원차단기(두꺼비집)를 확인 하세요. |
| 전원은 켜졌는데 가습이 제대로 작동하지 않아요. | 제품을 평평한 곳에서 작동시키고 있나요? | 경사진 곳이나 평평하지 않은 곳에서는 제대로 작동하지 않을 수 있습니다. |
| | 가습을 작동시킨지 4~6분이 경과했나요? | 가열식 가습기 특성상 가습을 시작하거나 정지할 때 일정시간이 소요됩니다. |
| | 물통 또는 수조부에 이물질이 들어있지 않나요? | 이물질을 제거한 후 다시 사용해주세요. |
| | 전체 LED가 5회 깜박이나요? | 물 없음 표시입니다. 물을 보충하고 사용해주세요. 간혹 수조부에 이물질이 들어간 경우 물 없음으로 감지될 수 있으므로 이물질이 들어갔는지 확인 후 제거하고 사용해주세요. |
| 동작 중 갑자기 멈추었어요. | 물통에 물이 충분히 남아있나요? | 물을 보충한 후 다시 사용해주세요. |
| | 꺼짐예약이 설정되어 있지 않나요? | 꺼짐예약이 설정되어있는 경우 해당 시간이 지나면 자동으로 전원OFF 됩니다. |
| 물통에서 물이 새는 것 같아요. | 물통이나 물통마개가 파손되지 않았나요? | 파손되었을 경우 새 부품으로 교체해주세요. 직영몰 마이한일 및 서비스센터에서 각각 구입이 가능합니다. |
| | 구성품이 제대로 결합되어 있나요? | 수로막음판, 가습분출관과 같은 구성품을 결합하지 않고 사용할 경우 물이 넘치거나, 물 공급이 되지 않습니다. |

피듈형

**16** 다음 중 가습기 스위치 사용 방법으로 옳지 않은 것을 고른 것은?

① 켜짐 예약을 '1'로 조작하면 작동이 정지되고 1시간 후에 가습이 시작된다.

② 켜짐/꺼짐 예약은 작동 중에만 예약 설정이 가능하다.

③ 가습 스위치를 2초간 길게 눌러야 ON/OFF가 가능하다.

④ 가습기가 켜진 상태에서 조작부의 전원 버튼을 짧게 누르면 가습 세기를 '강↔절전'으로 조절이 가능하다.

⑤ 꺼짐 예약은 1, 2, 4, 8시간 단위로만 가능하며, 꺼짐 예약은 주황색 LED로 표시된다.

피듈형

**17** **다음 중 가습기 세척 및 보관 시 주의사항으로 옳은 것은?**

① 중성세제 또는 깨끗한 물이 아닌 화학 용제나 연마제 등으로 세척하면 안된다.
② 제품을 사용하지 않거나 외출 시에는 전원 플러그를 반드시 뺄 필요는 없다.
③ 장기간 사용하지 않을 경우 물기를 완전히 건조하고 한동안 사용하지 않기 때문에 보이지 않는 구석진 장소에 잘 넣어둔다.
④ 본체의 틈새에 잔여물은 어느 정도 남겨두어도 상관이 없다.
⑤ 조작부 내부에 물이 들어갔을 경우에는 가습기이므로 큰 문제가 되지 않는다.

피듈형

**18** **다음 중 가습기 A/S 신청 시 증상과 조치로 옳지 않은 것은?**

① 가습기를 작동한지 5분이 지나도 작동이 되지 않아서 조금 더 기다려보기로 하였습니다.
② 전원은 켜있으나 작동이 되지 않아서 확인해보니 전체 LED가 5회 깜박이는 것을 보았습니다. 그래서 물을 보충하여 사용하였습니다.
③ 제품이 전혀 동작하지 않아 전원 플러그를 확인 후 다시 꽂아 사용하였습니다.
④ 물통에서 물이 새서 파손된 부분이 있는 것을 확인하고 새 부품으로 교체하였습니다.
⑤ 동작 중 갑자기 멈추어서 전원차단기를 확인하였습니다.

모듈형

**19** **다음 중 ( ㉠ )에 들어갈 단어로 알맞은 것은?**

( ㉠ )은 특허권, 실용신안권, 상표권 및 의장권을 총칭하며, 산업 및 경제활동과 관련된 사람의 정신적 창작물이나 창작된 방법을 인정하는 무체재산권을 총칭하는 용어다. 과거에는 공업소유권으로 불려왔으나, 특허, 상표 등 무체물에 대한 권리는 소유권보다는 재산권이라는 용어가 더 적합하여 1990년부터 ( ㉠ )으로 바꾸어 부르고 있다. 새로운 발명과 고안에 대하여 그 창작자에게 일정 기간 독점 배타적인 권리를 부여하는 대신 이를 일반에게 공개하여야 하며 일정 존속 기간이 지나면 이용 · 실시하도록 함으로써 기술진보와 산업발전을 추구한다. ( ㉠ ) 중 특허권은 아직까지 없었던 물건 또는 방법을 최초로 발명하였을 경우, 그 발명자에게 주어지는 권리를 말한다. 실용신안권은 이미 발명했던 것을 보다 편리하고 유용하게 쓸 수 있도록 개량한 물품에 대한 고안 그 자체를 의미한다. 의장은 물품의 형체, 모양, 색채 또는 이들을 결합한 것으로서 시각을 통하여 미감을 느끼게 하는 것을 말한다. 상표는 타인의 상품과 식별하기 위하여 사용하는 문자, 기호, 도형이나 이들을 결합하는 것 또는 이들과 색채와의 결합으로서 타인의 것과 명확히 구분되는 것을 말한다.

① 협의저작권　② 산업재산권　③ 신지식재산권　④ 실용신안권　⑤ 산업저작권

모듈형

**20** **다음은 인간의 창조적 활동 또는 경험 등을 통해 창출하거나 발견한 지식 · 정보 · 기술이나 표현, 표시 그 밖에 무형적인 것으로 재산적 가치가 실현될 수 있는 지적 창작물에 부여된 권리에 대한 필요성을 설명하고 있다. 설명된 권리에 대한 특징으로 올바르지 않은 것은?**

- 시장에서 독점적 지위를 확보할 수 있습니다.
  - 특허권의 경우에는 독점배타적인 무체재산권으로 신용창출, 소비자의 신뢰도 향상 및 기술 판매를 통한 로열티 수입 등이 가능합니다.
- 특허분쟁을 예방하고 권리를 보호합니다.
  - 자신의 발명 및 개발기술을 적시에 출원 및 권리화함으로써 다른 사람과의 분쟁을 사전에 예방하고, 다른 사람이 자신의 권리를 허락 없이 사용하는 경우 적극적으로 대응할 수 있는 법적 보호기능을 기대할 수 있습니다.
- R&D 투자비 회수 및 향후 추가기술 개발의 원천을 마련할 수 있습니다.
  - 막대한 기술개발 투자비를 회수할 수 있는 확실한 수단이며 확보된 권리를 바탕으로 다른 사람과 분쟁 없이 추가적인 응용기술 개발을 할 수 있습니다.
- 정부의 각종 정책자금 및 세제지원 혜택을 받을 수 있습니다.
  - 특허권, 실용신안권 등 지식재산권을 보유하고 있는 경우 특허기술사업화 자금지원, 우수발명품시작품 제작지원을 비롯하여 각종 정부자금 활용과 세제 지원 혜택을 받을 수 있습니다.

① 존속기간의 제한이 없으며 소멸시효의 대상이 되지 않는 항구성을 가진 권리이다.
② 각국 경제의 상호관계를 긴밀하게 하여 다국적 기업화가 이루어지고 있다.
③ 기술상품으로 상품과 같이 물체가 아니라 수출입이 자유로워 세계적 상품으로 전파될 수 있다.
④ 연쇄적인 기술개발을 촉진하는 계기를 마련해 주고 있다.
⑤ 국가 산업발전 및 경쟁력을 결정짓는 '산업자본'이다.

피듈형

**21** 융합기술은 활용목적별로 기술 간 융합을 통해 미래 수요 충족을 위한 융합 신기술 및 신산업을 창출하는 총 3개 분야로 분류할 수 있다. 〈보기 1〉의 융합기술의 유형과 〈보기 2〉의 유형에 따른 융합기술의 예시가 올바르게 나열된 것은?

〈보기 1. 융합기술의 유형〉

- 원천기술창조형 – 이종 신기술 또는 신기술과 학문이 결합하여 새로운 기술을 창조하거나 융합기술을 촉진하는 유형
- 신산업창출형 – 경제 · 사회 · 문화적 수요에 따른 신산업 · 서비스 구현을 위해 이종 신기술과 제품/서비스가 결합하는 유형
- 산업고도화형 – 신기술과 기존 · 전통산업이 결합하여 현재의 시장 수요를 충족시킬 수 있는 산업 및 서비스를 고도화하는 유형

〈보기 2. 융합기술의 예시〉

㉠ 미래형 자동차, 유비쿼터스–시티 등
㉡ 휴머노이드 로봇, 실버융합, 차세대 융합형 콘텐츠 등
㉢ 미래유망 파이오니어사업, 신기술 융합형 원천기술개발사업 등

| | 〈보기 1〉 | | 〈보기 2〉 |
|---|---|---|---|
| ① | 원천기술창조형 | – | ㉠ |
| ② | 신산업창출형 | – | ㉢ |
| ③ | 산업고도화형 | – | ㉡ |
| ④ | 원천기술창조형 | – | ㉢ |
| ⑤ | 산업고도화형 | – | ㉢ |

모듈형

22 직장인들은 새로운 기술의 적용을 통해 업무의 효율성을 높이기도 하며, 성과 향상에 도움이 되기도 하고, 크고 작은 위험을 사전에 예방할 수도 있다. 다음의 내용이 설명하고 있는 기술적용 시 고려 사항은?

> 새롭게 받아들여 활용하고자 하는 기술이 단순한 기술인지, 아니면 가까운 미래에 또 다른 발전된 기술로 응용 가능성이 있는지를 검토하는 것은 매우 중요한 일이다. 기술이라는 것은 보다 발전된 방향으로 변화하고자 하는 특성이 있기 때문에 끊임없이 연구하고 개발해야 한다. 따라서 현재 받아들이고자 하는 기술이 자신의 직장에 대한 특성과 회사의 비전과 전략에 맞추어 응용 가능한가를 고려해야 한다.

① 기술적용에 따른 비용
② 기술의 수명 주기
③ 기술의 전략적 중요도
④ 잠재적으로 응용 가능성
⑤ 기술의 사용 용이성

모듈형

23 기술을 선택하고 적용하는 것만큼이나 중요한 것이 기술을 관리하고 경영하는 능력이다. 다음은 기술경영자와 기술관리자에게 필요한 능력이다. 올바르게 구분 지은 것은?

> ㉠ 기술 이전을 효과적으로 할 수 있는 능력
> ㉡ 제품개발 시간을 단축할 수 있는 능력
> ㉢ 기술적, 사업적, 인간적인 능력을 통합할 수 있는 능력
> ㉣ 시스템적인 관점에서 인식하는 능력
> ㉤ 공학적 도구나 지원방식을 이해할 수 있는 능력
> ㉥ 기술팀을 통합할 수 있는 능력
> ㉦ 복잡하고 서로 다른 분야에 걸쳐 있는 프로젝트를 수행할 수 있는 능력

| | 기술경영자 | 기술관리자 |
|---|---|---|
| ① | ㉠,㉡,㉢,㉣ | ㉤,㉥,㉦ |
| ② | ㉠,㉡,㉦ | ㉢,㉣,㉤,㉥ |
| ③ | ㉢,㉣,㉦ | ㉠,㉡,㉤,㉥ |
| ④ | ㉠,㉢,㉣,㉤ | ㉡,㉥,㉦ |
| ⑤ | ㉡,㉢,㉣ | ㉠,㉤,㉥,㉦ |

피듈형

**24** **다음은 4차 산업혁명의 역기능에 관련된 글이다. 글에서 포함하지 않는 4차 산업혁명의 역기능은?**

> 4차 산업혁명은 무엇으로 일어날까? 한마디로 정의하기는 어렵지만, 모든 사물(IoT)이 연결된 네트워크(5G 등)와 ICT 기술(데이터 분석, AI, 로봇 등)을 결합해 초지능화(Hyper Intelligent)된 생산 플랫폼이 4차 산업혁명(디지털 변혁)을 촉진한다고 볼 수 있을 것 같다. 이 플랫폼은 규모 및 범위의 경제 실현, S/W 등 연성자본(Soft Capital) 가치 중시, 정보수집과 데이터 분석 · 판단의 실시간화, 학습(딥 러닝)을 통한 자율 진화 등을 통해 사회 · 경제 분야에서 혁신 및 성장의 기반을 제공한다.
>
> 고용의 경우 정형적 · 반복적 업무가 기계로 대체되고, 인간은 창의적 · 감성적 업무에 집중하는 고용구조의 양극화(Job-Polarization)가 나타나며, 인간과 기계 간 일자리 경쟁으로 업무의 질과 대우가 낮아질 가능성이 높아진다. 아울러 로봇산업종사자, 데이터분석자 등 혁신에 따른 새로운 직업 창출도 예상할 수 있다. 한편 플랫폼 종사자(거래 계약에 기반한 1인 자영업자는 노동시간을 자유롭게 선택할 수 있으나 회사가 제공하는 교육 · 사회보장, 노조의 임금협상 등의 혜택을 받지 못하는 단점이 있음) 등 비정형적 · 탄력적 고용의 확대로 전통적 평생직장 개념이 약화되고 숙련 사무직도 거래 계약 · 프로젝트 기반으로 지식노동을 제공할 것으로 예상된다.
>
> 4차 산업혁명은 일반 국민의 생활양식에도 많은 변화를 초래한다. AI를 활용한 질병 진단, 교통정보의 실시간 공유 · 제어를 통한 혼잡 및 사고 예방, 개인 수준별 맞춤형 학습 및 행정서비스의 보편화 등으로 디지털 편익은 증진하나, 승자독식 구조로 인한 양극화 심화, 수집되는 정보량 확대로 인한 사생활 침해, 네트워크 해킹 등 사이버 보안 문제는 반드시 해결해야 할 주요한 역기능이다.
>
> 한편 디지털 변혁에 대한 대중의 신뢰 획득과 신기술 수용도 향상을 위한 노력이 요구된다. 네트워크 보안 및 프라이버시 보호 관련 법 · 제도 개선과 국제 협력체제 구축, 데이터의 활용 · 공유로 인한 이익과 프라이버시 및 지식재산권 보호, 이익 간 충돌의 조화로운 조정 등은 대표적인 해결 과제다. 특히 AI, 유전자배열 편집 등은 인간의 안전 및 윤리 문제와 충돌하는 기술인데, 이러한 기술의 확산은 대중의 이해와 지지를 바탕으로 한다는 것을 명심해야 한다.
>
> 출처 : 교육부

① 인터넷 게임과 채팅 중독
② 사생활 침해
③ 비정형적 · 탄력적 고용의 확대
④ 네트워크 보안
⑤ 승자 독식 구조로 인한 양극화 심화

모듈형

**25** **다음은 금융분야의 4차 산업 기술과 동향 및 전망이다. 다음과 같은 신기술의 도입을 선택하고 적용할 때 수행해야 할 사항이 아닌 것은?**

| 전략 품목 | 동향 및 전망 |
|---|---|
| 크라우드펀딩 | 정부의 활성화 정책에 힘입어 증권형 크라우드 펀딩이 주목을 끌고 있으며, 최근 몇 년간 국내 벤처 · 창업 환경은 벤처기업수가 3만 개를 돌파하고 벤처 투자도 사상 최고치를 기록하는 등 빠르게 성장 |
| 자산관리 서비스 | 과거 은행이나 증권사의 프라이빗뱅커(PB)가 하는 업무를 현재 컴퓨터 프로그램(알고리즘)을 활용해 제공함으로써 고액 자산가뿐만 아니라 일반 소비자도 쉽게 접근할 수 있는 장점으로 발전 |
| 레그테크 서비스 | 레그테크 분야는 금융회사의 비용 절감차원에서도 앞으로 구체화될 것으로 예상할 수 있으나 아직까지 감독 당국을 포함하여 시장 관계자들이 레그테크의 개념과 기능 등에 대한 구체적인 검토가 부족한 상황 |
| 인슈어테크 서비스 | 블록체인, 인공지능, 빅데이터, 그리고 사물인터넷과 같은 기술들로 대표되는 4차 산업혁명의 흐름은 핀테크라는 이름으로 변화시키고 있고 자산관리, 인터넷 전문은행, 보험 등 부가가치가 큰 시장으로 확대 발전하고 있음 |

① 도입할 기술의 적용과 운용
② 기존 기술과의 비교분석
③ 새로운 기술로 인하여 혁신적인 환경을 조성
④ 기술 사용에 대한 계획서 및 매뉴얼 작성
⑤ 발생할 수 있는 오류 해결

피듈형

**26** 다음 빈칸의 ㉠, ㉡에서 설명하고 있는 4차산업 기술을 바르게 나열한 것은?

( ㉠ )은/는 단말당 다운로드 최소 속도가 1.5Gbps 이상이고 무선 전송 지연 시간이 1ms 이하인 통신 성능을 갖는 모뎀을 탑재하여 초고속 저지연 초연결 서비스를 제공하는 기기이다. 이 기술을 활용하면 산업장비, 의료기기, 차량 등에 탑재하여 원격지의 상황을 초현실감 있게 공유하는 것이 가능하다. 또한 대규모 센서 네트워크를 활용을 대단위 IoT, 그리고 원격 모션제어, 자율운전, 공장자동화, 스마트 그리드를 위한 임무 특화형 IoT 실현이 가능하다.

( ㉡ )은 4차 산업혁명의 핵심 기반기술로서 활용범위가 광범위해 향후 성장 가능성이 매우 높을 것으로 전망되고 있고 인공지능, 빅데이터, 3D 프린팅 등 ICT 기술과 함께 기술진보와 융복합 확대로 생산혁신의 원천이 되고 있으며, 특히 도시, 운송, 가정, 사무실 공장, 소매, 건강, 물류 등분야에서 큰 경제적 파급 효과를 유발할 것으로 예측한다. 국내외 주요 연구기관 발표에 따르면 ( ㉠ )은/는 4차 산업혁명의 근간이 되는 기술로 선정되어 중요성이 부각되고 있으며, ( ㉡ )은 ( ㉠ )의 확산으로 스마트폰 외의 다양한 기기로 통신서비스의 영역이 확대될 것으로 전망되고 다기종 네트워크의 접속 프론트홀 시스템이 필요하다.

( ㉠ )과 대용량 콘텐츠 서비스가 ( ㉡ ) 이동통신의 주요 서비스 플랫폼으로 떠오르면서 관련 산업구조 변화, 시장규모 확대 등이 예상되고 있다.

| | ㉠ | | ㉡ | | ㉠ | | ㉡ |
|---|---|---|---|---|---|---|---|
| ① | 클라우드 | – | AR/VR | ② | 클라우드 | – | 사물인터넷 |
| ③ | 사물인터넷 | – | 5G | ④ | 빅데이터 | – | 5G |
| ⑤ | 인공지능 | – | 빅데이터 | | | | |

피듈형

**27** 산업현장의 다양한 센서 및 기기들이 스스로 정보(빅데이터)를 취합하고, 이 정보를 바탕으로 생산성을 최대로 끌어 올릴 수 있는 인공지능이 결합된 생산 시스템으로 ㉠에 들어갈 4차 산업혁명의 기술은?

| 구분 | ( ㉠ ) | 공장 자동화 |
|---|---|---|
| 개념 | 제조에 관련된 조달, 물류, 소비자 등의 객체가 존재하여 객체에 각각 지능을 부여하고, 이를 사물인터넷으로 연결해 자율적으로 데이터를 연결·수집·분석 | 컴퓨터와 로봇 같은 장비를 이용해 공장 전체의 무인화를 이루고, 생산 과정의 자동화를 만드는 시스템 |
| 특징 | 제조 전과정을 ICT 기술로 통합해 최소비용·시간으로 고객 맞춤형 제품 생산 | 컴퓨터를 이용한 설계 및 제조, 해석 시스템, 다품종 소량생산을 가능하게 하는 생산 시스템 등을 조합한 것 |
| 통합방향 | 수평적 통합 | 수직적 통합 |
| 지원기술 | 제품설계 도구인 CAD/CAE 등의 PLM 솔루션, 3D 프린터, CPS, 공정 시뮬레이션 등을 포함 | 스마트 센서, 사물인터넷 기술, 생산현장, 에너지 절감 기술, 제조 빅데이터 기술 등을 포함 |

① 빅데이터 ② 지능형 로봇 ③ IoT ④ 스마트 물류 ⑤ 스마트 공장

피듈형

**28** 다음 글에서 ㉠과 ㉡에 들어갈 4차산업 기술을 바르게 나열한 것은?

〈 ㉠ 〉

- 현실 공간과 사물에 디지털 콘텐츠를 내재시킴으로써 사용자에게 보다 많은 체험 서비스를 제공하는 기술
- 스마트폰이 제공하는 기능을 통해 좌표상 위치와 움직임을 용이하게 측정할 수 있게 됨에 따라 다양한 용도로 응용되어 확산
- 실제 영상에 사용자에게 도움이 되는 가상 객체와 정보를 활용하여, 교육 · 원격의료 진단 · 방송 · 건축 · 설계 · 제조 · 공정관리 등 다양한 산업 분야에 응용이 가능

〈 ㉡ 〉

- 컴퓨터로 만든 공간 내에서 사용자의 시각 · 청각 · 촉각 등 감각정보를 확장 · 공유함으로써 공간적, 물리적 제약에 의해 현실세계에서 실질적으로 경험하지 못하는 상황을 실감적으로 체험할 수 있게 하는 총체적 기술
- 기본적인 감각인 시각에 대해 실세계가 차단되도록 시야 전체를 영상으로 채우는 착용형 디스플레이를 이용
- 실세계 영상이 차단되므로 고정된 자세에서 영상 시청에는 무리가 없으나, 사용자의 이동이나 객체와의 상호작용을 위해서는 부수적인 요소기술 활용이 필요

| | ㉠ | | ㉡ |
|---|---|---|---|
| ① | 가상현실 | – | 증강현실 |
| ② | 인공지능 | – | 스마트 그리드 |
| ③ | 드론 | – | 가상현실 |
| ④ | 블록체인 | – | 인공지능 |
| ⑤ | 증강현실 | – | 가상현실 |

[29~31] 아래 〈보기〉는 그래프 구성 명령어 실행 예시이다. 〈보기〉를 참고하여 다음 물음에 답하시오.

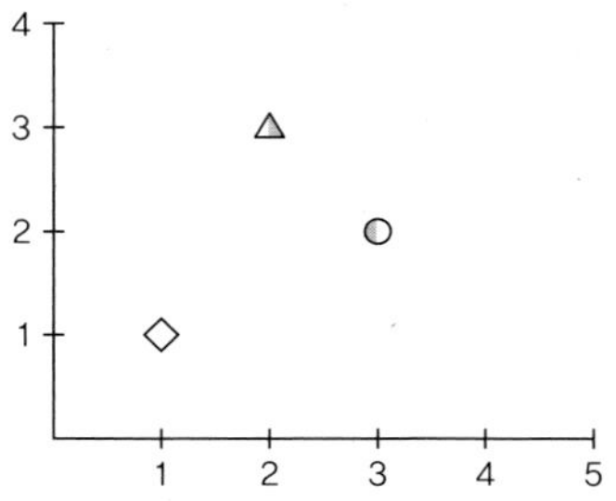

X5/Y4

C(3,2) : L / T(2,3) : R / S(1,1) : W

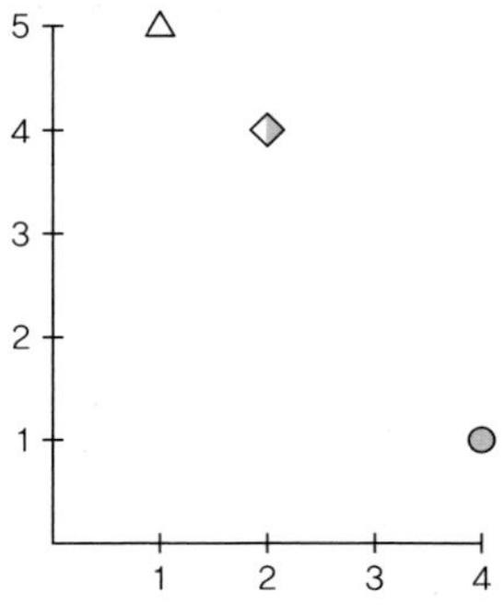

X4/Y5

C(4,1) : B / T(1,5) : W / S(2,4) : R

피듈형

**29** 다음 그래프에 알맞은 명령어를 고른 것은?

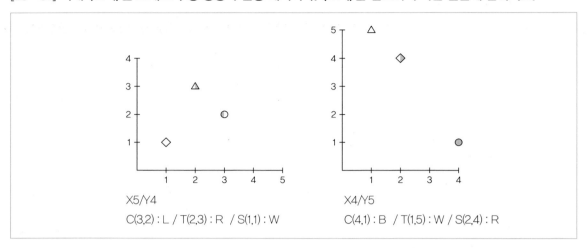

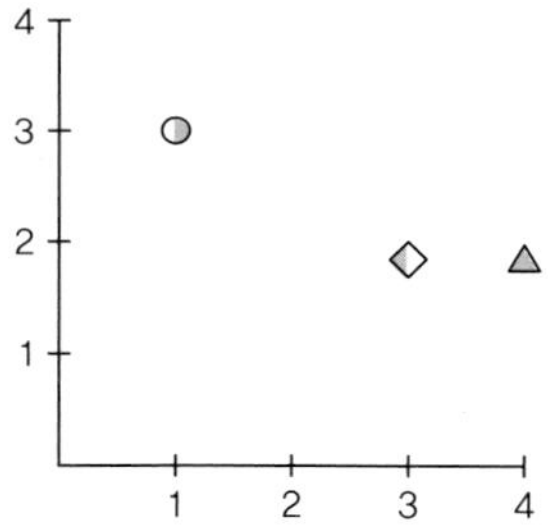

① X4/Y4, C(1,3) : R, T(4,2) : B, S(3,2) : L
② X4/Y4, C(3,1) : R, T(2,4) : B, S(2,3) : L
③ X4/Y4, C(1,3) : W, T(4,2) : R, S(3,2) : R
④ X4/Y4, C(1,3) : R, T(4,2) : L, S(3,2) : B
⑤ X4/Y4, C(3,1) : R, T(2,4) : L, S(2,3) : B

피들형

**30** X5/Y3, C(3,1) : R, T(4,3) : B, S(5,2) : R의 그래프를 산출할 때, 오류가 발생하여 다음과 같은 그래프가 산출되었다. 다음 중 오류가 발생한 값을 고른 것은?

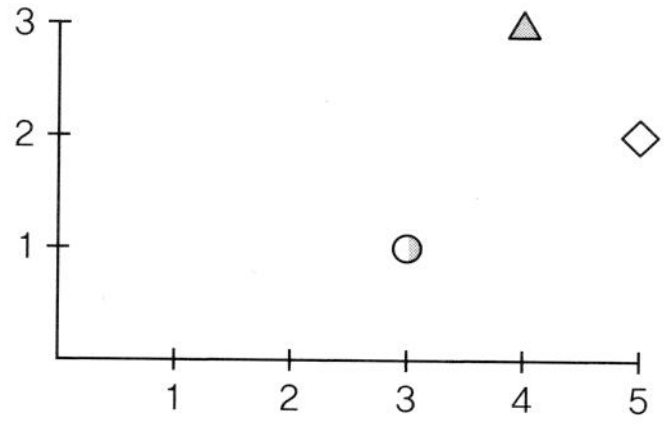

① X5/Y3 ② C(3,1) : R ③ T(4,3) : B ④ S(5,2) : R

피들형

**31** X5/Y6, C(3,4) : L, T(5,3) : B, S(2,5) : R의 그래프를 산출할 때, 산출된 그래프의 형태로 옳은 것은?

①
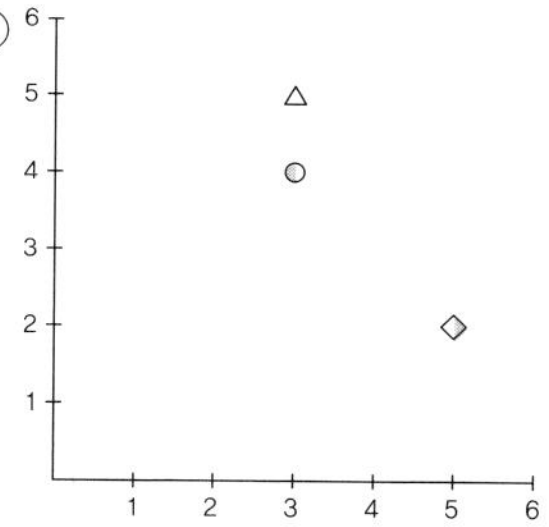

②
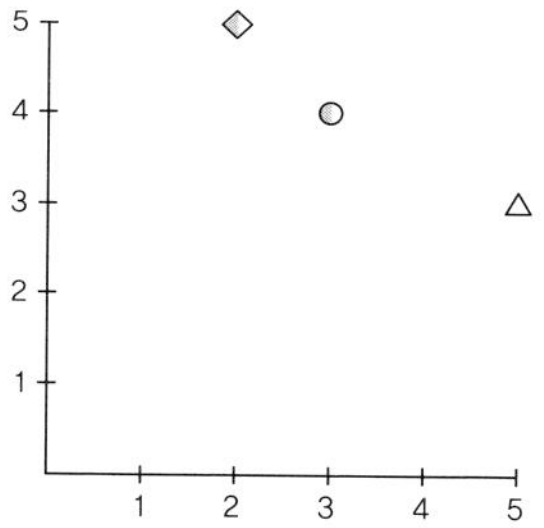

③
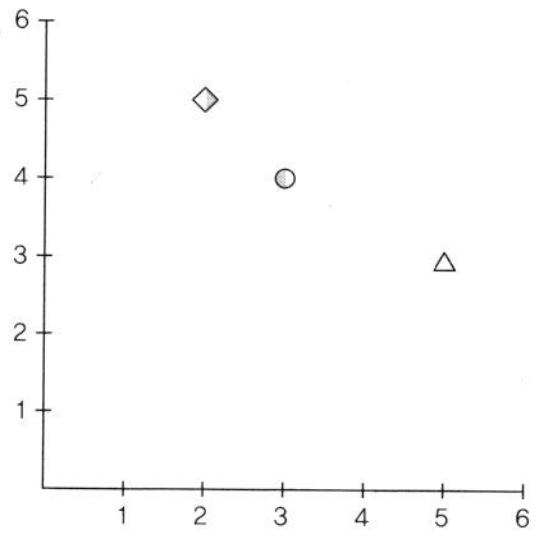

④
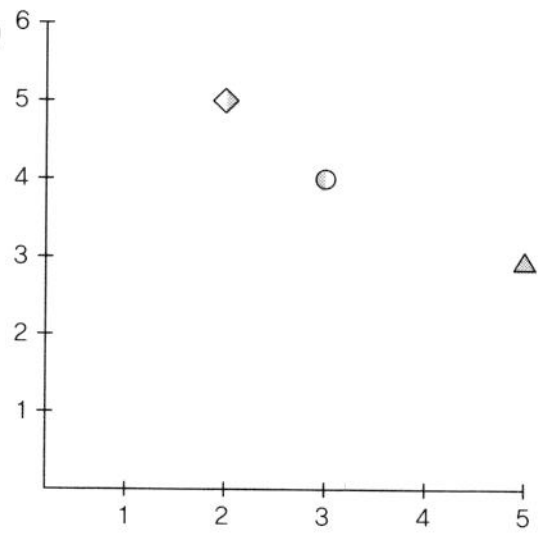

⑤
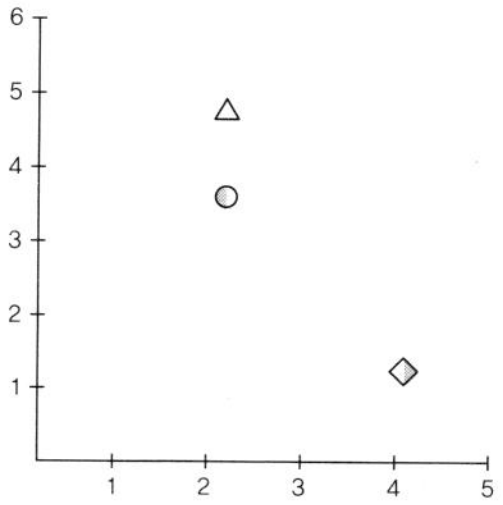

[32~33] **다음은 L 공장에서 안전을 위해 정기적으로 실시하는 검침에 대한 안내사항이다. 이어지는 물음에 답하시오.**

〈계기판 검침 안내사항〉

정기적으로 매일 오전 9시에 다음의 안내사항에 따라 검침을 실시하고 그에 따른 조치를 취하도록 한다.

**계기판 A · B · C의 표준 수치**

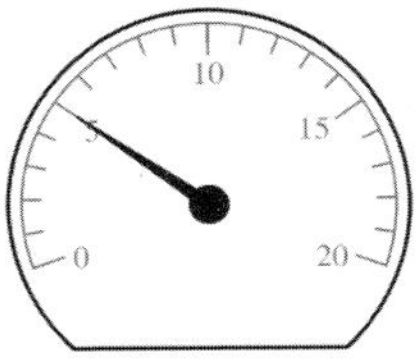

계기판 A

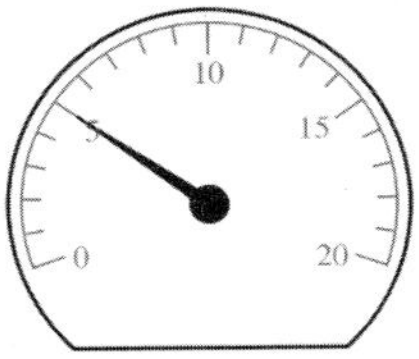


계기판 B

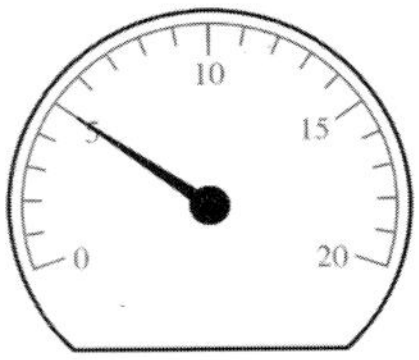


계기판 C

[기계조작실]

1. 계기판을 확인하여 PSD 수치를 구한다.
   ※ 검침하는 시각에 바깥 온도계의 온도가 영상이면 B 계기판은 고려하지 않는다.
   ※ 검침하는 시각에 실내 온도계의 온도가 20℃ 미만이면 Parallel Mode를, 20℃ 이상이면 Serial Mode를 적용한다.
   - Parallel Mode – PSD 검침 시각 각 계기판 수치의 평균
   - Serial Mode – PSD 검침 시각 각 계기판 수치의 합
2. PSD 수치에 따라서 알맞은 버튼을 누른다.

| 수치 | 버튼 |
|---|---|
| PSD ≤ 기준치 | 정상 |
| 기준치 < PSD < 기준치+5 | 경계 |
| 기준치+5 ≤ PSD | 비정상 |

※ 화요일과 금요일은 세 계기판의 표준 수치 합의 $\frac{1}{2}$을 기준치로 삼고, 나머지 요일은 세 계기판의 표준 수치 합을 기준치로 삼는다(단, 온도에 영향을 받지 않는다).

3. 기계조작실에서 버튼을 누르면 버튼에 따라 상황통제실의 경고등에 불이 들어온다.

| 버튼 | 경고등 |
|---|---|
| 정상 | 녹색 |
| 경계 | 노란색 |
| 비정상 | 빨간색 |

[상황통제실]

들어온 경고등의 색을 보고 필요한 조치를 취한다.

| 경고등 | 조치 |
|---|---|
| 녹색 | 정상 가동 |
| 노란색 | 안전요원 배치 |
| 빨간색 | 접근제한 및 점검 |

피듈형

**32** 목요일 오전 9시에 실외 온도계의 수치는 15℃이고 실내 온도계의 수치는 22℃이며, 계기판 수치는 다음과 같았다. 눌러야 하는 버튼은 무엇이며, 이를 본 상황통제실에서 취해야 할 조치는?

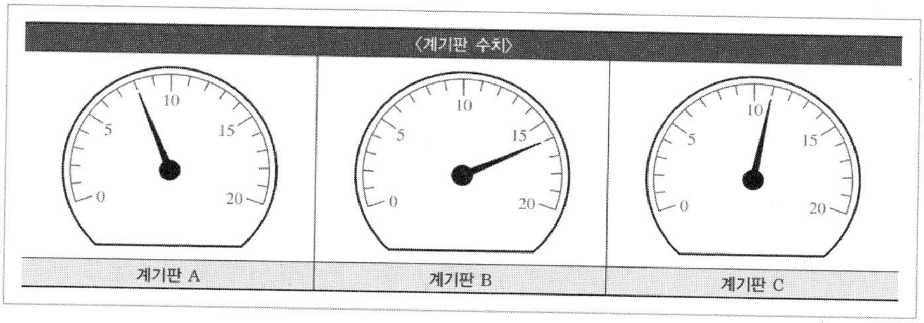


| | 버튼 | 조치 |
|---|---|---|
| ① | 정상 | 정상 가동 |
| ② | 정상 | 안전요원 배치 |
| ③ | 경계 | 안전요원 배치 |
| ④ | 경계 | 접근제한 및 점검 |
| ⑤ | 비정상 | 접근제한 및 점검 |

피듈형

**33** 화요일 오전 9시에 실외 온도계의 수치는 −3℃이고 실내 온도계의 수치는 15℃이며, 계기판 수치는 다음과 같았다. 눌러야 하는 버튼은 무엇이며, 이를 본 상황통제실에서는 취해야 할 조치는?

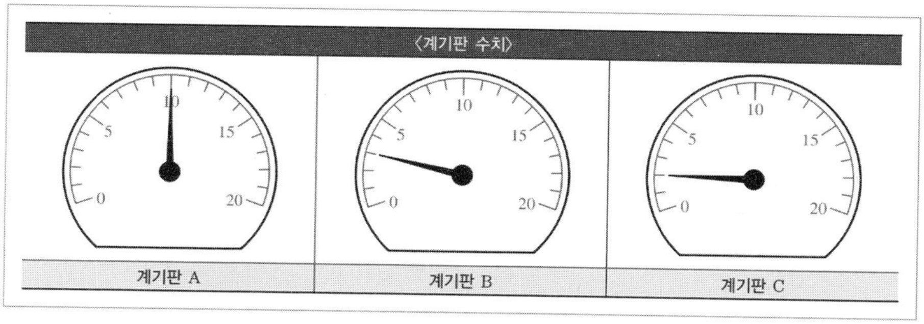


| | 버튼 | 조치 |
|---|---|---|
| ① | 정상 | 정상 가동 |
| ② | 정상 | 안전요원 배치 |
| ③ | 경계 | 안전요원 배치 |
| ④ | 경계 | 접근제한 및 점검 |
| ⑤ | 비정상 | 접근제한 및 점검 |

[34~35] **다음 규칙을 읽고, 질문에 답하시오.**

| 작동 버튼 | 기능 |
|---|---|
| ◐ | ○모양을 ◎모양으로 바꾼다. |
| ◑ | ◇모양을 ◆모양으로 바꾼다. |
| ◐ | ◎모양을 ◆모양으로 바꾼다. |
| ◑ | ○모양과 ◇모양의 위치를 바꾼다. |

피들형

**34** **〈보기〉의 처음 상태에서 작동 버튼을 두 번 눌렀더니, 다음과 같은 결과가 나타났다. 다음 중 작동 버튼의 순서를 바르게 나열한 것은?**

〈보기〉

| 처음 | | 결과 |
|---|---|---|
| ◇ | ➡ | ○ |
| ○ | | ◆ |
| ◎ | | ◎ |
| ◆ | | ◆ |

① ◓◑　② ◓◐　③ ◑◒　④ ◒◐　⑤ ◒◓

피들형

**35** **〈보기〉의 처음 상태에서 작동 버튼을 세 번 눌렀더니, 다음과 같은 결과가 나타났다. 다음 중 작동 버튼의 순서를 바르게 나열한 것은?**

〈보기〉

| 처음 | | 결과 |
|---|---|---|
| ◆ | ➡ | ◆ |
| ○ | | ◎ |
| ◇ | | ◆ |
| ◎ | | ◆ |

① ◓◑◒　② ◒◐◑　③ ◐◒◓　④ ◑◐◒　⑤ ◒◓◒

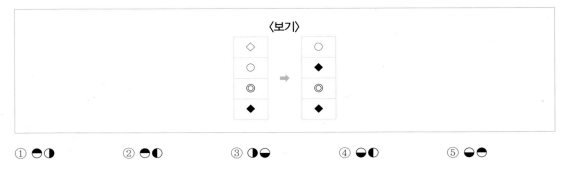

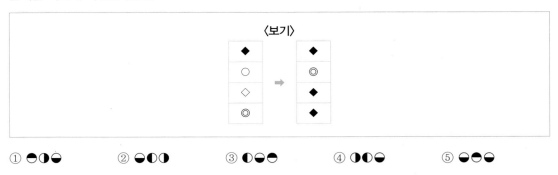

PART

09

# 조직이해능력

차례



### 하위능력

국제감각, 조직체계이해능력, 경영이해능력, 업무이해능력

SECTION 01

# 조직이해능력 이론

▶ 합격강의

## 조직이해능력 소개

### 01 조직이해능력의 학습 목표

| 구분 | 학습 목표 |
|---|---|
| 일반 목표 | 자신이 속한 조직의 경영, 체제, 업무 등을 이해하고 국제 감각을 기른다. |
| 세부 목표 | 1. 자신이 속한 다양한 조직을 나열할 수 있다.<br>2. 조직이 어떻게 운영되는지 설명할 수 있다.<br>3. 자신이 속한 조직의 체제를 설명할 수 있다.<br>4. 조직 변화의 과정을 설명할 수 있다. |

### 02 조직의 의미와 중요성

두 사람 이상이 공동의 목표를 달성하기 위해 의식적으로 구성된 상호 작용과 조정을 행하는 행동의 집합체이다. 조직은 목적을 가지고 있고, 구조가 있으며, 목적을 달성하기 위해 구성원들이 서로 협동을 하고, 외부 환경과 긴밀한 관계를 가지고 있다.

### 03 조직의 유형

| 구분 기준 | 해당 유형 | 주요 내용 |
|---|---|---|
| 공식성 | 공식 조직 | 조직의 규모, 기능, 규정이 조직화된 조직 |
| | 비공식 조직 | 인간관계에 따라 형성된 자발적 조직 |
| 영리성 | 영리 조직 | 사기업 |
| | 비영리 조직 | 정부조직, 병원, 대학, 시민단체 |
| 규모성 | 소규모 조직 | 가족 소유의 상점 |
| | 대규모 조직 | 대기업 |

## 04 조직 체제의 구성 요소

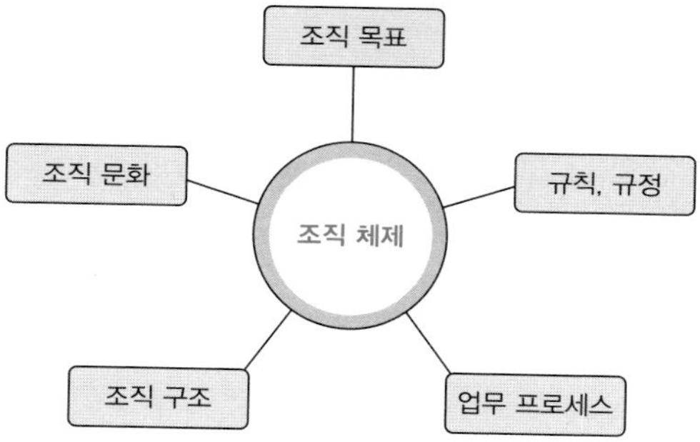


| | |
|---|---|
| **조직 목표** | 조직이 달성하려는 장래의 상태. 조직이 존재하는 정당성, 합법성을 제공 |
| **조직 문화** | 조직 구성원들이 생활양식이나 가치를 공유하는 것 |
| **조직 구조** | 조직 내의 부문 사이에 형성된 관계로 조직목표를 달성하기 위한 조직 구성원들의 상호작용을 보여줌 |
| **업무 프로세스** | 조직에 유입된 인풋 요소가 최종 산출물로 만들어지기까지 구성원 간의 업무 흐름이 어떻게 연결되는지를 보여줌 |
| **규칙, 규정** | 조직의 목표나 전략에 따라 수립되며, 조직 구성원들의 활동 범위를 제약하고 일관성을 부여하는 기능 |

**더 알기 TIP**

- 조직은 하나의 체제(System)로 구성 요소들이 특정한 방식으로 서로 결합된 부분들의 총체를 체제(System)라 함
- 인풋(Input)은 시스템에 유입되는 것을 의미. 업무 프로세스(Process)는 조직의 구조를 통해서 인풋이 아웃풋으로 전환되는 과정으로 아웃풋(Output)은 업무 프로세스를 통해 창출된 시스템의 결과물을 의미함

## 05 조직의 환경 변화 적응

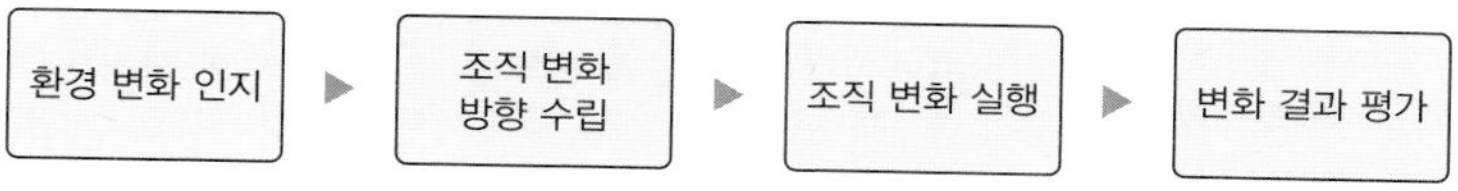


| 변화 단계 | 주요 내용 |
|---|---|
| **환경 변화 인지** | • 해당 조직에 영향을 미치는 변화를 인식하는 것<br>• 조직의 변화는 환경의 변화를 인지하는 데서 시작<br>• 조직 구성원들이 현실에 안주하려는 경향이 있으면 인식하기 어려움 |
| **조직 변화 방향 수립** | • 환경의 변화가 인지되면 이에 적응하기 위한 조직 변화 방향을 수립<br>• 조직의 세부 목표나 경영 방식을 수정하거나, 규칙이나 규정 등을 새로 제정하기도 함<br>• 체계적으로 구체적인 추진 전략을 수립하고, 추진전략별 우선 순위를 마련함 |
| **조직 변화 실행** | 수립된 조직 변화 방향에 따라 조직 변화를 실행 |
| **변화 결과 평가** | 조직 변화의 진행 상황과 성과 평가, feedback |

## 06 조직 변화의 유형

| 조직 변화 유형 | 주요 내용 |
|---|---|
| 제품, 서비스 | • 기존 제품이나 서비스의 문제점을 인식하고 고객의 요구에 부응하기 위한 것<br>• 고객을 늘리거나 새로운 시장을 확대하기 위해서 필요 |
| 전략, 구조 | • 조직의 경영과 관계된 것으로 조직의 목적을 달성하고 효율성을 높이기 위함<br>• 조직 구조나 경영방식, 각종 시스템 등을 개선하는 것 |
| 기술 | • 신기술이 발명되었을 때<br>• 생산성을 높이기 위해 새로운 기술을 도입할 때 |
| 문화 | • 구성원들의 사고방식이나 가치체계를 변화시키는 것<br>• 조직의 목적과 일치시키기 위해 새로운 문화를 유도 |

# 하위 능력의 구성

## 01 경영이해능력

경영이란 조직이 수립한 목적을 달성하기 위하여 계획을 세우고 실행, 그 결과를 평가하는 과정(Plan−Do−See)이다.

### 1) 경영의 구성 요소

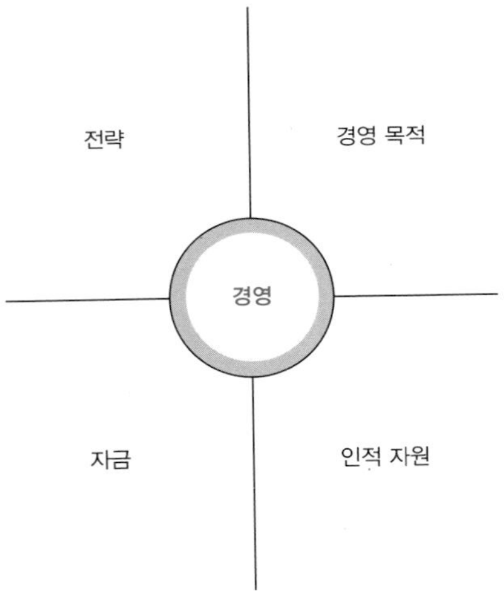


| 4대 구성 요소 | 주요 내용 |
|---|---|
| 경영 목적 | • 조직의 목적을 어떤 과정과 방법을 택하여 수행할 것인가를 구체적으로 제시해 줌<br>• 조직을 이끌어 나가는 경영자는 조직의 목적이 얼마나 효과적으로, 그리고 얼마나 효율적으로 달성되었는지에 대해 평가를 받게 됨 |
| 인적 자원<br>(조직 구성원) | • 조직에서 일하고 있는 임직원들로서, 이들이 어떠한 역량을 가지고 어떻게 직무를 수행하는지에 따라 경영성과가 달라짐<br>• 경영자는 조직의 목적과 필요에 부합하는 구성원을 채용하고 이를 적재적소에 배치 · 활용할 수 있어야 함 |
| 자금 | • 경영 활동에 사용할 수 있는 금전을 의미<br>• 자금이 부족할 경우 원하는 경영목표를 달성하는 데 어려움<br>• 조직의 지속 가능성(Sustainability)을 유지하기 위하여 사기업에서의 자금은 재무적 기초가 됨 |
| 전략 | • 기업 내 모든 역량과 자원을 경영 목적 달성을 위해 조직화하고, 이를 실행에 옮겨 경쟁 우위를 달성하는 일련의 방침 및 활동<br>• 조직이 가지고 있는 자원을 효과적으로 운영하여 무엇을 하고 무엇을 달성해야 하는가를 알려 주는 역할 |

## 2) 경영의 과정

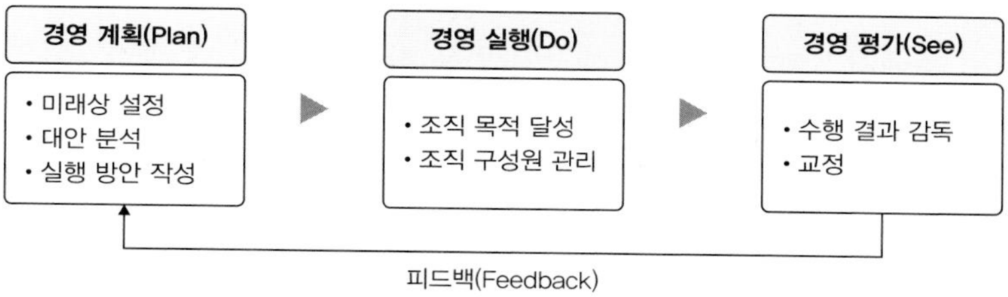


## 3) 경영 활동의 유형

| 구분 | 주요 내용 |
|---|---|
| 외부 경영 활동 | • 조직 외부에서 조직의 효과성을 높이기 위해 이루어지는 활동<br>• 기업에서는 주로 시장에서 이루어지는 활동으로 자사의 차별적 가치를 고객들에게 효과적으로 알려서 새로운 고객을 창출하고 기존고객을 유지하는 것 예 마케팅 활동 |
| 내부 경영 활동 | 조직 내부에서 인적 · 물적 자원 및 생산기술을 효율적으로 관리하는 것<br>예 인사관리, 재무관리, 생산관리 등 |

## 4) 경영 참가 제도

근로자 또는 노동조합을 조직의 경영 의사결정 과정에 참여시키는 것으로 경영참가 제도의 목적은 경영의 민주성 제고이다. 근로자 또는 노동조합이 경영 과정에 참여하여 자신의 의사를 반영함으로써 공동으로 문제를 해결하고, 노사 간의 세력 균형을 이룰 수도 있으며 근로자나 노동조합이 새로운 아이디어를 제시하거나 현장에 적합한 개선 방안을 마련함으로써 경영의 효율성을 높일 수도 있다.

| 경영참가 유형 | 유형별 예시 |
|---|---|
| 조직의 경영에 참가 | 공동의사결정제도 및 노사협의회제도 |
| 이윤에 참가 | 이윤분배제도 |
| 자본에 참가 | 종업원지주제도 및 노동주제도 |

## 5) 의사결정 과정

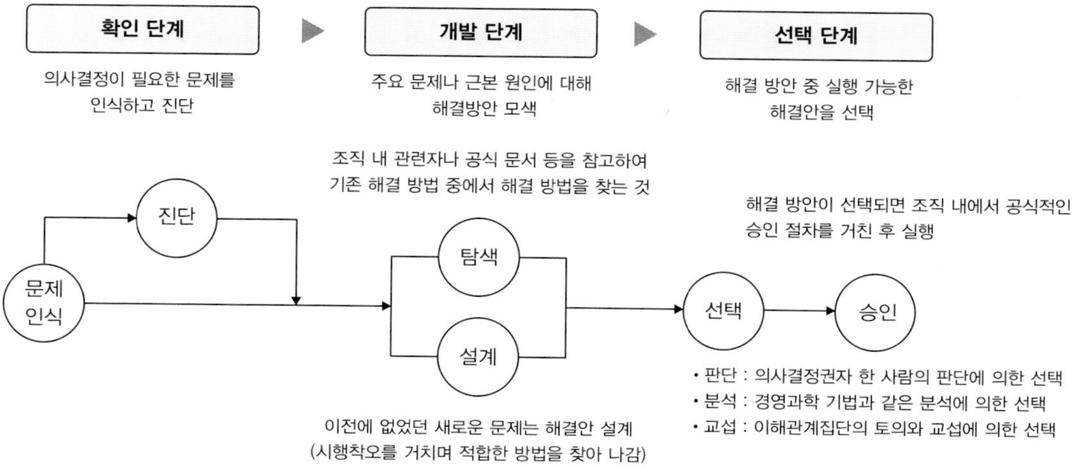

① **확인 단계** : 의사결정이 필요한 문제를 인식하고, 진단한다.
② **개발 단계** : 확인된 주요 문제나 근본 원인에 대해서 해결방안을 모색한다.
- **탐색** : 조직 내의 기존 해결 방법 중에서 당면한 문제의 해결 방법을 찾는 것(조직 내 관련자와의 대화나 공식적인 문서 등을 참고)
- **설계** : 이전에 없었던 새로운 문제의 경우 이에 대한 해결안을 설계(다양한 의사결정 기법을 통하여 시행착오 과정을 거치면서 적합한 해결 방법을 찾아 나감)

③ **선택 단계** : 해결방안 중 실행 가능한 해결안을 선택한다.
- **판단** : 의사결정권자 한 사람의 판단에 의한 선택
- **분석** : 경영과학 기법과 같은 분석에 의한 선택
- **교섭** : 이해관계집단의 토의와 교섭에 의한 선택

④ **승인 및 실행 단계** : 해결방안이 선택되면 조직 내에서 공식적인 승인 절차를 거친 후 실행한다.

### 6) 집단의사결정

조직 내에서 개인이 단독으로 의사결정을 내리는 것이 아니고 집단이 의사결정을 하는 것으로, 한 사람이 가진 지식보다 집단이 가지고 있는 지식과 정보가 더 많아 효과적인 결정을 할 수 있다. 의사결정에 참여한 사람들이 결정된 사항에 대해 쉽게 수용하고, 의사소통 기회도 향상된다는 장점이 있고 단점은 의견이 불일치하는 경우 의사결정을 내리는 데 시간이 많이 소요되고, 특정 구성원에 의해 의사결정이 독점될 가능성이 있다는 것이 있다.

### 7) 브레인스토밍(Brain storming)

여러 명이 문제에 대한 아이디어를 비판 없이 제시하여 그중에서 최선책을 찾아내는 방법이다.

| 구분 | 주요 내용 |
|---|---|
| 준수 규칙 | • 다른 사람이 아이디어를 제시할 때에는 비판하지 않음<br>• 문제에 대한 제안은 자유롭게 이루어질 수 있음<br>• 아이디어는 많이 나올수록 좋음<br>• 모든 아이디어들이 제안되고 나면 이를 결합하여 해결책을 마련함 |
| 브레인라이팅<br>(Brain writing) | 브레인스토밍이 구두로 의견을 교환한 것이라면, 브레인라이팅은 포스트잇 같은 메모지에 의견을 적은 다음 메모된 내용을 차례대로 공유하는 방법 |

더 알기 TIP

**레드팀(Red Team)**

레드팀은 미국 모의 군사 훈련에서 아군을 블루팀, 적군을 레드팀으로 부른 데서 비롯된 것으로 조직과 별도로 독립적인 팀이 경쟁자처럼 시뮬레이션하여 기존의 가설을 검증하고, 취약점을 발견하고, 대체 방안을 분석하는 기능을 말한다. 문제점에 대한 새로운 시각을 가지고 해결책을 찾는 방법으로, 조직적 의사결정 과정에서 집단 사고의 편향을 피하는 데 효과적이다.

### 8) 경영 전략

조직의 경영 전략은 조직이 변화하는 환경에 적응하기 위하여 경영 활동을 체계화하는 것으로, 전략은 목표 달성을 위한 수단이 된다.

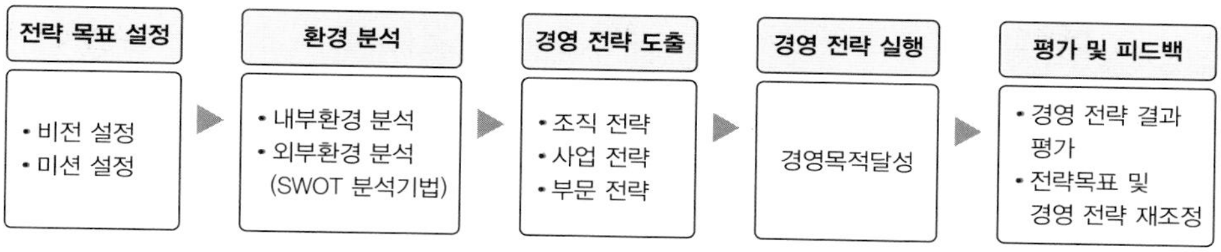


### 9) 경영 전략의 유형

조직의 경영 전략은 경영자의 경영이념이나 조직의 특성에 따라 다양하다. 대표적인 경영 전략으로 마이클 포터(Michael E. Porter)가 제시한 본원적 경쟁 전략이 있다. 본원적 경쟁 전략은 해당 사업에서 경쟁 우위를 확보하기 위한 전략을 말한다. 경영 전략의 유형은 원가 우위 전략, 차별화 전략, 집중화 전략으로 구분되며 이중 집중화 전략을 세분화해서 차별적 집중화 전략과 원가 우위적 집중화 전략으로 나누기도 한다.

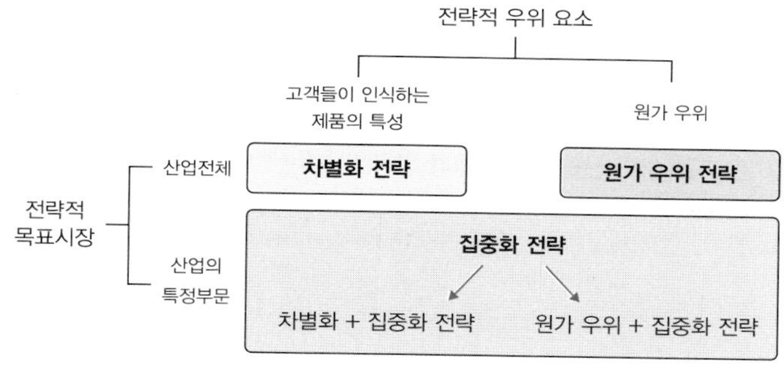


| 구분 | 주요 내용 |
|---|---|
| 원가 우위 전략 | • 정의 : 원가 절감을 통해 해당 산업에서 우위를 점함<br>• 방법 : 대량 생산을 통해 단위 원가를 낮추거나 새로운 생산 기술을 개발<br>• 예시 : 온라인 업체가 오프라인에 비해서 저렴한 가격과 구매의 편의성을 내세워서 시장점유율을 넓힘 |
| 차별화 전략 | • 정의 : 생산품이나 서비스를 차별화하여 고객에게 가치가 있고 독특하게 인식되도록 하는 것<br>• 방법 : 연구개발이나 광고를 통하여 기술, 품질, 서비스, 브랜드 이미지를 개선<br>• 예시 : 국내 주요 가전 업체들이 경쟁 업체의 저가 전략에 맞서 고급 기술을 적용한 고품질의 프리미엄 제품으로 차별화, 고가 시장의 점유율을 높여 나감 |
| 집중화 전략 | • 정의 : 산업 전체를 대상으로 하는 것이 아니라 특정 산업이나 고객을 대상으로 하는 전략<br>• 방법 : 경쟁 조직들이 소홀히 하고 있는 한정된 시장을 원가 우위나 차별화 전략을 사용하여 집중 공략<br>• 예시 : 저가 항공사는 국내외 단거리 지역으로 비즈니스 출장이나 여행을 가는 사람들이 매우 저렴하게 비행기를 이용할 수 있도록 시장 수요를 창출 |

# 02 조직체제이해능력

## 1) 조직 목표의 기능 및 특징

| 조직 목표의 기능 | |
|---|---|
| • 조직이 존재하는 정당성과 합법성 제공<br>• 조직 구성원 의사결정 기준<br>• 수행평가 기준 | • 조직이 나아갈 방향 제시<br>• 조직 구성원 행동 수행의 동기유발<br>• 조직 설계의 기준 |
| **조직 목표의 특성** | |
| • 공식적 목표와 실질적 목표가 다를 수 있음<br>• 조직 목표간 위계적 관계가 있음<br>• 조직의 구성 요소와 상호관계를 가짐 | • 다수의 조직 목표 추구 가능<br>• 가변적 속성 |

## 2) 조직 목표의 분류

| 구분 | 주요 내용 |
|---|---|
| 전체 성과 | 영리 조직의 수익성, 사회복지기관의 서비스 제공과 같은 조직의 목표를 말함 |
| 자원 | 조직에 필요한 재료 및 재무자원을 획득하는 것 |
| 시장 | 시장 점유율이나 시장에서의 지위 향상 |
| 인력개발 | 조직 구성원에 대한 교육훈련, 승진, 성장 등과 관련된 목표 |
| 혁신과 변화 | 불확실한 환경 변화에 대한 적응 가능성을 높이고 내부의 유연성을 향상시키고자 수립하는 것 |
| 생산성 | 투입된 자원 대비 산출량을 높이기 위한 목표임. 단위당 생산 비용, 조직 구성원 1인당 생산량 및 투입 비용 |

## 3) 조직 구조의 구분

| 구분 | 주요 내용 |
|---|---|
| 기계적 조직 | • 구성원들의 업무가 분명하게 규정되며, 많은 규칙과 규제가 있음<br>• 상하 간 의사소통이 공식적인 경로를 통해 이루어지며, 엄격한 위계질서가 존재함<br>• 대표적인 것으로 군대와 정부, 공공기관 등을 들 수 있음 |
| 유기적 조직 | • 의사결정권한이 조직의 하부 구성원들에게 많이 위임되어 있으며 업무도 고정되지 않아 업무 공유가 가능한 조직<br>• 비공식적인 상호 의사소통이 원활히 이루어짐<br>• 규제나 통제의 정도가 낮아 변화에 맞춰 쉽게 변할 수 있는 특징을 가짐<br>• 대표적인 것으로 사내 벤처팀 혹은 특정한 과제 수행을 위해 조직된 프로젝트팀(Task Force Team)을 들 수 있음 |

## 4) 조직 구조의 결정 요인

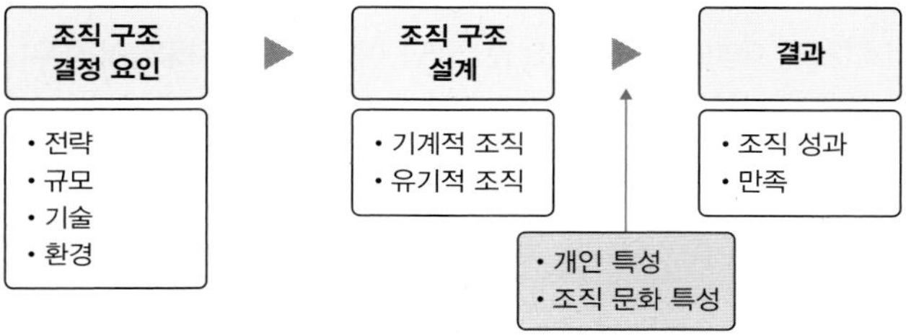

| 구분 | 주요 내용 |
|---|---|
| 전략 | • 조직의 목적을 달성하기 위하여 수립한 계획으로 조직이 자원을 배분하고 경쟁적 우위를 달성하기 위한 주요 방침<br>• 조직의 전략이 바뀌면 조직 구조도 바뀜<br>• 최근에는 환경의 변화 속도가 빠르고 변화의 방향이 불확실해지면서, 환경 변화에 신속하게 대응해서 사업 전략을 변경할 수 있도록 조직 구조를 유연하게 운영하는 사례도 많아지고 있음 |
| 규모 | • 대규모 조직은 소규모 조직에 비해 업무가 전문화, 분화되어 있고 많은 규칙과 규정이 존재함 |
| 기술 | • 조직이 투입 요소를 산출물로 전환하는 지식과 기계, 절차 등을 기술이라 함<br>• 소량 생산기술을 가진 조직은 유기적 조직 구조를, 대량 생산기술을 가진 조직은 기계적 조직 구조를 따름 |
| 환경 | • 안정적이고 확실한 환경에서는 기계적 조직이 적합<br>• 급변하는 환경에서는 유기적 조직이 적합 |

### 5) 조직 구조의 형태

조직도는 구성원들의 임무와 수행하는 과업, 일하는 장소를 알려 주기 때문에 조직을 이해하는 데 유용하다. 조직도를 통해 조직이 어떻게 구성되어 있는지, 조직에서 하는 일은 무엇인지, 조직 구성원들이 어떻게 상호작용 하는지 파악할 수 있다. 대표적인 조직 구조의 형태로는 기능별 조직 형태와 사업별 조직 형태가 있다.

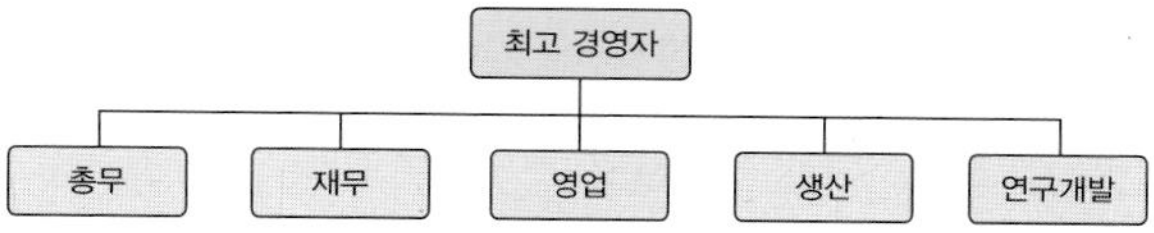

▲ 기능별 조직 구조 형태

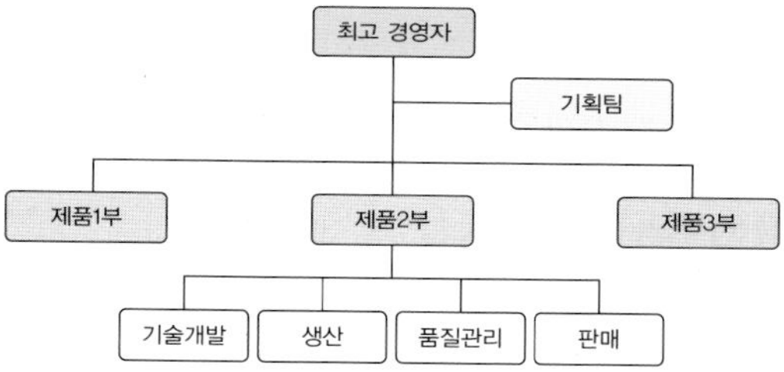

▲ 사업별 조직 구조 형태

| 구분 | 주요 내용 |
|---|---|
| 기능별 조직 형태 | • CEO가 최상층에 있고, 조직 구성원들이 그 아래에 단계적으로 배열되는 구조를 가지고 있음<br>• 환경이 안정적이거나 조직의 내부 효율성을 중요시함<br>• 기업의 규모가 작을 때에는 관련 있는 업무를 결합한 구조 형태 |
| 사업별 조직 형태 | • 급변하는 환경변화에 효과적으로 대응하고 제품, 지역, 고객별 차이에 신속하게 적응하기 위해서는 분권화된 의사결정이 가능한 형태<br>• 개별 제품, 서비스, 제품그룹, 주요 프로젝트나 프로그램 등에 따라 조직화됨<br>• 제품에 따라 조직이 구성되고 각 사업별 구조 아래 생산, 판매, 회계 등의 역할이 이루어짐 |

### 6) 조직 내 집단

① 집단의 의미

- 집단은 조직 구성원들 몇 명이 모여 일정한 상호작용의 체제를 이룰 때 형성된다.
- 조직 구성원들은 자신이 속한 집단에서 소속감을 느끼며, 필요한 정보를 획득하고, 인간관계를 확장하는 등의 요구를 충족할 수 있다.
- 최근에는 수직적 · 수평적 장벽을 허물고 보다 자율적인 환경 속에서, 조직 구성원을 효율적으로 활용하고 내부 유연성을 강화하기 위해 팀제를 많이 활용하고 있다.

② 집단의 유형

- **공식적 집단** : 조직의 공식적인 목표를 추구하기 위해 조직에서 의도적으로 만든 집단
  예 상설 혹은 임시위원회
- **비공식적 집단** : 조직 구성원들의 요구에 따라 자발적으로 형성된 집단
  예 봉사활동 동아리, 각종 친목회 등

③ 집단 간 경쟁

- 집단 간 경쟁이 일어나면 집단 내부 응집성이 강화되고 집단의 활동이 더욱 조직화되기도 한다.
- 경쟁이 과열되면 공통된 목표를 추구하는 조직 내에서 자원의 낭비, 업무 방해, 비능률 등의 문제가 초래될 수 있다.

④ 팀 역할

- 팀은 구성원들이 공동 목표를 성취하기 위해 서로 기술을 공유하고 공동으로 책임을 지는 집단이다.
- 팀은 다른 집단들에 비해 구성원들의 개인적 기여를 강조하고, 개인적 책임뿐만 아니라 상호 공동책임을 중요시한다.
- 공동 목표를 추구하기 위해 헌신해야 한다는 의식을 공유한다.
- 다른 집단과 비교하여 자율성을 가지고 스스로 관리하려는 경향이 있다.

⑤ 팀 성공조건

팀이 성공적으로 운영되기 위해서는 조직 구성원들의 협력 의지와 관리자층의 지지가 필요하다.

## 03 업무이해능력

### 1) 업무의 종류 및 특성

| 부서 | 부서별 수행 업무 예시 |
|---|---|
| 총무 | • 주주총회 및 이사회 개최 관련 업무, 의전 및 비서 업무<br>• 집기 비품 및 소모품의 구입과 관리, 사무실 임차 및 관리, 차량 및 통신 시설의 운영<br>• 국내외 출장 업무 협조, 복리후생 업무<br>• 법률자문과 소송 관리, 사내외 홍보 광고 업무 |
| 인사 | • 조직 개편 및 조정, 업무 분장 및 조정<br>• 직원수급계획 및 관리, 직무 및 정원의 조정 종합<br>• 노사 관리, 평가 관리, 상벌 관리, 인사 발령<br>• 교육체계 수립 및 관리<br>• 임금 제도, 복리후생 제도 및 지원업무, 복무 관리, 퇴직 관리 |
| 기획 | • 경영 계획 및 전략 수립, 전사기획 업무 종합 및 조정, 중장기 사업 계획의 종합 및 조정<br>• 경영 정보 조사 및 기획 보고, 경영 진단 업무, 종합 예산 수립 및 실적 관리, 단기 사업 계획 종합 및 조정<br>• 사업계획, 손익추정, 실적관리 및 분석 |
| 회계 | • 회계제도의 유지 및 관리, 재무상태 및 경영실적 보고, 결산 관련 업무, 재무제표 분석 및 보고<br>• 법인세, 부가가치세, 국세, 지방세 업무자문 및 지원<br>• 보험가입 및 보상업무, 고정자산 관련 업무 |
| 영업 | • 판매 계획, 판매 예산의 편성, 시장조사, 광고 선전, 견적 및 계약, 제조 지시서의 발행<br>• 외상 매출금의 청구 및 회수, 제품의 재고 조절<br>• 거래처로부터의 불만 처리, 제품의 애프터 서비스<br>• 판매 원가 및 판매 가격의 조사 검토 |

## 2) 업무 수행 계획

| 순서 | [1단계]<br>업무 지침 확인 | [2단계]<br>활용 자원 확인 | [3단계]<br>업무 수행 시트 작성 |
|---|---|---|---|
| 수행 | 개인이 임의로 업무를 수행하지 않고 조직의 목적에 부합할 수 있도록 안내 | 업무와 관련된 자원을 확인 | 구체적인 업무 수행 계획을 수립하는 것으로 개인의 경험에 따라 자유롭게 작성 가능 |
| 예 | • 조직의 업무 지침<br>• 나의 업무 지침 | • 시간, 예산, 기술(물적 자원)<br>• 공동으로 일을 수행하는 구성원(인간관계) | • 간트 차트<br>• 워크 플로 시트<br>• 체크리스트 |

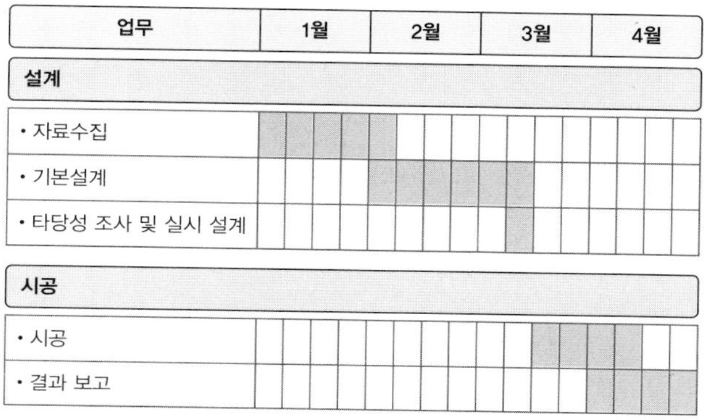

▲ 간트 차트(Gantt chart) 예시

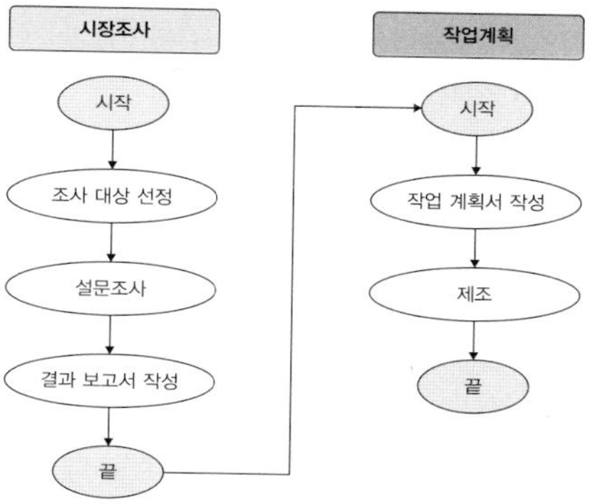

▲ 워크 플로 시트((Work flow sheet) 예시

| 업무 | | 체크 | |
|---|---|---|---|
| | | Yes | No |
| 고객관리 | 고객대장을 정비하였는가? | | |
| | 3개월에 한번씩 고객구매 데이터를 분석하였는가? | | |
| | 고객의 청구 내용 문의에 정확하게 응대하였는가? | | |
| | 고객 데이터를 분석하여 판촉기획에 활용하였는가? | | |

▲ 체크리스트(Checklist) 예시

| 구분 | 주요 내용 |
|---|---|
| 간트 차트<br>(Gantt chart) | • 작업 진도 도표로 단계별로 업무를 시작해서 끝나는 데까지 걸리는 시간을 바(Bar) 형식으로 표시한 것<br>• 전체 일정을 한눈에 볼 수 있고, 단계별로 소요되는 시간과 각 업무활동 사이의 관계를 알 수 있음<br>• 최근에는 엑셀 등의 프로그램으로 단계별 시작일과 종료일을 기입하면 쉽게 만들어 사용 가능 |
| 워크 플로 시트<br>(Work flow sheet) | • 일의 흐름을 동적으로 보여 주는 데 효과적임<br>• 워크 플로 시트에 사용하는 도형을 다르게 표현함으로써 주된 작업과 부차적인 작업, 혼자 처리할 수 있는 일과 다른 사람의 협조가 필요로 하는 일, 주의해야 할 일, 컴퓨터와 같은 도구를 사용해서 할 일 등을 구분해서 표현할 수 있음 |
| 체크리스트<br>(Checklist) | • 업무의 각 단계를 효과적으로 수행했는지를 스스로 점검해 볼 수 있는 도구<br>• 시간의 흐름을 표현하는 데에는 한계가 있지만, 업무를 세부적인 활동들로 나누고 각 활동별로 기대되는 수행 수준을 달성했는지를 확인하는 데는 효과적임 |

### 3) 올바른 업무 수행

① 방문, 인터넷, 전화, 메신저 : 일정한 시간 단위로 시간을 정해서 접속하거나 확인, 사적인 전화는 나중에 다시 걸겠다고 한 후, 업무 시간 외에 통화한다.
② 갈등 관리 : 대화와 협상으로 의견 일치에 초점을 맞추고, 양측에 도움이 될 수 있는 해결 방법을 찾는다(때로는 직접적인 해결보다 일단 갈등 상황에서 벗어나는 회피 전략이 더욱 효과적일 수도 있음).
③ 스트레스 관리 : 조직 차원에서는 직무를 재설계하거나 역할을 재설정하고 심리적으로 안정을 찾을 수 있도록 학습동아리 활동과 같은 사회적 관계 형성을 장려한다.

## 04 국제감각

### 1) 이문화 커뮤니케이션

이문화 커뮤니케이션 = 언어적 커뮤니케이션 + 비언어적 커뮤니케이션

### 2) 글로벌 시대의 국제 매너

| 구분 | 주요 내용 |
|---|---|
| 인사하는 법 | • 미국에서는 악수할 때 손끝만 잡으면 예의에 어긋남<br>• 영미권에서는 악수를 할 때에는 일어서서, 상대방의 눈이나 얼굴을 보면서, 오른손으로 상대방의 오른손을 잠시 힘주어 잡았다가 놓아야 함<br>• 미국에서는 이름이나 호칭을 자신의 마음대로 부르지 않고 어떻게 부를지 먼저 물어보는 것이 예의<br>• 인사를 하거나 이야기할 때 너무 다가가서 말하지 않고 상대방의 개인공간(Personal space)을 지켜줘야 함<br>• 영미권의 명함은 사교용과 업무용으로 나뉘며 업무용 명함에는 이름과 직장주소, 직위가 표시되어 있음<br>• 업무용 명함은 악수를 한 이후 교환하며, 아랫사람이나 손님이 먼저 꺼내 오른손으로 상대방에게 주고, 받는 사람은 두 손으로 받는 것이 예의임<br>• 받은 명함은 한 번 보고나서 탁자 위에 보이게 놓은 채로 대화를 하거나, 명함지갑에 넣음<br>• 명함을 꾸기거나 계속 만지는 것은 예의에 어긋남 |
| 시간약속 지키기 | • 미국인은 약속 시간을 지키지 않는 사람과는 같이 일을 하지 않으려고 함<br>• 라틴아메리카나 동부 유럽, 아랍지역에서는 시간약속은 형식일 뿐이며, 상대방이 당연히 기다려 줄 것으로 생각 |
| 식사하기 | • 포크와 나이프는 바깥쪽에서 안쪽 순으로 사용<br>• 수프는 뜨거울 경우 숟가락으로 저어서 식힘<br>• 빵은 수프를 먹고 난 후부터 먹고 칼이나 치아로 자르지 않고 손으로 떼어 먹음<br>• 생선요리는 뒤집어 먹지 않음<br>• 스테이크는 처음에 다 잘라 놓지 않고 자르면서 먹음 |

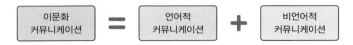

피듈형

## 01 홍길순의 하루 일과를 통해 알 수 있는 사실은?

> 홍길순은 개인 기업인 잡스호스피탈의 잡닥터즈로 활동하면서 대학원에서 박사 과정을 이수하는 등 매우 바쁜 시간을 보내고 있다. 특히 매주 금요일에는 대학원 수업 수강, 대학교 강의, 고용노동부 실직자 대상 특강, NCS 문제 풀이 스터디, 봉사활동 등을 한다. 홍길순의 금요일 구체적인 일정은 다음과 같다.
> – 매주 금요일 밤 10시부터 NCS 문제 풀이 스터디에 2시간 참여한다.
> – 매주 금요일 밤 7시부터 10시까지 대학원 수업을 수강한다.
> – 매주 금요일 오전 10시부터 12시까지 OOO대학교에서 직업과 경력개발 강의를 한다.
> – 매주 금요일 오후 1시부터 3시까지 고용노동부 실직자 대상 특강을 진행한다.
> – 금주 금요일 오후 4시부터 6시까지 유기견 보호단체와 유기견 보호센터에서 봉사활동을 한다.
> – 금주 금요일 오전 7시부터 8시까지 잡스호스피탈 사무실에서 강의안을 수정하였다.

① 비영리 조직이며 소규모 조직인 곳에서 3시간 활동을 했다.
② 영리 조직이며 대규모 조직인 곳에서 1시간 활동을 했다.
③ 하루 중 공식 조직인 곳에서 9시간 활동을 했다.
④ 비영리 조직이며 대규모 조직인 곳에서 9시간 활동을 했다.
⑤ 비공식 조직인 곳에서 3시간 활동을 했다.

모듈형

## 02 경영에 대한 설명으로 틀린 것은?

> ㉠ 경영은 조직의 목적을 달성하기 위한 전략, 관리, 운영 활동으로 경영의 대상인 조직과 조직의 목적, 경영의 내용인 전략, 관리, 운영으로 이루어진다.
> ㉡ 최근 경영을 둘러싼 환경이 급변하면서 관리와 운영 활동이 더욱 중요해지고 있다.
> ㉢ 관리 활동은 투입되는 자원을 최소화하거나 주어진 자원을 이용하여 목표를 최대한 달성하는 것이다.
> ㉣ 경영은 경영목적, 물적자원, 자금, 전략의 4요소로 구성된다.
> ㉤ 경영 전략은 조직의 목적에 따라 전략 목표를 설정하고 조직의 내 · 외부 환경을 분석하여 도출된다.

① ㉠, ㉡
② ㉡, ㉣
③ ㉠, ㉡, ㉤
④ ㉢, ㉣, ㉤
⑤ ㉠, ㉡, ㉢, ㉣

피듈형

**03** **제시된 사례를 읽고 나누는 대화 내용을 바탕으로 판단해 보았을 때 의견이 적절하지 않은 사람은?**

> 입사 2년 차 김 사원은 강 과장으로부터 업무 성과를 높이기 위한 방안을 보고하라는 지시를 받았다. 특히 강 과장은 조직의 체제를 파악해서 실현 가능한 방안을 도출해보라고 이야기했다. 따라서 김 사원은 조직의 목적과 전략 방향, 조직 구조에 대한 사내 문서를 꼼꼼히 검토하고, 조직의 문화까지 반영하였다.
>
> 다음날 김 사원은 뿌듯한 마음으로 보고서를 제출했고 내심 칭찬받기를 기대했다. 그러나 보고서를 찬찬히 검토한 후, 강 과장은 "김 사원, 열심히 한 것 같기는 한데. 보고서에 있는 방법은 우리 회사에서는 적용할 수 없습니다. 우리 노사규정상 근무시간을 늘릴 수 없게 되어 있어요. 근무시간을 늘려서 업무 성과를 높이자는 건 바람직한 해결책이 아니군요. 게다가 EU지침은 주간 근로시간 한도와 함께 24시간당 최저 11시간의 연속적인 휴식 부여를 규정하고 있을 정도로 일과 삶의 균형이 세계적인 추세입니다. 보다 창의적인 방안이 없을까요?"
>
> 칭찬을 받을 줄 알았던 김 사원은 매우 당황했지만 자신의 방법에 어떤 문제가 있었는지 선배들의 조언을 듣거나 동료들과 의논해야겠다고 생각했다.
>
> 정 사원 : 보다 창의적인 방법이 필요하다고 하신 강 과장님의 생각은 이해하지만 조직의 다양한 요소들을 다 이해하고 반영하기에는 어려움이 있다고 봅니다. 중요한 핵심적인 부분만을 고려해서 최선의 방법을 찾는 것이 효과적이라고 생각합니다.
>
> 이 대리 : 저는 정 사원과 조금 다른 생각입니다. 조직은 다양한 요소들로 구성되어 있기 때문에 조직을 제대로 이해하기 위해서는 여러 국면을 모두 이해하고 참고할 필요가 있는데, 회사 규정 부분이 반영되지 않은 게 문제였던 것같아요.
>
> 김 사원 : 저도 회사 규정을 꼼꼼하게 검토하지 못한 점이나 창의성이 부족했다는 것은 인정하지만 굳이 EU지침까지 거론하실 필요는 없었다고 봅니다. 우리 회사는 우리 회사 나름대로 적절한 방법을 찾으면 되지 조직 외부의 세계적인 흐름까지 반영하는 것은 지나치다고 생각합니다.
>
> 차 팀장 : 저는 이 대리 의견에 동의합니다. 조직에서 업무의 효과성을 높이기 위해서는 조직에 영향을 미치는 조직의 목표, 구조, 문화, 규칙과 규정 등 모든 체제 요소를 고려해야 합니다.

① 정 사원
② 김 사원
③ 정 사원, 김 사원
④ 이 대리
⑤ 이 대리, 차 팀장

모듈형

**04** 다음은 조직 변화의 유형을 설명한 것이다. 조직 변화 유형과 설명이 바르게 연결되지 않은 것은?

| 조직 변화 유형 | 주요 내용 |
|---|---|
| (가) 시장 | • 기존 제품이나 서비스의 문제점을 인식하고 고객의 요구에 부응하기 위한 것<br>• 고객을 늘리거나 새로운 시장을 확대하기 위해 필요 |
| (나) 전략, 구조 | • 조직의 경영과 관계된 것으로 조직의 목적을 달성하고 효율성을 높이기 위함<br>• 조직 구조나 경영 방식, 각종 시스템 등을 개선하는 것 |
| (다) 생산 | • 신기술이 발명되었을 때<br>• 생산성을 높이기 위해 새로운 기술을 도입할 때 |
| (라) 문화 | • 구성원들의 사고방식이나 가치체계를 변화시키는 것<br>• 조직의 목적과 일치시키기 위해 새로운 문화를 유도 |

① (가), (다)
② (나), (다)
③ (다), (라)
④ (가), (나), (라)
⑤ (가), (나), (다), (라)

모듈형

## 05 다음 제시문에서 빈칸에 해당하는 내용을 순서대로 바르게 연결한 것은?

조직과 환경은 영향을 주고받는다. 조직도 환경에 영향을 미치기는 하지만, 환경은 조직의 생성, 지속 및 발전에 지대한 영향력을 가지고 있다. 오늘날 조직을 둘러싼 환경은 급변하고 있으며, 조직은 생존하기 위하여 이러한 환경의 변화를 읽고 적응해 나가야 한다. 이처럼 조직이 새로운 아이디어나 행동을 받아들이는 것을 조직 변화 혹은 조직혁신이라고 한다.

조직의 변화는 해당 조직에 영향을 미치는 변화를 인식하는 ㉠____에서 시작되는데 이는 조직 구성원들이 현실에 안주하려는 경향이 있으면 어렵다. ㉠____가 되면 이에 적응하기 위한 ㉡____을 수립한다. 이때는 조직의 세부 목표나 경영방식을 수정하거나, 규칙이나 규정 등을 새로 제정하기도 한다. 특히, 체계적으로 구체적인 추진전략을 수립하고, 추진전략별 우선순위를 마련해야 한다. 이에 따라 ㉢____을 하며, 마지막으로 조직개혁의 진행 사항과 성과를 평가한다.

조직 변화는 제품과 서비스, 전략, 구조, ㉣____, ㉤____등에서 이루어질 수 있다. 제품이나 서비스는 기존 제품이나 서비스의 문제점을 인식하고 고객의 요구에 부응하기 위한 것으로, 고객을 늘리거나 새로운 시장을 확대하기 위해서 변화된다. 전략이나 구조의 변화는 조직의 경영과 관계되며, 조직 구조, 경영 방식, 각종 시스템 등을 조직의 목적을 달성하고 효율성을 높이기 위해서 개선하는 것이다. ㉣____은/는 새로운 기술이 도입되는 것으로 신기술이 발명되었을 때나 생산성을 높이기 위해 이루어진다. ㉤____은/는 구성원들의 사고방식이나 가치체계를 변화시키는 것으로 조직의 목적과 일치시키기 위해 문화를 유도하기도 한다.

| | ㉠ | ㉡ | ㉢ | ㉣ | ㉤ |
|---|---|---|---|---|---|
| ① | 문제 상황 인지 | 조직 변화 방향 | 변화 전략 수립 및 실행 | 기술 혁신 | 문화 혁신 |
| ② | 문제 상황 인지 | 조직 변화 방향 | 조직 변화 실행 | 기술 혁신 | 문화 혁신 |
| ③ | 환경 변화 인지 | 변화 전략 | 조직 변화 실행 | 기술 변화 | 문화 변화 |
| ④ | 환경 변화 인지 | 조직 변화 방향 | 조직 변화 실행 | 기술 변화 | 문화 변화 |
| ⑤ | 문제 상황 인지 | 조직 변화 목표 | 변화 전략 수립 및 실행 | 기술 변화 | 문화 변화 |

모듈형

**06** 다음은 ○○○공사 해외신사업처에 근무하는 홍길동 대리가 자신이 속한 조직을 설명한 내용이다. 바르게 설명한 것은?

(가) ○○○공사는 조직의 구조, 기능 규정 등이 조직화된 공식 조직에 속한다.
(나) 비공식 조직은 인간관계에 따라 형성된 것으로, 조직이 발달해 온 역사를 보면 비공식 조직으로부터 공식화가 진행되어 공식 조직으로 발전해 왔다. 그러나 사내 등산 동호회처럼 공식 조직 내에서 인간관계를 지향하면서 비공식 조직이 새롭게 생성되기도 한다.
(다) 조직은 영리성을 기준으로 영리 조직과 비영리 조직으로 구분할 수 있는데 ○○○공사는 정부 조직에 속하기는 하지만 이윤을 추구하기 때문에 영리 조직에 속한다.
(라) 조직은 가족 소유의 상점 같은 소규모 조직과 대기업 등의 대규모 조직으로 나눌 수 있는데, ○○○공사는 대규모 조직에 속한다.

① (가), (나)　② (가), (나), (다)　③ (다), (라)
④ (가), (나), (라)　⑤ (가), (나), (다), (라)

모듈형

**07** 개인과 조직의 관계에 대한 설명으로 잘못된 것은?

① 조직은 공동의 목표를 가진 사람들로 구성되는데 개인과 조직의 유기적인 관계를 알고 이를 기반으로 조직의 경영 및 체제 등을 이해해야 한다.
② 개인은 조직에 노동, 지식, 기술 시간 등을 제공한다.
③ 직업인은 일이라는 수단을 통해 조직의 목표를 달성하게 되며, 이 일은 개인에게는 직업이 된다.
④ 조직은 개인에게 연봉, 성과급, 인정, 칭찬 등의 물리적인 보상만을 제공하고 이에 개인은 만족감을 느끼게 된다.
⑤ 조직은 개인의 적성이나 능력을 고려하여 개인에게 적합한 업무를 부여하거나 교육하고, 새로운 사람을 선발하기도 한다. 개인들은 직업인으로서 조직의 업무에 적응하기 위하여 조직의 경영, 체제와 자신의 업무를 이해하고자 노력한다.

모듈형

**08** 김 대리는 신입 사원을 대상으로 기업의 의사결정 과정에 대해 다음과 같이 설명하였다. 다음 중 의사결정 과정에 대한 김 대리의 설명 중 적절하지 않은 부분으로 묶은 것은?

> 조직에서의 의사결정은 혁신적인 결정보다 현재의 체제 내에서 순차적으로, 부분적으로 이루어져서 기존의 의사결정을 점진적으로 수정 · 보완해 가는 방식으로 이루어지는 경우가 많습니다. (가) 이 단계는 크게 확인 단계, 개발 단계, 선택 단계 3단계로 나눕니다. (나) 세부적으로는 문제 인식, 문제 진단, 해결 방안 탐색 또는 설계, 해결 방안 선택, 최종 결정권자의 승인, 실행 단계로 나눕니다. 확인 단계는 의사결정이 필요한 문제를 인식하고 이를 진단하는 단계입니다. (다) 이 진단 단계는 문제의 심각성에 따라 공식적으로, 체계적으로 이루어지기도 하고, 비공식적으로 이루어지기도 합니다. 또한 문제를 신속히 해결할 필요가 있는 경우에는 진단 시간을 줄이고 즉각적으로 대응할 필요도 있습니다. 다음은 개발 단계인데요. 이 단계에서는 확인된 문제에 대해 해결 방안을 모색하는 단계입니다. 이 단계는 2가지 방식으로 이루어질 수 있습니다. (라) 하나는 조직 내의 기존 해결 방법 중에서 새로운 문제 해결 방법을 찾아 설계하는 방법이고 다른 하나는 이전에 없었던 새로운 문제의 경우 이에 대한 해결책을 탐색하는 방법입니다. 이제 해결 방안이 마련되었으면 실행 가능한 해결안을 선택해야 합니다. (마) 이 해결안을 선택하는 방법은 다양하게 있습니다. 한 사람의 의사 결정권자의 판단에 의한 선택, 경영과학 기법과 같은 것을 활용한 분석에 의한 선택, 이해 당사자들의 논의와 협상을 통한 선택 등입니다. (바) 이렇게 해결 대안이 선택되면 별다른 절차 없이 바로 실행으로 옮겨야 합니다.

① (나), (마), (바)
② (다), (라), (바)
③ (라), (바)
④ (마), (바), (가)
⑤ (바), (다), (라)

피듈형

**09** **집단에서 의사결정을 하는 대표적인 방법 중의 하나가 브레인스토밍이다. 브레인스토밍을 하는 데 있어서 다음과 같은 규칙을 준수하는 것이 중요하다. 참여자들의 대화를 통해 추론해보았을 때 브레인스토밍 규칙에 적합하게 이야기 한 사람들을 묶은 것은?**

신입 사원들이 모여 금번 회사에서 출시할 예정인 신상품의 판촉 방안에 대해 브레인스토밍을 할 예정이다. 이에 앞서 브레인스토밍을 진행할 리더를 선발하였다. 리더는 브레인스토밍 규칙에 대해 다음과 같이 설명하였다. 브레인스토밍은 여러 명이 한 가지의 문제를 놓고 아이디어를 비판 없이 제시하여 그중에서 최선책을 찾아내는 방법으로 다음과 같은 규칙을 준수하는 것이 중요하다. 첫째, 다른 사람이 아이디어를 제시할 때는 비판하지 않는다. 둘째, 문제에 대한 제안은 자유롭게 이루어 질 수 있다. 셋째, 아이디어는 많이 나올수록 좋다. 그리고 마지막으로 모든 아이디어가 제안되고 나면 이를 토대로 다양한 변형도 가능하다.

가영 : 문제와 관계가 없이 보이거나, 지나치게 이상적이거나 급진적인 아이디어를 내도 괜찮겠지.
나영 : 물론이지. 심사숙고해서 나온 소수의 아이디어보다 즉흥적으로 나온 많은 아이디어 중에서 더 나은 아이디어가 있을 가능성이 크다고 보고 오늘 브레인스토밍을 하는 거잖아.
민수 : 그렇지, 브레인스토밍은 다수의 의견을 따른다는 점에서 민주적인 의사결정 과정 중의 하나라고 할 수 있지.
은혜 : 그러면 예를 들어 민수가 낸 아이디어에 내가 그것을 토대로 다른 것과 결합하거나, 수정, 추가, 모방하는 등 그 아이디어에 편승해도 되겠네.
동희 : 은혜의 말이 가능하다면 각각 제안하는 아이디어에 대해 현장감 있게 피드백하면서 진행하면 좋을 것 같아.
영수 : 원래 브레인스토밍이라는 것이 질보다 양을 추구하니 오늘 많은 아이디어를 같이 내보자.

① 가영, 나영, 민수, 은혜, 동희, 영수
② 가영, 나영, 은혜, 동희, 영수
③ 가영, 나영, 은혜, 영수
④ 나영, 민수, 은혜, 영수
⑤ 가영, 나영, 민수, 은혜, 영수

모듈형

**10** **신입 사원 김길동은 멘토인 김 대리와 함께 회사 경영 전략을 수립하는 Task Force 팀에 합류하게 되었다. (A)의 미션이 두 사람에게 부여되었을 때, 이 단계에서 본인들이 수행해야 할 업무로서 적합하지 않은 것은?**

| 전략목표 설정 | ▶ | (A) | ▶ | 경영 전략 도출 | ▶ | 경영 전략 실행 | ▶ | 평가, 피드백 |
|---|---|---|---|---|---|---|---|---|

(가) 회사를 둘러싸고 있는 거시적인 환경을 분석하기 위해 PEST(Political, Economic, Social and Technology) 분석을 하였다.
(나) 외부 환경이 주는 기회 요인과 위협 요인을 체계적으로 분석하였다.
(다) 자사 내부의 강점 요소와 약점 요소를 체계적으로 분석하였다.
(라) 이를 바탕으로 SWOT 매트릭스를 만들었다.
(마) 이를 토대로 조직별, 사업별, 부문별 전략을 수립하였다.
(바) 또한 경영 전략에서 도출된 각종 지표를 평가하고 이에 따라 경영 전략을 재조정하는 방안을 마련하였다.

① (가), (마), (바)
② (가), (나), (다), (라)
③ (가), (라), (바)
④ (마), (바)
⑤ (나), (다), (라)

피듈형

**11** **마이클 포터 교수는 해당 사업에서 경쟁 우위를 확보하기 위한 전략으로 본원적인 경쟁 전략을 제시하였다. 다음의 내용은 본원적 전략 중 어느 것에 해당하는가?**

| | 고객들이 인식하는 제품 특성 | 제품의 원가 특성 |
|---|---|---|
| 산업 전체 대상 목표 시장 | 차별화 전략 | 원가 우위 전략 |
| 산업의 특정 부문 대상 목표 시장 | 차별적 집중화 전략(차별화+집중화) | 원가 집중화 전략(원가 우위+집중화) |

화장품 회사인 A 사는 기존의 여성용 화장품 위주의 시장에 남성용 화장품을 출시하려고 한다. 기존 화장품과 다른 컨셉으로 목표시장에 접근하는 전략을 선택하였다. 즉, 기존 화장품이 사치스러운 제품이라면 화장품에 웰빙의 개념을 도입하기로 했다. 또한 화장품은 포장이 비싸고 고급스러워야 한다는 기존 화장품 업계의 관행에서 탈피하고자 한다. 환경 보호를 위해 천연 소재를 사용하면서 수수하고 담백한 이미지를 구축하고자 한다. 광고를 통한 이미지 구축보다는 광고를 지양하고 실용적인 포장을 통해 이미지를 구축하고자 한다.

① 차별화 전략
② 원가 우위 전략
③ 차별적 집중화 전략(차별화+집중화)
④ 원가 집중화 전략(원가 우위+집중화)
⑤ 차별화 전략+원가 우위 전략

모듈형

**12** 신입 사원 김길동은 동료들에게 본원적 경쟁 전략에 대해 설명하고 있다. (가), (나), (다), (라), (마)에 들어갈 가장 적절한 전략을 바르게 묶은 것은?

| | 고객들이 인식하는 제품 특성 | 제품의 원가 특성 |
|---|---|---|
| 산업 전체 대상 목표 시장 | 차별화 전략 | 원가 우위 전략 |
| 산업의 특정 부문 대상 목표 시장 | 차별적 집중화 전략(차별화+집중화) | 원가 집중화 전략(원가 우위+집중화) |

기업의 경쟁 우위 원천은 크게 차별화 요인과 원가 우위 요인으로 구별할 수 있다. 먼저 차별화 요인은 경쟁기업이 쉽게 대응할 수 없는 차별화된 제품이나 서비스 제공을 통하여 고객에게 독특한 이미지를 심어 줄 수 있는 기업의 원천을 말한다. 그리고 원가 우위 요인들은 타사보다 저가격에 제품을 공급하는 전략으로서 규모의 경제나 경험곡선에 근거한 가격 인하를 주도할 수 있는 기업의 능력을 말한다.

(가)는 주로 독특한 기술, 유리한 원자재 확보 등을 통해 실현 가능하다. 같은 저가 생산 제품이라 하더라도 가격 대비 가치를 소비자들에게 제공한다면 나름대로 경쟁력을 유지할 수 있을 것이다.

(나)는 주로 소비자들의 인식에 근거를 두는 전략으로서 구매자가 중요하다고 여기는 제품 속성을 선택해서 그 요구에 맞추어 제품이나 서비스 등을 독특하게 하는 것이다. 제품과 운송 시스템, 마케팅 접근 방법, 그 밖의 다른 요소 등 광범위한 영역에서 소비자에게 차별성을 심어주면 된다. 쿠팡의 로켓 배송 등을 예로 들 수 있다.

(다)는 특정 산업 내의 좁은 영역에서 자신만의 (가) 또는 (나)를 유지하는 전략이다. 이는 기업의 내부 자원이 부족한 기업들이 자신의 우위 부문에 집중 투자를 통해 효율성을 추구하는 전략이다.

(라)의 예로 인도의 타타자동차는 소형차 시장 세그먼트에 주력하면서 신차 가격으로 상상할 수 없는 약 2,500달러 수준의 Nano라는 저가 소형차를 만들었다.

반면 (마)는 목표시장 내에서 자신만의 차별성을 추구하는 것으로 세분 시장 내의 구매자의 특별한 욕구를 이용하는 전략을 말한다. 글로벌 고가 패션 의류 브랜드 제품들이 이러한 전략을 택하고 있다.

| | (가) | (나) | (다) | (라) | (마) |
|---|---|---|---|---|---|
| ① | 원가 우위 전략 | 집중화 전략 | 차별화 전략 | 원가 집중화 전략 | 차별적 집중화 전략 |
| ② | 원가 우위 전략 | 차별화 전략 | 집중화 전략 | 차별적 집중화 전략 | 원가 집중화 전략 |
| ③ | 원가 집중화 전략 | 차별적 집중화 전략 | 집중화 전략 | 원가 우위 전략 | 차별화 전략 |
| ④ | 원가 우위 전략 | 차별화 전략 | 원가 집중화 전략 | 원가 집중화 전략 | 차별적 집중화 전략 |
| ⑤ | 원가 집중화 전략 | 차별화 전략 | 차별적 집중화 전략 | 차별적 집중화 전략 | 원가 집중화 전략 |

피듈형

**13** **신입 사원들이 모여서 경영참가 제도에 대해 이야기를 하고 있다. 진술 중에서 경영참가 제도와 부합하지 않는 진술을 한 사람은?**

가영 : 산업 민주주의의 발달과 함께 근로자 또는 노동조합을 경영의 파트너로 인정하는 협력적인 노사관계가 중시됨에 따라 이들을 경영의사결정 과정에 참여시키는 경영참가 제도가 논의되어왔다.

나영 : 그래. 특히 최근에는 국제경쟁의 가속화, 코로나 사태 등으로 인한 저성장, 4차 산업혁명의 진전에 따른 비약적인 기술의 발전과 같은 환경 변화 속에서 대립적인 노사관계만으로는 한계가 있다는 지적이 많이 나오면서 점차 근로자의 경영참여가 중요해지고 있다.

민수 : 그렇지만 경영능력이 부족한 근로자가 경영에 참여할 경우 오히려 의사결정이 늦어지고 경영자의 고유 권한인 경영권을 약화할 수도 있을듯해.

은혜 : 그럼에도 불구하고 경영참가 제도의 가장 큰 취지는 경영의 민주화를 제고하는것이라 생각해. 근로자 또는 노동조합이 경영 과정에 참여하여 자신의 의사를 반영함으로써 공동으로 문제를 해결하고, 노사간의 세력 균형을 이루는 등 긍정적인 측면도 많은 것 같아. 특히 노동조합의 단체교섭 기능을 강화시킬 수 있다는 점은 우리 같은 근로자 입장에선 좋은 것 같아.

동희 : 맞아. 경영참가 제도가 발전적으로 이루어지도록 근로자들은 경영 능력을 키우고, 경영자와 근로자 간 서로 적대적인 관계가 아닌 상생 협력하겠다는 자세를 견지하는 것이 중요한 것 같아.

① 가영 ② 나영 ③ 민수 ④ 은혜 ⑤ 동희

모듈형

**14 다음의 조직 구조에 대한 설명 중 적절하지 않은 것으로 묶은 것은?**

(가) 조직 구조는 조직 내의 부문 사이에 형성된 관계로 조직 목표를 달성하기 위한 구성원들의 유형화된 상호작용과 이에 영향을 미치는 매개체이다.

(나) 조직 구조는 의사결정 권한의 집중도, 명령체계, 최고경영자의 통제, 규칙과 규제의 정도 등에 따라 기계적인 조직과 유기적인 조직으로 구분할 수 있다.

(다) 그중 기계적 조직은 구성원들의 업무가 분명하게 정의되어 있고, 많은 규칙과 규제가 존재한다. 의사소통이 주로 공식적인 경로를 통해 이루어지며 대표적인 예가 군대 조직이다.

(라) 유기적 조직은 의사결정 권한이 조직의 하부 구성원들에게 많이 위임되어 있다. 비공식적인 상호의사소통이 활발히 이루어진다. 규제나 통제의 정도가 낮아 환경 변화에 쉽게 적응할 수 있다. 따라서 유기적 조직은 항상 기계적 조직보다 조직 성과가 높은 편이다.

(마) 조직 구조에 영향을 미치는 요인으로 조직의 전략, 규모, 기술, 환경 등을 들 수 있다. 기계적 조직 혹은 유기적 조직으로 설계된다. 조직 활동의 결과로 조직 성과와 조직 구성원의 만족이 결정된다. 조직 성과와 만족은 조직 구성원들 개인적 특성과 조직 문화에 따라 큰 차이가 없이 객관적으로 결정되는 경향이 있다.

① (가), (라)
② (나), (마)
③ (다), (라)
④ (라), (마)
⑤ (다), (마)

[15~16] **인사총무팀의 김 팀장은 사장님과 협의하여 이전의 조직을 다음과 같이 개편하는 방안을 마련하였다. 이어지는 물음에 답하시오.**

〈조직개편 방향〉

1. 4차 산업혁명 시대에 급변하는 경영환경과 기술 변화에 대응하기 위해 기획 및 전략기능을 강화한다.
2. 해외시장 개척을 적극적으로 하기 위한 조직체제를 갖춘다.
3. 생산본부에 고객 만족을 제고하기 위해 품질기능을 점검하고 피드백할 기능을 강화한다.
4. 전략기획팀 신설에 따라 기존의 경영지원본부 기능을 재조정한다.
5. 인적자원이 경쟁의 핵심인 시대인 만큼 인적자원의 확보, 개발에 전념할 수 있도록 기능을 강화한다.
6. R&D를 강화하기 위한 팀을 신설하고 사장 직속으로 둔다.

〈현행 조직도〉

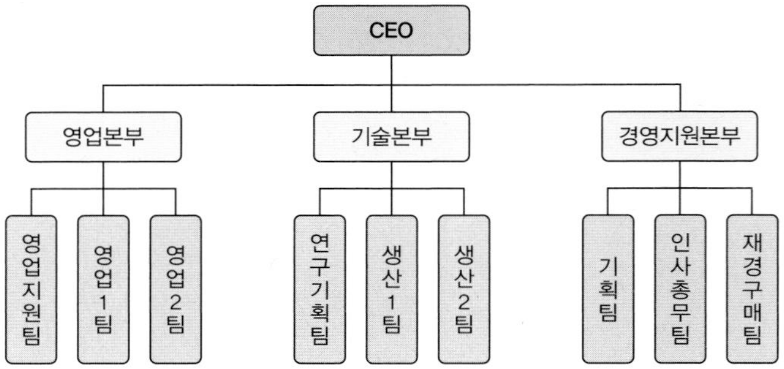


〈조직 개편 방안〉

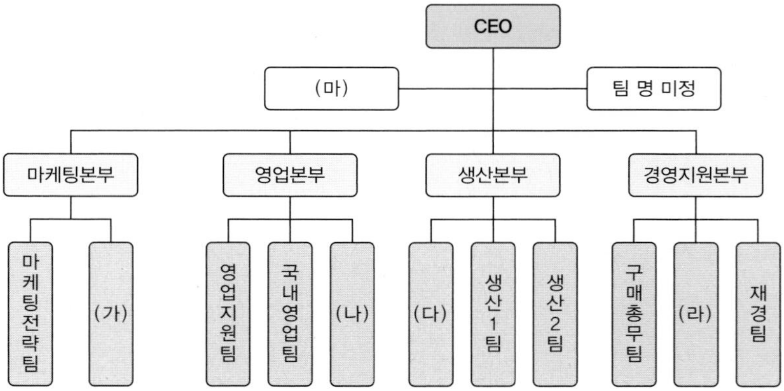

피듈형

**15** **사장님과 협의한 사항을 바탕으로 판단해 보았을 때 (가), (나), (다), (라), (마)에 들어갈 팀명으로 잘못 연결된 것은?**

① (가) 글로벌마케팅팀
② (나) 해외영업팀
③ (다) R&D기획팀
④ (라) 인사팀
⑤ (마) 전략기획팀

피듈형

**16** **위의 현행 조직도와 조직 개편안을 보고 직원들이 나눈 대화이다. 이중 틀리게 발언한 사람은?**

김 대리 : 이번에 3개 본부 9개 팀에서 4개 본부 11개 팀으로 조직이 확대 개편되었네.
이 대리 : 마케팅본부가 신설되었고 사장님 직속으로 2개 팀이 신설되었네.
정 대리 : 기술본부가 생산본부로 바뀌면서 품질관리를 강화하기 위한 팀도 신설되는 것으로 보아 앞으로 품질에 대해 더 강하게 추진하려고 하는가 봐.
신 대리 : 수출도 강하게 추진할건가 봐. 2개 본부에 각각 하나의 팀을 신설하는 것을 보니. 이참에 해외 관련 업무에 지원을 해볼까 생각 중이야.
강 대리 : 인사, 총무, 구매, 재경의 업무를 재편해서 인사부문과 구매부문을 강화한 것 같네.
안 대리 : 그동안 전략이나 기획을 총괄하는 기능이 약했는데 사장님 직속으로 신설되니 환경변화에 대응을 잘 할 것 같네.

① 김 대리, 이 대리
② 이 대리, 정 대리
③ 정 대리, 신 대리
④ 김 대리, 강 대리
⑤ 김 대리, 안 대리

피듈형

**17** 신입 사원들의 대화 내용을 기반으로 판단했을 때 연결이 적절하지 않은 것은?

| 본부명 | 업무 분장 |
|---|---|
| 주거복지본부 | – 매입, 전세임대, 주거급여사업 등 주거복지 관련 업무<br>– 임대주택 정책지원 및 제도개선 업무<br>– 임대주택 공급, 운영 및 자산관리 관련 업무 |
| 스마트도시본부 | – 공공택지, 신도시, 택지, 도시 개발 관련 업무<br>– 공공택지, 신도시, 택지, 도시 설계 관련 업무<br>– 스마트도시 개발 관련 업무<br>– 조경, 경관, 공공건축물 관련 업무<br>– 환경시설, 전기, 기계, 에너지 관련 업무<br>– 공간정보, 국토 및 주택정보화 관련 업무<br>– 제영향평가 관련 업무 |
| 공공주택본부 | – 주거지역, 기관토지 등 후보지 및 주택건설사업 관련 업무<br>– 공공임대주택 사업계획수립, 승인, 설계 및 발주 관련 업무<br>– 공공분양주택(신혼희망타운) 사업계획수립, 승인, 설계 및 발주 관련 업무<br>– 공공주택 기계 설비(소방) 및 전기 · 정보통신(스마트홈 등) 관련 업무<br>– 공공주택 디자인, 상품개발 및 건축구조안전 관련 업무<br>– 공공주택 품질관리, 준공 및 입주 하자 관련 업무<br>– 미래건축 및 국가건축정책 지원 관련 업무<br>– 공공지원건축사업, 제로에너지, 공업화(모듈러) 및 BIM 관련 업무 |
| 균형발전본부 | – 지역균형개발사업 · 세종시 · 혁신도시 등 관련 업무<br>– 경제자유구역 개발 관련 업무<br>– 산업단지, 물류단지 개발 관련 업무<br>– PF사업 및 리츠운용 관련 업무<br>– 공공지원 민간임대주택사업 관련 업무 |
| 도시재생본부 | – 도시재생사업 관련 업무<br>– 도시재생주택사업 관련 업무<br>– 공공건축물 리뉴얼, 그린리모델링사업 관련 업무<br>– 토지은행, 토지 · 빈집 비축 및 관리 관련 업무 |

가영 : 나는 공간정보학과를 나왔어. 공간정보 관련 업무를 담당하게 되어서 스마트도시본부로 발령받았어.
나영 : 나는 디자인을 전공해서 주택 디자인 및 상품개발 업무를 담당하게 되어 공공주택본부로 발령받았어.
은혜 : 나는 행정학을 전공했는데 임대주택 공급, 자산관리 관련 업무를 하게 되었어. 공공주택본부로 발령받았어.
삼식 : 나는 경영학을 전공했어. 산업단지 개발 및 프로젝트 자금 운영 관리 업무를 담당하게 되어 균형발전본부로 발령받았어.
민식 : 나는 건축공학을 전공했는데 건축물 리뉴얼, 빈집 관리 등의 업무를 하게 되었어. 주거복지본부로 발령받았어.
동희 : 신혼희망타운과 같은 공공임대 및 분양과 관련된 업무를 하게 되었어. 공공주택본부로 발령받았어.

① 가영, 동희 ② 나영, 삼식 ③ 은혜, 민식
④ 가영, 삼식 ⑤ 나영, 민식

피듈형

**18** 조직에서는 의사결정을 신속히 하기 위해 대표이사의 권한 중 일부를 하위 부서장에게 위임하는 위임 전결 규정을 두고 시행하고 있다. 다음의 위임 전결 규정을 잘못 적용해서 업무를 처리한 사람은?

| 업무 내용 | 위임 전결권자 | | | |
|---|---|---|---|---|
| | 팀장 | 본부장 | 부사장 | 대표이사(사장) |
| 신입 직원 채용 승인 | | | | ● |
| 본부장 이상 해외 출장 승인 | | | ● | |
| 본부장 이상 국내 출장 승인 | | | ● | |
| 직원 해외 출장 승인 | | ● | | |
| 직원 국내 출장 승인 | ● | | | |
| 직원 해외 출장 결과 보고 승인 | | ● | | |
| 직원 국내 출장 결과 보고 승인 | ● | | | |
| 예산 집행(투자) 1억 이상 승인 | | | | ● |
| 예산 집행(투자) 1억 미만 승인 | | | ● | |
| 예산 집행(비용) 5천만 원 이상 승인 | | | ● | |
| 예산 집행(비용) 1천만 원 이상~5천만 원 미만 승인 | | ● | | |
| 예산 집행(비용) 1천만 원 미만 승인 | ● | | | |

(가) 김 사원은 이번에 출시되는 가정간편식 마케팅을 SNS를 통해 하기로 했다. 마케팅 계획서를 작성하는데 총비용은 15,000,000원으로 추정되었다. 전사적인 차원에서 중요한 것이므로 전자결재 서류에 전결권자를 부사장으로 체킹했다.

(나) 이 대리는 급히 해외 출장을 가야 할 일이 생겼다. 해외 출장 계획서를 작성해서 팀장님께 결재받고 해외 출장을 떠났다.

(다) 인사팀의 김 대리는 현업의 요청으로 인턴사원 1명을 채용하기로 했다. 인턴 후 정규직 전환은 근무 결과를 보아서 현업 부서장과 협의 후 결정하기로 했다. 인사본부장의 결재를 득한 후 채용공고를 내어 인턴사원을 채용했다.

(라) 개발본부의 김 팀장은 1억 원이 드는 개발에 필요한 장비를 구매하기 위해 계획서를 작성하고 이를 부사장님께 승인을 받고 구매부서에 장비 구매를 의뢰했다.

(마) 신입 사원인 이 사원은 국내 출장을 다녀와서 출장 결과 보고서를 작성한 후 팀장님 결재를 받고 종결 처리했다.

(바) 총무팀의 김 대리는 회사 차량이 파손되어 수리하기로 하였다. 100만 원의 비용이 나와서 팀장님께 결재받고 집행하였다.

① (가), (나), (다), (라), (마), (바)
② (가), (나), (다), (라)
③ (가), (다), (마)
④ (나), (다), (라), (마)
⑤ (다), (라), (마), (바)

피듈형

**19** **조직 문화는 조직의 방향 결정과 존속에 매우 중요한 요인 중의 하나이다. 다음의 신입 사원 대화에서 조직 문화에 대해 바르게 이해한 사람으로 모두 묶은 것은?**

> 가영 : 4차 산업혁명과 코로나 팬데믹으로 인해 조직 문화도 많이 바뀌고 있는 것 같아. 외부 환경이 급격히 변화할 때 조직 문화가 조직 성원의 결속을 강화해주는 역할을 많이 하는 것 같아.
> 나영 : 그렇지. 조직 구성원들에게 소속감을 느끼게 해주고 조직 목표 달성을 위해 조직에 몰입하게 해주지.
> 민수 : 그런데 이것이 우리의 사고방식과 행동 양식을 규정하잖아. 때로는 일탈을 하고 싶을 때가 있는데 조직에 적응하게 하고 행동을 통제하는 것은 조직 문화의 기능으로 보기는 힘들 것 같아.
> 은혜 : 그래도 각 조직은 조직 나름의 독특한 조직 문화를 만들기 위해 노력하고 있잖아. 예를 들면 스타트업 중에 직급 체계를 없애고 호칭도 전부 영문으로 부르고 있잖아.
> 동희 : 강한 조직 문화는 구성원들의 의견을 쉽게 받아들이기 힘들기도 하고, 그러다 보니 변화가 필요한 시기에 장애 요인이 되기도 하지. 그럼에도 불구하고 어떤 조직 문화가 좋다 나쁘다를 일률적으로 이야기하긴 힘든 것 같아.

① 가영, 나영, 민수, 은혜, 동희
② 가영, 나영, 민수, 은혜
③ 가영, 나영, 동희
④ 나영, 민수, 은혜
⑤ 가영, 나영, 은혜, 동희

피듈형

**20** **다음은 입사 동기들이 식사 후 커피를 마시면서 조직 내에 존재하는 집단에 대해 나눈 이야기의 일부를 기록한 것이다. 이들이 나눈 내용 중 적절하지 않은 것은?**

> 김 사원 : 최근에는 수직적, 수평적 장벽을 허물고 보다 자율적인 환경 속에서 내부 유연성을 강화하기 위한 조직 형태 중의 하나인 팀제에 대한 관심이 증가하고 있는 것 같아.
> 이 사원 : 비공식적인 집단의 중요성도 날로 증가하는 것 같아. 공식적으로 업무를 수행 하는 것도 있지만 비공식적으로 다양한 사람들의 요구를 충족시켜주니까. 그래서 우리 중에 대부분 한 개 이상 방과 후 동아리나 스터디 모임을 하고 있잖아.
> 안 사원 : 그런데 조직 내에 다양한 집단이 존재하다 보니 집단 간 갈등이 발생하기도 하지. 집단 간 갈등은 조직에 독이 되는 경우가 많지. 그래서 무슨 일이 있어도 갈등은 피해야 해.
> 신 사원 : 팀제가 좋지만 이것이 성공적으로 잘 운영되기 위해서는 팀장을 포함해서 구성원 상호 간에 서로 협력하고 배려하고, 지지해주는 것이 중요한 것 같아.
> 정 사원 : 맞아. 조직 생활을 하다 보면 공식적인 조직 체계를 따라 업무를 수행하기도 하지만 때로는 비공식적으로 형성된 집단을 통해 업무 처리를 하기도 하지. 아무튼 우리는 입사 동기들이니 서로 협력하면서 잘 해 보자.

① 김 사원　② 이 사원　③ 안 사원　④ 신 사원　⑤ 정 사원

모듈형

**21** **제시된 조직 구조 형태에 대한 설명으로 적절하지 않은 것으로 묶은 것은?**

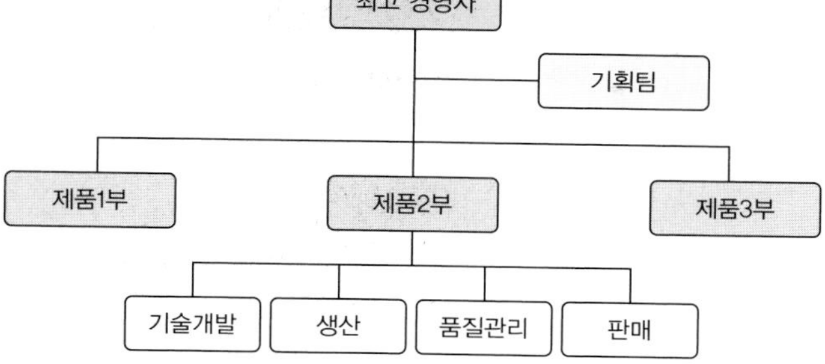


(가) 급변하는 환경 변화에 효과적으로 대응하고 제품, 지역, 고객별 차이에 신속하게 적응하기 위해서는 분권화된 의사결정이 가능한 형태이다.
(나) 개별 제품, 서비스, 제품 그룹, 주요 프로젝트나 프로그램 등에 따라 조직화 되어있다.
(다) CEO가 최상층에 있고, 조직 구성원들이 그 아래에 단계적으로 배열되는 구조를 가지고 있다.
(라) 제품에 따라 조직이 구성되고 각 사업별 구조 아래 생산, 판매, 회계 등의 역할 분담이 이루어지고 있다.
(마) 환경이 안정적이거나 조직의 내부 효율성 중요시할 때 유효한 조직 구조이다.
(바) 기업의 규모가 작을 때에는 관련 있는 업무를 결합한 구조 형태가 가능하다.

① (가), (나), (라)　② (다), (마), (바)　③ (가), (다), (마)　④ (나), (다), (마)　⑤ (다), (라), (바)

피듈형

**22** 다음은 조직 구조를 결정하는 요인과 결과를 도식화한 것이다. 이를 보고 신입 사원들이 다음과 같은 대화를 나누었다. 잘못 이해한 사람은?

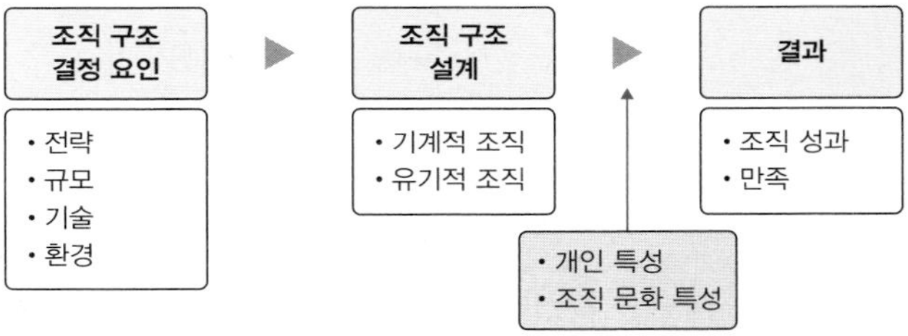


김 사원 : 대규모 조직은 소규모 조직에 비해 업무가 전문화, 분화되어 있고 많은 규칙과 규정이 존재하지. 요즘 회사의 각종 규칙과 규정을 익힌다고 머리가 다 빠지려고 그래.

이 사원 : 우리 회사는 기계적인 조직에 가까운 것 같아. 보통 안정적이고 확실한 환경에서는 기계적 조직이 적합하고, 급변하는 환경에서는 유기적 조직이 적합한 것 같아.

신 사원 : 그리고 소량 생산기술을 가진 조직은 유기적 조직 구조를, 대량 생산기술을 가진 조직은 기계적 조직 구조를 따르는 것 같아.

안 사원 : 최근에는 환경의 변화 속도가 빠르고 변화의 방향이 불확실해지면서, 환경 변화에 신속하게 대응해서 사업 전략을 변경할 수 있도록 조직 구조를 유연하게 운영하는 사례도 많아지고 있어.

정 사원 : 조직의 성과나 고객 만족에 영향을 미치는 것이 조직 구조인 것 같아. 우리같이 거대한 조직에 있다 보니 개인적인 특성들은 중요한 영향 요인이 되지 못하는 같아.

① 김 사원 ② 이 사원 ③ 신 사원 ④ 안 사원 ⑤ 정 사원

모듈형

**23** 다음 그림은 업무 수행 시트 작성 방법 중의 하나이다. 이에 대한 적절한 설명을 묶은 것은?

| 업무 | 1월 | 2월 | 3월 | 4월 |
|---|---|---|---|---|
| 설계 | | | | |
| • 자료수집 | | | | |
| • 기본설계 | | | | |
| • 타당성 조사 및 실시 설계 | | | | |
| 시공 | | | | |
| • 시공 | | | | |
| • 결과 보고 | | | | |

(가) 작업 진도 도표로 단계별로 업무를 시작해서 끝나는 데까지 걸리는 시간을 바(Bar) 형식으로 표시한 것
(나) 업무의 각 단계를 효과적으로 수행했는지를 스스로 점검해볼 수 있는 도구
(다) 전체 일정을 한눈에 볼 수 있고, 단계별로 소요되는 시간과 각 업무 활동 사이의 관계 파악 가능
(라) 최근에는 엑셀 등의 프로그램으로 단계별 시작일과 종료일을 기입하면 쉽게 만들어 사용 가능
(마) 일의 흐름을 동적으로 보여 주는 데 효과적
(바) 시간의 흐름을 표현하는 데에는 한계가 있지만, 업무를 세부적인 활동들로 나누고 각 활동별로 기대되는 수행 수준을 달성했는지를 확인하는 데는 효과적

① (가), (나), (다)
② (가), (다), (라)
③ (나), (마), (바)
④ (라), (마), (바)
⑤ (가), (나), (다), (라), (마), (바)

모듈형

**24** **다음은 올바른 업무 수행을 방해하는 요소를 해결하기 위한 방안들이다. 이 중 가장 적절하지 않은 것은?**

(가) 인터넷이나 메신저의 경우 일정한 시간 단위로 시간을 정해서 접속하거나 확인하고, 사적인 전화는 나중에 다시 걸겠다고 한 후, 업무 시간 외에 통화

(나) 갈등 상황을 받아들이고 이를 객관적으로 평가하며 갈등을 유발한 원인은 무엇인지, 장기적으로 조직에 이익이 될 수 있는 해결책은 무엇인지 생각해 봄

(다) 갈등 발생 시 대화와 협상으로 의견 일치에 초점을 맞추고, 양측에 도움될 수 있는 해결 방법을 찾음. 갈등은 해결해야 하는 것으로 직접적인 해결보다 일단 갈등 상황에서 벗어나는 회피 전략은 비효과적임

(라) 스트레스 해소를 위해 시간 관리를 통해 업무 과중을 극복하고 명상 등으로 긍정적인 사고를 하며, 운동을 하거나 전문가의 도움을 받음

(마) 구성원의 스트레스 관리를 위해 조직 차원에서는 직무를 재설계하거나 역할을 재설정하고 심리적으로 안정을 찾을 수 있도록 학습동아리 활동과 같은 사회적 관계 형성을 장려

① (가)　② (나)　③ (다)　④ (라)　⑤ (마)

피듈형

**25** **영업팀 홍길동 대리는 거래업체 Q사의 홍보팀과 저녁 회식을 위해 26만 원을 지불하였다. 홍길동 대리가 작성한 결재 양식으로 옳은 것은?**

[결재 규정]

✔ 결재받으려는 업무에 대하여 최고 결재권자(대표이사) 포함 이하 직책자의 결재를 받아야 한다.

✔ '전결'이라 함은 회사의 경영활동이나 관리활동을 수행함에 있어서 의사결정이나 판단을 요구하는 일에 대하여 최고 결재권자의 결재를 생략하고, 자신의 책임하에 최종적으로 의사결정이나 판단을 하는 행위를 말한다.

✔ 표시 내용 : 결재를 올리는 자는 최고 결재권자로부터 전결 사항을 위임 받은 자가 있는 경우 결재란에 전결이라고 표시하고 최종 결재권자란에 위임 받은 자를 표시한다.

✔ 최고 결재권자의 결재사항 및 최고 결재권자로부터 위임된 전결 사항은 아래의 표에 따른다.

| 구분 | 내용 | 금액기준 | 결재서류 | 팀장 | 본부장 | 대표이사 |
|---|---|---|---|---|---|---|
| 영업비 | 영업처 식대비, 판촉물 구입비 등 | 30만 원 이하 | 접대비 지출품의서 지출결의서 | ■ | ▲ | |
| | | 40만 원 이하 | | | ■ | ▲ |
| | | 40만 원 초과 | | | | ■ ▲ |
| 출장비 | 출장 유류비 출장 식대비 | 10만 원 이하 | 출장계획서 청구서 | ■ ▲ | | |
| | | 40만 원 이하 | | | ■ ▲ | |
| | | 40만 원 초과 | | ■ | | ▲ |

| | | | | | | |
|---|---|---|---|---|---|---|
| **서류 결제비** | 법인카드 사용 | | 대행서비스 신청서<br>법인카드 청구서 | ▲ | | |
| **교육비** | 내부교육비 | 50만 원 이하 | | ■ ▲ | | |
| | 외부교육비 | 100만 원 이하 | | | ■ ▲ | |
| | | 100만 원 초과 | | | | ■ ▲ |

▲ : 기안서, 출장계획서, 접대비 지출품의서
■ : 지출결의서, 발행요청서, 각종 신청서 및 청구서

①

**접대비 지출품의서**

| | | | | |
|---|---|---|---|---|
| 결재 | 담당 | 팀장 | 본부장 | 최종 결재 |
| | 홍길동 | 전결 | | 본부장 |
| | | | | |

②

**접대비 지출품의서**

| | | | | |
|---|---|---|---|---|
| 결재 | 담당 | 팀장 | 본부장 | 최종 결재 |
| | 홍길동 | | 전결 | 본부장 |
| | | | | |

③

**접대비 지출품의서**

| | | | | |
|---|---|---|---|---|
| 결재 | 담당 | 팀장 | 본부장 | 최종 결재 |
| | 홍길동 | 전결 | | 대표이사 |
| | | | | |

④

**지출결의서**

| | | | | |
|---|---|---|---|---|
| 결재 | 담당 | 팀장 | 본부장 | 최종 결재 |
| | 홍길동 | | 전결 | 대표이사 |
| | | | | |

⑤

**지출결의서**

| | | | | |
|---|---|---|---|---|
| 결재 | 담당 | 팀장 | 본부장 | 최종 결재 |
| | 홍길동 | 전결 | | 대표이사 |
| | | | | |

[26～27] **다음 제시문을 읽고 물음에 답하시오.**

조직에는 다양한 업무가 있으며, 업무에 따라 이를 수행하는 절차나 과정이 다르고 개인의 선호도나 노하우에 따라 업무 수행 절차가 조금씩 차이가 난다. 그러나 일반적으로 조직에서의 업무는 조직이 정한 규칙과 규정, 시간 등의 제약이 있기 때문에 업무를 효과적으로 수행하기 위해서는 자신에게 주어진 자원과 제약요건을 확인하고, 이에 따라 구체적인 계획을 수립할 필요가 있다.

**1단계** : ㉠은 업무 수행에 대한 안내자 역할을 하는데, 조직의 ㉠은 개인이 임의로 업무를 수행하지 않고 조직의 목적에 부합될 수 있도록 돕는다. 따라서 업무를 수행하는 데 있어서 업무와 관련된 ㉠을 확인하는 것이 첫 단계이다. 한편, 직장인들은 조직의 ㉠을 토대로 개인의 ㉠을 작성할 수 있으며, 이는 업무 수행의 준거가 되고 시간을 절약하는 데 도움이 된다.

**2단계** : ㉠을 수립하면 자신에게 주어진 ㉡을 확인한다. 업무와 관련된 자원으로는 시간, 예산, 기술 등의 물적자원과 조직 내 · 외부에서 공동으로 일을 수행하는 인적자원이 있다. 조직 내에서 이러한 자원들은 무한정으로 주어지는 것이 아니므로, 제한 된 조건 하에서 효과적으로 활용할 수밖에 없다.

**3단계** : ㉡을 확인하면 구체적인 ㉢계획을 수립한 후 ㉢ 시트를 작성하면 마지막에 급하게 일을 처리하지 않고 주어진 시간 내에 끝마칠 수 있으며, 세부적인 단계로 구분하여 단계별로 협조를 구해야 할 사항과 처리해야 할 일을 체계적으로 알 수 있다. 문제가 발생할 경우 발생지점을 정확히 파악하여 시간과 비용을 절약할 수 있는 장점이 있다. ㉢ 시트의 종류에는 ㉣, ㉤, ㉥ 등이 있으며 개인의 경험에 따라 자유롭게 작성할 수 있다.

- ㉣은 작업 진도 도표로, 단계별로 업무를 시작해서 끝나는 데 걸리는 시간을 바 형식으로 표시할 때 사용한다. 이는 전체 일정을 한눈에 볼 수 있고, 단계별로 소요되는 시간과 각 업무 활동 사이의 관계를 보여 줄 수 있다.
- ㉤은 일의 흐름을 동적으로 보여 주는 데 효과적이다. 특히 ㉤에 사용하는 도형을 다르게 표현함으로써 주된 작업과 부차적인 작업, 혼자 처리할 수 있는 일과 다른 사람의 협조를 필요로 하는 일, 주의해야 할 일, 컴퓨터와 같은 도구를 사용해서 할 일 등을 구분해서 표현할 수 있다.
- ㉥은 업무의 각 단계를 효과적으로 수행했는지 자가 점검해볼 수 있는 도구이다. ㉥은 시간의 흐름을 표현하는 데에는 한계가 있지만, 업무를 세부적인 활동들로 나누고 각 활동 별로 기대되는 수행 수준을 달성했는지를 확인하는 데에는 효과적일 수 있다.

모듈형

**26 다음은 일반적인 업무 수행 절차에 대한 내용이다. 빈칸에 들어 갈 단어가 바르게 연결된 것은?**

| | ㉠ | ㉡ | ㉢ | ㉣ | ㉤ | ㉥ |
|---|---|---|---|---|---|---|
| ① | 활용 자원 | 업무 지침 | 업무 수행 | 워크 플로 시트 | 간트 차트 | 체크리스트 |
| ② | 활용 자원 | 업무 지침 | 업무 수행 | 간트 차트 | 체크리스트 | 워크 플로 시트 |
| ③ | 업무 지침 | 활용 자원 | 업무 수행 | 워크 플로 시트 | 체크리스트 | 간트 차트 |
| ④ | 업무 지침 | 활용 자원 | 업무 수행 | 체크리스트 | 워크 플로 시트 | 간트 차트 |
| ⑤ | 업무 지침 | 활용 자원 | 업무 수행 | 간트 차트 | 워크 플로 시트 | 체크리스트 |

모듈형

**27** **업무 수행 시트 작성에 대한 내용으로 바르지 않은 것은?**

① ㉣의 단점은 복잡하고 세밀한 일정 계획에 적용하기 힘들며, 작업들 간의 유기적인 관련성을 파악하기 어렵고 일정 계획의 변경을 유연하게 수용할 수 없다는 것이다.
② ㉥은 중요한 점을 빠트리지 않고 정확하게 검토할 수 있고 반복되는 작업의 경우 편리하게 사용할 수 있다는 장점이 있다.
③ ㉥에 없는 항목에 대해서는 아이디어가 발생 될 수 없기 때문에 아이디어를 한정짓는 단점이 있다.
④ ㉤은 도형과 선으로 일의 흐름을 동적으로 보여주기 때문에 일의 흐름을 단순화하여 분석이 명료해지고 논리적인 오류를 쉽게 파악할 수 있다는 장점이 있다.
⑤ ㉤은 약속된 표준기호를 사용하여 직무의 순서를 간단한 기호화와 도형으로 도식화한 것을 의미하는데, ㉤의 작성 시 기호 내에 최대한 자세하게 내용을 기입하여 가독성을 향상시켜야 한다.

피듈형

**28** **다음에 제시된 경향에 대해 잘못 설명하고 있는 것은?**

> 문화체육관광부가 지역의 관광 매력을 찾는 작업에 적극적으로 나섰다. 이 사업은 '전통'과 '현대'라는 2가지 테마로 지역의 숨은 문화자원을 끌어내 관광상품으로 만들어 서울과 제주에만 몰리는 해외관광객들을 전국으로 고루 분산시켜보겠다는 취지로 출발했다. 강릉에 가면 모자(母子)가 나란히 화폐 속 인물이 된 신사임당과 이율곡의 흔적을 만날 수 있다. 또한 전주는 한옥마을을 중심으로 한식, 판소리, 조선왕조실록, 선비문화 등을 연계했다. 엑스포 개최로 수도권으로부터 접근성을 개선시킨 여수는 바닷가에서 버스킹과 남도의 먹거리 등 다채로운 볼거리와 즐길 거리를 내세우며 이미 큰 호응을 얻고 있다. 맥도널드는 햄버거 하나로 우선 자국의 시장에서 우위를 차지한 후 우리나라에 진출해서는 미국식 햄버거에 한국인이 전통적으로 즐겨 먹는 불고기 패티를 넣은 '불고기 버거'를 내놓아 성공을 거두었다. 한편 코카콜라는 과일 주스 시리즈에 한국식 재료를 추가한 '미닛메이드 벌꿀 유자'를 판매했고, 펩시는 브라질 정부가 인공감미료 사용을 법으로 규제하자 라임을 콜라에 첨가하고 이를 의인화해 브라질에 특화된 광고로 성공을 거두었다.

① 세계화 시대에 업무를 효과적으로 수행하기 위해서는 국제동향을 파악해야 하고 외국인과 함께 일을 하기 위해서는 국제매너를 갖춰야 한다.
② 세계화가 진행됨에 따라 직업인들은 직간접적으로 영향을 받게 되기 때문에 세계 수준으로 의식, 태도 및 행동을 확대해야 한다.
③ 글로컬라이제이션은 세계화(Globalization)와 지역화(Localization)의 합성어로, 소니(SONY)의 창업자 모리타 아키오가 사용한 신조어인데, '글로벌하게 생각하되 지역적으로 행동한다'는 의미이다.
④ 국제감각은 단순히 외국어를 잘하는 능력이 아니라 나와 다른 나라의 문화를 이해하는 이문화 이해와 국제적 동향을 자신의 업무에 적용하는 능력을 모두 포함하는 개념이다.
⑤ 이문화 이해는 내가 속한 문화와 다르다고 해서 무조건 나쁘거나 저급한 문화로 여기는 것이 아니라, 자국 문화 관점에서 다른 나라 고유의 문화를 이해하는 것이 필요하다.

모듈형

## 29 해외 바이어를 만났을 때의 올바른 국제 매너를 모두 고른 것은?

㉠ 러시아나 라틴아메리카 사람들은 포옹으로 인사를 하는 경우가 많지 않기 때문에 가능한 악수를 청하는 것이 좋다.
㉡ 이라크 사람들은 상대방이 약속 시간이 지나도 기다려 줄 것으로 생각한다.
㉢ 미국인들과 악수를 할 때 손을 힘껏 잡으면 도전의 의미로 받아들이므로 손끝만 살짝 잡아서 해야 한다.
㉣ 명함을 먼저 건네고, 악수를 하면서 자신의 이름을 밝힌다.
㉤ 중국에서는 우산을 선물하지 않는 것이 좋고, 중국인들은 선물을 3번 정도 거절하는 것이 매너라고 생각하기 때문에 계속 권하는 것이 좋다.

① ㉠, ㉡, ㉤
② ㉡, ㉣
③ ㉡, ㉤
④ ㉢, ㉣, ㉤
⑤ ㉡, ㉢, ㉣, ㉤

피듈형

## 30 제시된 사례들을 읽고 잘못 대처한 사람들을 모두 고른 것은?

㉠ 미국 바이어를 처음으로 만나 상담하는 날이라 긴장이 되었던 나는 소개를 위해 명함을 내밀었는데 미국 바이어는 반갑게 악수를 청했고 긴장한 나머지 손에 땀이 났던 나는 눈을 마주치면서 예의상 손끝만 살짝 잡았다. 악수 후 그가 명함을 주었고 나는 명함에서 이름을 확인한 후 명함 지갑에 넣었다.
㉡ 이라크에 출장을 나오게 된 나는 상대편 회사 담당 직원과 오후 1시에 대사관 앞에서 만나기로 했으나 오후 2시가 다 되어 가는데도 상대편 직원은 깜깜무소식이다. 슬슬 기다리는 게 지루해지고 화가 나서 내일 다시 연락하겠다고 생각하고 그냥 돌아왔다.
㉢ 협력 업체에 다니는 영국인으로부터 저녁 식사 초대를 받은 나는 멋지게 정장을 차려입고 집을 방문하였는데 주 메뉴인 비프스테이크가 나오기 전에 양송이 크림 스프가 먼저 나왔다. 양송이 크림 스프는 워낙 좋아하는 음식이라 식기도 전에 입으로 불어가면서 맛있게 먹었고 주요리인 비프스테이크가 나왔을 때 입에 넣기 알맞게 모두 자른 후 먹기 시작했다. 주요리가 끝나고 디저트가 나왔는데 배가 너무 고팠던 것일까? 아직까지 배가 다 차지 않아서 빵을 조금 잘라 먹었다.
㉣ 일본의 공중 목욕탕에서 편안하게 미팅을 하기로 하였다. 수건과 소지품이나 의류 등은 비치된 사물함에 넣어두고 탕에 들어가기 전에 비치된 작은 의자에 앉아 화장을 지우고 일차적으로 몸을 깨끗하게 씻은 후 작은 수건만 챙겨 욕조에 가지고 들어갔다. 입욕 후에는 작은 수건으로 몸을 대충 닦고 탈의실로 갔다.

① ㉠
② ㉠, ㉡, ㉢
③ ㉡, ㉢
④ ㉡, ㉢, ㉣
⑤ ㉠, ㉡, ㉢, ㉣

PART 10

# 직업윤리

차례



하위능력

근로윤리, 공동체윤리

SECTION 01

# 직업윤리 이론

합격강의

## 직업윤리 소개

### 01 직업윤리의 학습 목표

| 구분 | 학습 목표 |
|---|---|
| 일반 목표 | 원만한 직업 생활을 위해 지켜야 할 올바른 직업윤리를 배양하고 이를 위해 근면하고 정직하며 성실하게 업무에 임하는 자세에 대해 배우며 직업윤리 실천을 위한 봉사, 책임, 준법, 예절을 바르게 배워 업무에 임하는 자세를 배양할 수 있다. |
| 세부 목표 | 1. 윤리와 직업의 의미를 정확히 이해하고 설명할 수 있다.<br>2. 직업생활에 필요한 직업윤리의 중요성을 파악하고 설명할 수 있다.<br>3. 직업생활에서 근면, 정직, 성실의 태도를 설명할 수 있다.<br>4. 직업생활에서 봉사와 책임의식, 준법, 예절과 존중의 의미를 설명할 수 있다. |

### 02 직업윤리의 의미와 중요성

직업윤리란, 직업 활동을 하는 개인이 자신의 직무를 잘 수행하고 자신의 직업과 관련된 직업과 사회에서 요구하는 규범에 부응하여 개인이 갖추고 발달시키는 직업에 대한 신념, 태도, 행위이다. 직업인은 업무를 수행할 때 수많은 사람과 관계를 맺기에 사람과 사람 사이에 지켜야 할 윤리적 규범을 바탕으로 하는 직업윤리를 익히는 것은 중요하다. 직업적 활동이 개인적 차원에만 머무르지 않고 사회 전체의 질서와 안정, 발전에 매우 중요한 역할을 수행하기 때문이다.

#### 1) 윤리

① 윤리의 의미
- 인간과 인간 사이에서 지켜져야 할 도리를 바르게 하는 것이다.
- 인간 사회에 필요한 올바른 질서이다.
- 살아가는 동안 해야 할 것과 하지 말아야 할 것이다.
- 삶의 목적과 방법이다.

② 윤리적 가치가 중요한 이유
- 모든 사람이 윤리적 가치보다 자기 이익을 우선하여 행동한다면 사회질서가 붕괴된다.
- 어떻게 살 것인가 하는 가치관의 문제와 관련이 있다.

③ 윤리적 규범의 형성

윤리규범은 '공동생활'과 '협력'이 필요한 인간생활에서 형성되는 '공동 행동의 룰'을 기반으로 형성되므로 윤리적 가치는 불변의 진리가 아니라 시대와 사회 상황에 따라 조금씩 다르게 변화한다.

공동생활 + 공동 행동의 룰 → **윤리적 규범의 형성**

④ 비윤리적 행위의 원인

| | |
|---|---|
| **무지** | 무엇이 옳고 그른지 모르는 것 |
| **무관심** | 자신의 행위가 비윤리적이라는 것을 알지만 윤리적인 기준에 따라야 한다는 것을 중요하게 여기지 않는 것 |
| **무절제** | 잘못된 행위인 것을 알지만 자신의 통제를 벗어나는 어떤 요인으로 인해 비윤리적인 행위를 저지르는 것 |

⑤ 비윤리적 행위의 유형

| 유형 | 의미 | 특징 |
|---|---|---|
| **도덕적 타성** | 종래의 패턴을 반복하려는 경향과 무기력한 모습 | • 바람직한 행동이 무엇인지 알고 있으면서도 그렇게 행동하지 않음(나태함, 게으름, 무기력한 모습)<br>• 도덕적 타성의 원인<br>– 윤리적 문제에 대해 제대로 인식하지 못함(결과에 대한 낙관)<br>– 윤리적인 배려가 선택의 우선순위에서 밀려남<br>예 매출실적을 올리기 위해 구매업체로부터 부정한 금품을 받음 |
| **도덕적 태만** | 필요한 주의나 관심을 기울이지 않는 것 | • 비윤리적인 결과를 피하기 위해 일반적으로 필요한 주의나 관심을 기울이지 않음<br>• 어떤 결과가 나쁜 것을 알지만 자신의 행위가 그 결과를 가져올 수 있는 것을 모름<br>• 자기 기만적 태도<br>예 제품 설계 시 안전문제를 충분히 고려하지 않음<br>안전수칙을 지키지 않아 사고를 유발<br>뇌물을 받고 관행으로 생각하는 사고방식 |
| **거짓말** | 상대를 속이려는 의도로 표현되는 메시지 | • 보호적 거짓말 : 자기의 입장과 처지를 보호하기 위함<br>• 제3자 보호 목적의 거짓말 : 우호적 관계를 맺고 있는 제3자를 보호하기 위함<br>• 타성적 거짓말 : 자기 기만적 요소가 배어 있는 거짓말, 잘못된 것이라는 인식 부족 |

**더 알기 TIP**

• 도덕적 타성 – 바람직한 행동이 무엇인지 알고 있으면서도 행동을 하지 않는 무기력한 모습(알지만 행동하지는 않음)
• 도덕적 태만 – 비윤리적 결과를 피하기 위하여 일반적으로 필요한 주의나 관심을 기울이지 않는 것(알지만 회피함)

### 2) 직업

① 직업의 의미

직업(職業)에서 '직(職)'은 사회적 역할의 분배인 직분(職分)을, '업(業)'은 일 또는 행위를 말한다.

② 직업이 갖추어야 할 속성

| | |
|---|---|
| **계속성** | 주기적으로 일을 하거나, 계절 또는 명확한 주기가 없어도 계속 행해지며, 현재 하고 있는 일을 계속할 의지와 가능성이 있어야 함 |
| **경제성** | 직업이 경제적 거래 관계가 성립되는 활동이어야 함 |
| **윤리성** | 비윤리적인 영리 행위나 반사회적인 활동을 통한 경제적 이윤 추구는 인정되지 않음 |
| **사회성** | 모든 직업 활동이 사회 공동체적 맥락에서 의미 있는 활동이어야 함 |
| **자발성** | 속박된 상태에서의 제반 활동은 경제성이나 계속성의 여부와 상관없이 직업으로 보지 않음 |

③ 전통적 직업관과 직업관의 변화

| 우리나라의 직업관(전통적 직업관) | 직업관의 변화 |
|---|---|
| • 3D(Difficult, Dirty, Dangerous) 기피현상, 비인기 직종 천시<br>• 좋은 직업의 의미는 안정적, 고소득, 남의 이목 등이 좌우<br>• 성공의 척도를 부나 명예로 정의하며 획일적인 기준에서 직업의 귀천을 따지기도 함<br>• 좋은 직업을 가지기 위해 무한히 경쟁 | • 자아실현을 이루는 도구로 직업을 선택<br>• 다양한 개인의 가치의 반영 예 인기 유튜버<br>• 전문화된 직업의 증가<br>• 남녀의 직업 선택 기준 완화(직업상 남녀의 경계가 사라지고 있음)<br>• 개인의 브랜드화(창의성, 독창성 강조)<br>• 워라밸을 중시(삶의 질 중시)<br>• 경제적 보상을 중시<br>• 생산적 노동에 대한 직업윤리 가치의 약화 |

### 3) 직업윤리의 특성

① 차원에 따른 직업윤리

| | |
|---|---|
| 개인적 차원의 직업윤리 | • 직업과 관련되어 제기되는 선택적 선택과 결단의 문제들의 행동 강령<br>• 직업에 대한 신념과 의식, 가치와 태도를 총괄하는 문제 |
| 사회적 차원의 직업윤리 | • 사회에서 직업인에게 요구하는 직업적 양심과 행동 규범의 체계<br>• 고객에 대한 직업인의 자세<br>• 공직자의 윤리 강령<br>• 도덕 자본 혹은 사회 전반의 도덕적 분위기로서의 직업윤리 정신<br>• 직업 생활에 영향을 미치는 특정 사회가 갖고 있는 세계관 또는 인생관 |

② 직업윤리의 특징

- 건전한 직업윤리는 곧 사회의 힘이며 건강이다.
- 노동윤리, 기업가윤리, 공직자윤리, 경제윤리, 복지윤리 등을 포괄하는 직업윤리를 잘 확립해야 개인의 삶과 사회의 발전을 동시에 추구할 수 있다.
- 직업윤리는 개인윤리를 바탕으로 각자가 직업에 종사하는 과정에서 요구되는 특수한 윤리 규범이다.
- 직업윤리가 강조되는 것은 직업적 활동이 개인적 차원에만 머무르지 않고 사회 전체의 질서와 안정과 발전에 매우 중요한 역할을 수행하기 때문이다.

③ 직업윤리의 덕목

| | |
|---|---|
| 소명의식 | 자신이 맡은 일은 하늘에 의해 맡겨진 일이라고 생각하는 태도 |
| 천직의식 | 자기 일이 자신의 능력과 적성에 꼭 맞는다 여기고 그 일에 열성을 가지고 성실히 임하는 태도 |
| 직분의식 | 자신이 하는 일이 사회나 기업을 위해 중요한 역할을 하고 있다고 믿고 자신의 활동을 수행하는 태도 |
| 책임의식 | 직업에 대한 사회적 역할과 책무를 충실히 수행하고 책임을 다하는 태도 |
| 전문가의식 | 자기 일이 누구나 할 수 있는 것이 아니라 해당 분야의 지식과 교육을 밑바탕으로 성실히 수행해야만 가능한 것이라 믿고 수행하는 태도 |
| 봉사의식 | 직업 활동을 통해 다른 사람과 공동체에 대하여 봉사하는 정신을 갖추고 실천하는 태도 |

**더 알기 TIP**

직업윤리의 6가지 덕목중 소명의식과 천직의식을 헷갈리지 않도록 한다.

- **소명의식** : 자신이 맡은 일은 하늘에 의해 맡겨진 일이라고 생각하는 태도(운의 영향이 큼)
  예 대표적인 직업 – 경찰, 의사 등 봉사정신과 책임감
- **천직의식** : 자신의 일이 자신의 능력과 적성에 꼭 맞는다 여기고 열성을 가지고 성실히 임하는 태도(실력의 영향이 큼)

### 4) 개인윤리와 직업윤리의 조화(노력)

- 개인은 직무수행 중 수많은 사람과 관련되어 공동의 협력을 필요로 한다. 즉, 본인이 맡은 역할에 대한 책임완수가 필요하며, 정확하고 투명하게 일을 처리해야 한다. 이런 과정에서 개인윤리와 직업윤리 간의 불가피한 충돌이 일어날 수 있는데 두 윤리를 현명하게 조화시키려는 노력이 중요하다.
- 개인은 직장이라는 규모가 큰 공동의 재산과 정보 등을 개인의 권한 하에 위임 또는 관리하므로 높은 윤리의식이 요구된다(청렴이 요구됨).
- 직장이라는 특수 상황에서 갖는 집단적 인간관계는 가족관계나 개인적 선호에 의한 친분 관계와는 다른 측면의 배려가 요구된다.
- 기업은 경쟁을 통해 사회적 책임을 다하고 보다 강한 경쟁력을 키우기 위하여 조직원 개개인의 역할과 능력이 경쟁 상황에서 꾸준히 향상될 수 있도록 노력해야 한다.
- 일부 특수한 직무 상황에서는 개인적 덕목 차원의 일반적인 상식과 기준으로는 규제할 수 없는 경우가 생기기도 하므로 개인윤리와 직업윤리의 조화는 필수적이다.
- 업무 수행상 행동 기준으로는 직업윤리가 우선되지만 다른 한편으로는 기본에 입각한 개인윤리를 준수하고 공인으로서의 직분을 수행하려는 지혜와 노력이 필요하다.

### 5) 직업윤리의 기본원칙

| | |
|---|---|
| **객관성의 원칙** | 업무의 공공성을 바탕으로 공사구분을 명확히 하고, 모든 것을 숨김없이 투명하게 처리하는 것 |
| **고객중심의 원칙** | 고객에 대한 봉사를 최우선으로 생각하고 현장중심, 실천중심으로 일하는 것 |
| **전문성의 원칙** | 자기업무에 전문가로서의 능력과 의식을 가지고 책임을 다하며, 능력을 연마하는 것 |
| **정직과 신용의 원칙** | 업무와 관련된 모든 것을 숨김없이 정직하게 수행하고, 본분과 약속을 지켜 신뢰를 유지하는 것 |
| **공정경쟁의 원칙** | 법규를 준수하고, 경쟁원리에 따라 공정하게 행동하는 것 |

**더 알기 TIP**

- 개인윤리를 개인의 능력이라기보다는 마땅히 지니고 지켜야 할 도리나 규범으로 여기는 것처럼, 직업윤리도 직업인으로서의 직업기초능력이라기보다는 마땅히 지녀야 할 도리로 이해해야 한다.
- 의사소통능력, 수리능력, 문제해결능력 등 NCS 직업기초능력의 다른 9개의 영역과 달리 직업윤리 영역에 '능력'이라는 단어를 붙이지 않는 이유가 여기에 있을 것이다(능력이라기 보다는 도리로 본다).

## 하위 능력의 구성

### 01 근로 윤리

#### 1) 근면한 태도

① 근면의 의미

게으르지 않고 부지런한 것, 근면한 것만으로 성공할 수는 없지만 근면은 성공을 위한 기본 조건이다. 예 "워싱턴은 누구보다도 근면하고 부지런했다. 부자도 아니고 상류계급도 아니고 거기에다 교육 받을 수 있는 기회도 사라진 상태에서 워싱턴이 성공할 수 있는 길은 부지런함뿐이었다."(미국 대통령 조지 워싱턴의 일화)

② 근면의 종류

| | |
|---|---|
| **외부로부터 강요당한 근면** | 외부 압력이 사라져버리면 아무것도 남지 않음 예 새벽에 생계를 위한 출퇴근 |
| **자진해서 하는 근면** | 자신의 것을 창조하며 자신을 발전시킴 예 퇴근 후 자격증 학원 다니기 |

③ 직장에서의 근면한 생활

- 근무시간 엄수하기
- 업무 시간에 개인적인 일을 하지 않기
- 주어진 일이 남았으면 퇴근시간 후라도 끝까지 일을 마치기
- 항상 일을 배우는 자세로 임하여 열심히 하기
- 술자리를 적당히 절제하여, 다음 생활에 지장이 없도록 하기
- 일에 지장이 없도록 항상 건강관리에 유의하기
- 오늘 할 일을 내일로 미루지 않기
- 주어진 시간 내에는 최선을 다하기
- 사무실 내에서 메신저 등을 통해 사적인 대화 나누지 않기
- 회사에서 정해진 시간(점심시간 등) 지키기

**더 알기 TIP**

- 근면한 것만으로 성공할 수는 없지만 근면한 것은 성공을 위한 기본 조건이다.
- 앞으로의 근면은 외부 조직이나 타인 등로부터 요구되는 일과 노동을 수행하기 위한 근면보다는 개인의 성장과 자아의 확립, 나아가 행복하고 자유로운 삶을 살기 위한 근면으로 구현될 필요가 있다.

### 2) 정직한 행동

① 정직의 의미

신뢰를 형성하고 유지하는 필수적인 규범, 사람과 사람 사이에 함께 살아가는 사회시스템 유지를 위한 필수적 요소이다.

② 정직과 신용을 구축하기 위한 4가지 지침

- 정직과 신뢰를 매일 조금씩 쌓는 태도
- 잘못도 인정하는 태도
- 적당한 타협, 부정직함을 묵인하지 않는 태도
- 부정직한 관행을 묵인하지 않는 태도

③ 직장에서의 정직한 생활

- 평소 소신이 있음
- 타인에게 피해를 주지 않음
- 남에게 끌려 다니지 않음
- 바른 말을 해서 다른 사람의 눈총을 사기도 함
- 객관적이고 합리적인 성향이 있음

④ 한국에서의 정직의 현주소

우리 사회의 각종 비리와 부정부패의 문제나 국가별 부패인식지수 등 심각한 도덕적 위기 문제는 근본적으로 정직성의 문제를 의미하며 우리나라의 도덕적 위기에 대한 심각성을 보여 준다.



**더 알기 TIP**

- **청렴** : 공직자가 업무 수행에 있어 민주성과 효율성의 균형을 유지하기 위하여 지켜야 할 의무이며 투철한 사명감과 책임감이 요구되는 개념이다.
- **부패** : 개인의 이익을 위해서 자신의 직위를 이용하는 행위로 개인의 권리가 부당하게 침해할 수 있고, 사회적 비용의 낭비로 이어져 위에서 말한 사회발전을 저해할 수 있다(청렴에 반하는 개념).
- 부패를 막고 청렴한 사회 실현을 위하여 우리는 청렴을 중요한 덕목으로 생각했던 전통 윤리를 주목할 필요가 있다.
  예 당장 눈앞의 이익보다는 바름을 추구하고 부정한 재물보다는 정당한 이익을 중시하는 태도

### 3) 성실한 자세

① 성실의 의미

- 성실(誠實)의 사전적 의미는 '정성스럽고 참됨'이다.
- 성(誠)은 정성스럽고 순수하고 참됨을 의미하며, 실(實)은 알차고 진실된 것을 의미한다.
- 성실은 그 단어의 본질을 살펴보았을 때, 그 의미가 근면함보다는 충(忠) 혹은 신(信)의 의미와 더 가깝다.
- "최고보다는 최선을 꿈꾸어라."라는 말은 성실의 중요성을 강조한 것이다.
  예 "천재는 1퍼센트의 영감과 99퍼센트의 노력으로 만들어진다."

② 성실함의 중요성

- 성실한 사람과 성실하지 않은 사람의 차이는 노력하는 태도에서 드러난다.
- 단시간에 수익을 얻기 위해서 성실하지 않은 태도로 임하여 박탈감을 조장하는 경우가 많은데, 장기적으로 볼 때는 성실한 사람이 결국은 성공하게 된다.
- 성실의 결핍은 생각과 말, 행동의 불일치를 통해 드러나고, 그것은 구체적으로 일상의 삶에서 위선과 거짓, 사기, 아첨, 음모 등의 행위로 나타난다.
- 결과적으로 이는 우리 사회에서 위법 행위로 이어지고 나아가 사회 전반에 악영향을 준다.

**더 알기 TIP**

성실이 항상 긍정적인 측면만 지니는 것은 아니다. 성실은 시대 개념적 차원에서 볼 때 현대사회와 어울리지 않는 한계성 또한 지니고 있다. 우리는 이러한 한계성을 명확히 인식하고 현대 사회의 성격에 부합하도록 성실의 전환을 시도하는 데 소홀해서는 안된다.

## 02 공동체윤리

### 1) 봉사와 책임의식

① 봉사의 의미

| | |
|---|---|
| **사전적 의미** | 나라나 사회 또는 남을 위해 자신의 이해를 돌보지 않고 몸과 마음을 다하여 일하는 것 |
| **직업인으로서의 의미** | 일 경험을 통해 다른 사람과 공동체에 대하여 봉사하는 정신을 갖추고 실천하는 태도를 의미<br>예 코로나 속에 빛난 영웅들 – 의료진들 |
| **기업에서 봉사의 의미** | 고객의 가치를 최우선으로 하는 고객 서비스 개념 |

② 책임의식의 의미

- 직업에 대한 사회적 역할과 책무를 충실히 수행하고 책임지려는 태도이다.
  예 제조물 책임(PL : Product Liability) : 제조물 결함으로 소비자 또는 제3자에게 생명, 신체, 재산상의 손해 발생 시, 제조업자나 판매업자에게 손배 책임을 지게 하는 것

③ 봉사와 책임의식의 중요성

- 모든 직업인은 생계를 위해서뿐만 아니라 자신이 속한 조직의 번영을 위해서, 나아가 자신이 사는 사회 전체의 발전을 위해서 '봉사정신'과 강한 '책임의식'을 갖고 직업 활동에 임해야 한다.
- 직업 세계에서 다른 직종에 비해 더 많은 이익을 얻는 집단은 그렇지 않은 집단들에게 그들의 이익을 분배할 수 있는 사회 환원 의식도 가져야 한다.

④ 봉사와 책임의식을 가진 사람들의 공통점

- 다른 사람을 생각하고 배려한다.
- 누가 시켜서 하기보다 스스로 자발적으로 행동한 것이다.
- 어려운 상황임에도 불평하기 보다는 극복하고자 노력한다.
- 자신이 마땅히 해야 하는 일이라고 생각한다.

**더 알기 TIP**

- 봉사와 책임의식의 의미와 가치는 직업인으로서 기본적인 자세이지만 주어진 업무 이상의 사명감이 있어야 가능한 것이다.
- 봉사와 책임의식을 다하는 것은 직업의 개인적 이익보다 더 큰 조직이나 사회에 대한 기여를 의미하는 것을 의미한다.

⑤ 기업의 사회적 책임의 중요성

최근 기업들은 단순히 이윤 추구를 벗어나 이익의 일부분을 사회로 환원하는 개념인 '기업의 사회적 책임(Corporate Social Responsibility;CSR)'을 강조하는 형태로 변화하고 있다. 기업의 행위들은 사회에 많은 영향을 끼쳐 사회 전체의 윤리적 문제로 이어질 수 있으므로 기업은 사회적 책임의 중요성을 인식하고 노력해야 한다.

**더 알기 TIP**

**고객접점서비스(진실의 순간, 결정적 순간 MOT:Moment of Truth)**

- 고객과 서비스 요원 사이에서 15초 동안의 짧은 순간에 이루어지는 서비스
- 고객과 기업조직의 한 측면이 접촉하는 사건, 즉 결정의 순간(진실의 순간, MOT, 결정적 순간)에 모든 역량을 동원해 고객을 만족시키는 것
- 곱셈의 법칙이 적용되어 고객과의 많은 접점 중 단 한번이라도 나쁜 인상을 준다면 그것으로 고객은 기업 이미지를 결정함

### 2) 준법성

① 준법성의 의미

민주 시민으로서 지켜야 하는 기본 의무이며 생활 자세이다.

② 준법성의 중요성

민주 사회의 법과 규칙을 준수하는 것은 시민으로서의 권리를 보장받고, 다른 사람의 권리를 보호해 주며 사회 질서를 유지하는 역할을 하기 때문에 중요하다.

**더 알기 TIP**

**우리나라의 현주소**

우리 사회는 민주주의와 시장경제를 지향하지만 그것이 제대로 정착될 만한 사회적, 정신적 토대를 갖추지 못하고 있다. 민주주의와 시장경제는 구성원들에게 많은 자유와 권리를 부여하지만, 동시에 규율의 준수와 그에 따르는 책임을 요구한다. 선진국들과 경쟁하기 위해서는 개개인의 의식변화와 함께 체계적 접근과 단계별 실행을 통한 제도와 시스템 확립이 필요하다.

### 3) 예절과 존중

① 예절의 의미

- 일정한 생활문화권에서 오랜 생활습관을 통한 하나의 공통된 생활 방식이다.
- 변하지 않는 기본 정신은 인간을 존중하는 마음이다.
- 예절의 다양성을 인정하는 것이다(시대와 문화에 따라 다름).

② 일터에서의 예절

직업 활동에서는 타인과 협력적으로 상호작용하여 일의 목표를 효율적으로 달성하는 것이 매우 중요하므로 상대방에 대한 존중을 기반으로 하는 올바른 의사소통 예절은 필수적이다.

| | |
|---|---|
| **악수 예절** | • 악수할 때는 오른손을 사용하고, 너무 강하게 쥐어짜듯이 잡지 않기<br>• 악수는 서로의 이름을 말하고 간단한 인사 몇 마디를 주고받는 정도의 시간에 끝내기<br>• 악수할 때는 상대를 바로보며 미소를 짓기 |
| **소개 예절** | • 나이 어린 사람을 연장자에게 소개<br>• 내가 속한 회사의 관계자를 타 회사의 관계자에게 소개<br>• 신참자를 고참에게 소개<br>• 동료 임원을 고객, 손님에게 소개<br>• 비 임원을 임원에게 소개<br>• 반드시 성과 이름을 함께 말함<br>• 정부 고관의 직급명은 퇴직한 경우라도 항상 사용 |
| **명함 교환 예절** | • 명함은 반드시 명함 지갑에서 꺼내고, 받은 명함도 명함 지갑에 넣음<br>• 즉시 호주머니에 넣지 않음, 명함에 관해 한 두 마디 대화함<br>• 쌍방이 동시에 꺼낼 때는 왼손으로 교환하고 오른손으로 옮김 |
| **전화 예절** | • 전화를 걸기 전에 메모지를 준비(정보를 얻기 위한 경우)<br>• 근무시간에 걸기, 부재중을 대비해 비서나 다른 사람에게 메시지를 남길 수 있도록 직접 걸기, 회신 요청받을 시 48시간 안에 답변<br>• 벨이 3~4번 울리기 전에 받음<br>• 당신이 누구인지 즉시 말하고 목소리에 미소를 띠고, 천천히, 명확하게 말함<br>• 상대방의 이름을 함께 사용해 말함<br>• 주위 소음을 최소화 |
| **이메일 예절** | 〈전자우편(E-MAIL) 보내기〉<br>• 상단에 보내는 사람의 이름을 적음<br>• 메시지에는 언제나 제목을 넣음<br>• 메시지는 간략하게 만듦<br>• 요점을 빗나가지 않는 제목을 설정<br>• 올바른 철자와 문법을 사용<br><br>〈전자우편(E-MAIL)에 답하기〉<br>• 전자우편의 본 내용과 관련된 일관성 있는 답을 하도록 함<br>• 다른 비즈니스 서신과 마찬가지로 격앙된 감정 표현은 지양<br>• 답장을 어디로, 누구에게로 보내는지 주의<br>• 자동 답신을 선택하여 보내는 것이 효율적일 수 있지만, 그 답신이 원래 메일을 보낸 사람에게 도착하지 않을 수도 있으며 원본 메시지에 첨부된 회신 주소는 메시지를 보낸 사람의 것이 아닐 수도 있음 |
| **네티켓** | • 네트워크(Network)와 에티켓(Etiquette)의 합성어로 통신상의 예절<br>• 글에는 사람의 표정이나 음성이 빠져 있어 읽는 사람에 따라 해석이 달라 오해를 불러일으키기도 함<br>• 개인의 프라이버시 침해와 허위정보의 유통, 해킹 등의 정보화의 역기능에 대해서도 각별히 유의 |

더 알기 TIP

**에티켓과 매너의 구분** – 직장 예절

| 에티켓 | 매너 |
|---|---|
| 사람과 사람 사이에 마땅히 지켜야 할 규범으로서 형식적 측면이 강함 | 에티켓의 형식을 나타내는 방식으로 방법적 성격이 강함 |
| '있다, 없다'로 표현 | '좋다, 나쁘다'로 표현 |
| 예 다른 사람의 방에 들어갈 때 노크를 해야 하는 것 | 예 문을 한 번 두드릴 것인가, 세 번 두드릴 것인가 등 |

③ 상호존중 문화

'예절'의 핵심은 상대를 존중하는 마음이다. 존중이란 우리 자신과 다른 사람을 소중히 여기고 그 권리를 배려해 주는 자세이며, 우리가 말하고 행동하고 서로를 대하는 태도 속에 반영되어 있다. 그러나 최근 우리 사회의 갑질 행위, 직장 내 괴롭힘, 성차별과 성폭력 등의 문제들은 타인의 기본 인권 조차도 존중하지 않는 심각한 실태를 보여 주고 있다.

### 4) 직장 내 성희롱

① 직장 내 성희롱의 법적 정의

사업주 상급자 또는 근로자가 직장 내의 지위를 이용하거나 업무와 관련하여 다른 근로자에게 성적 언동 등으로 성적 굴욕감 또는 혐오감을 느끼게 하거나 성적 언동 또는 그 밖의 요구 등에 따르지 아니했다는 이유로 근로조건 및 고용에서 불이익을 주는 것이다.

② 직장 내 성희롱 판단(성립) 기준

| | |
|---|---|
| **성희롱 의도 유무** | 가해자의 성희롱 의도가 없어도 성희롱에 해당 |
| **성희롱이 적용될 수 있는 피해자** | 모든 근로자(기간제, 시간제, 파견직, 파트너사, 구직자 포함) |
| **성희롱 장소 및 근무시간** | 직장 내의 지위를 이용하거나 업무 관련이 있다면 장소, 근무시간 여부는 상관없음(퇴근 후, SNS 등) |
| **피해자의 성적 수치심의 판단 방법** | 사회 통념상 같은 상황, 같은 직위와 성별의 사람이 같은 사건을 겪을 경우 대다수가 불쾌하게 느끼는 것(합리적인 피해자 관점에서 종합적으로 판단) |
| **피해자의 명시적 거부의사 여부** | 피해자가 명시적 거부의사를 표현하지 않더라도 성희롱 해당 가능. 권력 관계에 의해 피해자가 거부할 수 없는 상황도 발생하기 때문 |

③ 직장 내 성희롱 주요 발생 원인

| | |
|---|---|
| **권력과 위계 관계** | • 성희롱 사건의 상당수는 사업주나 상사가 자신의 지위를 이용해 발생<br>• 가해자는 피해자에게 인사 보복, 계약 거부 등의 강력한 압력 행사 |
| **수직적 조직 문화** | • 성희롱 문제를 제기하기 어려운 분위기 조성<br>• 문제 제기 시 피해자 보호 및 권리 보장 곤란<br>• 상급자 의견 중시, 사회 전반적 인식 변화에 둔감 |
| **성인지 감수성 부재<br>성역할에 대한 고정 관념** | • 피해자의 상황을 피해자의 눈높이에서 이해해야 함<br>• 성별로 역할을 구분하지 않고 고정된 성별에 대한 편견을 없애는 것 |

**더 알기 TIP**

- 직장에서 성예절이 강조되는 근본적인 이유는 남녀 상호 존중의 양성문화 평등에 기반한 기업문화를 만들고자 함에 있다. 이에 관련하여 최근, 성인지 감수성의 개념이 등장하였다.
- 성인지 감수성이란?
  성별 간의 불균형에 대한 이해와 지식을 갖춰 일상생활 속에서의 성차별적 요소를 감지해 내는 민감성을 말하며, 법조계에서는 성범죄 사건 등 관련 사건을 심리할 때 피해자가 처한 상황의 맥락과 눈높이에서 사건을 바라보고 이해해야 한다는 개념으로 사용되고 있다.

### ④ 성희롱 사건 대처 방법

| | |
|---|---|
| **피해자** | • 성희롱 사실 인식<br>• 거부 의사 밝히기 : 상대의 언행을 사실을 기반으로 이야기 하기, 자신이 느꼈던 불쾌한 감정 이야기하기, 자책하지 않기, 개선해야 할 행동 이야기 하기<br>• 사내 고충 상담원과 의논(비밀 유지 의무 준수)<br>• 주위에 도움 요청 : 믿을만한 동료 혹은 상사에게 알리고 해결방안 논의 |
| **관리자** | • 개별 사건 차원 : 피해자가 추가적인 피해를 입지 않고 최대한 이전의 상태를 회복해 안전하고 건강하게 근로할 수 있도록 피해자의 입장에서 세심하게 접근(2차 가해 방지)<br>• 조직 전체 차원 : 성희롱 사건이 재발하지 않도록 원칙 바로 잡기(조직 규범 확립 노력)<br>• 신고 또는 인지한 사건에 대해 바로 조사<br>– 해당 피해자의 의견을 충분히 수용하여 피해자 의사에 반하지 않도록 처리<br>– 피해 근로자에게 부적절한 질문이나 요구, 강요, 회유 금지<br>• 조사 기간 중 피해 근로자 등에 대한 보호 조치<br>– 근무 장소 변경, 배치 전환, 유급 휴가 명령(피해자 의견 반영)<br>– 피해자 보호 및 가해자 징계 |
| **주변인** | 2차 가해 금지(피해자에게 2차 가해가 되지 않도록 조심) |

모듈형

**01** 다음의 기사를 보고 올바른 직업윤리의 의미란 무엇인지에 대해 가장 잘 설명한 것은?

> 정부가 운영하는 아이돌봄서비스에서 나온 아이돌보미가 14개월 된 아이를 폭행하는 영상이 공개되면서 부모들의 근심이 커지고 있다. 아이돌보미를 더 이상 믿을 수 없다는 것이다. 아이돌봄서비스를 운영하는 여성가족부는 학대 교육 강화와 사업에 대한 긴급점검을 선언했지만, 부모들은 폐쇄회로(CCTV) 설치 같은 현실적인 대안을 요구하고 있다.
>
> 3일 여성가족부에 따르면 현재 아이돌보미는 자격과 상관없이 양성교육과 현장실습을 거치면 활동할 수 있다. 지자체마다 차이가 있지만 지원자는 통상 직업윤리, 아이육아법, 아동학대예방 등 열흘간 80여 시간의 양성교육을 받게 된다. 양성교육을 수료하면 아이만 돌보는 일반형의 경우 시간당 8,400원, 가사서비스까지 포함한 종합형의 경우 시간당 1만 900원의 활동수당을 받는다. 급여는 최저시급(올해기준 8,350원) 수준이지만 연령과 관계없이 할 수 있어 주로 중장년 여성들이 돌보미로 나서고 있다. 하지만 아동학대 문제로 CCTV 설치를 의무화한 어린이집과 달리 돌보미 관리는 상대적으로 허술한 상황이다. 가정에 아이와 단둘이 있는 상황에서 무슨 일이 발생해도 부모가 알 도리가 없다는 것이다. 돌보미 지원자를 상대로 아동학대에 대한 양성 교육은 이뤄지지만 활동이후 학대 예방은 제대로 되지 않고 있다.
>
> **〈느슨한 직업윤리…투기 '틈새' 생겨〉**
>
> "LH 직원들에 대한 일상적인 감사, 투기나 이런 부분에 대해 자기 검증을 할 기회가 있어야 했는데 내·외부 검증 기회가 마련되지 못했던 것으로 보인다."라며 "통상적인 직업윤리 의식을 갖추고 있을 것으로 미루어 간주하는 정도의 느슨한 시스템으로 유지되었고, 그 틈새에서 지인이나 친척을 동원한 차명 투기 거래 등이 빈번하게 발생할 여지가 있었던 것 아닌가 한다."고 진단했다. 우리가 사회 공동체 구성원으로 살아가는 데에는 지켜야 할 도덕적 규범들이 있는데 이를 사회윤리(직장은 직업윤리)라고 한다. 기업이나 민간조직에서도 도덕적 기준을 어기면 그 조직에서 불이익을 받거나 퇴출되기도 하지만 그 기업의 내부 문제로 한정된다. 그러나 국민 전체의 공공 이익을 위해 일하는 공직자들의 윤리기준은 기본적인 직업윤리 외에 사회구성원들 간의 가치배분에 절대적인 영향을 미치기 때문에 일반 국민과는 다르게 엄격하고 높은 수준의 윤리의식이 요구된다.

① 직업윤리란 직업적 활동을 수행하는 데 있어서도 마땅히 지켜야 할 사회적 규범이다. 이는 근로윤리와 공동체윤리로 구분된다.

② 전문가들은 세월호 참사와 같은 인재를 막으려면 집단 이기주의를 벗어나 올바른 직업윤리 의식으로 재무장해야 한다고 주장한다.

③ 직업의식은 '개인이 직업 활동을 통하여 얻고자 하는 내재적·외재적 목적을 달성하기 위하여 개인이 직업이나 일에 대하여 가지는 관념, 가치, 습관, 인식 등을 포괄적으로 이르는 가치의 체계'로 정의할 수 있다.

④ 인간의 직업생활은 다른 사람들과의 끊임없는 상호작용으로 이루어진다. 이를 원만하게 하기 위해서는 직업인 사이의 도리를 지켜야 한다.

⑤ 개인은 직업을 통하여 사회의 가치에도 이바지해야 하므로 사회에 이익이 될 수 있는 바람직한 직업윤리의 확립은 매우 중요하다.

모듈형

## 02 다음의 예시에서 볼 수 있는 비윤리적 행동의 유형은?

> 연구개발직, 생산직에서 일하는 직장인이라면 직무 특성상 무한 반복되는 스트레스는 제품의 안전성 검증입니다. 이러한 스트레스 상황은 그 일을 해내는 직장인에게는 너무나 큰 일이지만 누구도 그들의 고충을 관심 있게 봐주지는 않습니다. 의사결정권자인 경영진들은 안전보다는 더 큰 매출이 더 중요합니다. 그래서 경우에 따라서는 그들은 규정만큼의 안전테스트를 완벽하게 못한 채 제품을 출시하는 경우가 생기기도 하는 경험이 있습니다.

① 도덕적 타성
② 거짓말
③ 무관심
④ 도덕적 태만
⑤ 무절제

모듈형

## 03 다음의 대화에서 일과 직업의 의미에 대해 잘못 이해하고 있는 사람은?

> 경아 : 직업은 다양할수록 좋은 것 같아. 난 여러 분야의 일을 직업으로 경험해보고 싶어. 하지만 한 가지 일을 너무 오래하는 것은 별로인 것 같아서 주기적으로 바꾸어 보려고 해.
> 성실 : 직업이 갖추어야 할 속성으로는 계속성과 경제성, 윤리성, 사회성, 자발성 등이 있어.
> 미아 : 직업은 사회적인 가치를 실현할 수 있어야 한다고 생각해. 그래서 난 조폭 집단을 직업으로 인정할 수 없어.
> 정원 : 난 어릴 때부터 교사가 되고 싶었어. 나의 개인적 가치를 실현하는 것도 직업의 의미 중 하나라고 생각해.
> 윤지 : 직업을 통해 경제적인 거래 관계가 성립되어야 한다고 생각해. 따라서 무급 자원봉사나 전업주부, 학생은 직업으로 보지 않아.
> 은정 : 노력이 전제되지 않는 자연 발생적인 이득의 수취나 우연하게 발생하는 경제적 과실에 전적으로 의존하는 활동은 직업이 아니야.
> 병규 : 속박된 상태에서의 제반 활동도 경제성이나 계속성의 요건이 충족된다면 직업으로 봐야 해.

① 성실, 은정
② 경아, 병규
③ 경아, 윤지
④ 미아, 은정
⑤ 은정, 병규

모듈형

## 04 다음 글을 읽고 직업윤리에 대해 바르게 이해한 것을 고른 것은?

신종 코로나바이러스 감염증(코로나19) 확산으로 비대면 산업 성장과 MZ세대의 자아실현 욕구가 맞물리면서 '평생직장'이 사라지고 있다. 하나의 직장, 하나의 직업에만 얽매이지 않고 다양한 경로로 수익을 창출하는 'N잡러'로서 삶을 살아가기 위해서다. 'N잡러'란 2개 이상의 수를 뜻하는 'N'과 직업을 뜻하는 'job', 사람을 뜻하는 '~러(er)'가 합쳐진 신조어로, 여러 직업을 가진 사람을 의미한다. 본업과 부업이 철저히 분리된 '투잡'과 달리 3, 4개의 직업을 골고루 겸한다는 게 특징이다. 지식공유 플랫폼 해피칼리지가 직장인 1,020명을 대상으로 한 설문조사에 따르면 응답자 중 49.2%가 N잡러이며, 이들이 N잡으로 벌어들인 수입은 월평균 95만 원에 달하는 것으로 집계됐다. 경제적 수익 효과가 크다 보니 MZ세대에게 N잡은 점점 '선택'이 아닌 '필수'가 되어 가고 있다. N잡은 40 · 50세대 사이에서도 퍼지고 있다. 은퇴 이후를 고려한 안전장치가 될 수 있어서다. 세무회계 사무소에서 일하는 40대 직장인 김인선(가명) 씨는 지난 2월부터 '네이버 스마트스토어'를 통해 온라인 쇼핑몰에 뛰어들었다. 마스크 관련 용품을 판매하며 주업 대비 30%가량의 수입을 벌고 있다. 김씨는 "지금 직장을 그만두더라도 노후까지 먹고 살 수입이 있어야겠다는 생각에서 시작했다."며 "N잡을 하면 할수록 본업만큼이나 충분한 수입원이 되겠다는 확신이 생겼다."고 했다. 하지만 일부 기업에선 소속 직원의 N잡러 활동이 달갑지만은 않다. 본업에 충실한지 의문을 갖고 회사 기밀이 새어나갈지도 모른다는 우려의 목소리도 나온다. 업무를 통해 취득한 정보로 수익을 창출할 가능성이 있기 때문이다. 이를 대비해 기업들은 근로계약서나 취업규칙에 겸업 금지 또는 사전 허가가 필요함을 명시하고 이를 어길 시 징계를 하는 경우도 있다.

① 변해가는 사회에 맞는 다양한 직업윤리가 요구되므로 변해가는 직업윤리에 적응해야 한다.
② 여러 개의 직업을 가졌다는 것은 구성원의 역량의 크기를 나타내므로 기업은 직원의 자기개발 차원으로 이를 허용하는 방침을 가져야 한다.
③ 평생 직장이라는 개념이 사라졌으므로 N잡은 꼭 필요하고 하나의 직업에 집중하기보다는 여러 개의 직업을 가지는게 좋다. 직업윤리는 각 직업에 따라 다르게 적용한다.
④ 프리랜서, 특수고용직의 경우 업무 상황에 따라 N잡을 선택할 수 있으나, 정규직의 경우는 여가에 충분히 휴식을 취하고 업무시간에는 본업에 충실해야 한다.
⑤ 직업윤리의 개념을 고착화하는 것은 시대에 뒤떨어진 생각이므로 변해가는 사회에 빨리 적응하는 민첩성을 발휘하는 태도가 필요하다.

피셋형

## 05 다음의 사건들에서 공통적으로 나타나는 문제로 가장 적절한 이유는?

- ○○교대 ○○교육과에서는 남학생들이 일부 여학생의 사진과 개인정보가 담긴 책자를 만든 후 얼굴과 몸매를 평가하는 등의 성희롱 행위로 큰 논란이 되었다. 남학생들은 무더기로 유기정학 징계를 받았지만 낮은 수준의 징계와 어린 제자를 상대해야 할 예비 교사의 자질에 대한 분노의 목소리가 컸다.
- 최근 ○○대 ○○병원의 한 응급의학과 교수가 교통사고로 실려 온 환자의 사망을 자신의 브이로그에 담아 논란이 되었다. 교수는 응급환자의 신체와 치료 전과정을 여과 없이 영상에 담아 유튜브라는 접근성이 높은 매체에 송출했다. 이에 교수는 교육용으로 올린 것이라고 해명했지만 많은 이들이 영상에 나오는 환자의 동의 여부와 영상의 자극성에 대해 지적했으며 해당 병원에서는 윤리위원회를 개최했다.

① 직업윤리의 한계
② 근로윤리의 부재
③ 공동체윤리의 부재
④ 개인윤리의 부재
⑤ 직업윤리의 실종

모듈형

## 06 다음 중 직업윤리의 덕목을 틀리게 말하고 있는 것은?

① 소명의식 – "난 내가 하는 일이 하늘에서 주어진 운명같아."
② 천직의식 – "난 내가 이 일에 맞는 충분한 능력을 가지고 있고 적성에도 맞아. 그래서 앞으로도 열심히 애정을 가지고 성실히 일할거야."
③ 직분의식 – "내가 하는 일은 우리 사회나 기업에 큰 영향을 미치거나 중요한 역할을 하는 것은 아니지만 난 최선을 다할 생각이야."
④ 책임의식 – "직업에 있어서는 무엇보다도 사회적 역할과 책무를 수행하고 책임을 다하는 태도가 중요하다고 생각해."
⑤ 전문가의식 – "내가 하는 일은 아무나 할 수 있는 일이 아니야. 난 이 일에 내가 전문성이 있다는 것이 너무 자랑스러워."

모듈형

**07** C 대기업 팀장인 사원 김지석 씨는 최근 회사에서 개발한 최신 컴퓨터 보안 프로그램을 다른 회사에 판매할 목적으로 회사 D와 미팅을 잡았다. 김지석 씨는 본인의 오늘 미팅의 결과가 최근 어려움을 겪고 있는 회사에 큰 영향을 미친다는 것을 알고 있기에 미팅 장소로 가는 발걸음이 어느 때보다 무거웠다. 하지만 가는 도중에 뺑소니차에 치인 할머니를 목격하게 되었고, 그 할머니를 인근 병원으로 옮기는 과정에서 시간이 지체되어 미팅 장소에 1시간이나 늦게 도착하게 되었다. 미팅은 성사되지 않았고, 김지석 팀장은 회사 상사로부터 미팅이 이루어지지 않은 데 대한 책임을 지고 큰 불이익을 받게 되었다. 김지석 씨의 사례에서 본 개인윤리와 직업윤리에 대한 바른 이해는?

① 개인윤리 차원에서의 바람직한 행동이므로 칭찬받을 행동이다.
② 개인윤리보다 직업윤리를 우선시한 합리적인 행동이다.
③ 직업윤리차원에서 충분히 이해되는 행동이다.
④ 보편적인 개인윤리 차원에서는 바람직할지 모르나 직업윤리 차원에서는 잘못된 행동이다.
⑤ 개인윤리는 언제나 직업윤리보다 우선시되어야 하므로 바람직한 행동이다.

모듈형

**08** 다음과 같은 주어진 상황에서 올바른 직업윤리에 따른 적절한 행동은?

> 김민규 팀장은 회사의 중요한 입찰 건으로 바이어와의 약속 장소로 이동 중이었다. 그런데 이동 중에 어떤 할머니가 지나가던 차에 치여서 쓰러져 있고 사고를 낸 차는 뺑소니로 도주 후인 사건을 목격하게 되었다. 이에 김민규 팀장은 주위를 둘러 보았으나 아무도 사고처리를 할 수 없음을 알고 본인이 위급한 할머니를 직접 차에 태워 병원으로 향했다. 사고처리를 다 끝내고 김민규 팀장은 빨리 원래의 약속 장소로 갔지만 너무 많은 시간이 지체되어 바이어들은 기다리다가 갔고 입찰건은 취소되었다는 사실을 알게 되었다.

① 수진 – 할머니를 도와주지 말고 약속 장소로 갔어야 한다.
② 미경 – 보호자가 올 때까지 병원에서 할머니를 돌봐야 한다.
③ 진희 – 회사에 손해를 끼치는 일은 나를 희생해가면서까지 지킬 일은 아니다.
④ 현우 – 회사의 일도 중요하지만, 인간적인 도리가 더 중요하다.
⑤ 민정 – 회사에 사고 사실을 알리고 119에 신고를 하는 등 응급조치를 하고 약속 장소로 빨리 이동했어야 한다.

모듈형

**09 다음은 직업윤리의 5대 기본 원칙이다. 보기 중 바르게 이해하지 못한 것은?**

| | |
|---|---|
| 객관성의 원칙 | 업무의 공공성을 바탕으로 공사구분을 명확히 하고, 모든 것을 숨김없이 투명하게 처리하는 것 |
| 고객 중심의 원칙 | 고객에 대한 봉사를 최우선으로 생각하고 현장 중심, 실천 중심으로 일하는 것 |
| 전문성의 원칙 | 자기업무에 전문가로서의 능력과 의식을 가지고 책임을 다하며, 능력을 연마하는 것 |
| 정직과 신용의 원칙 | 업무와 관련된 모든 것을 숨김없이 정직하게 수행하고, 본분과 약속을 지켜 신뢰를 유지하는 것 |
| 공정경쟁의 원칙 | 법규를 준수하고, 경쟁원리에 따라 공정하게 행동하는 것 |

① 직업은 항상 고객을 최우선으로 생각하고 현장에서 바로 실천하려는 마음이 중요해.
② 직업은 편법을 써서는 안되는 일이야. 항상 법을 지키고 공정하게 경쟁하는 것 또한 직업 수행에서는 중요한 일이야.
③ 처음부터 전문지식을 가지고 완전하게 모든 일을 수행할 수는 없어. 능력보다는 전문가가 되기 위한 자세가 더 중요하다고 생각해.
④ 일을 할 때는 주관성을 버려야해. 직업상의 일은 공적인 일이거든.
⑤ 정직과 신용은 직무 수행시 기본이 되는 일이야.

피듈형

**10 오늘날 우리 사회는 최근 직업윤리의 실종으로 인한 사건들이 크게 대두되고 있다. 직업윤리는 개인과 사회적으로 크게 영향을 끼친다. 자신에게 주어진 업무를 수행하다 보면 자신의 행위에 대한 책임을 지고 선택해야 할 때가 분명히 오고 잘못된 직업윤리는 옳지 않은 선택으로 인한 결과를 초래해 사회 전체에 문제를 야기해서 혼란에 빠뜨릴 수도 있다. 우리 사회에서 오늘날 직업윤리가 실종된 이유가 아닌 것은?**

① 오로지 명문대 진학과 대기업 취업만이 성공의 잣대가 되는 분위기 때문
② 어린아이부터 입시 위주의 교육이 우선시 되면서 직업윤리에 대한 교육이 더욱더 소홀하게 되었기 때문
③ 오늘날 팽배한 물질만능주의적 태도를 여과 없이 받아들이게 되고 이에 옳은 인식과 선택을 하지 못하게 되었기 때문
④ 직업윤리의 실종에 대한 문제는 오랜 시간 대두되고 있지만 비슷한 사건이 반복적으로 발생할 뿐 근본적으로 해결이 되고 있지 않기 때문
⑤ 최근 많은 기업의 미래에 대한 투자 전략으로 직업윤리에 대한 관심은 상대적으로 감소되고 있기 때문

모듈형

**11** **다음 중 직원의 근면성 평가를 했을 때 낮은 점수를 받았을 것으로 예상되는 직원은?**

① 이 대리 : 항상 출근시간 30분 전에 출근하여 정리정돈을 하고 좋은 업무 환경을 만든다.
② 감 대리 : 직무에 필요한 자격증 취득을 위해 매일 새벽에 학원에 간다.
③ 정 대리 : 회사에서 좋지 않은 일을 겪어도 상황 극복을 위해 노력하는 경우가 많다.
④ 최 대리 : 규칙을 지켜 항상 정시에 퇴근한다.
⑤ 박 대리 : 본인의 정해진 일은 항상 끝내고 퇴근한다.

모듈형

**12** **다음 중 성격이 다른 근면의 종류는?**

① 부족한 어학실력 향상을 위해 영어 학원에 다니는 은서
② 점심시간을 이용해 헬스클럽을 이용하는 재민
③ 친분을 키우기 위해 같은 학원에 등록한 유진이와 혜린이
④ 주말까지 제출해야하는 부장님의 보고서를 쓰고 있는 효연
⑤ 아침 일찍 수영을 배우는 선욱

모듈형

**13** **다음의 내용에서 뜻하는 근면에 대한 가장 적절한 인식은?**

〈보기〉

업무 처리 시간을 엄수하며 주어진 시간 안에 일을 미루지 않고 최선을 다한다. 또한 업무 시간에는 개인적인 일을 하지 않고, 항상 일을 배우는 자세로 열심히 한다.

① 근면하지 않으면 성공할 수 없다.
② 근면에는 두 종류가 있다. 첫째는 외부로부터 강요당한 근면이고, 둘째는 자진해서 하는 근면이다.
③ 근면은 선천적으로 타고나는 심성과 태도이므로 후천적으로 만들어지지 않는다.
④ 근면은 직장 내에서 인정받기 위한 유일한 방법이다.
⑤ 근면하다고 모두 성공하는 것은 아니지만 근면은 성공을 이루게 하는 기본 조건이 된다.

피듈형

**14** **다음 글의 사건 원인으로 적절한 근로 윤리는?**

> 2011년 4월부터 드러나기 시작한 가습기 살균제 사건으로 산모, 영유아 등이 사망하거나 폐 질환에 걸린 사건이 발생하였다. 이후 가습기 살균제의 위해성이 명백해졌음에도 기업에 대한 제재나 피해자에 대한 구제 대책은 제대로 이뤄지지 않았다. 검찰 수사는 사건 발생 5년이 지난 2016년에서야 전담수사팀이 구성되어 최대 가해 업체에 대한 처벌이 이뤄졌다. 이후 2017년 8월 '가습기 살균제 피해구제를 위한 특별법'이 시행되면서, 기존 가습기 살균제 피해 지원 대상에서 배제됐던 3, 4단계 피해자들에 대한 구제로 확대되었다.

① 근면
② 성실
③ 공동체의식
④ 정직
⑤ 주인의식

피듈형

**15** **정직은 신뢰를 형성하고 유지하는 데 가장 기본적이고 필수적인 규범이다. 사람과 사람 사이에 함께 살아가려는 사회 시스템이 유지되려면 정직에 기반을 둔 신뢰가 있어야 한다. 우리나라의 정직성 수준이 아직까지 기대 이하인 이유와 이에 따른 대처 방안이 아닌 것은?**

① 원칙보다는 집단 내의 정을 소중히 하는 문화적 정서 때문이다.
② 부정직한 사람이 사회적으로 성공하기도 하는 이상한 현상 때문이다.
③ 정직한 사람이 손해를 본다는 생각이 들기도 하기 때문이다.
④ 소규모의 개인적인 차원보다는 대규모의 조직적인 차원에서의 대처 방안이 필요하다.
⑤ 국가 경쟁력을 높이기 위해서는 개개인은 물론 사회 시스템 전반의 정직성이 확보되어야 한다.

모듈형

**16** **다음 중 직업적 양심, 즉 정직한 근로 윤리에 대한 바른 이해가 아닌 것은?**

① 직업적 양심을 가졌다는 것은 직업적 양심을 가지고 일하는 사람을 의미한다.
② 직업적 양심의 본질은 약속에 대한 충실성에 있다.
③ 손님을 만족시킬 수 있는 좋은 상품을 마련해서 공급하고 결코 비싼 값을 받지 않는 상인은 직업적 양심이 있는 사람이다.
④ 그의 도움을 바라는 사람들의 권리와 이익에 전심을 다하며 다른 사람의 이익을 자신의 이익보다 우선적으로 생각하는 사람을 정직하다고 한다.
⑤ 직업적 양심을 지키는 사람은 항상 손해를 보는 경우가 많다.

모듈형

**17** **정직과 신용을 구축하기 위한 방법이 아닌 것은?**

① 본인의 잘못은 솔직하고 빠르게 인정한다.
② 정직과 신뢰는 작은 것은 의미가 없으므로 큰 사건을 기다린 후 정직과 신뢰를 형성하여 실행한다.
③ 융통성도 좋지만, 매사에 적당하게 타협하지 않도록 한다.
④ 누군가의 부정을 본 경우에는 부정직한 관행을 못 본 척 하지 않는다.
⑤ 흔히 말하는 관행을 너무 당연하게 여기지 않고 항상 확실하게 처신한다.

모듈형

**18** **성실의 개념을 가장 잘 설명한 사람은?**

① "난 언제나 새벽에 일어나는 규칙적인 생활을 하고 있어. 쉽지 않은 일이지만, 20년째 지키고 있어."
② "난 내가 좋아하는 일은 끝까지 할 생각이야. 내가 할 일이 있다는 것은 너무 행복해."
③ "난 어떤 일을 하든 마음을 다해서 해야 한다고 생각해."
④ "나도 열심히 뭐든 할거야. 하지만 무언가를 열심히만 한다고 좋은 건 아닌 것 같아서 주위 환경이나 나의 목적에 따라 변화하는 적극성을 발휘하려고 해."
⑤ "변화는 많은 도전이 필요하기 때문에 쉬운 일은 아니야. 그래서 난 변화보다는 안정을 원해."

피듈형

**19** **다음 보기의 내용에서 근로자의 직업윤리 항목 중 결여된 것은?**

- ○○대기업 한 부장은 "A 사원은 예전부터 사무실에서 SNS와 인터넷 검색만 열중하고 있는 것으로 알고 있다."며 "(윗사람에게)경고를 받기도 했는데, 아랑곳하지 않고 지금도 자신의 정치적 주장을 알리고 있다."고 했다.
- B 사원도 업무 소홀을 넘어 근무 태만에 이르렀다는 일선 팀장들의 전언도 있다. B 사원은 근래 큰 수술을 한 뒤로 더욱 SNS에 치중한다는 것이다.
- 신입 사원 외 기존의 사원들조차 SNS가 '표현의 자유'라고 생각한다는 것이다.

① 꾸준히 하는 것
② 남을 먼저 생각하는 마음
③ 창의적으로 하는 것
④ 일을 마음을 다해 정성스럽게 하는 것
⑤ 속이지 않는 마음

모듈형

**20** **사회 또는 조직이 유지되고 발전하기 위해서는 구성원들이 자신이 맡은 역할을 충실히 해내는 것이 중요하다. 하지만 그것만으로 충분치 않은 경우도 있는데, 명시된 업무가 아니라도 타인을 배려하고 자신을 희생하여 조직과 사회에 기여하는 태도가 필요하다. 다음 중 봉사에 대해 바르게 얘기하고 있는 것은?**

(가) 사전에서 '국가나 사회 또는 남을 위하여 자신을 돌보지 아니하고 힘을 바쳐 애씀'이라는 뜻이다.
(나) 현대 사회의 직업인에게 일 경험을 통해 다른 사람과 공동체에 대하여 희생하는 정신을 갖추고 실천하는 태도를 의미하며, 나아가 고객의 가치를 최우선으로 하는 고객 서비스 개념으로도 설명할 수 있다.
(다) 직업에 대한 사회적 역할과 책무를 충실히 수행하고 책임지려는 태도이며, 맡은 업무를 어떠한 일이 있어도 수행해 내는 태도이다.
(라) 최근 기업도 단순히 이윤을 추구하는 집단의 형태를 벗어나 자신들이 벌어들인 이익의 일부분을 사회로 환원하는 개념인 '기업의 사회적 책임(Corporate Social Responsibility;CSR)'을 강조하는 형태로 변화하고 있다.
(마) 민주 시민으로서 지켜야 하는 기본 의무이며 생활 자세다. 시민으로서의 권리를 보장받고, 다른 사람의 권리를 보호해주며 사회 질서를 유지하는 역할을 한다.
(바) 원래 상대방을 위해 도움이나 물건을 제공해 주는 일을 통틀어 부르는 말이었다. 그런데 시대가 점점 지나면서 뜻이 자원봉사에 가깝게 한정되어 사용되고 있다.

① (가), (라), (바)　② (가), (라), (마)　③ (가), (나), (라)
④ (가), (나), (바)　⑤ (가), (다), (마), (바)

피듈형

**21** 직업인으로서 당연히 가져야 하는 봉사와 책임의식의 부재로 많은 사회적 문제들이 일어나고 있어 정부에서는 공직자 행동 강령을 마련하여 공직자의 직업윤리 강화를 위한 노력을 하고 있다. 공직자 행동 강령 중 부정 청탁(직접 또는 제3자를 통하여 직무를 수행하는 공직자 등에게 법령을 위반하여 14가지 대상 직무를 처리하도록 하는 행위)에 해당하지 않는 것은?

① 입찰 시 입찰 결과에 전혀 영향을 미치지 않는 불필요한 정보를 지인에게 건넨 이 팀장
② 군대에 가게 된 동생에게 군대 면제 판정에 대한 정보를 슬쩍 흘린 최 팀장
③ 억울한 누명으로 퇴사하게 되어 방송국 등 언론매체를 동원하여 억울함을 호소하는 김 팀장
④ 20년지기 친구가 운영하는 음식점이 경영난으로 힘들어하자 음식점 점검 과정을 생략하게 해준 손 팀장
⑤ 취업을 못 해 힘들어하는 친구 아들에게 회사의 입사 시험 유형을 설명해준 민 팀장

모듈형

**22** 다음은 기업의 사회적 책임의 중요성에 대한 내용이다. 기업의 사회적 책임의 중요성에 대한 내용으로 틀린 것은?

> 현대사회의 근로자는 경제적 보상만을 위해 조직 생활을 하는 것이 아니다. 근로자의 교육 수준 향상과 사회보장제도의 발달, 그리고 정보 기술혁명 등은 근로자로 하여금 이윤 획득을 위한 수단으로서 노동을 인식하지 않고 사회적 삶을 추구하는 일환으로서 노동을 인식하였다. 이와 같이 근로자들의 의식 수준이 과거와는 달리 크게 향상되었음에도 불구하고 기업은 아직도 과거와 같이 종업원들이 경제적 이윤을 추구하기 위해 입사하였고, 업무활동을 수행하고 있는 것으로 판단하는 것은 문제가 될 수 있다. 기업이 과거처럼 생산의 효율성 제고만을 위해 근로자들의 노동력을 이용하려고 한다면, 종업원들은 언제라도 새로운 다른 조직으로 떠날 준비가 되어 있다. 이에 기업들도 이러한 구성원들의 기대에 부응한 많은 변화와 책임들이 요구되는 실정이다. 그 중 한가지 예로 기업의 사회적 책임(Social responsibility)에 대해 알아보기로 하자.
> 기업의 사회적 책임이라 함은 기업을 경영하는 과정에서 윤리적 · 도덕적인 책임과 경제적 · 법적 책임 등을 말하는데 이것은 단순히 기업책임 혹은 경영책임과는 다르다. 기업 내지 경영체가 환경주체들의 주체성을 존중하면서, 그 직무를 성실히 달성하는 당위적인 의무를 뜻한다. 다시 말하면 기업이나 경영체가 이해자 집단들의 주체성을 존중하면서 자발적 내지 자율적으로 마땅히 해야 할 일을 결정하고 그 일을 성실히 수행하는 것을 뜻한다. (중략)

① 기업의 사회적 책임의 중요성은 자주성과 공공성 실현에 있다.
② 최근 기업 및 기관에서는 직업윤리를 강조하고 있다. 사회적 책임도 그 내용 중 일부이다.
③ 기업들도 근로자의 마음을 얻도록 노력해야 한다.
④ 기업의 최고의 목표는 이윤 추구에 있으므로 무엇보다 성과를 가장 중요하게 생각하는 가치관이 필요하다.
⑤ 기업을 경영하는 과정에서 윤리적, 도덕적인 책임과 경제적, 법적 책임 등을 지는 것을 기업의 사회적 책임이라고 한다.

모듈형

**23** **다음의 글을 읽고 준법에 대해 바르게 이해한 것은?**

> 최근 건설사들은 고민이 많다. 지금까지는 실내공기질 법적 기준만 통과하면 됐지만, 최근 라돈 침대를 시작으로 건축자재 내 발암물질이 전국민적 화두가 되면서 보다 자세한 정보가 요구되기 때문이다. 여기에 분양 원가공개까지 요구되면서 건설업계는 머리가 더욱 아프다. 업계는 공산국가도 아니고 왜 건설사들만을 대상으로 원가나 자재 등에 대한 정보를 요구하느냐는 주장이다. 그들은 명백한 영업 기밀이기 때문에 공개할 이유가 전혀 없다고 반박한다. 무한 경쟁 시대에서 형평성을 문제 삼는 것은 어느 정도 납득이 간다. 다만 발암물질 때문에 새 아파트에는 적어도 2년 후부터 입주하는 것이 좋다고 말하는 것이 건설업계가 할 말은 아니지 싶다. 부실한 직업윤리 위에 시공된 아파트는 국민을 발암물질 속으로 내몰고 있다.
>
> 건설업계에서의 직업윤리 부재는 하루 이틀 일이 아니다. 우리나라 건설문화는 수직적 주종주의, 집단 이기주의, 배타적 평등주의, 결과지향적 도전주의 등을 기반으로 이뤄져 있다. 이는 80, 90년대 압축적 고도성장기 때는 강점으로 작용했을 수도 있다. 하지만 새로운 건설 환경에서 이와 같은 문화는 안전불감증으로 이어지고 있다.

① 준법은 개인윤리의 범위에 한정되어 있어.
② 경우에 따라서 준법은 어길 수도 있는 유동적인 개념이야.
③ 민주 사회의 법과 규칙을 준수하는 것은 시민의 권리를 보장받고, 다른 사람의 권리를 보호해 주며 사회 질서를 유지하는 역할을 하기 때문이야.
④ 기업들이 준법정신을 지키지 않아서 소비자들이 피해를 보는 것은 아니야.
⑤ 경제적인 보상은 준법이 지켜지지 않아도 되는 구제책으로 활용되기도 해.

모듈형

**24** **직장 내 의사소통에 문제가 있을 경우 원활한 업무 수행이 어렵고, 직장 내 인간관계 역시 원만하지 못하며 직무 만족도 역시 떨어져 적응이 힘들게 된다. 다음 중 직장의 언어 예절을 지킨 대화는?**

① “박 팀장, 지금 회의를 그런 식으로 해서 일이 되겠어? 뭐 하는 거야?”
“죄송합니다.”
② “이 주임, 업무 보고를 왜 이런 식으로 해? 똑바로 해.”
“최 과장님이 말씀하신 대로 했는데 왜요?”
③ “정 과장님, 처음 해보는 일이라 걱정이 많습니다. 검토 부탁드립니다.”
“김 대리 수고했어. 많이 힘들지 않았어? 다음에는 더 잘해보자.”
④ “김 부장님, 오늘 아이가 아파서 회식에 참여하지 못할 것 같습니다.”
“서 대리, 너만 가정이 있니? 이것도 업무인데 왜 도망가?”
⑤ “오 부장님, 휴가 다녀오겠습니다.”
“현 대리, 휴가도 가고 한가한가 봐? 담당자가 자리 비우면 안 되지.”

모듈형

**25** **보기 내용은 잘못된 직장 언어의 사용 예이다. 보기의 내용이 뜻하는 직장 내 예절은?**

> 여성은 "여자는 이래서 안 돼.", "여성은 결혼하면 끝.", "이런 건 여자가 해야지.", "여자치고는 잘 하네.", "독해서 승진한 거다.", "술은 여직원이 따라야 제맛이지."가 있었고, 남성은 "남자가 그것도 못 해.", "남자가 왜 그렇게 말이 많아.", "남자니까 참아야지.", "남자가 무슨 육아휴직이야."로 나타났다.

① 성희롱 ② 성폭력 ③ 사이버폭력 ④ 성차별 ⑤ 예절

모듈형

**26** **서양에서는 예절을 에티켓과 매너로 표현한다. 에티켓은 사람과 사람 사이에 마땅히 지켜야 할 규범으로서 형식적 측면이 강하고, 매너는 그 형식을 나타내는 방식으로 방법적 성격이 강하다. 그래서 에티켓은 '있다, 없다'로 표현하고, 매너는 '좋다, 나쁘다'로 표현한다. 직장예절은 이러한 에티켓과 매너의 차이점을 일반화한 비즈니스의 에티켓과 매너를 총칭하는 것이다. 다음 중 에티켓과 매너를 틀리게 분류한 것은?**

| | 에티켓 | 매너 |
|---|---|---|
| ① | 어원적으로는 보다 고도한 규칙, 예법, 의례 등 지켜야 할 예의 범절들로서 요구도가 높은 것 | 생활속에서의 관습이나 몸가짐 등 일반적인 룰 |
| ② | 지하철의 노약자석, 임산부석은 항상 양보하는 행동 | 약속시간보다 먼저 일찍 나가서 기다리는 것 |
| ③ | 모임에서 처음 만난 사람한테 먼저 말을 건네는 것 | 윗사람에게 인사를 할 때에는 아랫사람이 먼저 본인을 소개하는 것 |
| ④ | 장례식장에 갈때에는 검은 색 계열의 옷을 입는 것 | 동행한 자동차 탑승자에게 안전벨트를 채워주는 행동 |
| ⑤ | 영화관에서 휴대폰은 무음으로 설정하여 주변에 방해를 주지 않는 행동 | 식사 때 상대방의 물이나 냅킨 등을 챙겨주는 행동 |

모듈형

**27** 다음 보기의 내용 중 올바른 SNS 예절에 대한 바른 설명이 아닌 것은?

① 이메일이나 SNS 등을 올바르게 사용하면 강력한 비즈니스 도구가 될 수 있다.
② SNS상의 글에는 사람의 표정이나 음성이 빠져 있기 때문에 읽는 사람에 따라 해석이 달라질 수 있어 오해를 불러일으키기도 한다.
③ 개인의 프라이버시 침해와 정보 유출, 범죄, 허위 정보의 유통, 해킹 등의 정보화의 역기능에 대해서도 각별히 유의하여야 한다.
④ 네티켓은 네트워크(Network)와 에티켓(Etiquette)의 합성어로 통신상의 예절을 뜻한다. 통신 기술은 비즈니스의 업무 형태를 바꾸었으며, 빠르고 효율적인 업무가 가능한 인터넷과 이메일, SNS 등은 가장 많이 사용되는 매체가 되었다.
⑤ SNS상에서는 항상 실제 만남에서 얻는 것 보다 훨씬 더 큰 성과를 얻을 수 있다.

모듈형

**28** 다음은 사이버 예절 네티켓의 10계명이다. 보기의 내용에 해당하지 않는 예는?

**사이버 예절 네티켓 십계명**

1. 인간임을 기억하세요.
   ◆ 가상 공간에는 보이지 않는 실제 사람들이 존재함을 명심해야 한다. 서로 대면하지 않고 의사전달을 할 수 있다는 매체의 특성과 익명성 때문에 무례한 행동을 유발할 수 있기 때문이다. "나는 지금 사람의 얼굴을 마주하고 이야기하고 있다."라고 생각해야 한다.
2. **실제 생활에서 적용된 것처럼 똑같은 기준과 행동을 고수하세요.**
   ◆ 실생활에서 대부분 사람들은 어떤 처벌에 대한 두려움 때문에 그런대로 법을 준수하게 된다. 사이버 공간상에서의 행동 기준은 다소 차이가 있지만 실생활보다 적은 규제를 받는 것은 아니므로 만일 사이버 공간에서의 윤리적인 딜레마에 빠질 경우 실생활에서 지켜지는 규범을 참고하여 적절한 해결책을 찾는 것이 바람직하다.
3. **현재 자신이 어떤 곳에 접속해 있는지 알고, 그곳 문화에 어울리게 행동하세요.**
   ◆ 네티켓은 해당 영역마다 다양하다는 것을 알아야 한다. 어떤 영역에서는 이상적으로 허용되는 것이 타영역에서는 몹시 무례하다고 판단될 수 있기 때문이다. 따라서 가상공간에 새롭게 참여하고자 할 때는 그 환경을 잘 파악하여야 한다.
4. **다른 사람의 시간을 존중하세요.**
   ◆ 메일을 보내거나 토론그룹에 글을 띄울 때, 다른 사람들의 시간에 대한 충분한 배려가 필요하다. 글을 읽게 되는 다른 사람들이 시간을 허비하지 않도록 하는 것은 글을 올리는 각자의 책임이다. 따라서 어떠한 글을 올리기 전에 다른 사람들이 진정으로 알고 싶어하는지 생각해 보고 원하지 않는 정보라면 그들의 시간을 빼앗지 않도록 주의해야 한다.

5. 온라인상의 당신 자신을 근사하게 만드세요.

◆ 온라인상에서는 익명성이라는 특성으로 인해 자신의 외양이나 행동보다는 그 사람이 쓴 글의 수준에 따라 평가를 받게 된다. 따라서 글의 내용을 명확하고 논리적으로 만들려고 노력하며, 공격적인 언어의 사용을 자제하고 기분 좋은 정중한 표현을 사용해야 한다.

6. 전문적인 지식을 공유하세요.

◆ 가상공간의 힘은 바로 참여하는 네티즌의 숫자에 있다. 온라인상에서 질문하면 수많은 지식을 보유한 사람들이 그 질문을 읽게 되고 그들 중 일부만이 재치 있는 답변을 하게 된다. 세계의 지식을 모두 모아 놓은 듯한 효과를 가져온다. 내가 아는 무언가를 공유하고자 할 때 뭔가 남에게 큰 도움이 되지 않을 것이라고 두려워할 필요 없이 서로 공유하는 것은 예의 바른 것이다. 내가 지닌 지식을 공유하는 것은 즐거운 일이다.

7. 논쟁은 절제된 감정 아래 행하세요.

◆ 논쟁은 어떠한 격렬한 감정을 절제하지 않고 강하게 표현할 때 생겨난다. 논쟁은 시작 단계에서는 많은 사람들의 흥미를 끌 수 있지만, 지속될 경우 끼어들고 싶지 않은 사람들은 곧 싫증을 내게 된다. 지속적인 논쟁은 토론그룹의 분위기를 지배하거나, 그룹원 간의 우애를 깨뜨릴 수 있으므로 유의해야 한다.

8. 다른 사람의 사생활을 존중하세요.

◆ 다른 사람의 사생활을 존중하는 마음이 없다는 것은 단지 나쁜 네티켓에서 그치는 것이 아니다. 그것은 피해를 주게 되므로 전자우편을 비롯한 상대방의 정보를 훔쳐보거나 복사하여 배포하는 등, 타인의 사적인 영역을 함부로 침범해서는 안 된다.

9. 당신의 권력을 남용하지 마세요.

◆ 사이버 공간에서 어떤 사람들은 다른 사람들보다 더 많은 권한을 가지는 것처럼 보인다. 다른 사람들보다 좀 더 잘 안다거나 그들이 하는 일 보다 더 많은 지식을 소유한다고 해서 그들을 이용할 수 있는 권리를 주는 것은 아니므로 이를 남용해서는 안된다.

10. 다른 사람의 실수를 용서하세요.

◆ 누구나 처음엔 인터넷 초보자였다. 따라서 누군가 실수를 할 때는 그것에 관해 친절을 베풀 줄 알아야 한다. 만일 아주 사소한 실수라면 그냥 넘기도록 하고, 비록 그것이 크다고 느껴질지라도 정중하게 그것을 지적하도록 한다.

① 타인의 정보를 유출하거나 수집하는 것은 네티켓에 어긋나는 행동이다.
② 온라인상에서의 이미지는 내가 쓴 글이나 말에 따라 만들어짐을 명심한다.
③ 익명성으로 인한 무례함이 일어나지 않도록 서로가 조심한다.
④ 자꾸 실수를 하는 부분은 다음 번의 실수를 방지하기 위해 바로 분명하게 지적하는 것이 좋다.
⑤ 서로의 지식을 공유하며 지식의 범위를 넓혀나간다.

모듈형

**29** **최근 조직 내에서의 성희롱은 사회적으로 이슈화되고 있는 사항이다. 사례를 통한 성희롱 개념 이해 중 성희롱이 아닌 것은?**

① 가은 : A는 평소 입담이 좋은 편이라서 야한 이야기도 곧잘 하는 남자 사원이다. 가은은 가끔 이러한 A의 이야기를 듣는 과정에서 낯을 붉힐만한 소재가 등장하는 것이 낯 뜨겁다.

② 나은 : 나은은 B가 컴퓨터 작업을 하는 과정에서 나은에게 신체적인 접촉을 해서 가끔씩 놀라기는 하지만 일에 방해가 될까봐 조심해달라는 말을 못하고 있다.

③ 다은 : C는 다은의 패션감각을 칭찬하며 여러 사람들 앞에서 다은의 스타일을 칭찬하는데, 다은은 칭찬에 기분이 좋기는 하지만 많은 사람들 앞이라 부끄러워서 얼굴이 빨개지고는 한다.

④ 라은 : D는 회식 자리에서 라은이 딸 같다며 항상 옆자리에 앉히고 술을 권한다.

⑤ 마은 : E는 마은이 회사의 꽃이라며 칭찬하며 가끔씩 어깨를 두드리며 격려하고는 하는데 마은은 불편한 감정을 말하면 상대방이 기분이 나쁠까봐 참는다.

피듈형

**30** **다음은 고용노동부에서 발표한 자료이다. 내용을 보고 직장 내 괴롭힘에 대해 잘못 인지하고 있는 사람은?**

> 중견 전자부품 회사에서 근무하던 피해자는 우수한 실적으로 본사 영업부로 발탁될 만큼 회사에서 인정받았으나, 시장 내에서 회사 점유율이 떨어지면서 시장 점유율을 회복시키라는 압박을 지속적으로 받아옴. 상사의 실적 추궁은 일반적인 수준 이상을 넘어 폭력적인 행동과 폭언을 동반함. 출장을 다녀온 후 결과가 좋지 않으면 폭언을 하고, 보고서를 찢고 집기를 던지는 등의 위협적인 행동을 계속함. 모 기업 대표가 5명의 직원에게 전 직원 앞에서 무엇을 잘못했는지 설명하라고 지시함. 이후 다른 직원들에게 쪽지를 나눠주면서 5명의 직원을 권고사직/생산직 발령/급여 강등/6개월 감봉 중에서 어떤 처분이 적절한지 적어 내라고 함. 그 결과를 직원들 모바일 메신저 단체 채팅방에 올려 공유하도록 지시하는 등 해당 직원들을 모욕함. 수시로 직원들에게 욕설하고, "내가 죽게 되면 너희들을 먼저 다 죽이고 죽겠다."는 등 입에 담을 수 없는 막말을 함.
>
> 출처 : 고용노동부,직장 내 괴롭힘 판단 및 예방,대응 매뉴얼(2019.02)

① 마은 : 직장 내 괴롭힘을 판단하는 요소는 크게 행위자, 피해자, 행위 장소, 행위 요건으로 구분할 수 있어.

② 경아 : 행위 장소로는 사내는 물론 외근 출장지, 회식, 기업행사, 사적공간, 사내 메신저, SNS 등 온라인 공간의 경우에도 해당해.

③ 혜영 : 직장에서의 지위나 관계 등의 우위를 이용하여 행위를 한 것이 아니면 직장 내 괴롭힘에 해당하지는 않아.

④ 우민 : 피해자 조건에는 사업장 내의 모든 근로자를 포함 거래업체 직원도 해당된다고 알고 있어.

⑤ 윤우 : 행위자의 의도가 없었더라도 그 행위로 신체적 · 정신적 고통을 받았거나 근무 환경이 악화되었다면 직장 내 괴롭힘으로 인정될 수 있어.

PART 11

# 실전 모의고사

차례

# 1회 실전 모의고사(의 · 수 · 문 통합형)

시작 : ______ 시 ______ 분 ~ 종료 : ______ 시 ______ 분 | 총 30문항/40분 |

**시험 유의사항**

- 총 30문항으로 구성되어 있으며 40분 이내에 풀어야 합니다.
- 의사소통능력(10문항), 수리능력(10문항), 문제해결능력(10문항) 문제가 차례대로 나오게 됩니다.
- 시작과 종료 시각을 정한 후, 실전처럼 모의고사를 풀어보세요.

**01** **다음은 의사소통능력에 대한 설명이다. 보기 중 원활한 의사소통능력에 대한 내용이 아닌 것은?**

> 의사소통능력이란, 직업인이 직장 생활에서 우리말로 된 문서를 제대로 읽거나 상대방의 말을 듣고 의미를 파악하며, 자신의 의사를 정확하게 표현하는 능력을 의미한다. 또한 국제화 시대에 간단한 외국어 자료를 읽거나 외국인의 간단한 의사표시를 이해하는 능력까지를 포함한다.

① 채은 : 넌 의사소통능력을 문서적 측면과 언어적 측면으로 구분했을 때 내용을 설명할 수 있어?
경아 : 응. 문서적 측면은 언어적 측면에 비해 정확성, 전달성, 보전성이 더 큰 특징이 있고, 언어적 측면은 여러 상황에 따라 정확한 의사전달이 어려운 경우가 생길 수도 있어.

② 혜영 : 바람직한 의사소통을 저해하는 요인으로는 뭐가 있을까?
우민 : 일방적으로 말하고 일방적으로 듣는 무책임한 마음, '전달했는데, 아는 줄 알았는데'라고 착각하는 마음, '말을 하지 않아도 알겠지….'하고 생각하는 마음 등이 있어.

③ 윤우 : 요즘 시대에는 어느 정도의 외국어능력이 필요할까?
경민 : 미래에는 국제화 시대니까 유창한 외국어능력은 직업인의 필수 요건이라고 생각해.

④ 재일 : 부족한 의사소통 능력을 보완하기 위해서 어떤 노력을 하니?
현교 : 난 사후검토와 피드백 활용, 언어의 단순화, 적극적인 경청, 감정의 억제 등의 방법을 쓰고 있어.

⑤ 경훈 : 키슬러의 대인관계 의사소통 스타일에는 어떤 것들이 있는지 알고 있니?
혜진 : 지배형, 실리형, 냉담형, 고립형, 복종형, 순박형, 친화형 사교형 등이 있어.

## 02 다음의 문서를 설명한 내용 중 바르지 않은 것은?

함께하는 공정사회! 더 큰 희망 대한민국!

**행정안전부**

수신 수신자 참조(문서관리업무담당과장)

(경유)

제목 「행정 효율과 협업 촉진에 관한 규정」 일부개정령안 입법 예고 알림

「행정 효율과 협업 촉진에 관한 규정」 일부개정령안의 입법 예고가 2023. 11. 6.자 관보, 행정안전부 홈페이지(www.mois.go.kr)를 통해 실시되고 있음을 알려드립니다.

붙임 「행정 효율과 협업 촉진에 관한 규정」 일부개정령안 1부. 끝.

**행정안전부장관**

수신자 서울특별시장, 부산광역시장, 대구광역시장, 인천광역시장, 광주광역시장, 대전광역시장, 울산광역시장, 경기도지사, 강원도지사, 충청북도지사, 충청남도지사, ……………………

행정사무관 김○○ 정보공개정책과장 전결 2023. 11. 6. 장○○

협조자

**시행** 정보공개정책과-283(2023. 11. 6.) 접수

우 03171 서울특별시 종로구 세종대로 209 (세종로) / http://www.mois.go.kr

전화번호 (02)2100-3421 팩스번호 (02)2100-3459 / nj5223@moi.go.kr / 대국민 공개

① 보기의 문서는 일반기안문으로 기안문은 두문 · 본문 · 결문으로 구성되는데 두문은 기관명, 수신, 경유가 포함되고 본문에는 제목, 내용, 붙임이 포함된다. 결문에는 발신명의, 기안자 등의 서명과 생산 등록 번호와 시행일 행정기관의 주소 등이 포함되어 있다.

② 문서의 기안은 전자문서로 하는 것이 원칙이며 기안자의 범위에 관하여는 아무런 제한이 없다. 즉, 공무원이면 누구든지 기안자가 될 수 있다.

③ 문서의 올바른 문서작성을 위해서는 일반적으로 육하원칙에 따른 정확성과 이해가 쉬운 용이성, 성의 있고 진실하게 작성하는 성실성, 효율적으로 글을 작성하는 경제성이 필요하다.

④ 문서는 빠른 의사소통이 우선이므로 경우에 따라 감정적인 표현으로 호소력 짙게 표현하거나, 친분이 있는 사이라면 단축형이나 명령형의 문구를 쓸 수도 있다.

⑤ 보기의 문서의 마지막 끝부분의 대국민 공개는 기안문은 공개, 부분 공개, 비공개로 구분하여 꼭 표시해야 한다는 규칙을 따른 것이다.

**03** **효과적이고 적극적인 경청을 위한 방법 중 그 내용이 옳지 않은 것은?**

① 준비하기는 수업이나 강연에서 강의의 주제나 강의에 등장하는 용어에 친숙하도록 수업 계획서나 강의 계획서를 미리 읽어두는 것이다.

② 예측하기는 대화하는 동안 시간이 있으면, 다음에 무엇을 말할 것인가를 추측하려고 노력하는 것이다. 이러한 추측은 주의를 집중하여 듣는 데 도움이 된다.

③ 나와 관련짓기는 전달하려는 메시지가 무엇인가를 생각해보고 자신의 삶, 목적, 경험과 관련지어 보는 것이다. 자신의 관심이라는 측면에서 메시지를 이해하면 집중하는 데 도움이 될 것이다.

④ 요약하기는 대화 도중에 주기적으로 대화의 내용을 요약하면 상대방이 전달하려는 메시지를 이해하고 사상과 정보를 예측하는 데 도움이 된다는 것이다.

⑤ 반응하기는 세 가지 규칙이 있는데, 피드백의 효과를 극대화하려면 즉각적이고, 정직하고, 객관적으로 비판하는 자세가 필요하다는 규칙이다.

**04** 간이기안문은 보고서 · 계획서 · 검토서 등 내부적으로 결재하는 문서에 한하여 사용하며, 시행문으로 변환하여 사용할 수 없는 문서이다. 다음의 간이기안문의 ㉠~㉤ 중 바르지 않게 수정한 것은?

| 생산등록번호 | ㉠ 정보공개정책과:840 |
|---|---|
| 등록일 | ㉡ 2023. 11. 27 |
| 결재일 | ㉡ 2023. 11. 27 |
| 공개 구분 | 대국민공개 |

| 주무관 | 행정사무관 | 정보공개정책과장 | 정부혁신 기획관 |
|---|---|---|---|
| 신○○ | 김○○ | 김○○ | ㉢ 전결 2023. 11. 27.<br>박○○ |
| 협조자 | | | |

㉣ 행정업무운영 편람 발간 계획

2023. 11. 27.

행 정 안 전 부

㉤ 정보공개정책과

| | 수정 전 | 수정 후 |
|---|---|---|
| ① | ㉠ 정보공개정책과:840 | 정보공개정책과-840 |
| ② | ㉡ 2023. 11. 27 | 2023. 11. 27. |
| ③ | ㉢ 전결 | 결재권이 위임된 사항을 전결하는 경우에는 전결하는 사람의 서명란에 '전결' 표시를 한 후 서명하되, 항상 추가서명란도 설치하도록 한다. |
| ④ | ㉣ 행정업무운영 편람 발간 계획 | 필요한 경우 제목 밑에 보고 근거 및 보고 내용을 요약하여 적을 수 있다. |
| ⑤ | ㉤ 정보공개정책과 | 정보공개정책국으로 표시할 수도 있다. |

[05~06] **다음 글을 읽고 물음에 답하시오.**

㉠ 쓰레기 없는 삶이 가능할까? 우리는 오늘도 엄청난 쓰레기를 만들었다.(지구촌 1인당 1일 평균 쓰레기 1.09kg) 쓰레기를 하나도 만들지 않고 살기란 불가능하다. 산업혁명 이후 대량생산, 대량소비, 대량폐기 흐름으로 배출하는 쓰레기가 점점 늘어 더 이상 매립할 곳도 없다. 바다에 흘러간 쓰레기는 조류를 타고 쓰레기 섬을 이뤘다. 전 세계 바다에 다섯 군데의 초대형 쓰레기 섬이 존재하고 그중 제일 큰 북태평양의 쓰레기 섬은 인류가 만든 인공물 중 가장 크다. 우리나라 16배에 이르는 거대 쓰레기 지대뿐 아니라 쓰레기 문제는 우리의 일상 곳곳에 영향을 끼치고 있다. 배출하는 쓰레기를 '0'으로 만들 수 없어도 1인당 매일 만드는 쓰레기 1.09kg(2019년 기준)을 조금 줄일 방법을 찾아 지금부터 실천해야 한다. 쓰레기 100개 중 1개라도 줄이려고 노력한다면 환경문제의 100분의 1은 해결할 수 있다. 지구를 뒤덮고 있는 쓰레기를 줄이고 자원을 재활용하는 일, 환경을 위해 실천하는 습관이 모여 지구를 살릴 수 있다.

㉡ 헌법 제 35조에는 모든 국민이 건강하고 쾌적한 환경에서 생활할 권리를 가지며 국가와 국민은 환경 보전을 위해 노력해야 한다는 '환경권' 조항이 있다. 건강하고 쾌적한 환경에서 살 권리를 보장받을 수 있도록 환경 보전을 위해 나만의 제로 웨이스트 원칙을 세웠다.

– 일회용품을 쓰지 않는다.
– 플라스틱 대신 천연 소재를 쓴다.
– 꼭 필요한 물건만 구입해서 오래오래 고쳐 쓴다.
– 환경에 끼치는 영향이 적은 방법을 선택한다.

원칙을 세웠지만 원칙에 얽매이지 않았다. 완벽함을 추구하지 않으면서 상황에 따라 융통성 있게 대처해 포기하지 않고 꾸준히 제로 웨이스트를 실천할 수 있었다. 50년 후에는 "옛날에는 참 지구가 살기 나빴지."하고 오늘을 회상하는 할머니가 되고 싶다. 바로 오늘이 기후 위기를 극복하고 지속 가능한 삶의 방식으로 전환하는 변곡점이 되리라 믿는다.

㉢ 최소한의 노력으로 제로 웨이스트를 실천하는 즐거움을 즐겼다. 소소한 성공 경험이 쌓이면서 조금씩 어려운 습관에 도전했다. 쓰레기는 일상생활 어디에서나 발생하기 때문에 도전할 실천 영역 또한 무궁무진했다. 먹고 입고 살고 놀고 일하면서 무심결에 만드는 쓰레기가 어떤 종류인지 어떻게 줄일 수 있는지 방법을 찾았다. 멀쩡한 물건이어도 내게 쓸모가 없는 물건을 비우고 꼭 필요한 물건만 신중하게 소비했다. 제로 웨이스트 습관은 점점 내 삶 속으로 스며들었다.

㉣ 지구와 환경을 위해 무엇인가 실천해야겠다고 느꼈다면 오늘부터 작은 실천을 해보자. 하나뿐인 지구에서 함께 살아가는 우리, 지구온난화와 기후위기로 거주 불능 상황으로 치닫기 전에 오늘 한 가지만이라도 실천해보면 어떨까? 오늘의 실천이 내일을 바꿀 수 있다. 즐겁고 재미있게 실천해야 계속해서 실천할 수 있다는 것을 잊지 말자. 소소한 실패에 좌절하지 말고 다시 도전하고 반복하면 생활 습관이 된다. 쓰레기를 덜 만드는 습관이 들면 그 일이 특별히 어렵거나 유난스럽거나 대단한 일이라고 느껴지지 않는다. 습관은 일상이 된다. 작은 실천이 모여 작은 습관이 되고 작은 습관이 모여 나와 지구를 살릴 수 있다.

㉤ 물건을 소유하고 소비하는 과정에서 사람, 사회, 환경에 해를 끼치지 않기를 바라는 마음으로 2016년부터 '제로 웨이스트' 실천을 시작했다. 일상생활에서 책임 있는 생산 · 소비 · 재사용 · 회수로 모든 자원을 보존하고 어떤 쓰레기도 소각 · 매립되거나 바다에 버려지지 않도록 한다. 제로 웨이스트의 목적은 불필요한 자원을 소비하지 않고 쓰레기를 최소화해 폐기물 자체를 생산하지 않는 것이다. 제로 웨이스트를 실천하는 과정에서 삶에 대한 태도가 바뀌었다. 완벽하지 못해도 괜찮다고 스스로 격려하며 환경운동 실천을 게임을 하듯 즐겁게 도전했다. 즐거운 환경운동 실천 습관이 나를 변화시켰다. 나의 세계가 바뀌었다.

ⓗ 어디에서나 쓰레기를 덜 만들려는 노력을 할 수 있지만 어디서부터 어떻게 시작해야 할지 막막한 제로 웨이스트 실천이 처음인 사람에게 권하고 싶은 몇 가지 실천 방법을 소개해보겠다. 소비의 날 정하기 많은 쓰레기는 무분별한 소비의 결과다. 어떤 과정으로 생산돼 소비되고 또 어떻게 폐기되는지 물건의 이야기를 살펴보면 소비에 대해 신중해질 수밖에 없다. 신중하게 소비하고 소비한 물건에 대한 책임을 지는 자세는 환경 실천의 바탕이다. 손수건 휴대하기 제로 웨이스트 실천을 하면 다양한 쓰임이 있으면서 가지고 다니기 편한 물건을 찾게 된다. 손수건은 무궁무진하게 활용할 수 있다. 개인적으로 참 좋아하는 물건이다. 챙기는 것을 잊어버리지 않기 위한 꿀팁이 있다. 손수건을 외출하는 외투 주머니와 가방에 미리 넣어두자. 에코백 만들기 물건 사기가 어려워졌다면 직접 만들어 쓰는 것도 방법이다. 버리는 티셔츠, 민소매 티 등으로 간단하게 에코백을 만들어보면 어떨까? 삐뚤빼뚤해도 세상에 하나밖에 없고 나의 취향에 맞춘 것이라 오래 애용할 수 있다. 개인 식기 챙기기 일회용 식기 대신 개인 식기를 챙겨보자. 만드는 데 5초, 사용하는 데 5분, 썩는 데 500년 걸리는 일회용 플라스틱 식기 하나를 줄이면 500년 동안 남을 쓰레기를 사용한 만큼 줄일 수 있다. 용기와 수고 장착하기 장바구니, 텀블러, 통 등을 들고 가는 수고와 그것을 내밀 용기만 있다면 제로 웨이스트 실천도 어렵지 않다. 혼자 실천하는 것이 두렵다면 용기내챌린지처럼 포장 없이 장보기 인증 캠페인에 참여할 수 있다.

소일(『제로 웨이스트는 처음인데요』 저자, 환경단체 활동가)
출처 : 문화체육관광부

## 05 위 글을 순서대로 바르게 나열한 것은?

① ㉠ – ㉢ – ㉥ – ㉤ – ㉡ – ㉣
② ㉠ – ㉢ – ㉤ – ㉡ – ㉥ – ㉣
③ ㉣ – ㉥ – ㉢ – ㉤ – ㉡ – ㉠
④ ㉠ – ㉤ – ㉢ – ㉡ – ㉥ – ㉣
⑤ ㉣ – ㉡ – ㉥ – ㉤ – ㉢ – ㉠

## 06 보기의 내용 중 지문의 '제로 웨이스트 운동'에 대해 잘못 설명한 내용은?

① 제로 웨이스트 운동은 상황이나 조건에 맞게 다양한 형태로 실천되었을 때 미래에 더 긍정적인 효과를 얻을 수 있다.
② 손수건 휴대하기 등의 작은 수고와 용기는 제로 웨이스트를 가능하게 한다.
③ 어떤 물건이든지 우리는 소비한 물건에 대한 책임을 꼭 져야 한다. 하지만 생산 과정은 소비 과정과는 별개의 과정이므로 소비자는 생산 과정까지 인지할 필요는 없다.
④ 꼭 필요한 물건만 구입해서 오래오래 고쳐 쓰는 것도 제로 웨이스트의 원칙이다.
⑤ 우리는 우리에게 주어진 자원을 최대한 효율적으로 활용하고 쓰레기를 최대한 배출하지 않는 습관을 가져야 한다.

## 07 다음 글을 읽고 유추할 수 있는 사실로 맞는 것은?

장래의 인구가 줄어드는 문제는 대규모 국토개발에 대한 수요의 감소, 농촌 및 중소도시의 쇠퇴, 도시 간 발전격차의 심화, 도심의 침체 등 여러 이슈를 야기할 것으로 예상된다. 이 연구는 한국과 일본이 직면한 저출산 · 고령화로 인한 인구 감소 시대에 대응하여 공간 빅데이터를 어떻게 활용할 수 있을지에 대한 공동의 관심사에서 출발하였다. 양국의 공간 빅데이터 정책 및 활용 동향을 살펴보고, 장래의 지역 문제를 진단하는데 공간 빅데이터를 어떻게 활용할 수 있는지 그 방안을 도출하는 것을 목적으로 한다.

이 연구의 범위는 한국과 일본 전 지역을 대상으로 하며, 본격적으로 인구 감소 시대로 진입할 것으로 예상되는 2040년과 현재 시점을 500m 규모의 정교한 공간 단위로 진단하는 시범 연구를 실시하였다. 시범 연구에서는 인구 감소에 따른 지역의 생활 취약성(Life Vulnerability)을 평가 · 추정하기 위한 공간 빅데이터 분석 방법을 공동개발하고, 이를 한국과 일본의 사례에 적용함으로써 국토 및 지역 정책에 관한 시사점을 제시하였다. 또한 향후 공간 빅데이터가 지역 정책의 핵심 지원 도구로 발돋움하기 위한 정책적 방안과 관련 기관들이 노력해야 할 과제를 도출하였다.

한국은 2011년을 기점으로 인구성장률이 감소하고 있다. 통계청에 따르면 장래 인구는 중위성장 가정 시 2030년 5,216만 명의 정점에 다다른 후 2060년에는 4,396만 명으로 감소할 전망이다. 최근 사람 중심의 지역 정책으로 패러다임이 변화하고, 인구 감소에 대한 위기의식이 증가하면서 정부는 취약 지역의 개조, 도시재생을 통한 생활권 육성 등을 다각도로 추진하고 있다. 그러나 인구 감소에 대비한 중장기적 관점의 종합적 지역 정책의 전략이 아직 구체화되지 않은 실정이다.

한편, 일본의 총인구는 2008년 1억 2,808만 명을 정점으로 감소하고 있으며, 2060년에는 고령화율이 39.9%가 되어 8,674만 명으로 감소할 전망이다. 일본은 인구 감소에 대응하여 '지방살리기'를 위해 'Compact+Network' 전략을 중심으로하는 지방 창생 정책을 추진하고 있으며, 인구 감소에 대비한 '국토 그랜드 디자인 2050'을 설정하여 향후 국토와 지역의 변화상을 국민과 공유하고 있다. 이와 관련하여 장래 인구 추계 자료, 국토모니터링 자료, 공간 빅데이터 등의 다양한 데이터를 공개하고, 향후 국토 및 지역 정책 방향과 실행에 관한 국민적 관심을 유도하기 위해 정부에서 다각도의 노력을 기울이고 있다. 최근 한국에서도 소지역 단위의 다양한 정보를 공간 빅데이터로 구축하여 민간과 공공의 정책에 활용하려는 시도가 시작되었다. 민간부문에서는 모바일 통화량, 신용카드 거래정보 등을 활용하여 소지역 단위 유동인구, 지역경제 지표 등을 생산하여 기업의 새로운 가치 창출을 위한 의사결정과 고객 서비스에 이용하기 시작하였다.

하지만 공공부문에서는 인구 감소로 유발될 장래 지역 문제 진단이나 정책 결정 지원을 위해 정교한 데이터가 충분히 활용되고 있지는 못한 실정이다. 시범 연구에서는 이러한 인구 감소에 따른 수요부족이 삶터에 어떻게 영향을 미치는지를 살펴보기 위해 공간 빅데이터 기반으로 문제 지역을 진단하는 실증 분석을 수행하였다. 한국과 일본의 협동 연구를 통해 GIS 분석 기반의 공통된 분석모델을 정립하고, 이를 한국과 일본의 데이터 상황에 맞게 적용하였다. 분석모델의 적용은 ① 공간 빅데이터의 수집 및 처리, ② 미래인구(2040년) 추정 및 과소화 지역 추출, ③ 장래 생활 인프라의 폐점 시뮬레이션, ④ 생활 취약 지수의 산출 및 생활사막(Life Deserts)의 확대패턴 도출 등의 과정을 거쳤다. 분석결과, 한일 모두 인구 과소화가 심각해지는 문제 지역이 확대될 것임을 확인할 수 있었으며, 정책적으로 이들 지역에 대한 사전대응과 지원 정책을 발굴할 때, 공간 빅데이터의 분석결과를 보다 정밀하게 활용할 것을 제안하였다.

한일 모두 장래의 생활취약지역을 세밀히 진단하는 데 있어 공간 빅데이터가 유용하게 활용될 수 있음을 확인하였으며, 양국의 공간 빅데이터의 유사성과 차이점을 도출하여 향후 개선할 부분도 검토하였다. 일본의 경우 2010년 인구를 비롯한 장래 인구 자료가 500m, 1km 격자의 세밀한 공간 단위로 5년마다 시계열로 구축되어 있었다. 반면 한국의 경우 16개 시도 단위 장래 인구 추계가 유일하게 활용할 수 있는 데이터였다. 공간 빅데이터의 중요성이 이제 막 인식되기 시작한 한국은 최신의 건축물과 생활 인프라 시설 자료는 확인할 수 있지만, 과거 시점의 시계열 자료는 존재하지 않아 활용에 제한점이 있다. 따라서 한국에서는 공간 빅데이터의 수집 · 구축 · 관리에 있어 데이터의 공간적 정밀도를 최대화하고 시간적 변화를 볼 수 있는 시계열 데이터 구축 · 관리를 위한 기반 인프라를 강화할 필요가 있다.

또한 데이터 출처와 관련하여 건축물, 격자 단위 장래 인구 추계 자료를 일본에서는 민간부문에서 활용하였으나 한국의 경우 국가관심지점번호, 세움터 등의 공공부문에서 주로 공간 빅데이터를 확보하였다. 민간자료에 의존도가 높은 일본은 앞으로 공공행정에서 생산되는 자료를 빅데이터 자원화하려는 노력이 필요하지만, 한국은 민간의 공간 빅데이터 시장을 육성하여 공공과 민간의 데이터 융복합을 촉진할 수 있는 기반환경을 조성하는 것이 바람직할 것이다.

인구 감소 시대의 지역 문제 진단을 위해 공간 빅데이터는 ① 장래 생활취약지역의 초기 파악 및 관리, ② 생활 인프라의 입지적정화를 위한 후보지 선정, ③ 장래 공간구조 재편전략의 도출 및 사전 평가, ④ 핵심 데이터 인벤토리 구축(빈집, 유휴공간, 취약인구분포) 등에 유용하게 활용할 수 있다. 이와 더불어 인구 감소 문제에 대응한 공간 빅데이터 활용모델의 지속적인 개발, 고부가가치 공간 빅데이터를 창출을 위한 데이터 융복합 분석 방법론 및 기술개발 연구도 필요하다. 또한 공간 빅데이터 기반 지역문제 진단이 단발성으로 끝나지 않도록 인구 감소에 대한 정책적 대응이나 지역 정책 수행 시 공간 빅데이터 활용을 권고하거나 의무화하는 제도적 환경을 갖출 수 있도록 지속적으로 노력해야 할 것이다.

출처 : 국가정책연구포털

① 앞으로 인구 감소에 대한 정책적 대응이나 지역 정책 수행시 공간 빅데이터 활용을 의무화해야 한다는 의견은 현실적으로 불가능한 사안이다.

② 한국과 일본이 직면한 저출산 · 고령화로 인한 인구 감소 시대에 대응하여 공간 빅데이터를 어떻게 활용할 수 있을지에 대한 공동의 관심사에서 출발한 이 연구는 관련 기관의 대처나 노력과는 분리되어 진행될 것이다.

③ 앞으로 한국은 공공행정에서 생산되는 자료를 빅데이터 자원화하려는 노력이 필요하고 일본은 민간의 공간 빅데이터 시장을 키우는 방향으로 진행될 가능성이 크다.

④ 지금까지 시범 연구에서만 활용된 공간 빅데이터 문제 진단과 분석의 방법들이 미래에는 공공부분에서도 더 세밀하게 활용될 것이다.

⑤ 한국은 공간 빅데이터의 중요성이 이제 막 인식되기는 했지만, 최신 건축물과 생활 인프라 시설 자료 확인뿐 아니라 과거 시점의 시계열 자료의 제한점을 극복하기 위한 기반 인프라 구축은 어느 정도 완성된 상황이다.

**08** 다음은 2022년 8월 5일부터 시행된 〈공직자 행동강령 운영지침〉의 일부이다. 내용을 잘못 이해한 것은?

제3장 운영에 관한 사항

제17조(외부 강의 등의 사례금 수수 제한)

① 중앙행정기관의 장, 지방자치단체의 장 및 지방교육자치단체의 장은 「공무원 행동강령」 제15조제1항에서 규정하고 있는 "중앙행정기관의 장등이 정하는 금액"을 별표 3의 상한액을 초과하지 않는 범위에서 구체적으로 정하여야 한다.

② 지방의회의 장은 「지방의회의원 행동강령」 제14조제1항에서 규정하고 있는 "의장이 정하는 금액"을 별표 3의 상한액을 초과하지 않는 범위에서 구체적으로 정하여야 한다.

③ 공직자가 「공무원 행동강령」 제15조제2항, 「지방의회의원 행동강령」 제14조제2항 또는 「공직유관단체 표준안」 제18조제2항에 따라 외부 강의 등을 신고하는 경우에는 별지 제12호 서식으로 신고하여야 한다.

④ 공직자는 제3항에 따른 신고를 할 때 상세 명세 또는 사례금 총액 등을 미리 알 수 없는 경우에는 해당 사항을 제외한 사항을 신고한 후 해당 사항을 안 날부터 5일 이내에 보완하여야 한다.

⑤ 공공기관의 장은 「공무원 행동강령」 제15조제7항, 「지방의회의원 행동강령」 제14조제7항 또는 「공직유관단체 표준안」 제18조제7항에 따라 대가를 받고 수행하는 외부 강의 등의 횟수 상한을 정할 때에는 월 3회를 초과하지 않는 범위에서 구체적으로 정하여야 한다. 다만, 국가나 지방자치단체에서 요청하거나 겸직 허가를 받고 수행하는 외부 강의 등은 그 횟수에 포함하지 아니한다.

제19조(수수 금지 금품 등의 신고 및 처리)

① 공직자는 자신이 수수 금지 금품 등을 받거나 그 제공의 약속 또는 의사표시를 받은 경우 또는 자신의 배우자나 직계 존속·비속이 수수 금지 금품 등을 받거나 그 제공의 약속 또는 의사표시를 받은 사실을 알게 된 경우에는 소속 기관의 장에게 지체없이 별지 제14호 서식에 따라 신고하여야 한다.

② 공직자는 「공무원 행동강령」 제15조제5항, 「지방의회의원 행동강령」 제14조제5항 또는 「공직유관단체 표준안」 제18조제5항에 따라 초과사례금을 반환하거나 「공무원 행동강령」 제21조제2항, 「지방의회의원 행동강령」 제20조제2항 또는 「공직유관단체 표준안」 제27조제2항에 따라 금품 등을 반환한 경우에는 소속 기관의 장에게 증명자료를 첨부하여 별지 제15호 서식으로 반환하는데 든 비용을 청구할 수 있다.

③ 공공기관의 장은 「공무원 행동강령」 제21조제4항, 「지방의회의원 행동강령」 제20조제4항 또는 「공직유관단체 표준안」 제27조제4항에 따라 금품 등을 인도받은 경우에는 즉시 사진으로 촬영하거나 영상으로 녹화하고 별지 제16호 서식으로 관리하여야 하며, 다른 법령에 특별한 규정이 있는 경우를 제외하고는 다음 각 호에 따라 처리한다.

1. 수수 금지 금품 등이 아닌 것으로 확인된 경우 : 금품 등을 인도한 자에게 반환
2. 수수 금지 금품 등에 해당하는 것으로 확인된 경우로서 추가적인 조사·감사·수사 또는 징계 등 후속 조치를 위하여 필요한 경우 : 관계 기관에 증거자료로 제출하거나 후속 조치가 완료될 때까지 보관
3. 제1호 및 제2호의 규정에도 불구하고 멸실·부패·변질 등으로 인하여 반환·제출·보관이 어렵다고 판단되는 경우 : 별지 제17호 서식에 따라 금품 등을 인도한 자의 동의를 받아 폐기처분
4. 그 밖의 경우에는 세입조치 또는 사회복지시설·공익단체 등에 기증하거나 공공기관의 장이 정하는 기준에 따라 처리

④ 공공기관의 장은 제3항에 따라 처리한 금품 등에 대하여 별지 제18호 서식으로 관리하여야 하며, 제3항에 따른 처리 결과를 금품 등을 인도한 자에게 통보하여야 한다.

⑤ 공공기관의 장은 금지된 금품 등의 신고자에 대하여 인사우대 · 포상 등의 방안을 마련하여 시행할 수 있다.

제22조(기록 보관 · 관리)

① 소속 기관의 장은 제19조 등과 관련하여 제출된 사항, 확인 사항 및 조치 내역 등을 관리하여야 한다. 이 경우 해당 기록의 보존기간에 관하여는 「공공기록물 관리에 관한 법률 시행령」 제26조를 준용한다.

② 소속 기관의 장은 제1항의 기록을 전자 매체 또는 마이크로필름 등 전자적 처리가 가능한 방법으로 관리하여야 한다.

**제4장 이행 체계에 관한 사항**

제24조(위반 여부에 대한 상담) 공직자는 알선 · 청탁, 직무권한 등을 행사한 부당행위, 금품 등의 수수, 감독기관의 부당한 요구, 외부 강의 등의 사례금 수수, 경조사의 통지 등에 대하여 행동강령 위반 여부가 분명하지 아니한 경우에는 행동강령책임관(지방의회의 경우에는 의장을 말한다)과 상담하여야 하며 행동강령책임관(지방의회의 경우에는 의장을 말한다)과 상담하여야 하며 행동강령책임관은 별지 제21호 서식에 따라 상담 내용을 관리하여야 한다.

제25조(행동강령책임관의 지정)

① 공공기관의 장은 원칙적으로 감사나 윤리 업무를 담당하는 부서의 장을 행동강령책임관으로 지정하여야 한다. 다만, 감사나 윤리업무를 담당하는 부서가 따로 없는 때에는 그 업무 담당자 중에서 지정할 수 있다.

② 제1항에 따라 지정된 행동강령책임관은 「부정청탁 및 금품 등 수수의 금지에 관한 법률」 제20조에 따른 부정청탁 금지 등을 담당하는 담당관을 겸할 수 있다.

출처 : 국가법령정보센터

① 소속 기관의 장은 제19조(수수 금지 금품 등의 신고 및 처리) 등과 관련하여 제출된 사항, 확인 사항 및 조치 내역 등을 내용 기록을 전자 매체 또는 마이크로필름 등 전자적 처리가 가능한 방법으로 관리하여야 한다.

② 공공기관의 장은 금지된 금품 등의 신고자에 대하여 인사우대 · 포상 등의 방안을 마련하여 시행할 수 있다.

③ 공공기관의 장은 원칙적으로 감사나 윤리업무를 담당하는 부서의 장을 행동강령책임관으로 지정하여야 하지만 경우에 따라 그 업무 담당자 중에서 책임자를 지정할 수도 있다.

④ 공공기관의 장은 「공무원 행동강령」 제15조제7항, 「지방의회의원 행동강령」 제14조제7항 또는 「공직유관단체 표준안」 제18조제7항에 따라 대가를 받고 수행하는 외부 강의 등의 횟수 상한을 정할 때에는 국가나 지방자치단체에서 요청하거나 겸직 허가를 받고 수행하는 외부 강의를 포함하여 월 3회를 초과하지 않는 범위에서 구체적으로 정하는 것을 원칙으로 한다.

⑤ 공직자는 알선 · 청탁, 직무권한 등을 행사한 부당행위, 금품 등의 수수, 감독기관의 부당한 요구, 외부 강의 등의 사례금 수수, 경조사의 통지 등에 대하여 행동강령 위반 여부가 분명하지 아니한 경우에는 담당 공무원과 상담하여야 하며 담당 공무원은 상담 내용을 관리하여야 한다.

[09~10] **다음은 MZ 세대에 대한 글이다. 글을 읽고 물음에 답하시오.**

( ㉠ 제목 )

데이터 분석 업체 다이티(Dighty)가 메타버스 앱 사용 연령대를 분석해본 결과를 보면 로블록스나 마인크래프트, 제페토 같은 앱은 대표적인 메타버스 플랫폼으로 가장 많이 사용한 연령대는 10대였다. 조사 대상인 10대의 23.8%는 로블록스 앱, 27.5%가 마인크래프트 앱을 설치한 경험이 있었다. 다음으로 사용량이 많은 연령대는 40대였다. 40대의 12.3%, 5.6%가 로블록스와 마인크래프트를 설치해 본 것으로 나타났다. MZ 세대의 메타버스 이용 비율은 매우 낮았다. 마인크래프트의 경우 30대의 1.7%만이 설치해본 경험이 있었고, 20대의 2.1%가 로블록스를 설치해 보았다. MZ 세대는 메타버스를 잘 모르고, 안다고 해도 관심이 크게 없다. 오히려 메타버스를 알고, 이용해보려는 연령대는 10대와 40대다. 이 결론은 대개 메타버스는 MZ 세대라는 단어와 엮여 사용되기 때문에 매우 의외이다.

( ㉡ 소제목 )

왜 이런 오해('MZ 세대는 메타버스를 선호한다.')가 생겼을까? 새로운 IT기술은 으레 MZ 세대에게 익숙할 것이라 생각하는 선입견이 작동하기 때문이다. 그러나 MZ 세대 역시 메타버스는 낯설다. 오히려 40대가 메타버스에 관심이 많고 실제로 이용한다. 이는 IT 업계의 구조와 관련 있다. 과학기술정보통신부의 2020년 'ICT 중소기업 실태조사 보고서'를 보면 ICT 기업 5만 8,000여 곳 종사자 중 가장 많은 연령대는 40대로 35.2%였다. X 세대로 지칭되는 40대는 2000년대 초반 벤처 붐을 이끌었던, IT 기술 개발의 선구자적 역할을 한 세대다. 현재도 대다수 IT 기업의 요직에 배치되어 업계를 이끄는 것이 바로 X 세대다. MZ 세대는 흔히 디지털 네이티브로 불리지만 사실 아날로그를 겸용하던 세계에서 성장한 세대다. 많은 MZ 세대는 테이프와 CD로 음악을 들은 경험이 있고, 학교에서 손으로 쓴 과제를 제출해 본 적 있다. 이 경험은 MZ 세대가 성장한 후에도 많은 영향을 끼쳤다. '레트로(Retro)', '뉴트로(New-tro)' 같은 복고 바람이 불 때 MZ 세대는 항상 선두에 선다. MZ 세대 힙스터는 디지털보다 아날로그와 가깝다. LP판을 모으고 자전거를 타고 다니며 아이패드를 쓰는 게 MZ 세대 힙스터의 모습이다.

MZ 세대는 언제나 핫플레이스에 모여든다. 10대는 트위터와 틱톡에 모여들고, 40대는 MZ 세대를 쫓아오지만 MZ 세대는 앞서 핫플레이스에 자리 잡고 있다. 유명하다는 맛집, 잘 알려진 여행지, 주목받는 전시회, 인기 있는 스타의 공연장 모두가 MZ 세대의 핫플레이스고 경험장이다. 반면에 경험주의자 MZ 세대는 적극적인 면이 있다. 검토가 끝난 것에 대해서는 더없이 적극적으로 다가가 경험하려 한다. MZ 세대는 특별한 경험을 할 수 있는 곳이라는 확신이 들면 어디든지 가보려고 한다. MZ 세대에게 줄서기는 매우 익숙한 문화다. 핫플레이스에 방문할 때나 특별한 경험을 하기 위해서 줄을 서는 것은 예삿일이다. 맛집 '피켓팅'이 그렇다. 피켓팅이란 혈액을 뜻하는 '피'와 예매를 뜻하는 '티켓팅'이 합쳐진 말인데 피 튀기는 경쟁을 뚫고 예매하는 일을 가리킨다. 최근 MZ 세대에게 인기 있는 것이 유명 스시집에 가서 주방장이 내어주는 대로 먹는 오마카세 코스를 시키는 것이다. 서울 여의도의 스시집 '아루히'나 성북구의 '우정초밥' 같은 일식집은 예약이 불가능할 정도다. MZ 세대는 이 치열한 경쟁을 뚫고 단 한 번의 미식 경험을 하려 노력한다. 맛집에만 적극적인 것이 아니다. 소비 경험에도 적극적이어서 MZ 세대에게 한 번 인기를 얻은 제품을 구하기란 하늘의 별따기이다. '범고래'라고 불리는 나이키의 운동화 '덩크 로우 레트로 블랙'은 추첨을 통해서만 살 수 있는데 경쟁률이 매우 높아 번번이 구매에 실패하고 만다. 다시 말해 MZ 세대는 검증된 경험에는 더없이 적극적이다. 입소문이 난 경험은 한 번씩 해보려 하고 마음먹은 경험을 하기 위해서는 경계 없이 다가간다. 다만 여기에는 제한이 있다. 경험해보니 전혀 새롭지 않다거나 경험의 질이 떨어진다는 입소문이 나기 시작하면 후발대 경험주의자 MZ 세대를 끌어모으는 데 실패한다. 클럽하우스나 메타버스가 이와 같은 경우다.

## 09 글의 주제(㉠)와 빈칸의 소제목(㉡)으로 가장 적합한 것은?

| | ㉠ 제목 | ㉡ 소제목 |
|---|---|---|
| ① | 디지털 문화를 선도하는 MZ 세대 | 디지털 네이티브로 성장한 MZ 세대 |
| ② | 메타버스에 능통한 MZ 세대 | IT기술의 선두주자 MZ 세대 |
| ③ | 디지털문화에 직관적인 MZ 세대 | 메타버스의 선두주자 MZ 세대 |
| ④ | 메타버스를 모르는 신중한 경험주의자 MZ 세대 | 아날로그로 성장한 MZ 세대 |
| ⑤ | 모든 경험에 최적화된 MZ 세대 | 디지털 네이티브로 검증받은 MZ 세대 |

## 10 MZ 세대에 대해 비교적 잘 이해하고 있는 사람은 누구인가?

① 혜영 : MZ 세대는 모든 디지털 문화에 능통하므로 메타버스에 대한 이해 등 미래 정보에 대한 지식 습득은 그 어느 세대보다 해박한 것 같아 뿌듯해.

② 서윤 : MZ 세대는 저출산의 영향으로 태어나 고생을 모른 양육 환경으로 줄서기 같은 희생이 필요한 행동은 그다지 좋아하지 않아.

③ 은서 : MZ 세대들은 태어나면서부터 디지털 문화를 접한 영향으로 복고 문화에는 전혀 관심이 없는 것 같아.

④ 주영 : MZ 세대는 새로운 문화나 현상에는 무조건 도전을 시도하는 적극적인 세대라고 생각해.

⑤ 수진 : MZ 세대는 맛집 탐방뿐 아니라 특별한 소비에도 적극적이어서 최근에 피켓팅이라는 신조어까지 생겨났어.

**11** A, B, C, D 4개 팀이 리그전으로 축구 경기를 한다. A팀이 경기에서 상대방 팀에게 이길 확률은 60%, 비길 확률은 20%, 질 확률이 30%이고, 승리할 경우 4점을 획득하고 비길 경우에는 2점 획득, 패할 경우에는 1점이 깍이게 된다고 할 때, A가 승점을 10점 이상 얻을 확률은?

① $\frac{54}{125}$ ② $\frac{27}{125}$ ③ $\frac{14}{25}$ ④ $\frac{21}{25}$ ⑤ $\frac{9}{25}$

**12** 농도가 10%인 소금물 150g과 농도가 10%인 소금물 30g을 섞었다. 여기에 소금물 300g을 추가했더니 농도가 22.5%로 변했을 때, 추가한 소금물 300g의 농도를 바르게 고른 것은?

① 25.5% ② 30% ③ 30.5% ④ 35% ⑤ 35.5%

**13** ○○기업에서 A, B 두 개의 공정을 이용하여 제품 M을 생산하고 있다. A, B 공정 두 가지로 제품을 생산하면 120시간이 소요됐었으나, 새로운 생산 라인을 도입하여 A공정은 20%, B공정은 기존보다 50% 소요 시간을 단축하게 되었고, 제품 M을 생산하는 데 드는 소요 시간이 72시간으로 줄었다. 이때, B공정에서만 단축된 시간은?

① 80시간 ② 40시간 ③ 20시간 ④ 10시간 ⑤ 8시간

**14** L과 M이 응시한 자격증 시험의 문제는 총 25문제이며, 정답을 맞추면 4점을 얻고, 오답이면 1점이 감점된다. L과 M이 총 25문제를 풀어서 취득한 점수가 L은 65점, M은 35점이라고 할 때, 두 사람이 동시에 맞힌 문제의 최대의 개수를 바르게 고른 것은?

① 25개 ② 20개 ③ 18개 ④ 15개 ⑤ 12개

**15** 새로운 핸드폰을 개발하기 위해 투자한 금액이 8억이 들었다. 핸드폰 생산 원가는 개당 80만 원이고 정가는 개당 120만 원이다. 처음 500개까지는 정가로 판매를 하고, 나머지는 정가에서 20% 할인하여 판매하였다. 이때, 손해를 보지 않기 위해 할인된 금액으로 최소 몇 개를 팔아야 하는지 바르게 고른 것은?

① 3,500개 ② 3,700개 ③ 3,750개 ④ 3,800개 ⑤ 4,000개

[16~17] 다음은 2019년~2022년 클라우드 서비스 공급 기업 현황에 대한 자료이다. 이어지는 질문에 답하시오.

2019년~2022년 클라우드 서비스 공급 기업 현황

[단위 : 개]

| 특성별 | | 2019년 | 2020년 | 2021년 | 2022년 |
|---|---|---|---|---|---|
| 전체 | 소계 | 469 | 580 | 581 | 621 |
| 종사자 규모별 | 1~9인 | 98 | 140 | 136 | 162 |
| | 10~29인 | 161 | 215 | 210 | 233 |
| | 30~99인 | 128 | 139 | 144 | 150 |
| | 100~299인 | 51 | 55 | 61 | 51 |
| | 300인 이상 | 31 | 31 | 30 | 25 |
| 기업 규모별 | 중견기업 이상 | 38 | 52 | 40 | 43 |
| | 중소기업 | 431 | 528 | 541 | 578 |

**16** 다음 중 옳지 않은 것은?

① 조사 기간 중 클라우드 서비스를 공급하는 10~29인 기업의 수가 가장 많다.
② 300인 이상의 기업을 제외하고 종사자 규모별 기업의 수는 매년 증가하는 추세이다.
③ 2020년 대비 2022년 중견기업 이상의 기업 수는 약 17% 감소했다.
④ 2019년 대비 2021년 가장 큰 폭으로 증가한 종사자 규모는 10~29인이다.
⑤ 2021년 종사자 규모별 전체 대비 1~9인 기업이 차지하는 비중은 약 20% 이상이다.

**17** 조사 기간 중 클라우드 서비스를 공급하는 중소기업이 가장 많았던 해의 전체 기업 수 대비 30인 미만인 기업이 차지하는 비중은? (단, 소수점 둘째 자리에서 반올림한다.)

① 62.3% ② 63.1% ③ 63.6% ④ 64.2% ⑤ 65%

**18** 다음의 가스 소비량과 사고 발생에 대한 자료를 바탕으로, 보기 중 옳은 것은? (단, 소수 둘째 자리에서 반올림한다.)

[표] 2020년~2023년 가스 소비량 및 사고 발생 건수

| 가스 사고 현황별 | | 2020년 | 2021년 | 2022년 | 2023년 |
|---|---|---|---|---|---|
| 가스 소비량 (단위 : 천 톤) | 소계 | 47,899 | 46,343 | 45,416 | 49,971 |
| | LP가스 | 9,315 | 10,436 | 10,334 | 10,390 |
| | 도시가스 | 38,584 | 35,907 | 35,082 | 39,581 |
| 사고 발생 수 (단위 : 건) | 소계 | 97 | 92 | 66 | 69 |

① 2020년과 2021년 가스 소비량 대비 사고 발생 수 비율이 동일하다.
② 조사 기간 동안 LP가스 소비량은 증가하는 추세다.
③ 2022년 전년 대비 도시가스는 800톤 미만 감소했다.
④ 2023년 LP가스 소비량이 전체에서 차지하는 비중은 20% 미만이다.
⑤ 사고 발생 수가 가장 적었던 해의 LP가스 소비량은 도시가스 소비량이 두 번째로 많았던 해의 LP가스 소비량보다 100만 톤 미만 증가했다.

[19~20] **다음은 2017~2021년 국가지정문화재 현황에 대한 자료이다. 이어지는 질문에 답하시오.**

[표] 2017~2021년 국가지정문화재 현황

[단위 : 건]

| | 2017년 | 2018년 | 2019년 | 2020년 | 2021년 |
|---|---|---|---|---|---|
| 계 | 3,940 | 3,999 | 4,063 | 4,132 | 4,220 |
| 국보 | 331 | 336 | 342 | 348 | 350 |
| 보물 | 2,107 | 2,146 | 2,188 | 2,235 | 2,293 |
| 사적 | 500 | 505 | 513 | 519 | 521 |
| 명승 | 110 | 112 | 113 | 115 | 127 |
| 천연기념물 | 457 | 459 | 461 | 463 | 470 |
| 무형문화재 | 138 | 142 | 146 | 149 | 153 |
| 민속문화재 | 297 | 299 | 300 | 303 | 306 |

**19** **다음 중 옳은 것을 모두 고른 것은? (단, 소수점 아래 둘째 자리에서 반올림한다.)**

ㄱ. 국보의 전년 대비 증가율은 매년 상승하였다.
ㄴ. 전체 국가지정문화재에서 무형문화재가 차지하는 비중이 가장 작은 해는 2021년이다.
ㄷ. 2018~2021년 보물, 명승, 사적은 각각 매년 증가하였다.
ㄹ. 2019년 무형문화재는 전체의 4% 미만이다.

① ㄱ, ㄴ
② ㄴ, ㄹ
③ ㄴ, ㄷ
④ ㄱ, ㄹ
⑤ ㄷ, ㄹ

**20** **명승이 가장 적었던 해의 보물과 2021년 보물을 비교했을 때 증가율과, 2018년 국가지정문화재에서 민속문화재의 비중을 차례대로 구한 것은? (단, 소수점 아래 둘째 자리에서 반올림한다.)**

① 6.0%, 7.0%
② 6.0%, 7.5%
③ 8.0%, 7.5%
④ 8.8%, 7.5%
⑤ 8.8%, 8.0%

**21** **다음 중 문제점에 관한 설명으로 옳은 것은?**

① 해결하기를 원하지만 해결 방법을 모르고 있는 상태
② 문제를 해결할 해답을 얻는데 필요한 행동을 알지 못하는 상태
③ 난폭운전으로 전복사고가 났을 경우의 문제점은 '전복사고의 발생'
④ 문제의 근본 원인이 되는 사항
⑤ 원활한 업무 수행을 위해 해결되어야 하는 질문이나 대상

## 22 주어진 대화에서 제시된 문제 해결 방법에 대해 제대로 이해하고 있는 것은?

기획부장 : 책임의 소재는 나중에 살피기로 하고, 우선 어떻게 하면 지금 당면한 문제를 해결할 수 있는가에 중점을 두고 논의하도록 합시다. 판매부서에서는 판매 부진의 이유가 무엇이라고 생각하십니까?

판매부장 : 경쟁 상품의 출시를 예상하지 못하고 있었기 때문에, 별다른 조치도 취하지 못하고 경쟁 상품이 시장을 완전히 잠식하게 되었습니다.

기획부장 : 국제 시장의 상황은 어떻습니까?

판매부장 : 유럽 시장도 비슷한 상황이긴 하지만, 일정 부분 우리에게 강점이 있는 유통망이 남아있는 상태입니다. 그리고 중국 시장에는 아직 경쟁 상품이 진출하지 않은 상태라 다소 여유가 있다고 판단됩니다.

기획부장 : 판매율을 향상하기 위해 생산현장에서 협력할 수 있는 창의적인 방안은 없을까요? 생산부장님

생산부장 : 만약 예측대로 중국 시장에서는 어느 정도 승산이 있다면 국내용으로 생산한 제품의 디자인을 중국인들이 선호하는 디자인으로 변경해서 생산하는 방법에 대해 어떻게 생각하십니까?

기획부장 : 상당히 합리적인 제안이라고 생각됩니다. 지체하지 않고 당장 시작하는 것이 좋을 것 같습니다. 여기서 생산을 중단할 경우 어느 정도의 부품이 재고로 남게 되나요?

생산부장 : 확정 주문량 3개월분은 처리 가능하기 때문에, 미리 주문해 놓은 3개월분이 재고로 남게 될 것 같습니다.

기획부장 : 그렇군요. 혹시 판매부서에서는 다른 아이디어가 없을까요?

① 직접적인 표현보다 무언가를 시사하거나 암시를 통해 의사를 전달한다.
② 제3자가 합의점이나 줄거리를 예상하고 해결 방법을 찾도록 돕는 것이다.
③ 서로의 생각을 직설적으로 주장하고 논쟁이나 협상을 통해 서로의 의견을 조정한다.
④ 다른 방법들과 비교할 때 초기에 생각하지 못했던 창조적인 해결 방법이 도출될 수 있다.
⑤ 사실과 원칙에 근거한 토론이 중심적 역할을 한다.

## 23 5층 회사 기숙사에 신규 입주가 시작되었다. 주어진 조건을 토대로 한 층에 한 개의 부서만 입주가 결정되었을 때 보기에 대한 설명으로 맞는 것은?

〈조건〉

1. 총무부, 인사부, 생산부, 직원 식당, 사감실이 층마다 하나씩 입주해야 한다.
2. 3층에는 인사부가 입주한다.
3. 총무부는 4층에 입주한다.
4. 직원 식당이 1층에 입주한다면 총무부는 5층에 입주해야 한다.
5. 인사부는 생산부 바로 위층에 입주해야 한다.

〈보기〉

㉠ 사감실은 5층에 입주한다.
㉡ 총무부는 직원 식당 바로 아래층에 입주한다.

① ㉠만 항상 옳다.
② ㉡만 항상 옳다.
③ ㉠, ㉡ 둘 다 항상 옳다.
④ ㉠, ㉡ 둘 다 항상 옳지 않다.
⑤ ㉠, ㉡ 둘 다 알 수 없다.

## 24 다음 제시된 내용을 근거로 할 때, 항상 참이 되는 것은?

- 강영재는 최강 영어 전문학원에 근무한다.
- 영어를 잘하면 강의 능력이 뛰어난 것이다.
- 영어를 잘하지 못하면 최강 영어 전문학원에 근무하지 않는다.

① 강영재는 영어를 잘하지 못한다.
② 최강 영어 전문학원에 근무하는 사람들은 강의 능력이 뛰어나지 못하다.
③ 최강 영어 전문학원에 근무하지 않으면 영어를 잘하지 못한다.
④ 강의 능력이 뛰어난 사람은 최강 영어 전문학원에 근무하는 사람이 아니다.
⑤ 강영재는 강의 능력이 뛰어나다.

**25** **친구들이 대화를 나누고 있다. 가장 키가 큰 사람만이 진실을 말하고 있다면, 진실을 말하고 있는 한 사람은?**

> 가영 : 가장 키가 큰 사람은 나야.
> 나래 : 우리 중에서 가장 키가 큰 사람은 가영이지.
> 다빈 : 라라는 우리 중에서 가장 키가 큰 사람이 아니야.
> 라라 : 가영이는 거짓말을 하고 있어.

① 알 수 없다.
② 가영
③ 나래
④ 다빈
⑤ 라라

**26** **취준생인 은정, 성원, 주선, 경식, 희경, 성룡은 임원 면접에 참여하기 위해 아래 제시된 조건대로 면접장에 도착했다. 가장 마지막으로 도착한 사람은?**

> • 성룡은 마지막에 도착하지는 않았다.
> • 은정이는 성원이 보다 뒤에 도착했다.
> • 희경과 경식이는 연속해서 도착하지는 않았다.
> • 은정이와 희경 사이에 한 명이 있다.
> • 주선이는 네 번째로 도착했다.

① 은정
② 성원
③ 주선
④ 경식
⑤ 알 수 없다.

**27** 마케팅팀 이일운 대리는 4박 5일 동안 서울에서 광주광역시로 출장을 다녀왔다. 다음의 국내 여비 지급표를 토대로 산정한 이일운 대리의 여비 총액은?

국내 여비 지급표

[단위 : 원]

| 철도운임 | 항공운임 | 자동차운임 | 일비<br>(1일당) | 숙박비(1박당) | 식비<br>(1일당) |
|---|---|---|---|---|---|
| 실비<br>(일반실) | 실비 | 실비 | 50,000 | 실비<br>(상한액 : 특별시, 광역시 100,000,<br>기타 지역 80,000) | 40,000 |

※ 특이사항 : 1. 자가용 승용차를 이용하여 공무로 여행하는 경우의 운임은 버스 운임으로 한다.
2. 운임 및 숙박비 등을 할인받은 경우는 할인받은 금액을 기준으로 한다.
3. 택시비와 시내버스 요금은 일비에 포함한다.(별도 정산하지 않음)
4. 식비와 일비는 지출과 상관없이 정액을 기준으로 처리한다.

이일운 대리의 출장 중 사용 내역표

| 지출 항목 | 1일차 | 2일차 | 3일차 | 4일차 | 5일차 |
|---|---|---|---|---|---|
| KTX운임(일반실) | 50,000 | | | | |
| 항공운임 | | | | | 100,000 |
| 숙박비 | 70,000 | 80,000 | 120,000 | 110,000 | |
| 식비 | 30,000 | 20,000 | 40,000 | 60,000 | |
| 택시비 | | 30,000 | | 10,000 | 10,000 |
| 시내버스 요금 | 5,000 | | 5,000 | 1,000 | |

① 921,000원 ② 940,000원 ③ 950,000원 ④ 951,000원 ⑤ 1,011,000원

[28~29] **아래의 온라인 쇼핑몰에 관한 내용을 바탕으로 물음에 대해 답하시오.**

온라인 쇼핑몰에는 일반 몰(Mall)과 중개 몰(오픈 마켓)이 있다. 일반 몰은 전자상거래법을 기준으로 판매에 대해 법적 책임을 지는 백화점 몰, TV홈쇼핑 몰 등 중개 몰을 제외한 업체들로 온라인 쇼핑 사업자의 99% 정도를 차지하고 있다. 제품 판매에 법적 책임을 지지 않는 중개 몰(오픈 마켓)은 11번가, G마켓, 인터파크, 쿠팡, 위메프, 티몬, 롯데이커머스 온, 배달의 민족, 네이버, 카카오 등이 있다.

이러한 일반 몰과 중개 몰은 2016년을 기점으로 본격적으로 중개 몰 시장으로 산업이 이동하는 모습을 보이고 있으며, 중개 몰 시장에서는 네이버가 폭발적으로 성장하여 현재 업계 1위를 차지하고 있다. 네이버의 포털을 이용한 사업 전략은 성공적으로 진행되고 있으며 오프라인 시장의 정체 속에 중개 몰 시장은 여전히 소매유통 시장에서 가장 높은 성장률을 보이고 있다. 향후 소매 유통 시장에서 온라인 쇼핑이 차지하는 비율은 점점 더 늘어나 오프라인 시장에 더 많은 변화를 압박하게 될 것으로 예상된다.

| 구분 | | 2019년 | 2020년 | 2021년 | 2022년 | 2023년 |
|---|---|---|---|---|---|---|
| 일반 몰 | 매출액(백만 원) | 685,700 | 750,300 | 811,800 | 866,200 | 921,200 |
| | 신장률(%) | 5.3 | 9.4 | 8.2 | 6.7 | 6.3 |
| 중계 몰 | 매출액(백만 원) | 666,900 | 860,700 | 1,043,800 | 1,262,400 | 1,392,400 |
| | 신장률(%) | 38.5 | 29.1 | 21.3 | 20.9 | 10.3 |
| 합계 | 매출액(백만 원) | 1,352,600 | 1,611,000 | 1,855,600 | 2,128,600 | 2,313,600 |
| | 신장률(%) | 19.4 | 19.1 | 15.2 | (A) | 8.5 |

## 28 (가)~(마) 중 내용이 적절한 것끼리 묶은 것은?

(가) 2019년부터 2023년까지의 기간 동안 중계 몰이 일반 몰보다 매출 신장률이 높을 것이다.
(나) 일반 몰의 경우 2019년부터 2023년까지 매년 매출액이 꾸준히 늘어날 것으로 예상된다.
(다) 중계 몰의 경우 2019년부터 2023년까지 매년 매출액이 꾸준히 늘어날 것으로 예상된다.
(라) 일반 몰의 경우 2020년을 기점으로 매출 신장률이 둔화될 것으로 전망된다.
(마) 일반 몰 매출 신장률이 가장 낮은 때는 2020년이다.

① (다), (라)
② (나), (라), (마)
③ (가), (나)
④ (가), (나), (다), (라)
⑤ (가), (나), (다), (라), (마)

## 29 (A)에 들어갈 가장 적합한 숫자는?

① 9.1 ② 14.1 ③ 14.7 ④ 24.1 ⑤ 28.1

## 30 다음의 결론이 참이기 위해서 비어 있는 조건에 적절한 명제는?

- 자존감이 높으면 열정적으로 행동한다.
- ______________________
- 열정적으로 행동하면 모임에 적극적으로 참여한다.
- 결론 : 연애할 기회가 많지 않다는 것은 자존감이 높지 않다는 것이다.

① 열정적으로 행동하지 않으면 자신감이 높지 않다.
② 모임에 적극적으로 참여하지 않으면 연애할 기회가 많다.
③ 모임에 적극적으로 참여하면 열정적으로 행동한다.
④ 자존감이 높지 않으면 연애할 기회가 많다.
⑤ 연애할 기회가 많지 않으면 모임에 적극적으로 참여하지 않는다.

# 2회 실전 모의고사(의 · 수 · 문 · 자 · 조 통합형)

시작 : _____ 시 _____ 분 ~ 종료 : _____ 시 _____ 분 | 총 40문항/50분 |

**시험 유의사항**

- 총 40문항으로 구성되어 있으며 50분 이내에 풀어야 합니다.
- 의사소통능력(8문항), 수리능력(8문항), 문제해결능력(8문항), 자원관리능력(8문항), 조직이해능력(8문항) 문제가 차례대로 나오게 됩니다.
- 시작과 종료 시각을 정한 후, 실전처럼 모의고사를 풀어보세요.

**01** 다음은 공공기관에서 일반 국민을 대상으로 공공의 목적을 위해 사용하는 언어의 종류이다. ⓜ에 해당하는 설명으로 적절하지 않은 것은?

| 생산 주체 | 대상 | 종류 | |
|---|---|---|---|
| | | 문어 | 구어 |
| 국가 공공기관 | 국민 | 정부 문서, 민원서류 양식, ㉠ 보도자료, 법령, 판결문, 게시문, 안내문, ㉡ 설명문, 홍보문 등 | 정책 브리핑, 대국민 담화, 전화 안내 등 |
| 민간단체 민간기업 공인 | 국민 | 신문, 인터넷 등의 기사문, 해설서, ㉢ 사용 설명서, 은행 · 보험 · 증권 등의 ㉣ 약관, 홍보 포스터, 광고문, 거리간판, 현수막, 공연물 대본, 자막 등 | 방송언어, 공연물의 대사, 약관이나 사용 설명 안내 등 |
| 국가 공공기관 | 국가 공공기관 | 내부 문건, ⓜ 보고서 등 | 국정보고, 국회 답변 등 |

① 특정한 사안에 관한 현황 또는 연구 · 검토 결과 등을 보고하거나 건의하고자 할 때 작성한다.
② 진행되었던 사안의 수입과 지출 결과를 보고하는 문서는 결산 보고서이다.
③ 제품의 특징과 활용도에 대해 세부적으로 언급하는 문서는 상품 보고서이다.
④ 참고 및 인용 자료는 출처를 정확하게 제시한다.
⑤ 중복된 내용은 피하며 핵심 사항만을 간결하게 작성한다.

**02** **다음 글은 문서의 기능에 관한 설명이다. 글의 내용 중에서 알 수 없는 문서의 기능은?**

- 문서는 사람의 의사를 구체적으로 표현하는 기능을 갖는다. 사람이 가지고 있는 주관적인 의사는 문자 · 숫자 · 기호 등을 활용하여 종이나 다른 매체에 표시하여 문서화 함으로써 그 내용이 구체화된다. 이 기능은 문서의 기안에서부터 결재까지 문서가 성립하는 과정에서 나타나는 것이다.
- 문서는 자기의 의사를 타인에게 전달하는 기능을 갖는다. 문서에 의한 의사전달은 전화나 구두로 전달하는 것보다 더 정확하고 변함없는 내용을 전달할 수 있다. 이렇게 의사를 공간적으로 확산하는 기능은 문서의 발송 · 도달 등 유통 과정에서 나타난다.
- 문서는 의사를 오랫동안 보존하는 기능을 갖는다. 문서로 전달된 의사는 지속적으로 보존할 수 있고 역사 자료로서 가치를 갖기도 한다. 이는 의사표시를 시간적으로 확산하는 역할을 한다. 보관 · 보존된 문서는 필요한 경우 언제든 참고 자료 내지 증거 자료로 제공되어 행정 활동을 지원 · 촉진시킨다. 문서의 기안 · 결재 및 협조 과정 등을 통해 조직 내외의 업무처리 및 정보순환이 이루어져 업무의 연결 · 조정 기능도 수행할 수 있다.

① 의사의 보존
② 의사의 연결 · 조정
③ 의사의 구체화
④ 업무의 전달
⑤ 의사의 공정

**03** **다음 문서의 밑줄 친 부분을 바르게 수정한 것으로 적절하지 않은 것은?**

> ○○○○○○○
>
> 수신자 수신자 참조
> (경유)
> 제목 위탁 교육 운영 계약 체결 의뢰
>
> 우리 부 직원들의 정보화 및 사무자동화(OA) 능력 향상을 통해 업무 효율화에 기여하고자 '2023 상반기 부내 정보화 교육'을 추진할 ① 계획인바, 이 교육의 위탁 운영을 위한 계약 체결을 ② 아래 밝힌 바와 같이 의뢰하오니 조치하여 주시기 바랍니다.
>
> – 아래 –
>
> 가. 교육 운영 개요
> ㅇ 교육 내용: 한글, 엑셀, 파워포인트
> – 각 기초반 및 활용반 등 5개 반 운영(160명 예정)
> ㅇ 교육 대상: 본부 및 소속 기관 직원
> ㅇ 교육 일정: 2023. 1. ~ 2. 중 (과정별 2일 14시간)
> ㅇ 위탁 교육 기관: ㈜ ○○○○ (수의계약)
> – 관련 근거: ③ 국가를 당사자로 하는 계약에 관한 법률 시행령 제26조 1항 5호
>
> 나. 행정 사항
> ㅇ 소요 예산: 7,000,000(④ 칠백만원), (산출명세서 별도 첨부)
> ㅇ 예산과목: 1234-300-210-01(종합정책 및 성과관리)
> ㅇ 협조 사항: 계약 체결 의뢰
>
> ⑤ 첨부 1. 위탁 교육 운영 과업 설명서 1부.
> 2. 교육비 산출명세서 1부. 끝.

① 계획인바 → 계획인 바
② 아래 밝힌 바와 같이 → 아래와 같이
③ 국가를 당사자로 하는 계약에 관한 법률 → 「국가를 당사자로 하는 계약에 관한 법률」
④ 칠백만원 → 칠백만 원
⑤ 첨부 → 붙임

**04** **신입 사원 J는 회사에서 상대방의 말을 흘려듣거나 소통이 부족하다는 충고를 듣게 되었다. 고민하는 J에게 직속 상사 K가 의사소통 능력을 개발하는 방법을 조언해주었다. 다음 중 K의 적절한 조언을 모두 고른 것은?**

ㄱ. 처음 만나는 사람과 대화를 할 때는 칭찬만 많이 해주는 것도 좋아. 상대방이 기분이 어떤지 또는 어떤 상황인지 파악하기 어려울 때는 상대방의 기분이 파악될 때까지 내가 말을 많이 하기보다 들어주고 그 사람이 듣기 좋은 말 위주로만 소통하는 것이 좋아.

ㄴ. 어떤 문제에 대해 감정적으로 좋지 못한 상황에 있을 때는 상대방의 뜻을 곡해하기 쉽고, 반대로 자신이 전달하고자 하는 내용도 명확하고 정확하게 하지 못할 수도 있어. 이러한 상황에서는 마음을 비우도록 노력하고 침착하게 자신이 평정을 찾을 때까지 의사소통을 연기하는 것도 방법이야.

ㄷ. 상황이나 상대방에 따라서 단어를 선택하며 명확하고 이해 가능한 것을 사용하는 것이 좋아. 전문용어는 그 언어를 사용하는 집단 구성원들 사이에 사용될 때는 이해가 빠르지만, 조직 밖의 사람들 즉, 고객에게 사용했을 때에는 의외의 문제를 야기할 수 있기 때문에 상황에 따라서 단어를 선택하는 것이 필요해.

ㄹ. 적극적인 경청은 상대방의 이야기를 들어주는 것이야. 능동적으로 의미를 탐색하기보다 수동적으로 들어주는 것도 좋아.

① ㄴ, ㄷ
② ㄱ, ㄹ
③ ㄱ, ㄴ
④ ㄷ, ㄹ
⑤ ㄴ, ㄷ, ㄹ

**05** **다음은 업무의 효율적 수행을 위한 협업 촉진에 관한 규정이다. 아래 규정을 읽고 바르게 이해하지 못한 사람은?**

> **제3장 행정업무의 효율적 수행**
>
> 제41조(기관 간 업무협조)
>
> ① 행정기관이나 행정기관의 보조 기관 또는 보좌 기관(이하 이 조에서 "기관"이라 한다)은 다음 어느 하나에 해당하는 업무를 수행하려면 해당 업무의 기획 · 확정 · 공표 또는 시행 전에 관계 기관의 업무협조를 받아야 한다. 이 경우 업무협조를 요청받은 기관은 그 업무가 효율적으로 수행되도록 적극적으로 협조하여야 한다.
>
> 1. 둘 이상의 기관이 공동으로 수행할 필요가 있는 업무
> 2. 다른 기관의 행정 지원을 필요로 하는 업무
> 3. 다른 기관 또는 상급기관의 인가 · 승인 등을 거쳐야 하는 업무
> 4. 그 밖에 다른 기관의 협의 · 동의 및 의견조회 등이 필요한 업무
>
> ② 업무협조를 요청하는 경우에 그 취지와 추진 계획 등 그 업무협조 사안에 대한 이해를 도울 수 있는 관계 자료를 함께 보내야 한다.
>
> 제42조(업무협조를 위한 전자적 시스템의 구축 · 운영)
>
> ① 행정안전부 장관은 제41조에 따른 기관 간 업무협조가 원활하게 수행되도록 지원하기 위한 전자적 시스템(이하"협업 시스템"이라 한다)을 구축 · 운영할 수 있다.
>
> ② 행정기관의 장은 제41조 각호의 어느 하나에 해당하는 업무를 수행하는 경우 협업 시스템을 이용하여 기관 간 업무협조를 하도록 노력하여야 하며, 협업 시스템을 이용하여 업무협조를 요청하거나 요청받은 기관은 관련 문서 등을 협업 시스템을 통하여 공동으로 이용할 수 있도록 하여야 한다. 다만, 업무의 성질상 협업 시스템을 통하여 공동이용하는 것이 곤란하거나, 그 밖의 특별한 사정이 있는 경우에는 그러하지 아니하다.
>
> ③ 협업 시스템의 구축 · 운영 등에 필요한 세부사항은 행정안전부 장관이 정한다.
>
> 제33조(처리 기간)
>
> 제41조에 따라 업무협조를 요청하는 기관은 업무협조 내용과 그 처리 및 회신에 필요한 기간 등을 고려하여 적절한 처리 기간을 정하여야 한다.

① 김 사원 : 다른 기관에 업무협조를 요청할 때는 상대방의 이해를 돕기 위한 관계 자료를 함께 보내야 합니다.

② 박 팀장 : 협업 시스템을 통하여 승인업무를 처리할 경우, 담당자의 1차 승인과 기관장의 2차 승인을 거쳐야 합니다.

③ 최 사원 : 우리 기관에 관련된 중요 보안 문서를 전자적 시스템을 통해 공동으로 활용하기엔 적합하지 않을 수 있습니다.

④ 진 대리 : 업무협조를 요청한 기관은 처리 및 회신에 필요한 기간 등을 고려하여 적절한 처리 기간을 정하는 것이 좋을 것 같습니다.

⑤ 이 사원 : 구축 · 운영을 위한 협업 시스템의 세부사항은 행정안전부 장관이 정할 수 있을 것입니다.

**06** **다음은 국민의 교통안전 종합대책에 관한 보고서 개요이다. 중점 추진과제 항목에 따른 대책 마련으로 적절하지 않은 것은?**

> Ⅰ. 추진배경
> Ⅱ. 교통사고 현황 및 원인분석
> Ⅲ. 향후 정책목표 및 추진 방향
> Ⅳ. 중점 추진과제
> 1. 보행자 우선 교통체계로 개편
> 2. 교통약자 맞춤형 안전환경 조성
> 3. 운전자 안전운행 및 책임성 강화
> 4. 교통 안전문화 확산 및 강력한 추진체계 구축
> Ⅴ. 향후 추진계획

① 등굣길뿐만 아니라 어린이 사고가 빈발하는 방과 후 시간에도 교통안전 지도를 활성화하고 불법 주차 등 집중 단속을 실시한다.
② 차량의 저속 운행을 유도하기 위해 차로 폭 축소, 굴절차선, 고원식 횡단보도 등을 설치하여 운전자의 서행 운전을 유도한다.
③ 보호구역 내 과속, 신호와 보행자 보호 위반, 상습적인 법규위반자 등 고위험 법규위반자에 대한 처벌을 강화한다.
④ 신속한 응급 구조, 정밀한 사고 조사 등 사고 대응 체제를 강화한다.
⑤ 일상생활 속 사고위험을 간접 체험할 수 있는 프로그램 개발 및 교통안전 체험 시설을 확충한다.

[07~08] **다음 글을 읽고 물음에 답하시오.**

리콜(Recall)이란 소비자에게 제공한 물품 또는 서비스(이하 "물품 등"이라 함)의 ㉠ 결함으로 인해 소비자의 생명 · 신체 또는 재산에 위해(危害)를 끼치거나 끼칠 우려가 있는 경우 사업자가 스스로 또는 강제적으로 물품 등의 위해성을 알리고 해당 물품 등을 수거 · 파기 · 수리 · 교환 · ㉡ 환급 또는 제조 · 수입 · 판매 · 제공 금지하는 등의 적절한 ㉢ 시정조치를 함으로써 위해 요인을 제거하는 소비자 보호 조치이다.(규제 「소비자 기본법」 제48조, 제49조 및 제50조) 리콜은 물품 등의 위해로 소비자의 안전이 위협받을 때 해당 물품 등을 회수해서 소비자 피해를 예방한다는 점에서 물품 등으로 인해 피해를 입은 소비자에게 개별적으로 보상을 해주는 '소비자 피해보상 제도'와 다르고, 소비자피해 발생의 사전제거를 목적으로 한다는 점에서 소비자 피해가 발생한 후 개별손해에 대한 해결을 목적으로 하는 '제조물 책임 제도'와는 차이가 있다.

리콜은 사업자의 자발적인 리콜과 정부의 강제적인 리콜로 구분된다. '자발적 리콜'은 사업자가 자신이 공급하는 물품 등이 소비자의 생명 · 신체 또는 재산상의 안전에 위해를 계속적 · 반복적으로 끼치거나 끼칠 우려가 있어 스스로 결함을 시정 하는 것을 말한다. 반면, '강제적 리콜'은 정부가 사업자에 대해 소비자의 생명 · 신체 및 재산상의 안전에 현저한 위해를 끼치거나 끼칠 우려가 있는 물품 등의 수거 · 파기를 강제함에 따라 이루어지는데, 강제적 리콜은 물품 등의 결함과 긴급성의 정도에 따라 '리콜 ㉣ 권고'와 '리콜 명령'으로 구분될 수 있다.(규제「소비자 기본법」 제49조 및 제50조)

리콜은 수집된 물품 또는 서비스(이하 "물품 등"이라 함)의 결함정보를 근거로 해서 시작되는데, 자발적 리콜인지, 강제적 리콜인지에 따라 그 진행 절차가 조금씩 달라진다. 그러나 기본적으로 결함이 발견되어 ㉤ 소관 부처에 의해 또는 사업자의 자발적 시험 · 분석에 의해 결함이 있는 것으로 확정된 이후에는 사업자의 시정계획서 제출, 소비자에 대한 리콜 계획의 통지, 리콜 조치, 리콜 결과의 보고 순서로 진행된다.

**07 다음 중 리콜 제도를 이해한 내용으로 가장 적절한 것은?**

① 피해 발생 후 소비자의 개별 손해에 대한 해결을 목적으로 한다.
② 제조물 책임제도는 소비자의 안전이 위협받을 때 물품을 회수하여 소비자의 피해를 사전적으로 제거하는 것을 목적으로 한다.
③ 해당 물품에 적절한 시정 조치를 함으로써 위해 요인을 제거하는 사업자와 소비자를 위한 보호 조치이다.
④ 물품의 결함이 확정된 이후에는 물품의 회수, 사업자의 시정계획서 제출, 리콜 계획 통지, 리콜 조치, 리콜 결과 보고 순서로 진행된다.
⑤ 사업자가 스스로 결함을 시정하는 리콜과 정부가 사업자에게 물품의 수거 · 파기를 강제로 하는 리콜이 있다.

**08** 글에 밑줄 친 ㉠~㉤의 단어와 유사하지 않은 의미로 사용된 것은?

① ㉠ : 그 사고가 조정사의 과실이나 기체 결함으로 일어났을 것으로 보고 있다.
② ㉡ : 나라 경제가 어려워지면서 기업에 빌려준 돈에 대한 환급이 어렵게 되었다.
③ ㉢ : 문제에 대하여 즉각적으로 시정하겠다고 시원하게 답해주었다.
④ ㉣ : 박 대리는 결국 권고사직으로 퇴사하였다.
⑤ ㉤ : 그 일은 제 소관이니 제가 책임지고 수습하겠습니다.

**09** A, B, C, D, E, F 6명은 같은 날 면접을 보게 되었다. 면접장 의자에는 6명의 이름이 각각 적혀있었다. 그러나 면접자들이 적힌 이름을 보지 않고 자리에 앉았다고 할 때, 단 2명만이 자신의 이름이 적힌 의자에 앉는 경우를 바르게 고른 것은?

① 120가지 ② 100가지 ③ 90가지 ④ 80가지 ⑤ 60가지

**10** 순양 그룹은 퇴직자가 늘어난 관계로 올해의 신입 사원은 올해 퇴직자 수의 1.4배만큼 추가로 더 뽑기로 했다. 작년 신입 사원 채용 인원은 400명이었고, 작년 퇴직자 수는 56명이었다. 올해는 작년에 비해 퇴직자 수가 25% 늘어났다고 할 때 올해 신입 사원 채용 인원을 바르게 고른 것은?

① 498명 ② 496명 ③ 494명 ④ 492명 ⑤ 490명

**11** 시속이 90km인 기차 A는 길이가 300m이고, 시속이 144km인 기차 B는 길이가 450m이다. 두 기차의 동시에 같은 방향으로 출발한다고 했을 때, 속력이 느린 기차가 속력이 빠른 기차를 추월하기 위해서 몇 초를 더 가야하는지 바르게 고른 것은?

① 12초 ② 10초 ③ 9초 ④ 8초 ⑤ 6초

**12** 40명 이상 50명 미만의 면접자들을 담당자가 그룹으로 나누려고 한다. 그룹을 한 팀당 3명으로 구성하면 1명이 남고, 4명으로 구성하면 2명이 남고, 6명으로 구성하면 4명이 남는다. 한 그룹에 7명씩 구성한다면 몇 명의 면접자들이 남는지 바르게 고른 것은?

① 0명 ② 1명 ③ 2명 ④ 3명 ⑤ 4명

[13~14] **다음은 2022년 행정구역별 학급당 학생 수에 대한 자료이다. 이어지는 질문에 답하시오.**

2022년 행정구역별 학급당 학생 수

[단위 : 명]

| 행정구역별 | 2022년 | | | |
|---|---|---|---|---|
| | 유치원 | 초등학교 | 중학교 | 고등학교 |
| 전국 | 16.66 | 21.06 | 24.99 | 22.62 |
| 서울특별시 | 17.96 | 21.43 | 24.17 | 22.90 |
| 부산광역시 | 18.56 | 21.80 | 24.61 | 20.44 |
| 대구광역시 | 19.82 | 22.17 | 23.84 | 22.01 |
| 인천광역시 | 18.16 | 21.99 | 26.32 | 22.62 |
| 광주광역시 | 18.06 | 20.90 | 24.17 | 23.85 |
| 대전광역시 | 16.79 | 20.01 | 24.46 | 21.33 |
| 울산광역시 | 18.57 | 21.40 | 24.96 | 22.34 |
| 세종특별자치시 | 14.60 | 20.31 | 23.03 | 22.74 |
| 경기도 | 15.93 | 23.42 | 27.74 | 24.37 |
| 강원도 | 14.42 | 16.80 | 23.12 | 20.87 |
| 충청북도 | 14.43 | 19.16 | 23.32 | 22.86 |
| 충청남도 | 15.36 | 18.94 | 25.20 | 23.35 |
| 전라북도 | 13.77 | 17.66 | 22.90 | 21.27 |
| 전라남도 | 13.10 | 16.77 | 21.92 | 19.54 |
| 경상북도 | 16.40 | 19.31 | 21.43 | 20.25 |
| 경상남도 | 17.58 | 20.34 | 24.90 | 22.46 |
| 제주특별자치도 | 20.71 | 21.91 | 26.00 | 25.41 |

※ 학급당 학생 수 = 재적 학생 수 ÷ 편성 학급 수

**13** **다음 중 옳지 않은 것은?**

① 모든 행정 구역에서 중학교의 학급당 학생 수가 가장 많다.

② 유치원 학급당 학생 수가 세 번째로 높은 행정구역과 고등학교 학급당 학생 수가 세 번째로 낮은 행정구역이 동일하다.

③ 대구광역시와 인천광역시의 편성 학급수가 동일하다고 할 때, 초등학교 재적 학생 수는 대구광역시가 인천광역시보다 많다.

④ 부산과 대구를 제외한 모든 행정구역에서 유치원, 초등학교, 고등학교, 중학교 순으로 학급당 학생 수가 적다.

⑤ 부산광역시 고등학교 재적 학생 수가 25,000명일 때, 편성 학급 수는 1,200개 이상이다.

**14** **전라북도의 중학교 편성 학급 수가 1,500개라고 할 때, 재적 학생 수는?**

① 34,350명

② 34,650명

③ 35,050명

④ 35,250명

⑤ 35,450명

[15~16] 다음은 K 공사의 자격증 시험 응시 지원 제도 운영 현황에 대한 자료이다. 이어지는 질문에 답하시오.

자격증 시험 응시 지원 제도 운영 현황

[단위 : 명]

| | 2019년 | 2020년 | 2021년 | 2022년 | 2023년 |
|---|---|---|---|---|---|
| 자격증 A | 524 | 561 | 589 | 618 | 655 |
| 자격증 B | 126 | 104 | 109 | 119 | 123 |
| 자격증 C | 410 | 384 | 317 | 312 | 316 |
| 자격증 D | 78 | 50 | 82 | 117 | 99 |
| 자격증 E | 12 | 10 | 17 | 18 | 29 |
| 계 | 1,150 | 1,109 | 1,114 | 1,184 | 1,222 |

**15** 2022년 행정구역별 학급당 학생 수에 대한 자료를 토대로 다음 보기 중 옳지 않은 것은?

① 조사 기간 동안 자격증 A 응시 비중이 가장 크다.
② 2020년 대비 2023년 자격증 A를 응시한 직원의 수는 2023년 자격증 D에 응시한 직원의 수보다 많다.
③ 2023년 자격증 E에 응시한 인원의 전년 대비 증가량은 2019년 대비 2021년에 증가한 자격증 E 응시 인원의 2배 미만이다.
④ 전년 대비 2022년 자격증 B에 응시한 직원의 증가율이 가장 크다.
⑤ 자격증 D와 E에 응시한 인원은 자격증 B와 C에 응시한 인원보다 항상 50% 이하이다.

**16** 2019년 자격증 C 대비 자격증 D의 비중과 2021년 대비 2023년 자격증 A 응시 증가율을 각각 올바르게 고른 것은? (단, 소수점 첫째 자리에서 반올림한다.)

① 18%, 10%
② 18%, 11%
③ 19%, 10%
④ 19%, 11%
⑤ 20%, 12%

## 17 문제의 유형에 대한 설명으로 바르지 못한 것은?

① 기능별 문제 유형에는 제조 문제, 판매 문제, 자금 문제, 인사 문제 등이 있다.
② 해결 방법에 따른 문제 유형에는 창의적 문제, 분석적 문제가 있다.
③ 시간에 따른 문제 유형에는 과거 문제, 현재 문제, 미래 문제가 있다.
④ 발생형 문제에는 이탈 문제와 미달 문제가 속한다.
⑤ 설정형 문제에는 개선 문제, 강화 문제가 속한다.

## 18 제시문에서 설명하는 창의적 사고 개발 방법에 대한 내용으로 적합한 것은?

> ㉠ 주제의 본질과 닮은 것을 힌트로 발상하는 방법
> ㉡ 생각나는 대로 자유롭게 발상하는 방법
> ㉢ 각종 힌트에 강제적으로 연결지어 발상하는 방법

① ㉠의 대표적인 방법인 시네틱스는 대상과 비슷한 것을 찾아내 그것을 힌트로 새로운 아이디어 등을 생각하는 것이다.
② ㉠의 대표적인 방법은 브레인스토밍이다.
③ ㉡은 어떤 주제에서 생각나는 것을 계속 열거해 나가는 발산적 사고 중 하나이다.
④ ㉡의 대표적인 방법은 캐나다의 알렉스 오즈번이 고안한 체크리스트이다.
⑤ ㉢의 가장 대표적인 방법인 브레인스토밍은 양보다는 질이 중요하고 모든 발언을 기록해야 한다.

## 19 다음 문제 해결 절차의 단계 중 ( A )에 해당하는 것을 고르시오.

> 문제 인식 → ( A ) → 원인 분석 → 해결안 개발 → 실행 및 평가

① 문제 수집
② 문제 도출
③ 핵심 문제 선정
④ 문제 구조 파악
⑤ 해결 방안 논의

## 20 제시된 글이 참일 때, 틀린 것은?

- 성실한 사람은 일을 잘한다.
- 책임감이 강한 사람은 성실한 사람이다.
- 일을 잘하는 사람은 업무 성과가 높다.
- 업무 성과가 높은 사람이 좋은 인사 평가를 받는다.

① 책임감이 강한 사람이 일을 잘한다.
② 좋은 인사 평가를 받는 사람이 성과가 높다.
③ 책임감이 강한 사람이 성과가 높다.
④ 성실한 사람이 좋은 인사 평가를 받는다.
⑤ 높은 성과를 내는 사람이 아니면 좋은 인사 평가를 받지 못한다.

## 21 A, B, C, D 4명 중 영국으로 출장을 다녀온 사람은 누구인가?

- A, B, D는 최근에 출장을 다녀왔다.
- D는 해외를 나가 본 적이 한 번도 없다.
- A, C는 영국에 다녀온 적이 있다.
- A는 출장 외엔 해외를 나가지 않았다.

① A ② B ③ C ④ D ⑤ 아무도 없다.

## 22 유통 본부에는 유통 문화 혁신팀, 전략 채널팀, 유통 기획팀 총 3개의 팀으로 이루어져 있다. 그중 유통 문화 혁신팀의 규모가 전략 채널팀보다 크고, 전략 채널팀은 유통 기획팀보다 규모가 크다. 팀의 규모에 따라 순서가 알맞게 짝지어진 것은?

① 전략 채널팀 〉 유통 기획팀 〉 유통 문화 혁신팀
② 유통 문화 혁신팀 〉 유통 기획팀 〉 전략 채널팀
③ 유통 문화 혁신팀 〉 전략 채널팀 〉 유통 기획팀
④ 유통 기획팀 〉 전략 채널팀 〉 유통 문화 혁신팀
⑤ 전략 채널팀 〉 유통 문화 혁신팀 〉 유통 기획팀

**23** 'JLPT 1N 이상자는 일본 주재원 조건 대상이 된다.'가 참이라고 할 때, 다음 중 맞는 설명은?

ㄱ. 일본 주재원 대상 가능 여부는 JLPT 1N 이상인가 아닌가에 의해 결정된다.
ㄴ. 일본 주재원 대상이 되려면 JLPT 2N 이상이 되어야 한다.
ㄷ. 일본 주재원 대상이 될 수 없는 사람은 JLPT 1N 미만이다.

① ㄱ ② ㄴ ③ ㄷ ④ ㄱ, ㄷ ⑤ ㄴ, ㄷ

**24** ○○기업은 광고대행사를 선정하려고 한다. 다음의 평가 지표에 의해 산출된 점수를 합산하여 총점이 가장 높은 업체를 우선 협상 대상자로 선정하기로 했다. 보기 중 잘못된 것은? (단, 동일 점수인 경우는 광고 시안 평가 점수가 높은 업체를 선정하기로 했다.)

| 업체명 | 광고 시안 평가 | 입찰 가격 | 투입 인력 수 | 유사 실적 건수 |
|---|---|---|---|---|
| A대행사 | 90점 | 1억 | 10명 | 4건 |
| B대행사 | 80점 | 8천만 원 | 8명 | 6건 |
| C대행사 | 70점 | 6천만 원 | 6명 | 8건 |
| D대행사 | 60점 | 4천만 원 | 4명 | 10건 |

| | | | | | | |
|---|---|---|---|---|---|---|
| 광고 시안(40%) | 구간 | 90~100점 | 80~89점 | 70~79점 | 60~69점 | 60점 미만 |
| | 점수 | 100점 | 90점 | 80점 | 70점 | 60점 |
| 입찰 가격(30%) | 구간 | 4천만 원 미만 | 4,000~5,990 만 원 | 6,000~7,990 만 원 | 8,000~9,990 만 원 | 1억 원 이상 |
| | 점수 | 100점 | 90점 | 80점 | 70점 | 60점 |
| 투입 인력(20%) | 구간 | 10명 이상 | 8~9명 | 6~7명 | 4~5명 | 4명 미만 |
| | 점수 | 100점 | 90점 | 80점 | 70점 | 60점 |
| 유사 실적(10%) | 구간 | 10건 이상 | 8~9건 | 5~6건 | 3~4건 | 2건 미만 |
| | 점수 | 100점 | 90점 | 80점 | 70점 | 60점 |

① 현재의 조건에서 A대행사가 우선 협상 대상자로 선정된다.
② 현재의 조건에서 B대행사가 입찰가격을 2,000만 원 낮춘다면 우선 협상 대상자로 선정된다.
③ 현재의 조건에서 C대행사가 투입 인력을 2명 늘려도 우선 협상 대상자로 선정되지 않는다.
④ 현재의 조건에서 D대행사가 광고 시안 점수를 10점 높여도 우선 협상 대상자로 선정되지 않는다.
⑤ 현재의 조건에서 B대행사가 투입 인력을 2명 늘리면 우선 협상 대상자로 선정된다.

**25** 다음 내용을 읽고 옳지 않은 것을 고른 것은?

예산은 필요한 비용을 미리 헤아려 계산하는 것이나 그 비용을 의미한다. 하지만 대부분 ① 하나의 사업이나 활동에 정해진 예산 범위가 있으므로 직장인에게 있어 예산 계획을 잘 세우고 적절히 관리하는 것은 매우 중요하다. 기업에서 개발 사업과 관련된 예산을 책정할 때 실제 비용보다 책정 비용이 작으면 경쟁력을 잃게 되며, 크면 적자가 발생할 것이다. 따라서 ② 실제 비용과 가장 비슷하게 책정하는 것이 바람직하다. 직장인에게 있어 예산관리는 활동이나 사업에 소요되는 비용을 산정하고, ③ 예산을 편성하는 것뿐만 아니라 예산을 통제하는 것을 모두 포함하는 과정이라고 할 수 있다. 예산관리를 효과적으로 하기 위해서는 예산 계획 단계에서부터 시작하여 과업 명세서, 예산 집행 워크시트, 예산관리 시트 등을 활용하여 ④ 원칙에 따라 필요한 서류를 갖춰 온 모두에게 예산을 지급해야 한다.

**26** ○○기업에서 10일부터 2주 동안 진행되는 세미나에 강사들을 초청하여 진행할 예정이다. 아래 일정을 참고하여 19일에 외부 강의가 가능한 강사를 바르게 고른 것은?

〈강사별 내부 강의 확정 일정〉

| 강사명 | 10일(월) | 11일(화) | 12일(수) | 13일(목) | 14일(금) |
|---|---|---|---|---|---|
| 송 강사 | | | ○ | | ○ |
| 정 강사 | ○ | | | | |
| 강 강사 | | ○ | | ○ | |
| 우 강사 | ○ | ○ | | | |
| 강사명 | 17일(월) | 18일(화) | 19일(수) | 20일(목) | 21일(금) |
| 송 강사 | | ○ | | ○ | ○ |
| 정 강사 | ○ | | | ○ | |
| 강 강사 | | ○ | | | ○ |
| 우 강사 | | | ○ | | |

〈○○기업 세미나 강사 조건〉

- 강의는 09:00~18:00까지 진행하고, 일정이 확정된 강사는 다른 강의는 참여할 수 없다.
- 외부 강의는 강사 2명이 진행하고, 강사당 2개씩 외부 강의를 해야 한다.
- 외부 일정 : 10일(강원) / 18일(대전) / 19일(제주) / 21일(부산)

① 정 강사, 강 강사
② 송 강사, 강 강사
③ 우 강사, 송 강사
④ 우 강사, 정 강사
⑤ 정 강사, 송 강사

**27** ○○기업에서 승급자 교육 과정을 진행하기 위해 교육 과정에 필요한 자료 제작을 위해 업체를 선정하려고 한다. 가장 저렴하게 제작할 수 있는 업체와 금액을 바르게 고른 것은?

- 승급자 과정에 참여 인원은 100명이다.
- 교재 제작은 제본비와 기타 비용을 합한 금액이며, 인원수에 딱 맞춰 제작한다.
- 제본은 흑백 60장 + 컬러 30장, 단면, 디자인도 포함된다.
- 제작 기간은 3일을 넘지 않는 곳으로 선정한다.
- 권당 교재 분량은 단면 90장으로 제작한다.
- ○○기업과 기존에 거래가 있었던 업체는 제본 비용의 10%를 할인해준다.

**외부 업체 정보**

| 업체 | 제본 비용(단면) | 기타 비용 | 평균 제작 기간 | 기존 거래 여부 |
|---|---|---|---|---|
| 가 | 흑백 : 장당 40원<br>컬러 : 장당 100원 | 디자인 비용 : 없음<br>배송비 : 4,000원 | 3일 | X |
| 나 | 흑백 : 장당 20원<br>컬러 : 장당 100원 | 디자인 비용 : 40,000원<br>배송비 : 4,000원 | 4일 | ○ |
| 다 | 흑백 : 장당 30원<br>컬러 : 장당 150원 | 디자인 비용 : 30,000원<br>배송비 : 없음 | 2~3일 | ○ |
| 라 | 흑백 : 장당 35원<br>컬러 : 장당 120원 | 디자인 비용 : 35,000원<br>배송비 : 5,000원 | 3일 | ○ |

① 가 업체 – 553,000원
② 가 업체 – 544,000원
③ 다 업체 – 597,000원
④ 라 업체 – 544,000원
⑤ 라 업체 – 553,000원

**28** 다음은 ○○기업의 가, 나, 다, 라 직원의 급여 지급 방법과 각 직원들의 관한 내용이다. 아래 조건에 맞춰 4명의 직원의 급여 총액을 바르게 고른 것은?

[직원 정보]

| 직원 | 통상 근무 일수 | 휴일 근무 시간 | 연장 근무 시간 | 통상 시급 |
|---|---|---|---|---|
| 가 부장 | 16일 | – | – | 40,000원 |
| 나 과장 | 18일 | 5시간 | 8시간 | 20,000원 |
| 다 대리 | 19일 | 6시간 | 6시간 | 13,000원 |
| 라 사원 | 20일 | 8시간 | 3시간 | 10,000원 |

[급여 지급 방법]

| 구분 | 지급액 | 비고 |
|---|---|---|
| 기본급 | (통상 시급) × (통상 근무 시간) × (통상 근무 일수) | ※ 통상 근무 : 1일 8시간 |
| 직급 수당 | 부장 : 10만 원, 과장 : 7만 원, 대리 : 5만 원, 사원 : 2만 원 | |
| 식대 | 월 16만 원 | |
| 휴일 근무 수당 | (통상 시급) × (휴일 근로 시간) × 150% | ※ 휴일/연장 근무<br>: 최대 12시간까지 인정 |
| 연장 근무 수당 | (통상 시급) × (연장 근로 시간) × 150% | |

※ 급여 = 기본급 + 직급 수당 + 식대 + 휴일 근무 수당 + 연장 근무 수당

① 12,575,000원
② 12,605,000원
③ 13,605,000원
④ 13,245,000원
⑤ 13,215,000원

[29~30] **서울 본사에 근무하는 송 부장과 김 대리는 부산지역본부를 방문할 예정이다. 다음 자료를 바탕으로 이어지는 질문에 답하시오.**

교통수단별 소요 시간 및 소요 비용

| 교통수단 | 소요 시간 | 소요 비용 |
|---|---|---|
| 고속버스 | 4시간 | 39,800원 |
| 기차 | 2시간 30분 | 59,800원 |
| 자가용 | 3시간 30분 | 23,300원<br>(주유비 65,000원) |

고속버스 및 기차 운행 시간표

| 교통수단 | 출발지 | 도착지 | 출발 시간 |
|---|---|---|---|
| 고속버스 | 서울 | 부산 | 07 : 20 |
| | | | 08 : 00 |
| | | | 09 : 20 |
| 기차 | | | 07 : 30 |
| | | | 07 : 52 |
| | | | 08 : 00 |
| 고속버스 | 부산 | 서울 | 14 : 20 |
| | | | 15 : 20 |
| | | | 16 : 20 |
| 기차 | | | 14 : 20 |
| | | | 14 : 30 |
| | | | 15 : 01 |

※ 자차 이동 시 별도의 출발 시간 없음

터미널 및 역까지 소요 시간(버스로 이동)

| 경로 | 소요 시간 | 경로 | 소요 시간 |
|---|---|---|---|
| 본사 ↔ 서울역 | 40분 | 부산역 ↔ 부산지역본부 | 20분 |
| 본사 ↔ 고속버스터미널 | 20분 | 부산종합터미널↔부산지역본부 | 20분 |

※ 버스요금은 1인 1,800원

※ 참고 사항
- 교통수단 별 환승 소요 시간은 고려하지 않는다.
- 부산지역본부에서 부산역과 부산종합터미널까지 자가용 이동 시 10분이 걸린다.
- 자가용을 이용하여 부산지역본부에 방문하지 않은 경우 자가용을 이용하여 본사로 돌아올 수 없다.

**29** 송 부장과 김 대리는 오후 12시 30분에 지역 담당자와 점심을 먹기로 하였다. 점심 식사 전 30분 동안 업무를 미리 확인해야 하는 상황에서, 가장 저렴한 비용인 교통 수단을 이용하는 송 부장과 김 대리가 오전 7시에 서울 본사에서 출발하여 도착하는 시간은?

① 오전 10시 20분
② 오전 10시 30분
③ 오전 10시 50분
④ 오전 11시 40분
⑤ 오후 12시 20분

**30** 오후 12시 30분부터 1시간 동안 점심 식사 후, 송 부장은 서울 본사에 급히 처리해야 할 일이 있어 50분 동안만 부산지역본부를 둘러보고 서울 본부로 이동하기로 하였다. 담당자는 송 부장을 역 또는 터미널까지 자가용으로 배웅하기로 했을 때 송 부장이 서울 본사에 가장 빠른 방법으로 도착할 수 있는 시간은?

① 오후 5시 40분
② 오후 6시 30분
③ 오후 6시 40분
④ 오후 7시 40분
⑤ 오후 8시 40분

[31~32] 윤아는 무선 이어폰을 구매하려고 한다. 다음 자료를 바탕으로 이어지는 질문에 답하시오.

〈자료〉 무선 이어폰 제품별 특성

| 구분 | | A제품 | B제품 | C제품 | D제품 | E제품 |
|---|---|---|---|---|---|---|
| 규격 (WxHxD)mm | | 22X31X24 | 19X30X24 | 20X31X25 | 19X28X20 | 19X29X25 |
| 음악 감상 | | 4.5시간 | 6시간 | 6시간 | 8시간 | 8시간 |
| 통화 | | 3.5시간 | 5시간 | 5.5시간 | 5.5시간 | 6시간 |
| 무게 | | 5.4g | 5.6g | 6.8g | 7.3g | 8.6g |
| 주요기능 | 주변 소리 듣기 | ○ | ○ | X | ○ | ○ |
| | 액티브 노이즈 캔슬링 | ○ | ○ | ○ | X | ○ |
| | 스마트 센서 | ○ | ○ | X | X | X |
| | 전용 어플 | ○ | ○ | ○ | ○ | X |
| 가격 | | 32만 9천 원 | 15만 9천 원 | 25만 9천 원 | 27만 9천 원 | 35만 2천 원 |

**31** 윤아가 〈조건〉을 만족하면서 음악 감상 시간이 상대적으로 긴 제품을 구매하려고 할 때 적절한 제품은?

〈조건〉

- 가격은 30만 원 이하
- 주변 소리 듣기 및 전용 어플 기능 포함
- 무게 7.5g 이하이면서 규격(W×H×D)은 19mm×30mm×25mm 이하

① A제품 ② B제품 ③ C제품 ④ D제품 ⑤ E제품

**32** 윤아가 근무하는 회사에서 우수 직원들을 대상으로 무선 이어폰을 선물하려고 한다. 팀장의 지시사항을 읽고 윤아가 구매할 제품으로 가장 적절한 것은?

윤아씨, 올해 우수 사원 15명에게 줄 상품으로 무선이어폰을 구매하려고 해요. 우선, 액티브 노이즈 캔슬링과 주변 소리 듣기가 가능하고 무게는 0.008kg 이하였으면 합니다. 상품은 우수사원에게 각 1개씩 전달할 예정이에요. 상품 관련 예산은 400만 원이기 때문에 가격도 고려해주세요. 통화 시간은 길수록 좋을 것 같네요. 부탁할게요.

① A제품 ② B제품 ③ C제품 ④ D제품 ⑤ E제품

**33 마이클 포터 교수가 경쟁 우위를 확보하기 위한 전략으로 제시한 본원적인 경쟁 전략의 개념을 바탕으로, 다음의 내용이 해당하는 본원적 전략은?**

| | 고객들이 인식하는 제품 특성 | 제품의 원가 특성 |
|---|---|---|
| 산업 전체 대상 목표 시장 | 차별화 전략 | 원가 우위 전략 |
| 산업의 특정 부문 대상 목표 시장 | 차별적 집중화 전략(차별화+집중화) | 원가 집중화 전략(원가 우위+집중화) |

한국 라면 업체인 ○○는 베트남에 진출하여 현지 기업의 저가 공세에 맞서기 위해 노력하고 있다. 그 방법으로 매일 매일 최저가(Everyday low price)를 유지하기 위해 다양한 방법으로 원가 절감을 하고 있는데, 주로 구매, 간접비 및 상품 배송 등에서 원가를 절감하고 있다. 또한 중간 유통 단계를 과감하게 줄이고 직접 판매하는 방식을 늘리고 있다. 중간 업체 하나를 거칠 때마다 적게는 몇 %에서 많게는 몇십 %의 가격이 더 붙게 되므로 중간 단계를 줄이면 그만큼 비용을 많이 절감할 수 있다. ○○라면 업체는 중간 단계를 크게 줄여 소비자 가격 인하 여지를 확보함으로써 더 저렴한 가격에 상품을 공급할 수 있었다.

① 차별화 전략
② 원가 우위 전략
③ 차별적 집중화 전략(차별화+집중화)
④ 원가 집중화 전략(원가 우위+집중화)
⑤ 차별화 전략 + 원가 우위 전략

**34** **다음 중 업무 프로세스에 대한 설명으로 적합한 것을 묶은 것은?**

> 가) 조직은 하나의 체제(System)이다. 구성 요소들이 특정한 방식으로 서로 결합 된 부분들의 총체를 체제라 한다. 업무 프로세스는 시스템을 구성하는 하위 요소이다.
> 나) 조직의 구조를 통해서 인풋이 아웃풋으로 전환되는 과정이다. 인풋(Input)은 시스템에 유입되는 것을 의미하며 아웃풋(Output)은 이것을 통해 창출된 시스템의 결과물을 의미한다.
> 다) 조직에 유입된 인풋 요소들이 최종 산출물로 만들어지기까지 구성원 간의 업무 흐름 연결을 보여 준다.
> 라) 조직 내의 부문 사이에 형성된 관계로 조직 목표를 달성하기 위한 조직 구성원들의 상호작용을 보여준다.
> 마) 조직의 목표나 전략에 따라 수립되며, 조직 구성원들의 활동 범위를 제약하고 일관성을 부여한다.

① 가), 나), 다)
② 라), 마)
③ 가), 라), 마)
④ 다), 라), 마)
⑤ 가), 나), 다), 라), 마)

**35** 많은 조직에서 신속한 의사결정을 위해 대표의 권한 중 일부를 하위 부서장에게 위임하는 위임 전결 규정을 시행하고 있다. 다음 중 위임 전결 규정을 잘못 적용해서 처리한 사람은?

| 업무 내용 | 위임 전결권자 | | | |
|---|---|---|---|---|
| | 팀장 | 본부장 | 부사장 | 대표 |
| 직원 채용 승인 | | | | ● |
| 본부장 이상 해외 출장 승인 | | | ● | |
| 본부장 이상 국내 출장 승인 | | | ● | |
| 직원 해외 출장 승인 | | ● | | |
| 직원 국내 출장 승인 | ● | | | |
| 직원 해외 출장 결과 보고 승인 | ● | | | |
| 직원 국내 출장 결과 보고 승인 | ● | | | |
| 예산 집행(비용) 5천만 원 이상 승인 | | | | ● |
| 예산 집행(비용) 1천만 원 이상 ~ 5천만 원 미만 승인 | | | ● | |
| 예산 집행(비용) 1천만 원 미만 승인 | | ● | | |

- 총무팀의 정성실 사원은 직원용 집기 비품을 구매하기로 했다. 공급업체로부터 견적서를 받아본 결과 대략 1,000만 원 미만으로 예상되었다. 이에 팀장께 결재를 받고 구매했다.
- 마케팅팀 김다원 대리는 신상품 출시와 관련하여 대대적으로 마케팅을 실시하기 위한 계획을 수립했다. 추정되는 소요 비용은 50,000,000원이다. 회사 차원에서는 매우 중요한 사안이므로 최소한 부사장 결재를 받고 대표께는 서면 보고하기로 했다.
- 강은정 과장은 급히 국내 출장을 가야 할 일이 생겼다. 국내 출장 계획서를 작성해서 팀장께 결재를 받고 출장을 갔다
- 인사팀의 배미아 대리는 현업 요청에 의해 인턴 10명을 채용하기로 했다. 인사 본부장의 결재를 득한 후 채용공고를 내어 인턴을 채용했다. 결과는 대표께 구두로 보고했다.
- 신입인 남경아 사원은 해외 출장을 다녀와서 출장 결과 보고서를 작성한 후 본부장님 결재를 받고 종결 처리했다.
- 김보배 본부장은 급히 해외 출장을 갈 일이 생겨 대표의 승인을 받고 출국하였다.

① 정성실, 김다원, 배미아, 남경아, 김보배
② 정성실, 김다원, 강은정, 배미아, 남경아
③ 김다원, 배미아
④ 김다원, 강은정, 배미아, 남경아
⑤ 정성실, 배미아, 남경아

**36** **다음은 업무 수행 시트 작성 방법들이다. 이에 대한 설명으로 적절히 묶은 것은?**

A형

| 업무 | | Yes | No |
|---|---|---|---|
| 고객관리 | • 고객대장을 정비하였는가? | | |
| | • 3개월에 한번씩 고객구매 데이터를 분석하였는가? | | |
| | • 고객의 청구 내용 문의에 정확하게 응대하였는가? | | |
| | • 고객 데이터를 분석하여 판촉기획에 활용하였는가? | | |

B형

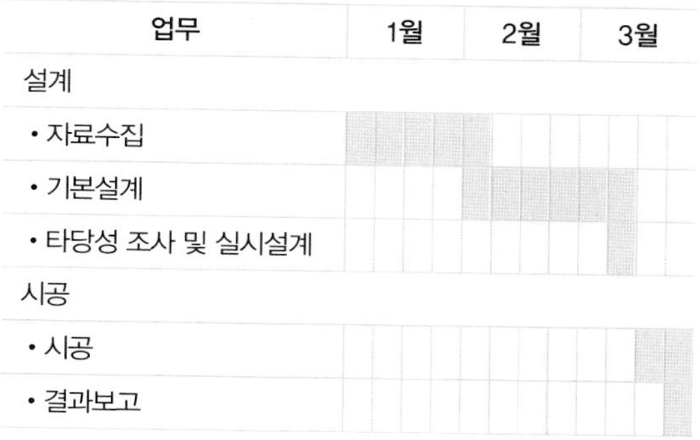

업무
1월
2월
3월
설계
• 자료수집
• 기본설계
• 타당성 조사 및 실시설계
시공
• 시공
• 결과보고


- (가) : A형은 시간의 흐름을 표현하는 데에는 한계가 있지만, 업무를 세부적인 활동들로 나누고 각 활동별로 기대되는 수행 수준을 달성했는지를 확인하기에 효과적인 방법
- (나) : A형은 업무의 각 단계를 효과적으로 수행했는지를 스스로 점검해 볼 수 있는 방법
- (다) : A형은 최근에는 엑셀 등의 프로그램으로 단계별 시작일과 종료일을 기입하면 쉽게 만들어 사용 가능한 방법
- (라) : B형은 일의 흐름을 동적으로 보여 주는 데 효과적인 방법
- (마) : B형은 사용하는 도형을 다르게 표현함으로써 주된 작업과 부차적인 작업, 혼자 처리할 수 있는 일과 다른 사람의 협조가 필요로 하는 일, 주의해야 할 일, 컴퓨터와 같은 도구를 사용해서 할 일 등을 구분해서 표현 가능한 방법
- (바) : B형은 작업 진도 도표로 단계별로 업무를 시작해서 끝 나는데까지 걸리는 시간을 바(bar) 형식으로 표시한 방법
- (사) : B형은 전체 일정을 한눈에 볼 수 있고, 단계별 소요 시간과 각 업무 활동 사이의 관계를 알 수 있는 방법

① (가), (나), (다)
② (라), (마), (바), (사)
③ (가), (다), (마), (사)
④ (가), (나), (바), (사)
⑤ (가), (나), (다), (라), (마), (바), (사)

**37** 신입 사원들의 대화 내용을 토대로 판단했을 때 적절하지 않게 이야기한 사람만 묶은 것은?

| 부서 | 수행 업무 예시 |
|---|---|
| 총무 | • 주주총회 및 이사회 개최 관련 업무, 의전 및 비서 업무<br>• 집기 비품 및 소모품의 구입과 관리, 사무실 임차 및 관리, 차량 및 통신 시설의 운영<br>• 국내외 출장 업무 협조, 복리후생 업무<br>• 법률자문과 소송관리, 사내외 홍보 광고 업무 |
| 인사 | • 조직개편 및 조정, 업무 분장 및 조정<br>• 직원 수급 계획 및 관리, 직무 및 정원의 조정 종합<br>• 노사관리, 평가관리, 상벌 관리, 인사발령<br>• 교육체계 수립 및 관리<br>• 임금제도, 복리후생제도 및 지원업무, 복무 관리, 퇴직 관리 |
| 기획 | • 경영계획 및 전략 수립, 전사기획업무 종합 및 조정, 중장기 사업계획의 종합 및 조정<br>• 경영정보 조사 및 기획보고, 경영진단업무, 종합 예산 수립 및 실적관리, 단기사업계획 종합 및 조정<br>• 사업계획, 손익추정, 실적관리 및 분석 |
| 회계 | • 회계제도의 유지 및 관리, 재무상태 및 경영실적 보고, 결산 관련 업무, 재무제표 분석 및 보고<br>• 법인세, 부가가치세, 국세 지방세 업무자문 및 지원<br>• 보험 가입 및 보상업무, 고정자산 관련 업무 |
| 영업 | • 판매 계획, 판매예산의 편성, 시장조사, 광고 선전, 견적 및 계약, 제조지시서의 발행<br>• 외상매출금의 청구 및 회수, 제품의 재고 조절<br>• 거래처로부터의 불만 처리, 제품의 사후 관리<br>• 판매원가 및 판매가격의 조사 검토 |

• 가영 : 나는 기획팀인데 전사 손익 추정과 부서별 실적 분석한다고 정신이 없네.
• 나영 : 나는 총무팀인데 이번 후배 기수들 입문 교육 준비한다고 바빠.
• 은혜 : 그렇구나. 나도 총무팀인데 혹시 출장 갈 일 있으면 이야기해.
• 삼식 : 나는 회계팀인데 판매원가와 가격을 조사하고 검토 중이야.
• 민식 : 그렇구나! 다들 열심히 하고 있네. 나는 기획팀인데 경영진단 업무를 하고 있어.
• 다원 : 나는 인사팀인데 노사관리 업무를 담당하고 있어.

① 가영
② 나영
③ 은혜, 민식
④ 나영, 삼식
⑤ 가영, 나영, 은혜, 삼식, 민식

**38** 기획팀에 입사한 다원이는 Task Force 팀에 합류하게 되었다. Task Force 팀에서 경영 전략 수립을 다음과 같은 프로세스로 할 때 A 단계에서 해야 할 활동으로 적절한 것은?

| 전략 목표 설정 | ➡ | A | ➡ | 경영 전략 도출 | ➡ | 경영 전략 실행 | ➡ | 평가 및 피드백 |
|---|---|---|---|---|---|---|---|---|

(가) 경영진과의 인터뷰 등을 통해 회사의 미션에 대해 명확히 정의하였다.
(나) 회사를 둘러싸고 있는 거시적인 환경을 분석하기 위해 PEST(Political, Economic, Social and Technology) 분석을 실시하였다.
(다) 외부 환경이 주는 기회 요인과 위협 요인을 체계적으로 분석하였다. 자사 내부의 강점 요소와 약점 요소를 체계적으로 분석하였다. 이를 바탕으로 SWOT 매트릭스를 만들었다.
(라) 조직별, 사업별, 부문별 전략을 수립하였다.
(마) 경영 전략에서 도출된 각종 지표들을 평가하고 이에 따라 경영 전략을 재조정하는 방안을 마련하였다.

① (가)
② (나)
③ (나), (다)
④ (라), (마)
⑤ (나), (다), (라)

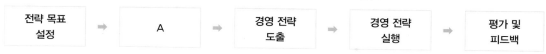

**39** **다음은 조직의 의사결정 과정을 도식화한 것이다. 이를 보고 신입 사원들이 다음과 같은 대화를 나누었는데, 잘못 이해하고 있는 사람은?**

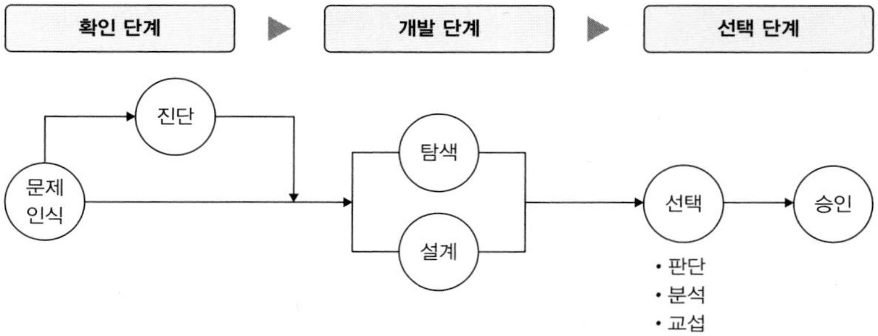


① 윤지 : 의사결정이 필요한 문제를 인식하고, 이를 진단하는 것은 확인 단계에서 해야 해.

② 정원 : 확인된 주요 문제에 대한 해결 방법은 조직 내의 기존 해결 방법 중에서 먼저 찾을 필요가 있지. 조직 내 관련자와의 대화나 공식적인 문서 등을 참고하는 것도 도움이 될 거야. 이를 탐색 단계라고 하지.

③ 은정 : 그런데 이전에 없었던 새로운 문제의 경우 이에 대한 해결안을 설계해야 하지 않을까? 다양한 의사결정 기법으로 시행착오 과정을 거치면서 적합한 해결 방법을 찾아 나가야 할 것 같아.

④ 성실 : 해결 방안이 마련되면 해결 방안 중 실행 가능한 해결안을 선택해야지. 4차 산업 시대이니까 분석에 의한 의사결정이 좀 더 나은 것 같아.

⑤ 보배 : 해결 방안이 선택되면 실행에 옮기기 전에 의사결정자의 승인을 받아야 해. 정해진 절차를 무시하면 안되니까.

## 40 제시된 A형 조직구조와 B형 조직구조 형태에 대한 설명으로 적절하지 않은 것은?

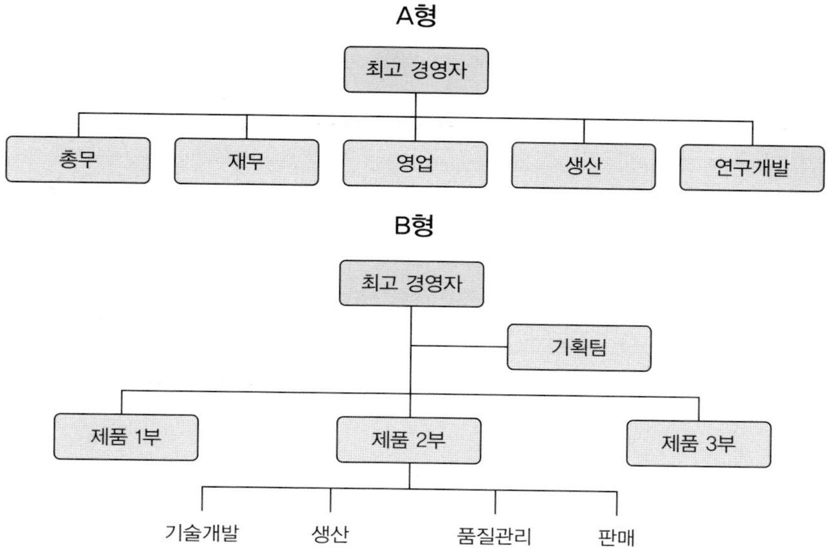


- (가) : A형은 CEO가 최상층에 있고, 조직 구성원들이 그 아래에 단계적으로 배열되는 구조이다.
- (나) : A형은 개별 제품, 서비스, 제품그룹, 주요 프로젝트나 프로그램 등에 따라 조직화되어있다.
- (다) : A형은 기업의 규모가 작을 때에는 관련 있는 업무를 결합한 구조 형태가 가능하다.
- (라) : B형은 제품에 따라 조직이 구성되고 각 사업별 구조 아래 생산, 판매, 회계 등의 역할 분담이 이루어지고 있다.
- (마) : A형은 환경이 안정적이거나 조직의 내부 효율성이 중요할 때 적합한 조직구조이다.

① (가)
② (나)
③ (다)
④ (라)
⑤ (마)

# 3회 실전 모의고사(전 영역 통합형)

시작 : ______ 시 ______ 분 ~ 종료 : ______ 시 ______ 분 | 총 50문항/60분 |

**시험 유의사항**

- 총 50문항으로 구성되어 있으며 60분 이내에 풀어야 합니다.
- 10과목 전 영역의 문제가 차례대로 나오게 됩니다.
- 시작과 종료 시각을 정한 후, 실전처럼 모의고사를 풀어보세요.

**01** **다음은 문서 작성 기준의 일부 내용이다. 항목 구분에 대한 내용으로 옳지 않은 것은?**

수신vv○○○장관(○○○과장)
(경유)
제목vv○○○○○
1.v○○○○○○○○○○○○○○○○○○○○○
vv가.v○○○○○○○○○○○○
vvvv1)v○○○○○○○○○○○○○○○○○○○
vvvvvv가)v○○○○○○○○○○○○○○○○○
2.v○○○○○○○○○○○○○○○○○○○○○

- 첫째 항목기호는 왼쪽 기본선에서 시작한다.
- 둘째 항목부터는 바로 위 항목 위치에서 오른쪽으로 2타씩 옮겨 시작한다.
- 항목이 두 줄 이상인 경우에 둘째 줄부터는 항목 내용의 첫 글자에 맞추어 정렬함이 원칙이나, 왼쪽 기본선에서 시작하여도 무방하다. 단, 하나의 문서에서는 동일한 형식(첫 글자 또는 왼쪽 기본선)으로 정렬한다.
- 항목기호와 그 항목의 내용 사이에는 1타를 띄운다.
- 항목이 하나만 있는 경우 항목기호를 부여하지 아니한다.
- 하나의 본문에 이어서 항목이 나오는 경우에 첫째 항목의 순서는 1., 2., 3., ... (둘째 항목: 가., 나....) 등부터 시작하고, 첫째 항목의 띄어쓰기는 왼쪽 기본선부터 시작한다.

① 항목이 하나만 있는 경우 항목기호를 넣지 않는다.
② 항목기호와 그 항목의 내용 사이에는 1타를 띄운다.
③ 처음 시작하는 항목의 기호는 왼쪽 처음부터 띄어쓰기 없이 바로 시작한다.
④ 셋째 항목 1)과, 다섯째 항목 (1)은 순서를 서로 바꿔 쓸 수 있다.
⑤ 아래 항목부터는 상위 항목 위치에서 오른쪽으로 2타씩 옮겨 시작한다.

**02** ○○회사에 근무하는 회사원 정한이는 다음 달 사내 야유회 장소로 국립수목원 예약을 해야 한다. 다음과 같은 안내문이 있을 때, 보기 중 '문서이해 절차 6단계'에 해당하는 것은?

〈국립수목원 단체 예약 안내〉

- 인터넷 PC 및 모바일로 예약신청이 가능합니다. (단, 400명 이상은 상담원을 통해 예약 가능)
- 단체 예약은 결제 없이 20명 이상부터 예약 가능합니다.
- 예약 한도 : 관람일 기준 2회까지 예약 가능하며, 최대 400명까지 예약 가능합니다. (400명 이상은 상담원을 연결하거나, 다른 사람으로 인증 후 추가 예약해 주십시오.)

※ 유의사항 : 국립수목원은 사전 예약한 사람에 한하여 입장 가능합니다.

- 화~금요일 : 1일 5,000명
- 토요일 · 일요일 및 공휴일 : 1일 3,500명까지 입장 가능
- 국립수목원 휴원일[(1, 2, 12월 매주 일요일), 매주 월요일, 1월 1일, 설날 및 추석 연휴]에는 사전 예약이 불가능합니다. 다만, 대중교통 · 자전거 또는 보행으로 입장하는 경우(1일 입장 인원 : 평일 3,000명, 토 · 일요일 및 공휴일, 4,500명까지), 관할 구역[포천시 · 남양주시 · 의정부시[송산1동(용현동 · 고산동 · 산곡동) 및 송산2동(민락동 · 낙양동)에 한함]에 주소나 거소를 가진 주민의 경우(1일 입장 인원 : 500명까지) 사전 예약 없이 입장할 수 있습니다.
- 무료 인원도 반드시 사전 예약(위의 사전 예약 없이 입장할 수 있는 경우 제외)을 해야 합니다.
- 예약 및 예약 인원 변경은 입장 예정일 1개월 전부터 당일 관람 마감 시간 1시간 이전까지 해야 하며, 당일 16시 이후부터는 상담원을 통해 예약 및 예약 인원을 변경해야 합니다.
- 예약 취소는 당일 관람 마감 시간까지 가능하며, 16시 이후부터는 상담원을 통해 예약을 취소해야 합니다.

① 예약을 변경해야 할 경우 입장 예정일 1개월 전부터 가능하구나.
② 단체 예약 시 꼭 확인해야 할 내용이구나.
③ 예약을 위하여 참석자 명단을 표로 정리해야겠다.
④ 국립수목원에서 제시한 단체 고객을 위한 예약 안내문이구나.
⑤ 18명 예약 시에는 결제가 필요한지 문의를 해야 할 것 같아.

## 03 다음 글의 주제로 가장 적절한 것은?

배출권 거래제는 기후변화 적응 대책을 위한 온실가스 감축 체제로 정부가 온실가스를 배출하는 사업장을 대상으로 연 단위 배출권을 할당하여 할당 범위 내에서 배출 행위를 할 수 있도록 하고, 할당된 사업장의 실질적 온실가스 배출량을 평가하여 여분 또는 부족분의 배출권에 대하여는 사업장 간 거래를 허용하는 제도이다. 우리나라 배출권 거래제도는 저탄소 녹색성장 기본법(제46조)에 의거하여 '온실가스 배출권 할당 및 거래에 관한 법률'이 제정되어 2015년 1월 1일부터 시행 중에 있다.

온실가스 감축 여력이 높은 사업장은 더 많이 감축하여 정부가 할당한 배출권 중 초과 감축량을 시장에 판매할 수 있고, 감축 여력이 낮은 사업장은 직접적인 감축을 하는 대신 배출권을 살 수 있어 비용 절감이 가능하다. 각 사업장이 자신의 감축 여력에 따라 온실가스 감축 또는 배출권 매입 등을 자율적으로 결정하여 온실가스 배출 할당량을 준수할 수 있다. 적용 대상은 계획 기간 4년 전부터 3년간 온실가스 배출량 연평균 총량이 125,000톤 이상 또는 25,000톤 이상의 업체와 자발적으로 할당 대상 업체 신청을 한 업체이며, 관리 대상인 물질은 이산화탄소($CO_2$), 메탄($CH_4$), 아산화질소($N_2O$), 수소불화탄소(HFCS), 과불화탄소(PFCS), 육불화황($SF_6$) 6가지 항목이다. 할당 방식은 과거 배출량 기반 할당과 과거 활동 자료에 기반하여 할당된다.

배출권 거래제법 시행에 따라 2015년부터 배출권 거래 제1차 계획 기간('15~'17)을 시작하여 제2차 계획 기간('18~'20) 시행 중이다. 제1차 계획 기간에는 할당량을 100% 무상으로, 제2차 계획 기간은 유상할당 대상 업종 내 기업에 할당되는 배출권의 3%를 유상 할당하였다. 제1차 계획 기간의 주요 목표로는 경험 축적 및 거래제도를 안착을 위하여 상쇄인정범위 등 제도의 유연성을 제고하고 정확한 검증제도 집행을 위한 인프라를 구축한다. 또한 제2차 계획 기간의 주요 목표는 상당 수준의 온실가스 감축을 위하여 거래제 범위 확대 및 목표 상향 조정하며 배출량 보고 · 검증 등 각종 기준을 고도화할 방침이다.

① 온실가스 감축 활동을 유도하고 기후변화에 대응하는 온실가스 배출권 거래제
② 온실가스 배출량 적합성 평가 및 인증
③ 온실가스 배출량 준수와 할당대상 업체 간 자유로운 배출권 거래
④ 배출권 거래제의 계획 기간별 운영
⑤ 공정한 배출권 할당과 비용 절감을 위한 배출권 거래제

## 04 다음 글의 내용과 일치하지 않는 것은?

신호등은 장소는 적절한 시계 내에서 적색등화를 보는 운전자들이 정지선을 분명히 확인할 수 있는 위치에 설치함으로써 운전자의 혼란을 최소화해야 한다. 속도에 따른 시인 거리를 고려하고, 운전자가 정지해야 할 지점을 지속적으로 볼 수 있도록 설치하여야 한다.

신호등은 진행 · 정지 · 방향 전환 · 주의 등의 신호를 표시함으로써 여러 교통류에게 우선권을 할당하는 기능을 한다. 그러므로 접근로상의 모든 교통류에게 잘 보이도록 설치하여야 한다. 또한, 도로와 교통여건에 대한 공학적 판단에 근거하여 운전자가 적절한 시계 내에서 계속 신호등을 시인할 수 있는 곳에 설치한다. 특히, 교차로 접근 차량이 정지선에 도달하기까지 주행속도에 따른 신호등 최소 가시거리는 기준값 이상으로 하는 것이 좋다.

도로 이용자가 신호 지시에 따라 명확하고 신속하게 이행하기 위해서는 모든 이용자가 볼 수 있는 위치에서 편안하게 볼 수 있는 지점과 높이에 설치되어야 한다. 이를 위해서는 시각적으로 고개를 돌리거나 올리지 않고 좌 · 우, 상 · 하의 편안한 각도에서 볼 수 있도록 제공되어야 한다. 신호등은 운전자가 교차로 내 혹은 횡단보도 내의 보행자 및 다른 교통의 움직임을 보고 적절하게 상황을 판단하고 안전하게 운행할 수 있도록 설치되어야 한다. 또한, 운전자가 진행할 방향을 혼동하여 다른 방향으로 진입하지 않도록 교차로 건너편의 진출부를 쉽게 찾을 수 있도록 설치되어야 한다.

교차로 설치의 경우 최소한 1개 이상의 신호등 면이 운전자의 좌우, 상하 시계의 범위 이내에 들어오도록 하여 잘 보이는 위치에 설치하여야 한다. 교차로에서 제1 주신호등의 설치 위치는 교차로를 건너기 전 정지선 부근에 설치한다. 정지선과 횡단보도 사이에 설치하는 것을 원칙으로 하나 부득이한 경우 최대한 교차도로의 가상 연장선까지의 범위 내에 설치한다. 단, 가능한 횡단보도 구간을 피하여 보행자의 불편을 최소화한다. 제2 주신호등은 교차로 건너편에 설치한다. 정지선과 교차도로의 가상 연장선 범위 내에 설치하되 횡단보도 구간을 피해서 설치한다.

① 신호등은 접근로상의 모든 도로 이용자에게 신호를 표시하여 잘 보여야 한다.
② 정지선까지의 신호등 최소 가시거리는 주행 속도와 관련이 있다.
③ 신호등은 진행 방향의 교통 상황과 신호 지시를 동시에 볼 수 있도록 설치해야 한다.
④ 제1 주신호등은 교차로 건너기 전의 정지선에 정확하게 설치해야 한다.
⑤ 신호등은 속도를 고려하여 운전자가 정지선을 확인할 수 있게 설치한다.

## 05 다음 빈칸에 들어갈 접속어로 가장 적절한 것은?

1990년대 이전의 산업구조 변화는 상대적으로 생산성이 낮은 농업부문의 고용이 감소하고 제조업 등 생산성이 상대적으로 높은 부문의 비중이 증대하는 방향으로 진행되면서 산업구조의 변화가 경제 전체의 생산성 증대와 분배의 개선에 기여하였다. 반면, 1990년대 이후의 산업구조 및 고용구조의 변화는 상대적으로 생산성이 높은 제조업 부문의 고용 비중이 감소하고 상대적으로 생산성이 낮은 서비스 부문의 고용 비중이 증가하는 방향으로 움직여 왔다는 점에서 경제 전체의 생산성 증대와 분배구조 개선에 도전 요인이 되고 있다. 이 시기에 한국경제는 자본집약적이고 기술집약적인 고기술 제조업 중심으로 산업구조의 고도화를 진전시켰다. 저기술 제조업의 쇠퇴와 고기술 제조업의 약진은 경제 전체의 생산성을 높이고 해외 시장에서의 경쟁력을 높이는 쪽으로 기여하였다. (　　　) 고용창출의 측면에서 보면 고기술 제조업 부문이 자본집약도가 높고 기술집약도가 높은 반면, 노동집약도가 상대적으로 낮기 때문에 고기술 제조업 부문의 고용 창출 여력은 크지 않다.

한국경제의 잠재성장률은 외환위기를 전후한 1990년대 이래로 낮아지기 시작하여 2000년대 이후에도 지속적으로 하락하고 있다. 1인당 소득의 증가와 추격 성장의 진전에 따른 잠재성장률의 하락은 성숙 단계에 접어드는 경제에서 관찰되는 자연스러운 경향이지만 우리의 경우 그 하락 속도가 대단히 빠르다는 점이 문제로 지적된다. 특히, 고도성장기 양질의 저임금 노동과 규모의 경제에 주로 의존하던 일부 주력 수출주도 산업에서 중국 등 후발국 경쟁 업체들의 가격경쟁력에 밀려 시장점유율이 하락하는 가운데 지속적인 투자와 고용을 유지하기 어렵게 되면서 경제의 구조 전환과 산업구조 및 고용구조의 고도화가 더욱 절실한 과제로 대두되었다.

출처 : 과학기술정책연구원

① 그리고　② 또한　③ 그러나　④ 그러므로　⑤ 이와 같이

## 06 A, B, C 3명이 함께 일을 하면 2시간, A와 B가 함께 일을 하면 4시간, B와 C가 함께 일을 하면 3시간 걸리는 일이 있다. 이 일을 A와 C가 함께 한다면 걸리는 시간은?

① 1시간 48분　② 2시간　③ 2시간 10분　④ 2시간 12분　⑤ 2시간 24분

**07** 상자에 흰 공 2개, 파란 공 3개, 노란 공 4개, 빨간 공 1개가 들어있다. 상자에서 임의로 4개의 공을 동시에 꺼낼 때, 공의 색깔이 모두 다를 확률은?

① $\frac{1}{4}$ ② $\frac{1}{7}$ ③ $\frac{1}{24}$ ④ $\frac{4}{35}$ ⑤ $\frac{2}{35}$

**08** 다음은 2023년 교원 1인당 학생 수를 나타낸 자료이다. 다음 중 옳은 것은?

2023년 교원 1인당 학생 수

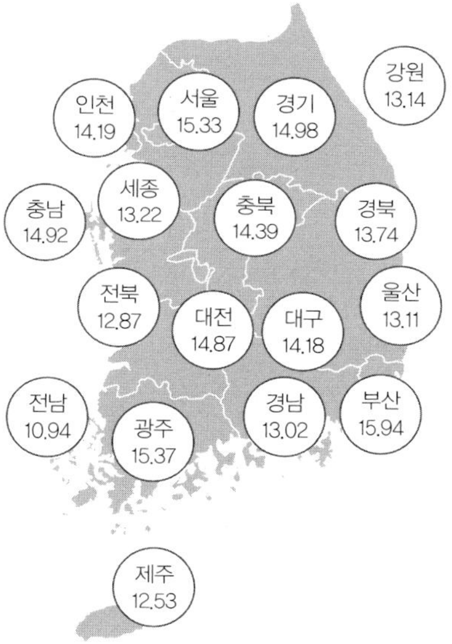


※ 교원 1인당 학생 수 = 재적 학생 수/총 교원 수

① 교원 수가 가장 많은 지역은 부산이다.
② 교원 1인당 학생 수가 14명 이상 15명 미만인 지역은 6곳이다.
③ 교원 1인당 학생 수가 최소인 지역은 경남이다.
④ 교원 1인당 학생 수가 최다인 지역은 광주이다.
⑤ 대전과 대구의 교원 수가 동일하다고 할 때, 재적 학생 수는 대구가 더 많다.

**09** 다음은 2023년 시도 및 성별 삶의 만족도에 대한 자료이다. 다음 중 옳지 않은 것은?

| 행정구역별 | | | 계 | 매우 만족 | 약간 만족 | 보통 | 약간 불만족 | 매우 불만족 |
|---|---|---|---|---|---|---|---|---|
| 서울특별시 | 전체 | 계 | 100.0 | 15.5 | 30.9 | 40.4 | 10.7 | 2.5 |
| | 성별 | 남자 | 100.0 | 17.5 | 30.3 | 40.9 | 9.0 | 2.4 |
| | | 여자 | 100.0 | 13.7 | 31.5 | 39.9 | 12.3 | 2.7 |
| 부산광역시 | 전체 | 계 | 100.0 | 13.5 | 26.6 | 46.1 | 11.3 | 2.5 |
| | 성별 | 남자 | 100.0 | 14.6 | 25.4 | 47.5 | 10.7 | 1.9 |
| | | 여자 | 100.0 | 12.6 | 27.7 | 44.8 | ( A ) | 3.1 |
| 대구광역시 | 전체 | 계 | 100.0 | 9.7 | 23.5 | 51.1 | 13.7 | 2.1 |
| | 성별 | 남자 | 100.0 | 9.9 | 24.0 | 50.0 | 13.9 | 2.2 |
| | | 여자 | 100.0 | 9.5 | 22.9 | 52.1 | 13.5 | 2.1 |
| 인천광역시 | 전체 | 계 | 100.0 | 14.6 | 27.8 | 45.1 | 9.5 | 3.0 |
| | 성별 | 남자 | 100.0 | 15.3 | 27.4 | 45.7 | 8.8 | 2.8 |
| | | 여자 | 100.0 | 13.8 | 28.1 | 44.6 | 10.3 | 3.2 |
| 광주광역시 | 전체 | 계 | 100.0 | 15.5 | 27.9 | 46.4 | 7.8 | 2.5 |
| | 성별 | 남자 | 100.0 | 17.5 | 26.2 | 46.7 | 6.5 | 3.1 |
| | | 여자 | 100.0 | 13.5 | 29.4 | 46.0 | 9.1 | 1.9 |
| 대전광역시 | 전체 | 계 | 100.0 | 14.5 | 26.8 | 46.0 | 10.8 | 1.8 |
| | 성별 | 남자 | 100.0 | 17.0 | 26.8 | 44.0 | 9.8 | 2.4 |
| | | 여자 | 100.0 | 12.1 | ( B ) | 48.0 | 11.8 | 1.3 |
| 울산광역시 | 전체 | 계 | 100.0 | 11.5 | 29.2 | 48.4 | 9.4 | 1.4 |
| | 성별 | 남자 | 100.0 | 11.6 | 27.7 | 49.9 | 9.1 | 1.7 |
| | | 여자 | 100.0 | 11.5 | 30.9 | 46.8 | 9.8 | 1.1 |

① 조사한 도시 중 서울을 포함한 모든 도시에서 보통이라 응답한 비율이 가장 높다.
② 약간 만족이라 응답한 서울특별시 남자의 수는 보통이라 응답한 울산광역시 여자의 수보다 적다.
③ A와 B에 들어갈 수치는 각각 11.8, 26.8이다.
④ 만족이라 응답한 비율이 가장 낮은 도시는 대구광역시이다.
⑤ 각 응답의 순위는 대구광역시를 제외하고 동일하다.

**10** 다음은 2021년~2023년 연도별 해상 조난 사고 현황 자료이다. 구조한 선박의 수가 가장 많았던 해의 발생 건수 대비 구조 불능 비율은 얼마인가? (단, 소수점 아래 셋째 자리에서 반올림한다.)

| 발생 및 구조 | 항목 | 2021년 | 2022년 | 2023년 |
|---|---|---|---|---|
| 발생 | 건수(건) | 3,508 | 3,435 | 3,588 |
| | 선박(척) | 3,820 | 3,778 | 3,882 |
| 구조 | 선박(척) | 3,758 | 3,710 | 3,779 |
| 구조 불능 | 선박(척) | 62 | 68 | 103 |

① 2.56%

② 2.87%

③ 3.12%

④ 4.08%

⑤ 4.23%

**11** 사회과학대학 학과장 6명이 취업률 향상 전략을 논의하기 위해 회의실에 모였다. 원형 테이블에 주어진 조건대로 둘러앉아 있을 때, 틀린 것은?

- 정치외교학과 학과장 한 사람 건너뛰어 옆에는 심리학과 학과장이 앉아 있다.
- 인류학과 학과장 맞은편에는 언론정보학과 학과장이 있다.
- 지리학과 학과장의 오른쪽에 한 사람을 건너뛰면 사회복지학과 학과장이 앉아 있다.

① 심리학과 학과장의 맞은편은 지리학과 학과장일 수 있다.

② 정치외교학과 학과장의 맞은편은 지리학과 학과장일 수 있다.

③ 심리학과 학과장의 옆은 사회복지학과 학과장일 수 있다.

④ 정치외교학과 학과장의 맞은편은 인류학과 학과장일 수 있다.

⑤ 정치외교학과 학과장의 옆은 언론정보학과 학과장일 수 있다.

**12** **직장인 5명(가, 나, 다, 라, 마)이 모여 주말에 댄스파티를 하기로 했다. 아래 주어진 조건과 자기소개를 근거로 할 때 각 직장인의 성별, 직업, 댄스 의상이 모두 바르게 짝지어진 것은?**

〈조건〉

ⓐ 여성 직장인이 2명이고, 남성 직장인이 3명이다.
ⓑ 5명의 직장인은 각각 경영지원, 영양사, 해외 영업, 회계, 기술설계 직무에 종사하고 있다.
ⓒ 5명은 각각 파소도블레, 룸바, 자이브, 왈츠, 탱고 의상을 입을 것이다.
ⓓ 본인의 성별, 직업, 댄스 의상에 대해 한 명은 모두 거짓을 말하고 있고 나머지 4명은 모두 진실을 말하고 있다.

〈자기소개〉

(가) : 영양사와 회계 직무로 근무하지 않는 남성 직장인인데, 탱고 의상을 입지 않을 것입니다.
(나) : 경영지원 업무를 하는 남성 직장인인데 파소도블레 의상을 입을 예정입니다.
(다) : 영양사로 근무하는 남성 직장인인데, 룸바 의상을 입고자 합니다.
(라) : 해외 영업 파트에 근무하는 여성 직장인인데 자이브 의상을 입을 생각입니다.
(마) : 기술설계자로 근무하는 남성 직장인인데 탱고 의상을 멋지게 입어볼 생각입니다.

| | 파티 참여자 | 성별 | 종사 직무 | 댄스 의상 |
|---|---|---|---|---|
| ① | (가) | 여성 | 경영지원 업무 | 파소도블레 |
| ② | (나) | 여성 | 회계 직무 | 왈츠 |
| ③ | (다) | 남성 | 영양사 | 자이브 |
| ④ | (라) | 여성 | 해외 영업 | 탱고 |
| ⑤ | (마) | 남성 | 기술 설계 | 룸바 |

**13** **게임 업체의 마케팅팀에 근무하고 있는 박정원 대리는 새로운 게임 출시를 앞두고 글로벌 마켓 조사를 실시하여 내용 중 일부를 다음과 같이 정리하였다. 이를 토대로 추론한 것 중 옳은 것은?**

마케팅 조사기관 AARP는 2019년 12월 미국 50세 이상 연령층의 게임 이용에 관한 보고서를 발표했다. 보고서에 따르면 장노년층 게임 이용자들이 점차 능숙한 게임 소비자로 변모하고 있다는 사실이 확인되었다. 2016년에 비하면 새로운 게임을 배우기 위해 손자나 자녀들의 도움을 구하는 대신, 소셜 네트워크나 광고 등 다양한 채널을 활용한다는 응답이 늘었다. 50세 이상이 게임에 지출하는 금액도 늘어났다. 2019년 상반기의 지출액은 35억 달러로 2016년 전체 지출액 5억 2,300만 달러에 비해 약 7배 가까이 증가했다. 지출 분야를 보면 게임 소프트웨어, 가상 아이템, 게임 내 맞춤화 등 콘텐츠 분야가 51%를 차지하고 있다. 선호 장르를 보면 퍼즐 등 논리 게임, 카드 게임, 타일 게임 등의 응답 비율이 높지만, 젊은 층의 전유물로 생각되는 e스포츠에 대한 선호도가 증가하는 양상도 볼 수 있었다. e스포츠에 대한 친숙도는 2016년 11%에서 2019년 15%로 증가했으며, e스포츠 대회에 참가했거나 시청한 경험은 2016년 4%에서 2019년 12%로 늘었다.

50세 이상의 미국 게임 이용자는 2016년 4,020만 명에서 2019년 5,060만 명으로 약 26% 증가했다. 한 달에 최소 한번 이상 게임을 한다고 응답한 50세 이상 성인의 비율은 2016년 38%에서 2019년 44%로 증가했다. 주당 평균 플레이 시간은 5시간으로 나타났다. 이런 변화는 특히 여성이 주도하고 있다. 50세 이상 성인 남성 중 비디오게임을 한다고 응답한 비율은 40%인 반면, 여성의 경우는 49%였다.

이용자층의 연령대가 높아지고, 이용 및 구매 패턴이 젊은 층과 유사해지는 점은 일반적인 에이지 – 애그노스틱 현상으로 볼 수 있지만, 게임산업에는 이와는 반대 방향에서 전개되는 흥미로운 에이지 – 애그노스틱의 흐름도 존재한다.

(가) 미국의 게임 이용자 중 50세 이상은 2016년 비해 2019년에 1/4 이상 증가했다.
(나) 50세 이상이 소셜 네트워크나 광고 등 다양한 채널을 활용한다는 응답은 늘었지만 실제로 게임에 지출이 늘지는 않았다.
(다) 50세 이상 중에서 2019년 e스포츠 대회에 참가했거나 시청한 경험이 있는 사람은 15%였다.
(라) 월 1회 이상 게임을 하고 게임 시간도 늘었다고 응답한 50세이상 성인 비율이 2016년에 비해 2019년 상승했다.
(마) 미국의 경우 비디오게임을 한다고 응답한 남성과 여성의 비율 차이는 나와 있지 않다.

① (가), (나)
② (가), (마)
③ (나), (라)
④ (가), (다), (라), (마)
⑤ (나), (다), (라), (마)

[14~15] 신입 사원인 윤지, 정원, 보배, 성실, 은정이는 입사 기념으로 태블릿을 하나씩 구매하기로 하고 4가지 브랜드에 대해 검토하고 있다. 다음의 내용을 바탕으로 이어지는 문제에 답하시오.

| 브랜드명 | 속성 | | | | | | 가치 총점 |
|---|---|---|---|---|---|---|---|
| 가중치 | 브랜드 명성 | 기능 | 메모리 | 무게 | 디자인 | 가격 | |
| | 20% | 20% | 10% | 10% | 30% | 10% | |
| A | 9 | 9 | 8 | 10 | 10 | 7 | 9.1 |
| B | 10 | 9 | 10 | 8 | 8 | 9 | (가) |
| C | 5 | 8 | 6 | 9 | 10 | 10 | (나) |
| D | 6 | 7 | 8 | 7 | 7 | 9 | (다) |

※ 브랜드별 가치 총점은 '각 속성값 x 가중치'의 총합으로 구한다.

> 윤지 : 어떤 속성 중 최소 수준의 분리점 기준을 설정하고 그 이상을 만족하는 브랜드를 선택하기로 하였다. 전자 기기의 기능을 가장 중요하게 생각해 최소한 8점 이상만을 대안으로 고려하고 있다.
> 정원 : 회의에 매일 가지고 다녀야 하므로 무게가 가벼운지 따져 무게 속성에서 9점 이상만 선정하기로 했다.
> 보배 : 소비자 기준 중 가장 중요한 속성을 기준으로 최상의 브랜드를 선택하기로 하여 가격을 가장 중요한 속성으로 검토한다.
> 성실 : 최소한 수용 불가한 브랜드들을 제거해 나가는 방식으로 브랜드를 선택하기로 했다. 브랜드 명성 8 이하는 최소 수용이 불가능한 기준으로 브랜드를 선택하기로 했다.
> 은정 : 가치 총점 중에서 가격과 디자인의 합이 가장 큰 것을 선택하기로 했다.

**14** 위의 표에서 (가), (나), (다)에 들어갈 숫자로 바르게 연결된 것은?

① (가) 7.2 (나) 8.6 (다) 9.2
② (가) 9.0 (나) 8.0 (다) 8.2
③ (가) 8.3 (나) 8.6 (다) 7.2
④ (가) 8.0 (나) 7.0 (다) 7.1
⑤ (가) 8.9 (나) 8.1 (다) 7.1

**15** 위의 진술을 토대로 윤지, 정원, 보배, 성실, 은정이 구매할 수 있는 브랜드로 바르지 않은 것은?

① 윤지 : A, B, C
② 정원 : A, C
③ 보배 : C
④ 성실 : B
⑤ 은정 : C

## 16 다음 지원자들의 항목을 보고 K 기업에서 신입 사원으로 채용할 사람을 바르게 고른 것은?

K 기업은 다음 항목별로 평가하여 신입 사원을 채용하려고 한다.

1. 항목은 학점, 어학, 자기소개서, 필기시험 점수를 10점 만점으로 환산하여 평가점수를 부여하고 기본점수 총점은 4가지 평가항목을 합산한 값이다.
2. 직무 관련 자격증은 개당 1점이고, 점수는 최대 3점까지 적용되며, 직무 관련이 없는 자격증은 개당 0.5점이며 최대 1점까지만 적용된다.
3. 봉사활동 시간은 10시간당 1점이며, 최대 50시간까지만 인정된다.
4. 총점은 '기본점수 + 가산점'으로 합산하며, 점수가 높은 순으로 2명 선발된다. 점수가 동일한 경우 기본 점수가 더 높은 지원자를 선발한다.

〈 지원자별 항목 점수 〉

| 항목 | 기본점수 | | | | 가산점 | | |
|---|---|---|---|---|---|---|---|
| | 학점 | 어학 | 자기 소개서 | 필기 성적 | 자격증 | | 봉사활동 시간 |
| | | | | | 직무 관련 있음 | 직무 관련 없음 | |
| A | 8 | 10 | 9 | 7 | 3 | 1 | 50 |
| B | 10 | 9 | 7 | 10 | 2 | 3 | 30 |
| C | 9 | 9 | 9 | 9 | 1 | 2 | 20 |
| D | 10 | 8 | 8 | 9 | 2 | 4 | 50 |
| E | 8 | 9 | 9 | 9 | 3 | 1 | 40 |

① A, B

② A, D

③ B, D

④ B, E

⑤ D, E

[17~18] **정 씨는 최근 새로운 가게를 오픈하기 위해 5곳의 상가를 알아보았다. 다음 상가별 조건과 정보를 바탕으로 물음에 답하여라.**

| 상가 | 보증금 | 월세 | 관리비(월) | 예상 회원 수(월) |
|---|---|---|---|---|
| A | 5,000만 원 | 600만 원 | 120만 원 | 90명 |
| B | 1억 원 | 700만 원 | 50만 원 | 130명 |
| C | 1억 2천만 원 | 300만 원 | 250만 원 | 120명 |
| D | 6,000만 원 | 500만 원 | 100만 원 | 110명 |
| E | 7,000만 원 | 400만 원 | 150만 원 | 100명 |

※ 매출액은 예상 회원 수에 인당 100,000원을 곱하여 계산한다.
※ 순이익 = 매출액 - 비용
※ 비용은 월세와 관리비로만 계산한다.
※ 소수점 첫째 자리에서 반올림하여 계산한다.

**17** **정 씨가 최소 1년 동안 운영한다고 할 때, 순이익이 가장 큰 곳으로 상가를 정하려고 한다. 결정한 상가와 순이익이 바르게 연결된 것은?**

① B 상가 – 66,000,000원
② B 상가 – 78,000,000원
③ C 상가 – 66,000,000원
④ C 상가 – 78,000,000원
⑤ D 상가 – 66,000,000원

**18** **정 씨는 새로운 가게를 오픈하기 위해 투자한 금액을 최대한 빨리 회수하고 싶어 한다. 위 A~E 5곳의 상가 중에서 가장 빨리 회수가 되는 상가와 회수까지 걸리는 개월 수를 바르게 고른 것은?**

① C 상가 - 13개월
② C 상가 - 19개월
③ D 상가 - 13개월
④ D 상가 - 16개월
⑤ E 상가 - 16개월

**19** 영진 기업은 다음 프로젝트를 위해 2024년 프로젝트를 10월 20일 전에 마무리하려고 하다. 가능한 빠른 속도로 마무리하려고 할 때, 2024년 프로젝트를 시작해야 하는 날은? (단, 주말 및 공휴일에도 진행된다.)

- 2024년 프로젝트는 5개의 공정으로 진행되며, 모든 작업은 동일 작업장 내에서 행해진다.
- 각 작업의 기간과 필요 인원은 다음과 같다.

| | 기간(일) | 필요 인원(명) | 선행 작업 |
|---|---|---|---|
| 1단계 | 5 | 3 | – |
| 2단계 | 7 | 5 | 1단계 |
| 3단계 | 4 | 2 | – |
| 4단계 | 10 | 5 | 3단계 |
| 5단계 | 3 | 4 | 2, 4단계 |

- 각 인력은 모든 단계에 작업이 동원될 수 있으며, 생산성도 동일하다.
- 영진 기업은 총 10명이 근무하고 있다.
- 각 단계의 작업의 필요 인원은 증원 또는 감원될 수 없다.

① 10월 3일
② 10월 4일
③ 10월 5일
④ 10월 6일
⑤ 10월 7일

**20** 기획팀 한 사원은 다음 달에 있을 신제품발표회를 준비하고 있다. 발표회 장소는 확정되었으나 비품이 부족하여 추가 주문을 하려고 한다. 다음 〈상황〉을 바탕으로 주문해야 할 물품 목록으로 알맞은 것은?

〈상황〉

- 신제품발표회 참석 인원은 총 40명이다.
- 모든 인원이 앉을 수 있는 테이블과 의자, 빔프로젝터 1개가 필요하다.
- 상세 설명을 위해 화이트보드 1개와 보드마카 3개가 필요하다.
- 현재 비품 현황은 테이블(3인용) 5개, 의자 15개, 빔프로젝터 1개, 화이트보드 2개, 보드마카 5개이다.

① 테이블 8개, 의자 25개
② 테이블 8개, 의자 25개, 화이트보드 1개
③ 테이블 9개, 의자 25개
④ 테이블 9개, 의자 30개
⑤ 테이블 9개, 빔프로젝터 1개

## 21 조직 구조의 결정 요인 중 전략과 관련된 부분을 묶은 것은?

(가) 조직의 목적을 달성하기 위하여 수립한 계획으로 조직이 자원을 배분하고 경쟁적 우위를 달성하기 위한 주요 방침이다.
(나) 조직의 전략이 바뀌면 조직 구조도 따라서 바뀐다.
(다) 최근에는 환경의 변화 속도가 빠르고 변화의 방향이 불확실해지면서, 변화에 신속하게 대응해서 사업 전략을 변경할 수 있도록 조직 구조를 유연하게 운영하는 사례도 많아지고 있다.
(라) 조직이 투입 요소를 산출물로 전환하는 지식과 기계, 절차 등을 의미한다.
(마) 일반적으로 소량 생산기술을 가진 조직은 유기적 조직 구조를 대량 생산기술을 가진 조직은 기계적 조직 구조를 따른다.
(바) 통상적으로 안정적이고 확실한 환경에서는 기계적 조직이 적합하고, 급변하는 환경에서는 유기적 조직이 적합하다.

① (가), (나), (다)
② (다), (라), (마)
③ (나), (라), (바)
④ (마), (바)
⑤ (나), (마)

## 22 다음은 업무 수행 시트 작성 방법들에 대한 설명으로 적절히 묶은 것은?

A형

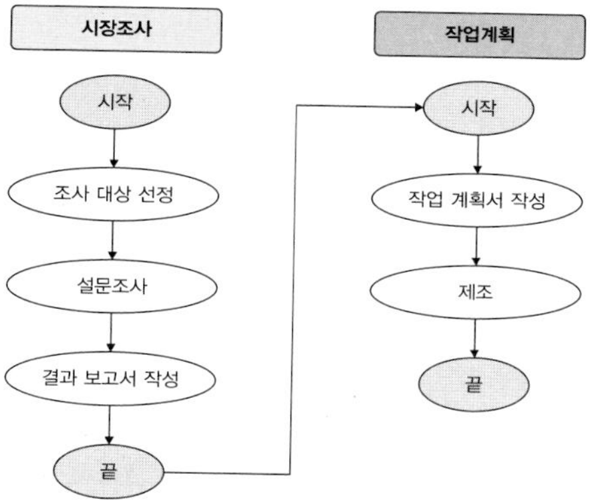


B형

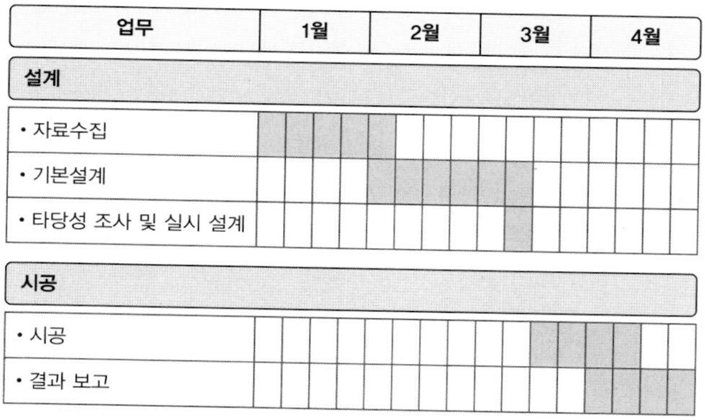


(가) A형은 일의 흐름을 동적으로 보여 주는 데 효과적이다.
(나) B형은 시간의 흐름을 표현하는 데에는 한계가 있지만, 업무를 세부적인 활동들로 나누고 활동별로 기대했던 수행 수준을 달성했는지 확인하는 데에는 효과적이다.
(다) A형은 사용하는 도형을 다르게 표현함으로써 주된 작업과 부차적인 작업, 혼자 처리할 수 있는 일과 다른 사람의 협조를 필요로 하는 일, 주의해야 할 일, 컴퓨터 같은 도구를 사용해서 할 일 등을 구분해서 표현 가능하다.
(라) A형은 업무의 각 단계를 효과적으로 수행했는지를 스스로 점검해 볼 수 있는 방법이다.
(마) B형은 엑셀 등의 프로그램으로 단계별 시작일과 종료일을 기입하면 쉽게 만들어 사용할 수 있다.
(바) A형은 작업 진도 도표로 단계별로 업무를 시작해서 끝날 때까지 걸리는 시간을 바(Bar) 형식으로 표시한 것이다.
(사) B형은 전체 일정을 한눈에 볼 수 있고, 단계별로 소요 시간과 각 업무 활동 사이의 관계를 알 수 있다.

① (가), (나), (다)
② (라), (마), (바), (사)
③ (가), (다), (마), (사)
④ (가), (나), (바), (사)
⑤ (가), (나), (다), (라), (마), (바), (사)

**23** **다음은 조직 내에 존재하는 집단에 관한 내용이다. 내용이 적절한 것끼리 묶은 것은?**

(가) 집단 간 경쟁이 일어나면 집단 내부에서는 응집성이 약화되고 집단의 활동이 위축되기도 한다. 경쟁이 과열되면 공통된 목표를 추구하는 조직 내에서 자원의 낭비, 업무 방해, 비능률 등의 문제를 초래할 수 있다.

(나) 최근에는 수직적, 수평적 장벽을 허물고 보다 자율적인 환경 속에서, 조직 구성원을 효율적으로 활용하고 내부 유연성을 강화하기 위해 팀제를 많이 활용하고 있다.

(다) 집단은 공식적인 집단과 비공식적인 집단으로 나눌 수 있다. 공식적인 집단은 조직의 공식적인 목표를 추구하기 위해 조직에서 의도적으로 만든 집단이고, 비공식적인 집단은 조직 구성원들의 요구에 따라 자발적으로 형성된 집단이다.

(라) 팀은 다른 집단과 비교하여 자율성을 가지고 스스로 관리하려는 경향이 있다. 팀은 다른 집단들에 비해 구성원들의 개인적 기여를 강조한다. 따라서 상호 공동 책임보다는 개인적인 책임이 중요하다.

(마) 집단은 조직 구성원들 몇 명이 모여 일정한 상호작용의 체제를 이룰 때에 형성되는 것으로 조직 구성원들은 자신의 집단에서 소속감을 느끼며, 필요한 정보를 획득하고, 인간관계를 확장하는 등의 요구를 충족할 수 있다.

① (다), (라)
② (나), (다), (마)
③ (가), (나)
④ (라), (마)
⑤ (가), (나), (다), (라), (마)

**24** **글로벌화가 진전되면서 다양한 이문화 사람들과 비즈니스를 하게 된다. 글로벌 에티켓에 대한 사원들의 대화 내용 중 가장 적절하지 않은 것은?**

① 보배 : 다른 나라 문화를 이해하는 것이 쉽지만 않은 것 같아. 이문화 사람과의 커뮤니케이션에는 언어적인 커뮤니케이션뿐만 아니라 비언어적 커뮤니케이션도 이해해야 제대로 된 커뮤니케이션을 할 수 있으니까.

② 다원 : 그렇지! 잘못하면 오해를 불러일으킬 수도 있으니까. 예를 들어 미국인은 약속을 지키지 않는 사람과는 같이 일을 하려고 하지 않아. 반면 라틴아메리카나 동부 유럽, 아랍지역에서는 시간 약속은 형식적일 뿐이며, 상대방이 당연히 기다려 줄 것으로 생각한대.

③ 민혁 : 비즈니스에서 처음 보는 사람인 경우 명함을 주고 악수하잖아. 그럴 때 받은 명함을 보고 나서 탁자 위에 보이게 놓은 채로 대화를 하거나, 명함 지갑에 넣는 것이 좋아. 명함을 꾸기거나 계속 만지는 것은 예의에 어긋나지.

④ 현주 : 그렇구나! 식사할 때 스테이크는 처음에 다 잘라 놓고 먹는 경우도 있잖아. 이것도 매너에 어긋난다고 해.

⑤ 대남 : 국제비즈니스 매너도 배워야 해. 모르면 그것이 결례인 줄 모르고 행동을 하니까. 간혹 그것 때문에 비즈니스 협상이 무산되는 경우도 있다고 해.

**25** **신입 사원들이 신입교육 휴식 시간에 이전 시간에 배운 내용에 대해 이야기를 나누고 있다. 다음 중 잘못 이해 하고 있는 사람은?**

① 민혁 : 전략은 기업 내 모든 역량과 자원을 경영 목적 달성을 위해 조직화하고, 이를 실행에 옮겨 경쟁 우위를 달성하는 일련의 방침 및 활동이라고 할 수 있지.

② 다원 : 경영의 4대 구성 요소는 경영 목적, 전략, 조직 구성원, 자금인데 이 중 경영 목적은 조직의 목적을 어떤 과정과 방법을 택하여 수행할 것인가를 구체적으로 제시해 주는 것이지.

③ 윤지 : 경영자는 조직의 목적과 필요에 부합하는 구성원을 채용하고 이를 적재적소에 배치 · 활용할 수 있어야 해. 이는 경영의 4대 구성 요소 중 조직 구성원에 해당하지.

④ 정원 : 조직을 이끌어 나가는 경영자는 조직의 목적이 얼마나 효과적이고 효율적으로 달성되었는지에 대해 평가를 받게 되는데 이는 전략에 해당해.

⑤ 은정 : 조직의 지속가능성을 유지하기 위하여 사기업에서는 재무적 기초가 되는 것이 자금이야.

**26** **귀하는 ○○공사 고객지원팀에서 근무하고 있다. 귀하는 불만을 제기한 고객에게 단계별로 응대하며 대화를 진행하고 있다. 불만을 제기한 고객을 응대하는 과정을 8단계로 나타낸 프로세스이다. 귀하가 잘못 대화하고 있는 단계는 어느 단계인가?**

| [1단계] | | [2단계] |
|---|---|---|
| 고객님 그런 일이 있으셨군요.<br>네, 알겠습니다. | ➡ | 고객님께서 개선할 부분에 대해서<br>말씀해 주셔서 정말 감사합니다. |
| **[3단계]** | | **[4단계]** |
| 고객님 대기 순번을 파악하지 못하고<br>계속 기다리게 하여 죄송합니다. | ➡ | 잠시만 더 대기해 주시면<br>감사하겠습니다. |
| **[5단계]** | | **[6단계]** |
| 고객님의 민원을 처리하기 위해<br>개인정보 확인을 위한 질문 드리겠습니다. | ➡ | 지금 요청하신 서류를 빠르게<br>처리해 드리겠습니다. |
| **[7단계]** | | **[8단계]** |
| 고객님께서 요청하신 서류가<br>발급되었습니다. 서류가 맞는지요? | ➡ | 대기 순서가 중간에<br>누락되지 않도록 확인합시다. |

① 3단계
② 4단계
③ 5단계
④ 6단계
⑤ 7단계

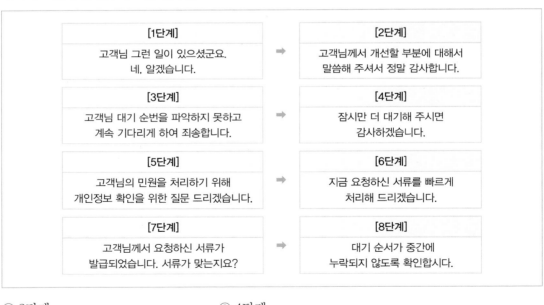

**27** 갈등 상태에 있는 이해 당사자들이 대화와 논쟁을 통해서 서로를 설득하여 문제를 해결하려는 정보전달 과정이자, 의사결정 과정을 협상이라고 한다. 아래 〈보기〉의 협상의 3단계 과정 중, 합의 및 합의문을 작성하고 교환하는 단계는?

〈보기〉

| [1단계] | | [2단계] | | [3단계] |
|---|---|---|---|---|
| 협상 전 | ➡ | 협상 진행 | ➡ | 협상 후 |

① 1단계 협상 전
② 1단계에서 2단계로 넘어가는 중간 단계
③ 2단계 협상 진행
④ 2단계에서 3단계로 넘어가는 중간 단계
⑤ 3단계 협상 후

**28** 귀하의 회사가 올해 다른 기업과 인수합병을 하면서 회사는 대대적인 인사개편을 시행하였으며, 인력의 효율화를 위해 다양한 방법을 시도하고 있다. 귀하는 인사개편을 통해서 조직이 서로 협업을 장려하는 환경을 조성하려고 할 때, 창의력을 조성하고, 협력을 장려하는 환경을 위한 방법으로 적절한 것은?

㉠ 팀원의 말에 흥미를 가지고 대하기
㉡ 상식에서 벗어난 아이디어를 올바르게 피드백하기
㉢ 모든 아이디어를 기록하기
㉣ 아이디어를 개발하도록 팀원을 고무시키기
㉤ 아이디어를 가능한 많이 요청하기
㉥ 침묵을 지키는 것 보다 함께하는 사람들과 다양한 대화 나누기
㉦ 관점을 바꾸기
㉧ 일상적인 일에서 벗어나기

① ㉠, ㉡, ㉢, ㉣, ㉤, ㉥, ㉦, ㉧
② ㉠, ㉢, ㉣, ㉤, ㉥, ㉦, ㉧
③ ㉠, ㉢, ㉣, ㉤, ㉧
④ ㉠, ㉢, ㉣, ㉦, ㉧
⑤ ㉠, ㉢, ㉣, ㉤, ㉥, ㉧

**29** **다양한 차원에서의 협상의 의미를 5가지로 나누어 보았다. ㉠~㉤에 들어갈 용어를 차례대로 알맞게 나열한 것은?**

( ㉠ ) 차원 : 상대방을 설득하기 위한 목적으로 하는 커뮤니케이션
( ㉡ ) 차원 : 대화를 통해서 갈등을 해결하고자 하는 상호작용 과정
( ㉢ ) 차원 : 승진, 돈, 안전, 지위, 명예 등 얻고자 하는 것을 가진 사람의 호의를 얻어내기 위한 것에 관한 지식과 노력
( ㉣ ) 차원 : 둘 이상의 이해당사자들 모두가 수용 가능한 대안을 찾기 위한 의사결정 과정
( ㉤ ) 차원 : 둘 이상의 당사자가 갈등 상태에 있는 쟁점에 대해 합의를 찾기 위한 과정

| | ㉠ | ㉡ | ㉢ | ㉣ | ㉤ |
|---|---|---|---|---|---|
| ① | 지식과 노력 | 의사결정 | 교섭 | 의사소통 | 갈등 해결 |
| ② | 갈등 해결 | 지식과 노력 | 회계 직무 | 교섭 | 의사소통 |
| ③ | 의사결정 | 지식과 노력 | 갈등 해결 | 의사소통 | 교섭 |
| ④ | 의사소통 | 갈등 해결 | 지식과 노력 | 의사결정 | 교섭 |
| ⑤ | 의사소통 | 갈등 해결 | 지식과 노력 | 교섭 | 의사결정 |

**30** **○○공사의 신입 사원들이 리더십 교육에 참여한 후 나누는 대화 내용이 〈보기〉와 같을 때, '리더와 관리자의 차이'에 대해 잘못 이야기하는 사람은?**

〈보기〉

- 영진 : 관리자는 오늘에 초점을 두는 반면 리더는 미래에 초점을 둔다.
- 성현 : 관리자는 위험을 회피하려고 하지만 리더는 계산된 위험을 취한다.
- 최영 : '어떻게 할까'를 생각하는 관리자와 다르게 리더는 '무엇을 할까'라고 생각한다.
- 서영 : 관리자는 새로운 상황을 창조해 나간다면 리더는 주어진 상황에 수동적이다.
- 빛나 : 관리자는 사람을 관리하고 리더는 그 사람들이 동기부여가 되도록 한다.

① 영진
② 성현
③ 최영
④ 서영
⑤ 빛나

## 31 벤치마킹에 대한 설명으로 옳은 것은?

① 비교 대상에 따라 내부적 벤치마킹, 경쟁적 벤치마킹, 비경쟁적 벤치마킹이 있다.
② 내부적 벤치마킹은 자료 수집이 용이하지만, 편중된 내부 시각에 대한 우려가 있다.
③ 직접 방문하여 수행하며 정확도와 지속가능성이 높은 경쟁적 벤치마킹이 있다.
④ 간접적 벤치마킹은 혁신적인 아이디어 창출의 가능성이 높다.
⑤ 대상의 적대적인 태도로 인해 자료 수집이 어려운 글로벌 벤치마킹이 있다.

## 32 다음 글을 참고할 때 지식재산권에 대한 설명으로 가장 적절하지 않은 설명은?

> 단계적 일상회복에 대한 기대감으로 화장품에 대한 관심과 수요가 폭증함에 따라, 소비자 피해를 예방하기 위하여 지난 3월부터 6주간 화장품 지식재산권 허위표시 집중 단속을 실시하였다고 밝혔다. 이번 단속에서는 주요 오픈마켓에서 판매 중인 화장품 전반을 대상으로 특허 · 디자인 등 지식재산권 표시 · 광고 현황을 점검하였고, 점검 결과 31개 제품에서 672건의 허위표시를 적발하였다. 적발된 허위표시 유형을 살펴보면, ▲지식재산권 명칭을 잘못 표시한 경우 274건 ▲권리소멸 이후에도 유효한 권리로 표시한 경우 230건 ▲존재하지 않는 권리를 표시한 경우 167건 ▲등록 거절된 번호를 표시한 경우 1건으로 나타나, 여전히 특허와 디자인 · 실용신안 · 상표를 구분하지 못하고 지재권 명칭을 혼동하여 잘못 표시한 경우가 많은 것으로 파악되었다.
>
> 출처 : 특허청

① 실체가 없는 기술상품으로 세계적인 상품으로 전파될 수 있다.
② 지식재산권을 활용하여 다국적 기업화가 이루어지고 있다.
③ 지식재산권은 어떤 상품의 사용방법을 설명해 놓은 사용 지침서이다.
④ 지식재산권을 많이 확보하여 국가 산업발전 및 경쟁력을 결정짓는 산업자본이다.
⑤ 지식재산권에는 산업재산권, 저작권, 신지식 재산권으로 분류한다.

## 33 다음 글은 산업재산권의 종류 중 상표출원 사례이다. 주어진 글의 내용과 일치하지 않는 것은?

> 1인 가구 증가, 고령화 가속화 등으로 반려동물을 키우는 사람이 증가함에 따라 반려 용품 시장이 커지고 있다. 이에 가전업계는 앞다퉈 '펫가전'을 내놓으며 경쟁에 사활을 걸고 있다. 반려동물용 가전제품 상표출원이 최근 5년간('17~'21) 연평균 13%로 꾸준히 증가한 것으로 나타났으며 이러한 증가요인으로는 반려동물 양육인구가 증가하며, 사람과 동물의 밀접해진 공존 · 공생 추세가 가전제품에도 반영되었기 때문으로 해석된다. 출원인별로 살펴보면, 법인은 '17년 2,440건에서 '21년 3,918건으로 연평균 13% 증가한 한편, 개인은 '17년 1,156건에서 '21년 2,023건으로 15% 증가한 것으로 조사되었다. 전체 점유율은 개인(35.1%)이 법인(64.8%)보다 적었으나, 연평균 증가율은 개인(15%)이 법인(13%)보다 더 높은 것으로 나타났다. 주요상품별로 살펴보면, 전기식 욕조가 연평균 18%로 가장 크게 증가하였으며, 그 다음으로 살균장치 17%, 모발건조기 16%, 정수기 16%, 온수기 14%, 공기청정기 13%, 사료 건조장치 12% 순으로 나타났다. 상표출원 비중은 공기청정기 21,750건(37.0%), 살균장치 12,282건(20.9%), 온수기 8,184건(13.9%), 정수기 6,879건(11.7%), 전기식 욕조 5,185건(8.8%), 모발건조기 3,825건(6.5%), 사료 건조장치 630건(1.1%) 순으로 나타났다. 이로 인해, 공기 중 날리는 털과 냄새 제거를 위한 '공기청정기' 상표를 가장 많이 출원하는 것으로 볼 수 있다.
>
> 출처 : 특허청

① 반려동물용 가전제품 상표출원이 5년간 연평균 13%로 꾸준히 증가했다.
② 1인 가구 증가, 고령화 가속화로 인해 반려동물을 키우는 사람이 증가하였다.
③ 주요 상품 중에 전기식 욕조가 연평균 가장 크게 증가하였다.
④ 공기 중 날리는 털과 냄새 제거를 위한 공기청정기가 상표를 가장 많이 출원했다.
⑤ 연평균 증가율은 법인이 개인보다 더 높은 것으로 나타났다.

[34~35] **다음은 식기세척기 사용설명서이다. 내용을 보고 다음 물음에 답하시오.**

| 증상 | 확인/조치 |
|---|---|
| 시작이 안돼요!<br>(식기세척기가 작동하지 않습니다.) | • 상단 식기 바구니가 노즐과 제대로 결합되어 있는지 확인하세요.<br>• 식기세척기 문을 닫기 전에 [시작] 버튼을 눌러주세요.<br>• 식기세척기에 전원이 켜져 있고 식기세척기 문을 완전히 닫았는지 확인하세요.<br>• 전원 플러그가 잘 끼워져 있는지 확인하세요.<br>• 급수관이 제대로 연결되어 있고 제대로 급수되고 있는지 확인하세요.<br>• 어린이 보호 기능이 실행되고 있는지 확인하세요.<br>• 누전 차단기가 ON으로 되어 있는지 확인하세요. |
| 악취가 나요! | • 사용설명서의 '청소 및 관리하기'를 참조해 필터를 청소하세요.<br>– 코스를 제대로 마치지 않은 경우 물이 남아 있을 수 있습니다.<br>• 그릇을 넣지 않은 상태에서 세제를 추가하고 강력 코스를 실행해 식기세척기를 청소해 주세요.<br>• 배수관이 막혀 있는지 확인하세요.<br>– 식기세척기를 자주 사용하지 않거나 오랫동안 더러운 그릇을 식기세척기 안에 방치했을 경우 악취가 발생할 수 있습니다.<br>• 식기세척기 내부를 비우고 세제를 넣지 않은 상태에서 하단 식기 바구니에 식초를 채운 작은 그릇을 놓은 후 강력 코스를 실행하세요. |
| 코스를 마친 후에도 물이 남아 있어요! | 배수관이 접혀있거나 막혀 있는지 확인하세요. |
| 소음이 커요! | • 식기세척기의 수평이 맞는지 확인하세요.<br>• 식기의 배열 상태에 따라 소음이 발생할 수 있습니다.<br>• 사용설명서의 '그릇 넣고 사용하기'를 참고하세요.<br>• 초기 단계에 배수 펌프가 작동할 때 소리가 납니다. 정상입니다.<br>• 펌프 챔버에 이물질(나사, 플라스틱 조각 등)이 있는지 확인하세요.<br>• 작은 물건들이 바구니 아래로 떨어져 있는지 확인하세요.<br>• 식기세척기를 자주 사용하지 않는 경우 모터에서 '웅웅' 소리가 날 수 있습니다. |
| 그릇이 잘 건조되지 않아요! | • 세제통에 린스량을 확인하세요. 세제통을 확인한 다음 린스를 보충하고 린스 설정을 확인하세요.<br>• 린스를 사용하지 않았거나 린스가 포함되지 않은 세제를 사용했는지 확인하세요.<br>• 린스를 사용하거나 고온 헹굼 옵션을 선택하세요.<br>• 바닥이 오목한 유리잔과 컵에는 물이 고이므로 꺼낼 때 고여있던 물이 흘러내리게 됩니다. 코스가 끝나면 하단 식기 바구니의 그릇을 먼저 꺼낸 다음 상단 식기 바구니의 그릇을 꺼내세요. 그러면 상단 식기 바구니의 그릇에 고인 물이 하단 식기 바구니의 그릇 위로 떨어지지 않습니다. |

**34** **다음 중 식기세척기에서 소리가 날 때 확인해야 할 사항으로 옳은 것은?**

① 배수관이 막혀 있는지 확인한다.
② 전원 플러그가 잘 끼워져 있는지 확인한다.
③ 세제통에 린스량을 확인한다.
④ 식기세척기의 수평이 맞는지 확인한다.
⑤ 어린이 보호 기능이 실행되어 있는지 확인한다.

**35** 다음은 식기세척기의 코스 표이다. 코스 표에 대한 설명으로 옳지 않은 것은?

| 코스명 | 자동 | 표준 | 강력 | 섬세 | 급속 | 헹굼 건조 |
|---|---|---|---|---|---|---|
| 식기 오염 정도 | 매우 적음 – 많음 | 보통 | 많음 | 적음 | 보통 | 적음 |
| 세척 순서 | 애벌 세척 → 본세척 → 헹굼 → 온수 헹굼 → 건조 → 완료 | 본세척 → 헹굼 → 온수 헹굼 → 건조 → 완료 | 애벌 세척 → 본세척 → 헹굼 → 온수 헹굼 → 건조 → 완료 | 애벌 세척 → 본세척 → 헹굼 → 온수 헹굼 → 건조 → 완료 | 본세척 → 헹굼 → 온수 헹굼 → 완료 | 온수 헹굼 → 건조 → 완료 |
| 물 소비량(L) | 9.5~13 | 12.4 | 15.8 | 15.8 | 9.4 | 3 |
| 최대 온도(℃) | 65 | 60 | 65 | 60 | 60 | 60 |
| 코스 시간(분) | 150 | 97 | 133 | 96 | 44 | 53 |

① 식기 오염이 많고 최대 온도가 65℃, 시간이 133분일 때의 코스는 강력이다.
② 코스가 섬세일 때의 세척 순서는 애벌 세척 → 본세척 → 헹굼 → 온수 헹굼 → 건조 → 완료이다.
③ 표준 코스의 물 소비량은 12.4L이다.
④ 코스 표준과 강력의 시간 차이는 36분이다.
⑤ 최대 물 소비량과 최소 물 소비량의 차이는 6.4L이다.

**36** 조해리의 창은 타인과 관계 맺는 과정에서 내가 생각하는 나는 어떤 사람인지, 타인에게 나는 어떤 사람으로 인식되는지 알 수 있는 자료이다. 〈보기〉에서 조해리의 창에 대한 설명으로 옳지 않은 것은?

〈보기〉
㉮ 보이지 않는 자아는 타인은 내가 어떤 사람인지 알고 있는데 자신은 모르는 모습이다.
㉯ 알 수 없는 자아는 타인과의 교류가 불편하거나 소통을 거부하는 자아이다.
㉰ 열린 자아는 나도 알고 남도 아는 자신의 모습이다.
㉱ 현대인들에게 많은 유형으로 자신이 노출되는 것을 꺼리는 보이지 않는 자아가 있다.
㉲ 효과적인 의사소통을 위해서는 보이지 않는 자아를 넓혀 가야 한다.

① ㉮, ㉲
② ㉯, ㉰
③ ㉰, ㉱
④ ㉱, ㉲
⑤ ㉮, ㉯

**37** **생산관리팀에서 일하는 영진 씨는 업무 성과가 우수한 사원이다. 다음 내용에서 업무수행성과를 향상시키기 위한 방법으로 틀린 것은?**

> 어느 회사 생산관리팀에서 일하는 영진 씨는 생산 공장에서 부품들이 잘 조립되어 나오는지 확인하고 오류가 있는 부품이 있는지 없는지 확인하는 일을 한다. 영진 씨는 속한 회사나 팀의 업무 지침을 잘 지키며 업무수행능력을 인정받는 회사원이다.
>
> • 영진 씨는 매일 아침 해야 할 일을 체크하며 중요한 일부터 처리해 나간다. 짧은 시간 안에 업무를 처리해야 하므로 비슷한 일과 같은 곳을 반복해서 가지 않도록 한꺼번에 처리한다.
>
> • 오랜 시간 해오던 일이라 어떠한 문제가 생기면 창의적인 방법보다는 습관적으로 하던 일로 문제를 해결하고, 다른 사람들과 똑같이 문제를 해결한다.
>
> • 회사 내에서, 팀에서 인정받는 영진 씨는 상사인 윤지 씨를 롤모델로 삼아 윤지 씨가 어떻게 하는지를 유심히 살펴보고 그에 따라 행동하며 업무 수행 성과를 내기도 한다.

① 영진 씨는 일을 미루지 않는다.
② 비슷한 성질을 가진 업무끼리 한꺼번에 처리한다.
③ 어떠한 문제가 있을 때 습관적인 방법으로 문제를 해결한다.
④ 영진 씨가 속한 회사와 팀의 업무 지침을 잘 지킨다.
⑤ 영진 씨에게는 롤모델인 윤지 씨가 있다.

**38** **어느 회사 영업부 팀장은 직원들과 자신을 브랜드화하기 위한 노력과 자신을 다른 사람에게 알리는 방법에 대해서 논의하고 있다. 다음에 이어질 가장 적절한 대화 내용은?**

> • 팀장 : 자신을 브랜드화하기 위해서는 다른 사람과는 다른 차별성이 필요합니다.
> • A 사원 : 자신의 긍정적인 마인드와 다른 사람과 친밀한 관계를 갖도록 노력해야 합니다.
> • B 사원 : 다른 사람보다 앞서 나가며, 구별되는 능력을 키우고 자기개발을 하도록 노력해야 합니다.
> • C 사원 : 시간 약속을 잘 지키며, 자신이 할 수 있는 일에 성과를 낼 수 있도록 노력해야 합니다.
> • 팀장 : 이러한 노력들이 있지만, 자신을 다른 사람에게 알리는 방법에는 어떤 것들이 있습니까?
> • D 사원 : 자신의 블로그를 통해 자신을 다른 사람에게 알릴 수 있습니다.

① C 사원 : 소속된 동호회 홈페이지를 다른 사람에게 알립니다.
② B 사원 : 자신만의 차별화된 명함을 만들어 다른 사람에게 알립니다.
③ A 사원 : 회사 경력을 포트폴리오로 만듭니다.
④ B 사원 : 소속된 동호회에 동호회 수상경력을 알립니다.
⑤ D 사원 : SNS를 통해서 자신이 다니고 있는 회사를 알립니다.

## 39 다음 글을 참고하였을 때, 경력개발의 다양한 이슈로 적절하지 않은 내용은?

> 통계청의 인구추계에 의하면 20~29세 인구는 1990년 이후 지속적으로 감소 추세를 유지하다가 2010년 이후 일시적으로 증가세로 반전됐는데, 이는 베이비붐 세대의 자녀인 1991~1996년생이 20대 집단에 속하게 되는 기간이 바로 2010~2020년에 해당하기 때문이다. 이러한 인구 변화는 청년노동의 공급을 확대해 청년 실업을 증가시키는 요인으로 작용할 수 있다.
>
> 우리나라의 경제활동 참가율은 20~29세를 비롯한 모든 연령층에서 꾸준히 상승했는데, 이는 주로 여성들의 경제활동 참가가 확대된 데 기인한다. 경제활동 참가율의 상승은 인구 증가와 마찬가지로 노동 공급을 확대함으로써 실업률을 높이는 작용을 할 수 있다. 반면 청년노동에 대한 수요는 경제성장률의 하락과 더불어 둔화됐을 수 있다. 노동시장에서 기업은 경기 호황기에는 신규 채용을 늘리고 불황기에는 신규 채용을 줄이는 식으로 움직이는데, 신규 채용의 주된 대상은 청년층이다. 일자리 탐색이론(Job-searching Theory)에 의하면 우리나라의 경우 학력 인플레와 노동시장 양극화가 중요한 요인으로 작용할 수 있다. 우리나라의 노동시장이 양질의 일자리(대기업)와 여타 일자리(중소기업)로 나뉘어 있으며 대졸자는 우선 양질의 일자리부터 탐색한다고 하자. 이 경우 학력 인플레로 대졸자의 비중이 높아지거나 일자리 양극화로 양질의 일자리와 여타 일자리 간의 임금 격차가 커진다면, 더 많은 고학력 개인들이 양질의 일자리를 구하기 위해 지원할 것이며 각 개인이 실제로 채용될 확률은 낮아지게 될 것이다. 또한 전체 일자리에서 대기업 일자리가 차지하는 비중이 작을 때에도 당연히 각 개인의 채용 확률은 낮아지게 된다.
>
> 출처 : KDI 경제정보센터

① 2개 이상의 직업을 가지는 사람이 늘고 있다.
② 인터넷을 통해 시간이나 공간에 제약이 없는 창업이 증가하고 있다.
③ 프리랜서, 계약근로자 같은 독립 근로 형태로 노동방식이 변화되고 있다.
④ 경기 침체로 인해 청년 실업이 증가되고 있다.
⑤ 경기 침체로 인해 일과 생활의 균형이 무너지고 있으며 생활보다는 일에 대한 체계가 비중이 커지고 있다.

## 40 경력 단계는 직업 선택, 조직 입사, 경력 초기, 경력 중기, 경력 말기로 나누어 볼 수 있다. 경력 단계에 따른 설명으로 옳지 않은 것은?

① 매일의 반복적인 일상에 따분함을 느끼기도 하고, 생산성을 유지하는 데 어려움을 겪는 단계가 경력 중기이다.
② 직업 선택은 자신에게 적합한 직업이 무엇인지 탐색하고 능력을 키워나가는 과정이며, 사람에 따라서 여러 번 일어날 수도 있다.
③ 조직 입사는 자신이 선택한 경력 분야에 원하는 조직에 입사하는 단계이다.
④ 현재의 경력과 관계없이 관련 없는 다른 직업으로 이동하는 변화가 일어나는 단계가 경력 말기이다.
⑤ 경력 말기는 경력 중기에 경험했던 새로운 환경 변화에 대처하는 데 어려움을 겪는다.

## 41 다음의 내용에서 설명하는 기술은?

4차 산업혁명과 인공지능(AI) 시대에 사람들의 감춰진 감정을 인식하고 교감하는 기술이 빠르게 발전하고 있다. 감성 데이터를 수집해 분석하는 것인데, 사람의 얼굴, 음성, 신체 동작, 생체 신호 등을 통해 객관적인 감성 정보를 수치적으로 해석하는 기술이며, AI 기반으로 추상적 감성 정보를 보다 신뢰성 높은 데이터로 얻을 수 있다.

이 기술의 가장 핵심적 역할은 주어진 환경 조건에서 사람이 감정을 표현하지 않더라도 자동으로 인식해 실시간 개인 맞춤형 환경을 제공해 주는 것이다. 또한 본인도 정의 내릴 수 없는 애매한 감정을 인식해 가장 편안한 상태로 만들어주는 역할을 한다. 한 연구에 따르면 2022년 236억 달러에서 2027년 433억 달러 규모로 성장할 것으로 예측된다. 이전부터 드러나지 않은 마음을 알기 위한 기술이 개발되어왔지만, AI로 인해 이전에 경험해 보지 못한, 새롭게 변화될 사회적 환경과 라이프스타일이 예측되면서 더욱 중요해졌다.

이미 미래 핵심기술들은 다른 차원의 라이프스타일을 이끌고 있고, 운전자의 상태나 졸음 등을 판단 및 대응하는 기술, 로봇 사용자의 감정과 상태를 파악해 교감하는 기술이 상용화됐다. 4차 산업혁명이 가속화되고 있음을 고려하면, 감성 인식 분야의 인력 수요가 증가하고 적용될 산업 분야도 지속적으로 확장될 것이다. 제품 및 서비스와 사용자 간 적절한 상호작용을 위해 미래 모빌리티, 의료 · 헬스케어, 로봇, 교육, 디지털 트윈 등의 분야에서 구축 및 활용되고 있다. 이 기술의 주요 방법으로 얼굴 표정, 음성, 자세 · 동작 · 제스처 인식에 AI를 활용해 정확도를 높이고, 그 외에 뇌파, 피부 온도, 땀 분비, 심전도, 시선 추적(Eye tracking) 등을 활용할 수 있다. 특히 미래 모빌리티 분야에서 다양한 서비스 영역을 확장하고 있다.

출처 : KDI 경제정보센터

① 빅데이터
② 인공지능
③ 사물인터넷(IoT)
④ 자율 주행 기술
⑤ 감성 인식 기술

**42** 다음은 전자상거래법에 대한 일부이다. 전자상거래법에 따른 내용으로 옳지 않은 설명은?

**제1조(목적)**
이 법은 전자상거래 및 통신판매 등에 의한 재화 또는 용역의 공정한 거래에 관한 사항을 규정함으로써 소비자의 권익을 보호하고 시장의 신뢰도를 높여 국민경제의 건전한 발전에 이바지함을 목적으로 한다. [전문개정 2012.2.17.] [시행일 2012.8.18.]

**제2조(정의)**
이 법에서 사용하는 용어의 뜻은 다음과 같다. [개정 2012.6.1. 제11461호(전자문서 및 전자거래 기본법)] [시행일 2012.9.2.]
1. "전자상거래"란 전자거래(「전자문서 및 전자거래 기본법」 제2조 제5호에 따른 전자거래를 말한다. 이하 같다)의 방법으로 상행위(商行爲)를 하는 것을 말한다.
2. "통신판매"란 우편 · 전기통신, 그 밖에 총리령으로 정하는 방법으로 재화 또는 용역(일정한 시설을 이용하거나 용역을 제공받을 수 있는 권리를 포함한다. 이하 같다)의 판매에 관한 정보를 제공하고 소비자의 청약을 받아 재화 또는 용역(이하 "재화 등"이라 한다)을 판매하는 것을 말한다. 다만, 「방문판매 등에 관한 법률」 제2조 제3호에 따른 전화 권유 판매는 통신판매의 범위에서 제외한다.
3. "통신판매업자"란 통신판매를 업(業)으로 하는 자 또는 그와의 약정에 따라 통신판매업무를 수행하는 자를 말한다.
4. "통신판매중개"란 사이버몰(컴퓨터 등과 정보통신설비를 이용하여 재화 등을 거래할 수 있도록 설정된 가상의 영업장을 말한다. 이하 같다)의 이용을 허락하거나 그 밖에 총리령으로 정하는 방법으로 거래 당사자 간의 통신판매를 알선하는 행위를 말한다.
5. "소비자"란 다음 각 목의 어느 하나에 해당하는 자를 말한다.
   가. 사업자가 제공하는 재화등을 소비생활을 위하여 사용(이용을 포함한다. 이하 같다)하는 자
   나. 가목 외의 자로서 사실상 가목의 자와 같은 지위 및 거래조건으로 거래하는 자 등 대통령령으로 정하는 자
6. "사업자"란 물품을 제조(가공 또는 포장을 포함한다. 이하 같다) · 수입 · 판매하거나 용역을 제공하는 자를 말한다.

① 통신판매를 업으로 하는 자 또는 약정에 따라 통신판매업무를 수행하는 자를 통신판매업자라 한다.
② 물품을 제조, 수입, 판매하거나 용역을 제공하는 자를 사업자라 한다.
③ 전화 권유 판매도 통신판매에 해당된다.
④ 소비자의 권익을 보호하고 국민경제의 건전한 발전에 이바지함을 목적으로 한다.
⑤ 전자거래의 방법으로 상행위하는 것을 전자상거래라 한다.

## 43 다음 글은 기계 학습에 대한 설명이다. 글의 내용과 일치하지 않는 것은?

기계 학습(Machine Learning)은 구글, 애플, 마이크로소프트(MS), 아마존 등 내로라하는 글로벌 정보기술(IT) 업체들이 최근 가장 공격적으로 투자하고 있는 기술이다. 음성 기반 디지털 비서 서비스, 무인차, 개인 맞춤형 추천 서비스 등 트렌드를 이끄는 서비스 뒷면에는 기계 학습 기술이 적용되기 때문이다.

기계 학습은 컴퓨터가 데이터를 기반으로 스스로 학습해 데이터에서 특정 패턴을 찾아내고 앞으로도 이런 패턴이 이어질 것으로 예측하거나, 새로운 데이터에서 동일한 패턴을 인식하는 기술이다.

컴퓨터가 어떻게 스스로 패턴을 찾아낼까? 수많은 점이 찍힌 칠판이 있다고 생각해 보자. 이 점들이 데이터값이다. 점들 사이 간격을 최소화하는 지점을 찾아 연결하면 어떤 형태의 사인 그래프를 그려볼 수 있다. 패턴을 발견한 것이다. 이렇게 수많은 데이터에서 패턴을 찾으면 크게 두 가지 방향으로 활용할 수 있다.

첫째는 이 패턴이 앞으로도 유사하게 이어질 것이라고 '예측'할 수 있다. 예컨대 어떤 주식 종목의 주가 데이터가 오랫동안 쌓이면 일정한 점들로 표현할 수 있는데 점 사이의 평균을 내 선의 형태를 알게 되면 앞으로 이 종목의 주가 추이를 예측해 볼 수 있는 것이다.

어떤 새로운 데이터가 들어왔을 때 기존에 알고 있던 패턴과 유사한지 비교해 매칭시키는 것도 가능하다. 무인차가 도로와 사람, 횡단보도, 나무 등 주변 환경을 인식하고 그에 맞춰 운전할 수 있는 것도 기존에 도로나 사람이 어떻게 생겼는지 학습했기 때문에 카메라로 새로운 이미지 데이터를 받아들였을 때 구분해 낼 수 있는 것이다.

컴퓨터가 스스로 학습하기 위해선 교재라 할 수 있는 엄청난 양의 데이터가 필요하고 또 그 데이터를 처리할 수 있는 컴퓨팅 성능이 뒷받침되어야 한다. 다양한 소스에서 데이터가 쏟아져 나오고 이를 처리할 수 있는 컴퓨팅 기술이 발전하면서, 즉 빅데이터 시대가 도래하면서 기계 학습이 꽃을 피울 수 있는 환경이 마련된 것이다.

우리가 사용하고 있는 서비스 중 알게 모르게 기계 학습이 적용된 것이 이미 많다. '시리' 같은 음성인식 서비스가 대표적이고 구글포토 같은 사진 보관 및 자동 분류 서비스도 기계 학습 기술이 핵심이다. 구글포토는 이렇게 모인 수백, 수천 장의 사진을 쉽게 정리하는 데 강점을 가지고 있다. 물론 사진 파일에는 메타 데이터가 있기 때문에 촬영 장소나 시간별로 분류하는 것은 어렵지 않다. 놀라운 것은 사진에 있는 피사체를 분석해 개, 꽃, 자전거, 식품, 경기장같이 자동으로 카테고리를 분류해주는 기능이다. 사용자가 원하는 키워드를 입력하면 사진을 검색할 수도 있게 만들었다. 예컨대 '강아지'라고 검색하면 자신의 애견사진만 쭉 골라서 볼 수 있다. 구글이 수년간 발전시켜 오고 있는 기계 학습 기술을 이용한 결과다.

출처 : KDI 경제정보센터

① 기계 학습이 적용된 구글포토는 자동으로 카테고리를 분류해주는 기능이 있다.
② 기계 학습은 정보기술(IT) 업체들이 가장 공격적으로 투자하고 있는 기술이다.
③ 데이터값의 점들 사이의 간격을 최소화하여 지점을 찾아 연결하면 패턴을 발견할 수 있다.
④ 새로운 데이터가 들어왔을 때 기존에 패턴과 비교해 매칭시키는 것이 불가능하다.
⑤ 패턴을 찾으면 유사하게 이어질 것이라는 예측을 할 수 있다.

**44** **스프레드시트에서 수식 오류값에 대한 설명으로 옳지 않은 설명은?**

① #N/A는 수식에서 잘못된 값으로 연산을 하거나 함수에서 결과값을 찾지 못하는 경우 나타난다.
② ###은 데이터를 셀에 모두 표시할 수 없는 경우에 나타난다.
③ #DIV/0!는 0으로 나누기 연산을 하는 경우에 나타난다.
④ #REF는 셀 참조 사용을 잘못하는 경우에 나타난다.
⑤ #VALUE!는 숫자가 필요한 셀에 잘못된 값을 입력하는 경우에 나타난다.

**45** **다음 〈보기〉는 정적 정보와 동적 정보에 관한 내용이다. 〈보기〉 중 동적 정보에 해당하는 것만 묶은 것은?**

〈보기〉

㉮ 신문, 텔레비전의 뉴스는 상황에 따라 변한다.
㉯ 유통기한이 있어 적절하게 수집, 관리, 활용해야 한다.
㉰ 잡지, 책에 있는 정보는 보존되어 멈추어 있다.
㉱ CD-ROM이나 USB 등에 수록된 영상정보는 일정한 형태로 보존된다.

① ㉮, ㉱
② ㉯, ㉱
③ ㉯, ㉰
④ ㉮, ㉯
⑤ ㉰, ㉱

**46** 다음은 직업의 5가지 속성에 대한 설명이다. ㉠~㉤에 들어갈 용어를 차례대로 알맞게 나열한 것은?

• ( ㉠ ): 매일, 매주, 매월 등 주기적으로 일하거나, 계절 또는 명확한 주기 없이도 계속 행해지며, 현재 하는 일을 계속할 의지와 가능성이 있어야 함
• ( ㉡ ): 경제적 거래 관계가 성립되어야 함
• ( ㉢ ): 비윤리적 영리 행위나 반사회적 활동을 통한 경제적 이윤추구는 직업 활동으로 인정되지 않음
• ( ㉣ ): 모든 직업 활동이 사회공동체적 맥락에서 의미 있어야 함
• ( ㉤ ): 속박된 상태에서의 제반 활동은 경제성이나 계속성의 여부와 상관없이 직업으로 보지 않음

| | ㉠ | ㉡ | ㉢ | ㉣ | ㉤ |
|---|---|---|---|---|---|
| ① | 사회성 | 자발성 | 계속성 | 경제성 | 윤리성 |
| ② | 윤리성 | 사회성 | 자발성 | 경제성 | 계속성 |
| ③ | 계속성 | 경제성 | 윤리성 | 사회성 | 자발성 |
| ④ | 경제성 | 윤리성 | 사회성 | 자발성 | 계속성 |
| ⑤ | 계속성 | 경제성 | 윤리성 | 자발성 | 사회성 |

**47** **다음은 ○○공사에서 고객 접점 서비스에 대한 교육을 진행하였다. 〈보기〉와 같이 교육의 내용을 이해했을 때, 잘못 이해한 사람은?**

〈 고객 접점 서비스(MOT : Moment Of Truth) 〉

고객 접점 서비스란 고객과 서비스 직원 사이의 15초 동안의 짧은 순간에서 이루어지는 서비스로서 이 순간을 진실의 순간(MOT : Moment Of Truth) 또는 결정적 순간이라고 했다. 이 15초 동안에 고객 접점에 있는 최일선 서비스 직원이 책임과 권한을 가지고 우리 기업을 선택한 것이 가장 좋은 선택이었다는 사실을 고객에게 입증시켜야 한다는 것이다. 즉 '결정적 순간'이란 고객이 기업이 조직의 어떤 한 측면과 접촉하는 순간이며, 그 서비스의 품질에 관하여 무언가 인상을 얻을 수 있는 순간이다. 따라서 고객이 서비스를 받거나 그와 관련된 상품을 구매하기 위해서는 들어올 때부터 나갈 때까지 여러 접점의 서비스 직원과 몇 번의 짧은 순간을 경험하게 되는데, 그때마다 서비스 직원은 모든 역량을 동원하여 고객을 만족시켜 주어야 한다는 것이다.

〈 보기 〉

영진 : 우리 공사에 방문하는 고객에게 좋은 인상을 주기 위해 첫인상을 좌우할 수 있는 용모와 복장을 깔끔하고 단정하게 관리해야 한다.

성현 : 고객 접점 서비스는 짧은 순간에 판단이 되므로, 고객과 마주하는 순간 최선을 다해야 한다.

최영 : 고객이 공사의 입구에 들어올 때부터 나갈 때까지 직원과 만나게 되는 접점에서 좋은 서비스를 경험할 수 있도록 해야 한다.

서영 : 고객과 서비스 직원 사이에 이루어지는 서비스 접점은 고객이 받은 서비스와 관련된 인상을 받는 순간이므로 자신이 맡은 접점에서 친절한 서비스를 실천해야 한다.

빛나 : 고객 서비스는 계속 더해지고 쌓이는 덧셈의 법칙이 적용되므로 고객에게 매 순간 만족을 주어 지속적으로 서비스를 더해가야 한다.

① 영진
② 성현
③ 최영
④ 서영
⑤ 빛나

**48** 다음의 〈보기〉는 개인윤리와 직업윤리가 조화로운 상황에 대한 설명이다. 아래 〈보기〉를 읽고, 옳은 설명을 모두 고른 것은?

> 〈보기〉
>
> ㉠ 수많은 사람이 관련되어 고도화된 공동의 협력을 요구하므로 맡은 역할에 대한 책임 완수가 필요하다.
> ㉡ 특수한 직무 상황에서는 개인적인 덕목 차원의 일반적인 상식과 기준으로 처리해야 한다.
> ㉢ 규모가 큰 공동의 재산과 정보 등을 개인의 권한 아래에서 위임 또는 관리하므로 높은 윤리의식이 요구된다.
> ㉣ 업무상 개인의 판단과 행동이 사회적 영향력이 큰 기업시스템을 통하여 다수의 이해관계자와 관련을 맺게 된다.
> ㉤ 직장이라는 특수한 상황에서 갖는 집단적 인간관계는 가족관계나 개인적 선호에 의한 친분 관계와는 다른 측면의 배려가 요구된다.
> ㉥ 개인윤리를 바탕으로 직업윤리가 성립되므로 언제나 개인윤리가 우선시된다.

① ㉠, ㉡, ㉢, ㉣
② ㉠, ㉢, ㉤, ㉥
③ ㉠, ㉢, ㉣, ㉤
④ ㉠, ㉡, ㉣, ㉤, ㉥
⑤ ㉠, ㉡, ㉢, ㉣, ㉤, ㉥

**49** **다음은 ○○공사에 입사한 신입 사원에게 직장에서 가장 기본이 되는 인사예절에 대해서 알려주고 있다. 함께 근무하는 동료 및 상사가 인사예절이 미숙한 신입 사원에게 ㉠~㉤중 적절하게 조언을 한 것은?**

> ㉠ 김 대리 : 고객을 만날 때는 보통의 인사로 30도 정도 숙이면서 밝게 "안녕하세요." 인사말을 하며 인사를 나누면 됩니다.
> ㉡ 이 부장 : 같은 사람을 하루에 여러 번 만나도 30도 정도 숙여서 인사를 하시면 됩니다.
> ㉢ 오 과장 : 공식 석상에서 사장님께 처음 인사를 할 때는 정중한 인사인 정중례로 인사합니다.
> ㉣ 정 사원 : 일을 함께 도와준 동료에게 감사의 표시로 45도 정도 숙여서 정중한 인사를 합니다.
> ㉤ 최 주임 : 여러 번 마주친 어른이나 상사에게는 항상 공손하게 45도로 숙여서 인사합니다.

① ㉠, ㉢ ② ㉡, ㉢ ③ ㉢, ㉣ ④ ㉡, ㉣ ⑤ ㉠, ㉤

**50** **○○공사에서는 전 사원이 참석한 가운데 직장 내 괴롭힘 관련 예방 교육, 직장 내 성희롱 · 성폭력 예방 교육, 직장 내 장애인 인식개선 교육, 직장 내 개인정보보호 교육 등 법정의무 교육을 시행했다. 교육 때 사용된 아래의 자료에서 빈칸 ㉠에 들어갈 단어로 옳은 것은?**

> 1) 직장 내 (  ㉠  )
> 1. 행위자
> • 근로기준법 제2조 제1항 제2호에 따른 사용자가 행위자에 해당합니다.
> • 파견 근로의 경우, 파견사업주와 사용사업주 모두 해당 가능합니다.
> • 근로자도 행위자가 될 수 있으며, 피해자와 같은 사용자와 근로관계를 맺고 있는 근로자일 것이 원칙입니다.
> 2. 피해자
> 사업장 내의 모든 근로자가 해당됩니다.
> 3. 행위 장소
> 사내는 물론 외근 출장지, 회식, 기업행사, 사적 공간, 사내 메신저, SNS 등 온라인 공간의 경우에도 해당할 수 있습니다.
>
> ______ (후략) ______

① 성희롱 ② 성폭력 ③ 장애인 인식 개선
④ 개인정보보호 ⑤ 괴롭힘

# 정답 & 해설

차례

## PART 01 의사소통능력 p.1-34

| | | | | |
|---|---|---|---|---|
| 01 ③ | 02 ③ | 03 ④ | 04 ⑤ | 05 ④ |
| 06 ② | 07 ③ | 08 ④ | 09 ⑤ | 10 ⑤ |
| 11 ② | 12 ③ | 13 ② | 14 ② | 15 ③ |
| 16 ② | 17 ② | 18 ④ | 19 ⑤ | 20 ③ |
| 21 ④ | 22 ③ | 23 ③ | 24 ④ | 25 ③ |
| 26 ② | 27 ④ | 28 ④ | 29 ④ | 30 ① |
| 31 ② | 32 ④ | 33 ④ | 34 ③ | 35 ④ |

### 01 ③

ⓒ은 자기소개서에 관한 내용이다. 자기소개서(自己紹介書)는 자기를 소개하는 글을 말한다. 입시, 취업 혹은 아르바이트를 시작하기 위해 이력서와 함께 필요한 사실상의 필수 문서인데, 작성자 자신의 살아온 생애와 문제의식, 가치관, 삶의 태도 등을 어필함으로써 해당 회사 또는 대학에서 요구하는 조건들을 충족시켜 선택받도록 하는 도구이다.

### 02 ③

강 사원 : 각종 분야에서 사용하는 문서의 종류는 매우 다양한데, 다양한 문서를 얼마나 빨리 이해하여 업무에 적용하여 능숙하게 처리하느냐가 업무의 성과를 좌우한다. 그러므로 직장 생활에서 자신에게 필요한 문서가 무엇인지 파악하여 그에 요구되는 문서이해능력은 미리 준비하는 것이 매우 중요하다.

우 사원 : 문서이해능력은 타고나는 능력이 아니라 후천적인 노력으로 얼마든지 습득하여 활용할 수 있다.

### 03 ④

가영이와 다영이가 잘못 이해했으므로 나영, 은정, 병규가 내용을 제대로 이해한 것에 해당한다.

**오답 피하기**

가영 : 전자 제품을 구매할 때 소비자가 외관의 불량을 충분히 인지하지 못하고 구매해서 서비스를 요청하면 무료로 서비스를 받을 수 있다니 정말 다행인 것 같아. → (u) 진열 제품 구매 시 외관의 불량을 충분히 인지하지 못하고 구매 후 서비스를 요청한 경우에는 고객이 비용을 부담해야 한다. 가영이가 잘못 이해했다.

다영 : 낙뢰, 화재, 풍수해, 염해, 가스, 지진 등과 같은 천재지변에 의해 고장이 발생한 때 보험처리를 해주어서 무료로 서비스를 받을 수 있다니 참 좋은 제도인 것 같아. → (k) 낙뢰, 화재, 풍수해, 염해, 가스, 지진 등과 같은 천재지변에 의해 고장이 발생한 경우에도 비용을 내야 한다. 다영이도 잘못 이해했다.

### 04 ⑤

7호선이 아니라 2호선의 민원이 가장 많았고, 전년 대비 1~4호선 민원이 감소한 대신 5~8호선은 민원이 증가하였다.

### 05 ④

제7조 (안전보건관리 규정 작성 · 변경) ① 안전보건관리규정을 작성하거나 변경할 때에는 산업안전보건위원회의 심의 · 의결을 거쳐야 한다. 다만, 산업안전보건위원회가 설치되어 있지 아니한 경우에는 근로자 대표의 동의를 받아야 한다. (2021. 02. 25. 개정) ④ 안전보건관리규정을 작성 · 변경한 경우에는 반드시 사내 인트라넷, 게시판, 사무실 등에 게시하는 등의 방법으로 근로자들에게 알려야 한다.

**오답 피하기**

① 제11조 (안전보건 전담인력 보직) ② 사업소장이 안전보건담당부서 종사자를 보직하고자 할 때는 사전에 간부의 경우 안전담당 본부장의 승인, 직원의 경우 본사 안전보건주관부서의 협의를 거쳐야 한다.

② 제6조 (보고, 출석의 의무) 모든 근로자는 이 규정의 시행에 관하여 본사 및 사업소의 안전보건주관부서장의 요구가 있는 경우에는 지체없이 필요한 사항에 관하여 보고하거나 출석, 답변하여야 한다.

③ '중대재해'란 가. 사망자가 1인 이상 발생한 재해, 나. 3월 이상의 요양을 요하는 부상자가 동시에 2인 이상 발생한 재해, 다. 부상자 또는 직업성 질병자가 동시에 10인 이상 발생한 재해이다.

⑤ 제8조 (안전경영책임계획 수립 및 이행) ① 본사 안전보건주관부서장은 매년 12월 말까지 다음 연도 회사의 안전 및 보건에 관한 안전경영책임계획을 수립하여 이사회에 보고하고 승인을 받아야 하며 정부 주무 부처에 제출하여야 한다.

### 06 ②

야생동물통제관리소가 아니라 관할관청으로부터 허가를 취득하여야 한다(2.3.2 유해야생동물포획허가 : 공항의 항공기 안전을 확보하기 위하여 야생동물을 포획하기 위해서는 관할관청으로부터 기간, 지역, 인원, 방법에 대한 허가를 취득하여야 한다).

### 07 ③

결재권이 위임된 사항을 전결하는 경우에는 전결하는 사람의 서명란에 전결 표시를 한 후 서명하되, 서명하지 않는 사람의 서명란은 설치하지 않는다.

**더 알아보기**

- 기안문 : 기업활동 중 어떤 사항의 문제해결을 위해 해결 방안을 작성하여 결재권자에게 의사결정을 요청하는 문서로 서식의 구성항목에는 분류기호 및 문서번호, 기안자, 기안 일자, 수신기관, 발신, 보존 기간, 기안 제목, 기안내용 등이 있다. 기안은 의사를 결정하기 위하여 문서를 작성하여 결재를 올리는 것을 의미하므로 해당 업무를 담당하는 직급 등과 관계없이 기안처리를 할 수 있으며, 의사결정이 필요한 분야라면 언제든지 기안문을 작성할 수 있다.
- 서식 종류에는 결재기안문, 급여인상기안문, 내부기안문, 발주기안문, 인사발령기안문, 자금기안문, 지출기안문, 행사기안문 등이 있으며 기안문은 상급자의 결재를 목적으로 작성하는 문서이므로, 정확한 목적성을 띠고 있어야 하며 이해하기 쉽게 작성하여야 한다.

### 08 ④

김 사원 : 출처는 항상 정확히 밝히도록 한다.

권 사원 : 숫자는 아라비아 숫자로 작성하고 괄호 안에 숫자를 한글로도 기재하는데 원 뒤에 '정'까지 꼭 써야 한다는 것은 틀린 말이다(예전에는 썼지만, 요즘은 생략한다).

### 09 ⑤

㉠은 미래 여자 대학교(경력개발센터)로 바꾼다.
㉡은 2021. 8. 1.(월)~2021. 8. 31.(화)로 고치고 점을 생략하도록 한다.
㉢은 수요일(14:00~16:00), 금요일(15:00~17:00)로 바꾼다.
㉣은 금250,000원(금이십오만원)으로 바꾼다.

**더 알아보기**

**공문서 '끝' 쓰는 방법**

- 본문으로 끝났을 경우 : 1자(2타) 띄우고 표시
- 첨부물이 있는 경우 : 붙임 표시문 끝에 1자(2타) 띄우고 표시
- 본문 또는 붙임 표시문이 오른쪽 한계선에서 끝났을 경우 : 다음 줄의 왼쪽 기본선에서 1자(2타) 띄우고 표시

• 본문이 표로 끝나고 표의 마지막까지 작성된 경우 : 표 아래 왼쪽 한계선에서 1자(2타) 띄우고 표시
• 본문이 표로 끝나고 표의 중간에서 기재상황이 끝난 경우 : '끝'을 표시하지 않고 마지막으로 작성된 다음 칸에 '이하 빈칸'으로 표시

## 10 ⑤

오피니언 리더는 여론 주도층, 여론 주도자로 바꾸어 쓰도록 한다.

**오답 피하기**

| | |
|---|---|
| ① 클러스터 | 산학 협력지구/연합 지구/협력지구 |
| ② 차년도 | 다음 연도/다음 해 |
| ③ 우리의 목표는 조국통일에 있다 | 우리의 목표는 조국 통일이다 |
| ④ BI | 비아이(BI)/대표 이미지 |
| ⑤ 오피니언 리더 | 여론 수집자 |

①번 예시와 같은 영어는 우리말로 바꾸어 쓰도록 하고 ②번 예시의 한자어는 우리말로 바꾸어 쓰는 것이 원칙이다. ③번 예시와 같은 일본어 번역 투는 '~에 있다를 ~이다'로 바꾸어 사용하고 ④번 예시와 같은 영어는 우리말로 표현하거나 한글로 쓴 후 ( ) 안에 다시 한번 영어표현을 추가로 써서 이해를 돕도록 한다.

## 11 ②

첫째 예시글의 세 번째 문단에 '이번 공모의 심사기준은 내용의 충실성이다.'라는 내용이 나오므로 심사방법은 틀린 말이다.

## 12 ③

순수한 우리말인 '하나로'를 사용해야 한다. 일환이라는 어려운 한자어 대신에 국민이 쉽게 알 수 있는 단어를 사용한다.

**오답 피하기**

① 상대를 직접 부를 때는 직함이 뒤에 오지만, 소개할 때는 직함이 앞에 온다.
② 외국 문자 표기나 외국어는 일반 국민이 이해하기 어려우므로 한글이나 우리 말로 표현한다. 필요한 경우 괄호 안에 외국 문자를 표기할 수 있다. 정보기술(IT)
④ '여'는 앞말에 붙여 쓰고 단위를 나타내는 '개'는 앞말과 띄어쓴다. 단위를 나타내는 의존 명사는 앞말과 띄어 쓰나, '여'는 접사이므로 앞말과 붙여 사용한다.
⑤ '원 단위'가 한 단어가 아니므로 '원'과 '단위'를 각각 띄어 쓴다. (단어 단위로 띄어쓰기)

## 13 ②

의사소통을 위한 다양한 화법이 있다. 샌드위치 화법이란 칭찬의 말 + 질책의 말 + 격려의 말의 구조로 이야기하는 것을 말한다. 지문과 같이 마치 질책을 가운데에 두고 칭찬을 먼저 한 다음 끝에 격려의 말을 하는 방법이다. 샌드위치를 연상하면 쉽게 이해가 갈 것이다. 설득 화법, 회유 화법, 칭찬 화법, 압박 화법 등은 예시와 함께 익혀두면 좋다.

## 14 ②

경청을 효율적으로 하는 다양한 방법을 익힐 필요가 있다. 경청에 도움이 되는 요소는 예측하기, 나와 관련짓기, 반응하기, 요약하기, 질문하기이며 경청에 방해되는 요소는 짐작하기, 슬쩍 넘어가기, 조언하기, 대답할 말 준비하기 등이다.

(가) 나는 대화를 하는 동안 시간 간격이 있으면 다음에 상대방이 무엇을 말할 것인가를 추측하려고 노력하는 편이야. (예측하기)
(나) 난 상대방이 전달하려는 메시지가 무엇인가를 생각해 보고 내 삶이나 목적 혹은 내 경험과 관련지어 보는 편이야. (나와 관련짓기)
(다) 나는 상대방이 말한 것에 관해 이야기하고 질문을 던져 이해를 명확히 하고자 하는 편이야. (반응하기)
(라) 대화 도중에 주기적으로 대화의 내용을 요약하면 상대방이 전달하려는 메시지를 이해하고 그 사람의 생각과 정보를 예측하는 데 큰 도움이 되지. (요약하기)
(마) 질문을 하려고 하면, 경청을 적극적으로 하게 되고 집중력이 높아지는 편이야. (질문하기)

## 15 ③

경청에 도움이 되는 요소는 예측하기, 나와 관련짓기, 반응하기, 요약하기, 질문하기이며 경청에 방해되는 요소는 짐작하기, 슬쩍 넘어가기, 조언하기, 대답할 말 준비하기 등이다. 특히 예측하기와 짐작하기를 잘 구분할 필요가 있다.

영수 : 나는 대화를 하는 동안 시간 여유가 있으면 다음에 상대방이 무엇을 말할 것인가를 추측하려고 노력하는 편이야. (예측하기)
철수 : 나는 상대방의 말을 믿고 받아들이기보다 내 생각에 들어맞는 단서들을 찾아내 생각을 확인하는 편이야. (짐작하기)
영희 : 난 상대방이 전달하려는 메시지가 무엇인가를 생각해보고 내 삶이나 목적 혹은 내 경험과 관련지어 보는 편이야. (나와 관련짓기)
다원 : 나는 상대방이 말한 것에 관해 이야기하고 질문을 던져 명료하게 이해하고자 하는 편이야. (반응하기)
은구 : 난 대화가 너무 사적이거나 위협적이면 주제를 바꾸거나 농담으로 넘기려는 경향이 있어. (슬쩍 넘어가기)
민혜 : 대화 도중에 주기적으로 대화의 내용을 요약하면 상대방이 전달하려는 메시지를 이해하고 그 사람의 생각과 정보를 예측하는 데 큰 도움이 되지! (요약하기)
길수 : 난 다른 사람의 문제를 내가 해결해 주고자 하는 성향이 있는 편이야. (조언하기)
민혁 : 질문을 하려고 하면, 경청을 적극적으로 하게 되고 집중이 높아지는 편이야. (질문하기)
한나 : 나는 처음에는 상대방의 말을 듣고 있다가 곧 내가 다음에 할 말을 생각하느라 상대방이 말하는 것을 잘 듣지 않는 것 같아. (대답할 말 준비하기)

## 16 ②

영수 : 부정 승차를 하다 잘못하면 범법자가 될 수도 있겠네[형법 제 348조의 2 등에 따라 처벌받을 수 있습니다. 부정 승차 처벌 법령에 따르면 편의시설 부정 이용죄(형법 제348조의 2)에서는 3년 이하의 징역 또는 5백만 원 이하의 벌금 등으로 되어있습니다. 또한, 무임 승차 시에는 경범죄 처벌법 제3조 제1항 제39호에 의해 10만 원 이하의 벌금 등이 부과될 수 있다].
철수 : 승차권 없이 승차장으로 들어섰지만, 전철을 타지 않았다면 부정 승차는 아니겠지(부정 승차의 유형 중의 하나로 승차권 없이 전철을 이용하거나 승차장으로 들어선 경우도 부정 승차이다).
영희 : 손자가 어린이용 승차권이 있어 할아버지께 드렸고 할아버지는 그것을 이용했다고 하네. 이 경우 설마 부정 승차는 아니겠지(우대권의 경우 해당 우대권 대상 집단이 사용해야 한다).
다원 : 기본요금이 1,350원이면 부정 승차 적발 시 부가금으로 최소한 40,500원을 내야 하네(부가금은 기본요금 + 기본요금의 30배이므로 최소 41,850원이고, 소급 적용하는 경우 더 낼 수도 있다).
은구 : 과거까지 어떻게 알겠어. 소급 적용한다는 것이 말이나 돼? 공연히 해보는 소리겠지(부정 승차 모니터링 시스템에 발견되면 소급 적용한다).

**17 ②**

(나) 비록 조직 내 의사소통이지만 반드시 언어 또는 문서만으로 의사소통하는 것은 아니고 비언어적인 의사소통도 한다.

**18 ④**

(가) 세상은 비선형적으로 움직이는데 우리는 선형적인 사고를 하면서 살아왔다. 오감의 융합에 근거한 상상력이 최후를 맞이하게 되었다. 그러나 4차 산업혁명과 더불어 찾아온 디지털 시대가 되면서 다시 상황이 역전되고 있다(앞뒤의 상황이 바뀌고 있으므로 역접 접속사인 그러나가 적합하다).

(나) 본래 인간은 이, 목, 구, 비, 촉의 다양한 감각 능력을 복합적으로 처리하고 표출할 수 있는 존재이다. 그리고 새로운 디지털 미디어의 출현으로 이 같은 오감 능력이 시공간의 제약을 넘어 전달되고 또한 재현되고 있는 것이다(뒤의 문장은 앞의 문장과 같은 선상에서 기술되고 있으므로 순접 접속사인 그리고가 적합하다).

(다) 인간이 미디어를 발명한 것은 시공간을 초월해서 의사소통하기 위한 것이었다. 하지만 아날로그 미디어는 오감을 한꺼번에 저장하고 전달할 수 없었기 때문에 이것을 분리해서 각각 확장했다(뒤의 문장은 앞의 문장과 반대의 진술을 하므로 여기에 해당하는 하지만이 적합하다).

**19 ⑤**

(가) 학습 과정 없이 본능적으로 디지털기기를 사용하고 생활 속 깊이 디지털화되어 있어서 다른 소비자 세그먼트와 완전히 구분되는 디지털 라이프스타일을 가지고 있다. 반면 디지털 이민자는 디지털 네이티브처럼 태어나서부터 디지털화가 된 것이 아니라(앞부분은 디지털 네이티브의 특성을 설명하고 뒷부분은 디지털 이민자의 특성을 앞부분과 대조해가며 기술하고 있으므로 반면이 적합하다).

(나) 반면 출력해서 수정하면 디지털 이민자이다. 그리고 재미있는 인터넷 게시글을 보면 모니터로 사람들을 불러 모으거나, 스마트폰으로 사람들에게 보여주면 디지털 이민자이다(디지털 네이티브와 이민자의 특성을 대조하면서 기술하는 내용이 계속 이어지고 있다. 따라서 연결형인 그리고가 적합하다).

**20 ③**

거래 권유장 관련 이야기가 나오고 (　　) 이후에 상대방이 거래 권유장을 받는 것으로 나오므로 (　　)에는 전체 글의 흐름상 거래 권유장에 담아야 할 내용이 들어가는 것이 논리적이다. 글의 중앙에 들어갈 내용 찾기 혹은 글의 끝부분에 들어간 내용 찾기와 같은 문제는 들어갈 내용 찾기 전후의 맥락을 잘 살펴 내용을 추론하는 것이 필요하다.

**21 ④**

문장 전체의 맥락에서 들어갈 적절한 단어를 찾는 것이 중요하다. 물품 취급(혹은 판매도 가능), 목표시장(목적시장이라는 용어는 사용하지 않음), 서류를 수취(받음), 조회에 대해 회신, 청약과 승낙이다.

**22 ③**

보기의 내용을 보면 지자체로 정책이 이관되면서 빈집 정책의 한계점을 기술함과 동시에 시사점을 도출하고 있다. 또한, 목차의 전체적인 구성을 보아서도 진단하는 내용이 들어가야 논리적이다.

**23 ③**

사례를 찾을 수 있으나 일부에 불과하다. 정책 추진 체계를 정비할 필요가 있다는 문맥으로 보아 사례 분석 후에 시사점을 도출하고 있는 부분으로 보는 것이 논리적이다.

**24 ④**

(가)~(라) 설명의 전체적인 내용은 공정한 직무 수행을 위하여 공직자를 보호하기 위한 제도가 필요함을 강조하고 있다. '공공기관에 대한 국민 신뢰 확보'가 아닌 공직자를 위한 제도 마련이 이 글의 주요 내용이므로 ④는 옳지 못한 내용이다.

**오답 피하기**

① (다)에서 말하는 공직자는 부정청탁으로부터 불이익을 당하지 않도록 보호하고자 하는 이유를 (라)에서 자세히 설명(영향력을 행사함으로 다른 사람들로부터 부정청탁 등으로 공정한 직무수행이 어려울 수 있다)해주고 있다.

② (가)에서 공직자의 부정부패 사건의 제도적 장치가 미비함을 문제점으로 밝히고, 이로 인하여 (나)에서 김영란 법과 같은 제도를 마련하게 되었음을 해결책으로 제시하였다.

③ (다)에서 공직자는 공정한 직무수행을 위하여, 신고, 금지법을 조치하여 보호해야 한다고 하였으며, (라)에서는 보호받아야 하는 이유(영향력 행사하는 직무의 특성)을 설명하고 있다.

⑤ (라)의 마지막에 국가 공공기관의 책무 및 역할이 중요하고, 공직자의 자세가 중요하다고 말하고 있으므로 금지법에 따른 국가의 책무와 공직자의 의무 등이 다음 글의 내용으로 연결되어 올 수 있다.

**25 ③**

'(나) 개인 건강정보의 정의와 정보를 수집하는 기기(활동량 측정계와 스마트워치) – (다) 개인 건강정보 수집 기기가 쉽게 산업에 침투한 이유 – (가) 발달 배경은 스마트폰의 보급과 인터넷의 발달 – (라) 이러한 변화는 수동적 소비자에서 능동적 소비자로의 전환을 의미 – (마) 확대 발전 가능성' 순서의 내용이다. 정리해 보면, 개인 건강정보는 스마트폰 및 웨어러블 기기를 통해 수집한 체중, 혈당, 심박수를 스스로 열람하고 관리하는 것이다. 이러한 것들을 수집한 웨어러블 기기 중 활동량 측정계와 스마트워치가 헬스케어 산업에 쉽게 침투하였는데 그 이유는 스마트폰의 보급과 인터넷의 발달 때문이다. 기술의 발전으로 개인이 건강기록을 관리하는 환경으로 변화되었고 이러한 변화는 수동적 소비자에서 능동적 소비자로 전환되었다는 의미이다. 향후 의료기관과 공공기관을 모두 포함하는 확대 발전이 가능할 것이다.

**26 ②**

㉠ 주변 글을 살펴보면 앞부분에서 특정 질병–특정 원인–특정 치료법이라는 진단–치료 모델 근거로 한다. (다) 인슐린 분비의 장애를 원인으로 하는(특정 원인) 당뇨병(특정 질병)은 인슐린을 투입하는 방식(특정 치료법), 관상동맥이 막혀서 생기는(특정 원인) 심근경색(특정 질병)은 스텐트 삽입(특정 치료법) 혹은 혈관 이식(특정 치료법)을 통한 혈액 관류를 확보함으로써 치료하는 것이다. (다)의 문장이 다음으로 오는 것이 적절하다.

㉡ 앞부분에서 반대로 말하면 일부 사람들에게는 효과가 전혀 없다는 말과 같다. 현재 질환별 치료제의 평균 약물 반응성은 관절염 약의 경우 50%, 알츠하이머 30%, 암 관련 약의 경우 25% 수준이다. 즉, 효과가 환자마다 다르게 나타나므로 '환자는 일반적으로 인정된 치료법이 본인에게 효과가 있을지 없을지 알 수 없지만, 질병을 치료하고 관리하기 위해서 계속 비용을 지출할 수밖에 없다.'라는 (가) 내용이 올 수 있다.

㉢ 앞부분의 '맞는 최적화된 치료법을 제공하는 것이 필요하다.' 다음으로 올 수 있는 문장으로 최적화된 치료법, 맞춤 의료와 연결된 내용이며 (나) '정밀의학은 유전체 분석을 통해 그룹별로 구분하고 맞춤 의료를 제공하는 것이다.'라는 내용이 올 수 있다. 또한 ㉢의 다음 문장의 내용으로 '이러한 패러다임은 유전자 정보기술로 개인의 유전체 정보 획득이 가능해졌다.'라는 내용으로 이어질 수 있다.

## 27 ④

(라)의 글에서는 정치적 이유로 억울하게 사형선고를 받았으나 많은 사람의 도움으로 사형을 면하고 석방되어 대통령이 된 김대중 대통령의 사례를 통해 사형제 폐지를 주장하고 있다. 따라서 김대중 대통령이 사형제 폐지의 수혜자라는 것은 내용을 잘못 이해한 것이다.

## 28 ④

중장기 인력 수급 전망을 통해 현재를 진단하고 미래 일자리 세계의 변화를 예측하여, 더욱 나은 미래로 나아가야 함을 주제로 하고 있다.

## 29 ④

(가)에서는 북극곰에 관해 설명하고 있고, (나)에서는 기후변화와 지나친 산업개발로 인한 북극곰의 멸종위기에 관해 이야기하고 있다. 또한 (다)에서는 북극 생태계 유지를 위한 북극곰의 중요성을, (라)에서는 기후 온난화의 위험성을 말하고 있다. 따라서 제시문의 주제로 가장 적절한 것은 ④ 북극곰과 북극 생태계의 보전이다.

## 30 ①

'이 때문에' 단어의 시작으로 문장의 앞부분에서 답을 찾을 수 있다. 바로 앞의 문장에서 지구는 풍화작용으로 뭉툭해지고 높은 산이 깎여나가서 낮아졌고 달에는 풍화작용이 없다고 하였다. 지구와는 달리 낮은 산보다는 뾰족하고 높은 산들이 많음을 알 수 있다.

**오답 피하기**

② 높이 솟았던 산은 깎여나가서 낮아진 것은 풍화작용으로 지구의 대륙에 관한 설명이다.
③ 마지막 문단의 중심내용은 바다가 아닌 대륙에 관한 글이다. 지구의 대륙과 비교하였으며 풍화작용으로 인하여 지구는 뭉툭하고 낮은 산이 존재한다. 반면에 달은 풍화작용이 일어나지 않아 뾰족한 산이 존재하고 운석의 충돌로 많은 산이 만들어졌음을 설명하고 있다. 마른 바다의 존재는 내용상 알맞지 않다.
④ 달의 대륙에 산은 풍화작용이 전혀 없어 높고, 지구의 높은 산은 풍화작용으로 깎여지고 낮아졌음은 알 수 있지만, 달의 산이 지구의 산보다 높다는 것은 알 수 없다.
⑤ 앞의 내용은 지구와 다른 높은 산이 만들어진 이유에 대하여 설명하였다. 그와 연결된 문장이 와야 하며 운석의 충돌은 뒤에 나오는 문장으로 연결이 옳지 않다.

## 31 ②

답은 지문 안에 있다는 사실을 기억하면서 지문과 선택지를 비교해서 찾자. 상식적으로 알고 있으면 풀 수도 있지만, 비록 모르고 있다고 하더라도 이러한 방법으로 정답을 찾을 필요가 있다.

(나) 을순 : 특정 상품에 많은 사람이 몰리면 희소성 추구나 차별화를 위해 다른 상품을 구매하려는 현상이 일어나는데 이는 일종의 베블런 효과이다. → 베블런 효과가 아닌 스놉 효과이다.

(다) 삼식 : 유모차 중에 노르웨이 프리미엄 유모차인 스토케는 한 대에 1~2백만 원 한다고 해. 웬만한 가정에서는 필수품처럼 여겨지고 있다고 해. 고가의 제품일수록 개별 수요 및 시장 수요가 큰 현상을 의미하는 스놉 효과의 일종이라고 할 수 있지. → 스놉 효과가 아닌 베블런 효과이다.

## 32 ④

코로나 19가 시작된 후의 온라인 쇼핑은 소득탄력성(소득의 변화에 따라 소비재의 수요가 변화하는 정도)이 크게 떨어지면서 소득 변동과는 별도로 일정 수준 지출 비중을 유지하는 필수재적 성격을 지니게 되었고, 이는 소비에서 온라인 쇼핑의 의존성이 기존에 비해 높아졌음을 의미한다.

**더 알아보기**

- 소득탄력성 – 소득이 증가하거나 감소하게 되면 이에 따라 소비재의 수요도 증가하거나 감소하게 된다. 이때 특정 소비재가 소득변화에 따라 변화하는 비율을 나타낸 것이 소득탄력성
- 필수재(必須財) – 사치재(奢侈財)의 반대 개념

**오답 피하기**

① 코로나 19 이후의 온라인 판매액 성장은 비대면 상황의 비중에 비례하지 않고, 우리의 예상과는 달리 답보된 상태이다.
② 포스트 코로나 시대에 비대면 소비 시장의 성장이 가속화될지, 과거로 회귀될지는 단정지을 수 없다. 코로나가 아직 끝나지 않은 시점에서 경제 주체들의 소비 변화가 비대면에서 다시 대면으로 언제 바뀔지는 알 수 없기 때문이다.
③ 오프라인 판매액은 코로나 19로 인한 소득감소 효과와 거리 두기로 인한 온라인 쇼핑 대체효과가 동시에 작용하여 큰 폭으로 감소하였고, 그 결과 전체 소매 판매액이 큰 감소세를 보였다.
⑤ 2020년 1년 동안 온라인 쇼핑은 괄목한 성장을 보였고, 온라인 소비 의존성을 크게 높였다. 비대면 소비가 대면 소비를 대체했기 때문에 큰 폭의 소비 지출감소와 경기 침체를 막을 수 있었고, 더 나아가 감염병 확산 예방에 도움을 주었다.

## 33 ④

린 스타트업은 비즈니스 모델의 진화를 Plan–Do–See의 선형 관계로 보고 있다(린 스타트업 방식은 급변하는 환경에서 스타트업 뿐만 아니라 개인, 거대 조직 모두에게 적용할 수 있는 방법이다. 린 스타트업 방식은 직선적으로 보지 않고 순환과정으로 본다).

## 34 ③

지문을 보면 밈의 특성 중 하나가 바로 끝이 있다는 것이므로 '하나의 밈이 끝나면 다른 밈으로 갈아 탄다.'에 포인트를 두고 문제를 풀이하면 된다. '끝이 있고 하나가 끝나면 다른 것으로 갈아탈 수 있는 것'에 해당하는 예는 갑돌이가 말한 시즌제 드라마, 삼식이가 말한 게임 시리즈, 사순이가 말한 한정판 판매 등이다.

**오답 피하기**

을순, 영수, 민혜가 말한 것도 역시 '끝이 있고 하나가 끝나면 다른 것으로 갈아탈 수 있는 것'에 속한다고 볼 수 있지만, 이들은 없다는 측면에서 진술을 하고 있어 정답으로 볼 수 없다.

## 35 ④

'과거와 현재 사이에, 역사와 그에 대한 우리의 인식 사이에 기억이라는 매개를 상기시키는 이유는 기억이 매우 정치적인 현상이기 때문이다.', '기억의 정치는 어쩌면 강자의 전유물처럼 보인다.' 등의 내용으로 보아 기억의 정치는 강자의 산물이라는 제목이 적절하다.

## PART 02 수리능력 p.1-89

| | | | | |
|---|---|---|---|---|
| 01 ② | 02 ⑤ | 03 ④ | 04 ③ | 05 ⑤ |
| 06 ① | 07 ② | 08 ② | 09 ⑤ | 10 ③ |
| 11 ② | 12 ④ | 13 ① | 14 ④ | 15 ② |
| 16 ④ | 17 ③ | 18 ④ | 19 ① | 20 ⑤ |
| 21 ④ | 22 ④ | 23 ③ | 24 ③ | 25 ⑤ |
| 26 ② | 27 ② | 28 ② | 29 ① | 30 ⑤ |
| 31 ④ | 32 ② | 33 ② | | |

### 01 ②

경아가 1분당 하는 일의 양은 $\frac{1}{20}$, 보배가 1분당 하는 일의 양은 $\frac{1}{24}$이다.

보배가 2분 동안 일한 양은 $\frac{1}{24} \times 2 = \frac{1}{12}$

나머지 일을 보배와 경아가 같이 일한 시간을 $x$라고 할 때

$(\frac{1}{20} + \frac{1}{24}) \times x$이 된다.

따라서

$\frac{1}{24} \times 2 + (\frac{1}{20} + \frac{1}{24}) \times x = 1$

$\frac{1}{12} + \frac{6+5}{120}x = 1$

$\frac{11}{120}x = 1 - \frac{1}{12}$

$\frac{11}{120}x = \frac{11}{12}$

$x = \frac{11}{12} \times \frac{120}{11} = 10$이다.

### 02 ⑤

정원, 성실, 병규가 하루에 하는 일의 양을 각각 a, b, c 라고 하자.

ⅰ) 셋이서 함께 일을 하면 9일이 걸리므로 $a + b + c = \frac{1}{9}$이고,

ⅱ) 정원이와 병규가 같이 일을 하면 12일이 걸리므로 $a + c = \frac{1}{12}$이고,

ⅲ) 성실이와 병규가 함께 일을 하면 15일이 걸리므로 $b + c = \frac{1}{15}$이다.

ⅰ)의 식에 ⅱ)를 대입하면 $b = \frac{1}{36}$이고, ⅰ)의 식에 ⅲ)을 대입하면

$a = \frac{2}{45}$가 된다.

따라서 정원이와 성실이 둘이서 함께 하루에 할 수 있는 일의 양은

$= a + b = \frac{2}{45} + \frac{1}{36} = \frac{8+5}{180} = \frac{13}{180}$이다.

### 03 ④

ⅰ) 정가 = 39,000원 (∵ 원가 30,000원인 상품에 30%의 이익을 붙임)

ⅱ) 정가에서 $x$%를 할인하면 $39,000 \times (1 - \frac{x}{100})$

ⅲ) 이익 $= 30,000 \times \frac{17}{100} = 5,100$ (∵원가의 17%)

따라서 정가 − 원가 = 이익이므로 식을 세우면

$39,000 \times (1 - \frac{x}{100}) - 30,000 = 5,100$

$39,000 - 390x = 35,100$ ∴ $390x = 3900$ ∴ $x = 10$이다.

### 04 ③

○○볼 과자 1개당 1500원, 100개 주문 시 8.5% 할인금액 = 12,750원

100개를 주문 시 할인된 금액 = 1500 × 100 × (1 − 8.5%) = 137,250원

100개 구매 금액 〈 1개씩 구매하는 금액

137,250원 〈 1500원 × $x$개 ∴ $x$ = 92개 (92×1500 = 138,000원)

따라서 92개 일 때 138,000원과 100개 구매 시 137,250원과의 차액은 750원이다.

### 05 ⑤

M 또는 Y를 맨 뒤에 오는 경우로 나누어 보면

ⅰ) _ _ _ _ M : 나머지 자리에 올 수 있는 알파벳은 4 × 3 × 2 × 1 = 4! = 24

ⅱ) _ _ _ _ Y : 나머지 자리에 올 수 있는 알파벳은 4 × 3 × 2 × 1 = 4! = 24

따라서 48가지이다.

### 06 ①

(전체 가짓수) − (이웃하는 경우의 수) = (이웃하지 않은 경우의 수)이므로 이웃하지 않은 경우보다 이웃하는 경우의 수를 구해보자. 윤기와 선진이를 하나로 생각하면 총 4명을 일렬로 세우는 경우가 되므로 4 × 3 × 2 × 1 = 4! = 24가 된다. 여기에 윤기와 선진이의 순서를 바꿀 수 있으므로 24 ×2 = 48이 된다.

5명을 일렬로 세우는 방법은 모두 5 × 4 × 3 × 2 × 1 = 5! = 120이므로 120−48 = 72가 됨을 알 수 있다.

### 07 ②

7명 중에서 4명을 뽑을 방법은 $\frac{7 \times 6 \times 5 \times 4}{4 \times 3 \times 2 \times 1} = 35$가 된다.

여기서 뽑은 4명을 원탁에 앉히는 방법은 (n − 1)!= (4 − 1)! = 3! = 3 × 2 × 1 = 6이 된다.

따라서 35 × 6 = 210가지가 된다.

### 08 ②

남자 5명 중에서 2명을 대표로 뽑을 방법은 $\frac{5 \times 4}{2 \times 1}$이고,

여자 4명 중에서 2명을 대표로 뽑을 방법은 $\frac{4 \times 3}{2 \times 1}$이다.

따라서 10 × 6 = 60가지가 된다.

### 09 ⑤

CREW팀 직원 8명이 3명, 3명, 2명으로 나뉘는 경우의 수를 먼저 구하면

ⅰ) ${}_8C_3 \times {}_5C_3 \times {}_2C_2 = \frac{8 \times 7 \times 6}{3 \times 2 \times 1} \times \frac{5 \times 4 \times 3}{3 \times 2 \times 1} \times \frac{2 \times 1}{2 \times 1} = 560$이 된다.

이제 CREW팀 직원 8명이 5층 건물에서 3개 층에 내릴 수 있는 경우의 수를 구해보자.

ⅱ) ${}_4C_3 = \frac{4 \times 3 \times 2}{3 \times 2 \times 1}$가 된다.

따라서 ⅰ × ⅱ = 560 × 4 = 2,240가지가 됨을 알 수 있다.

### 10 ③

(적어도 1개는 빨간 공을 꺼낼 확률) = 1 − (모두 파란 공을 꺼낼 확률)

ⅰ) 상자 안에 들어 있는 공의 개수 = 빨간 공 6개 + 파란 공 4개 = 10개

ⅱ) 2개의 공 모두 파란 공을 뽑을 확률 :

$$\frac{{}_4C_2}{{}_{10}C_2} = \frac{\frac{4 \times 3}{2 \times 1} = 6}{\frac{10 \times 9}{2 \times 1} = 45} = \frac{2}{15}$$

ⅲ) 적어도 1개는 빨간 공을 꺼낼 확률 : $1 - \frac{2}{15} = \frac{13}{15}$이 된다.

**11 ②**

i ) 은정이가 100원짜리 동전을 10번 던져서 앞면이 나오는 경우 = 은정이가 400원을 가지게 되는 경우

$= A = \frac{10 \times 9 \times 8 \times 7}{4 \times 3 \times 2 \times 1} = 210$

ii ) 병규가 300원 이하의 금액을 가져갈 확률 = 100원짜리 동전 10개 중에서 남은 동전 6개 중 300원 이하를 가져갈 확률 = B

(단, 병규는 동전을 가져가지 않을 수도 있다.)

→ 병규가 6개의 동전을 모두 가져가는 경우부터 동전을 가져가지 않는 경우까지

→ 총 7가지

병규가 300원 이하를 가져갈 경우의 수 = 3개, 2개, 1개, 0개

→ 총 4가지

$\therefore B = \frac{4}{7}$

iii ) $A \times B = 210 \times \frac{4}{7} = 120$

**12 ④**

주머니에는 빨간색 구슬 3개, 초록색 구슬 4개, 파란색 구슬 2개 총 9개의 구슬이 들어있다. 구슬 2개를 차례대로 꺼내며 꺼낸 구슬은 다시 넣는다고 할 때 다음의 경우로 나누어 각각 구해보자.

모두 빨간색인 경우 : $\frac{3}{9} \times \frac{3}{9} = \frac{9}{81}$

모두 초록색인 경우 : $\frac{4}{9} \times \frac{4}{9} = \frac{16}{81}$

모두 노란색인 경우 : $\frac{2}{9} \times \frac{2}{9} = \frac{4}{81}$

따라서 $\frac{9}{81} + \frac{16}{81} + \frac{4}{81} = \frac{29}{81}$가 된다.

**13 ①**

i ) 십의 자리 6인 경우

– 숫자 6이 적힌 공을 뽑을 확률은 $\frac{1}{9}$

– 일의 자리 숫자가 될 수 있는 공의 가지 수는 4, 5, 7, 8, 9 총 5가지이므로 일의 자리 숫자를 뽑을 확률은 $\frac{5}{8}$이다.

따라서 $\frac{1}{9} \times \frac{5}{8} = \frac{5}{72}$

ii ) 십의 자릿수가 7 이상인 경우

– 숫자 7 이상 적힌 공을 뽑을 확률은 7, 8, 9 총 3가지이므로 $\frac{3}{9} = \frac{1}{3}$이다.

– 일의 자리 숫자가 될 수 있는 공을 뽑을 확률

7을 뽑은 경우 : 1, 2, 3, 4, 5, 6, 8, 9 = 8가지 따라서 $\frac{8}{8} = 1$,

8을 뽑은 경우, 9를 뽑은 경우 모두 1이 된다.

따라서 $\frac{1}{3} \times 1 = \frac{1}{3}$

iii ) 64 이상이 될 확률은 $\frac{5}{72} + \frac{1}{3} = \frac{29}{72}$이다.

**14 ④**

월요일에 비가 왔고 수요일도 비가 왔다. 화요일은 비가 왔는지 안 왔는지 알 수 없으므로 두 가지 경우로 나누어 구해보자.

| | 월 | 화 | 수 | 확률 |
|---|---|---|---|---|
| 경우 1 | 비 ○ | 비 ○ | 비 ○ | $\frac{1}{3} \times \frac{1}{3} = \frac{1}{9}$ |
| 경우 2 | 비 ○ | 비 × | 비 ○ | $\frac{2}{3} \times \frac{1}{4} = \frac{1}{6}$ |

따라서 수요일에 비가 올 확률은 $\frac{1}{9} + \frac{1}{6} = \frac{5}{18}$가 된다.

**15 ②**

2023년 정부 지원 연구개발 금액의 비중은 39.7%이다.

(단위 : 백만 원)

| 용도별 | 2019 | 2020 | 2021 | 2022 | 2023 |
|---|---|---|---|---|---|
| | 금액 | 금액 | 금액 | 금액 | 금액 |
| 계 | 161,674 | 240,288 | 290,341 | 379,445 | 307,027 |
| 정부 지원 연구개발 | 81,603 | 132,817 | 173,246 | 261,634 | 121,936 |
| 비중 | 50.4% | 55.2% | 59.6% | 68.9% | 39.7% |

오답 피하기

①, ④ 표를 통해 확인할 수 있다.

③ 조사 기간 동안 매년 자체연구개발의 건수가 가장 많으므로 비중이 가장 크다.

⑤ 연도별로 용도별 연구개발 금액의 총합을 구했을 때 전년 대비 증감량은 다음과 같다.

(단위 : 백만 원)

| | 연구개발 전체 금액 | 전년 대비 증감량 |
|---|---|---|
| 2019 | 161,674 | – |
| 2020 | 240,288 | = 240,288 – 161,674 = 78,614 |
| 2021 | 290,341 | =290,341 – 240,288 = 50,053 |
| 2022 | 379,445 | =379,445 – 290,341 = 89,104 |
| 2023 | 307,027 | =307,027 – 379,445 = –72,418 |

**16 ④**

2023년 전년 대비 여자의 고용률이 상승한 지역은 광주, 대전, 제주 3곳이다.

오답 피하기

① 2020년 서울의 여자 고용률은 전년 대비 증가했으나 부산의 여자 고용률은 전년 대비 감소했다.

② 울산의 남자 고용률은 2023년을 제외하고 매년 감소했다.

③ 비율을 나타냈으므로 고용된 남자의 수는 알 수 없다.

⑤ 2021년, 2022년 인천의 남자 고용률은 2번째로 높다.

**17 ③**

2024년 교육청의 총 연속간행물 수는 전년 대비 약 8.1% 감소하였다.

$\frac{56,336 - 61,301}{61,301} \times 100 = \frac{-4,965}{61,301} \times 100 ≒ -8.1(\%)$

오답 피하기

① 지자체의 도서관 수와 교육청 총 도서(인쇄) 수는 2022년부터 2024년까지 모두 증가했다.
② 전년 대비 2023년 지자체 연간 자료실 이용자 수의 증감률
$= \frac{143,368,249 - 143,901,988}{143,901,988} \times 100 = \frac{-533,739}{143,901,988} \times 100 \fallingdotseq -0.4(\%)$
④ 표에서 확인할 수 있다.
⑤ 전년 대비 2023년 총 전자자료 수 증감률

| | |
|---|---|
| 지자체 | $\frac{15,420,662 - 12,301,932}{12,301,932} \times 100 = \frac{3,118,730}{12,301,932} \times 100 \fallingdotseq 25.4(\%)$ |
| 교육청 | $\frac{3,313,215 - 2,232,400}{2,232,400} \times 100 = \frac{1,080,815}{2,232,400} \times 100 \fallingdotseq 48.4(\%)$ |
| 사립 | $\frac{6,908 - 3,466}{3,466} \times 100 = \frac{3,442}{3,466} \times 100 \fallingdotseq 99.3(\%)$ |

## 18 ④

전년 대비 2022년 노인 의료 복지시설 증가율
$= \frac{5,287 - 5,242}{5,242} \times 100 = \frac{45}{5,242} \times 100 \fallingdotseq 0.9\%$

오답 피하기

① 2021년 노인 주거 복지시설 중 노인 복지주택 비율
$= \frac{33}{404} \times 100 \fallingdotseq 8\%$
② 전년 대비 2023년 노인 복지관 증감률
$= \frac{391 - 385}{385} \times 100 = \frac{6}{385} \times 100 \fallingdotseq 1.6\%$
③ 노인 여가 복지시설의 소계는 계속해서 증가하고 있다.
⑤ 노인 공동생활가정과 노인 교실 모두 2021년부터 2023년까지 지속해서 감소하고 있다.

## 19 ①

2022년 버스 노선 간 환승 비율이 가장 높은 도시는 울산으로 2023년 지하철 노선 간 환승 비율이 가장 낮다.

오답 피하기

② 2021년 전체 지하철 노선 간 환승 비율이 버스 노선 간 환승 비율보다 높다.
③ 부산은 그대로이고, 대구, 광주, 울산은 감소하였다.
④ 2020년 대비 2023년 부산의 버스 노선 간 환승 증감률
$= \frac{32.7 - 32.4}{32.4} \times 100 = \frac{0.3}{32.4} \times 100 \fallingdotseq 0.9\%$
⑤ 비율을 나타낸 표이므로 기준이 다른 절대적인 양을 비교할 수 없다.

## 20 ⑤

전 분기 대비 2019년 2/4분기 대비 대졸 실업률 증감률은 다음과 같다.
$= \frac{4.2 - 3.9}{3.9} \times 100 = \frac{0.3}{3.9} \times 100 \fallingdotseq 7.7\%$
따라서, 2019년 2/4분기 대졸 실업률은 전 분기 대비 8% 이하 증가했다.

오답 피하기

① 표에서 확인할 수 있다.
② 전 분기 대비 2019년 4/4분기 고졸 실업률 증감률
$= \frac{3.5 - 3.8}{3.8} \times 100 = \frac{-0.3}{3.8} \times 100 \fallingdotseq -7.9\%$
③ 전 분기 대비 2019년 2/4분기 여성 중졸 이하 실업률이 4.1% 감소하여 증감이 가장 높다.
④ 전 분기 대비 2019년 3/4분기 남성 고졸 실업률 증감률
$= \frac{4.0 - 4.9}{4.9} \times 100 = \frac{-0.9}{4.9} \times 100 \fallingdotseq -18.4\%$

## 21 ④

2019년 대졸 이상 실업률은 분기별로 각각 3.9%, 4.2%, 3.2%, 2.9%이다. 하지만 2분기와 4분기의 정보가 잘못되었다.

## 22 ④

2022년 지방도의 교통량이 2번째로 많은 차종은 화물차이므로 전년 대비 2023년 지방도의 화물차 증감률을 계산해야 한다.
$\frac{1,374 - 1,407}{1,407} \times 100 \fallingdotseq -2.3\%$이므로 전년 대비 2% 이상 감소했다.

오답 피하기

① 승용차의 교통량은 계속 증가했고, 버스는 2023년 감소, 화물차는 2022년 감소했다.

| 전체 교통량 | 2021년 | 2022년 | 2023년 |
|---|---|---|---|
| 승용차 | 52,427 | 52,554 | 54,482 |
| 버스 | 2,053 | 2,085 | 2,074 |
| 화물차 | 20,291 | 19,970 | 20,155 |

② 2021년 고속국도의 화물차 비중은 13,643 ÷ 47,917 × 100 ≒ 28.5%로 28% 이상이다.
③ 2022년 지방도(국가 지원)의 승용차 교통량은 2022년 53대 증가했다.
⑤ 전년 대비 2023년 일반국도의 승용차 증감률은 다음과 같이 계산한다.
$= \frac{10,040 - 9,816}{9,816} \times 100 \fallingdotseq 2.3\%$

## 23 ③

2016년 대비 2018년 대구광역시 신혼부부 수의 증감률
$= \frac{56,985 - 61,356}{61,356} \times 100 \fallingdotseq -7\%$

오답 피하기

① 2016년 감소 순위 : 서울특별시, 부산광역시, 인천광역시, 대구광역시, 광주광역시, 대전광역시, 울산광역시
2017년 감소 순위 : 서울특별시, 부산광역시, 인천광역시, 대전광역시, 대구광역시, 울산광역시, 광주광역시
따라서, 서울특별시, 부산광역시, 인천광역시를 제외한 나머지 행정구역의 감소량 순위가 다르다.
② 2016년 광주광역시 전년 대비 감소량 : 40,707−39,309=1,398쌍
④ 서울특별시의 신혼부부 수 증감률

| | |
|---|---|
| 2016년 | $\frac{278,294 - 291,341}{291,341} \times 100 \fallingdotseq -4.5\%$ |
| 2017년 | $\frac{263,148 - 278,294}{278,294} \times \fallingdotseq -5.4\%$ |
| 2018년 | $\frac{246,867 - 263,148}{263,148} \times 100 \fallingdotseq -6.2\%$ |

⑤

| 행정구역별 | 2015년 대비 2018년 증감률 |
|---|---|
| 서울특별시 | $\frac{246,867 - 291,341}{291,341} \times 100 \fallingdotseq -15.3\%$ |
| 부산광역시 | $\frac{77,755 - 90,578}{90,578} \times 100 \fallingdotseq -14.2\%$ |
| 대구광역시 | $\frac{56,985 - 62,811}{62,811} \times 100 \fallingdotseq -9.3\%$ |
| 인천광역시 | $\frac{80,023 - 89,747}{89,747} \times 100 \fallingdotseq -10.8\%$ |

| | |
|---|---|
| 광주광역시 | $\frac{35,659-40,707}{40,707}\times100 \fallingdotseq -12.4\%$ |
| 대전광역시 | $\frac{37,736-43,803}{43,803}\times100 \fallingdotseq -13.9\%$ |
| 울산광역시 | $\frac{32,861-38,537}{38,537}\times100 \fallingdotseq -14.7\%$ |

**24 ③**

전년 대비 2023년의 입 · 내원 1일당 급여비의 증감률을 구하면 다음과 같다.

$\frac{59,966-55,672}{55,672}\times 100 \fallingdotseq 7.7\%$

따라서 전년 대비 2023년의 입 · 내원 1일당 급여비는 약 7.7% 증가했다.

**오답 피하기**

①

| 구분 | | 2018년 | 2019년 | 2020년 | 2021년 | 2022년 | 2023년 |
|---|---|---|---|---|---|---|---|
| 1인당 월평균 | 진료비 | 90,248 | 95,759 | 106,286 | 113,612 | 126,891 | 140,663 |
| | 급여비 | 67,598 | 71,612 | 79,536 | 84,916 | 95,724 | 106,000 |
| | 진료비–급여비 | 22,650 | 24,147 | 26,750 | 28,696 | 31,167 | 34,663 |

• 2018년 1인당 월평균 급여비에 대한 진료비와 급여비 차이의 비율 : $\frac{22,650}{67,598}\times100 \fallingdotseq 33.5\%$

• 2019년 1인당 월평균 급여비에 대한 진료비와 급여비 차이의 비율 : $\frac{24,147}{71,612}\times100 \fallingdotseq 33.7\%$

• 2020년 1인당 월평균 급여비에 대한 진료비와 급여비 차이의 비율 : $\frac{26,750}{79,536}\times100 \fallingdotseq 33.6\%$

• 2021년 1인당 월평균 급여비에 대한 진료비와 급여비 차이의 비율 : $\frac{28,696}{84,916}\times100 \fallingdotseq 33.8\%$

• 2022년 1인당 월평균 급여비에 대한 진료비와 급여비 차이의 비율 : $\frac{31,167}{95,724}\times100 \fallingdotseq 32.6\%$

• 2023년 1인당 월평균 급여비에 대한 진료비와 급여비 차이의 비율 : $\frac{34,663}{106,000}\times100 \fallingdotseq 32.7\%$

② 전년 대비 2021년 1인당 월평균 급여비 증감률 : $\frac{84,916-79,536}{79,536}\times100 \fallingdotseq 6.8\%$

④ 2018년과 2019년 1인당 월평균 입 · 내원 일수가 동일하다. 이를 제외한 모든 항목의 증감 추이는 동일하다.

⑤ 2020년 입 · 내원 1일당 급여비는 47,303원이므로, 2배는 94,606원이다. 같은 해 입 · 내원 1일당 진료비는 63,213원이므로 2배 이하다.

**25 ⑤**

의료기관 수 분포를 통해 의료기관(종합병원, 병원, 의원 등)이 고르게 분포했다고 볼 수 없다. 전체 의료기관 수를 통하여 각 요소의 분포를 알 수 없다.

**오답 피하기**

② 서울과 경기를 제외하고 의료기관 수가 두 번째로 많은 지역은 대구이며, 세 번째로 적은 지역은 강원도이다.
따라서 두 지역의 차는 3,664 − 1,588 = 2,076으로 전북 2,409보다 작다.

③ 서울이 차지하는 비중은 $\frac{\text{서울지역 의료기관 수}}{\text{전체 의료기관 수}}$이고, 부산이 차지하는 비중은 $\frac{\text{부산지역의 의료기관 수}}{\text{전체 의료기관 수}}$이다. 이때, 분모가 같으므로 서울지역의 의료기관 수와 부산지역의 의료기관 수를 비교하면 된다. 부산 의료기관 수의 3배는 15,162이고, 서울의 의료기관 수는 17,142이므로 서울이 부산의 3배 이상임을 알 수 있다.

④ 광역시 : 부산, 대구, 인천, 광주, 대전, 울산
따라서 부산(5,054) + 대구(3,664) + 인천(3,201) + 광주(2,062) + 대전(2,178) + 울산(1,346) = 17,505이므로 서울(17,142)보다 크다.

**26 ②**

ㄱ. 조사 기간 동안 처리 건수 대비 승소 건수 비중은 다음과 같다.

• 2017년 : $\frac{10,250}{18,800}\times100 \fallingdotseq 54.5\%$

• 2018년 : $\frac{10,064}{18,560}\times100 \fallingdotseq 54.2\%$

• 2019년 : $\frac{8,991}{16,414}\times100 \fallingdotseq 54.8\%$

• 2020년 : $\frac{10,478}{18,868}\times100 \fallingdotseq 55.5\%$

ㄹ. 전년 대비 2020년 처리 건수 증감률 : $\frac{18,868-16,414}{16,414}\times100 \fallingdotseq 15.0\%$

**오답 피하기**

ㄴ. 2020년 패소 건수는 1,807건으로 전년 대비 증가했다.

ㄷ. 조사 기간 동안 접수 건수 대비 처리 건수 비중은 다음과 같다.

• 2017년 : $\frac{18,800}{36,969}\times100 \fallingdotseq 50.9\%$

• 2018년 : $\frac{18,560}{37,130}\times100 \fallingdotseq 50.0\%$

• 2019년 : $\frac{16,414}{37,772}\times100 \fallingdotseq 43.5\%$

• 2020년 : $\frac{18,868}{40,073}\times100 \fallingdotseq 47.1\%$

따라서, 가장 높은 해는 2017년이다.

**27 ②**

ㄱ. 2022년 말 단지 수 대비 세대 수의 비중

| 구분 | 단지 수 | 세대 수 | 비중 |
|---|---|---|---|
| 국민임대 | 50 | 24,481 | $\frac{24,481}{50}=489.62$ |
| 장기전세 | 151 | 29,839 | $\frac{29,839}{151}\fallingdotseq 197.61$ |
| 행복주택 | 19 | 3,578 | $\frac{3,578}{19}\fallingdotseq 188.32$ |
| 재개발 | 213 | 61,688 | $\frac{61,688}{213}\fallingdotseq 289.62$ |
| 영구임대 | 17 | 22,672 | $\frac{22,672}{17}\fallingdotseq 1,333.65$ |
| 공공임대 | 17 | 17,432 | $\frac{17,432}{17}\fallingdotseq 1,025.41$ |
| 주거환경 | 13 | 1,963 | $\frac{1,963}{13}=151$ |
| 외국인임대 | 2 | 175 | $\frac{175}{2}=87.5$ |
| 기타임대 | 15 | 5,078 | $\frac{5,078}{15}\fallingdotseq 338.53$ |

ㄹ. 2022년 말과 2023년 말 관리 대상의 세대 수 순위는 다음과 같다.

| | 2022년 말 관리 대상 | | 2023년 말 관리 대상 | |
|---|---|---|---|---|
| 구분 | 세대 수 | 순위 | 세대 수 | 순위 |
| 국민임대 | 24,481 | 3 | 25,278 | 3 |
| 장기전세 | 29,839 | 2 | 29,839 | 2 |
| 행복주택 | 3,578 | 7 | 8,240 | 6 |
| 재개발 | 61,688 | 1 | 64,346 | 1 |
| 영구임대 | 22,672 | 4 | 22,672 | 4 |
| 공공임대 | 17,432 | 5 | 17,432 | 5 |
| 주거환경 | 1,963 | 8 | 1,963 | 8 |
| 외국인임대 | 175 | 9 | 175 | 9 |
| 기타임대 | 5,078 | 6 | 5,994 | 7 |

오답 피하기

ㄴ. 2023년 말 단지 수 대비 세대 수의 비중

| 구분 | 단지 수 | 세대 수 | 비중 |
|---|---|---|---|
| 국민임대 | 53 | 25,278 | $\frac{25,278}{53} \fallingdotseq 476.94$ |
| 장기전세 | 151 | 29,839 | $\frac{29,839}{151} \fallingdotseq 197.61$ |
| 행복주택 | 43 | 8,240 | $\frac{8,240}{43} \fallingdotseq 191.63$ |
| 재개발 | 229 | 64,346 | $\frac{64,346}{229} \fallingdotseq 280.99$ |
| 영구임대 | 17 | 22,672 | $\frac{22,672}{17} \fallingdotseq 1,333.65$ |
| 공공임대 | 17 | 17,432 | $\frac{17,432}{17} \fallingdotseq 1,025.41$ |
| 주거환경 | 13 | 1,963 | $\frac{1,963}{13} = 151$ |
| 외국인임대 | 2 | 175 | $\frac{175}{2} = 87.5$ |
| 기타임대 | 18 | 5,994 | $\frac{5,994}{18} = 333$ |

ㄷ. 관리 대상의 단지 수가 전년 대비 증가한 항목은 국민임대, 행복주택, 재개발, 기타임대로 총 4개이다.

## 28 ②

국민의 출입국 현황은 2019년에 감소했다.

오답 피하기

① 외국인의 출입국 현황은 2017년부터 꾸준히 증가하였다.

③ 국민 대비 외국인의 출입국 비중은 다음과 같다.

| 구분 | 2016 | 2017 | 2018 | 2019 |
|---|---|---|---|---|
| 외국인 | 34,674 | 26,963 | 31,049 | 35,753 |
| 국민 | 45,314 | 53,455 | 57,860 | 57,795 |
| 비중 | $\frac{34,674}{45,314}\times100$ $\fallingdotseq 76.5\%$ | $\frac{26,963}{53,455}\times100$ $\fallingdotseq 50.4\%$ | $\frac{31,049}{57,860}\times100$ $\fallingdotseq 53.7\%$ | $\frac{35,753}{57,795}\times100$ $\fallingdotseq 61.9\%$ |

④ 조사 기간 동안 외국인과 국민의 출입국자의 차이는 다음과 같다.

| 구분 | 2016 | 2017 | 2018 | 2019 |
|---|---|---|---|---|
| 외국인 | 34,674 | 26,963 | 31,049 | 35,753 |
| 국민 | 45,314 | 53,455 | 57,860 | 57,795 |
| 차이 | 10,640 | 26,492 | 26,811 | 22,042 |

따라서, 차이가 가장 큰 해는 2018년이다.

⑤ 전년 대비 2019년 외국인 출입국자 증가율 : $\frac{35,753-31,049}{31,049}\times 100 \fallingdotseq 15.2\%$

## 29 ①

연도별 출입항 항공기 및 선박 전체에 대한 선박의 비중은 다음과 같다.

| 구분 | 2016 | 2017 | 2018 | 2019 |
|---|---|---|---|---|
| 항공기 | 442 | 469 | 510 | 542 |
| 선박 | 172 | 171 | 166 | 164 |
| 합 | 614 | 640 | 676 | 706 |
| 비중 (%) | 약 28.01 | 약 26.72 | 약 24.56 | 약 23.23 |

따라서 비중이 가장 큰 해는 2016년, 가장 작은 해는 2019년이다.

## 30 ⑤

㉠ '배타적 경제수역어업주권법', '영해 및 접속수역법' 위반 외국 어선은 나포를 말한다. 따라서 나포 대비 제한조건 위반 등의 비중을 비교하면 다음과 같다.

- 2017년 : $\frac{151}{300}\times100 \fallingdotseq 50.3\%$
- 2018년 : $\frac{144}{245}\times100 \fallingdotseq 58.8\%$
- 2019년 : $\frac{298}{378}\times100 \fallingdotseq 78.8\%$
- 2020년 : $\frac{162}{248}\times100 \fallingdotseq 65.3\%$
- 2021년 : $\frac{132}{160}\times100 = 82.5\%$
- 2022년 : $\frac{119}{136}\times100 = 87.5\%$
- 2023년 : $\frac{96}{115}\times100 \fallingdotseq 83.5\%$

따라서, 2022년의 비중이 가장 크다.

㉡ 2019년 제한조건 위반 등의 건수는 298건으로 전년 대비 154건 증가했다.

㉢ 2020년 전년 대비 제한조건 위반 등의 건수는 감소했다.

㉣ 2019년 이후 무허가 건수는 감소 추세에 있다.

## 31 ④

2017년, 2018년 전년 대비 경제성장률이 감소한 곳은 A와 C이고, 경북이 2019년 1.8% 이상 경제성장률이 증가했으므로 경북이 C가 되고 울산이 A가 된다. 세종은 2019년 경제성장률이 가장 높게 증가했으므로 B이다. 따라서, A는 울산, B는 세종, C는 경북, D는 충남이다.

**32** ②

2016년 전년 대비 증감률이 가장 큰 폭으로 증가한 지역은 경북이다. 경북 지역의 2015년 GRDP가 30조 원일 때 2016년 GRDP를 구하면 다음과 같다.

$$2.5 = \frac{x-30}{30} \times 100$$

$x$ = 30.75조 원

∴ 약 31조 원

**33** ②

가족 구성원 간 갈등이 가장 많았던 해는 2018년으로 2018년 전년 대비 가족의 경제적 어려움의 증감률은 다음과 같다.

$$\frac{713-615}{615} \times 100 \fallingdotseq 16\%$$

## PART 03 문제해결능력 p.1-128

| | | | | |
|---|---|---|---|---|
| 01 ④ | 02 ⑤ | 03 ③ | 04 ① | 05 ④ |
| 06 ③ | 07 ③ | 08 ⑤ | 09 ④ | 10 ④ |
| 11 ③ | 12 ⑤ | 13 ① | 14 ④ | 15 ② |
| 16 ③ | 17 ① | 18 ② | 19 ③ | 20 ③ |
| 21 ⑤ | 22 ① | 23 ② | 24 ③ | 25 ② |
| 26 ② | 27 ④ | 28 ② | 29 ③ | 30 ② |

**01** ④

㉠은 탐색형 문제, ㉡은 잠재 문제, ㉢은 예측 문제, ㉣은 발견 문제이다.

- 탐색형 문제는 더 잘해야 하는 문제로 현재 상황을 개선하거나 효율을 높이기 위한 문제를 의미한다. 탐색형 문제는 눈에 보이지 않는 문제로, 문제를 방치하면 뒤에 큰 손실이 따르거나 결국 해결할 수 없는 문제로 나타나고, 잠재 문제, 예측 문제, 발견 문제 세 가지 형태로 구분된다.
- 잠재 문제는 문제가 잠재되어 있어 보지 못하고 인식하지 못하다가 결국은 문제가 확대되어 해결이 어려운 문제를 의미한다. 이와 같은 문제는 존재하나 숨어있기 때문에 조사 및 분석을 통해서 찾아야 할 필요가 있다.
- 예측 문제는 지금 현재로서는 문제가 없으나 현 상태의 진행 상황을 예측이라는 방법을 사용하여 찾아야 앞으로 일어날 수 있는 문제가 보이는 문제를 의미한다.
- 발견 문제는 현재로서는 담당 업무에 아무런 문제가 없으나 유사 타기업의 업무 방식이나 선진기업의 업무 방법 등의 정보를 얻음으로써 보다 좋은 제도나 기법, 기술을 발견하여 개선, 향상할 수 있는 문제를 말한다.

**02** ⑤

㉠은 비교발상법(NM법), ㉡은 강제연상법(체크리스트), ㉢은 자유연상법(브레인스토밍)에 관한 내용이다.

- 비교발상법은 주제와 본질적으로 닮은 것을 힌트로 하여 새로운 아이디어를 얻는 방법이다. 이때 본질적으로 닮은 것은 단순히 겉만 닮은 것이 아니고 힌트와 주제가 본질적으로 닮았다는 것을 의미한다.
- 강제연상법은 각종 힌트에서 강제적으로 연결 지어서 발상하는 방법이다.
- 자유연상법은 어떤 생각에서 다른 생각을 계속해서 떠올리는 작용을 통해 어떤 주제에서 생각나는 것을 계속해서 열거해 나가는 발산적 사고 방법이다.

**03** ③

㉠은 논리적 사고, ㉡은 상대 논리의 구조화, ㉢은 설득에 관한 내용이다.

- 논리적 사고는 사고의 전개에 있어서 전후의 관계가 일치하고 있는가를 살피고, 아이디어를 평가하는 능력을 의미한다. 이러한 논리적 사고는 다른 사람을 공감시켜 움직일 수 있게 하며, 짧은 시간에 헤매지 않고 사고할 수 있게 한다. 또한, 행동하기 전에 생각을 먼저 하게 하며, 주위를 설득하는 일이 훨씬 쉬워진다.
- 논리적 사고를 하기 위해서는 생각하는 습관, 상대 논리의 구조화, 구체적인 생각, 타인에 대한 이해, 설득의 5가지 요소가 필요하다.

**04** ①

㉠과 ㉢은 맞는 내용이다.

**오답 피하기**

㉡ 문제해결 절차는 문제 인식, 문제 도출, 원인 분석, 해결안 개발, 실행 및 평가의 순서로 이루어진다.

㉣ 문제해결 절차 중 해결해야 할 전체 문제를 파악하여 우선순위를 정하고, 선정 문제에 대한 목표를 명확히 하는 단계를 문제 인식 단계라고 한다.

㉤ 원인 분석이란 파악된 핵심문제에 대한 분석을 통해 근본 원인을 도출하는 단계이다.

**05 ④**

㉠, ㉢, ㉣은 맞는 내용이다.

오답 피하기

㉡ 환경 분석을 위해 주로 사용되는 기법으로는 3C 분석, SWOT 분석 방법 등이 있다. MECE는 Mutually Exclusive Collectively Exhaustive의 약자로 상호 배제와 전체 포괄하는 항목들이 상호 배타적이면서 모였을 때는 완전히 전체를 이루는 것을 의미한다. 이를테면 '겹치지 않으면서 빠짐없이 나눈 것'이라 할 수 있다. 상품 기획, 각종 조사 대상 품목 선정 등에서 요인을 빠짐없이 검토해 보고 싶을 때 MECE에 따른 분류를 자주 사용한다. 예를 들면, 새로운 상품을 기획하는 경우 상품이라는 전체 집단을 '행동'과 '판매 가격대' 등의 측면에서 MECE가 되도록 분할하고 경쟁 상품이 없는 분야의 상품 개발을 우선시하는 등의 활용 방법이 있다.

㉤ SO 전략은 외부 환경의 기회를 활용하기 위해 강점을 사용하는 전략이며, WT 전략은 외부 환경의 위협을 회피하고 자신의 약점을 최소화하는 전략이다.

**06 ③**

명제를 도식화하고 연결하여 풀이한다.

- 1단계 : 삼단논법을 적용하여 명제를 도식화한다.
  - 전제1. 인사팀 → 명석&꼼꼼
  - 전제2. 김완벽 → 인사팀
  - 전제3. 이보통 → 교육팀
- 2단계 : 연결하여 정리한다.
  - 김완벽 → 인사팀 → 명석&꼼꼼
- 3단계 : 시작과 끝을 연결하여 결론을 도출한다.
  - 김완벽 → 명석&꼼꼼

**07 ③**

간단하게 기호화해서 풀이할 수 있다.

- 건강한 사람=A, 의사를 두려워하지 않는=B, 운동선수=C로 놓고
- A와 C가 연결되는 선택지를 찾아야 하므로 중복되는 B에 대한 ⑤는 제거한다.
- 전제 1 A→B가 결론 C→B와 연결되려면 전제 2 C→A가 있으면 되므로 운동선수=C와 건강한 사람=A가 포함된 ③이 정답이 된다.

**08 ⑤**

결론 찾기 5유형에 속하는 문제이므로 공식에 대입하여 문제를 해결한다. 신혼부부=A, 결혼식장=B, 제주도=C로 바꾸고, B가 중복되므로 결혼식장에 ①과 ④를 소거하고 나면 '어떤 신혼부부는 제주도에 갈 수도 있다.'가 답이 된다.

**09 ④**

가언명제만으로 이루어진 문제이므로 기호화를 하고 대우를 활용하여 풀이한다.

- 1단계 : 주어진 전제를 기호화하고 대우를 찾는다.
  - (가) 달리는 사람 → ~택시의 대우는 택시 → ~달리는 사람
  - (나) 오토바이 → 택시의 대우는 ~택시 → ~오토바이
  - (다) ~오토바이 → 버스의 대우는 ~버스 → 오토바이
- 2단계 : 연결하여 정리한다.
  - ~버스 → 오토바이 → 택시 → ~달리는 사람
- 3단계 : 처음과 끝을 연결하여 답을 찾는다.
  - ~버스 → ~달리는 사람 = 달리는 사람 → 버스

따라서 ④ 3단계에서 ~버스 → ~달리는 사람 = 달리는 사람 → 버스가 증명되었으므로 ④ 달리는 사람은 버스를 탄다는 참

오답 피하기

① (가)에서 달리는 사람 → ~택시의 대우는 택시 → ~달리는 사람이므로 '① 택시를 타는 사람은 달리는 사람이다'는 거짓
② (다)에서 ~오토바이 → 버스의 대우는 ~버스 → 오토바이이므로 '② 버스를 타지 않는 사람은 오토바이를 타지 않는다'는 거짓
③ 3단계에서 ~버스 → ~달리는 사람 = 달리는 사람 → 버스의 역인 '③ 버스를 타면 달리는 사람이다'는 거짓
⑤ 2단계에서 ~버스 → 오토바이 → 택시 → ~달리는 사람으로 정리되었으므로 '⑤ 택시를 타는 사람은 오토바이를 탄다'는 거짓

**10 ④**

가언 삼단논법에 해당하는 문제로 기호화와 대우를 통해 풀이한다.

- 1단계 : 삼단논법을 적용하여 명제를 기호화 해보면
  - 전제 1 : 폭식 → 아랫배 통증
  - 전제 2 : (　　　　　　　)
  - 결론 : ~배탈 → ~폭식 = (대우) 폭식 → 배탈
- 2단계 : 연결하여 정리한다.
  - 폭식 → 아랫배 통증 → 배탈

따라서 전제 2에는 아랫배 통증 → 배탈 즉, '아랫배에 통증이 온다면 배탈이 난다.'가 참이다.

**11 ③**

기호화와 대우를 활용해 정답을 찾는다.

- 1단계 : 삼단논법과 대우를 적용하여 명제를 기호화 해보면
  - 전제 1 : 홍길동 → ~수학 = 수학 → ~홍길동
  - 전제 2 : 예술 → ~과학 = 과학 → ~예술
  - 전제 3 : 홍길동 → 과학 or 국어
- 2단계 : 연결하여 분석한다.
  - 전제 1과 전제 3을 통해 홍길동은 과학을 잘하며, 전제 2의 대우와 연결하면 '예술에 관심이 많지 않다'로 연결되어 ③이 정답이다.

**12 ⑤**

세 명 중 한 명만 참이므로 경우의 수를 따져 보면 다음의 표와 같다.
한 명만 참이므로 경우의 수 1과 3은 두 명이므로 성립되지 않는다.

| 나영희 | 김병순 | 신달식 | 경우의 수 |
|---|---|---|---|
| T | F | T | 1 |
| | | F | 2 |
| F | T | T | 3 |
| | | F | 4 |

경우의 수 2의 경우 나영희의 진술 '김길동 씨는 과거에도 2번 이상 사기를 친 적이 있습니다.'가 진실이고, 신달식의 '김길동 씨는 적어도 한번은 사기를 친 적이 있습니다.'는 거짓이 되어야 한다. 2번 이상 사기를 쳤다는 것은 거짓 진술이 된다. 따라서 4의 경우 김병순의 말이 참이 되고 '김길동 씨는 과거에도 2번 이상 사기를 친 적이 있습니다.'는 진술은 거짓이 된다. 신달식의 '김길동 씨는 적어도 한번은 사기를 친 적이 있습니다.'는 거짓이 되므로 김길동은 사기를 친 적이 없다.

**13 ①**

- A와 C의 참 거짓은 같다. 그런데 A, C 모두 참이거나 거짓일 수 없으므로 A와 C는 참 거짓이 달라야 한다.
- 만약 A가 교수라면 C도 참이 되므로 A는 교수가 될 수 없다. 따라서 A는 거짓말을 한 것이 된다. A가 교수가 맞다고 한 B도 거짓말이 된다. 참을 말할 수 있는 사람은 의사이니 C의 진술은 맞다. 따라서 C는 의사이다. A는 교수도 아니고 의사도 아니므로 변호사가 된다. B는 자연스럽게 교수가 된다. 따라서 A는 변호사, B는 교수, C는 의사이다.

## 14 ④

한 사람은 진실을 말하고 나머지는 거짓을 말한 경우이므로 가로축 대상자에서 T가 하나이고 나머지는 F인 경우를 찾으면 김다람이 된다. 참, 거짓에 대한 진술과 함께 대상자가 한 명이 존재하는 경우 그 대상자가 누구인가 하는 문제는 '대상자가 누구인가'를 경우의 수로 놓고 구할 수도 있고, 기준을 진술 위주로 보는 방법으로 더 쉽게 풀 수 있다. 즉, 'A의 진술이 참이 되는 경우, B의 진술이 참이 되는 경우는 언제인가'하는 식으로 해결한다. 만약 A의 진술이 참이라면 나머지 사람의 진술은 거짓이 되는 경우를 생각하여 풀이해보자.

- 세로축에 진술자를, 가로축에 찾고자 하는 대상자를 놓고 표를 그린다.
- 진술을 토대로 T, F를 그려 표를 완성한다.
- 이때 만약 A의 진술이 참이라면 나머지 사람의 진술은 거짓이 되는 경우를 생각한다.
- 조건에 맞는 것을 대상자를 가로축에서 찾는다.(하나는 T, 나머지는 F)
- 여기에 해당하는 사람은 김다람이다. 김다람이 수석인 경우, 김길동은 진실을 이야기했고 나머지는 거짓을 이야기했다.

| | 수석 김길동 | 수석 이영희 | 수석 박예은 | 수석 김다람 | 수석 김동희 |
|---|---|---|---|---|---|
| 김길동 | F | T | T | T | T |
| 이영희 | T | F | F | F | F |
| 박예은 | F | T | F | F | F |
| 김다람 | T | T | T | F | T |
| 김동희 | F | F | T | F | F |

## 15 ②

4명 중 한 명은 진실을 말하고 나머지는 거짓말을 한 경우 아래의 표에서 T가 하나 있는 을순이, 반대로 한 명은 거짓말을 하고 나머지는 진실을 말하면 F가 하나 있는 병순이가 범인이다.

- 일단 세로축에 진술자를, 가로축에 범인을 놓고 표를 그린다.
- 진술을 토대로 T, F를 그려 표를 완성한다. 이때 만약 A의 진술이 참이라면 나머지 사람의 진술은 거짓이 되는 경우를 생각한다.
- 조건에 맞는 것을 범인을 중심으로 찾는다.

| | 갑돌이 범인 | 을순이 범인 | 병순이 범인 | 정돌이 범인 |
|---|---|---|---|---|
| 갑돌이 | F | F | T | F |
| 을순이 | T | F | T | T |
| 병순이 | F | F | F | T |
| 정돌이 | T | T | T | F |

## 16 ③

- 주어진 조건을 도식화하면 다음과 같다.
  (나) ~F → G
  (다) D → ~G
  (라) B or E → D
  (마) A → E
  (바) ~C → ~A
- G가 문을 열기 때문에 (다)에서 대우 G → ~D가 성립한다.
- (라)에서 대우 ~D → ~B and ~E가 성립 (마)에서 ~E → ~ A성립한다.
- C와 F는 문을 열었는지 알 수가 없다.

## 17 ①

주어진 조건을 도식화하면 다음과 같다.
(가)에서 대기업(○) → 중견기업(×)
(나)에서 중소기업(○) → 공기업(○)
(다)에서 중견기업(○) 또는 공기업(○)
(라)에서 공무원(○) → 공기업(×)
이를 바탕으로 (가)에서 중견기업은 지원하지 않는다. (다)에서 중견기업에 지원하지 않으면 공기업에 지원한다. (라)에서 대우 명제 '공기업에 지원하면 공무원에 지원하지 않는다'이므로 공무원은 지원하지 않는다. 중소기업은 지원할 수도 있고 안 할 수도 있다(공기업에 지원 안 하면 중소기업에 지원하지 않는 것이 참인데 공기업에 지원하면 중소기업은 지원할지 하지 않을지는 알 수 없다). 따라서 대기업 이외 확정적인 것은 공기업이다.

## 18 ②

조건에 맞게 표를 작성하여 풀이한다. 사철이와 삼철이가 같은 자동차에 타면 구순이와 십순이 중 한 명만이 같은 자동차에 탈 수 있으므로 ②가 항상 거짓이다.

| | | |
|---|---|---|
| 운전자 1명 | 일철(고정) | 이철(고정) |
| 앞좌석 1명 | 오철 or 육순 | 육순 or 오철 |
| 뒷좌석 3명 | 사철(고정), 칠순, 팔순 | 삼철, 구순, 십순 |
| 뒷좌석 3명 | 사철(고정), (삼철, 구순, 십순 중 2명) | 칠순, 팔순, (삼철, 구순, 십순 중 나머지) |

## 19 ③

조건에 맞게 표를 그리고 대입하여 풀이해보면 육철이는 팔순이보다 위층에 투숙할 수도 있고, 같은 층에 투숙할 수도 있으므로 ③은 참이 아니다.

| | 1인실 | 2인실 |
|---|---|---|
| 5층 | 오철 or 사순 or 육철 | 사순 or 오철 or 육철 |
| 4층 | 사순 or 육철 or 팔순 | 사순 or 육철 or 팔순 |
| 3층 | 없음(조건 4에 의해 확정) | 칠순, 구철(조건 5에 의해 확정) |
| 2층 | 이순(조건 6과 8에 의해 확정) | 없음(조건 4에 의해 확정) |
| 1층 | 삼순 or 일순(조건 6에 의해 확정) | 삼순 or 일순(조건 6에 의해 확정) |

## 20 ③

조건에 맞게 표를 작성하고 대입하여 풀이한다.
포레스텔라는 1, 2, 3번째에는 등장할 수 없으므로 ③이 참이다.

| 1번째 | 2번째 | 3번째 | 4번째 | 5번째 | 6번째 |
|---|---|---|---|---|---|
| 인기 | 흉스 | 에델 | 포레 | 포디 | 미라클 |
| 인기 | 미라클 | 에델 | 흉스 | 포디 | 포레 |
| 포디 or 미라클 | 인기 | 에델 | 흉스 | 미라클 or 포디 | 포레 |
| 포디 or 미라클 | 인기 | 흉스 | 에델 | 포레 | 미라클 or 포디 |

**오답 피하기**

① 포르테 디 콰트로는 흉스프레소 보다 빠른 순서가 아니다. → 포디가 흉스보다 빠른 순서일 때도 있다.
② 흉스프레소는 미라클라스보다 먼저 등장한다. → 흉스가 미라클보다 나중에 출연할 때도 있다.
④ 미라클라스는 첫 무대 아니면 마지막 무대를 장식한다. → 미라클라스는 2, 5번째에 등장할 수도 있다.
⑤ 인기 현상은 마지막으로 출연한다. → 인기 현상은 1번째 혹은 2번째에 출연한다.

**21** ⑤

금요일 2타임에는 생산팀 또는 구매팀이 회의할 수 있으므로 금요일 2타임은 생산팀이 사용한다는 ⑤는 참이 아니다.

| | 월 | 화 | 수 | 목 | 금 |
|---|---|---|---|---|---|
| 1타임 | 영업팀 | 구매팀 | 인사팀 or 생산팀 | 영업팀 | 인사팀 |
| 2타임 | 구매팀 | 인사팀 | 영업팀 | 인사팀 | 생산팀 or 구매팀 |
| 3타임 | 인사팀 | 생산팀 | 영업팀 | 생산팀 | 구매팀 |
| 4타임 | 생산팀 | 영업팀 | 생산팀 or 인사팀 | 구매팀 | 영업팀 |

**22** ①

먼저 표를 그린다. 표는 세로축에 출장자, 가로축에 출장지로 그린다.
진술에 따라 하나씩 표를 완성하고 질문과 표를 맞추어 찾는다.

| | 대전 | 부산 | 대구 | 광주 | 울산 |
|---|---|---|---|---|---|
| 갑돌이 | ○ | × | × | × | × |
| 을순이 | × | ○ | × | × | × |
| 삼식이 | × | × | ○ | × | × |
| 사순이 | × | × | × | ○ | × |
| 오돌이 | × | × | × | × | ○ |

**23** ②

먼저 표를 그린다. 표는 세로축에 대상자, 가로축에 회사로 그린다.
진술에 따라 하나씩 표를 완성하고 질문과 표를 맞추어 찾는다.

| | A 사 | B 사 | C 사 | D 사 |
|---|---|---|---|---|
| 갑돌이 | × | ○ | × | × |
| 을순이 | ○ | × | × | × |
| 삼식이 | × | × | × | ○ |
| 사순이 | × | × | ○ | × |

표를 그려서 아닌 것을 지워나가면 쉽게 풀이할 수 있다. D사의 경우 사순이를 스카웃하려다가 무산되었으므로 사순이는 현재 D사에 근무하고 있지 않고, 갑돌이와 을순이가 D사 사원이라면 (스카웃을 위해) 접촉하지는 않을 것이다. 그러면 삼식이만 남는데 현재의 기술로는 삼식이에게 직접 접촉했는지 아니면 간접으로 했는지는 알 수 없다.

**24** ③

4월 1일 오전 8시~4월 3일 오전 11시 출차이므로 1일권 2번과 추가 3시간의 요금을 내야 한다. SUV는 승합차이므로
(40,000×2)+(1,200×2×3)=87,200원이다.

**25** ②

4월 1일은 목요일, 4월 2일은 금요일이므로 승용차의 경우 1일권 금액이 각각 20,000원, 30,000원이고, 3시간이 추가된다.
따라서, 20,000+30,000+(1,000×2×3)=56,000원이다.

**26** ②

조건에 따른 점수를 부여하면 다음과 같다.

| 구분 | 룸 크기 | 1박당 가격 | 등급 | 부대시설 | 총점 |
|---|---|---|---|---|---|
| A 호텔 | 1점 | 2점 | 5점 | 3+3=6점 | 14점 |
| B 호텔 | 4점 | 5점 | 3점 | 3점 | 15점 |
| C 호텔 | 3점 | 1점 | 5점 | 3+3=6점 | 15점 |
| D 호텔 | 5점 | 4점 | 1점 | 3점 | 13점 |
| E 호텔 | 2점 | 3점 | 3점 | 3점 | 11점 |

B 호텔과 C 호텔의 점수가 동점이므로 룸의 크기가 큰 호텔을 선정해야 한다. 따라서 선정한 호텔은 B 호텔이다.

**27** ④

현재 상태에서 점수를 계산하면 A 업체 79점, B 업체 81점, C 업체 83점, D 업체 80점이다. 이 상태에서 주어진 조건에 따라 변동되는 부분을 계산해서 살펴보면 된다.

(가) 현재의 상태에서 가장 총점이 높은 업체는 C 업체이고, 가장 낮은 업체는 A 업체이다.(○)

(나) A 업체가 가격을 600만 원 낮추면 최종 협력업체로 선정될 수 있다.(○) → 점수가 20점 올라가고 가중치가 40%이므로 총점에서 8점이 추가됨. A 업체는 87점으로 최고의 점수를 받게 되어 선정된다.

(다) B 업체가 직원 수를 10명을 더 늘리면 최종 협력업체로 선정될 수 있다.(×) → 점수가 10점 올라가고 가중치가 10%이므로 총점이 1점 올라간다. B 업체는 82점으로 C 업체 83점보다 낮아 선정될 수 없다.

(라) 같은 조건으로 1년 후에 한다면 D가 최종 협력업체로 선정될 수 있다.(×) → D 업체의 업력이 2년에서 3년으로 바뀐다. 이 경우 10점이 향상되고 가중치가 10%이므로 총점은 1점 올라가서 81점이 된다. 하지만 C 업체의 83점을 넘지 못하므로 선정될 수 없다.

(마) D 업체가 품질평가지수를 10 더 올리면 최종 협력업체로 선정될 수 있다.(○) → 점수가 10점 올라가고 가중치가 40%이므로 총점은 4점 올라가게 됨. 따라서 D 업체는 84점으로 C 업체 83점보다 높아 선정될 수 있다.

**28** ②

수급자격이 제한되지 아니하는 정당한 이직 사유(시행규칙 제101조 제2항 별표2) 중 5번 항목에서 사업의 양도, 인수, 합병으로 인해 사업주로부터 퇴직을 권고받은 경우 수급 제한 제외 대상자에 속한다.

오답 피하기

① 자발적 퇴사라 하더라도 예외의 경우 실업급여 수급이 가능하다.
③ 회사 이전으로 인해 통근이 왕복 3시간 이상인 경우 실업급여 수급이 가능하다.
④ 동거 친족의 경우도 가능하다.
⑤ 건강상의 이유로 퇴사한 경우 필요한 서류를 통해 객관적으로 인정되어야 실업급여 수급이 가능하다.

**29** ③

주어진 조건은 암호문을 만드는 방법이다. 그런데 이 문제의 경우 암호문과 암호 찾기 Key를 활용하여 원문을 찾는 것이다. 암호문은 표 맨 위 줄의 원문과 왼쪽 줄의 암호 찾기 Key가 교차하는 것이므로 이를 활용하여 역으로 원문을 찾아야 한다. 주어진 문제에서 암호 찾기 Key 값 ㄹ과 암호문 ㅏ를 활용하여 ㄹ에서 ㅏ가 있는 것의 맨 위줄을 보면 원문 ㄱ이 나온다. 이와 같은 방법으로 계속 찾으면 원문은 건담이 된다. 이러한 유형의 문제는 주어진 조건을 잘 이해하고 차분히 풀어야 풀리는 문제이다.

**30 ②**

부정 승차 시 기본금+기본금의 30배를 가산금으로 하므로 1,350원 + 1,350*30원으로 41,850원이 되어야 한다.

오답 피하기

철수 : 환승 이용한 거리의 합이 제2호에 정한 거리를 초과하는 구간은 5km마다 별표2의 추가 운임을 합산하여 산출한 금액으로 한다. 다만, 그 금액이 각각의 교통수단 운임의 합을 초과하는 경우에는 각각의 교통수단 운임의 합으로 한다. 합산 금액이 각각 계산한 금액보다 크기 때문에 각각 합산한 금액으로 정한다.

예진 : 수도권과 수도권 이외의 구간이 혼합된 경우 먼저 수도권을 적용하고 나머지에 대해서 수도권 이외의 구간 요금을 적용해서 계산해야 한다. 청소년 교통카드이므로 청소년 요금을 적용받을 수 있고 수도권이 50km이므로 기본요금 720원(10km) + 초과한 40km에 대해 5km마다 80원이므로 80*8구간 = 640원, 비수도권 구간이 50km이므로 4km당 80원이므로 80 * 13구간 = 1,040원 이를 모두 합하면 2,400원이다.

민혜 : 청소년이라도 일회용 승차권을 사용하면 어른과 동일한 요금을 내야 한다. 1,350원 + 100원 * 8구간 + 100원 * 13구간 = 3,450원

은애 : 어른이 교통카드를 사용하면 기본요금이 1,250원이며, 청소년이라도 일회용 승차권을 사용하면 어른과 동일 요금이 적용되므로 결과적으로 100원을 더 내게 된다.

## PART 04 자기개발능력

p.1-155

| | | | | |
|---|---|---|---|---|
| 01 ④ | 02 ③ | 03 ⑤ | 04 ③ | 05 ⑤ |
| 06 ③ | 07 ① | 08 ④ | 09 ③ | 10 ③ |
| 11 ① | 12 ④ | 13 ② | 14 ① | 15 ③ |
| 16 ④ | 17 ④ | 18 ② | 19 ⑤ | 20 ⑤ |

**01 ④**

자기개발능력은 직업인으로서 자신의 능력, 적성, 특성 등의 이해를 기초로 자기 발전 목표를 스스로 수립하고 성취해 나가는 능력이다.

오답 피하기

① 자아인식능력 : 자신의 흥미, 적성, 특성 등을 이해하여 자기정체감을 확고히 하는 능력
② 경력개발능력 : 자신의 진로에 대하여 단계적 목표를 설정하고 목표성취에 필요한 역량을 개발해 나가는 능력
③ 대인관계능력 : 직업생활에서 협조적인 관계를 유지하고 구성원들에게 도움을 줄 수 있으며 갈등을 원만히 해결하고, 상대방의 요구를 파악, 충족시켜줄 수 있는 능력
⑤ 자기관리능력 : 자신의 행동 및 업무 수행을 통제하고 관리하며, 합리적이고 균형적으로 조정하는 능력

**02 ③**

자기개발은 타인을 먼저 이해하기보다는 자기 자신을 이해하는 것이 먼저다.

**03 ⑤**

(가) 자아인식, (나) 경력개발, (다) 자기관리에 대한 개념 설명이다.

더 알아보기

**자아인식에 대한 질문**
- 나의 업무수행에서의 장단점은?
- 나의 직업 흥미는?
- 나의 적성은?

**자기관리에 대한 질문**
- 나의 업무에서 생산성을 높이기 위해서는 어떻게 해야 할까?
- 대인관계를 향상하는 방법은 무엇일까?
- 자기관리계획은 어떻게 수립하는 것일까?

**경력개발에 대한 질문**
- 내가 설계하는 나의 경력은?
- 나는 언제쯤 승진을 하고 퇴직을 하게 될까?
- 경력개발과 관련된 최근 이슈는 어떤 것이 있을까?

**04 ③**

| | |
|---|---|
| (가) | 자기개발을 어떻게 해야 할지 모르는 상태로서 자기개발방법에 대한 무지에 해당한다. |
| (나) | 늦은 퇴근 시간과 피곤함으로 인해 실천하지 못하고 있는 상태로서 실행력이 부족하다. |
| (다) | 필요한 준비물이 많고 시간을 투자하기 힘들어 부정적인 마음이다. |
| (라) | 미적 감각 부족으로 다른 사람들보다 미흡함이 있다는 생각이 들어 자신감이 부족하다. |
| (마) | 다른 사람에게 어려움을 물어보고 함께하길 바라며 의존하는 경향이 있다. |

**05 ⑤**

Y 사원은 직장과 육아, 살림으로 인한 체력부족으로 자기개발의 방해요인이 됨을 이야기하고 있다.

**06 ③**

구체적인 방법을 계획할 때 자신이 수행해야 할 자기개발방법을 명확하고 구체적으로 수립하면 집중적이고 효율성 있게 노력할 수 있다. 따라서 CS 고객만족도를 위해 어떻게 열심히 일할 것인지 구체적으로 계획을 세워야 한다.

**07 ①**

직장인 K 씨가 직업 생활과 관련하여 자신의 흥미, 적성, 성격 등을 통해 자신이 누구인지 이야기하고 있다.

오답 피하기

| | |
|---|---|
| 자아인식 | 직업 생활과 관련하여 자신의 가치, 신념 흥미, 적성, 성격 자신이 누구인지 파악하는 것이다. |
| 자기관리 | 자신을 이해하고 목표를 성취하기 위해 자신의 행동 및 업무수행 관리 및 조정하는 것이다. |
| 경력개발 | 일생에 걸쳐서 지속해서 이루어지는 일과 관련된 경험이다. |
| 내면 관리 | 자신의 마음을 관리하는 것이다. |
| 의사결정 방법 | 자신의 목표를 정하여 몇 가지 대안을 찾아보고 실행 가능한 최상의 방법을 선택하는 것이다. |

**08 ④**

자아인식은 자아존중감을 확인시켜 자기개발에 토대가 된다.

더 알아보기

**올바른 자아 인식**

- 자신을 존중하고 자신을 가치 있다고 여긴다.
- 자신의 한계를 인식하고 이를 더 보완해야 하겠다는 욕구가 생긴다.
- 자아 존중감을 확인시켜 주며 동시에 자기개발의 토대가 된다.
- 직업 생활에서 자신의 요구를 파악하고 능력 및 기술을 이해하여 자신의 가치를 확신하는 것으로 개인과 팀의 성과를 높인다.

**09 ③**

사원 L 씨는 무슨 일을 하든지 즐거웠고, 본인이 하는 일이 다른 사람에게 도움 줄 수 있어 너무 만족해하며 즐거워하였다.

**10 ③**

마인드 컨트롤은 자신을 의식적으로 관리하는 방법으로 '나는 이 일을 잘할 수 있다.', '나의 적성에 잘 맞는다.'와 같은 자기암시를 하다 보면 자신감을 얻게 되고 흥미를 높일 수 있다.

**11 ①**

교재를 편집하는 데 있어 글꼴이나 그림 배치 등을 신경 쓰며 교재를 편집했으나, 현재 표지디자인에 대한 부족한 부분이 생겼다. 부족한 문제를 해결하려면 부족한 문제를 채울 수 있는 방법을 강구해야 한다. 그러나 ①번은 문제를 해결하려 하기보다는 포기하려고 하는 모습이다.

**12 ④**

성찰은 어떤 일을 마친 후에 자신이 잘한 일과 개선할 점이 무엇인지 생각하게 하고, 앞으로 나아갈 방향을 제시해주며, 지속적인 성장의 기회를 만들어준다. 또한, 실수에 대한 원인을 파악하고 수정하게 되므로 다시는 같은 실수를 하지 않아 다른 사람에게 신뢰감을 준다. 지속적인 반성과 사고를 통해서 창의적인 생각이 나오게 된다.

**13 ②**

여행은 어디로 갈 것이며, 각자의 주어진 역할이 무엇인지를 정하는 내용이다. 2단계에서는 현재 자기가 제일 잘하는 역할은 무엇이며 그것에 따라 활동 목표가 정해지고 더 부족한 부분은 없는지 살피는 과정이다.

**14 ①**

일정을 수립할 때 일의 우선순위에 따라서 일정을 수립한다. 일정은 월간 계획, 주간 계획, 하루 계획 순으로 작성한다. 월간 계획은 장기적으로 보고 준비해야 할 일을 작성하며, 주간 계획은 우선순위가 높은 일부터, 하루 계획은 자세하게 시간 단위로 작성한다. 빨리 해결해야 할 긴급한 문제를 우선순위로 높게 잡으면 중요한 일을 놓치게 된다.

**15 ③**

| | | |
|---|---|---|
| ㉠ | 텔레비전 보기 | 4순위 |
| ㉡ | 방 청소 및 옷장 정리 | 4순위 |
| ㉢ | 메일, 메신저 확인 | 3순위 |
| ㉣ | 마감 날짜가 매우 급한 프로젝트 | 1순위 |
| ㉤ | 친구들과 모임 | 3순위 |
| ㉥ | 자격증 공부 | 2순위 |

**16 ④**

문제의 근원을 파악한다. → 의사결정 기준과 가중치를 정한다. → 의사결정에 필요한 정보를 수집한다. → 가능한 모든 대안을 탐색한다. → 각 대안을 분석 및 평가한다. → 최적안을 선택한다. → 의사결정 결과를 피드백한다.

**17 ④**

| | |
|---|---|
| 숭배에 의한 논증 | 권위 있는 전문가의 말을 따르는 것이 옳다는 의사결정은 일반적으로 옳을 수 있지만, 고정 행동 유형으로 따라간다면 문제가 있는 경우이다. |
| 상호성의 법칙 | 상대의 호의로 인한 부담으로 부당한 요구를 거절하지 못하는 경우이다. |
| 사회적 증거의 법칙 | 베스트셀러를 사는 것처럼 많은 사람의 행동을 무의식적으로 따라가는 경우이다. |
| 호감의 법칙 | 자신에게 호감을 주는 상대의 권유에 무의식적으로 따라가는 경우이다. |
| 권위의 법칙 | 권위에 맹종하여 따라가는 경우이다. |
| 회귀성의 법칙 | '얼마 없습니다.', '이번이 마지막 기회입니다.'라는 유혹에 꼭 필요하지 않은 것임에도 따라가는 경우이다. |

**18 ②**

자신의 내면을 관리하여 인내심과 긍정적인 마음을 가져야 인생의 성취가 높아진다.

**19 ⑤**

인내심과 긍정적인 마음을 가지기 위해서는 긍정적인 행동을 추구하는 것이 옳은 방법이다. 그러나 남의 탓으로 돌리는 것은 긍정적인 행동이 아니며 옳지 않은 행동이다.

**20 ⑤**

ⓜ : 상사/동료의 지원 정도 : 상사나 동료는 나의 업무성과나 자기개발에 긍정적인 영향을 준다. 그러나 시기하거나 정보를 공유하려고 하지 않는 사람도 있다.

더 알아보기

**업무 수행 성과를 높이기 위한 행동전략**
① 일을 미루지 않는다.
② 업무를 묶어서 처리한다.
③ 다른 사람과 다른 방식으로 일한다.
④ 회사와 팀의 지침을 따른다.
⑤ 역할 모델을 설정한다.

오답 피하기

㉠, ㉡ : 내가 활용할 수 있는 자원 : 나만의 자유시간을 가질 수 있으며, 노트북이 있어 언제 어디서든지 업무가 가능하다.
㉢ : 현재 능력 : 다른 사람보다 컴퓨터 활용능력이 뛰어나다.
㉣ : 성공한 사람들의 가장 중요한 습관 : 일을 미루지 않는다.

## PART 05 자원관리능력

p.1-178

| | | | | |
|---|---|---|---|---|
| 01 ① | 02 ④ | 03 ⑤ | 04 ⑤ | 05 ① |
| 06 ⑤ | 07 ④ | 08 ② | 09 ① | 10 ③ |
| 11 ① | 12 ① | 13 ③ | 14 ⑤ | 15 ④ |
| 16 ④ | 17 ⑤ | 18 ② | 19 ⑤ | 20 ② |
| 21 ⑤ | 22 ① | 23 ⑤ | 24 ④ | 25 ⑤ |
| 26 ② | 27 ⑤ | 28 ③ | 29 ③ | 30 ② |

**01 ①**

2단계는 이용 가능한 자원을 수집하는 단계이다. 필요한 자원의 종류와 양을 확인하고 실제 상황에서 필요한 자원을 확보하여야 한다. 또한, 수집 시 가능하다면 필요한 양보다 좀 더 여유 있게 확보하는 것이 좋다.

오답 피하기

② 4단계(계획대로 수행하기) – 업무 추진의 단계로서 계획에 맞게 업무를 수행해야 하는 단계이다. 많은 사람이 계획은 별도이며, 그때그때 상황에 맞춰서 하면 된다고 생각한다. 물론 계획에 얽매일 필요는 없지만, 최대한 계획대로 수행하는 것이 바람직하다. 불가피하게 수정해야 하는 경우는 전체 계획에 미칠 수 있는 영향을 고려해야 할 것이다.
③ 1단계(필요한 자원의 종류와 양 확인) – 업무를 추진할 때 어떤 자원이 필요하며, 또 얼마만큼 필요한지를 파악하는 단계이다. 자원의 종류는 크게 시간과 예산, 물적 자원, 인적자원으로 나뉘지만, 실제 업무 수행에서는 이보다 더 구체적으로 나눌 필요가 있다. 구체적으로 어떤 활동을 할 것이며, 이 활동에 어느 정도의 시간과 돈, 물적 · 인적자원이 필요한지를 파악한다.
④ 3단계(자원 활용 계획 세우기) – 필요한 자원을 확보하였다면 그 자원을 실제 필요한 업무에 할당하여 계획을 세워야 한다. 여기에서 중요한 것은 업무나 활동의 우선순위를 고려하는 것이다. 최종적인 목적을 이루는데 가장 핵심이 되는 것에 우선순위를 두고 계획을 세울 필요가 있다. 만약 확보한 자원이 실제 활동 추진에 비해 부족할 경우 우선순위가 높은 것에 중심을 두고 계획하는 것이 바람직하다.
⑤ 3단계(자원 활용 계획 세우기)

**02 ④**

R(Realistic) 목표는 현실성 있게 세워야 한다. 고객만족도 1위의 달성을 목표로 하는 계획은 직원 혼자서 완성하기 어려우며 전사적으로 이루어져야 할 것이다. 더욱 현실적인 계획이 필요하다.

오답 피하기

① S(Specific) 구체적으로 – 토익점수를 800점으로 목표를 세웠다.
② T(Time limited) 시간적 제약이 있게 – 보고서 작성 마감을 하루 전날로 시간 제약을 세웠다.
③ A(Action–oriented) 행동 지향적으로 – 운동을 하자는 계획에서 주 3회, 30분씩 조깅을 하기로 행동 중심적 계획
⑤ M(Measurable) 측정할 수 있도록 – 1달에 1권을 읽고 1년에 12권을 읽어 측정 가능한 계획을 세웠다.

**03 ⑤**

㉡ 무리한 계획을 세우지 않도록 해야 하며 실현 가능성 있는 계획을 세워야 한다. 시간 계획을 할 때 유의사항에는 일과 행동의 목록작성, 규칙성–일관성, 시간 계획 실행의 유동성, 시간의 손실, 권한 위양, 여유시간, 우선순위, 미 완료의 일, 종이에 기록할 것 등이 있다.

오답 피하기

㉠ 우선순위 : 중요한 보고서를 먼저 작성하고 소모품을 주문해도 된다.
㉢ 미 완료의 일 : 꼭 해야만 할 일을 끝내지 못한 경우, 차기 계획에 반영한다.
㉣ 종이에 기록할 것 : 체크리스트나 스케줄표로 일의 전체를 파악할 수 있다.

**04** ⑤

오전 9시~오후 12시 30분까지는 차장의 출장, 부장의 업무, 대리의 미팅으로 진행이 불가하다. 오후 13시 30분~오후 16:30 모든 직원의 일정이 마무리된다. 따라서 마무리된 후 16시 30부터 2시간 회의가 진행되어야 한다.

**05** ①

PERT를 이용하여 표현하면 다음과 같다.

| | | | |
|---|---|---|---|
| G(4) | F(2) | E(9) | D(14) |
| B(3) | | | |
| A(5) | C(3) | H(10) | |

A, B, C, G, F의 생산을 마무리하는 데 총 8일이 걸리고 E와 H의 생산을 마무리하는 데 10일, D 생산 마무리하는 데 14일이 걸리므로 따라서 8+10+14는 32일이다.

**06** ⑤

신입 사원인 정원은 둘째 주 월요일에 입사하였고, 신입 사원 필수 이수 교육은 산업안전보건과 직장 내 성희롱 예방 교육이다. 또한, 팀장의 말을 통해 프레젠테이션 스킬과 보고서 작성법을 이수해야 한다. 부서의 특성상 3시간 이상의 교육은 진행할 수 없으며, 업무로 인해 16시 30분 이전에 마치는 교육만 수강할 수 있는데 이를 고려하면 나머지 교육 중 전화응대 및 근무수칙 교육만 이수할 수 있다. 따라서 수강 가능한 교육은 산업안전보건, 직장 내 성희롱 예방, 프레젠테이션 스킬, 보고서 작성법, 전화응대 및 근무수칙 교육이며, 4월 첫째 주 화요일(4/6)에 진행하는 보고서 작성법 강의가 마지막이 된다.

**07** ④

C 항공사를 이용하여 인천출발(3/3 00:35) → 이스탄불 도착(3/3 18:30) → 2~3일 머무름 → B 항공사 이용하여 이스탄불 출발(3/6 12:30) → 마드리드 도착(3/6 17:10) → 1~2일 머무름 → D 항공사 이용하여 마드리드 출발(3/8 10:00) → 런던 도착(3/8 14:40) → 1~2일 머무름 → B 항공사 이용하여 런던 출발(3/9 17:20) → 인천 도착(3/10 08:50)

오답 피하기

②, ③ 3월 10일 오후 3시부터 세미나가 있으므로 오후 12시까지 귀국을 해야 한다. 다음 보기는 해당 시간이 지나므로 정답이 될 수 없다.

①, ⑤ D 항공사 이용하여 인천출발(3/1 10:35) → 이스탄불 도착(3/2 06:10) → 2~3일 머무름 이 기간에 탈 수 있는 항공기가 없다.

**08** ②

같은 항공사 3번 이상 금지, 인천 → 이스탄불 D 결항, 이스탄불 → 마드리드 → 런던 경로는 B, D 항공사만 가능한 3가지 조건을 충족하는 경우에서 출발/도착 시간상 가능한 경우를 비교해 보아야 한다.

| 경로 | 인천 → 이스탄불 | | 이스탄불 → 마드리드 | | 마드리드 → 런던 | | 런던 → 인천 | |
|---|---|---|---|---|---|---|---|---|
| 항공 | 출발 | 도착 | 출발 | 도착 | 출발 | 도착 | 출발 | 도착 |
| A | 3/4 12:25 | 3/5 00:20 | 3/5 07:00 | 3/5 17:45 | 3/7 14:45 | 3/7 19:50 | 3/11 00:40 | 3/11 18:50 |
| B | 3/3 23:20 | 3/4 11:45 | 3/6 12:30 | 3/6 17:10 | 3/8 19:00 | 3/9 01:00 | 3/9 17:20 | 3/10 08:50 |
| C | 3/3 00:35 | 3/3 18:30 | 3/7 15:00 | 3/7 22:30 | 3/9 20:00 | 3/10 03:05 | 3/10 10:00 | 3/10 21:00 |
| D | 3/1 10:35 | 3/2 06:10 | 3/7 10:00 | 3/7 18:30 | 3/8 10:00 | 3/8 14:40 | 3/8 20:00 | 3/9 9:30 |

| 인천 → 이스탄불 | 이스탄불 → 마드리드 | 마드리드 → 런던 | 런던 → 인천 |
|---|---|---|---|
| A, B, C 모두 다음번 B, D 탈 수 있음 | B | B | 전에 B 항공사를 이용했으므로 A~D 모든 항공사 가능함 |
| | B | D | |
| | D | B | |
| | D | D | |
| 단, 그중 C가 제일 저렴함 | 단, B와 D 중 D가 더 저렴함 | 단, B와 D 중 B가 더 저렴함 | 단, A가 제일 저렴함 |

결론적으로 C → D → B → A 항공기를 타면 되므로 요금은 195만 원(66 + 34 + 35 + 60)이 된다.

**09** ①

본사를 출발하여 A~G 영업점을 방문하는 경우는 5가지이다.

i ) 본사 → A → D → E → C → G → B → F
: 9 + 11 + 14 + 5 + 17 + 23 + 26 = 105km

ii ) 본사 → A → D → E → C → G → F → B
: 9 + 11 + 14 + 5 + 17 + 8 + 26 = 90km

iii ) 본사 → B → F → G → C → E → A → D
: 12 + 26 + 8 + 17 + 5 + 7 + 11 = 86km

iv ) 본사 → B → F → G → C → E → D → A
: 12 + 26 + 8 + 17 + 5 + 14 + 11 = 93km

v ) 본사 → B → F → G → D → A → E → C
: 12 + 26 + 8 + 23 + 11 + 7 + 5 = 92km

따라서 iii 의 경우가 최단 거리로 이동한 경우가 된다. 시속 60km로 이동한다고 했으므로 1분에 1km를 이동한다. 따라서 86분이 소요된다.

**10** ③

| 일 | 월 | 화 | 수 | 목 | 금 | 토 |
|---|---|---|---|---|---|---|
| 1 | 2<br>송 부장 | 3<br>송 부장 | 4<br>송 부장 | 5<br>공휴일 | 6<br>강 사원 | 7 |
| 8 | 9<br>강 사원 | 10<br>강 사원 | 11 | 12 | 13 | 14 |
| 15 | 16<br>최 차장 | 17<br>최 차장 | 18<br>최 차장<br>배 과장 | 19<br>배 과장 | 20<br>배 과장 | 21 |
| 22 | 23<br>전략개발팀 회의로 휴가 사용 불가 | 24 | 25 | 26 | 27 | 28 |
| 29 | 30 | 31 | | | | |

조건 2와 조건 4를 바탕으로 정 사원이 휴가를 갈 수 없는 날짜를 정리해 보면

- 조건 3에 의해 강 사원의 휴가인 6~10일에 휴가를 갈 수 없다.
- 조건 2, 6, 7에 의해 송 부장은 강 사원 휴가인 6일을 제외한 연속 3일인 2~4일에 휴가를 가고, 조건 2에 의해 해당 일에 정 사원은 휴가를 갈 수 없다.
- 전략개발팀 회의로 23~27일에 휴가를 갈 수 없다. 27일에 휴가를 낼 수 없으므로 연속 3일인 31일까지도 불가하다.
- 조건 2와 8에 의해 최 차장 휴가인 16~18일에 휴가를 갈 수 없다.
- 연속 3일 휴가를 가야 하는데 넷째 주에는 휴가를 갈 수 없고, 18일까지 최 차장이 휴가이므로 19일, 20일에도 휴가를 갈 수 없다.

따라서 가능한 연속 3일은 11~13일밖에 없다.

## 11 ①

- ㉮는 직접비용, ㉯는 간접비용에 대한 설명이다.
- 직접비용은 재료비, 원료비와 장비비, 시설비, 인건비, 여행(출장) 및 잡비 등을 들 수 있다. 간접비용은 보험료, 건물관리비, 광고비, 통신비, 사무비품비, 각종 공과금 등을 들 수 있다.
- ㄱ. 재료비 ㄴ. 광고비 ㄷ. 시설비 ㄹ. 사무비품비 ㅁ. 인건비에 해당하므로 ㄱ, ㄷ, ㅁ은 직접비용 항목이다.

## 12 ①

2022년 기준은 기본급이 5만 원씩이며 성과급이 최소 20만 원에서 최대 100만 원까지로 책정된다.

| 직원 | 2022년 | | | | |
|---|---|---|---|---|---|
| | 기본급 | 성과급 | 합계 | 매출액 | 매출액 금액 |
| 가 | 280 | 100 | 380 | B | 80 |
| 나 | 310 | 80 | 390 | E | 20 |
| 다 | 350 | 60 | 410 | D | 40 |
| 라 | 320 | 20 | 350 | C | 60 |
| 마 | 300 | 40 | 340 | A | 100 |

2023년 기준으로 적용하면 기본급은 30만 원씩 올라가고 성과급은 최소 10만 원에서 최대 50만 원으로 책정된다.

| 직원 | 2023년 | | |
|---|---|---|---|
| | 기본급 | 성과급 | 합계 |
| 가 | 310 | 40 | 350 |
| 나 | 340 | 10 | 350 |
| 다 | 380 | 20 | 400 |
| 라 | 350 | 30 | 380 |
| 마 | 330 | 50 | 380 |

최고 급여액 400만 원에서 최저 급여액 350만 원을 빼면 50만 원 차이가 난다.

## 13 ③

각 교통에 따라 A와 B의 소요시간을 구해보자.

ⅰ) A–기차–A = 25분 + 90분 + 15분(발권) + 5분 =135분
B–기차–B = 20분 + 90분 + 15분(발권) + 20분 =145분
ⅱ) A–버스–A = 20분 + 210분 + 30분 =260분
B–버스–B = 15분 + 210분 + 25분 =250분
ⅲ) A–비행기–A = 30분 + 50분 + 50분(수속) + 10분 =140분
B–비행기–B = 40분 + 50분 + 50분(수속) + 5분 =145분

가장 빠른 시간은 135분이다. 2시간 15분이므로 오후 14시 미팅에 늦지 않게 가기 위해서는 11시 45분에는 본사에서 출발해야 한다.

## 14 ⑤

- 회사에 복귀해야 하므로 가능한 경로의 소요 시간과 비용은 두 배가 든다. 각 경로의 시간과 비용을 계산하면 아래와 같다.

ⅰ) A–기차–A
소요 시간 = 25분 + 90분 + 15분(발권) + 5분 = 135분
∴ 135 × 2 = 270분
비용 = 4,000 + 40,000 + 4,500 = 48,500원
B – 기차–B
소요 시간 = 20분 + 90분 + 15분(발권) + 20분 = 145분
∴ 145 × 2 = 290분
비용 = 3,000 + 40,000 + 3,500 = 46,500원

ⅱ) A–버스–A
소요 시간 = 20분 + 210분 + 30분 = 260분
∴ 260 × 2 = 520분
비용 = 1,300 + 25,000 +1,500 = 27,800원
B–버스–B
소요시간 = 15분 + 210분 + 25분 = 250분
∴ 250 × 2 = 500분
비용 = 1,300 + 25,000 + 1,500 = 27,800원

ⅲ) A–비행기–A
소요 시간 = 30분 + 50분 + 50분(수속) + 10분 = 140분
∴ 140 × 2 = 280분
비용 = 7,000 + 55,000 + 10,000 = 72,000원
B–비행기–B
소요시간 = 40분 + 50분 + 50분(수속) + 5분 = 145분
∴ 145 × 2 = 290분
비용 = 5,000 + 55,000 + 15,000 = 75,000원

- 가장 빠르게 복귀하는 조건으로 최소한의 시간에 출장비 제한 10만 원 안에서 해결하려면 비행기는 총비용이 10만 원이 넘기 때문에 제외하고, A – 기차–A 경로가 가능하다.
  소요 시간 = 25분 + 90분 + 15분(발권) + 5분 = 135분 ∴ 135 × 2 = 270분
- 비용 = 4,000 + 40,000 + 4,500 = 48,500원 ∴ 48,500 × 2 = 97,000원
- 따라서 총 소요 시간은 270분이며 비용은 97,000원이다.

## 15 ④

| 구분 | | Dream 회사 | | |
|---|---|---|---|---|
| | | X | Y | Z |
| Vision 회사 | X | (2,7) = 9 | (–5,6) = 1 | (10,3) = 13 |
| | Y | (6,–1) = 5 | (9,0) = 9 | (–8,6) = –2 |
| | Z | (9,–4) = 5 | (8,–3) = 5 | (0,12) = 12 |

## 16 ④

Vision 회사는 상대 회사인 Dream 회사가 어떤 제품을 판매할지 모르기 때문에 분기별로 X, Y, Z 판매 시 수익이 얼마나 남아야 하는지 확인해야 한다. 1~3월의 기대수익부터 계산해보면, 다음과 같다.

- 1~3월의 소비자 선호 품목은 Y 제품이고, ※ 조건을 참고하면 월 수익은 50% 증가하고 월 손해는 50% 감소한다. 따라서 Vision 회사의 Y 제품만 기대수익이 바뀌고 Dream 회사는 바뀌지 않는다.
- X 제품의 기대수익은 Vision 회사의 X값의 합 나누기 3(제품이 3가지)을 한 값인데, 1~3월은 3개월이므로 여기에 곱하기 3을 해야 한다. 계산해보면 {2+(–5)+10}÷3×3=7이므로 X 제품의 기대수익은 7억 원이다.
- 마찬가지로 Y 제품의 기대수익을 계산하는데 월 수익은 50% 증가하고 월 손해는 50% 감소하므로, 제품별 월 수익을 계산하면 6×1.5=9, 9×1.5=13.5, –8×0.5=–4이므로 이를 모두 더하여 기대수익을 계산하면 {9+13.5+(–4)}÷3×3=18.5이므로 18.5억 원이다.

| | X | Y | Z |
|---|---|---|---|
| Y | (6, –1) | (9, 0) | (–8, 6) |
| 기대 | ↓ | ↓ | ↓ |
| 수익 | (9, –1) | (13.5, 0) | (–4, 6) |

- Z 제품의 기대수익은 그대로 적용하여 (9+8+0)÷3×3=17이므로 17억 원이다.
- 나머지 분기도 선호품목을 ※ 조건(월 수익은 50% 증가하고 월 손해는 50% 감소)으로 수익표를 바꾼 후 계산하면 되는데, 계산 결과는 다음과 같다.

• 4~6월 선호품목은 X 제품이므로 Y와 Z 제품은 표에 나타난 값을 이용하여 구한다.
 – X 제품 기대수익 : {3 + (−2.5) + 15} ÷ 3 × 3 = 15.5
 – Y 제품 기대수익 : {6 + 9 + −8)} ÷ 3 × 3 = 7
 – Z 제품 기대수익 : (9 + 8 + 0) ÷ 3 × 3 = 17
• 7~9월 선호품목은 X, Z 제품이므로 Y 제품은 표에 나타난 값을 이용하여 구한다.
 – X 제품 기대수익 : {3 + (−2.5) + 15} ÷ 3 × 3 = 15.5
 – Y 제품 기대수익 : {6 + 9 + (−8)} ÷ 3 × 3 =7
 – Z 제품 기대수익 : (13.5 + 12 + 0) ÷ 3 × 3 = 25.5
• 10~12월 선호품목은 Z 제품이므로 X와 Y 제품은 표에 나타난 값을 이용하여 구한다.
 – X 제품 기대수익 : {2 + (−5) + 10} ÷ 3 × 3 = 7
 – Y 제품 기대수익 : {6 + 9 + (−8)} ÷ 3 × 3 = 7
 – Z 제품 기대수익 : (13.5 + 12 + 0) ÷ 3 × 3 = 25.5

따라서 연간 기대수익이 가장 높은 품목을 정리해보면,

| 기대수익 | 1~3월 | 4~6월 | 7~9월 | 10~12월 |
|---|---|---|---|---|
| X | 7억 | 15.5억 | 15.5억 | 7억 |
| Y | 18.5억 | 7억 | 7억 | 7억 |
| Z | 17억 | 17억 | 25.5억 | 25.5억 |

1분기 Y 제품, 2분기 Z 제품, 3분기 Z 제품, 4분기 Z 제품이므로 총 연간 기대수익은 18.5 + 17 + 25.5 + 25.5 = 86.5억 원이 된다.

## 17 ⑤

문제의 조건을 살펴보면 티셔츠 한 장을 제작함에 있어 원단은 2장이 필요하며 이를 정리하면 아래와 같다.

| 원단 종류 | 오염 정도 | 단가(1장/원) | 제작 시 비용 |
|---|---|---|---|
| A | 상 | 3,000 | 6,000 |
| B | 중 | 4,000 | 8,000 |
| C | 하 | 6,000 | 12,000 |

가장 저렴한 원단은 A이지만, B 원단과 제작 비용을 비교해보면 제작단가가 3,000원 이상 차이가 나지 않는다. 따라서 오염의 정도가 더 낮은 B 원단을 고르는 것이 적합하다.

## 18 ②

2022년 3월 1일 기준으로 티셔츠를 1000장을 제작해야 한다. 휴무일 조건을 업체별로 고려하여 제작할 때, 가장 빠른 업체를 구해보자. 참고로 3월 1일은 공휴일이나 휴무일에 해당하지 않으면 공장은 쉬지 않고 제작하는 것으로 본다.

| 업체명 | 공임비 (원/개) | 1일 최대 제작 수량 (개) | 휴무일 | 제작 기간 (일) | 완성날짜 |
|---|---|---|---|---|---|
| 가 | 6,000 | 65 | 매주 토, 일 | 16일 | 3월 22일 |
| 나 | 9,000 | 50 | 매주 토요일 | 20일 | 3월 23일 |
| 다 | 10,000 | 45 | 없음 | 23일 | 3월 23일 |
| 라 | 7,000 | 55 | 매월 2, 4주 일요일 | 19일 | 3월 21일 |

ⅰ) 가 업체와 나 업체는 실제로 제작 기간이 4일 차이가 난다. 하지만 휴무일이 매주 토, 일인 가 업체와 매주 토요일인 나 업체를 비교하면 결국 나 업체는 쉬는 날이 가 업체보다 3일 줄어들게 되므로 완성되는 날짜는 가 업체와 나 업체가보다 하루 빠르다.

ⅱ) 다 업체는 쉬는 날이 없이 제작 기간이 23일이 되므로 완성되는 날짜는 3월 23일이 된다.

ⅲ) 라 업체는 제작 기간이 19일인데 휴무일이 매월 2, 4주 일요일이 되므로 결국 둘째 주, 넷째 주 일요일인 이틀만 쉬게 된다. 따라서 완성되는 날짜는 총 제작 기간에 이틀이 더해진 3월 21일이 된다.

## 19 ⑤

부산으로 출장을 다녀온 B 과장이 받아야 하는 금액을 계산해보자. 여비 항목에 따라 구분 지어 계산해보자.
ⅰ) 운임 : (버스, 택시 제외) 54,000 × 2 = 108,000원
 ∵ KTX(일반실)은 실비로 계산
ⅱ) 숙박 : 45,000 + 40,000 + 45,000 = 130,000원
 45,000 × 3일 = 135,000원 내에서 실비로 지급 가능
ⅲ) 식비 : 30,000 × 4 = 120,000원
ⅳ) 일비 : 30,000 × 4 = 120,000원
따라서 총 108,000 + 130,000 + 120,000 + 120,000 = 478,000원이 된다.

## 20 ②

물적 자원 활용의 방해요인에는 4가지 경우가 있다.
1. 물적 자원의 보관 장소를 파악하지 못하는 경우
2. 물적 자원이 훼손된 경우
3. 물적 자원을 분실한 경우
4. 분명한 목적 없이 물건을 구매한 경우

사례에 제시된 "공공장소 '자동심장충격기' 허술…. 경기도 내 3대 중 1대 고장"은 관리 허술로 물적 자원을 방치한 결과로 물품이 훼손된 사례를 나타낸다. 이러한 경우, 정작 필요한 생명을 구해야 할 위급상황에서 활용할 수 없을 뿐만 아니라 물품이 훼손돼 소중한 자원이 낭비된다. 따라서 물적 자원을 지속해서 적절히 관리하는 일은 자원이 필요할 때 목적에 맞게 제때 활용하고 낭비를 막기 위해서 중요하다.

오답 피하기

① 물적 자원을 분실한 경우
③ 물적 자원의 보관 장소를 파악하지 못하는 경우
④ 분명한 목적 없이 물건을 구매한 경우
⑤ 물적 자원을 분실한 경우

## 21 ⑤

물적 자원관리의 과정은 사용 물품과 보관 물품을 먼저 구분함이 옳다. 책상 정리가 되지 않아서 모두 물품을 수납장과 상자에 넣어버리면 당장 필요한 서류와 물품을 찾는 데 다시 많은 시간이 소요하게 된다. 따라서 물품을 정리할 때는 사용의 빈도와 목적, 회전 대응의 원칙 등에 따라 분류하여 보관해야 한다.

오답 피하기

① 사용 물품과 보관 물품의 구분 – 행사에 사용했던 물품은 당분간 사용을 하지 않을 것이므로 물품보관장소에 보관하는 것이 옳다.
② 회전 대응 보관의 원칙 – 물품의 활용 빈도가 상대적으로 높은 것은 가져다 쓰기 쉬운 위치에 먼저 보관하는 것을 말한다.
③ 사용 물품과 보관 물품의 구분 – 사용하지 않는 물품(서류)은 자주 사용하는 물품(서류)과 구분하여 정리 보관함으로써 편리성을 높일 수 있다. 또한 물품은 목적별로 종류별로 라벨링을 하여 손쉽게 찾을 수 있게 한다.
④ 물품 특성에 맞는 보관 장소 선정 – 재질의 차이로 보관 장소의 차이를 두는 것이 옳다.

## 22 ①

대형마트를 건설할 수 있는 곳은 다음과 같다.

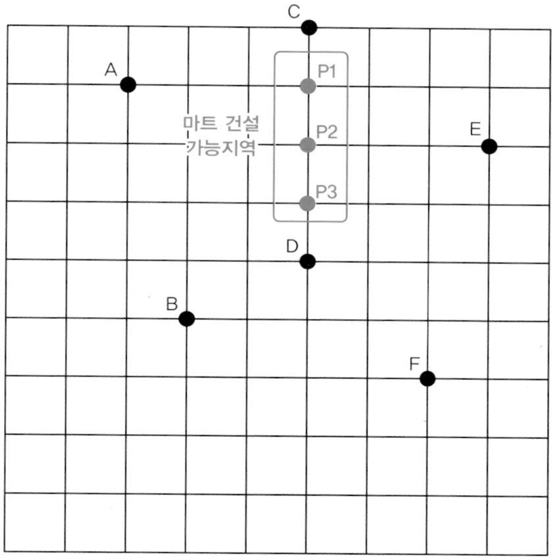


P1, P2, P3 위치의 각 아파트 및 주택 단지의 최단 거리를 구하면,

(단위 : m)

| | A | B | C | D | E | F | 총거리 |
|---|---|---|---|---|---|---|---|
| P1 | 300 | 600 | 100 | 300 | 400 | 700 | 2,400 |
| P2 | 400 | 500 | 200 | 200 | 300 | 600 | 2,200 |
| P3 | 500 | 400 | 300 | 100 | 400 | 500 | 2,200 |

따라서, 최소거리는 2200m이고, 100m당 300원의 교통비이므로 22×300 = 6,600원이다.

## 23 ⑤

D와 F의 교통비가 상승하였으므로 D와 F 사이에 대형마트를 건설해야 한다. P1, P2, P3, P4 위치의 각 아파트 및 주택 단지의 최단 거리를 구하면,

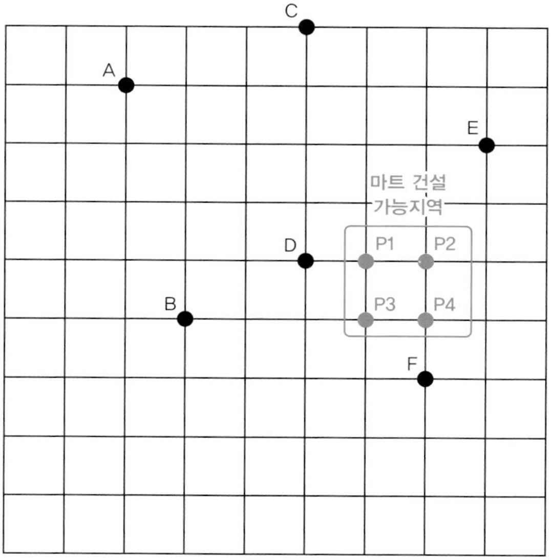


| | A | B | C | D | E | F |
|---|---|---|---|---|---|---|
| P1 | 700 | 400 | 500 | 100 | 400 | 300 |
| P2 | 800 | 500 | 600 | 200 | 300 | 200 |
| P3 | 800 | 300 | 600 | 200 | 500 | 200 |
| P4 | 900 | 400 | 700 | 300 | 400 | 100 |

교통비를 계산하면

| | |
|---|---|
| P1 | (700 + 400 + 500 + 400)×3 + (100 + 300)×5 = 8,000원 |
| P2 | (800 + 500 + 600 + 300)×3 + (200 + 200)×5 = 8,600원 |
| P3 | (800 + 300 + 600 + 500)×3 + (200 + 200)×5 = 8,600원 |
| P4 | (900 + 400 + 700 + 400)×3 + (300 + 100)×5 = 9,200원 |

따라서, 최소 비용은 8,000원이다.

## 24 ④

회사별 등급을 점수화하자.

| 구분 | 가격 | 품질 | A/S | 이동 거리 |
|---|---|---|---|---|
| A 사 | 3등급 =3점 | 2등급=4점 | 5등급=1점 | 1등급=5점 |
| B 사 | 4등급=2점 | 2등급=4점 | 1등급=5점 | 2등급=4점 |
| C 사 | 2등급=4점 | 3등급=3점 | 2등급=4점 | 3등급=3점 |
| D 사 | 3등급=3점 | 4등급=2점 | 1등급=5점 | 1등급=5점 |
| E 사 | 2등급=4점 | 4등급=2점 | 2등급=4점 | 2등급=4점 |

영업팀의 선호 비중을 적용하여 계산해보자.

| 구분 | 가격 | 품질 | A/S | 이동 거리 |
|---|---|---|---|---|
| 영업팀 | 20% | 10% | 40% | 20% |

| | |
|---|---|
| A 사 | 3×0.2 + 4×0.1 + 1×0.4 + 5×0.2 = 2.4 |
| B 사 | 2×0.2 + 4×0.1 + 5×0.4 + 4×0.2 = 3.6 |
| C 사 | 4×0.2 + 3×0.1 + 4×0.4 + 3×0.2 = 3.3 |
| D 사 | 3×0.2 + 2×0.1 + 5×0.4 + 5×0.2 = 3.8 |
| E 사 | 4×0.2 + 2×0.1 + 4×0.4 + 4×0.2 = 3.4 |

## 25 ⑤

E 사를 선호하는 팀을 구하기 위하여 각 팀의 비중값에 E 사의 점수를 계산해보자.

| 구분 | 가격 | 품질 | A/S | 이동 거리 |
|---|---|---|---|---|
| 영업팀 | 20% | 10% | 40% | 20% |
| 마케팅팀 | 30% | 20% | 50% | 10% |
| 기획팀 | 10% | 20% | 10% | 40% |
| 인사팀 | 20% | 30% | 30% | 20% |
| 총무팀 | 30% | 50% | 20% | 30% |

| | |
|---|---|
| 영업팀 | 4×0.2 + 2×0.1 + 4×0.4 + 4×0.2 = 3.4 |
| 마케팅팀 | 4×0.3 + 2×0.2 + 4×0.5 + 4×0.1 = 4.0 |
| 기획팀 | 4×0.1 + 2×0.2 + 4×0.1 + 4×0.4 = 2.8 |
| 인사팀 | 4×0.2 + 2×0.3 + 4×0.3 + 4×0.2 = 3.4 |
| 총무팀 | 4×0.3 + 2×0.5 + 4×0.2 + 4×0.3 = 4.2 |

**26** ②

팀별로 산정해둔 가격, 품질, A/S, 이동 거리 비중값들의 평균을 구해보자.

| 구분 | 가격 | 품질 | A/S | 이동 거리 |
|---|---|---|---|---|
| 영업팀 | 20% | 10% | 40% | 20% |
| 마케팅팀 | 30% | 20% | 50% | 10% |
| 기획팀 | 10% | 20% | 10% | 40% |
| 인사팀 | 20% | 30% | 30% | 20% |
| 총무팀 | 30% | 50% | 20% | 30% |

- 가격 : $(0.2 + 0.3 + 0.1 + 0.2 + 0.3) \div 5 = 1.1 \div 5 = 0.22$
- 품질 : $(0.1 + 0.2 + 0.2 + 0.3 + 0.5) \div 5 = 1.3 \div 5 = 0.26$
- A/S : $(0.4 + 0.5 + 0.1 + 0.3 + 0.2) \div 5 = 1.5 \div 5 = 0.3$
- 이동 거리 : $(0.2 + 0.1 + 0.4 + 0.2 + 0.3) \div 5 = 1.2 \div 5 = 0.24$

| | |
|---|---|
| A 사 | $3\times0.22 + 4\times0.26 + 1\times0.3 + 5\times0.24 = 3.2$ |
| B 사 | $2\times0.22 + 4\times0.26 + 5\times0.3 + 4\times0.24 = 3.94$ |
| C 사 | $4\times0.22 + 3\times0.26 + 4\times0.3 + 3\times0.24 = 3.58$ |
| D 사 | $3\times0.22 + 2\times0.26 + 5\times0.3 + 5\times0.24 = 3.88$ |
| E 사 | $4\times0.22 + 2\times0.26 + 4\times0.3 + 4\times0.24 = 3.56$ |

**27** ⑤

인력배치의 원칙을 순서대로 바르게 나열하면 '균형 주의 – 적재적소 주의 – 능력 주의' 순서가 된다.

**28** ③

직급 및 근속연수, 학위 취득의 조건으로 권한석, 엄석준, 유민한, 신민재이다. 하지만 권한석은 출장과 휴가일정으로 4/19, 4/23 면접 일정에 참여할 수 없다. 유민한은 매주 화요일(4/19) 프로젝트 회의로 인해 면접에 참여할 수 없다. 따라서 인사팀 근무 경력과 전문 지식 보유 등 조건을 충족한 사람은 엄석준과 신민재이다.

**29** ③

ⅰ) 당직근무 전날과 다음날 휴무이며, 출근 후 연장하여 진행한다.

| | 월 | 화 | 수 | 목 | 금 |
|---|---|---|---|---|---|
| 김 팀장 | | | | | |
| 이 대리 | | | × | ○ | × |
| 박 대리 | | | | | |
| 최 주임 | | × | ○ | × | |
| 강 주임 | ○ | × | | | |
| 장 사원 | × | ○ | × | | |
| 조 사원 | | | | × | ○ |

ⅱ) 2명인 팀은 같은 날 출근하지 않는다. / 박 대리는 주임이 모두 출근하지 않은 날만 출근한다.

| | 월 | 화 | 수 | 목 | 금 |
|---|---|---|---|---|---|
| 김 팀장 | | | × | | |
| 이 대리 | × | | × | ○ | × |
| 박 대리 | × | ○ | × | ○ | |
| 최 주임 | | × | ○ | × | |
| 강 주임 | ○ | × | | × | |
| 장 사원 | × | ○ | × | | |
| 조 사원 | | | | × | ○ |

ⅲ) 김 팀장은 주임과 함께 출근한다. / 월요일에는 각 팀 1명씩 출근한다.

| | 월 | 화 | 수 | 목 | 금 |
|---|---|---|---|---|---|
| 김 팀장 | ○ | × | × | × | |
| 이 대리 | × | | × | ○ | × |
| 박 대리 | × | ○ | × | ○ | |
| 최 주임 | × | × | ○ | × | |
| 강 주임 | ○ | × | | × | |
| 장 사원 | × | ○ | × | | |
| 조 사원 | ○ | | | × | ○ |

ⅳ) 주임은 일주일에 최소 2번 이상 출근한다.

| | 월 | 화 | 수 | 목 | 금 |
|---|---|---|---|---|---|
| 김 팀장 | ○ | × | × | × | × |
| 이 대리 | × | | × | ○ | × |
| 박 대리 | × | ○ | × | ○ | × |
| 최 주임 | × | × | ○ | × | ○ |
| 강 주임 | ○ | × | | × | |
| 장 사원 | × | ○ | × | | |
| 조 사원 | ○ | | | × | ○ |

따라서, 최소한의 인원이 출근하는 날은 강 주임, 조 사원이 출근하지 않았을 경우 수요일이다.

**30** ②

이 대리의 화요일 출근 여부는 확정할 수 없다.

## PART 06 대인관계능력 p.1-213

| | | | | |
|---|---|---|---|---|
| 01 ④ | 02 ② | 03 ⑤ | 04 ② | 05 ⑤ |
| 06 ⑤ | 07 ④ | 08 ① | 09 ③ | 10 ⑤ |
| 11 ② | 12 ④ | 13 ⑤ | 14 ③ | 15 ② |
| 16 ⑤ | 17 ④ | 18 ④ | 19 ② | 20 ⑤ |
| 21 ② | 22 ① | 23 ③ | 24 ④ | 25 ③ |

### 01 ④

대인관계능력은 직업 생활에서 협조적인 관계를 유지하고 조직 구성원들에게 도움을 줄 수 있으며, 조직 내부 및 외부의 갈등을 원만히 해결하고, 상대방의 요구를 파악 · 충족해줄 수 있는 능력을 의미한다.

### 02 ②

큰일뿐만 아니라, 사소한 일도 관심을 보인다.

더 알아보기

**대인관계능력을 향상하려는 실천방법**
- 상대방에 대한 이해와 배려
- 사소한 일에 관한 관심
- 약속 이행 및 언행일치(말과 행동을 같게 한결같은 모습)
- 칭찬하고 감사하는 마음
- 진정성 있는 태도

### 03 ⑤

'진정성 있는 태도를 보여줄 수 있는 한 가지 예는 바로 진지한 사과'라고 한다. 장난스럽게 하는 사과는 상대방의 기분을 더 상하게 할 수 있으므로 주의한다.

### 04 ②

실리형의 보완점은 타인과의 신뢰를 형성하는 일에 깊은 관심을 두는 것이며, 친화형의 보완점은 타인과의 정서적 거리를 두는 노력에 있다.

더 알아보기

| 구분 | 보완점 |
|---|---|
| 지배형 | • 타인의 의견을 잘 경청하고 수용하는 자세를 기를 것<br>• 타인에 대한 자신의 지배적 욕구를 깊이 살펴보는 시간이 필요 |
| 실리형 | • 타인의 이익을 배려하는 노력이 필요<br>• 타인과의 신뢰를 형성하는 일에 깊은 관심을 두는 것이 바람직 |
| 냉담형 | 타인의 감정 상태에 깊은 관심을 지니고, 긍정적인 감정을 부드럽게 표현하는 기술을 습득이 필요 |
| 고립형 | • 대인관계의 중요성을 인식하고 좀 더 적극적인 노력을 해야 함<br>• 타인에 대한 불편함과 두려움에 대해 깊이 생각해보는 것이 바람직함 |
| 복종형 | • 자기표현, 자기주장이 필요함<br>• 대인관계에서 독립성을 키우는 것이 바람직함 |
| 순박형 | • 타인의 의도를 좀 더 깊게 들여다보고 행동하는 신중함이 필요<br>• 자신의 의견을 표현하고 주장하는 노력을 해야 할 것 |
| 친화형 | • 타인과의 정서적 거리를 유지하는 노력이 필요함<br>• 타인의 이익만큼 나의 이익도 중요함을 인식해야 할 것 |
| 사교형 | 타인에 관한 관심보다 혼자만의 내면적 생활에 좀 더 깊은 관심을 지니고 타인으로부터 인정받으려는 자신의 욕구에 대해 깊이 생각해 볼 필요가 있음 |

### 05 ⑤

강한 자신감으로 자신의 사기를 드높이는 것이 아니라 상대방의 사기를 높이는 것이다.

오답 피하기

| 팀워크를 유지하기 위해 갖춰야 할 요소 | 팀워크를 저해하는 요소 |
|---|---|
| • 팀원 간에 공동의 목표의식과 강한 도전의식<br>• 팀원 간에 상호 신뢰하고 존중<br>• 서로 협력하면서 각자의 역할과 책임을 다함<br>• 솔직한 대화로 서로를 이해<br>• 강한 자신감으로 상대방의 사기를 드높임 | • 조직에 대한 이해 부족<br>• 자기중심적인 이기주의<br>• '내가'라는 자아의식의 과잉<br>• 질투나 시기로 인한 파벌주의<br>• 그릇된 우정과 인정<br>• 사고방식의 차이에 대한 무시 |

### 06 ⑤

의견의 불일치를 건설적으로 해결하며, 개방적인 의사소통을 하며 주관적인 결정을 내리는 것이 아니라 의견의 불일치를 건설적으로 해결하며, 개방적인 의사소통을 하며 객관적인 결정을 내린다.

더 알아보기

**효과적인 팀워크의 특성**
- 팀의 사명과 목표를 명확하게 기술한다.
- 창조적으로 운영된다.
- 결과에 초점을 맞춘다.
- 역할과 책임을 명료화시킨다.
- 조직화가 잘 되어있다.
- 개인의 강점을 활용한다.
- 리더십 역량을 공유하며 구성원 상호 간에 지원을 아끼지 않는다.
- 팀 풍토를 발전시킨다.
- 의견의 불일치를 건설적으로 해결한다.
- 개방적으로 의사소통한다.
- 객관적인 결정을 내린다.
- 팀 자체의 효과성을 평가한다.

### 07 ④

소외형은 자립하는 사람으로 보이며, 수동형은 지시가 있어야 행동하는 것처럼 보인다.

더 알아보기

**팔로워십의 4가지 유형과 자아상**

| 구분 | 자아상 |
|---|---|
| 소외형 | 자립적인 사람 / 일부러 반대의견 제시 / 조직의 양심 |
| 순응형 | 기쁜 마음으로 과업 수행 / 팀플레이를 함 / 리더나 조직을 믿고 헌신함 |
| 실무형 | 조직의 운영방침에 민감 / 사건을 균형 잡힌 시각으로 봄 / 규정과 규칙에 따라 행동함 |
| 수동형 | 판단, 사고를 리더에 의존 / 지시가 있어야 행동 |

**08 ①**

김 대리는 실무형이다.

| 구분 | | 팔로워십 유형 |
|---|---|---|
| 실무형 | 김 대리 | 팀원들이 의견을 공평하게 내어 주면 좋겠습니다. 다수의 의견이 반영된 내용을 토대로 결과를 도출하도록 하겠습니다. → 균형 잡힌 시각으로 보고, 규정과 규칙에 따라 행동하는 실무형 팔로워 유형 |
| 소외형 | 이 부장 | 새로운 프로젝트는 아닌 것 같고, 아직 효과가 좋은지 잘 모르겠어요. → 반대 의견을 제시하고 있으므로 소외형 팔로워 유형 |
| 순응형 | 오사원 | 이 부장님께서 지시해 주시면, '효율적인 스마트 워크 사업과 적용방안'에 대한 개선점을 찾아서 보고 올리겠습니다. → 리더나 조직을 믿고 헌신하는 순응형 팔로워 유형 |
| 수동형 | 최 주임 | 경영지원팀에서 정해진 회의 결과를 따르도록 하겠습니다. → 판단, 사고를 리더에게 의존하는 수동형 팔로워 유형 |

**09 ③**

조직에서 일어나는 모든 변화가 바람직한 것은 아니다.

더 알아보기

**팀워크 촉진 방법**

- 동료 피드백 장려하기
- 갈등을 해결하기
- 창의력 조성을 위해 협력하기
- 참여적으로 의사결정하기

**10 ⑤**

소수의 주도적 성격을 가진 사람이 리더십을 발휘하는 것이 아니라, 리더십(Leadership)은 조직의 공통된 목적을 달성하기 위하여 개인이 조직원들에게 영향을 미치는 과정이다.

더 알아보기

**리더십의 개념**

- 조직 구성원들이 조직목표를 위해 자발적으로 노력하도록 영향을 주는 행위
- 목표달성을 위하여 어떤 사람이 다른 사람에게 영향을 주는 행위
- 어떤 주어진 상황 내에서 목표달성을 위해 개인 또는 집단에 영향력을 행사하는 과정
- 자신의 주장을 소신 있게 나타내고 다른 사람들을 격려하는 힘

**11 ②**

Ⓑ 민주주의에 근접한 유형 – ② 상황

**12 ④**

Ⓒ 파트너십 유형 – 기획조정실 박 팀장

**리더십 유형**

| 구분 | | 부서별 팀장 특징 |
|---|---|---|
| 기획조정실 박 팀장 | 파트너십 유형 | 박 팀장은 기획조정실에서 근무하면서 일을 처리하는 과정에서 팀장과 팀원 간 평등한 위치에서 함께하는 모습을 자주 보였다. 일에 관련된 업무에 대해서 공동으로 책임을 공유하였으며, 구성원들은 일에 대한 이해도가 높은 편이었다. |
| 경영지원팀 김 팀장 | 변혁적 유형 | 김 팀장은 경영지원팀 내에서 구성원들에게 존경받는 모습을 보였다. 구성원들에게 칭찬과 지지를 아끼지 않으며, 구성원들이 일을 대하는 모습은 관련된 업무에 적극적으로 참여하였다. |
| 전략기획실 이 팀장 | 독재자 유형 | 전략기획실 이 팀장은 조직 안에서 전략적인 사업을 이끌며, 어떤 실수도 용납하지 않는다. 모든 의사결정은 대부분 이 팀장이 맡아서 하며, 핵심정보를 구성원들과 공유하지 않아서 구성원들은 일에 대한 이해도가 낮은 편이다. |
| 고객지원팀 오 팀장 | 민주주의에 근접한 유형 | 고객지원팀 오 팀장은 구성원들에게 조직의 목표를 잘 전달하려고 노력하는 모습을 보였다. 오 팀장은 토론을 장려하고, 구성원들 모두를 목표 설정에 참여하게 하며, 구성원들에게 확신을 심어주었다. |

**13 ⑤**

비판적으로 의견을 주고 받는 것은 바람직하지 못하다.

더 알아보기

**내적 동기 부여 방법**

- 긍정적 강화법을 활용하기
- 새로운 도전의 기회를 부여하기
- 창의적인 문제 해결법을 찾기
- 자신의 역할과 행동에 책임감 가지기
- 코칭하기
- 변화를 두려워하지 않기
- 지속적으로 교육하기

**14 ③**

높은 성과와 지속적인 개선을 가져오는 요인을 통제하여 돕는다.

더 알아보기

**높은 성과를 내는 임파워먼트 환경의 특징**

- 도전적이고 흥미 있는 일
- 학습과 성장의 기회
- 높은 성과와 지속적인 개선을 가져오는 요인들에 대한 통제
- 성과에 대한 지식
- 긍정적인 인간관계
- 개인들이 공헌하며 만족한다는 느낌
- 상부로부터의 지원

**15 ②**

변화를 인식할 수 있도록 객관적인 자세를 유지한다.

더 알아보기

**효과적인 변화 관리의 3단계**

| [1단계] | | [2단계] | | [3단계] |
|---|---|---|---|---|
| 변화를 이해 | | 변화를 인식 | | 변화를 수용 |
| • 변화가 왜 필요한가?<br>• 무엇이 변화를 일으키는가?<br>• 변화는 모두 좋은 것인가? | ➡ | • 개방적 분위기 조성<br>• 객관적 자세 유지<br>• 구성원 감정 살피기<br>• 변화의 긍정적인 면 강조<br>• 변화에 적응할 시간 주기 | ➡ | • 시간을 내어 변화와 관련해 자주 논의<br>• 구성원의 생각이나 제안을 직접 말할 수 있는 분위기 만들기 |

## 16 ⑤

공통적인 수준에서 미묘한 방식으로 서로 공격하는 것이 아니라 개인적인 수준에서 공격하는 것이 갈등의 단서이다.

더 알아보기

**갈등의 단서 5가지**

- 지나치게 감정적인 논평과 제안을 하고 있다.
- 타인의 의견 발표가 끝나기도 전에 타인의 의견에 공격하고 있다.
- 핵심을 이해하지 못한 것에 대해 서로 비난하고 있다.
- 서로 편을 가르고 타협하기를 거부하고 있다.
- 개인적인 수준에서 미묘한 방식으로 서로 공격하고 있다.

## 17 ④

근심 걱정, 스트레스, 분노 등의 부정적인 감정이 생기는 경우, 잘못 이해하거나 부족한 정보 등 전달이 불분명한 커뮤니케이션이 발생하는 경우, 편견, 변화에 대한 저항, 기존 방식에 대한 거부감 등에서 나오는 의견 불일치가 나타날 경우 등은 불필요한 갈등이 일어나는 예이다. 갈등은 당사자 간에 가치, 규범, 이해, 아이디어, 목표 등이 서로 불일치하여 충돌하는 상태로 의견 차이가 생기기도 하지만, 갈등은 새로운 해결책을 만들어 주는 기회를 제공하여 긍정적인 결과를 도출하기도 하며, 조직의 발전을 저해할 수도 있지만 잘 관리하면 합리적인 의사결정을 끌어낼 수 있다.

더 알아보기

**갈등 유형**

- 회피형 : 갈등 상황에 대하여 상황이 나아질 때까지 문제를 덮어 두거나 위협적인 상황에서 피하고자 하는 유형으로, 나도 지고 너도 지는 방법이다.
- 경쟁형 : 상대방의 목표달성을 희생시키면서 자신의 목표를 이루게 하려고 전력을 다하는 유형으로, 나는 이기고 너는 지는 방법이다.
- 수용형 : 상대방의 관심을 충족하기 위하여 자신의 관심이나 요구는 희생함으로써 상대방의 의지에 따르는 유형으로 나는 지고 너는 이기는 방법이다.
- 타협형 : 서로가 받아들일 수 있는 결정을 하기 위하여 타협적으로 주고받는 유형이다.
- 통합형(협력형) : 문제해결을 위하여 서로 간에 정보를 교환하면서 모두의 목표를 달성할 수 있는 유형으로, 나도 이기고 너도 이기는 방법이다. 통합형이 가장 바람직한 갈등 해결 유형이라 할 수 있다.

## 18 ④

㉣ – ㉠ – ㉡ – ㉤ – ㉢ 순서로 의견 불일치 – 대결 국면 – 격화 국면 – 진정 국면 – 갈등의 해소 순서이다.

더 알아보기

**갈등 해결의 5단계**

| | |
|---|---|
| 의견 불일치 | 인간은 서로 다른 가치관, 신념, 성격 등으로 인한 생각 차이 |
| 대결 국면 | 감정적인 대립으로 타인의 의견을 무시하고 자기 주장만 강요 |
| 격화 국면 | 상대방에 대한 적대적인 현상 심화로 반격에 나섬 |
| 진정 국면 | 갈등 점차 해소, 상대방을 이해하고 이성적인 대안 모색, 3자 개입 |
| 갈등의 해소 | 공동의 목표달성을 위해 자신을 내려놓고 타협함 |

## 19 ②

어려운 문제는 피하지 말고 맞선다.

더 알아보기

**갈등 해결을 위해서 모색할 사항**

- 다른 사람들의 입장을 이해한다. 사람들이 당황하는 모습을 자세하게 살핀다.
- 어려운 문제는 피하지 말고 맞선다.
- 자신의 의견을 명확하게 밝히고 지속적으로 강화한다.
- 사람들과 눈을 자주 마주친다.
- 마음을 열어 놓고 적극적으로 경청한다.
- 타협하려 애쓴다.
- 어느 한쪽으로 치우치지 않는다.
- 논쟁하고 싶은 유혹을 떨쳐낸다.
- 존중하는 자세로 사람들을 대한다.

## 20 ⑤

㉤ 협상 차원이 아니라 교섭 차원이다.

더 알아보기

**협상의 특징**

| | |
|---|---|
| 의사소통 차원 | 협상이란 이해당사자들이 자신들의 욕구를 충족시키기 위해 상대방으로부터 최선의 것을 얻어내기 위해 상대방을 설득하는 커뮤니케이션 과정 |
| 갈등 해결 차원 | 갈등 관계에 있는 이해당사자들이 대화를 통해서 갈등을 해결하고자 하는 상호작용 과정 |
| 지식과 노력 차원 | 우리가 얻고자 하는 것을 가진 사람의 호의를 얻어내기 위한 것에 관한 지식이며, 노력의 분야 |
| 의사결정 차원 | 둘 이상의 이해당사자들이 여러 대안 가운데서 이해당사자들 모두가 수용 가능한 대안을 찾기 위한 의사결정 과정 |
| 교섭 차원 | 선호가 서로 다른 협상 당사자들이 합의에 도달하기 위해 공동으로 의사결정하는 과정 |

## 21 ②

이해관계를 분석 하는 것은 3단계 실질 이해이다.

|  | |  |
|---|---|---|
| [1단계] 협상 시작 | ➡ | • 협상 당사자들 사이에 상호 친근감 형성<br>• 간접적인 방법으로 협상 의사를 전달<br>• 상대방의 협상할 의지를 확인<br>• 협상 진행을 위한 체제를 구축 |
| [2단계] 상호 이해 | ➡ | • 갈등 문제의 진행 상황과 현재 상황을 점검<br>• 적극적으로 경청하고 자기주장을 제시<br>• 상호 이해 협상을 위한 협상 대상 안건을 결정 |
| [3단계] 실질 이해 | ➡ | • 겉으로 주장하는 것과 실제로 원하는 것을 구분하여 실제로 원하는 것을 파악<br>• 분할과 통합 기법을 활용하여 이해관계를 분석 |
| [4단계] 해결 대안 | ➡ | • 협상 안건마다 대안들을 평가<br>• 개발한 대안들을 평가<br>• 최선의 대안에 대해서 합의하고 선택<br>• 대안 이행을 위한 실행계획을 수립 |
| [5단계] 합의문서 | ➡ | • 합의문을 작성<br>• 합의문 상의 합의 내용, 용어 등을 재점검<br>• 합의문에 서명 |

**22** ①

A 사례 – ㉣ 협력 전략 / B 사례 – ㉢ 유화 전략 / C 사례 – ㉡ 회피 전략 / D 사례 – ㉠ 강압 전략

더 알아보기

**협상의 4가지 전략**

| | |
|---|---|
| 강압 전략 | 인간관계를 중요하게 여기지 않는 경우, 자신의 이익을 극대화해야만 하는 경우, 상대방보다 자신의 힘이 강한 경우, 상대방과의 인간관계가 나쁘고 신뢰가 전혀 없는 경우 |
| 회피 전략 | 자신이 얻게 되는 결과나 인간관계 모두에 관심이 없는 경우, 협상의 가치가 매우 낮은 경우, 상대방에게 심리적 압박감을 주어 필요한 것을 얻어 내려 하는 경우, 협상 이외의 방법으로 쟁점 해결이 가능한 경우 |
| 유화 전략 | 결과보다는 상대방과의 인간관계 유지를 선호하는 경우, 상대방과의 충돌을 피하고자 하는 경우, 자신의 이익보다는 상대방의 이익을 고려해야 하는 경우, 단기적으로 손해를 보더라도 장기적인 관점에서 이익이 되는 경우 |
| 협력 전략 | 협상 당사자들이 서로에 대한 정보를 많이 공유하고 있을 때, 협상 당사자 간에 신뢰가 쌓여 있는 경우, 우호적 인간관계의 유지가 중요한 경우 |

| | |
|---|---|
| A 사례 | 협력 전략과 관련된 것으로서 영희와 그의 동료는 협동과 통합으로 문제를 해결하였다. |
| B 사례 | 유화 전략과 관련된 것으로서 철수는 장기적인 이익을 위해 L 사 기업의 제안을 순응, 수용하고 있다. |
| C 사례 | 회피 전략과 관련된 것으로서 영수는 도매업체 T 사와 가격 협상하는 중 얻게 될 이익이 전혀 없다고 판단하여 협상에서 철수하고 있다. |
| D 사례 | 강압 전략과 관련된 것으로서 민수는 힘의 우위를 활용하여 자신의 이익을 극대화하려 하고 있다. |

**23** ③

제시된 VOC 운영 프로세스와 고객 유형별 VOC 처리기한의 내용으로 확인해 볼 때, VOC 처리결과에 따라서 고객요구 유형을 파악하여 처리하니 고객이 원하는 서비스가 무엇인지 생생하게 파악할 수 있다. 고객이 문의하거나 아이디어를 건의함으로써 경영에 간접적으로 참여할 수 있으며, 사내 보상 시스템과 VOC 프로세스의 효율적인 관리를 통해서 직무 만족을 얻을 수 있다. 부서장 확인이 필요 없는 VOC 문의의 경우는 24시간 이내에 업무를 처리할 수 있도록 VOC 운영 프로세스는 효율적으로 운영된다. 그러나 고객 스스로 자신이 신청한 서비스의 진행 상황을 파악할 수 있는 서비스는 아니다.

**24** ④

트집형은 이야기를 경청하고, 맞장구치고, 추켜세우고, 설득해 가는 방법이 효과적이다. 고객의 의견을 경청하고 사과하는 응대가 바람직하다.

더 알아보기

**불만 표현의 4가지 유형과 대응방안**

| 유형 | 대응방안 |
|---|---|
| 거만형 | • 정중하게 대함<br>• 과시욕이 충족될 수 있도록 그들의 언행을 제지하지 않고 인정함<br>• 의외로 단순한 면이 있으므로 일단 그의 호감을 얻게 되면 여러 면으로 득이 됨 |
| 의심형 | • 분명한 증거나 근거를 제시하여 스스로 확신을 갖도록 유도<br>• 때로는 책임자로 하여금 응대 |
| 트집형 | • 이야기를 경청하고, 맞장구치고, 추켜세우고, 설득해 가는 방법이 효과적<br>• 잠자코 고객의 의견을 경청하고 사과하는 응대가 바람직 |
| 빨리빨리형 | • 애매한 화법을 사용하면 고객은 신경이 더욱 날카롭게 곤두섬<br>• 여러 가지 일을 신속하게 처리하는 모습을 보이면 응대하기 쉬움 |

**25** ③

문제해결을 위해 꼭 필요한 질문을 하고 최선의 해결 방법을 찾는 것은 5단계 정보 파악의 내용이다.

더 알아보기

**고객 불만 처리 8가지 프로세스**

(1) 1단계 : 경청
- 고객의 항의에 경청하고 끝까지 듣는다.
- 선입관을 버리고 문제를 파악한다.

(2) 2단계 : 감사와 공감 표시
- 일부러 시간을 내서 해결의 기회를 준 것에 감사를 표시한다.
- 고객의 항의에 공감을 표시한다.

(3) 3단계 : 사과
고객의 이야기를 듣고 문제점에 대해 인정하며 잘못된 부분에 대해 사과한다.

(4) 4단계 : 해결 약속
고객이 불만을 느낀 상황에 관해 관심과 공감을 보이며, 문제의 빠른 해결을 약속한다.

(5) 5단계 : 정보 파악
- 문제해결을 위해 꼭 필요한 질문만 하여 정보를 얻는다.
- 최선의 해결 방법을 찾기 어려우면 고객에게 어떻게 해주면 만족스러운지를 묻는다.

(6) 6단계 : 신속 처리
잘못된 부분을 신속하게 시정한다.

(7) 7단계 : 처리 확인과 사과
불만 처리 후 고객에게 처리결과에 만족하는지를 물어본다.

(8) 8단계 : 내부 피드백
고객 불만 사례를 회사 및 전 직원에게 알려 다시는 동일한 문제가 발생하지 않도록 한다.

## PART 07 정보능력 p.1-237

| | | | | |
|---|---|---|---|---|
| 01 ④ | 02 ② | 03 ④ | 04 ④ | 05 ③ |
| 06 ⑤ | 07 ④ | 08 ② | 09 ⑤ | 10 ③ |
| 11 ④ | 12 ③ | 13 ① | 14 ⑤ | 15 ④ |
| 16 ④ | 17 ④ | 18 ② | 19 ④ | 20 ⑤ |
| 21 ③ | 22 ③ | 23 ③ | 24 ① | 25 ⑤ |
| 26 ① | 27 ⑤ | 28 ② | 29 ⑤ | 30 ⑤ |

### 01 ④

정보의 가치를 평가하는 절대적인 기준은 없다. 우리의 요구, 사용 목적 그것이 활용되는 시기와 장소에 따라서 다르게 평가된다.

더 알아보기

**정보의 특징**

- 요구, 사용 목적, 활용이 되는 시기와 장소에 따라 다르게 평가된다.
- 원하는 시간에 제공되어야 한다.
- 공개 정보보다는 반공개 정보가, 반공개 정보보다는 비공개 정보가 더 큰 가치를 지닌다.
- 정보는 경제성과 경쟁성을 동시에 추구해야 한다.
- 자신에게는 중요한 재화이지만 다른 사람에게는 재화가 아닐 수도 있다.

### 02 ②

정보화 사회는 정보가 중심이 되는 사회로, 전 세계를 하나의 공간으로 여기는 수평적 네트워크 커뮤니케이션이 가능한 사회이다.

### 03 ④

신문기사는 친환경 과수 재배기술에 관한 내용이다. 친환경 재배기술은 환경보전을 위한 환경공학(ET : Environmental Technology)과 관련되어 있다.

오답 피하기

① BT(Bio Technology) : 생명공학, 생물체의 유용한 특성을 이용하기 위해서, 그 자체를 인위적으로 조작하는 기술
② NT(Nano Technology) : 나노기술, 나노미터 크기의 물질들을 기초로 하여 우리 실생활에 유용한 나노소재, 나노부품, 나노시스템을 만드는 기술
③ CT(Cultural Technology) : 문화기술, 디지털 미디어를 기반으로 하여 방송 · 영화 · 음반 · 애니메이션 · 게임 · 음악 등 문화예술 산업을 첨단 산업으로 발전시키기 위한 기술
⑤ ST(Space Technology) : 우주기술, 위성체 분야, 발사체 분야, 위성 이용 및 우주과학 분야로 나뉘는 미래산업을 이끌고 갈 첨단 기술의 집합체

### 04 ④

사무자동화가 이루어져 기업경영에 필요한 시스템이나 문서 서류 작성보관 등이 편리해졌으며, 정보통신의 발달로 집에서 업무처리가 가능해지고, 자기주도 학습 전환으로 디지털 교과서로 전환되었다.

오답 피하기

- 의사결정지원시스템, 경영정보시스템 : 기업경영에 필요한 정보를 효과적으로 활용할 수 있도록 지원
- 에듀테크 : 교육과 기술의 합성어로 다양한 기술들을 교육에 접목해 활용하는 것

### 05 ③

5W2H 원칙에서 WHERE은 정보원을 파악하는 것이다. 따라서 어디에서 근무하며 정보를 찾는 것이 아니라 정보를 수집할 수 있는 기업 DB 등에서 찾는 것을 의미한다.

### 06 ⑤

인터넷에서 대화가 가능하고, 데이터를 주고받을 수 있는 소프트웨어는 메신저이다.

오답 피하기

① 전자우편 : 다른 사용자들과 편지나 정보를 주고받는 통신 방법
② 페이스북 : 인맥 구축을 목적으로 커뮤니티형 웹사이트
③ · ④ 인터넷 디스크/웹하드 : 인터넷을 통하여 대용량의 파일을 저장할 수 있는 서비스

### 07 ④

사물인터넷은 인터넷을 기반으로 모든 사물을 연결하여 상호 소통하는 지능형 기술이며, 클라우드 컴퓨팅은 별도의 데이터 센터를 구축하지 않고 인터넷 서버를 활용해 정보를 보관하고 필요할 때 꺼내 쓰는 기술을 말한다.

오답 피하기

- 전자상거래 : 전자매체를 통해 상품거래
- 웹하드 : 인터넷을 통하여 대용량의 파일을 저장할 수 있는 서비스
- SNS : 온라인에서 서비스 사용자끼리 서로 연락할 수 있는 수단을 제공

### 08 ②

인터넷상에는 원하는 정보도 있지만 그렇지 않은 정보가 대부분이라고 할 수 있다. 이런 정보의 홍수 속에서 원하는 정보를 빠르게 찾기 위해 검색 기술을 이용하는 것이 필요하다.

오답 피하기

① 키워드 검색은 키워드가 짧으면 원하는 결과를 쉽게 찾을 수 없으므로 구체적이고 자세하게 만드는 것이 좋다.
③ 웹 검색이 정보 검색의 최선은 아니라는 사실에 주의한다.
④ 웹 검색 결과로 검색 엔진이 제시하는 결과물의 가중치를 너무 신뢰해서는 안 된다.

### 09 ⑤

(가) 프레젠테이션은 멀티미디어를 이용하여 각종 정보를 사용자 또는 대상자에게 전달하여 보고, 회의, 상담, 교육 등에서 정보를 전달하는 데 널리 활용되는 프로그램이다.
(나) 스프레드시트는 쉽게 계산을 수행하여 주고, 계산 결과를 차트로 표시하여 주는 문서를 작성하고 편집 가능한 프로그램이다.
(다) 유틸리티프로그램은 사용자가 좀 더 쉽게 사용할 수 있도록 도와주는 소프트웨어(프로그램)이다.

오답 피하기

- 데이터베이스 : 자료 관리를 효과적으로 실행하는 프로그램
- 그래픽 소프트웨어 : 새로운 그림 또는 사진 파일을 불러와 편집하는 프로그램

### 10 ③

데이터베이스는 여러 개의 파일이 서로 연관되어 있어 사용자가 정보를 한 번에 검색할 수 있다. 데이터베이스는 데이터의 중복을 줄이고, 무결성을 높이는 데 필요하다. 또한, 여러 파일에서 데이터를 찾으므로 검색이 쉬우며 보안 등급을 별도로 설정할 수 있어 데이터의 안정성을 높이고 프로그램의 개발 기간을 단축한다. 따라서, B 과장과 E 사원의 말이 잘못되었다.

### 11 ④

데이터의 검색, 갱신, 삽입, 삭제 등을 체계적으로 처리하기 위해 사용자와 데이터베이스 사이의 인터페이스 수단을 제공하여 접근이 쉽도록 조작해야 한다.

**12 ③**

4차 산업혁명은 정보통신기술(ICT)의 융합으로 이뤄지는 차세대 산업 혁명이다.

오답 피하기

① 인공지능(AI) : 인간의 인식 판단, 추론 등 인간 두뇌작용과 같이 컴퓨터가 스스로 학습, 판단하여 작업하는 시스템
② 사물인터넷(IoT) : 생활 속 모든 사물을 유무선 네트워크로 연결해 정보를 공유하는 환경
④ VR : 가상현실로, 컴퓨터로 만든 가상의 세계에서 실제와 같은 체험을 할 수 있도록 하는 기술
⑤ 드론 : 조종사 없이 무선 전파의 유도에 의해서 비행 및 조종을 할 수 있는 비행기나 헬리콥터

**13 ①**

사례들은 공통적으로 빅데이터 사용에 대한 내용을 말하고 있다. 첫 번째 사례는 빅데이터 기반 제품개발, 두 번째 사례는 예측적 유지 보수, 세 번째는 사기 및 규정 준수 분야에서 활용한 것이다.

**14 ⑤**

문제의 상황이 발생했을 때는 정보가 필요한지, 불필요한지 정확하게 알 수 없다.

더 알아보기

**정보는 왜 필요한가?**
- 의사결정이 필요할 때
- 문제의 답을 알아내고자 할 때
- 가지고 있는 정보가 부족하여 필요하다고 인식한 때
- 필요한 정보가 무엇인지 인식할 때

**15 ④**

1차 자료 : 단행본, 학술지, 학술회의자료, 연구보고서, 신문, 특허정보 등
2차 자료 : 사전, 백과사전, 편람, 연감, 서지데이터베이스 등

**16 ④**

900/H1 마이크로제어장치 코어 : 92, Mask Rom 타입 : C, 192 Rom 크기 : F, 자동차 품질 B 등급 : I 혹은 S, 플라스틱 쿼드 플랫 패키지 : UG 이므로 모두 해당하는 것은 ④이다.

**17 ④**

자동차품질 코드는 I이므로 등급 B이면서 −40℃~+85℃에 속해야 한다.

**18 ②**

정보관리를 하기 위해 인가받지 않은 저장매체를 반입하지 않도록 해야 한다. 이외에도 영어 대소문자, 특수문자를 포함한 9자리 이상의 비밀번호를 설정하고 주기적으로 변경해야 한다. 자리를 비울 때는 화면 보호기에 비밀번호를 설정해 두어야 하며, 관련 문서는 출퇴근 시 가지고 나가지 않도록 한다. 이메일, 핸드폰 번호 등은 개인정보에 속하므로 철저하게 관리되어야 한다.

**19 ④**

전자우편을 보낼 때 메시지는 가능한 한 짧게 요점만 작성하여야 한다.

더 알아보기

**전자우편을 사용할 때 네티켓**
- 메시지는 가능한 한 짧게 요점만 작성하기
- 메일을 보내기 전에 주소가 올바른지 확인하기
- 제목은 메시지 내용을 함축해 간략하게 쓰기
- 가능한 메시지 끝에 서명(성명, 직위, 단체명, 메일주소, 전화번호)을 포함시키되 너무 길지 않도록 하기
- 메일로 타인에 대해 말할 때 정중함 지키기
- 타인에게 피해를 주는 비방이나 욕설 쓰지 않기

**온라인 대화(채팅)을 사용할 때 네티켓**
- 마주 보고 이야기하는 마음가짐으로 임하기
- 대화방에 들어가면 지금까지 진행된 대화 내용과 분위기를 경청하기
- 엔터키를 치기 전에 한 번 더 생각하기
- 광고 홍보 등을 목적으로 악용하지 말기
- 유언비어와 속어, 욕설은 삼가고 상호비방의 내용은 금하기

**20 ⑤**

가족 문제 및 대인관계의 어려움을 회피하지 않고 도와주는 것이 필요하다.

**21 ③**

경품권을 응모하는 데 있어서 어머니의 연락처, 주민등록번호, 통장계좌번호의 개인정보가 필요하지 않으므로 이용정보에 부합하는 정보를 요구하는지 확인해야 한다.

**22 ③**

- 캡처 자동저장 : window키 + Printscreen
- 지우기 : Ctrl + E
- 복사하기 : Ctrl + C
- 붙여넣기 : Ctrl + V
- 전체 내용 캡처 : PrintScreen
- 전체선택 : Ctrl + A
- 시스템 종료 : Alt + F4

**23 ③**

마우스의 오른쪽 기능과 왼쪽 기능은 바꿀 수 있다. 프린터 설치는 [시작] – [Windows 시스템] – [제어판] – [하드웨어 및 소리] – [장치 및 프린터] – [프린터 추가]로 들어가서 설정하면 된다.

**24 ①**

순환 참조란 자기 자신을 반복해서 호출하는 것을 의미한다. 순환 참조가 있으면 자동으로 계산되지 않으며, 순환 참조 경고문이 뜬다.

더 알아보기

- #DIV/0! : 0으로 나누거나 비어 있는 셀을 수식에 참조할 경우 발생하는 오류
- #N/A : 참조된 값을 찾을 수 없음을 나타내는 오류
- #NUM! : 엑셀에서 표시할 수 없을 정도로 수식 결과가 너무 크거나 작은 숫자인 경우 발생하는 오류
- #VALUE! : 인수를 잘못 입력하거나 셀을 잘못 참조하는 경우 발생하는 오류
- #NULL! : 잘못된 범위 연산자를 사용하는 경우 발생하는 오류
- #NAME? : 수식이 잘못되면 발생하는 오류
- #REF! : 잘못된 셀을 참조하거나 참조한 셀이 삭제 또는 추가되는 경우 발생하는 오류

## 25 ⑤

SUM 함수는 지정 범위의 합계를 구할 때 사용하는 함수로, =SUM(C2:C10)은 해당 조건의 구분 없이 [C2] 셀부터 [C10] 셀까지의 총합을 구하게 된다.

**오답 피하기**

- DSUM 함수 : 해당 범위에서 조건에 맞는 자료를 대상으로 지정된 열에서 합계를 계산한다.
  = DSUM(데이터베이스, 필드, 조건 범위)
- SUMIF 함수 : 지정한 범위의 셀 값 중 조건에 만족하는 셀의 합을 구할 때 사용하는 함수
  = SUMIF(지정한 범위, 조건식, 합을 구할 범위)
- SUMIFS 함수 : 지정한 범위의 셀 값 중 1가지 이상의 조건에 만족하는 셀의 합을 구할 때 사용하는 함수
  = SUMIFS(지정한 범위, 조건 범위 1, 조건 값, 조건 범위 2, 조건 값)

## 26 ①

SUMPRODUCT 함수는 인수들의 곱의 합을 구하는 함수이다.
SUMPRODUCT(범위 1, 범위 2, 범위 3, …)의 형태로 사용할 수 있다.

**오답 피하기**

② = B2*C2 : 해당 수식은 [D2] 셀의 값만 구할 수 있다.
③ = B2:B7*C2:C7 : 해당 수식은 [D2] 부터 [D7] 각각의 금액을 구할 수 있다.
④ = B2*C2:B7*C7 : 해당 수식은 값 오류이다.
⑤ = SUM(B2:B7, C2:C7) : 해당 수식은 [B2]부터 [B7]의 총합과 [C2]부터 [C7]까지 총합의 합이다.

## 27 ⑤

REPLACE 함수는 시작 위치의 바꿀 개수만큼 문자열 일부를 교체하는 함수이다. REPLACE(문자열 1, 시작 위치, 개수, 문자열 2)의 형태로 사용 가능하다.

## 28 ②

**오답 피하기**

- Ctrl + O : 열기
- Ctrl + C : 복사하기
- Ctrl + V : 붙여넣기
- Ctrl + X : 잘라내기

## 29 ⑤

- 셀서식 : 셀의 테두리, 셀의 맞춤, 셀의 채우기, 셀의 표시형식 등을 설정할 수 있다.
- 조건부 서식 : 조건에 따라서 자료의 글꼴 색이나 글꼴 모양 등을 변경할 수 있다.
- 함수 : 주어진 조건에 식을 세우는 것이다.
- 시나리오 : 값을 바꿔서 가상으로 도출되는 결과를 알아보는 분석 도구 기능이다.

**오답 피하기**

- 고급필터 : 주어진 조건에 따라서 자료가 필터링 되어 나타난다.
- 피벗 테이블 : 데이터를 합계, 평균, 기타 통계 등을 보여주기 좋게 처리하는 방법이다.
- 자동필터 : 자료에 목록표시가 나타나 조건에 따라 필터링이 되어 나타난다.

## 30 ⑤

선택한 셀 부분의 너비를 변경하려면 Alt를 누르고 방향키를 누르면 셀 부분의 너비가 변경된다.

# PART 08 기술능력 p.1-264

| | | | | |
|---|---|---|---|---|
| 01 ① | 02 ④ | 03 ④ | 04 ④ | 05 ③ |
| 06 ④ | 07 ④ | 08 ④ | 09 ③ | 10 ③ |
| 11 ③ | 12 ⑤ | 13 ② | 14 ④ | 15 ① |
| 16 ⑤ | 17 ① | 18 ⑤ | 19 ② | 20 ① |
| 21 ④ | 22 ④ | 23 ② | 24 ① | 25 ② |
| 26 ③ | 27 ⑤ | 28 ⑤ | 29 ① | 30 ④ |
| 31 ④ | 32 ③ | 33 ① | 34 ① | 35 ② |

## 01 ①

제시된 사례와 관련된 개념은 지속 가능한 기술이다. 이용 가능한 자원과 에너지를 고려해야 하지만 계획적으로 저장하는 것은 아니다. 지속 가능한 발전은 지금 지구촌의 현재와 미래를 포괄하는 개념이다. 따라서 지속 가능한 발전은 우리의 현재 욕구를 충족시키지만, 동시에 후속 세대의 욕구 충족을 침해하지 않는 발전을 의미한다. 또한, 지속 가능한 발전은 경제적 활력, 사회적 평등, 환경의 보존을 동시에 충족시키는 발전을 의미한다. 지속 가능한 발전을 가능케 하는 기술은 '지속 가능한 기술(Sustainable technology)'이다.

## 02 ④

인원 배치 및 작업 지시 부적당은 작업관리의 원인으로 일치하는 사례는 없다.

**오답 피하기**

① 잔류가스 제거를 하지 않은 (나)에 해당된다.
② 추락 위험이 있는 장소에 안전난간을 설치하지 않고 안전대 부착설비 조치를 하지 않은 (가)에 해당된다.
③ 작업 시 안전모를 착용하지 않은 (다)에 해당된다. 고소 작업 시 추락에 의한 작업자 머리 손상을 예방할 수 있는 안전모를 이용하고 작업을 실시하여야 한다.
⑤ 사다리가 흔들려 사고가 발생한 (다) 장비의 불안정 또는 장비의 점검 · 정비 · 보존의 불량 등에 해당하는 기술적 원인이 된다. 이동식 사다리를 이용한 고소 작업 시 사다리가 전도되지 않도록 사다리의 상부를 고정하고 하부에는 미끄럼 방지 조치를 하여야 한다.

## 03 ④

1단계는 안전관리조직의 과정으로 목표를 설정하고 계획을 수립하는 과정이다. 현장을 방문하여 면담하고 근로자의 제안 및 여론을 조사하는 과정은 2단계에서 실시한다.

**오답 피하기**

① 3단계는 평가 및 분석의 과정으로 안전사고 발생 시 관련 자료를 분석하는 것이 옳다.
② 4단계는 시정책을 선정하는 과정으로 문제가 있었다면 개선점을 찾는 과정이다.
③ 5단계는 시정책의 적용으로 시정 및 개선된 대책들을 직접 적용하는 과정으로 안전 감독을 실시할 수 있다.
⑤ 2단계는 사실을 발견하는 단계로 사고 발생 시 원인을 직접 조사하는 과정이다.

## 04 ④

2단계 기술이전의 단계를 설명하고 있다.
1단계 – 발명, 개발, 혁신의 단계
2단계 – 기술 이전의 단계
3단계 – 기술 경쟁의 단계
4단계 – 기술 공고화 단계

오답 피하기

① 3단계의 설명이다.
② 1단계의 설명이다.
③ 1단계의 설명이다.
⑤ 4단계의 설명이다.

### 05 ③

기술개발의 탈추격 단계에서 나타나는 불확실성의 관리와 정당성 확보가 필요하고 대응방안을 모색해야 한다고 설명하고 있다. 이는 기술혁신의 불확실성에 관한 내용이다. 기술혁신의 불확실함은 새로운 기술을 개발하기 위한 아이디어의 원천이나 신제품에 대한 소비자의 수요, 기술개발의 결과 등은 예측하기가 어렵다. 따라서 기술개발의 목표, 일정, 비용 지출, 수익 등에 대한 사전계획을 세우기 어렵다. 기술혁신의 성공이 사전의 의도나 계획보다는 우연에 의해 이루어지는 경우도 많다.

더 알아보기

**기술혁신의 특성 4가지**

- 과정 자체가 불확실하고 장기간의 시간을 필요로 한다.
- 지식 집약적인 활동이다.
- 혁신 과정의 불확실성과 모호함은 기업 내에서 많은 논쟁과 갈등을 유발할 수 있다.
- 조직의 경계를 넘나드는 특성을 갖고 있다.

### 06 ④

프로젝트 관리 – 정보 수문장 – 위험을 감수하는 태도
기술혁신의 5가지 역할에는 아이디어 창안, 챔피언, 프로젝트 관리, 정보 수문장, 후원이 있다.

### 07 ④

기업이 생산하는 제품 및 서비스에 협의적으로 활용할 수 있는 기술이 아니라 광범위하게 활용할 수 있는 기술이 옳다.

### 08 ④

㉣ 요구 기술 분석 단계로 설계 · 디자인 기술, 생산공정, 원재료 · 부품 제조 기술분석을 진행한다. 자사의 강점과 기술과 새로운 기술을 비교하여 사업 영역을 결정하는 것은 ㉢ 사업 전략 수립단계에 대한 설명이다.

더 알아보기

**기술선택을 위한 절차와 내용**

- 외부 환경 분석 : 수요 변화 및 경쟁자 변화, 기술 변화 등 분석
- 중장기 사업목표 설정 : 기업의 장기 비전, 중장기 매출목표 및 이익목표 설정
- 내부 역량 분석 : 기술능력, 생산능력, 마케팅/영업능력, 재무능력 등 분석
- 사업 전략 수립 : 사업 영역 결정, 경쟁 우위 확보 방안 수립
- 요구 기술 분석 : 제품 설계/디자인 기술, 제품 생산공정, 원재료/부품 제조기술 분석
- 기술전략 수립 : 기술 획득 방법 결정
- 핵심 기술의 선택

### 09 ③

제시문은 벤치마킹에 성공한 기업 사례이다. ③ 외부로부터 성공한 벤치마킹 사례를 바로 받아들여 조직에 빠르게 적용하도록 하는 것은 옳지 않다. 장점이나 사례를 그대로 바로 받아들이는 것이 아니라, 충분히 배우고 익힌 후 자신만의 환경에 맞추어 재탄생, 재창조하는 것이다.

더 알아보기

**벤치마킹의 개념**

새로운 기술을 선택하는 경우, 벤치마킹은 외부로부터 단순히 기술을 받아들이는 것이 아니라, 자신의 환경에 적합한 기술로 새롭게 재창조하는 것을 말한다. 벤치마킹이란 특정 분야에서 뛰어난 업체나 상품, 기술, 경영 방식 등을 배워 합법적으로 응용하는 것을 의미한다. 단순한 모방과는 달리 우수한 기업이나 성공한 상품, 기술, 경영 방식 등의 장점을 충분히 배우고 익힌 후 자사의 환경에 맞추어 재창조하는 것이다.

### 10 ③

A 사례 – ㉣ 내부 벤치마킹, B 사례 – ㉢ 경쟁적 벤치마킹이다.
A 사례는 내부의 같은 기업 내의 다른 지역, 타 부서, 국가 간의 유사한 활용을 비교 대상으로 한다. 매장마다 고객의 불만이나 VOC를 훌륭하게 처리한 사례를 공유하여 까다로운 상황에 대처하는 가장 효과적인 방안 모색하는 것은 내부 벤치마킹의 사례이다. B 사례는 동일 업종에서 고객을 직접 공유하는 경쟁기업을 대상으로 한다. 여론에 어떻게 대응할지에 대해서 대처하기 위해서 동종 업계의 경쟁사와 함께 전략을 세우기로 하는 것은 경쟁적 벤치마킹의 사례이다.

### 11 ③

옳은 것은 ㉠, ㉢, ㉣이다.
㉠ 자동 : 9.2km/ℓ 수동 : 9.0km/ℓ 로 연비는 C 차량이 가장 좋다.
㉢ 타이어폭(255mm)과 편평비(55)로 가장 안전하다고 볼 수 있다.
㉣ 전장과 전폭이 가장 좋은 차량은 B 차량이다.

오답 피하기

㉡ 최대토크는 A가 가장 좋고 연비는 C가 좋기 때문에 어떤 차량이 더 낫다고 말할 수 없다.
㉤ B 차량이 고출력 차량임은 맞으나 B의 무게에 대한 정보가 없으므로 자동 기어 변속 장치 중에서 가장 가벼운 차량인지는 알 수 없다.

### 12 ⑤

역전(REV.) 버튼은 운전 중에 누르면 약 5초간 역회전한 후 정회전을 하면서 노랑 LED가 들어온다.

### 13 ②

적정 매수 이상의 종이가 투입되면 자동 역회전이 되므로 직접 수동으로 작동시키지 않아도 된다.

### 14 ④

오답 피하기

① 전원코드를 잡아당겨 이동하거나 집기 밑에 놓지 않도록 주의한다.
② 본체에는 물건을 올려두면 안 된다.
③ 모터 온도 과열 방지 센서 작동 시 30~40분 정도 휴식 후 사용한다.
⑤ 문서세단기 정격 사용 시간은 10분이다.

### 15 ①

기계에서 정상음이 아닌 소음이 나면 세단기 설치바닥은 평평한지, 커터가 파손되지 않았는지, 220V용의 기계를 다른 전압의 전원에 사용하고 있지는 않은지 확인해야 한다.

### 16 ⑤

꺼짐 예약은 2, 4, 8시간 단위로만 가능하고 주황색 LED로 표시된다.

### 17 ①

오답 피하기

② 제품을 사용하지 않거나 외출 시에는 전원 플러그를 반드시 빼야 한다. 화재 및 감전의 원인이 될 수 있다.
③ 장기간 사용하지 않으면 물기를 완전히 건조하고 통풍이 잘 되는 곳에서 말린 후 보관하여야 한다.
④ 본체의 틈새에 잔여물이 없도록 관리해줘야 한다. 제품 오염의 원인이 된다.

⑤ 조작부 내부에 물이 들어갔을 경우 사용을 중단하고 서비스센터에 문의를 해야 한다. 화재, 감전, 상해 및 제품 고장의 원인이 될 수 있다.

**18** ⑤

동작 중 갑자기 멈춘 경우에는 우선 물통에 물이 충분히 남았는지 확인 후 물을 보충한 후 다시 사용한다. 혹은 꺼짐예약이 설정되어 있지 않은지 확인한다. 꺼짐예약이 설정된 경우 해당 시간이 지나면 자동으로 전원 OFF가 될 수 있다.

**19** ②

산업재산권에 대한 설명이다. 지식재산권은 산업재산권(특허 ,실용신안, 의장, 상표), 저작권(협의저작권, 저작인접권), 신지식재산권(첨단산업저작권, 산업저작권, 정보재산권)으로 구분된다.

**20** ①

제시문은 지식재산권에 대한 설명으로 지식재산권의 필요성에 대한 내용이다. ①은 소유권에 대한 설명이고 지식재산권에 해당하지 않는다.

더 알아보기

**지식재산권의 특징**

- 국가 산업발전 및 경쟁력을 결정짓는 '산업자본'이다. 산업이 발전한 선진국은 지식재산권, 특히 산업재산권을 많이 확보하여 타인에게 실시 사용권을 설정하거나 권리 자체를 양도하여 판매수입이나 로열티를 받을 수 있게 하고 있다.
- 눈에 보이지 않는 무형의 재산이다. 지식재산권은 실체가 없는 기술상품으로서 상품과 같이 물체가 아니라 수출 · 입이 자유로워 국경 이동을 통한 세계적인 상품으로 전파될 수 있다.
- 지식재산권을 활용한 다국적 기업화가 이루어지고 있다. 다국적 기업화는 각국 경제의 상호관계를 긴밀하게 하여 기술 제휴 등의 협력을 기반으로 국가 간의 장벽을 허물어 세계화를 촉진하고 있다.
- 연쇄적인 기술개발을 촉진하는 계기를 마련해 주고 있다. 기술개발 결과에 대해 독점적 권리를 보장해 주고, 특허를 통한 기술개발의 성과가 알려지면서 더 나은 기술개발을 촉진하는 계기를 만들어 주고 있다.

**21** ④

원천기술창조형 – 미래유망 파이오니어사업, 신기술 융합형 원천기술개발사업 등을 예시로 들 수 있다.

오답 피하기

- 신산업창출형 – 휴머노이드 로봇, 실버융합, 차세대 융합형 콘텐츠 등
- 산업고도화형 – 미래형 자동차, 유비쿼터스–시티 등

**22** ④

**기술적용 시 고려사항 4가지**

- 기술적용에 따른 비용이 많이 드는가?
  아무리 자신의 직장에 적합한 기술임과 동시에 성과를 높일 수 있는 기술이라 할지라도 기술적용에 따른 비용이 성과보다 더 많이 든다면 그것은 좋은 기술이라고 할 수 없다. 좋은 기술이란 자신의 직업 생활에서 반드시 요구됨과 동시에 업무 프로세스의 효율성을 높이고 성과를 향상하면서 기술을 적용하는 데 요구되는 비용이 합리적이어야 한다.
- 기술의 수명 주기는 얼마인가?
  지금 현재 자신의 직업 생활에서 요구되는 기술이라 할지라도 단기간에 기술이 진보하거나 변화할 것이라고 예상되는 기술을 적용하는 것은 바람직하지 못하다. 그 기술을 적용하는 데에는 비용과 함께 일정한 시간이 요구되는데, 만약 그 기간 동안에 또 다른 새로운 기술이 등장하게 된다면 현재 활용하고 있는 기술의 가치는 떨어지게 될 것이다. 따라서 현재 자신이, 또는 회사에서 적용하고자 하는 기술의 수명 주기를 고려하는 것은 매우 중요한 일이다.
- 기술의 전략적 중요도는 어느 정도인가?
  새로운 기술을 선택하여 적용하는 데 있어 해당 기술이 자신의 직업 생활의 성과 향상을 위해 전략적으로 얼마나 중요한가를 확인하는 활동은 매우 중요하다. 새로운 기술의 도입은 대개 환경의 변화를 시도하거나 경영혁신을 꾀하기 위해 이루어지는 경우가 많으므로 회사의 전략과 얼마나 조합을 이루느냐를 판단하는 것은 매우 중요한 일이다.
- 잠재적으로 응용 가능성이 있는가?
  새롭게 받아들여 활용하고자 하는 기술이 단순한 기술인지, 아니면 가까운 미래에 또 다른 발전된 기술로 응용 가능성이 있는지를 검토하는 것은 매우 중요한 일이다. 기술이라는 것은 더욱 발전된 방향으로 변화하고자 하는 특성이 있으므로 끊임없이 연구하고 개발해야 한다. 따라서 현재 받아들이고자 하는 기술이 자신의 직장에 대한 특성과 회사의 비전과 전략에 맞추어 응용 가능한가를 고려해야 한다.

**23** ②

**기술경영자의 능력**

- 기술을 기업의 전반적인 전략 목표에 통합시키는 능력
- 빠르고 효과적으로 새로운 기술을 습득하고 기존의 기술에서 탈피하는 능력
- 효과적으로 평가할 수 있는 능력
- 기술이전을 효과적으로 할 수 있는 능력
- 제품개발 시간을 단축할 수 있는 능력
- 복잡하고 서로 다른 분야에 걸쳐 있는 프로젝트를 수행할 수 있는 능력
- 조직 내의 기술 이용을 수행할 수 있는 능력
- 기술 전문 인력을 운용할 수 있는 능력

**기술관리자의 능력**

- 기술을 운용하거나 문제를 해결할 수 있는 능력
- 기술직과 의사소통을 할 수 있는 능력
- 혁신적인 환경을 조성할 수 있는 능력
- 기술적, 사업적, 인간적인 능력을 통합할 수 있는 능력
- 시스템적인 관점에서 인식하는 능력
- 공학적 도구나 지원방식을 이해할 수 있는 능력
- 기술이나 추세를 이해할 수 있는 능력
- 기술팀을 통합할 수 있는 능력

**24** ①

인터넷 게임과 채팅 중독은 4차 산업혁명의 역기능은 맞지만, 글의 내용에는 포함되지 않았다.

오답 피하기

② 3번째, 4번째 문단에서 사생활 침해 및 프라이버시 보호 관련에 관한 내용을 담고 있다.
③ 2번째 문단에서 플랫폼 종사자로 인하여 비정형적 · 탄력적 고용이 확대될 것을 전망하고 있다.
④ 4번째 문단 첫 번째 줄에서 네트워크 보안 개선이 필요함을 제시한다.
⑤ 3번째 문단에서 승자독식 구조로 인한 양극화 심화 등의 역기능을 설명하고 있다.

**25** ②

기존 기술과의 비교분석은 신기술 도입에 도움이 되지 않는다. 신기술 도입과 적용을 위하여 수행해야 할 여러 가지가 있다. 혁신적인 환경을 조성하고 기술의 장단점을 분석하고, 적용 결과를 예측하며 매뉴얼 구축이 수행되어야 한다. 시스템적인 관점에서 인식할 줄 알아야 하며 공학적 도구나 지원방식을 이해할 수 있어야 한다.

**26** ③

사물인터넷과 5G 통신망에 대한 설명이다.

## 27 ⑤

스마트 공장에 대한 설명이다. 스마트 공장은 공장자동화와 다른 개념과 성격을 갖고 있다. 스마트 공장이란 제품의 전 생산과정을 사물인터넷, 인공지능, 빅데이터 등 ICT로 통합하여 자동화, 디지털화된 공장을 구현하는 분야이다. 또한 스마트 공장은 빅데이터 기반 인공지능과 결합해 진화를 거듭하고 있다. 지금까지는 생산설비가 중앙 집중화된 시스템의 통제를 받았으나 제4차 산업혁명에서는 각 기기가 개별 공정에 알맞은 과업을 스스로 판단해 실행할 전망이다. 스마트 공장을 통해 공장의 생산성 향상, 에너지 절감, 인간 중심의 작업 환경, 개인 맞춤형 제조, 제조 · 서비스 융합 등의 구현이 가능해질 것이다.

## 28 ⑤

㉠은 AR(Augmented Reality, 증강현실)에 관한 설명이며 ㉡은 VR(Virtual Reality, 가상현실)에 관한 설명이다. AR은 현실에 가상의 정보를 합성해 영상 정보를 증강하는 기술이며, VR은 외부 시각을 차단하고 현실을 완전히 대체한 가상공간을 구현하여 사용자와의 상호작용을 가능하게 하는 기술이다.

## 29 ①

X□/YO : 도형이 가로축으로 최대 □까지, 세로축으로 최대 O까지 있음을 나타낸다. 괄호 앞의 각 문자는 도형을 의미한다. 즉, C는 원, T는 삼각형, S는 사각형을 나타낸다. 괄호 안의 숫자는 도형의 위치를 나타낸다. 즉, (3, 2)는 가로축에서 3과 세로축에서 2가 만나는 위치이다. 쌍점(:) 뒤에 위치한 문자는 도형에서 내부에 색칠된 부분의 위치를 알려준다. 즉, R은 오른쪽, L은 왼쪽, B는 전부, W는 무색을 나타낸다. 따라서 알맞은 그래프 명령어는 X4/Y4 , C(1,3) : R, T(4,2) : B, S(3,2) : L이다.

## 30 ④

S(5,2) : R에서 S(5,2) : W가 되어야 한다.

## 31 ④

X□/YO : 도형이 가로축으로 최대 □까지, 세로축으로 최대 O까지 있음을 나타낸다. 괄호 앞의 각 문자는 도형을 의미한다. 즉, C는 원, T는 삼각형, S는 사각형을 나타낸다. 괄호 안의 숫자는 도형의 위치를 나타낸다. 즉, (3, 2)는 가로축에서 3과 세로축에서 2가 만나는 위치이다. 쌍점(:) 뒤에 위치한 문자는 도형에서 내부에 색칠된 부분의 위치를 알려준다. 즉, R은 오른쪽, L은 왼쪽, B는 전부, W는 무색을 나타낸다. 그래프 명령어는 X5/Y6, C(3,4) : L, T(5,3) : B, S(2,5) : R 이므로 알맞은 그래프는 ④번이 된다.

## 32 ③

실외 온도는 영상이므로 계기판 B의 수치는 고려하지 않으며, 실내 온도는 20℃ 이상이므로 Serial Mode를 적용한다. 따라서 PSD는 각 계기판 수치의 합이므로 19(8+11)이다. 이때 검침일이 목요일이므로 기준치는 세 계기판의 표준 수치의 합인 15(5+5+5)가 된다. 따라서 기준치(15)<PSD(19)≤기준치(15)+5이므로 눌러야 할 버튼은 경계 버튼이고, 상황통제실의 경고등에는 노란색 불이 들어오므로 필요한 조치는 안전요원 배치이다.

## 33 ①

실외 온도는 영하이므로 세 계기판의 수치를 모두 고려해야 하며, 실내 온도는 20℃ 미만이므로 Parallel Mode를 적용한다. 따라서 PSD는 계기판 숫자의 평균이므로 5((10+3+2)/3)이다. 이때 검침일이 화요일이므로 기준치는 세 계기판의 표준 수치의 합의 1/2인 7.5이다. PSD(5)≤기준치(7.5)이므로 눌러야 할 버튼은 정상 버튼이고, 상황통제실의 경고등에는 녹색불이 들어오므로 필요한 조치는 정상 가동이다.

## 34 ①

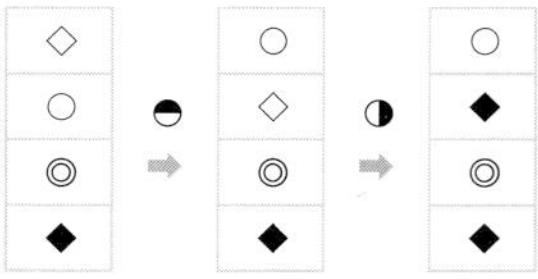

## 35 ②

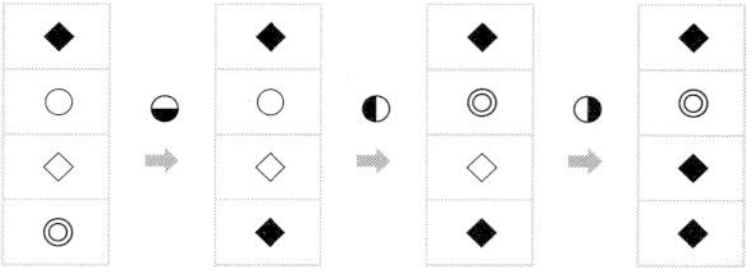

## PART 09 조직이해능력 p.1-305

| | | | | |
|---|---|---|---|---|
| 01 ④ | 02 ② | 03 ③ | 04 ① | 05 ④ |
| 06 ④ | 07 ④ | 08 ③ | 09 ③ | 10 ④ |
| 11 ③ | 12 ④ | 13 ④ | 14 ④ | 15 ③ |
| 16 ④ | 17 ③ | 18 ② | 19 ⑤ | 20 ③ |
| 21 ② | 22 ⑤ | 23 ② | 24 ③ | 25 ② |
| 26 ⑤ | 27 ⑤ | 28 ⑤ | 29 ③ | 30 ⑤ |

### 01 ④

홍길순은 대학원 3시간, 대학교 2시간, 시민단체 2시간, 고용노동부 2시간, 총 9시간 활동을 했다. 조직의 유형은 공식화 정도에 따라 공식적 조직과 비공식적 조직, 영리성에 따라 영리 조직과 비영리 조직, 조직의 규모에 따라 소규모 조직과 대규모 조직으로 구분할 수 있다. 조직의 규모와 기능, 규정이 조직화된 조직을 공식적 조직이라고 하고, 인간관계에 따라 형성된 자발적 조직을 비공식 조직이라 한다. 사기업은 영리 조직에 속하며, 정부 조직이나 대학, 시민단체 등은 비영리 조직에 속한다. 또한 가족 소유의 상점 등은 소규모 조직, 대기업 등은 대규모 조직으로 분류된다.

오답 피하기

① 비영리 조직이며 소규모 조직인 NCS 문제풀이 스터디 그룹에서 3시간이 아니라 2시간 활동을 했다.
② 영리 조직이며 소규모 조직인 사기업 잡스호스피탈에서 1시간 동안 강의안을 수정하였다.
③ 하루 중 공식 조직에서 10시간 활동을 했다. 대학원 3시간, 대학교 2시간, 고용노동부 2시간, 시민단체 2시간, 잡스호스피탈 1시간으로 총합이 10시간이다.
⑤ 비공식 조직인 NCS 문제풀이 스터디 그룹에서 2시간 활동을 했다.

### 02 ②

경영은 경영목적, 인적자원, 자금, 전략의 4요소 구성되며 최근 조직을 둘러싼 환경이 급변하면서 이에 적응하기 위한 전략이 중요해지고 있다. 따라서 ㉡, ㉣이 틀린 설명이다.

### 03 ③

조직은 다양한 요소들로 구성이 되어 있어서 조직을 제대로 알고 업무성과를 높이기 위해서는 여러 국면들을 모두 이해할 필요가 있다. 또한 조직은 환경과 영향을 주고받고 있기 때문에 조직 내적인 환경뿐만 아니라 조직 외적 환경까지 이해해야 한다. 따라서 정 사원과 김 사원의 대화가 적합하지 않은 것에 속한다.

### 04 ①

(가)는 제품 또는 서비스, (나) 전략, 구조, (다) 기술, (라) 문화에 대한 설명이다. 따라서 (가) 시장, (다) 생산은 틀린 것이다.

### 05 ④

조직의 변화는 환경의 변화를 인지하는 데에서 시작되고 환경의 변화가 인지되면 이에 적응하기 위한 조직 변화 방향을 수립한 후 이에 따라 조직 변화를 실행하며, 마지막으로 조직 개혁의 진행 사항과 성과를 평가한다. 조직 변화는 제품과 서비스, 전략, 구조, 기술, 문화 등에서 이루어질 수 있다. 기술 변화는 새로운 기술이 도입이 되는 것으로 신기술이 발명되었을 때나 생산성을 높이기 위해 이루어진다. 문화의 변화는 구성원들의 사고방식이나 가치체계를 변화시키는 것으로 조직의 목적과 일치시키기 위해 문화를 유도하기도 한다.

### 06 ④

조직은 공식화 정도에 따라 공식 조직(Formal organization)과 비공식 조직(Informal organization)으로 구분할 수 있다. 공식 조직은 조직의 구조, 기능, 규정 등이 조직화된 조직을 의미하며, 비공식 조직은 개인들의 협동과 상호작용에 따라 형성된 자발적인 집단 조직이다. 즉, 비공식 조직은 인간관계에 따라 형성된 것으로, 조직이 발달해 온 역사를 보면 비공식 조직으로부터 공식화가 진행되어 공식 조직으로 발전해 왔다. 조직의 규모가 커지면서 점차 조직 구성원들의 행동을 통제할 장치를 마련하게 되었고 이는 공식화되게 된다. 그러나 공식 조직 내에서 인간관계를 지향하면서 비공식 조직이 새롭게 생성되기도 한다. 이는 자연스러운 인간관계가 됨에 따라 일체감을 느끼고, 바람직한 가치체계나 행동유형 등이 공유되면서 하나의 조직문화가 되어 공식 조직의 기능을 보완해주기도 한다. 또한 조직은 영리성을 기준으로 영리 조직과 비영리 조직으로 구분할 수 있다. 영리 조직은 기업과 같이 이윤을 목적으로 하는 조직이며, 비영리 조직은 정부 조직을 비롯하여 공익을 추구하는 대학, 시민단체, 종교단체 등이 해당한다.

오답 피하기

(다) 조직은 영리성을 기준으로 영리 조직과 비영리 조직으로 구분할 수 있는데 000공사는 정부 조직에 속하기는 하지만 이윤을 추구하기 때문에 영리 조직에 속한다. → 공사는 특별법에 의해 설립된 것으로 정부 조직에 속하지 않으며, 영리 추구를 목적으로 하지 않기 때문에 영리 조직이 아닌 비영리 조직이다.

### 07 ④

개인이 자신의 역량을 활용하여 조직에 여러 가지 공헌을 하게 되면, 조직은 개인에게 보상을 제공한다. 이는 연봉, 성과급과 같은 물질적 보상과 인정, 칭찬 등과 같은 비물질적 보상이 있다. 또한, 조직이 직접적으로 제공하는 보상은 아니지만 개인은 성공적으로 업무를 수행했을 때에 만족감을 느끼고 조직에 더욱 몰입하게 된다. 따라서 물질적인 보상만을 이야기한 ④는 틀린 설명이다.

### 08 ③

하나는 조직 내의 기존 해결 방법 중에서 새로운 문제 해결 방법을 찾아 탐색하는 방법이고 다른 하나는 이전에 없었던 새로운 문제의 경우 이에 대한 해결책을 설계하는 방법이다. 마지막으로 해야 할 일은 조직 내의 공식적인 승인 절차를 밟는 것이다.

### 09 ③

오답 피하기

민수 : 브레인스토밍이 반드시 다수의 의견을 따르는 민주적인 의사결정 과정으로 보기는 힘들다.
동희 : 브레인스토밍은 제안한 아이디어에 대해 즉각적인 평가나 피드백은 지양하고 있다.

### 10 ④

환경 분석 단계로서 지문의 (가), (나), (다), (라)는 이 단계에서 수행한다.

오답 피하기

(마) 조직별, 사업별, 부문별 전략을 수립하는 것은 경영 전략 도출 단계에서 수행할 업무이다.
(바) 경영 전략에서 도출된 각종 지표들을 평가하고 이에 따라 경영 전략을 재조정하는 방안을 마련하는 것은 평가 및 피드백 단계에서 수행할 업무이다.

**11 ③**

화장품 회사인 A사는 기존의 여성용 화장품 위주의 시장에 남성용 화장품을 출시하려고 하므로 남성시장을 주요 타켓으로 한다. 이는 집중화 전략이다. 또한 기존 화장품과 다른 컨셉으로 목표시장에 접근하므로 차별화 전략이다. 따라서 차별화 전략과 집중화 전략 2가지를 동시에 추구하므로 차별적 집중화 전략(차별화+집중화)에 해당한다.

**12 ④**

비용, 가격 등의 단어가 들어가 있으면 원가 우위 전략, 품질, 새로운 컨셉 등의 단어가 들어가 있으면 차별화 전략, 특정 시장을 대상으로 한다는 내용이 있으면 집중화 전략으로 생각하고 문제를 풀면 좋다. 특정 시장을 대상으로 하되 원가를 경쟁우위로 한다는 내용이 복합적으로 들어가 있으면 원가 집중화 전략이다. 특정 시장을 대상으로 하되 품질 등을 경쟁 우위로 한다는 내용이 복합적으로 들어가 있으면 차별적 집중화 전략으로 이해하면 좋다(지문에 제시된 표를 자세히 살펴보면 도움이 된다).

**13 ④**

은혜의 진술 중 '노동조합의 단체교섭 기능을 강화할 수 있다는 점은 우리 같은 근로자 입장에서는 좋은 것 같다.'는 부분은 경영참가 제도를 통해 분배 문제를 해결함으로써 노동조합의 단체교섭 기능이 약화될 수 있으므로 경영참가 제도와 부합하지 않는 진술이다.

**14 ④**

(라) 유기적 조직이 기계적 조직보다 항상 조직 성과가 좋다고는 할 수 없다.
(마) 조직 성과와 만족은 조직 구성원의 개인적 성향과 조직 문화에 따라 차이가 날 수 있다.

**15 ③**

(다) (다)에는 품질관리팀이 들어가야 하고 R&D 기획팀은 사장 직속으로 들어가야 한다. 조직개편 방향을 보면 3. 생산본부에 고객 만족을 제고하기 위해 품질기능을 점검하고 피드백할 기능을 강화한다고 되어 있다. 따라서 생산본부에 품질관리팀이 들어가야 한다. 6. R&D를 강화하기 위한 팀을 신설하고 사장 직속으로 둔다고 했으므로 R&D기획팀은 사장 직속으로 들어가야 한다.

오답 피하기

(가) 조직개편 방향 중 2. 해외시장 개척을 적극적으로 하기 위한 조직체제를 갖춘다고 했으므로 마케팅본부에 글로벌마케팅팀을 신설하는 것이 적합하다.
(나) 조직개편 방향 중 2. 해외시장 개척을 적극적으로 하기 위한 조직체제를 갖춘다고 했으므로 영업본부에 해외영업팀을 신설하는 것은 적합하다.
(라) 조직개편 방향 중 4. 전략기획팀 신설에 따라 기존의 경영지원본부 기능을 재조정한다고 하였고, 5. 인적자원의 확보, 개발에 전념할 수 있도록 기능을 강화한다고 했으므로 기존의 인사총무팀에서 인사팀을 독립시키는 것은 합리적이다.
(마) 조직개편 방향 중 1. 기획 및 전략기능을 강화한다고 하였고, 6. R&D를 강화하기 위한 팀을 신설하고 사장 직속으로 둔다고 했으므로, 사장 직속에 2개의 팀이 신설되는데 하나는 R&D기획팀이고 다른 하나는 전략기획팀이 된다. 따라서 (마)는 전략기획팀이 적합하다.

**16 ④**

기존 조직도와 조직 개편안을 보면 조직 개편을 통해 4본부 13개팀이 되므로 김 대리의 발언은 틀렸다. 기존에 재경업무와 구매업무를 같이 하던 것을 재경업무를 독립시킴으로써 재경 부분을 강화하였으므로 강 대리의 발언도 틀렸다.

오답 피하기

이 대리 : 마케팅본부가 신설되었고 사장님 직속으로 2개팀이 신설되었네(사장 직속의 R&D기획팀과 전략기획팀이 신설).
정 대리 : 기술본부가 생산본부로 바뀌면서 품질관리를 강화하기 위한 팀도 신설되는 것으로 보아 앞으로 품질에 대해 더 강하게 추진하려고 하는가봐(생산본부에 품질관리팀 신설).
신 대리 : 수출도 강하게 추진할건가봐. 2개 본부에 각각 하나의 팀을 신설하는 것을 보니. 이참에 해외 관련 업무에 지원을 해볼까 생각 중이야(마케팅본부에 글로벌마케팅팀과 영업본부에 해외영업팀 신설).
안 대리 : 그동안 전략이나 기획을 총괄하는 기능이 약했는데 사장님 직속으로 신설되니 환경변화에 대응을 잘 할 것 같네(사장 직속의 R&D 기획팀과 전략기획팀이 신설).

**17 ③**

주어진 업무 분장표와 선지의 발언 내용을 매칭해보면 쉽게 풀 수 있다. 은혜는 임대주택 공급, 자산관리 관련 업무를 하므로 주거복지본부로, 민식이는 건축물 리뉴얼, 빈집 관리 등의 업무를 하게 되어 도시재생본부로 발령받아야 한다.

**18 ②**

위임 전결규정표와 실제 행동을 크로스 체킹해서 문제를 풀면 쉽게 풀린다. 위임 전결규정표에 의하면
(가) 김 사원은 총 비용이 15,000,000원이므로 본부장 전결이다.
(나) 이 대리의 경우 직원의 해외 출장은 본부장 전결이다.
(다) 직원 채용 관련해서는 위임 사항이 아니므로 대표이사의 승인을 받아야한다.
(라) 예산 집행 중 투자의 경우 1억 이상은 대표이사의 승인을 받아야 한다.

**19 ⑤**

가영, 나영, 은혜, 동희의 내용은 맞는 내용이다.

오답 피하기

조직 문화는 구성원들에게 일체감과 정체성 부여, 조직몰입 증대, 조직 구성원의 행동지침, 조직의 안정성 제고 등의 기능을 하므로 민수의 의견은 틀렸다.

**20 ③**

적절한 갈등은 집단 간 결속을 다지기도 하며, 생산성 증대에 기여하기도 한다. 무조건 갈등을 피하기 보다는 적절하게 관리하는 것이 더 중요하다.

**21 ②**

(다), (마), (바)는 기능별 조직 형태에 대한 설명이다. 조직 구조 형태는 크게 기능별 조직 형태와 사업별 조직 형태로 나눌 수 있다. 제시된 조직도는 사업별 조직 형태이다.

더 알아보기

**사업별 조직 형태**

- 급변하는 환경변화에 효과적으로 대응
- 제품, 지역, 고객별 차이에 신속하게 적응하기 위해서는 분권화된 의사결정이 가능
- 개별 제품, 서비스, 제품 그룹, 주요 프로젝트나 프로그램 등에 따라 조직화 됨
- 제품에 따라 조직이 구성되고 각 사업별 구조 아래 생산, 판매, 회계 등의 역할이 이루어짐

**22 ⑤**

조직 성과에 영향을 미치는 요인 중에서 조직 구조나 운영도 중요한 요인이지만, 개인 특성이나 조직 문화 특성도 중요한 영향 요인이다.

**23 ②**

업무 수행 시트를 작성하는 방법에는 간트 차트법, 워크 플로 시트법, 체크리스트법이 있다. 제시된 방법은 간트 차트법이다. 여기에 해당하는 설명은 (가), (다), (라)이다.

오답 피하기

(나), (바)는 체크 리스트법에 대한 설명이며, (마)는 워크 플로 시트법에 대한 설명이다.

**24 ③**

갈등 관리 측면에서 보았을 때 때로는 직접적인 해결보다 일단 갈등 상황에서 벗어나는 회피 전략이 더욱 효과적일 수도 있다.

**25 ②**

30만 원 이하의 접대비 지출품의서는 본부장 전결이며, 지출결의서는 팀장 전결이다. 전결처리를 할 경우 해당란에 전결이라 하고 최종 결재란에 전결권자의 사인이 들어가면 된다.

**26 ⑤**

㉠ 업무 지침, ㉡ 활용 자원, ㉢ 업무 수행에 관한 내용이며, ㉣은 간트 차트, ㉤은 워크 플로 시트, ㉥은 체크리스트에 관한 것으로 업무 수행 시트의 종류에 해당한다.

**27 ⑤**

㉣ 간트 차트, ㉤ 워크 플로 시트, ㉥ 체크리스트에 관한 내용이다. 워크 플로 시트를 작성할 때에는 최대한 간략하게 내용을 기입하여 가독성을 향상시켜야 한다.

**28 ⑤**

국제감각은 이문화 이해와 국제적 동향을 자신의 업무에 적용하는 능력을 포함한다. 이문화 이해는 나와 다른 문화를 내가 속한 문화의 관점에서 좋고 나쁨을 판단하는 것이 아니라, 다른 문화적 관점에서 이해하는 것이다.

**29 ③**

오답 피하기

㉠ 러시아나 라틴아메리카 사람들은 포옹으로 인사를 하는 경우가 많다.
㉢ 미국인들과 악수를 할 때 손끝만 살짝 잡아서는 안되며 오른손으로 상대방의 오른손을 잠시 힘줘 잡아야 한다.
㉣ 악수를 한 이후 명함을 건네는 것이 올바른 순서이다.

**30 ⑤**

㉠ 소개를 위해 명함을 먼저 내밀어서는 안되며 명함은 악수를 한 이후 주어야 한다. 미국인들과 악수할 때에는 손끝만 살짝 잡아서는 안되며 오른손으로 상대방의 오른손을 잠시 힘주어서 잡아야 한다.
㉡ 이라크 사람들은 시간약속을 할 때 정각에 나오는 법이 없으며 상대방이 으레 기다려 줄 것으로 생각하므로 좀 더 여유를 가지고 기다리는 인내심이 필요하다.
㉢ 스프를 먹을 때에 입으로 불어서 식히지 않고 숟가락으로 저어서 식혀야 한다. 스테이크는 처음에 다 잘라 놓지 않고 잘라가면서 먹는 것이 좋다. 빵은 수프를 먹고 난 후부터 디저트 직전까지 먹으며, 칼이나 치아로 자르지 않고 손으로 떼어 먹어야 한다.
㉣ 일본의 공중목욕탕에는 수건과 소지품, 의류 등을 넣기 위한 사물함이나 바구니가 비치되어 있다. 수영복이나 속옷을 입고 입욕하는 것은 매너 위반이니 몸을 감싸는 목욕 수건도 이곳에 두고 가야 한다. 작은 수건은 가지고 들어가도 되지만, 욕조에 넣어서는 안 된다. 탕에 들어가기 전에 샤워 공간에 비치된 작은 의자에 앉아 몸을 깨끗하게 씻고 화장도 지워야 한다. 또한 샤워 후에는 그 주변을 깨끗하게 정리해야 한다. 특히 일본인은 몸이 젖은 상태를 싫어하므로 탈의실로 돌아갈 때는 꼼꼼하게 몸을 닦고 목욕 수건으로 몸을 감싸는 것이 좋다.

## PART 10 직업윤리

p.1-341

| | | | | |
|---|---|---|---|---|
| 01 ⑤ | 02 ④ | 03 ② | 04 ④ | 05 ⑤ |
| 06 ③ | 07 ④ | 08 ⑤ | 09 ③ | 10 ⑤ |
| 11 ④ | 12 ④ | 13 ⑤ | 14 ④ | 15 ④ |
| 16 ⑤ | 17 ② | 18 ④ | 19 ④ | 20 ④ |
| 21 ③ | 22 ④ | 23 ③ | 24 ③ | 25 ④ |
| 26 ③ | 27 ⑤ | 28 ④ | 29 ③ | 30 ④ |

**01 ⑤**

직업윤리는 다양한 접근방법이나 시각에 따라 정립되지만, 최근 이슈화된 LH사건이나 유아돌보미들의 폭행사건 등은 개인이 직업을 통해 개인적인 가치뿐 아니라 사회적인 가치에 이바지해야 한다는 점을 크게 간과한 것이다. 직업을 경제적인 목적을 위한 도구로 이용한 올바르지 못한 직업윤리 때문에 최근 우리 사회에서는 사회적 가치에 크게 위배되는 너무나 비윤리적인 사건들이 현장에서 일어나고 있다. 올바른 직업윤리가 그 어느 때보다 정립되어야 하는 시점이다.

**02 ④**

보기의 내용은 도덕적 태만에 관한 내용이다. 도덕적 태만에 대한 내용을 구체적으로 살펴보면 비윤리적인 결과를 피하기 위해 일반적으로 필요한 주의나 관심을 기울이지 않는 것, 어떤 결과가 나쁜 것을 알지만 자신의 행위가 그 결과를 가져올 수 있는 것을 모르는 것, 자기 기만적 태도 등으로 나누어 볼 수 있다(자기기만적 태도의 예시: 제품 설계 시 안전문제를 충분히 고려하지 않음, 안전수칙을 지키지 않아 사고를 유발할 수 있다).

**03 ②**

경아 : 직업은 매일 · 매주 · 매월 등 주기적으로 일을 하거나, 계절 또는 명확한 주기가 없어도 계속 행해지며, 현재 하고 있는 일을 계속할 의지와 가능성이 있어야 함을 의미한다(직업의 계속성).
병규 : 속박된 상태에서의 제반 활동은 경제성이나 계속성의 여부와 상관없이 직업으로 보지 않는다(직업의 자발성).

더 알아보기

재능기부 등의 봉사는 보수를 받지 않기 때문에, 깡패나 도둑 또는 투기 등의 일은 수입이 생기더라도 윤리적이지 않기 때문에 직업이라고 하지 않는다. 취미로 사진을 찍거나 요리를 하는건 직업이 아니지만 그것을 통해 지속적으로 돈을 벌게 되면 사진가나 셰프(요리사)라는 직업으로 인정한다. 가정주부도 일정한 기간이나 보수 없이 일하는 등 변수가 있기 때문에 직업으로 보지 않는다

**04 ④**

N잡은 경우에 따라 직장 내 윤리 의식에 영향을 미칠 수가 있다. 기업 입장에서는 기업 구성원이 회사일에 최대치의 능력을 발휘한 최고의 생산성을 기대하는데 여러개의 직업을 가진 직원은 주어진 일에 최선을 다할 수 없을 가능성이 크기 때문이다.

**05 ⑤**

제시된 지문은 직업윤리의 부재로 일어나는 사건들이다. 각 직업에 맞는 바른 직업윤리의 확립이 시급한 실정이다. 직업은 자아 실현의 도구이기도 하지만 사회적 가치의 실현에도 이바지해야 한다는 특성을 가지고 있다.

**06 ③**

직분의식은 자신이 하고 있는 일이 사회나 기업을 위해 중요한 역할을 하고 있다고 믿는 것이다.

오답 피하기

① 소명의식은 자신이 맡은 일은 하늘에 의해 맡겨진 일이라고 생각하는 태도를 말한다.
② 천직의식은 자신의 직업이 자신의 능력과 적성에 꼭 맞는다고 생각하고 그 일에 열성을 가지고 성실히 임하는 태도이다.
④ 책임의식은 맡아서 해야 할 임무나 의무를 중히 여기는 의식이다.
⑤ 전문가의식은 자신의 일이 누구나 할 수 있는 것이 아니라 해당 분야의 교육과 지식을 밑바탕으로 성실히 수행해야만 가능한 것이라 믿고 수행하는 태도이다.

**07 ④**

사람은 직업인이라면 예시 문항과 같이 업무수행 시 개인윤리와 직업윤리가 충돌하게 되는 상황에 놓일 수 있다. 직업윤리가 기본적으로는 개인윤리를 바탕으로 성립되는 규범이기는 하지만, 상황에 따라 이 두 윤리는 서로 충돌하거나 배치되는 경우도 발생한다. 일반적으로 개인윤리에 비해 직업윤리는 좀 더 구체적 상황에서의 실천규범이므로, 업무수행상에서 양자가 충돌할 경우 직업인으로서의 행동기준으로는 직업윤리가 우선되어야 할 것이다.

**08 ⑤**

회사에 사고 사실을 알리고 119에 신고를 하는 등 응급조치를 하고 약속 장소로 빨리 이동했어야 한다. 이 사례는 직업과 직업인의 의미에 관한 것이다. 김 팀장은 사회적으로 좋은 일을 했지만, 회사 입장에서는 책임을 그르치게 되었다. 직업을 가진 사람에게 자기가 맡은 임무는 수많은 사람과 관련된 공적인 약속이자 최우선 과제이다. 회사 업무를 수행하는 중에는 개인의 취향이나 인정 또는 정의감에 따라서 행동할 것이 아니라 공적인 입장에서 판단하고 생각해야 한다. 안타까운 일이기는 하지만 이런 경우 김 팀장의 행동은 직업인으로 책임과 본분을 망각한 행동이다. 더욱이 김 팀장은 적절한 시기에 보고를 했어야 함에도 불구하고 본인 임의대로 판단하고 그것을 실행하지 않았다. 만약 회사에 적절한 보고만 시기적절하게 했었다면 결과는 달라졌을 것이다.

**09 ③**

직업의 전문성의 원칙은 직업은 처음부터 배워가는 것이 아니라, 자기업무에 전문가로서의 능력과 의식을 가지고 책임을 다하며, 능력을 연마하는 것이다.

**10 ⑤**

최근 직업윤리의 부재로 인한 많은 안타깝고 불미스러운 사건들로 인해 기업들도 직업윤리 강화에 대해 이전보다 더 적극적인 자세로 건전한 직업윤리의 확립을 위해 노력하고 있다.

**11 ④**

근면은 항상 일정한 시간에 같은 일을 습관적으로 해야한다는 것이 아니라 나를 비롯한 주변환경을 고려하여 최선의 선택을 부지런하고 일관성 있게 하는 행동이다.

더 알아보기

**사회과학적 연구에서의 근면의 개념적 특성**

첫째, 근면은 고난의 극복이라는 의미를 갖는다. 근면은 행위자가 환경과의 대립을 극복해나가는 과정에서 발현된다.
둘째, 근면은 비선호의 수용 차원에서 개인의 절제나 금욕을 반영한다. 과거에는 사치와 향락, 소비를 거부하고 이윤 축적의 직업윤리를 수행해 왔다. 즉 근면은 고난을 극복하기 위해서 금전과 시간, 에너지를 사용할 수 있도록 준비하는 것이다.
셋째, 근면은 장기적이고 지속적인 행위 과정으로 인내를 요구한다. 근면이란 끊임없이 달성이 유예되는 가치지향적인 목표 속에서 재생산된다고 볼 수 있다. 예컨대 경제개발에서 공업국가의 꿈은 그 꿈이 근접할 때 선진국으로 다시 초일류국가로 전환되면서 달성 시점을 유예한다 거의 고난을 극복한 경험을 통해 형성되고, 현재의 고난을 극복할 수 있는 자원이 된다.

**12 ④**

근면의 종류는 외부로부터 강요당한 근면(예 새벽에 생계를 위해 억지로 출근하는 것)과 자진해서 하는 근면(예 퇴근 후 자격증 공부)으로 나눈다. ④의 경우는 외부로부터 강요당한 근면에 해당하고 나머지는 자진해서 하는 근면에 속한다.

**13 ⑤**

근면과 인생의 성공은 표리 관계에 있다. 근면하기 때문에 성공한 사람은 있어도, 게을러서 성공했다는 사람의 이야기는 동서고금을 막론하고 쉽게 찾아볼 수 없다. 물론 근면한 것만으로 성공할 수 있다는 얘기는 아니지만, 근면한 것은 성공을 이루게 하는 기본 조건이다.

**14 ④**

가습기 살균제 사건은 결과적으로 기업의 이익만을 위한 정직하지 못한 기업윤리 때문에 일어난 일이다. 앞으로는 이러한 일이 일어나지 않도록 모두가 노력해야 한다.

**15 ④**

정직을 포함한 모든 근로 윤리의 개념은 개인적인 차원에서 시작하여 조직적인 차원으로 확장하여 인식되고 이를 실천하려는 의식적인 노력과 방안으로 마무리 된다. 기본적으로 개인의 윤리의식부터 바르게 정립하는 것이 우선 순위이다.

**16 ⑤**

직업적 양심을 지킨다고 해서 항상 손해를 보는 것은 아니다. 설사 단기적인 손해를 보더라도 궁극적으로는 좋은 결과가 나올 것이므로 직업인은 직무에서 항상 직업적 양심을 지켜야 한다.

**17 ②**

정직과 신뢰는 하루아침에 만들어지는 것이 아니라 매일 작은 노력을 통해 만들어진다. 따라서 주변인들의 신임을 얻도록 차근차근 노력해야 한다.

**18 ④**

아무리 좋은 환경이나 사람이라도 한 곳에 멈춰있으면 문제가 생긴다. 단순히 무언가를 열심히만 한다는 것과 성실하게 한다는 것의 차이는 변화하려는 의지와 실행력에 있다고 할 수 있다. 아무리 몸에 좋은 약이라도 오래 먹으면 내성이 생겨 효과가 없어지는 것처럼 성실과 열정이 빛을 보려면 변화와 교체, 실행력이 따라와야 한다.

**19 ④**

성실에 관한 내용이다. 직장인은 직무를 수행할 때에는 마음을 다하여 그 일에 온전하게 충실하게 집중하는 성실함이 필요하다.

**20 ④**

(가), (나), (바)는 봉사에 대한 설명이고 (다)와 (라)는 책임에 대한 설명, (마)는 준법에 대한 설명이다.

**21 ③**

③의 경우 부정청탁 예외 사유에 해당한다.

더 알아보기

**부정 청탁의 예외 사유**

- 공개적으로 특정 행위를 요구한 경우 : 공개된 장소에서 피켓시위 / 언론 매체를 통한 요구 / 공문을 통한 공개적 요구
- 선출직 공직자 등 공익 목적으로 제3자의 고충민원 전달한 경우 : 국회의원도 공무원으로 적용대상 단, 공익 목적으로 고충 전달시 예외 사유에 해당한다.

**수수금품 등의 예외 사유**

공공기관이 소속 공직자 등에게 지급하거나 상급자가 위로, 격려, 포상 목적으로 하급자에게 제공

**22 ④**

기업의 최종 목표가 이윤 추구이기는 하지만, 그 과정에서도 사회적으로 가치있는 일을 실현하려는 노력이 필요하다(기업의 사회적 책임).

**23 ③**

준법은 민주 시민으로서 지켜야 하는 기본 의무이며 생활 자세이다.

**24 ③**

**상황별 바람직한 언어예절의 예**

| | |
|---|---|
| 업무 회의 상황 | "처음이라 많이 떨리지?"<br>"생각보다 잘하네."<br>"같이 해보자 내가 도와줄게."<br>"좋은 의견 고마워."<br>"다양한 의견이 많이 나와서 좋은데."<br>"내가 너를 믿는 거 알지?"<br>"다 같이 힘을 모으자." |
| 업무 보고 상황 | "보고서를 참 잘 쓰네."<br>"이거 하느라 시간 많이 걸렸겠네."<br>"힘든 일은 없었어?"<br>"첨부된 자료가 너무 좋아. 찾느라 고생했겠어."<br>"수고했어."<br>"내가 못 챙겼는데, 자료 고마워." |
| 업무 지시 및 수행 상황 | "수고했어."<br>"많이 힘들지 않았어?"<br>"김 대리가 이 일을 하면 어떨까?"<br>"자네가 하면 잘할 것 같은데."<br>"처음 해보는 거니 내가 많이 도와줄게."<br>"처음 치고 일을 너무 잘하네."<br>"잘했어. 고마워."<br>"다음에는 더 잘해보자." |
| 회식 상황 | "상황 봐서 슬쩍 나가."<br>"집에 어린아이가 있으니 참석 안 해도 돼."<br>"시간 봐서 나가도 이해할게."<br>"술은 강요하는 게 아니야."<br>"각자가 실수하지 않을 만큼 본인 주량대로 적당히 먹자."<br>"2차, 3차 문화는 권하는 게 아니야."<br>"술은 적당히 마시는 게 여러모로 좋아." |
| 휴가 및 휴직 관련 상황 | "휴가 잘 다녀와."<br>"여행 가는 것 너무 부럽다."<br>"그동안 열심히 일했으니 이제 좀 쉬어야지."<br>"회사 일은 걱정말고 잘 다녀와." |

**업무 상황의 잘못된 언어예절의 예**

"대답만 잘하지."
"됐고! 그래서 나보고 어쩌라고?"
"몰라, 나도 몰라."
"그럼 아이디어 낸 사람이 제안해 볼까?"
"여자가 뭘 안다고 그래."
"까라면 까야지, 어디서 눈 똑바로 뜨고 자기주장을 해?"
"네가 해 봐, 잘되는지."
"네가 전문가니까 전적으로 다 맡아서 해."
"그럼 잘하든지."

〈출처 : 국립국어원〉

**25 ④**

남녀간 성차별을 하는 경우에 해당한다고 볼 수 있다. 성차별 경험에 대해서 서울시여성가족재단의 조사에 따르면 '일터에서 성차별적인 말을 듣거나 행동을 경험한 적이 있나'라는 질문에 참여자의 83%(1,002명)가 '있다'고 답했으며, 여성의 약 87%(858명)가, 남성의 67%(144명)가 성차별을 경험한 것으로 나타났다.

**26 ③**

모임에서 처음 만난 사람한테 먼저 말을 건네는 것은 매너이고 윗사람에게 인사를 할 때에는 아랫사람이 먼저 본인을 소개하는 것은 에티켓이다. 에티켓과 매너를 같다고 생각하는 사람들이 있는데 에티켓과 매너는 다르다. 쉽게 말해서 에티켓과 매너의 차이는 에티켓은 '있다', '없다'로 표현하고, 매너는 '좋다', '나쁘다'로 표현한다. '에티켓은 내가 당연히 해야 할 도리'를 말하며 '매너는 상대방 입장에서 상대를 편안하게 만들어 주는 배려'가 된다

**27 ⑤**

SNS상의 만남이 항상 실제 만남에서 얻는 것보다 훨씬 더 큰 성과를 얻을 수 있는 것은 아니다. 성과는 경우에 따라 다를 것이다.

**28 ④**

사소한 실수는 배려하도록 하고 큰 실수에 대해서는 상대방을 배려하여 정중하게 그것을 지적하도록 한다.

**29 ③**

다은이 받은 칭찬 수준은 사회적으로 수용 가능하며, 어떤 성적인 상황을 포함하고 있지 않았으므로 성희롱으로 보기는 어렵다.

**30 ④**

직장 내 괴롭힘 피해자 조건에는 사업장 내의 모든 근로자를 포함한다. 하지만 거래업체 직원은 포함되지 않는다.

## 1회 실전 모의고사 p.1-358

| | | | | |
|---|---|---|---|---|
| 01 ③ | 02 ④ | 03 ⑤ | 04 ③ | 05 ④ |
| 06 ③ | 07 ④ | 08 ④ | 09 ④ | 10 ⑤ |
| 11 ① | 12 ② | 13 ② | 14 ⑤ | 15 ③ |
| 16 ② | 17 ③ | 18 ① | 19 ⑤ | 20 ④ |
| 21 ④ | 22 ④ | 23 ② | 24 ⑤ | 25 ⑤ |
| 26 ④ | 27 ③ | 28 ④ | 29 ③ | 30 ⑤ |

### 01 ③ 모듈형

대부분 기초외국어능력은 어려운 것이며 유창하게 구사할 수 있어야 하는 것으로 생각한다. 하지만 국제화, 세계화 시대를 살아가는 직장인에게 요구되는 직장인의 의사소통능력으로서의 기초외국어능력은 상대방의 말을 잘 듣고, 원하는 바를 잘 이해하거나, 외국어로 된 문서를 이해할 수 있는 능력을 의미하는 것이다. 즉, 직장 생활 중에 필요한 기초적인 의사소통을 가능하게 하는 능력을 말한다. 예를 들어, 직장에서 컴퓨터 사용이나, 공장에서 사용하는 기계의 간단한 외국어 표시 등을 이해하는 것이 있다.

오답 피하기

① 문서적 · 언어적 의사소통의 특징

| 문서적 의사소통 | 언어적 의사소통 |
|---|---|
| • 문서이해능력과 문서작성능력으로 나뉨<br>• 문서 내용을 이해하고 요점을 판단하며, 이를 바탕으로 목적과 상황에 적합한 정보를 효과적으로 전달하기 위해 문서를 작성하는 능력<br>• 직업 생활의 다양한 상황에서 요구됨(고객을 위한 예산서나 주문서, 직장 내 보고서나 공문 등)<br>• 언어적인 의사소통에 비해 권위감이 있고, 정확성을 기하기 쉬우며, 전달성과 보존성이 높음<br>• 언어적인 의사소통의 한계를 극복하기 위해 문자를 수단으로 하지만 때로는 혼란과 곡해를 일으킴 | • 경청능력과 의사표현력으로 나뉨<br>• 직장 생활에서는 상대방의 이야기를 듣고, 의미를 파악하며, 자신의 의사를 목적과 상황에 맞게 표현하는 것<br>• 다른 의사소통보다는 정확성이 떨어진다는 결점이 있음<br>• 대화를 통해 상대방의 반응이나 감정을 살필 수 있고 상황에 따라 상대방을 설득할 수 있으므로 유동성이 있음<br>• 모든 계층에서 듣고 말하는 시간이 상대적으로 많다는 점에서 경청 능력과 의사표현력은 매우 중요 |

② 바람직한 의사소통을 저해하는 요인
- 일방적으로 말하고, 일방적으로 듣는 무책임한 마음
- '전달했는데', '아는 줄 알았는데'라고 착각하는 마음
- '말하지 않아도 알겠지….'하고 생각하는 마음

④ 부족한 의사소통 능력을 향상하는 방법 : 사후검토와 피드백의 활용, 언어의 단순화, 적극적인 경청, 감정의 억제

⑤ 키슬러의 대인관계 의사소통 유형 : 지배형, 실리형, 냉담형, 고립형, 복종형, 순박형, 친화형, 사교형

### 02 ④ 모듈형

공문서는 공적인 문서이므로 감정적인 표현은 적절하지 않고 개인적인 친분을 드러내서도 안 된다. 또한, 상대방에게 불쾌감을 주거나 상대를 무시하는 듯한 표현은 피해야 하며 감정적이고 위압적인 표현을 쓰지 않도록 한다.

예 상급기관이 하급기관에 보내는 문서에 '~할 것', '~하기 바람' 등과 같이 위압감을 주는 문구를 쓰게 되면 조직 상하 간의 관계를 경직시켜 원활한 의사소통에 지장을 초래하기 쉬우므로 바람직하지 않다. 조직 구조상 지휘 · 감독 관계이더라도 상호 간에 존중 의미에서 '~ 하시기 바랍니다.'와 같은 표현을 사용하는 것이 좋다.

### 03 ⑤ 모듈형

**피드백 효과를 극대화하는 법**
- 상대방의 말을 이해했다고 생각하자마자 다시 말하기를 통해 명료화하고, 시간이 갈수록 영향력은 줄어들기 때문에 바로 피드백을 주는 것이 좋다.
- 정직함은 당신이 느끼는 진정한 반응뿐만 아니라, 조정하고자 하는 마음, 또는 보이고 싶지 않은 부정적인 느낌까지 보여 주어야 함을 의미한다.
- 지지함은 부정적인 의견을 표현할 때 상대방 자존심을 상하게 하거나 약점을 이용하거나 위협적인 표현방법을 택하는 대신에 부드럽게 표현하는 방법을 발견할 필요가 있다. 이러한 쌍방적 의사소통은 말하는 사람에게 중요한 피드백이 되고, 듣는 사람 역시 좋은 듣기 기술을 연습하는 데 도움이 된다.

더 알아보기

**적극적인 경청자가 되는 법**
- 준비한다 : 올바른 경청을 하려면 강의의 주제나 강의에 등장하는 용어에 친숙하기 위해 수업계획서나 강의계획서를 미리 읽어두어야 한다.
- 주의 집중한다 : 말하는 사람의 모든 것에 집중해서 적극적으로 들어야 한다. 말하는 사람의 속도와 말을 이해하는 속도 사이에 발생하는 간격을 메우는 방법을 학습해야 한다.
- 예측한다 : 대화를 하는 동안 시간 간격이 있으면, 다음에 무엇을 말할 것인가를 추측하려고 노력한다. 이러한 추측은 주의를 집중하여 듣는 데 도움이 된다.
- 나와 관련짓는다 : 상대방이 전달하려는 메시지가 무엇인가를 생각해보고 자신의 삶, 목적, 경험과 관련지어 본다.
- 질문한다 : 질문에 대한 답이 즉각적으로 이루어질 수 없어도 질문을 하면 집중력이 높아진다.
- 요약한다 : 대화 도중에 주기적으로 대화의 내용을 요약하면 상대방이 전달하려는 메시지를 이해하고, 사상과 정보를 예측하는 데 도움이 된다.
- 반응한다 : 피드백은 상대방에 대한 당신의 지각이 옳았는지 확인할 기회로, 오해가 있었다면 고칠 수 있도록 해주고 상대방에게 자신이 대화에 얼마나 집중하고 있는가를 보여 준다.

### 04 ③ 모듈형

전결 및 서명 표시 위치 : 「행정 효율과 협업 촉진에 관한 규정」 제10조제2항 및 동 시행규칙 제7조제2항에 따라 결재권이 위임된 사항을 전결하는 경우에는 전결하는 사람의 서명란에 '전결' 표시를 한 후 서명하되, 서명하지 아니하는 사람의 서명란은 설치하지 아니한다.

오답 피하기

① ㉠ : 생산등록번호: 처리과명(처리과가 없는 행정기관은 10자 이내의 행정기관명 약칭)과 연도별 일련번호를 붙임표(-)로 이어 적는다.

② ㉡ : 마지막 날짜 뒤에 .(온점)을 찍어 마무리한다.

④ ㉣ : 경우에 따라 제목 밑에 보고 근거 및 보고 내용을 요약하여 적을 수 있다.

⑤ ㉤ : '○○○○부(처 · 청 · 위원회 등)○○○○국' 또는 '○○○○부(처 · 청 · 위원회 등)○○○○과'로 쓸 수 있다.

**05 ④** 피셋형

| | 문단 소주제 | 설명 |
|---|---|---|
| ㉠ | 쓰레기 없는 삶이 가능할까? | 쓰레기에 대한 문제를 소재로 문제를 제기함(문제의식 제기) |
| ㉤ | 세계는 못 바꿔도 나는 바꿀 수 있다 | 작은 실천으로 시작한 제로웨이스트 운동으로 인해 바뀌기 시작한 나를 설명함(변화) |
| ㉢ | 쓰레기는 어디나, 제로 웨이스트도 어디서나 | 작은 성공의 경험으로 조금 더 어려운 습관에 도전하게 됨(언제/어디서나 가능함/확대) |
| ㉡ | 일상 속 제로 웨이스트 원칙 네 가지 | (일반적인)제로 웨이스트 원칙에 관해 설명함 |
| ㉥ | 어떻게 시작하나 막막하다면?(실천) | (구체적인)제로 웨이스트의 실천 방법 제시함 |
| ㉣ | 오늘 한 가지만이라도 실천해보면 어떨까? 오늘의 실천이 내일을 바꿀 수 있다. | 실천의 중요성 강조, 제로 웨이스트 운동의 효과 강조로 마무리 |

**06 ③** 피셋형

㉥ 문단에서 "어떤 과정으로 생산돼 소비되고 또 어떻게 폐기되는지 물건의 이야기를 살펴보면 소비에 대해 신중해질 수밖에 없다. 신중하게 소비하고 소비한 물건에 대한 책임을 지는 자세는 환경 실천의 바탕이다."라는 부분에서 생산 과정이 우리의 소비를 더 신중하게 하므로 우리는 생산 과정까지 아는 것이 소비한 물건에 대한 책임 의식에 도움이 된다는 것을 알 수 있다.

오답 피하기

① ㉡ 문단 : 상황에 따라 융통성 있게 대처해 포기하지 않고 꾸준히 제로 웨이스트를 실천할 수 있었다. 50년 후에는 "옛날에는 참 지구가 살기 나빴지." 하고 오늘을 회상하는 할머니가 되고 싶다. 바로 오늘이 기후위기를 극복하고 지속 가능한 삶의 방식으로 전환하는 변곡점이 되리라 믿는다.

② ㉥ 문단 : 용기와 수고 장착하기 장바구니, 텀블러, 통 등을 들고 가는 수고와 그것을 내밀 용기만 있다면 제로 웨이스트 실천도 어렵지 않다.

④ ㉢ 문단 : 건강하고 쾌적한 환경에서 살 권리를 보장받을 수 있도록 환경보전을 위해 나만의 제로 웨이스트 원칙을 세웠다.

⑤ ㉤ 문단 : 제로 웨이스트의 목적은 불필요한 자원을 소비하지 않고 쓰레기를 최소화해 폐기물 자체를 생산하지 않는 것이다.

**07 ④** 피셋형

다섯 번째 문단에서 공공부문에서는 지역 문제 진단이나 정책 결정 지원을 위해 데이터가 충분히 활용되지 못하고 있음을 확인하였고, 앞으로는 정책적으로 이들 지역에 대한 사전대응과 지원 정책을 발굴할 때, 공간 빅데이터의 분석 결과를 보다 정밀하게 활용할 것을 제안하였으므로 ④는 맞는 주장이다.

오답 피하기

① 마지막 문단에서 '인구 감소에 대한 정책적 대응이나 지역 정책 수행 시 공간 빅데이터 활용을 권고하거나 의무화하는 제도적 환경을 갖출 수 있도록 지속적으로 노력해야 할 것이다.'라고 하였으므로 틀린 말이다.

② 둘째 문단의 '또한 향후 공간 빅데이터가 지역 정책의 핵심 지원 도구로 발돋움하기 위한 정책적 방안과 관련 기관들이 노력해야 할 과제를 도출하였다.'라는 부분이 있으므로 틀린 말이다.

③ 일곱 번째 문단에서 '민간자료에 의존도가 높은 일본은 앞으로 공공행정에서 생산되는 자료를 빅데이터 자원화하는 노력이 필요하지만, 한국은 민간의 공간 빅데이터 시장을 육성하여 공공과 민간의 데이터 융복합을 촉진할 수 있는 기반환경을 조성하는 것이 바람직할 것이다.'라고 한 내용으로 보아 틀린 말이다

⑤ 여섯 번째 문단에서 '한국에서는 공간 빅데이터의 수집 · 구축 · 관리에 있어 시계열 데이터 구축 · 관리를 위한 기반 인프라를 강화할 필요가 있다.'라고 하였으므로 현재 완료된 것이 아니라 미래의 과제로 남아있는 것이기 때문에 틀린 말이다.

**08 ④** 피셋형

제17조(외부 강의 등의 사례금 수수 제한)를 살펴보면 ⑤ 공공기관의 장은 「공무원 행동강령」 제15조제7항, 「지방의회의원 행동강령」 제14조제7항 또는 「공직유관단체 표준안」 제18조제7항에 따라 대가를 받고 수행하는 외부 강의 등의 횟수 상한을 정할 때는 월 3회를 초과하지 않는 범위에서 구체적으로 정하여야 한다. 다만, 국가나 지방자치단체에서 요청하거나 겸직 허가를 받고 수행하는 외부 강의 등은 그 횟수에 포함하지 아니한다는 내용이 있으므로 보기의 내용은 틀린 말이다.

오답 피하기

① 제22조(기록 보관 · 관리) 참고
① 소속 기관의 장은 제19조 등과 관련하여 제출된 사항, 확인 사항 및 조치 내역 등을 관리하여야 한다. 이 경우 해당 기록의 보존 기간에 관하여는 「공공기록물 관리에 관한 법률 시행령」 제26조를 준용한다.
② 소속 기관의 장은 제1항의 기록을 전자 매체 또는 마이크로필름 등 전자적 처리가 가능한 방법으로 관리하여야 한다.

② 제19조(수수 금지 금품 등의 신고 및 처리) 참고
⑤ 공공기관의 장은 금지된 금품 등의 신고자에 대하여 인사우대 · 포상 등의 방안을 마련하여 시행할 수 있다.

③ 제25조(행동강령책임관의 지정) 참고
① 공공기관의 장은 원칙적으로 감사나 윤리업무를 담당하는 부서의 장을 행동강령책임관으로 지정하여야 한다. 다만, 감사나 윤리업무를 담당하는 부서가 따로 없는 때에는 그 업무 담당자 중에서 지정할 수 있다.

⑤ 제24조(위반 여부에 대한 상담) 참고
공직자는 알선 · 청탁, 직무권한 등을 행사한 부당행위, 금품 등의 수수, 감독기관의 부당한 요구, 외부 강의 등의 사례금 수수, 경조사의 통지 등에 대하여 행동강령 위반 여부가 분명하지 아니한 경우에는 행동강령책임관(지방의회의 경우에는 의장을 말한다)과 상담하여야 하며 행동강령책임관은 별지 제21호 서식에 따라 상담 내용을 관리하여야 한다.

**09 ④** 피셋형

- MZ 세대의 메타버스 이용 비율은 매우 낮았고, 검증된 경험에는 적극적이지만 새롭지 않거나, 경험 후기가 좋지 않으면 후발대 경험주의자 MZ 세대를 끌어모으는 데 실패한다고 하였으므로 ㉠ 제목은 '메타버스를 모르는 신중한 경험주의자 MZ 세대'가 적절하다.
- ㉡ 소제목은 MZ 세대는 아날로그를 겸용하던 세계에서 성장한 세대로서, 복고 유행에 앞장서고 MZ 세대 힙스터는 디지털보다 아날로그와 가깝다고 하였으므로 '아날로그로 성장한 MZ 세대'가 적절하다.

**10 ⑤** 피셋형

세 번째 문단에서 MZ 세대가 핫플레이스나 맛집을 경험하기 위해 피 튀기는 경쟁을 뚫고 예매하는 '피켓팅'에 대해 언급하고 있다.

오답 피하기

① 첫 번째 문단에서 'MZ 세대는 메타버스를 잘 모르고, 안다 해도 크게 관심이 없다.'고 하였으므로 MZ세대가 메타버스에도 능통하다는 주장은 틀렸다.

② 세 번째 문단에서 'MZ 세대에게 줄서기는 매우 익숙한 문화다. 핫플레이스에 방문할 때나 특별한 경험을 하기 위해서 줄을 서는 것은 예삿일이다.'고 언급하고 있으므로 틀린 주장이다.
③ 두 번째 문단에서 'MZ 세대는 '레트로(Retro)', '뉴트로(New-tro)' 같은 복고 바람이 불 때 MZ세대는 항상 선두에 선다.'고 언급하고 있으므로 틀린 주장이다.
④ 세 번째 문단에서 'MZ 세대는 검증된 경험에는 적극적이다. 입소문이 난 경험은 한 번씩 해보려 하고 한 번 마음먹은 경험을 하기 위해서는 경계 없이 다가간다. 다만 경험해보니 전혀 새롭지 않다거나 경험의 질이 떨어진다는 입소문이 나기 시작하면 경험주의자 MZ세대를 끌어모으는 데 실패한다.'라는 내용으로 이들이 검증된 경험에만 적극적임을 알 수 있다.

**11 ①** 모듈형

A팀은 나머지 B, C, D팀과 경기를 하게 된다. 승점이 10점이 넘기 위한 경우의 수는 아래와 같다.

- 3번 승리하는 경우 : 4+4+4=12점
  따라서 이길 확률이 60%이므로 $\frac{6}{10}$을 3제곱 하면 $(\frac{3}{5})^3$
- 2번 승리, 1번 비기는 경우 : 4 + 4 + 2 = 10점
  따라서 이길 확률이 60%, 비길 확률이 20%이므로
  $(\frac{6}{10})^2 \times \frac{2}{10} = (\frac{3}{5})^2 \times \frac{1}{5}$
  여기에 3을 곱해야 한다. 3을 곱하는 이유는 A와의 경기에서 비기는 팀이 B가 될 수도 있고, C가 될 수도 있고, D가 될 수도 있기 때문이다.
- 위 2가지 경우를 계산하여 더하면
  $(\frac{3}{5})^3 + (\frac{3}{5})^2 \times \frac{1}{5} \times 3 = (\frac{3}{5})^3 + (\frac{3}{5})^3 = \frac{27}{125} + \frac{27}{125} = \frac{54}{125}$가 된다.

**12 ②** 모듈형

추가한 소금물 300g의 농도를 라고 하고 조건을 단계별로 정리하면 아래와 같다.

- 10% 농도 소금물 150g의 소금의 양 : $150 \times \frac{10}{100} = 15g$
- 10% 농도 소금물 30g의 소금의 양 : $30 \times \frac{10}{100} = 3g$
- $x$농도의 소금물 300g의 소금의 양 : $300 \times \frac{x}{100} = 3x$

위의 식을 정리하여 총 소금의 양은 $15+3+3x$이고, 총 소금물의 양은 150+30+300이다. 이 소금물의 농도가 22.5%라고 했으므로 이를 통해 $x$를 구하면

$15+3+3x = 480 \times \frac{22.5}{100}$

$18+3x = 108$

$3x = 90$

$x = 30\%$

**13 ②** 피셋형

새로운 기술 도입 전 A공정으로 진행하여 걸리는 시간을 $x$, B공정으로 진행하여 걸리는 시간을 $y$라고 했을 때 주어진 조건으로 식을 세우면 아래와 같다.

ⅰ) $x + y = 120$이 되고
ⅱ) $0.8x + 0.5y = 72$이 되고
ⅰ, ⅱ를 연립하면 $x = 40$, $y = 80$이 된다.
따라서 B공정에서 단축된 시간은 80시간에서 50% 단축된 40시간이다.

**14 ⑤** 모듈형

- L이 맞춘 개수를 $x$개라고 하면 틀린 개수는 $(25-x)$개가 된다.
  조건에 맞춰 점수를 계산하면 $4x-(25-x)=65$
  $5x=90$
  $x=18$
  따라서 L이 맞춘 개수가 18개 틀린 개수가 7개가 된다.
- M이 맞춘 개수를 $y$개라고 하면 틀린 개수는 $(25-y)$개가 된다.
  조건에 맞춰 점수를 계산하면 $4y-(25-y) = 35$
  $5y=60$
  $y=12$
  따라서 M은 맞춘 개수가 12개 틀린 개수가 13개가 된다.
- 결국 두 사람이 동시에 맞춘 최대의 개수는 12개가 된다.

**15 ③** 피셋형

할인 후 판매된 핸드폰의 개수를 $x$라고 하고 조건을 단계별로 정리하면 아래와 같다.

- 처음 500개까지는 40만 원의 이익을 남기므로 500×400,000 = 2억 원이 회수된다..
  따라서 투자금 8억에서 2억은 회수되므로 남은 6억이 회수되어야 손해를 보지 않는다.
- 120만 원에서 20% 할인된 금액을 구하면 : $1,200,000 \times \frac{80}{100} = 960,000$원
  원가가 80만 원이므로 개당 16만 원의 이익이 발생한다.
- 개당 16만 원의 이익이 되는 핸드폰을 $x$개 판매하여 6억이 되려면
  $160,000x \geq 600,000,000$
  $16x \geq 60,000$
  $x \geq 3,750$
  따라서 최소 3,750개가 판매되어야 손해를 보지 않는다.

**16 ②** 피셋형

2021년에 1~9인 기업 수, 2022년에 100~299인 기업 수가 감소하므로, 300인 이상의 기업을 제외하고 종사자 규모별 기업 수가 매년 증가하는 추세라고 볼 수 없다.

오답 피하기

① 조사 기간 중 클라우드 서비스를 공급하는 10~29인이 매년 많으므로 기업수가 가장 많다.

| | 2019년 | 2020년 | 2021년 | 2022년 | 소계 |
|---|---|---|---|---|---|
| 1~9인 | 98 | 140 | 136 | 162 | 536 |
| 10~29인 | 161 | 215 | 210 | 233 | 819 |
| 30~99인 | 128 | 139 | 144 | 150 | 561 |
| 100~299인 | 51 | 55 | 61 | 51 | 218 |
| 300인 이상 | 31 | 31 | 30 | 25 | 117 |

③ 2020년 대비 2022년 중견기업 이상의 기업 수 감소율
$= \frac{52-43}{52} \times 100$
$\fallingdotseq -17\%$

④

| 특성별 | 특성별 | 2019 | 2021 | 증가량 |
|---|---|---|---|---|
| 종사자 규모별 | 1~9인 | 98 | 136 | 38 |
| | 10~29인 | 161 | 210 | **49** |
| | 30~99인 | 128 | 144 | 16 |
| | 100~299인 | 51 | 61 | 10 |
| | 300인 이상 | 31 | 30 | -1 |

⑤ 2021년 기업규모별 전체 기업의 수는 581개이므로 이 중 1~9인이 차지하는 비중은 다음과 같다.
$\frac{136}{581} \times 100 \fallingdotseq 23.4\%$

**17 ③** 피셋형

클라우드 서비스를 공급하는 중소기업이 가장 많았던 해는 중소기업이 578개였던 2022년이다. 2022년의 30인 미만인 기업은 1~9인 기업 162개와 10~29인 기업 233개를 합한 값으로 395개이다. 2022년의 전체 기업 수는 621이므로 비중을 계산하면 63.6%이다.

$$\frac{162+233}{621}\times 100$$
$$=\frac{395}{621}\times 100$$
$$\fallingdotseq 63.6\%$$

**18 ①** 피셋형

2020년 가스 소비량 대비 사고 발생 수 비율은 $\frac{97}{47,899}\times 100 \fallingdotseq 0.2\%$, 2021년 가스 소비량 대비 사고 발생 수 비율은 $\frac{92}{46,343}\times 100 \fallingdotseq 0.2\%$, 모두 0.2%로 동일하다.

**오답 피하기**

② LP가스 소비량은 2022년 전년 대비 감소했다.
③ 2022년 전년 대비 도시가스는 825천 톤 감소했다.
④ 2023년 LP가스 소비량이 차지하는 비중은 20.8%로 20%가 넘는다.
$\frac{10,390}{49,971}\times 100 \fallingdotseq 20.8\%$
⑤ 사고 발생 수가 가장 적었던 해는 2022년으로 해당 연도의 LP가스 소비량은 10,334천 톤이다. 도시가스 소비량이 두 번째로 많았던 해는 2020년으로 해당 연도의 LP가스 소비량은 9,315천 톤이다. 차이를 구하면 10,334−9,315천 톤으로 1,019,000톤 증가했으므로 100만 톤 이상 증가했다.

**19 ⑤** 피셋형

ㄷ. 2018~2021년 보물, 명승, 사적 건은 각각 매년 증가하였다.
ㄹ. 2019년 무형문화재가 차지하는 비중은 $\frac{146}{4,063}\times 100 \fallingdotseq 3.6\%$이므로, 4% 미만이다.

**오답 피하기**

ㄱ. 국보의 전년 대비 증가율은 2020년과 2021년에 전년 대비 감소하였다.

| | |
|---|---|
| 2018년 | $\frac{336-331}{331}\times 100 \fallingdotseq 1.5\%$ |
| 2019년 | $\frac{342-336}{336}\times 100 \fallingdotseq 1.8\%$ |
| 2020년 | $\frac{348-342}{342}\times 100 \fallingdotseq 1.7\%$ |
| 2021년 | $\frac{350-348}{348}\times 100 \fallingdotseq 0.6\%$ |

ㄴ. 조사 기간에 국가지정문화재에서 무형문화재가 차지하는 비중은 다음과 같다.

| | 2017년 | 2018년 | 2019년 | 2020년 | 2021년 |
|---|---|---|---|---|---|
| 계 | 3,940 | 3,999 | 4,063 | 4,132 | 4,220 |
| 무형 문화재 | 138 | 142 | 146 | 149 | 153 |
| 비중 | $\frac{138}{3,940}\times 100$ ≒ 3.5% | $\frac{142}{3,999}\times 100$ ≒ 3.6% | $\frac{146}{4,063}\times 100$ ≒ 3.6% | $\frac{149}{4,132}\times 100$ ≒ 3.6% | $\frac{153}{4,220}\times 100$ ≒ 3.6% |

가장 작은 비중을 차지하는 해는 3.5%인 2017년이다.

**20 ④** 피셋형

명승이 가장 적었던 해는 2017년이다. 2017년 대비 2021년 보물의 증가율은 $\frac{2,293-2,107}{2,107}\times 100 \fallingdotseq 8.8\%$이고,

2018년 민속문화재의 비중은 $\frac{299}{3,999}\times 100 \fallingdotseq 7.5\%$이다.

**21 ④** 모듈형

문제란 해결하기를 원하지만 실제로 해결해야 하는 방법을 모르고 있는 상태나 얻고자 하는 해답이 있지만 그 해답을 얻는데 필요한 일련의 행동을 알지 못한 상태, 즉 원활한 업무 수행을 위해 해결되어야 하는 질문이나 의논 대상을 의미한다. 한편 문제점은 '문제의 근본적인 원인이 되는 사항'으로 문제 해결에 필요한 열쇠인 핵심 사항을 말한다.

**오답 피하기**

① 해결하기를 원하지만, 해결 방법을 모르고 있는 상태는 문제에 대한 설명이다.
② 문제를 해결할 해답을 얻는데 필요한 행동을 알지 못하는 상태는 문제에 대한 설명이다.
③ 난폭운전으로 전복사고가 났을 경우, '전복사고의 발생'이 문제이고 '난폭운전'은 문제점이다.
⑤ 원활한 업무 수행을 위해 해결되어야 하는 질문이나 대상은 문제점이 아니라 문제를 의미한다.

**22 ④** 피듈형

퍼실리테이션(Facilitation)이란 '촉진'을 의미하며, 어떤 그룹이나 집단이 의사결정을 잘하도록 도와주는 일을 의미한다.

**오답 피하기**

① 소프트 어프로치에 해당하는 방법이다.
② 최근 많은 조직에서는 생산적인 결과를 가져올 수 있도록 그룹이 어떤 방향으로 나아갈지 알려주고, 주제에 대한 공감을 이룰 수 있도록 능숙하게 도와주는 퍼실리테이터를 활용하고 있다. 따라서 퍼실리테이션에 의한 문제 해결 방법은 깊이 있는 커뮤니케이션을 통해 서로의 문제점을 이해하고 공감함으로써 창조적인 문제 해결을 도모한다. 초기에 생각하지 못했던 창조적인 해결 방법이 도출되며, 구성원의 동기가 강화되고 팀워크도 한층 강화된다는 특징을 보인다. 다만 이 방법은 구성원이 자율적으로 실행하는 것이며, 제3자가 합의점이나 줄거리를 준비해놓고 예정대로 결론이 도출되는 것은 안 된다.
③ · ⑤ 하드 어프로치에 해당하는 방법이다.

**23 ②** 피셋형

문제에 맞게 그림을 그리고, 결정된 조건을 고정한 후, 층수와 입주조건을 고려하여 답을 찾는다.
문제에 맞게 표를 그린 후, 조건을 고정하고 층수와 입주 조건을 고려하여 기입한다.

| | 매장 | 설명 |
|---|---|---|
| 5 | 직원 식당 | 총무부는 4층 고정이므로, 조건4에 따라 5층에 입주할 수 없다.<br>따라서 직원 식당은 1층에 입주할 수 없고, 남은 5층에 입주해야 한다. |
| 4 | 총무부 | 조건3에 의해 4층에 총무부가 입주한다. |
| 3 | 인사부 | 조건2에 의해 3층에 인사부가 입주한다. |
| 2 | 생산부 | 인사부가 3층에 입주하였으므로 조건5에 의해 생산부는 2층에 입주해야 한다. |
| 1 | 사감실 | |

따라서 〈보기〉에서 ㉡만 항상 옳으므로 ②가 답이다.

**24** ⑤ ······ 피셋형

주어진 명제를 기호화한 후 대우를 활용하여 풀이하면

| |
|---|
| **1단계 : 주어진 세 개의 전제를 기호화한다.** |
| 강영재 → 최강 영어 전문학원<br>영어 → 강의 능력<br>~영어 → ~최강 영어 전문학원 = 최강 영어 전문학원 → 영어 |
| **2단계 : 연결하여 정리한다.** |
| 강영재 → 최강 영어 전문학원 → 영어 → 강의 능력 |
| **3단계 : 처음과 끝을 연결하여 답을 찾는다.** |
| 강영재 → 강의 능력 |

'강영재는 강의 능력이 뛰어난 것이다'가 항상 참이 된다.

**25** ⑤ ······ 피셋형

이 문제는 명확하게 답을 찾을 수 있는 비교적 간단한 문제이므로 반드시 풀어야 한다. 진술을 바탕으로 주어진 상황에 따라 참 거짓을 판단하는 문제는 2가지 방법으로 풀이할 수 있다.

| | |
|---|---|
| **진술자들이 서로를 지목하며 참 거짓을 논하는 경우** | 경우의 수를 적고 참 거짓을 점검하다 보면 해당 문구에 해당하는 1개의 정답을 빠르게 찾을 수 있다. |
| **참여자들이 특정한 대상을 지목하여 참 거짓을 판단해야 하는 경우** | 보통 제3의 지목 대상이 3개가 주어지기 때문에 경우의 수가 총 6가지가 된다. 주어진 대상이 4개 이상이라면 주어진 시간 안에 문제를 푸는 것이 쉽지 않다. |

이 문제는 진술자들이 서로를 지목하는 경우에 해당하므로 참 거짓을 점검하면서 정답을 찾아야 한다.

ⅰ) 첫 번째 풀이법 : 참 거짓 체크법

| 진술 \ 키 큰 사람 | 가영 | 나래 | 다빈 | 라라 |
|---|---|---|---|---|
| 가영 | ○ | X | X | X |
| 나래 | ○ | X | X | X |
| 다빈 | ○ | ○ | ○ | X |
| 라라 | X | ○ | ○ | ○ |

ⅱ) 두 번째 풀이법

- 가영이가 진실이라면 나래와 다빈이의 진술도 진실이기 때문에 모순이다.
- 나래가 진실이라면 본인이 가장 키가 큰 사람이 아니므로 모순이다.
- 다빈이가 진실이라면 라라도 진실이기 때문에 모순이다.
- 라라가 진실이라면 가영, 나래, 다빈이가 거짓이기 때문에 주어진 조건에 부합하여 가장 키가 큰 사람은 라라이다.

**26** ④ ······ 피셋형

조건에 맞게 표를 그리고 기호화된 정보와 추론하여 추가된 정보 등을 기입하여 풀이한다.

- 조건1에 의해 성룡이는 6번째에 올 수 없다.
- 조건2에 의해 은정이는 성원 뒤쪽 위치, 성원이는 5번째, 6번째 순서로 올 수 없다.
- 조건5에 의해 주선이는 4번째에 고정된다.
- 은정이는 조건2에 의해 1번째로 올 수 없고, 조건4에 의해 2번째, 6번째로 올 수 없다.

| 첫 번째 | 두 번째 | 세 번째 | 네 번째 | 다섯 번째 | 여섯 번째 (마지막) |
|---|---|---|---|---|---|
| 은정(X) | 은정(X) | | 주선(고정) | | 은정(X)<br>성룡(X)<br>성원(X) |

- 은정이가 5번째 순서로 왔을 때 희경이는 3번째 순서로 와야 하고 조건1과 조건2에 의해 성룡이와 성원이가 1번째 or 2번째로 오면 경식이가 6번째 순서로 갈 수밖에 없다.
- 은정이가 3번째 순서로 왔을 때 조건4에 의해 희경이가 1번째로 와야 하고, 조건2에 의해 성원이가 2번째 순서로 와야 하므로 성룡이는 조건1에 의해 5번째 순서로 오게 되고 경식이가 6번째 순서이다.

| 첫 번째 | 두 번째 | 세 번째 | 네 번째 | 다섯 번째 | 여섯 번째 (마지막) |
|---|---|---|---|---|---|
| 성룡 | 성원 | 희경 | 주선(고정) | 은정 | 경식 |
| 성원 | 성룡 | 희경 | 주선(고정) | 은정 | 경식 |
| 희경 | 성원 | 은정 | 주선(고정) | 성룡 | 경식 |

가능한 경우는 모두 경식이가 6번째로 오게 된다.

**27** ③ ······ 피듈형

출장에서 사용한 내역을 여비 지급표와 대조해서 하나씩 풀어가되, ※로 된 특이사항에 유의해야 한다. 특히 식비는 본인 지출 금액과 상관없이 정액으로 지급된다는 점과 택시, 시내버스 요금은 일비에 포함되므로 별도로 정산하지 않는다는 점에 유의해야 한다.

- 교통비 : KTX와 항공요금은 실비(실제 지급한 비용)를 모두 인정해주므로 KTX 50,000원, 항공료 100,000원 = 150,000원
- 숙박비 : 광주광역시에서 숙박하므로 상한액은 100,000원임(할인은 그 금액 적용) : 1일차 70,000원, 2일차 80,000원, 3일차 100,000원(상한액), 4일차 100,000원(상한액) = 350,000원
- 식비 : 본인 지출 금액과 상관없이 정액으로 1일 40,000원 지급하므로 40,000원*5일 = 200,000원
- 일비 : 본인 지출 금액과 상관없이 정액으로 1일 50,000원 지급하므로 50,000원*5일 = 250,000원
- 택시 요금과 시내버스 요금은 일비에 포함된 개념으로 별도 정산 없음

따라서 여비 총액은 950,000원이 산정된다.

**28** ④ ······ 피듈형

표에 나타난 시간의 흐름에 따른 변화에 유의하면서 문제를 풀어야 한다. (마) 일반 몰 매출 신장률이 가장 낮을 때는 2019년으로 5.3%이다. 2020년은 9.4%다.

**오답 피하기**

- (가) 2019년부터 2023년까지의 중계 몰이 일반 몰보다 매출 신장률이 높다.
- (나) 일반 몰의 경우 2019년부터 2023년까지 매년 매출액이 꾸준히 늘어나고 있다.
- (다) 중계 몰의 경우 2019년부터 2023년까지 매년 매출액이 꾸준히 늘어나고 있다.
- (라) 일반 몰의 경우 2020년 9.4%를 기점으로 해서 2023년에는 6.3%로 매출 신장률이 둔화하고 있다.

**29** ③ ······ 피듈형

(A)는 합계 신장률을 구하는 것으로, 신장률을 구하는 공식은 (기준연도 − 직전연도) / 기준연도이다. 신장률을 구하는 공식에 의거하여 (A)를 구하기 위해서는 (2022년 매출액 − 2021년 매출액) / 2021년 매출액을 계산하면 된다. 2,128,600 − 1,855,600 / 1,855,600 = 0.147 따라서 14.7%이다.

**30 ⑤** 피셋형

1단계 : 삼단논법을 적용하여 명제를 기호화하면
- 자존감 → 열정적 행동
- 열정적 행동 → 모임 적극 참여
- ~연애 → ~자존감(대우) = 자존감 → 연애

2단계 : 연결하여 정리한다.
- 자존감 → 열정적 행동 → 모임 적극 참여 → 연애
- 따라서 밑줄 친 곳에는 '모임 적극 참여 → 연애' 또는 '(대우) ~연애 → ~모임 적극 참여'가 적절하다.

## 2회 실전 모의고사 p.1-380

| | | | | |
|---|---|---|---|---|
| 01 ③ | 02 ⑤ | 03 ① | 04 ① | 05 ② |
| 06 ④ | 07 ⑤ | 08 ② | 09 ③ | 10 ① |
| 11 ② | 12 ⑤ | 13 ② | 14 ① | 15 ② |
| 16 ④ | 17 ⑤ | 18 ③ | 19 ② | 20 ② |
| 21 ① | 22 ③ | 23 ③ | 24 ⑤ | 25 ④ |
| 26 ② | 27 ② | 28 ⑤ | 29 ④ | 30 ① |
| 31 ④ | 32 ② | 33 ④ | 34 ① | 35 ① |
| 36 ④ | 37 ④ | 38 ③ | 39 ④ | 40 ② |

**01 ③** 모듈형

제품 설명서는 제품의 특징과 활용도에 대해 세부적으로 언급하는 문서로, 제품의 구입도 유도하지만, 사용법을 자세히 알려주는 문서이다.

더 알아보기

**보고서의 종류**
- 영업 보고서 : 재무제표와 달리 영업상황을 문장 형식으로 기재해 보고하는 문서
- 결산 보고서 : 진행됐던 사안의 수입과 지출을 보고하는 문서
- 일일업무 보고서 : 매일의 업무를 보고하는 문서
- 주간업무 보고서 : 한 주간에 진행된 업무를 보고하는 문서
- 출장 보고서 : 회사 업무로 출장을 다녀와 외부 업무나 그 결과를 보고하는 문서
- 회의 보고서 : 회의 결과를 정리해 보고하는 문서

**보고서 작성 시 유의사항**
- 업무 진행 과정 중의 보고서인 경우, 진행 과정에 대한 핵심 내용을 구체적으로 제시
- 중복을 피해 핵심만 산뜻하고 간결하게 작성
- 복잡한 내용일 때에는 도표나 그림을 활용

**보고서 제출 시 유의사항**
- 제출하기 전에 반드시 최종점검
- 정확하게 참고자료 제시
- 예상 질문에 대한 답을 미리 준비

**02 ⑤** 모듈형

첫 번째 문단은 의사의 기록 · 구체화에 관한 내용이다. 전달기능, 보존, 증거 자료 제공, 업무의 연결 · 조정의 기능 순서로 설명되어 있다. 문서에 의한 의사의 공정 기능에 대한 설명은 찾을 수 없다.

**03 ①** 모듈형

'계획인바'는 '계획이므로'와 가까운 뜻이다. 이처럼 '-므로'와 같이 연결어미인 '-ㄴ바'는 앞말에 붙여 쓴다.

오답 피하기

② 이 문장에서는 '아래와 같이'로 바꿔 쓰는 것이 더 자연스럽고 간결하다.
③ 법률명은 작은따옴표나 홑낫표(「」)로 묶는다.
④ 금액을 나타내는 단위 '원'은 앞말과 띄어 쓴다.
⑤ 문서의 추가 자료는 첨부가 아닌 붙임이 옳다.

**04 ①** 모듈형

의사소통능력 개발 방법에는 4가지가 있다. 바로 사후검토와 피드백의 활용, 언어의 단순화, 적극적인 경청, 감정의 억제인데 보기 중 ㄴ은 감정의 억제, ㄷ은 언어의 단순화에 대한 설명이다.

오답 피하기

ㄱ. 상대방의 기분에 따라서 칭찬을 많이 해주고 좋은 말 위주로만 하는 것은 옳지 않다. 의사소통 개발 방법에 해당하지 않는 항목이다.

ㄹ. 적극적인 경청이란 다른 사람과 대화를 할 때는 상대방의 입장에서 생각하려고 노력하고 내용에 관심을 보여줘야 하며 단순히 이야기를 들어주기보다 주제에 참여하고 의미를 적극적으로 탐색하는 것이다. 또한, 능동적인 의미를 탐색하는 것이다.

**05 ②** 피셋형

협업 시스템(전자적 시스템)을 통하여 승인을 처리할 경우, 담당자의 1차 승인, 기관장의 2차 승인이 필요하다는 내용은 본문에서 알 수 없다.

오답 피하기

① 제41조 ②를 보면 업무협조를 요청하는 경우에 그 취지와 추진 계획 등 그 업무협조 사안에 대한 이해를 도울 수 있는 관계 자료를 함께 보내야 한다.
③ 제42조 ②를 보면 업무의 성질상 협업시스템을 통하여 공동이용하는 것이 곤란하거나 그 밖의 특별한 사정이 있는 경우에는 아니 할 수 있다. 기관의 중요 보안 문서는 공동이용이 곤란할 수 있다.
④ 제33조 처리 기간에서 적절한 처리 기간을 정해야 함이 설명되었다.
⑤ 제42조 ③을 보면 협업시스템의 구축 · 운영 등에 필요한 세부사항은 행정안전부 장관이 정한다.

**06 ④** 피셋형

교통사고 발생 후 신속한 응급구조 및 정밀한 사고조사는 사고 대응체계 고도화에 관련된 내용으로 교통안전을 위한 중점 추진과제 항목에 가장 적절하지 않다.

오답 피하기

① 어린이는 교통 약자에 해당하며 등굣길 및 방과 후 안전지도와 단속 실시는 교통 약자(어린이)를 위한 맞춤형 안전 환경 조성이다.(중점 추진과제 2.)
② 차량의 저속 운행 유도는 운전자의 안전운행, 보행자를 위한 교통체제 개편을 위한 대책 마련이 될 수 있다.(중점 추진과제 3, 중점 추진과제 1.)
③ 고위험 법규위반자는 운전자를 말하므로, 고위험 운전자의 처벌로, 안전 운행과 책임성을 강화할 수 있는 대책이다.(중점 추진과제 3.)
⑤ 교통안전 체험 시설은 교통 안전문화 확산을 위한 대책이다.(중점 추진과제 4.)

**07 ⑤** 피셋형

사업자가 스스로 결함을 시정하는 '자발적 리콜'과 정부가 사업자에게 물품의 수거 · 파기를 강제로 하는 '강제적 리콜'이 있다. 두 번째 문단에서 알 수 있다.

오답 피하기

① 리콜은 물품 등의 위해로 소비자의 안전이 위협받을 때 해당 물품 등을 회수해서 소비자의 피해를 예방하는 제도이고, 소비자에게 피해가 발생한 후 개별 손해에 대한 해결을 목적으로 하는 것은 제조물 책임 제도이다.
② 소비자 피해 발생의 사전제거를 목적으로 한다는 점에서 소비자 피해가 발생한 후 개별 손해에 대한 해결을 목적으로 하는 것은 제조물 책임 제도이다.
③ 첫 번째 문단을 보면 물품 등의 위해성을 알리고 해당 물품 등을 수거 · 파기 · 수리 · 교환 · 환급 또는 제조 · 수입 · 판매 · 제공 금지하는 등의 적절한 시정 조치를 함으로써 위해 요인을 제거하는 것은 소비자 보호 조치이다. 사업자를 위한 보호 조치는 아니다.
④ 마지막 문단에 리콜의 진행 절차에서 결함이 확정된 이후에는 사업자의 시정계획서 제출, 소비자에 대한 리콜계획의 통지, 리콜 조치, 리콜 결과 보고 순수로 진행된다고 나와 있으며, 물품의 회수에 관한 내용은 없다.

**08 ②** 피셋형

빌려준 돈을 도로 거두어들이는 것은 '환수'이다. 나라 경제가 어려워지면서 기업에게 빌려준 돈을 거두어들이는 것은 '환수'가 옳다. '환급'은 빌린 돈을 도로 돌려주는 것이다.

오답 피하기

① 결함(缺陷) : 부족하거나 완전하지 못하여 흠이 된 부분으로 물품의 결함(부족함)으로 인하여 소비자에게 피해를 준다는 내용이다. 기체의 결함은 기계적으로 부족하거나 흠이 있어 문제가 발생했다는 내용으로 일치하다.
③ 시정(是正) : 잘못된 것을 바로 잡는다는 뜻으로 '~제공 금지하는 등의 적절한 시정(바로 고치다)조치를 함으로써' 의미이다. 문제를 바로 시정하겠다(고치겠다)고 시원하게 답해주었다는 같은 의미로 사용되었다.
④ 권고(勸告) : 어떤 일을 하도록 '권하다'의 뜻이다. 본문에서 리콜 권고는 '리콜을 권하다'의 뜻으로 사용되었다. 권고사직은 회사의 사정으로 인하여 퇴사를 권하는 것을 의미함으로 같은 의미로 사용되었다.
⑤ 소관(所管) : 맡아서 관리하는 일, 또는 그 일의 범위를 뜻한다. 예를 들어 '소관 부처, 담당 부처에 의해서~' 등으로 사용된다. 보기에서도 '제 담당이니~' 같은 의미로 사용되었다.

**09 ③** 피들형

A, B, C, D, E, F 6명 중에서 자신의 이름이 적힌 의자에 앉을 두 사람을 고르는 경우의 수는 ${}_6C_2=\frac{5\times4}{2}=10$가지이다. 자신의 이름이 적힌 의자에 앉은 사람을 E, F라고 한다면, 이 중에서 나머지 A, B, C, D가 모두 다른 사람의 자리에 앉을 수 있는 경우는 총 9가지로 구하면 아래와 같다.

| 정해진 자리 | A | B | C | D |
|---|---|---|---|---|
| 1가지 | B | A | D | C |
| 2가지 | B | C | D | A |
| 3가지 | B | D | A | C |
| 4가지 | C | A | D | B |
| 5가지 | C | D | A | B |
| 6가지 | C | D | B | A |
| 7가지 | D | A | B | C |
| 8가지 | D | C | A | B |
| 9가지 | D | C | B | A |

따라서 바르게 고른 것은 $10\times9=90$가지이다.

**10 ①** 피들형

- 올해 퇴직자 수는 작년 56명에 비해 25% 늘어났으므로 $56\times1.25=70$명이다.
- 추가로 뽑아야 하는 신입 사원의 수는 올해 퇴직자의 1.4배이므로 $70\times1.4=98$명이다.
- 따라서 올해 신입 사원 채용인원은 400명 + 98명 = 498명이다.

**11 ②** 피들형

- 기차 A와 기차 B의 길이의 차는 450m − 300m=150m이므로 동시에 같은 방향으로 출발했을 때, 기차 A가 기차 B를 추월하기 위해서는 150m를 더 가야 한다.
- 기차 A, B를 m/s에 맞추어 계산하면 아래와 같다.

  기차 A : 속력이 90km(= 90,000m)이므로 $\frac{90,000m}{3600s}=25m/s$가 된다.

  기차 B : 속력이 144km(= 144,000m)이므로 $\frac{144,000m}{3600s}=40m/s$가 된다.

  따라서 기차A와 기차B의 속력의 차가 1초당 15m씩 차이가 난다.
- 속력이 느린 기차 A는 15m씩 10초를 이동하게 되면 150m가 되어 기차 B를 추월하게 된다.

**12 ⑤** 피들형

- 40명 이상 50명 미만에서 면접 그룹을 나누는 기준으로 공통이 되는 수를 찾아보자.
- 3명씩 나누면 1명이 남고, 4명씩 나누면 2명이 남고, 6명씩 나누면 4명이

남으므로 3, 4, 6의 공배수에서도 2가 부족하다는 걸 알 수 있다.

- 따라서 3, 4, 6의 공배수인 12에서 40명 이상 50명 미만에 해당하는 수는 48명이 된다. 48명에서 2명이 부족하게 되므로 46명이 된다는 것을 알 수 있다.
- 46을 7명으로 나누면 6그룹으로 나뉘고 4명이 남게 된다. 따라서 남은 면접자는 4명이 된다.

**13 ②** 피셋형

유치원 학급당 학생 수가 세 번째로 높은 행정구역은 울산광역시이고, 고등학교 학급당 학생 수가 세 번째로 낮은 행정구역은 부산광역시다.

**오답 피하기**

① 표에서 확인할 수 있다.
③ 편성 학습 수가 동일한 경우 학급당 학생 수는 재적 학생 수에 비례한다. 따라서, 대구광역시와 인천광역시의 학급당 학생 수를 비교하면 대구광역시가 많으므로 인천광역시보다 많다.
④ 부산과 대구광역시는 초등학교 학생 수가 고등학교 학생 수보다 많다.
⑤ '편성 학급 수 = 재적 학생 수 ÷ 학급당 학생 수'이므로 25,000 ÷ 20.44 ≒ 1,223이 계산되고 1,200개 이상이다.

**14 ①** 피셋형

재적 학생 수를 $x$라 할 때, 전라북도의 학급당 학생 수가 22.9명이므로 $22.9 = x \div 1{,}500$이므로 $x = 1{,}500 \times 22.9$이다. 따라서 재적 학생 수는 34,350명이다.

**15 ②** 피셋형

2023년 자격증 A에 응시한 직원의 수가 2020년 대비 94명 늘었고, 2023년 자격증 D에 응시한 직원의 수는 99명이다. 따라서, 2023년 자격증 D에 응시한 직원의 수가 더 많다.

**오답 피하기**

① 자격증 시험 응시 지원 제도 운영 현황에서 자격증 A의 인원이 가장 많으므로 비중이 가장 크다.
③ 2019년 대비 2021년 자격증 E 응시 인원의 증가량은 17−12=5이고, 2023년 전년 대비 증가한 인원은 29 − 18=11이므로 2배 미만이다.
④ 전년 대비 2022년 자격증 시험 응시 지원 제도 인원이 증가한 항목의 증가율은 다음과 같다.

| | 2021년 | 2022년 | 증가율 |
|---|---|---|---|
| 자격증 A | 589 | 618 | $\frac{618-589}{589} \times 100 ≒ 4.92\%$ |
| 자격증 B | 109 | 119 | $\frac{119-109}{109} \times 100 ≒ 9.17\%$ |
| 자격증 D | 82 | 117 | $\frac{117-82}{82} \times 100 ≒ 42.68\%$ |
| 자격증 E | 17 | 18 | $\frac{18-17}{17} \times 100 ≒ 6.28\%$ |

따라서, 자격증 D의 증가율이 가장 크다.
⑤ 자격증 B와 C에 응시한 인원의 합과 D와 E에 응시한 인원의 합을 비교하면 항상 50% 이하다.

| | 2019년 | 2020년 | 2021년 | 2022년 | 2023년 |
|---|---|---|---|---|---|
| 자격증 B | 126 | 104 | 109 | 119 | 123 |
| 자격증 C | 410 | 384 | 317 | 312 | 316 |
| 합계 | 536 | 488 | 426 | 431 | 439 |
| 자격증 D | 78 | 50 | 82 | 117 | 99 |
| 자격증 E | 12 | 10 | 17 | 18 | 29 |
| 합계 | 90 | 60 | 99 | 135 | 128 |

**16 ④** 피셋형

2019년 자격증 C 대비 자격증 D의 비중과 2021년 대비 2023년 자격증 A 응시 증가율을 구하면 다음과 같다.

- 2019년 자격증 C 대비 자격증 D의 비중 : $\frac{78}{410} \times 100 ≒ 19\%$
- 2021년 대비 2023년 자격증 A 응시 증가율 : $\frac{655 \times 589}{589} \times 100 ≒ 11\%$

**17 ⑤** 모듈형

업무 수행 과정에 따른 문제 유형에는 발생형 문제, 탐색형 문제, 설정형 문제가 있다. 발생형 문제에는 이탈문제와 미달문제가 있고, 탐색형 문제에는 개선 문제와 강화문제가 있으며 설정형 문제에는 개발문제, 달성문제가 있다.

**더 알아보기**

- 기능별 문제 유형 : 제조 문제, 판매 문제, 자금 문제, 인사 문제, 경리 문제, 기술상 문제
- 해결 방법에 따른 문제 유형 : 창의적 문제, 분석적 문제
- 시간에 따른 문제 유형 : 과거 문제, 현재 문제, 미래 문제

**18 ③** 모듈형

㉠은 비교발상법, ㉡은 자유연상법, ㉢은 강제연상법에 대한 설명이다. ㉡ 자유연상법은 어떤 생각에서 다른 생각을 계속해서 떠올리는 작용을 통해 어떤 주제에서 생각나는 것을 계속해서 열거해 나가는 발산적 사고 중 하나의 방법이고 브레인스토밍이 가장 대표적인 방법이다.

**오답 피하기**

① 대상과 비슷한 것을 찾아내 그것을 힌트로 새로운 아이디어 등을 생각하는 것은 비교발상법의 대표적인 방법인 NM법에 대한 설명이다.
② 브레인스토밍은 자유연상법의 대표적인 방법이고, 비교발상법의 대표적인 방법은 NM법, 시네틱스 등이다.
④ 자유발상법의 대표적인 방법은 미국의 알렉스 오즈번이 고안한 브레인스토밍이다.
⑤ 브레인스토밍은 ㉡의 가장 대표적인 방법으로 질보다는 양이 중요하고 모든 발언을 기록해야 한다. 강제연상법의 대표적인 방법은 체크리스트이다.

**19 ②** 모듈형

문제 및 장애요소를 해결하기 위해 구체적인 행동으로 연계될 수 있는 방안을 찾아내는 능력을 말한다. 문제해결도 절차를 따라 진행하면 더욱 효과적으로 처리할 수 있다. 문제 해결 절차는 문제 인식 → 문제 도출 → 원인 분석 → 해결안 개발 → 실행 및 평가 순이 가장 효율적이다.

**20 ②** 피셋형

주어진 전제를 기호화하고, 연결하여 정답을 찾는다.
1단계 : 주어진 4개의 전제를 간단히 기호화한다.

- 성실함 → 일 잘함
- 책임감 → 성실
- 일 잘함 → 높은 성과
- 높은 성과 → 좋은 인사 평가

2단계 : 연결하여 정리한다.

- 책임감 → 성실함 → 일 잘함 → 높은 성과 → 좋은 인사 평가

3단계 : 틀린 것을 찾는 문제이므로 역방향을 찾는다. 즉, 좋은 인사 평가 → ???이 무조건 답에 해당한다.

**21 ①** 피셋형

최근에 출장을 다녀온 사람 A, B, D 중에서 D는 해외를 나가본 적이 없기 때문에 제외된다. 그럼 A, B 중 영국에 다녀온 적이 있는 사람은 A이며, A는 출장 이외엔 해외에 나간 적이 없으므로 영국에 출장을 다녀온 사람은 A다.

**22 ③** 피듈형

유통 문화 혁신팀 〉 전략 채널팀, 전략 채널팀 〉 유통 기획팀 순으로 규모가 크기 때문에 가장 규모가 큰 팀은 유통 문화 혁신팀이고 그 다음이 전략 채널팀, 가장 작은 규모의 팀은 유통 기획팀이다.

**23 ③** 모듈형

주어진 명제를 봤을 때 항상 참인 것은 '일본 주재원 대상이 될 수 없는 사람은 JLPT 1N 미만이다'이므로 ㄷ이 답이 된다.

오답 피하기

ㄱ. 일본 주재원 대상 가능 여부가 JLPT 1N 이상으로 판가름이 나는 것이 아니고 조건 중 하나이기 때문에 무조건 참이라고 할 수 없다.

ㄴ. 경우에는 일본 주재원이 2N 이상이 되어야 한다는 것이 참이 아니다. 1N 이상부터 대상이 되는 것이므로 참이라고 할 수 없다.

**24 ⑤** 피셋형

현재 상태에서 점수를 계산하고 여기에 각 비중치 퍼센트를 곱해서 총 점수를 산출할 수 있다.

| 구간별 점수 | 광고 시안 평가 | 입찰 가격 | 투입 인력 수 | 유사 실적 건수 |
|---|---|---|---|---|
| A대행사 | 100점 | 60점 | 100점 | 70점 |
| B대행사 | 90점 | 70점 | 90점 | 80점 |
| C대행사 | 80점 | 80점 | 80점 | 90점 |
| D대행사 | 70점 | 90점 | 70점 | 100점 |

| 비중치로 산출 | ×0.4 | ×0.3 | ×0.2 | ×0.1 | 총 점수 |
|---|---|---|---|---|---|
| A대행사 | 40 | 18 | 20 | 7 | 85 |
| B대행사 | 36 | 21 | 18 | 8 | 83 |
| C대행사 | 32 | 24 | 16 | 9 | 81 |
| D대행사 | 28 | 27 | 14 | 10 | 79 |

⑤ B대행사가 투입인력을 2명 늘리면 100점*0.2=20점으로 총점은 85점이 되는데 이는 A대행사와 동점이지만, 동점 처리 규정에 의해 광고시안 점수가 A대행사가 B대행사보다 높기 때문에 우선 협상 대상자는 A대행사이다.

오답 피하기

① 현재의 조건에서 A대행사가 85점으로 가장 높다.

② B대행사의 입찰 가격을 2,000만 원 낮추면 80점*0.3=24점으로 총점은 86점이 되어 가장 높아진다.

③ C대행사의 투입 인력을 2명 늘리면 90점*0.2=18점으로 총점은 83점이기 때문에 여전히 우선 협상 대상자가 되지 못한다.

④ D대행사가 광고시안 점수를 10점 높이면 80점*0.4=32점으로 총점은 83점으로 여전히 우선 협상 대상자가 되지 못한다.

**25 ④** 모듈형

예산관리에 차질이 없도록 집행하기 위해서는 모두에게 예산을 지급하는 것이 아니라, 예산 계획부터 예산의 우선순위의 따라 적절하게 배정하는 것이 중요하다.

**26 ②** 피듈형

강사별 내부 강의가 있는 날은 ×로 표기하면 아래와 같다.

| [강사 2명 필요] | 10일(월) [강원] | 11일(화) | 12일(수) | 13일(목) | 14일(금) |
|---|---|---|---|---|---|
| 송 강사 | | | × | | × |
| 정 강사 | × | | | | |
| 강 강사 | | × | | × | |
| 우 강사 | × | × | | | |

| [강사 2명 필요] | 17일(월) | 18일(화) [대전] | 19일(수) [제주] | 20일(목) | 21일(금) [부산] |
|---|---|---|---|---|---|
| 송 강사 | | × | | × | × |
| 정 강사 | × | | | × | |
| 강 강사 | | × | | | × |
| 우 강사 | | | × | | |

위 일정에 따라 ×를 제외한 가능한 강사별로 외부 강의 일정을 2명씩 확정할 수 있다.

- 10일 강원 : 송 강사, 강 강사(진행 확정)
- 18일 대전 : 정 강사 우 강사(진행 확정)
- 21일 부산 : 정 강사, 우 강사(진행 확정)
- 19일 제주 : 송 강사, 강 강사(정 강사도 내부 강의는 없지만 외부 강의는 2개를 해야 하므로 정강사는 진행할 수 없다. 따라서 강 강사와 송 강사가 진행한다.)

**27 ②** 피듈형

우선 3일 이내 제작이 완료가 되어야 하므로 제작에 4일이 소요되는 나 업체는 제외된다. 나머지 3개의 업체의 제본비용과 기타비용을 고려하여 계산하면 아래와 같다.

| | 제본비용(단면) | 기타 비용 | 할인 |
|---|---|---|---|
| 가 | 흑백 : 40원 × 60 = 2,400원<br>컬러 : 100원 × 30 = 3,000원 | 배송비 : 4,000원 | × |
| | ∴ 5,400원 × 100 + 4,000원 = 544,000원 | | |
| 다 | 흑백 : 30원 × 60 = 1,800원<br>컬러 : 150원 × 30 = 4,500원 | 디자인 비용 : 30,000원 | 10% |
| | ∴ 6,300원 × 100 × 0.9 + 30,000원 = 597,000원 | | |
| 라 | 흑백 : 35원 × 60 = 2,100원<br>컬러 : 120원 × 30 = 3,600원 | 디자인 비용 : 35,000원<br>배송비 : 5,000원 | 10% |
| | ∴ 5,700원 × 100 × 0.9 + 40,000원 = 553,000원 | | |

따라서 업체와 제작 비용이 바르게 연결된 것은 가 업체 544,000원이 된다.

**28 ⑤** 피듈형

급여 지급 방법에 따른 급여 계산 방법은 '급여 = 직급 수당 + 식대 + (통상 시급 × 8시간 × 통상 근무일 수) + (통상 시급 × 1.5 × 휴일 근로 시간 + 연장 근로 시간)'이 된다.

| 직원 | 급여 계산 |
|---|---|
| 가 부장 | 100,000 + 160,000 + (40,000원 × 8시간 × 16일) = 5,380,000원 |
| 나 과장 | 70,000 + 160,000 + (20,000원 × 8시간 × 18일) + (20,000원 × 1.5 × 12시간) = 3,470,000원<br>*휴일/연장 근무는 최대 12시간까지 계산된다. |
| 다 대리 | 50,000 + 160,000 + (13,000원 × 8시간 × 19일) + (13,000원 × 1.5 × 12시간) = 2,420,000원 |
| 라 사원 | 20,000 + 160,000 + (10,000원 × 8시간 × 20일) + (10,000원 × 1.5 × 11시간) = 1,945,000원 |

따라서 4명의 직원의 총 급여액은 13,215,000원이다.

**29 ④** 피셋형

서울 본사에서 부산지역본부까지 가장 저렴한 비용인 교통수단은 고속버스이다. 오전 7시에 출발하여 오전 7시 20분에 고속버스터미널에 도착하여, 7

시 20분 출발하는 버스를 타고 이동할 수 있다. 고속버스를 4시간 타고 가면 부산종합터미널에 11시 20분에 도착하고, 터미널에서 부산지역본부까지 20분이 걸리므로 오전 11시 40분에 도착한다.

**30 ①** ············ 피셋형

12시 30분부터 1시간 동안 점심 식사 후 50분 동안 부산지역본부를 둘러보았다. 모든 일정을 마쳤을 때, 오후 2시 20분이었다. 담당자가 송 부장을 역 또는 터미널에 자가용으로 배웅하기로 했으므로 10분 후 14시 30분에 도착한다. 교통수단별 환승 시간을 고려하지 않는다고 하였으므로 가장 빠르게 이용할 수 있는 수단은 14시 30분에 출발하는 기차이다. 서울역에 도착하는 시각은 오후 5시(17시)이고, 서울역에서 본사로 이동하여 도착하는 시각은 오후 5시 40분이다.

**31 ④** ············ 피듈형

가격 30만 원 이하인 제품은 B, C, D이다. 주변 소리 듣기 및 전용 어플 기능이 포함된 제품은 B제품과 D제품이다. 규격과 무게는 모두 조건을 통과하므로, 둘 중에 음악 감상 시간이 상대적으로 긴 제품을 고르면 8시간인 D제품이 적절하다.

**32 ②** ············ 피듈형

액티브 노이즈 캔슬링과 주변 소리 듣기가 가능한 제품은 A, B, E 제품이다. 0.008kg 이하의 제품은 A, B제품이다. 이때, 예산이 400만 원이라고 했으므로 15개를 구매하는 비용이 400만 원보다 적어야 한다. 따라서, B 제품이 가능하며 통화 시간도 A보다 B가 더 길다.

**33 ④** ············ 피듈형

베트남 시장을 대상으로 하고 있다는 점(특정 시장)에서는 집중화이며, 원가 우위를 바탕으로 사업을 전개한다는 측면에서는 원가 우위이다. 원가 우위 요소를 가지고 특정 지역을 공략한다면 원가 집중화 전략이다. 따라서 사례의 경우 원가 집중화 전략이다.

**오답 피하기**

① 차별화 전략 : 생산품이나 서비스를 차별화하여 고객에게 가치가 있고 독특하게 인식되도록 하는 것이다.
② 원가 우위 전략 : 원가 절감을 통해 해당 산업에서 우위를 점한다.
③ 차별적 집중화 전략(차별화+집중화) : 집중화 전략은 전체를 대상으로 하는 것이 아니라 특정 산업이나 고객 혹은 지역을 대상으로 하는 전략이다. 차별화 요소를 가지고 특정 지역을 공략한다면 차별적 집중화 전략이다.
⑤ 차별화 전략+원가 우위 전략 : 글로벌 기업 중에 이 두 가지 전략을 모두 구사하여 경쟁에서 절대적 우위를 점하는 경우도 있다.

**34 ①** ············ 모듈형

가), 나), 다)의 내용은 업무 프로세스 관련 내용이다.

**오답 피하기**

라) 조직 내의 부문 사이에 형성된 관계로 조직 목표를 달성하기 위한 조직 구성원들의 상호작용을 보여주는 것은 조직 구조에 대한 설명이다.
마) 조직의 목표나 전략에 따라 수립되며, 조직 구성원들의 활동 범위를 제약하고 일관성을 부여하는 기능을 하는 것은 규칙과 규정이다.

**35 ①** ············ 피듈형

주어진 규정표를 잘 보고 매칭해보면 어렵지 않게 문제를 풀 수 있다. 국내 출장은 팀장의 승인을 받아야 하므로 강은정 과장은 위임 전결 규정을 잘 적용했다.

**오답 피하기**

- 정성실 : 1천만 원 미만의 비품 구매는 팀장이 아니라 본부장의 승인을 받아야 한다.
- 김다원 : 5천만 원 이상의 예산 집행은 부사장 결재가 아닌 대표에게 승인을 받아야 한다.
- 배미아 : 인턴 등의 직원 채용은 대표에게 승인을 받아야 한다.
- 남경아 : 해외 출장은 본부장의 승인을 받아야 하며 출장 결과 보고서는 팀장에게 결재받아야 한다.
- 김보배 : 본부장급 이상은 해외 출장 승인을 부사장에게 승인받아야 한다.

**36 ④** ············ 피듈형

업무 수행 시트를 작성하는 방법은 간트 차트법, 워크 플로우 시트법, 체크 리스트법이 있다 제시된 것 중 A형은 체크 리스트법이다. B형은 간트 차트법이다. 3가지 방법에 대한 각각의 특징에 대해 잘 구분해서 정리할 필요가 있다. (가), (나)의 내용은 체크 리스트법에 관한 것이며, (바), (사)는 간트 차트법에 대한 내용이다.

**오답 피하기**

- (다)는 간트 차트에 대한 설명이다. 간트 차트는 엑셀 등의 프로그램으로 단계별 시작일과 종료일을 기입하면 쉽게 만들어 사용 가능하다.
- (라), (마)는 워크 플로우 시트에 대한 설명이다. 워크 플로우 시트는 사용하는 도형을 다르게 표현함으로써 주된 작업과 부차적인 작업, 혼자 처리할 수 있는 일과 다른 사람의 협조를 필요로 하는 일, 주의해야 할 일, 컴퓨터 같은 도구를 사용해서 할 일 등을 구분해서 표현 가능하기 때문에 일의 흐름을 동적으로 보여 주는 데 효과적이다.

**37 ④** ············ 피듈형

업무 분장표를 잘 보고 각 내용이 맞는지를 매칭하면 쉽게 풀 수 있다. 입문 교육은 인사팀 소관이므로 후배 교육을 총무팀이 한다고한 나영은 틀렸다. 또한 판매원가와 가격을 조사하고 검토하는 업무는 영업팀 소관이므로 삼식도 틀렸다.

**38 ③** ············ 모듈형

그림의 A 단계는 환경 분석 단계로 내부 환경 및 외부 환경을 분석하는 단계이다. 따라서 회사를 둘러싸고 있는 거시적인 환경을 분석하기 위해 PEST(Political, Economic, Social and Technology) 분석을 실시한 (나)의 활동과, 외부 환경이 주는 기회 요인과 위협 요인을 체계적으로 분석하여 자사 내부의 강점 요소와 약점 요소를 체계적으로 분석하고, 이를 바탕으로 SWOT 매트릭스를 만드는 (다)의 활동이 적절하다.

**오답 피하기**

(가)는 전략목표 설정 단계, (라)는 경영 전략 도출 단계, (마)는 평가 및 피드백 단계에 해당하는 활동이다.

**39 ④** ············ 피듈형

선택 단계는 해결 방안 중 실행 가능한 해결안을 선택하는 것으로 크게 3가지 유형이 있다.

- 의사결정권자 한 사람의 판단에 의한 선택(판단)
- 경영과학 기법과 같은 분석에 의한 선택(분석)
- 이해관계집단의 토의와 교섭에 의한 선택(교섭)

따라서 어느 것이 우수하다고 할 수 없고 상황에 따라 다르다.

**40 ②** ············ 피듈형

조직구조 형태는 크게 기능별 조직 형태와 사업별 조직 형태로 나눌 수 있다. 제시된 조직도 중 A형 조직 형태는 기능별 조직 형태고 B형은 사업별 조직 형태이다.

**오답 피하기**

개별 제품, 서비스, 제품그룹, 주요 프로젝트나 프로그램 등에 따라 조직화된 조직 형태는 B형 사업별 조직 형태이므로 (나)의 설명이 틀렸다.

## 3회 실전 모의고사 p.1-408

| | | | | |
|---|---|---|---|---|
| 01 ④ | 02 ③ | 03 ① | 04 ④ | 05 ③ |
| 06 ⑤ | 07 ④ | 08 ② | 09 ② | 10 ② |
| 11 ④ | 12 ② | 13 ② | 14 ⑤ | 15 ④ |
| 16 ⑤ | 17 ④ | 18 ③ | 19 ① | 20 ③ |
| 21 ① | 22 ③ | 23 ② | 24 ③ | 25 ④ |
| 26 ② | 27 ③ | 28 ④ | 29 ④ | 30 ④ |
| 31 ② | 32 ③ | 33 ⑤ | 34 ④ | 35 ⑤ |
| 36 ④ | 37 ③ | 38 ② | 39 ⑤ | 40 ④ |
| 41 ⑤ | 42 ③ | 43 ④ | 44 ⑤ | 45 ④ |
| 46 ③ | 47 ⑤ | 48 ③ | 49 ① | 50 ⑤ |

### 01 ④ ······ 모듈형

항목의 표시 순서는 1. – 가. – 1) – 가) – (1) – (가) – ① – ㉮ 순서대로 작성하며 순서를 바꾸지 아니한다.

더 알아보기

**공문서 작성 시 항목의 표시**

- 첫째 항목기호는 왼쪽 처음부터 띄어쓰기 없이 바로 시작한다.
- 둘째 항목부터는 상위 항목 위치에서 오른쪽으로 2타씩 옮겨 시작한다.
- 항목이 두 줄 이상인 경우에는 항목 내용의 첫 글자에 맞추어 정렬한다.
- 항목기호와 그 항목의 내용 사이에는 1타를 띄운다.
- 항목이 하나만 있는 경우 항목기호를 부여하지 아니한다.

### 02 ③ ······ 피듈형

문서이해절차에서 6단계를 찾는 문제이다. 6단계는 상대방의 의도를 도표나 그림 등으로 메모하여 요약, 정리해보는 절차로 단체 예약을 위하여 참석자 명단을 표, 그림 등으로 정리하는 과정이 옳다.

더 알아보기

**문서이해절차 6단계**

1. 문서의 목적을 이해하기
2. 이러한 문서가 작성하게 된 배경과 주제를 파악하기
3. 문서의 정보를 밝혀내고 문서가 제시하고 있는 현안 문제를 파악하기
4. 상대방의 욕구와 의도 및 내게 요구되는 행동에 관한 내용을 분석하기
5. 문서에서 이해한 목적 달성을 위해 취해야 할 행동을 생각하고 결정하기
6. 상대방의 의도를 도표나 그림 등으로 메모하여 요약, 정리해보기

오답 피하기

① 문서에 담긴 내용, 정보를 밝혀내는 과정은 3단계에 해당한다.
② 안내문의 작성 배경과 주제를 파악하는 2단계에 해당한다.
④ 예약 안내문이라는 문서의 종류(문서의 목적)를 이해하는 절차는 1단계이다.
⑤ 단체 예약은 20명부터 결제 없이 가능하다고 하였기에, 18명을 예약할 때는 결제가 필요한지 문의를 해보는 것은 문서에서 이해한 목적 달성을 위해 취해야 할 행동을 생각하고 결정하는 5단계이다.

### 03 ① ······ 피셋형

첫 문단에서도 배출권 거래제의 목적이 온실가스의 감축 활동을 유도임을 설명하고 있고, 마지막 문단에서도 사업체의 배출권 거래는 온실가스 감축 활동을 유도하기 위함이고 기후변화에 대응을 위한 것이라고 설명하고 있다.

오답 피하기

② 마지막 문단에서 검증, 보고에 대한 내용이 언급이 되었으나 적합성 평가 및 인증에 관한 내용은 없다.
③ 사업체 간의 자유로운 배출권 거래에 관하여 많은 내용을 담고 있고 주요 내용이 될 수 있으나 이러한 자유로운 거래는 온실가스 감축 활동을 유도하기 위한 활동이다. 또한, 계획 기간 등과 같은 내용을 포함하여야 하므로 주제로 적절하지 않다.
④ 마지막 문단에서 계획 기간별 운영에 관하여 설명하고 있으나 글 전체의 주제로는 적절하지 않다.
⑤ 공정한 배출권 할당에 대한 내용보다는 자유로운 배출권 거래에 대하여 설명하고 있으며 비용 절감이 글의 전체를 담는 주제가 될 수 없다.

### 04 ④ ······ 피셋형

제1 주신호등은 교차로를 건너기 전 정지선 부근에 설치한다. 정지선과 횡단보도 사이에 설치하는 것이 원칙이지만 부득이한 경우 최대한 교차도로의 가상 연장선까지의 범위 내에 설치해야 한다.

오답 피하기

① 신호등은 진행 · 정지 · 방향전환 · 주의 등의 신호를 표시함으로써 여러 교통류에게 우선권을 할당하는 기능을 한다. 그러므로 접근로상의 모든 교통류에게 잘 보이도록 설치하여야 한다.
② 교차로 접근 차량이 정지선에 도달하기까지 주행속도에 따른 신호등 최소 가시거리는 기준값 이상으로 하는 것이 좋다.
③ 신호등은 운전자가 교차로 내 혹은 횡단보도 내의 보행자 및 다른 교통의 움직임을 보고 적절하게 상황을 판단하고 안전하게 운행할 수 있도록 설치되어야 한다. 또한, 운전자가 진행할 방향을 혼동하여 다른 방향으로 진입하지 않도록 교차로 건너편의 진출부를 쉽게 찾을 수 있도록 설치되어야 한다.
⑤ 속도에 따른 시인 거리를 고려하고, 운전자가 지속적으로 정지해야 할 지점을 볼 수 있도록 설치하여야 한다.

### 05 ③ ······ 피셋형

빈칸의 주변 글을 읽어보면, 빈칸 앞 부분은 한국경제는 자본집약적이고 기술집약적인 고기술 제조업 중심으로 산업구조의 고도화가 진행되어 경제 전체의 생산성을 높이고 해외 시장에서의 경쟁력을 높였다고 장점을 설명하고 있다. 빈칸 뒤에는 고용창출의 측면에서 보면 고기술 제조업의 노동집약도가 낮아 고용 창출이 크지 않다고 단점을 설명하고 있다. 따라서 앞뒤의 관계가 상반되거나 부정하는 내용으로 이어주는 역접관계 접속어 '그러나' 가 필요하다. (그러나, 하지만, 그렇다고 하더라도 등)

### 06 ⑤ ······ 피듈형

일을 완성했다는 조건을 1로 두고, A, B, C가 각각 일하는 양을 a, b, c라고 하면 일하는 양을 모두 더했을 때 일을 완성한다는 전제로 식을 세우면 아래와 같다.

$2(a+b+c)=1$

$4(a+b)=1$

$3(b+c)=1$

3번째 식을 1번째 식에 대입하면 $2(a+\frac{1}{3})=1$

$a+\frac{1}{3}=\frac{1}{2}$

$a=\frac{1}{6}$

2번째 식에 a값을 대입하면 $4(\frac{1}{6}+b)=1$

$\frac{1}{6}+b=\frac{1}{4}$

$b=\frac{1}{12}$

3번째 식에 b의 값을 대입하면 $3(\frac{1}{12}+c)=1$

$\frac{1}{12}+c=\frac{1}{3}$

$c=\frac{1}{4}$

따라서 A와 C가 함께 일을 하는데 걸리는 시간을 계산하면

$a+c=\frac{1}{6}+\frac{1}{4}=\frac{2+3}{12}=\frac{5}{12}$

$\frac{5}{12}\times x=1$

$x=\frac{12}{5}=2\frac{2}{5}$=2시간 24분

## 07 ④ 피듈형

조건을 이용하여 순서대로 구해보자.

i ) 10개의 공에서 4개를 고를 수 있는 경우의 수는 :

$_{10}C_4=\frac{10\times9\times8\times7}{4\times3\times2\times1}=210$가지

ii ) 서로 다른 색의 공을 고를 수 있는 경우의 수는 : $2\times3\times4\times1=24$가지

$\therefore \frac{24}{210}=\frac{4}{35}$가 되는 것을 알 수 있다.

## 08 ② 피셋형

교원 1인당 학생 수가 14명 이상 15명 미만인 지역은 인천, 경기, 충남, 충북, 대전, 대구로 총 6곳이다.

**오답 피하기**

① 기준이 다르므로 정확한 교원의 수를 알 수 없다.
③ 교원 1인당 학생 수가 최소인 지역은 10.94인 전남이다.
④ 교원 1인당 학생 수가 최다인 지역은 15.94인 부산이다.
⑤ 대전과 대구의 교원 수가 동일하다고 할 때, 교원 1인당 대전의 수치가 높으므로 대전의 재적 학생 수가 많다고 볼 수 있다.

## 09 ② 피셋형

전체 인원을 알 수 없으므로 여자와 남자의 수로 절대적인 수치 비교는 불가하다.

**오답 피하기**

③ A : 부산광역시 여자의 약간 불만족 비율이므로 100 − (12.6 + 27.7 + 44.8 + 3.1) = 11.8이다.
B : 대전광역시 여자의 약간 만족 비율이므로 100 − (12.1 + 48 + 11.8 + 1.3) = 26.8이다.

④ 시도별 만족 응답 비율은 다음과 같다.

| 행정구역별 | 매우 만족 | 약간 만족 | 계 |
|---|---|---|---|
| 서울특별시 | 15.5 | 30.9 | 46.4 |
| 부산광역시 | 13.5 | 26.6 | 40.1 |
| 대구광역시 | 9.7 | 23.5 | 33.2 |
| 인천광역시 | 14.6 | 27.8 | 42.4 |
| 광주광역시 | 15.5 | 27.9 | 43.4 |
| 대전광역시 | 14.5 | 26.8 | 41.3 |
| 울산광역시 | 11.5 | 29.2 | 40.7 |

따라서, 비율이 가장 낮은 도시는 대구광역시이다.

⑤ 대구광역시의 응답 1순위는 보통, 2순위 약간 만족, 3순위 약간 불만족, 4순위 매우 만족, 5순위 매우 불만족이다. 다른 시도의 순위는 1순위 보통, 2순위 약간 만족, 3순위 매우 만족, 4순위 약간 불만족, 5순위 매우 불만족이다.

## 10 ② 피셋형

구조한 선박의 수가 가장 많았던 해는 2023년이므로 발생 건수 대비 구조 불능 비율은 $\frac{103}{3,588}\times100\fallingdotseq2.87\%$이다.

## 11 ④ 피셋형

원형 탁자 형태의 자리 배치 문제로 6명으로 구성되어 있기 때문에 우선 '맞은편'에 앉은 사람을 중심으로 풀이하면 되는데, 기호화하여 풀거나 직접 원탁 그림을 그리고 조건에 맞게 자리배치를 하면서 풀면 된다. 기호화로 풀이해보면,

- 정치외교학과 학과장의 한 사람 건너뛰어 옆에는 심리학과 학과장이 앉아 있다. = 정치 − ○ − 심리 or 심리 − ○ − 정치
- 인류학과 학과장의 맞은편에는 언론정보학과 학과장이 있다. = 인류 ↔ 언론
- 지리학과 학과장의 오른쪽에 한 사람을 건너뛰면 사회복지학과 학과장이 앉아 있다. = 지리 − ○ − 사회

따라서 인류학과 학과장의 맞은편에 언론정보학과 학과장이 있다고 했으므로, 정치외교학과 학과장의 맞은편에 인류학과 학과장이 온다고 한 ④가 틀렸다.

## 12 ② 피셋형

직장인별로 거짓을 하고 있다고 가정하고 풀이해보면

| | |
|---|---|
| (가) | (가)가 거짓말을 하고 있다면 (가)와 (마), 두 명이 탱고 의상을 입어야 하기 때문에 ⓒ 조건에 어긋난다. 따라서 (가)는 참을 말하고 있다. |
| (나) | (나)의 진술이 거짓이다. |
| (다) | (다)의 말이 거짓이라면 영양사로 근무하는 직장인이 없으므로 ⓑ 조건에 어긋난다. 따라서 (다)의 말은 참이다. |
| (라) | (라)의 말이 거짓일 경우 참여 직장인 5명이 모두 남성이 되므로 ⓐ 조건에 어긋나므로 (라)의 말은 참이다. |
| (마) | (마)의 말이 거짓이라면 탱고 의상을 아무도 입지 않게 되므로 ⓒ 조건에 어긋나므로 (마)의 말은 참이다. |

(나)의 진술이 거짓이므로 그에 따라 각 직장인의 성별, 직업, 댄스 의상이 모두 바르게 짝지어보며 오답을 체크해 나가면 ②가 정답이 된다.

**오답 피하기**

① (가)는 남성 직장인이다.
③ (다)는 룸바 의상을 입어야 한다.
④ (라)는 자이브 의상을 입어야 한다.
⑤ (마)는 탱고 의상을 입어야 한다.

## 13 ② 피듈형

(가) 미국의 게임 이용자 중 50세 이상은 2016년 4,020만 명에서 2019년 5,060만 명으로 약 26% 증가했으므로 1/4이상 증가했다.
(마) 50세 이상 외에 다른 연령층의 응답 비율은 알 수 없다.

**오답 피하기**

(나) 50세 이상이 소셜 네트워크나 광고 등 다양한 채널을 활용한다는 응답과 게임에 지출하는 금액도 늘어났다.
(다) 50세 이상 중에서 2019년 e스포츠 대회에 참가했거나 시청한 경험이 있는 사람은 12%이다.
(라) 월 1회 이상 게임을 한다는 50세 이상 성인의 비율은 증가하였지만, 게임 시간에 대해서는 알 수 없다.

## 14 ⑤ 피셋형

브랜드별 주관적 가치는 (각 속성값 * 가중치)의 총합으로 구한다는 단서 조항을 활용하여 계산한다.

- (가) : $(10*0.2)+(9*0.2)+(10*0.1)+(8*0.1)+(8*0.3)+(9*0.1)=8.9$
- (나) : $(5*0.2)+(8*0.2)+(6*0.1)+(9*0.1)+(10*0.3)+(10*0.1)=8.1$
- (다) : $(6*0.2)+(7*0.2)+(8*0.1)+(7*0.1)+(7*0.3)+(9*0.1)=7.1$

## 15 ④ 피셋형

성실은 속성의 중요도와 함께 긍정적으로 평가된 것을 기반으로 최소한 수용 불가한 브랜드들을 제거해 나가는 방식으로 브랜드를 선택하기로 했다. 브랜드 명성 8점 이하는 최소 수용이 불가능한 기준으로, 브랜드 명성이 5인 C와 6인 D를 제외하고 A, B 구매가 가능하다.

## 16 ⑤ 피셋형

| 항목 | 기본 점수 | 자격증 점수 | 봉사 점수 | 총점 |
|---|---|---|---|---|
| A | 8+10+9+7=34 | 1×3+0.5×1=3.5 | 5 | 34+3.5+5=42.5 |
| B | 10+9+7+10=36 | 1×2+0.5×2=3 | 3 | 36+3+3=42 |
| C | 9+9+9+9=36 | 1×1+0.5×2=2 | 2 | 36+2+2=40 |
| D | 10+8+8+9=35 | 1×2+0.5×2=3 | 5 | 35+3+5=43 |
| E | 8+9+9+9=35 | 1×3+0.5×1=3.5 | 4 | 35+3.5+4=42.5 |

D가 가장 높은 총점으로 우선 채용이 확정되며 A와 E는 동점이므로 기본 점수가 더 높은 E가 채용이 된다. 따라서 채용되는 2명의 지원자는 D와 E이다.

## 17 ④ 피셋형

정 씨가 1년 동안 운영할 경우 순이익이 가장 높은 상가는 C이며 순이익은 78,000,000원이다.

| 상가 | 순이익 |
|---|---|
| A | 100,000 × 90명 − (600만 원 + 120만 원) = 180만 원<br>여기에 × 12개월 = 21,600,000원 |
| B | 100,000 × 130명 − (700만 원 + 50만 원) = 550만 원<br>여기에 × 12개월 = 66,000,000원 |
| C | 100,000 × 120명 − (300만 원 + 250만 원) = 650만 원<br>여기에 × 12개월 = 78,000,000원 |
| D | 100,000 × 110명 − (500만 원 + 100만 원) = 500만 원<br>여기에 × 12개월 = 60,000,000원 |
| E | 100,000 × 100명 − (400만 원 + 150만 원) = 450만 원<br>여기에 × 12개월 = 54,000,000원 |

## 18 ③ 피셋형

투자한 보증금을 가장 빨리 회수하기 위해 회수가 되는 기간을 개월 후로 두고 계산식을 정리해보면 '(매출액 × 개월) − 보증금 − (비용 × 개월) 〉 0'이 된다. 즉, '(매출액 − 비용) × 개월 〉 보증금'이 된다.
이대로 각각 계산해보면, D 상가가 13개월로 가장 빨리 회수가 되는 곳이다.

| 상가 | 회수 시기 |
|---|---|
| A | $9{,}000{,}000x - 50{,}000{,}000 - 7{,}200{,}000x > 0$<br>$1{,}800{,}000x > 50{,}000{,}000$<br>$> 27.78 \quad \therefore x = 28$개월 |
| B | $13{,}000{,}000x - 100{,}000{,}000 - 7{,}500{,}000x > 0$<br>$5{,}500{,}000x > 100{,}000{,}000$<br>$> 18.18 \quad \therefore x = 19$개월 |
| C | $12{,}000{,}000x - 120{,}000{,}000 - 5{,}500{,}000x > 0$<br>$6{,}500{,}000x > 120{,}000{,}000$<br>$> 18.46 \quad \therefore x = 19$개월 |
| D | $11{,}000{,}000x - 60{,}000{,}000 - 6{,}000{,}000x > 0$<br>$5{,}000{,}000x > 60{,}000{,}000$<br>$> 12 \quad \therefore x = 13$개월 |
| E | $10{,}000{,}000x - 70{,}000{,}000 - 5{,}500{,}000x > 0$<br>$4{,}500{,}000x > 70{,}000{,}000$<br>$> 15.56 \quad \therefore x = 16$개월 |

## 19 ① 피들형

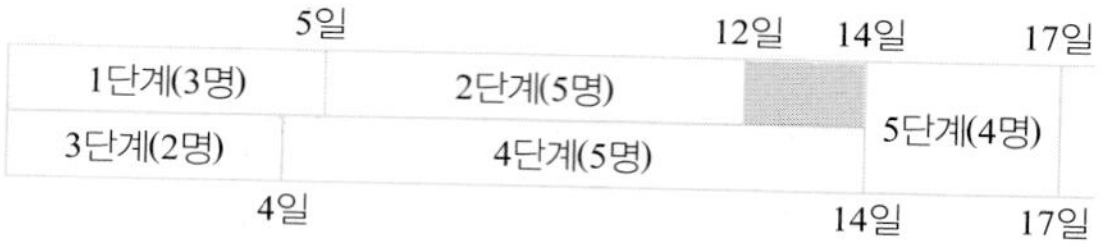


프로젝트의 마무리까지 최소기간은 17일이므로 20일 전에 마무리하기 위해서는 10월 3일에는 2023년 프로젝트를 시작해야 한다.

## 20 ③ 피들형

현재 비품 현황이 3인용 테이블 5개, 의자 15개, 빔프로젝터 1개, 화이트보드 2개, 보드마카 5개이므로 3인용 테이블과 의자를 추가로 주문하면 된다. 테이블은 3인용 기준이므로 25명이 앉기 위해서는 테이블 9개를 주문해야 하고, 의자는 25개 주문해야 한다.

## 21 ① 모듈형

조직 구조를 결정하는 요인은 크게 4가지로 전략, 규모, 기술, 환경이다. (가), (나), (다)는 전략 요인에 대한 내용이다.

**오답 피하기**

- (라), (마) : 기술 요인에 대한 내용이다.
- (바) : 환경 요인에 대한 내용이다.

## 22 ③ 피들형

업무 수행 시트를 작성하는 방법으로 간트 차트법, 워크 플로 시트법, 체크리스트법이 있다. 이들의 특징에 대해 구분해서 정리하고 이해할 필요가 있다. A는 워크 플로 시트법이고 B는 간트 차트법이다. (가), (다)는 워크 플로 시트에 대한 설명이고, (마), (사)는 간트 차트에 대한 설명이다.

**오답 피하기**

(나) : 시간 흐름 표현에는 한계가 있지만, 업무를 세부적으로 나누고 활동별로 기대되는 수준을 달성했는지를 확인하는 데 효과적인 것은 체크리스트이다.
(라) : 업무의 각 단계를 효과적으로 수행했는지를 스스로 점검해 볼 수 있는 방법은 체크리스트이다.
(바) : 작업 진도 도표로 단계별로 업무 시작부터 끝까지 걸리는 시간을 바(Bar) 형식으로 표시한 것은 간트 차트이다.

## 23 ② 모듈형

**오답 피하기**

(가) : 집단 간 경쟁이 일어나면 집단 내부에서는 응집성이 강화되고 집단의 활동이 활발해 질 수도 있다.
(라) : 자율적인 조직이긴 하지만 상호 공동 책임도 중요하다.

## 24 ③ 피들형

국제 비즈니스 예절과 관련해서는 상식적으로라도 알아두면 도움이 된다. 특히 명함 예절은 비즈니스의 기본이다. 명함을 먼저 주고 악수를 하는 것이 아니라 악수를 한 이후에 명함을 교환하는 것이 올바른 비즈니스 예절이다.

## 25 ④ 모듈형

조직을 이끌어 나가는 경영자는 조직의 목적이 얼마나 효과적이고 효율적으로 달성되었는지에 대해 평가를 받게 되는데 이는 전략에 해당하는 것이 아니라 경영 목적에 해당하는 내용이다.

26 ② 피듈형

4단계는 '해결 약속' 단계이다. 더 대기해 달라고 하는 것보다는 고객이 불안을 느낀 상황에 관심과 공감을 보이며, 빠르게 문제 해결을 약속해야 한다.

더 알아보기

**고객 불만 처리 8가지 프로세스**

| | |
|---|---|
| 1단계 : 경청 | • 고객의 항의에 경청하고 끝까지 듣는다.<br>• 선입관을 버리고 문제를 파악한다. |
| 2단계 : 감사와 공감 표시 | • 일부러 시간을 내서 해결의 기회를 준 것에 감사를 표시한다.<br>• 고객의 항의에 공감을 표시한다. |
| 3단계 : 사과 | 고객의 이야기를 듣고 문제점을 인정하며 잘못된 부분을 사과한다. |
| 4단계 : 해결 약속 | 고객이 불만을 느낀 상황에 관심과 공감을 보이며, 문제의 빠른 해결을 약속한다. |
| 5단계 : 정보 파악 | • 문제 해결을 위해 필요한 질문만 하여 정보를 얻는다.<br>• 최선의 해결 방법을 찾기 어려우면 고객에게 어떻게 해주면 만족스러운지 묻는다. |
| 6단계 : 신속 처리 | 잘못된 부분을 신속하게 시정한다. |
| 7단계 : 처리 확인과 사과 | 불만 처리 후 고객에게 처리 결과에 만족하는지를 물어본다. |
| 8단계 : 내부 피드백 | 고객 불만 사례를 회사 및 전 직원에게 알려 다시는 동일한 문제가 발생하지 않도록 한다. |

27 ③ 모듈형

| | | |
|---|---|---|
| [1단계] 협상 전 | ➡ | 협상을 진행하기 위한 준비 단계<br>• 협상 기획 : 협상 과정(준비, 집행, 평가 등)을 계획<br>• 협상 준비 : 목표 설정, 협상 환경 분석, 협상 형태 파악, 협상 팀 선택과 정보 수집, 자기 분석, 상대방 분석, 협상 전략과 전술 수립, 협상 대표 훈련 |
| [2단계] 협상 진행 | ➡ | 협상이 실제로 진행되는 단계<br>• 협상 진행 : 상호인사, 정보교환, 설득, 양보 등 협상 전략과 전술 구사<br>• 협상 종결 : 합의 및 합의문 작성과 교환 |
| [3단계] 협상 후 | ➡ | 합의된 내용을 집행하는 단계<br>• 협의 내용 비준 : 비준<br>• 협의 내용 집행 : 실행<br>• 분석 평가 : 평가와 피드백 |

28 ④ 모듈형

오답 피하기

㉡ 상식에서 벗어난 아이디어를 비판하지 않는다.
㉤ 너무 많은 양의 아이디어를 요구하지 않는다.
㉥ 침묵을 지키는 것을 존중한다.

29 ④ 모듈형

• 의사소통 차원 : 상대방을 설득하기 위한 목적으로 하는 커뮤니케이션
• 갈등 해결 차원 : 대화를 통해서 갈등을 해결하고자 하는 상호작용 과정
• 지식과 노력 차원 : 승진, 돈, 안전, 지위, 명예 등 얻고자 하는 것을 가진 사람의 호의를 얻어내기 위한 것에 관한 지식과 노력
• 의사결정 차원 : 둘 이상의 이해당사자들 모두가 수용 가능한 대안을 찾기 위한 의사결정 과정
• 교섭 차원 : 둘 이상의 당사자가 갈등 상태에 있는 쟁점에 대해 합의를 찾기 위한 과정

30 ④ 피듈형

**리더(Leader)와 관리자(Manager)의 차이**

| 리더(Leader) | 관리자(Manager) |
|---|---|
| • 새로운 상황 창조자<br>• 혁신 지향적<br>• 내일에 초점<br>• 동기 부여<br>• 사람을 중시<br>• 정신적<br>• 계산된 위험(Risk)을 취함<br>• '무엇을 할까'를 생각 | • 상황에 수동적<br>• 유지 지향적<br>• 오늘에 초점<br>• 사람을 관리<br>• 체제나 기구를 중시<br>• 기계적<br>• 위험(Risk)을 회피<br>• '어떻게 할까'를 생각 |

31 ② 모듈형

내부적 벤치마킹은 같은 기업 내의 다른 지역, 타부서, 국가 간의 유사한 활용을 비교 대상으로 하며 자료 수집이 용이하지만, 관점이 제한적일 수 있고 편중된 내부 시각에 대한 우려가 있다.

오답 피하기

① 비교 대상에 따라 내부적 벤치마킹, 경쟁적 벤치마킹, 비경쟁적 벤치마킹, 글로벌 벤치마킹이 있다.
③ 직접 방문하여 수행하며 정확도와 지속가능성이 높은 직접적 벤치마킹이 있다.
④ 비경쟁적 벤치마킹은 혁신적인 아이디어 창출의 가능성이 높다.
⑤ 대상의 적대적인 태도로 인해 자료 수집이 어려운 경쟁적 벤치마킹이 있다.

32 ③ 피셋형

어떤 상품의 사용방법을 설명해 놓은 사용 지침서는 매뉴얼이다.

더 알아보기

지식재산권은 인간의 창조적 활동 또는 경험 등을 통해 창출하거나 발견한 지식 · 정보 · 기술이나 표현, 표시 그 밖에 무형적인 것으로서 재산적 가치가 실현될수 있는 지적 창작물에 부여된 권리를 말한다. 국가 산업발전 및 경쟁력을 결정짓는 '산업자본'이며, 지식재산권을 활용한 다국적 기업화가 이루어지며, 지식재산권에는 산업재산권, 저작권, 신지식재산권이 있다.

33 ⑤ 모듈형

연평균 증가율은 개인(15%)이 법인(13%)보다 더 높은 것으로 나타났다.

34 ④ 모듈형

오답 피하기

① 악취가 나거나 코스를 마친 후에도 물이 남아 있는 경우, 배수관이 막혀 있는지 확인한다.
② 시작이 안될 경우, 전원 플러그가 잘 끼워져 있는지 확인한다.
③ 그릇이 잘 건조되지 않으면, 세제통에 린스량을 확인한다.
⑤ 시작이 안될 경우, 어린이 보호 기능이 실행되어 있는지 확인한다.

**35 ⑤** 모듈형

최대 물 소비량과 최소 물 소비량의 차이는 12.8L이다.

**36 ④** 모듈형

㉣ 현대인들에게 많은 유형으로 자신이 노출되는 것을 꺼리는 숨겨진 자아가 있다.
㉤ 효과적인 의사소통을 위해서는 열린 자아를 넓혀 가야 한다.

더 알아보기

조해리의 창(Johari's Window)은 타인과의 관계 맺음 과정에서 내가 생각하는 나는 어떤 사람인지 그리고 타인에게 나는 어떤 사람으로 인식되는지 알 수 있는 자료로서 열린 자아, 보이지 않는 자아, 숨겨진 자아, 알 수 없는 자아가 있다.

- 열린 자아는 나도 알고 남도 아는 자신의 모습으로서, 서로에게 긍정적인 피드백을 주며, 타인에 대한 관심도가 매우 높은 편이다. 효과적인 의사소통을 위해서는 이 영역을 넓혀 가야 한다.
- 보이지 않는 자아는 나는 모르지만 타인이 아는 자신의 모습으로서, 상대가 자신이 모르고 있는 긍정적인 부분을 발견하여 피드백을 해주면 기쁨이 생기고 타인에게 감사와 존경이 생긴다.
- 숨겨진 자아는 자신은 알지만 타인은 모르는 비밀스러운 자신만의 영역으로 현대인들에게 많이 있는 유형이며, 대인관계에 있어서 적극적으로 소통하며 교류하는 기회가 적다.
- 알 수 없는 자아는 무의식의 영역으로 소통을 거부하여 대인관계에서 갈등의 소지가 가장 큰 영역이다.

**37 ③** 모듈형

문제가 있을 때 창의적인 방법보다는 습관적으로 해오던 옛 방식으로 문제를 처리하는 것은 업무수행성과 향상 방법으로 적합하지 않다.

더 알아보기

**업무수행성과 향상 방법**

- 일을 미루지 않기
- 업무를 한꺼번에 처리하기
- 다른 사람과 다른 창의적인 방식으로 처리하기
- 회사와 팀의 업무 지침 따르기
- 역할 모델 선정하기

**38 ②** 모듈형

차별화된 명함으로 다른 사람에게 자신을 알릴 수 있다.

더 알아보기

**자기브랜드 PR방법**

- 블로그를 이용하라
- 인적 네트워크를 활용하라
- 자신만의 명함을 만들어라
- 경력 포트폴리오를 만들어라

**39 ⑤** 피셋형

일과 생활의 균형에 대한 관심이 높아져 최근 기업에서는 복리후생 제도가 변화, 근로 환경이 개선되고 있다.

더 알아보기

**경력개발의 다양한 이슈**

- 평생학습사회 : 개인이 지속적인 자아실현과 능력개발을 위해 필요한 시대가 되었음
- 투잡스 : 2개 이상의 직업을 가지는 사람
- 청년 실업 : 경기 불황으로 기업들의 신규채용 축소
- 새로운 노동 형태 : 프리랜서, 계약근로자와 같은 독립 근로 형태
- 일과 생활의 균형(WLB)

**40 ④** 모듈형

현재의 경력과 관계없이 다른 직업으로 이동하는 변화가 일어나는 단계는 경력 중기이다.

더 알아보기

**경력 단계**

- 직업 선택 : 자신에게 적합한 직업이 무엇인지 탐색하고 필요한 능력을 키우는 단계
- 조직 입사 : 자신이 원하는 분야의 일자리를 얻으며 적합한 직무를 선택하는 단계
- 경력 초기 : 조직의 규칙, 규범, 직무를 배우는 단계
- 경력 중기 : 경력 초기를 재평가하고 생산성을 그대로 유지하는 단계
- 경력 말기 : 지속적으로 열심히 일하고 퇴직을 고려하는 단계

**41 ⑤** 모듈형

감성 인식 기술은 감성 데이터를 수집하여 분석하는 것으로, 사람의 얼굴, 음성, 신체 동작, 생체 신호 등을 통해 객관적인 감성 정보를 수치로 해석하는 기술이다.

오답 피하기

① 빅데이터 : 디지털 환경에서 나타나는 데이터
② 인공지능 : 컴퓨터 스스로 학습하고 판단하며 일하는 시스템
③ 사물인터넷(IoT) : 여러 기기 객체들을 인터넷으로 연결하여 사용하는 기술
④ 자율주행 기술 : 사람이 직접 조작하지 않아도 스스로 판단하여 목적지까지 운전하여 주행을 도와주는 기술

**42 ③** 피셋형

"통신판매"란 우편 · 전기통신, 그 밖에 총리령으로 정하는 방법으로 재화 또는 용역의 판매에 관한 정보를 제공하고 소비자의 청약을 받아 재화 또는 용역을 판매하는 것을 말한다. 다만, 전화 권유 판매는 통신판매의 범위에서 제외된다.

**43 ④** 피셋형

5번째 단락의 '어떤 새로운 데이터가 들어왔을 때 기존에 알고 있던 패턴과 유사한지 비교해 매칭시키는 것이 가능하다.'에서 알 수 있다.

오답 피하기

① 7번째 단락의 '구글포토는 이렇게 모인 ~ 카테고리를 분류해주는 기능이다.'에서 알 수 있다.
② 1번째 단락의 '기계 학습(Machine Learning)은 구글, ~ 투자하고 있는 기술이다.'에서 알 수 있다.
③ 3번째 단락의 '이 점들이 데이터값이다. ~ 패턴을 발견한 것이다.'에서 알 수 있다.
⑤ 4번째 단락의 '첫째는 이 패턴이 ~ '예측'할 수 있다.'에서 알 수 있다.

**44 ⑤** 모듈형

#VALUE!는 수치를 사용해야 하는데 다른 데이터를 입력하거나, 함수의 인수로 잘못된 값을 입력하는 경우 나타난다. 숫자가 필요한 셀에 잘못된 값을 입력하는 경우에는 #NUM!이 나타난다.

**45 ④** 모듈형

동적 정보는 시시각각 변하는 정보이다. 신문, 텔레비전 뉴스는 상황에 따라 변하므로 동적 정보이다. 들어온 정보는 그 자리에서 처리되면 버릴 수 있으며 적절하게 수집, 관리, 활용하는 것이 좋다.

오답 피하기

보존되어 멈추어 있는 정보로서, 잡지, 책에 있는 정보가 정적 정보이다. CD-ROM이나 USB에 수록된 정보도 일정한 형태로 보존되며, 언제든지 재생이 가능하므로 정적 정보에 해당한다.

**46 ③** 모듈형

**직업의 5가지 속성**

- 계속성 : 매일, 매주, 매월 등 주기적으로 일하거나, 계절 또는 명확한 주기 없이도 계속 행해지며, 현재하는 일을 계속할 의지와 가능성이 있어야 한다.
- 경제성 : 경제적 거래 관계가 성립되어야 한다.
- 윤리성 : 비윤리적 영리 행위나 반사회적 활동을 통한 경제적 이윤추구는 직업 활동으로 인정되지 않는다.
- 사회성 : 모든 직업 활동이 사회공동체적 맥락에서 의미 있어야 한다.
- 자발성 : 속박된 상태에서의 제반 활동은 경제성이나 계속성의 여부와 상관없이 직업으로 보지 않는다.

**47 ⑤** 피듈형

고객 접점 서비스는 덧셈의 법칙이 아닌 곱셈의 법칙이 적용되어 고객이 결정적 순간에서 단 한 명의 직원에게 0점의 서비스를 받았다고 느끼면, 모든 서비스를 0점으로 인식하므로 빛나가 잘못 이해하고 있다.

더 알아보기

**곱셈의 법칙**

전체 만족도는 각각의 만족도의 합이 아니라 곱에 의해 결정된다는 법칙으로 모든 접점이 합을 이루어 고객 만족도를 이루는 것이 아니라, 접점 간 곱에 의해 만족도가 형성 된다는 것이다. 단 하나의 접점에서 0점을 받으면 그 기업의 서비스는 곱셈의 법칙에 의해 0점 서비스가 되어 버린다.

**48 ③** 모듈형

오답 피하기

㉡ 특수한 직무 상황에서는 개인적 덕목 차원의 일반적인 상식과 기준으로는 규제할 수 없는 경우가 많다.
㉥ 직업윤리는 개인윤리를 바탕으로 성립되는 규범이지만, 상황에 따라 두 윤리가 충돌하거나 배치되기도 한다.

더 알아보기

**개인윤리와 직업윤리의 조화**

- 업무상 개인의 판단과 행동이 사회적 영향력이 큰 기업시스템을 통하여 다수의 이해관계자와 관련을 맺게 된다.
- 수많은 사람이 관련되어 고도화된 공동의 협력을 요구하므로 맡은 역할에 대한 책임 완수가 필요하며, 정확하고 투명하게 일을 처리해야 한다.
- 규모가 큰 공동의 재산과 정보 등을 개인의 권한 아래에서 위임 또는 관리하므로 높은 윤리의식이 요구된다.
- 직장이라는 특수상황에서 갖는 집단적 인간관계는 가족관계나 개인적 선호에 의한 친분 관계 와는 다른 측면의 배려가 요구된다.
- 기업이 경쟁을 통해 사회적 책임을 다하고 보다 강한 경쟁력을 키우기 위하여 조직원 개개인의 역할과 능력이 경쟁상황에서 꾸준히 향상되도록 해야 한다.
- 특수한 직무 상황에서는 개인적 덕목 차원의 일반적인 상식과 기준으로는 규제할 수 없는 경우가 많다.
- 직업윤리는 개인윤리를 바탕으로 성립되는 규범이지만, 상황에 따라 두 윤리가 충돌하거나 배치되기도 한다.

**49 ①** 피듈형

㉡ 하루에 여러 번 만난 사람, ㉣ 동료, ㉤ 여러 번 마주친 어른이나 상사에게는 15도의 가벼운 인사를 하면 된다.

더 알아보기

인사에는 가벼운 인사(15도), 보통의 인사(30도), 정중한 인사(45도)가 있다. 상황에 따라 올바른 인사 예절을 아래와 같이 나눌 수 있다.

- 가벼운 인사(15도) : 하루에 여러 번 마주친 동료 및 상사, 동료에게 부탁할 때
- 보통의 인사(30도) : 고객을 만날 때, 출장을 마치고 돌아와서 상사에게
- 정중한 인사(45도) : 공식 석상에서 사장님께 처음 인사할 때, 고객에게 감사의 마음을 전할 때

**50 ⑤** 모듈형

직장 내 괴롭힘을 판단하는 요소는 크게 행위자, 피해자, 행위 장소, 행위 요건으로 구분한다.

더 알아보기

**직장 내 괴롭힘 행위 요건**

- 직장에서의 지위 또는 관계 등의 우위를 이용할 것
  - 피해자가 저항 또는 거절하기 어려울 개연성이 높은 상태를 의미합니다. 직급상 지위의 우위뿐만 아니라, 사실상 우위를 점하고 있는 모든 관계가 포함될 수 있습니다. (개인 대 집단, 다수 대 소수, 연령, 학벌, 성별, 출신지역의 우위 등)
  - 직장에서의 지위나 관계 등의 우위를 이용하여 행위한 것이 아니면 직장 내 괴롭힘에 해당하지 않습니다.
- 업무상 적정 범위를 넘는 행위일 것
  - 지시나 주의, 명령행위의 모습이 폭행이나 과도한 폭언을 수반하는 등 사회 통념상 상당성을 결여하였다면 업무상 적정범위를 넘었다고 볼 수 있으므로 직장 내 괴롭힘에 해당합니다.
  - 문제되는 행위 자체가 업무상 필요하다고 볼 여지가 있더라도, 사업장 내 동종 또는 유사업무를 수행하는 근로자에 비하여 합리적 이유 없이 대상 근로자에게 이루어진 것이라면, 사회 통념적으로 상당하지 않은 행위라고 볼 수 있습니다.
- 신체적 · 정신적 고통을 주거나 근무환경을 악화시키는 행위일 것
  - 그 행위로 인하여 피해자가 능력을 발휘하는 데 간과할 수 없을 정도의 지장이 발생하는 경우를 의미합니다.
  - 행위자의 의도가 없었더라도 그 행위로 신체적 · 정신적 고통을 받았거나 근무환경이 악화 되었다면 인정될 수 있습니다.

자격증은
이기적!

이렇게
기막힌
적중률

# NCS직업기초능력평가
# 통합서

## 2권 · 취업공략집

"이" 한 권으로 합격의 "기적"을 경험하세요!

YoungJin.com Y.
영진닷컴

# 차례

▶ 표시된 부분은 동영상 강의가 제공됩니다. 이기적 홈페이지(license.youngjin.com)에 접속하여 시청하세요.

▶ 제공하는 동영상과 PDF 자료는 1판 1쇄 기준 2년간 유효합니다. 단, 출제기준안에 따라 동영상 내용은 변경될 수 있습니다.

## PART 01 빈출 유형 완전 정복



## PART 02 자소서 · 면접 완벽 가이드



구매 인증 PDF

추가 모의고사 PDF
암호 : ncs7691

다 퍼주는 채용정보
이기적 스터디 카페에서 제공

※ **참여 방법 :** '이기적 스터디 카페' 검색 → 이기적 스터디 카페(cafe.naver.com/yjbooks) 접속 → '구매인증 PDF 증정' 게시판 → 구매 인증 → 메일로 자료 받기

PART

# 01

# 빈출 유형 완전 정복

차례

# SECTION 01 의사소통능력 빈출 유형

합격강의

## 독해문제 풀이

독해 유형은 의사소통에서 가장 많이 출제된다. 독해의 유형에는 내용 일치, 내용 추론, 구조와 배열, 글의 중심 내용과 주제, 접속사, 개요의 수정 등이 있으며 최근에는 한 지문에서 독해 문제와 어휘 문제가 함께 많이 출제되고 있다. 독해 문제의 유형과 지문에 따른 문제 풀이 접근 방법을 알아보도록 한다.

**유형 01 내용 일치 유형 접근법**

첫 문장(첫 문단)에서 글의 흐름을 파악하고 선택지를 먼저 보면서 예측을 할 수 있다. 첫 문장과 선택지의 관계에서 부정의 관계인지, 긍정의 관계인지를 확인하거나 5개의 선택지에서 성격이 다른 선택지를 구분한다. 선택지 중에서 답으로 의심되는 것이 있으면 먼저 확인하여 시간을 단축할 수 있다. 선택지에서 특별한 점이 발견되지 않으면 선택지의 핵심 키워드를 파악하고 본문을 문단별로 확인한다.

▶ 내용 일치 문제

### 01 다음 글의 내용과 일치하는 것은?

<1단계> 첫문장 확인 <2단계> 문단별 핵심 키워드 체크

「우리 민족은 일찍부터 원시적 농경으로 토지와 인연을 맺어온 민족이다. 식물의 성장 · 결실이라는 자연의 변화과정을 인간의 힘과 책임으로 재현하는 농경 생활은, 식물 그 자체나 식물의 계절적 순환 또는 식물을 만들어내는 대지, 흙 등을 둘러싸고 여러 가지의 주술적 · 종교적 관념이나 관습 · 행사 등을 발생하게 하였다.」 선택지 ③번

「유목민족 등과 달리 농경 민족에게 흙과 땅은 먹을 것을 제공하는 단순한 농경지로만 인식된 것이 아니다. 그들에게 흙과 땅은 태어난 곳이자 되돌아가야 할 숙명적인 근원지였다. 즉 흙을 일구고 그 흙 속에 식물을 키워 양식을 장만하며, 흙을 이겨 지은 집에서 삶을 살아온 그들에게는 흙과 땅이 가장 크고 유일한 은혜적 존재이고 안식처였다. 설혹 홍수 · 혹한 · 가뭄 등 혹심한 자연의 횡포를 겪어 때로는 헐벗고 굶주리며 살아가게 되어도 그들은 그들을 태어나게 하고 생활의 터전을 주고 또 마지막에는 다시 돌아가야 할 흙과 땅을 순박함과 참됨으로 버리지 않았으며, 인간적인 삶의 아픔을 흙과 땅에 호소하며 살아왔다. 이러한 생각들이 절실한 삶 속에 승화되어 흙과 땅을 수호신적인 존재, 은혜적인 존재, 신앙의 대상으로 섬기는 계기를 낳았다.」 선택지 ④번

(선택지 ⑤번, 선택지 ②번)

「우리 민족에게 흙과 땅은 현실적으로 농토 · 농민생활 · 경제 · 재산 그리고 소유를 의미하였다. 경제활동의 중심이자 생활의 터전이며, 생명이 달려있는 곳이 흙이고 땅이었다고 말할 수 있다. 이러한 까닭에 한치의 땅을 더 얻는다는 것은 곧 재물과 복을 얻는 일이며, 한치의 땅을 잃는다는 것은 삶의 한 부분을, 생명의 한쪽을 잃어버리는 것을 뜻하였다. 비옥하며 넓고 좋은 땅에 대한 희구는 현세적인 일로 끝나는 것이 아니라 내세까지도 연장하려는 집착이 어느 민족보다 강하였다.」

출처 : 한국민족문화대백과사전(흙)

① 우리 민족은 흙에서 자신의 뿌리와 가치관을 찾았다.
② 자연재해로 인한 피해로 생활의 터전을 잃게 되었고 새로운 곳으로 이동하게 되었다.
③ 흙과 땅은 우리 민족에게 먹을 것을 제공하는 농경지로만 인식되었다.
④ 흙과 땅은 정신적인 영향보다 경제활동의 영향이 더 컸다.
⑤ 숙명적인 근원지로 다시 돌아갈 수 있는 안식처였다.

<3단계>
선택지 핵심 키워드 확인

해설

두 번째 문단에서 흙과 땅은 태어난 곳이자 되돌아가야 할 숙명적인 근원지였고, 문단 마지막에서 이러한 흙과 땅을 순박함과 참됨으로 버리지 않았다고 하였다. 흙과 땅은 우리 민족이 정신적으로 의지하는 수호신적·은혜적·신앙의 존재이고 안식처였다.

더 알기 TIP

## 내용 일치 유형 구체적 접근 방법

| | |
|---|---|
| 1단계<br>제목 또는 첫 문장 확인 | 첫 문장으로 글의 맥락과 방향성을 알고 어떤 내용의 글인지 인지할 수 있다.<br>'우리 민족은 일찍부터 원시적 농경으로 토지와 인연을 맺어온 민족이다.' |
| 2단계<br>문단별 핵심 키워드 확인 | 문단별로 구분 지어 문단별 핵심 키워드를 찾고 문단별 중심 내용을 파악한다.<br>중요 단어를 체크를 하여 위치를 기억한다. |
| 3단계<br>선택지 확인 1 | 핵심 키워드 위주로 선택지를 빠르게 확인한다. 2단계에서 확인했던 위치를 찾아낼 수 있다.<br>① 흙, 뿌리와 가치관<br>② 자연재해, 피해, 잃게, 새로운, 이동<br>③ 농경지로만<br>④ 정신적인 영향보다, 경제활동<br>⑤ 숙명적인, 근원지, 안식처<br>(* 선택지별 핵심 키워드는 사람마다 어느 정도 다를 수 있다.) |
| 선택지 확인 2 | 글의 첫 문장을 연결하여 선택지의 성격을 파악할 수 있거나 분류할 수 있다.<br>우리 민족과 토지와의 인연에 대한 글이며, 첫 문장에서 우리 민족과 토지의 관계가 부정적인지, 긍정적인지를 인지한다. 방향성이 부합한 선택지와 그렇지 않은 선택지를 미리 구분하고, 제시문에서 선택지 ①, ⑤를 먼저 확인 과정을 거친다. 정답일 확률이 높고 시간을 단축할 수 있다.<br>– 첫 문장의 내용과 부합하는 선택지 ①, ⑤<br>– 첫 문장의 내용과 부합하지 않은 선택지 ②, ③, ④<br>– 선택지 ③의 '~만, 반드시, 꼭, 해야만 한다' 등은 오답일 확률이 높다. |
| 4단계<br>본문 확인<br>(오답 확인) | 선택지의 핵심 키워드(핵심 단어, 또는 핵심 단어가 포함된 핵심 문장) 위주로 본문 내용을 확인한다.<br>문단별로 핵심 키워드를 찾아서 선택지와 관련된 내용의 위치를 확인할 수 있다.<br>오답 피하기<br>① 자신의 뿌리와 가치관에 관한 내용은 본문에서 알 수 없다.<br>② 두 번째 문단 중간에서 설혹 홍수 · 혹한 · 가뭄 등 혹심한 자연의 횡포를 겪어 때로는 헐벗고 굶주리며 살아가게 되어도 마지막에는 다시 돌아가야 할 흙과 땅을 순박함과 참됨으로 버리지 않았고 흙과 땅에 의지하며 살아왔다.<br>③ 두 번째 첫 문장에서 '단순한 농경지로만 인식된 것이 아니다.<br>'농경지로만', '~만', '반드시', '꼭', '해야만 한다' 등은 오답일 확률이 높다.<br>④ 두 번째 문단은 흙과 땅을 수호신적인 존재, 신앙의 대상으로 섬기는 정신적인 영향에 대한 글이고 세 번째 문단은 농토나 재산 소유의 의미로 경제활동의 중심적인 역할에 대한 글이다. 어느 것이 영향이 더 큰지는 알 수 없다. |

유형 02

**내용 불일치 유형 접근법**

내용 일치 유형 01과 유사하지만, 첫 문장(첫 문단)의 주변에서 주제와 구조가 파악되는 유형이다. 글의 구조를 확인할 수 있는 문장을 활용하여 쉽게 위치를 파악하고, 선택지와 비교하며 오답을 소거한다. 첫 문장과 부합하는지 선택지를 분류하고 선택지 중에서 답으로 의심되는 것이 있는 경우, 먼저 확인하여 시간을 단축할 수 있다. 이때, 첫 문장과 부합하거나 부합하지 않은 선택지가 꼭 정답은 아니며 확률이 높다는 정도로 인지해야 한다. 선택지에서 특별한 점이 발견되지 않는 경우는 선택지의 핵심 키워드를 파악하고, 본문을 문단별로 확인한다.

▶ 내용 불일치 문제

## 02 다음 글의 내용과 일치하지 않는 것은?

<1단계> 첫 문장 확인

<2단계> 문단별 핵심 키워드 밑줄 체크

「신 · 재생에너지는 장기적인 선행 투자와 사회적 수용성이 필요한 공공성이 강한 분야로서 정부의 개입과 지원이 필요한 분야이다. 신 · 재생에너지는 아직 미개척분야가 많고 새로운 기술이 개발되고 새로운 사업기회가 창출되고 있기 때문에 투자확대를 위한 민간참여를 유도하기 위해 정부의 선도적 역할이 요구된다. 더 나아가서 최근의 고유가 및 기후변화협약 등으로 신 · 재생에너지가 미래 지속 가능한 에너지 시스템 구축의 한 몫을 담당할 것으로 기대된다.」 (선택지 ①번, 선택지 ③번, 선택지 ④번)

「정부는 분야별로 기술개발 로드맵을 제시하고 기술수준, 성공가능성, 경제적 파급효과 등을 고려하여 추진전략을 차별화하여 기술개발을 추진하고 있다. 특히 산업적 파급효과가 큰 수소 · 연료전지, 태양광, 풍력, 석탄 IGCC를 4대 핵심 분야로 선정하여 별도의 사업단을 구성하고 미래 핵심기술 확보를 위한 대형과제 중심으로 기술개발예산의 70% 이상을 투자하고 있다. 이들 중 수소 · 연료전지, 태양광, 풍력 등 보급 잠재량이 큰 3대 분야의 경우 기술 개발 – 실용화 – 보급을 연계한 프로젝트형 사업으로 지속적인 기술개발을 추진하되, 상용화를 촉진시키기 위해서 기술개발 초기부터 기업을 참여시켜 시장수요에 적합한 기술개발을 유도하고 있다.」 (글의 전개 순서 확인)

「수소 · 연료전지 분야는 타 기술 분야에 비하여 기술개발 투자 규모가 크며, 초기시장 창출 및 인프라 구축에도 많은 예산이 소요된다. 또한 아직까지 시장이 형성되어 있지 않아 기술개발 결과의 사업화 가능성이 적으며, 신뢰성 검증이 미흡한 것이 현실이다. 그러나 차세대 성장동력산업으로서 연료전지의 무한한 잠재력과 수소경제 마스터플랜과의 연계를 통하여 불리한 현실을 조기에 극복할 것으로 예상하고 있으며, 이를 바탕으로 세계 3위의 연료전지 기술보유국 진입과 세계 일류상품화를 목표로 지속적인 기술개발을 추진하고 있다.」 (선택지 ②번)

「태양광의 경우, 미국, 일본 등 선진국들은 오일쇼크 이후 중장기계획을 수립하여 정부주도로 기술개발 및 보급정책을 병행 추진하고 있다. 우리의 경우 핵심요소기술 및 제품생산능력은 확보하였으나, 생산 공정 단순화 및 대량생산 체제 구축을 통해 경제성 확보가 요구되고 있는 시점에 있다. 특히 우리 기업의 우수한 반도체기술을 기반으로 태양광 분야를 전략적으로 집중적으로 육성하여 수출전략 산업으로 성장시킬 계획이다.」 (선택지 ⑤번)

「풍력의 경우, 국내에 설치되는 풍력발전기는 소형(10kW미만)인 경우 상용화가 가능하나 상업발전용으로 사용되는 중대형 풍력발전기의 경우 전량 외국에서 수입하고 있으며, 국내에서는 타워만 설치하고 있는 실정이다. 이를 개선하고자 750kW급 중형 풍력발전기의 국산화를 추진하여 블레이드, 발전기 등 일부 요소기술의 설계, 제작 능력을 확보하였으며 현재 전체 시스템의 신뢰도 향상을 위한 실증연구를 추진 중에 있다.」

① 기후 문제를 해결하기 위하여 신 · 재생에너지의 지속적인 기술 개발을 추진하고 있다.
② 수소 · 연료전지 분야는 타 기술 분야에 비하여 기술 개발 투자 규모가 크다.
③ 신 · 재생에너지가 미래 지속 가능한 에너지 시스템 구축에 중요한 역할을 할 것이다.
④ 정부의 규제를 완화하여 민간 참여를 높이고 투자를 확대한다.
⑤ 우리 기업의 반도체기술을 전략적으로 활용할 수 있는 분야는 태양광이다.

<3단계>
선택지 핵심 키워드 확인

해설

첫 문단에서 신 · 재생에너지는 장기적인 선행 투자와 사회적 수용성이 필요한 공공성이 강한 분야로서 정부의 개입과 지원이 필요한 분야이며 투자 확대를 위하여 민간참여 유도를 위해 정부의 선도적 역할이 요구된다고 하였지만 정부의 규제를 완화해야 한다는 내용은 확인할 수 없다.

더 알기 TIP

## 내용 불일치 유형 구체적 접근 방법

| | |
|---|---|
| 1단계<br>제목 또는 첫 문장 확인<br>(글의 구조가 파악되는 본문) | '신 · 재생에너지는 장기적인 선행 투자와 사회적 수용성이 필요한 공공성이 강한 분야로서 정부의 개입과 지원이 필요한 분야이다.' 첫 문장 주변 글을 확인하여 '산업적 파급효과가 큰 수소 · 연료전지, 태양광, 풍력, 석탄' 글이 전개됨을 알 수 있다. 이때는 각 문단별로 수소 · 연료전지, 태양광, 풍력 위치를 미리 확인한다. |
| 2단계<br>문단별 핵심 키워드 확인<br>(문단별 중심 문장) | • 문단별로 구분지어 문단별 핵심 키워드를 찾고 문단별 중심 내용을 파악한다.<br>• 중요 단어를 체크하여 위치를 기억한다.<br>• 문단별로 수소 · 연료전지, 태양광, 풍력 순서이며 중심 문장을 찾아 핵심 키워드를 체크한다. |
| 3단계<br>선택지 확인 | • 핵심 키워드 위주로 선택지를 빠르게 확인한다.<br>• 글의 첫 문장을 연결하여 선택지의 성격을 파악할 수 있거나 분류할 수 있다.<br>– 첫 문장의 내용과 부합하는 선택지 ①, ③<br>– 첫 문장의 내용과 부합하지 않거나, 세부적인 내용 확인이 필요한 선택지 ②, ④, ⑤<br>• 선택지 ④, 정부의 개입과 지원이 필요한 것이 정부의 규제 완화의 내용을 포함하고 있는지 세부적 내용 확인이 필요하다.<br>• 선택지를 구분하여 첫 문장과 부합하거나 부합하지 않은 선택지가 꼭 정답이라고 확정하지 않으며, 확률이 높다는 정도로 인지해야 한다. 문제가 되는 선택지를 먼저 본문에서 확인하여 시간을 단축할 수 있다. |
| 4단계<br>본문 확인<br>(오답 확인) | 1단계에서 글의 첫 문장 주변에 글의 구조를 확인하였다. 각 문단별로 수소 · 연료전지, 태양광, 풍력 순서로 전개되었다. 선택지와 관련된 내용의 위치를 확인할 수 있다.<br>오답 피하기<br>① 첫 번째 문단에서 기후변화협약 등으로 신 · 재생에너지가 미래 지속 가능한 에너지 시스템 구축의 한 몫을 담당할 것으로 기대되며 기술개발 추진에 대한 내용은 글의 전체에서 볼 수 있다.<br>② 수소 · 연료전지 분야는 세 번째 문단임을 2단계에서 확인하였고, 타 기술 분야에 비하여 기술 개발 투자 규모가 크다고 첫 번째 문장에 설명하고 있다.<br>③ 첫 번째 문단에서 신 · 재생에너지가 미래 지속 가능한 에너지 시스템 구축의 한 몫을 담당할 것으로 기대된다는 내용을 확인할 수 있다.<br>⑤ 태양광에 관련된 내용은 네 번째 문단임을 2단계에서 확인하였고, 마지막 문장에서 반도체기술로 태양광 산업을 전략적으로 성장시킬 계획임을 볼 수 있다. |

**유형 03**

**직무형 독해(문서이해능력) 접근법**

약관, 상품설명서, 법령, 보고서, 공고문, 보도자료 등의 지문으로 정리가 되어있는 개조식이거나 표가 함께 나오기도 한다. 제목이나 문서의 종류를 먼저 확인한 후, 지문 내의 소제목으로 항목별 위치를 확인하는 것이 중요하다. 선택지를 읽고 필요한 위치만 읽어 답을 찾는다. 이때, 먼저 잘 보이는 숫자, 단위, 영문자 등을 먼저 확인하여 시간을 단축한다. 선택지 핵심 키워드 위주로 위치만 빨리 파악한다면 어렵지 않게 풀 수 있으며, 선택지의 단어를 꼼꼼히 확인할 필요가 더 있다. 보통 본문과 반대되는 단어, 시간이나 날짜, 주어와 목적어를 바꿔 놓은 선택지가 많다. 명확한 정답이 본문에 반드시 존재하므로 단어 위주로 오답을 찾아낸다.

**직무형 독해 문제**

## 03 다음 〈개인정보의 열람 · 정정 · 삭제 요구〉 법령을 근거로 하여 옳은 내용은?

<2단계> 소제목(항목) 위치 확인

〈개인정보의 열람 · 정정 · 삭제 · 정지 요구〉

(가) 개인정보의 열람 요구 <1단계> 글의 제목과 글의 종류 확인(법령)

- 정보 주체는 개인정보 처리자가 처리하는 자신의 개인정보에 대한 열람을 해당 개인정보 처리자에게 요구할 수 있습니다.
- 정보 주체가 자신의 개인정보에 대한 열람을 공공기관에 요구하고자 할 때는 공공기관에 직접 열람을 요구하거나 개인정보보호 위원회를 통하여 열람을 요구할 수 있습니다.
- 정보 주체가 개인정보보호 위원회를 통하여 자신의 개인정보에 대한 열람을 요구하려는 경우에는 열람하려는 사항을 표시한 개인정보 열람요구서를 개인정보보호 위원회에 제출해야 합니다. 선택지 ②번
- 정보 주체는 자신의 개인정보에 대한 열람을 요구하려면 다음의 사항 중 열람하려는 사항을 개인정보 처리자가 마련한 방법과 절차에 따라 요구해야 합니다. 선택지 ⑤번

① 개인정보의 항목 및 내용 ② 개인정보의 수집 · 이용의 목적 ③ 개인정보 보유 및 이용 기간
④ 개인정보의 제3자 제공 현황 ⑤ 개인정보 처리에 동의한 사실 및 내용

(나) 개인정보의 정정 · 삭제 요구

- 자신의 개인정보를 열람한 정보 주체는 개인정보 처리자가 마련한 방법과 절차에 따라 개인정보 처리자에게 그 개인정보의 정정 또는 삭제를 요구할 수 있습니다. 다만, 다른 법령에서 그 개인정보가 수집 대상으로 명시되어 있는 경우에 정보 주체는 그 개인정보의 삭제를 요구할 수 없습니다. 선택지 ①번
이 경우, 개인정보 처리자는 개인정보 정정 · 삭제 요구를 받은 날부터 10일 이내에 개인정보의 정정 · 삭제 등의 조치를 한 경우에는 그 조치를 한 사실을, 개인정보 정정 · 삭제 요구에 따르지 않은 경우에는 그 사실 및 이유와 이의제기방법을 개인정보 정정 · 삭제 결과 통지서로 해당 정보 주체에게 알려야 합니다. 선택지 ④번
- 정보 주체는 개인정보 처리자에게 그 개인정보의 정정 또는 삭제를 요구하려면 개인정보 처리자가 마련한 방법과 절차에 따라 요구해야 합니다.

(다) 개인정보 처리의 정지 요구

- 정보 주체는 개인정보 처리자에 대하여 자신의 개인정보 처리의 정지를 요구할 수 있습니다. 이 경우 공공기관에 대하여는 등록 대상이 되는 개인정보 파일 중 자신의 개인정보에 대한 처리의 정지를 요구할 수 있습니다. 선택지 ③번
- 정보 주체는 개인정보 처리자에게 자신의 개인정보 처리의 정지를 요구하려면 개인정보 처리자가 마련한 방법과 절차에 따라 요구해야 합니다.

※ 정보 주체 : 처리되는 정보에 의하여 알아볼 수 있는 사람으로서 그 정보의 주체가 되는 사람
※ 개인정보 처리자 : 업무를 목적으로 개인정보파일을 운용하기 위하여 스스로 또는 다른 사람을 통하여 개인정보를 처리하는 공공기관, 법인, 단체 및 개인 등

① A는 수집 대상으로 포함되어 있는 자신의 개인정보를 정정 또는 삭제를 요구할 수 있다.
② A가 자신의 개인정보를 공공기관에 열람 요구할 때는 개인정보 열람요구서를 공공기관에 제출해야 한다.
③ 공공기관의 개인정보 파일에서 자신의 개인정보에 대한 처리의 정지를 요구할 수 있다.
④ 정보 주체는 개인정보 처리자가 개인정보의 정정 · 삭제 요구에 따르지 않은 경우에는 10일 이내에 이의제기를 할 수 있다.
⑤ A는 자신의 개인정보에 대한 열람을 요구하려면 정보 주체가 마련한 방법과 절차에 따라야 한다.

<3단계>
선택지의 핵심 키워드 확인

해설

<개인정보 처리의 정지 요구>항목에서 확인할 수 있다. 정보 주체는 개인정보 처리자에게 개인정보 처리의 정지를 요구할 수 있으며 공공기관에 대하여 등록 대상이 되는 개인정보 파일 중 개인정보에 대한 처리의 정지를 요구할 수 있다.

더 알기 TIP

### 직무형 독해(문서이해능력) 구체적 접근 방법

| | |
|---|---|
| **1단계**<br>제목 또는 첫 문장 확인 | 제목 또는 첫 문장 확인으로 글의 목적, 문서의 종류를 파악한다.<br>'개인정보의 열람 · 정정 · 삭제 · 정지 요구' 제목이며 법령이다. |
| **2단계**<br>소제목(항목) 위치 확인 | 열람, 정정 · 삭제, 정지 순서대로 위치를 알 수 있다. |
| **3단계**<br>선택지 확인 | 정리가 된 문서형 지문(개조식)은 선택지의 핵심 키워드를 단어 단위로 체크를 하여 더욱 꼼꼼히 살펴야 한다. 본문의 내용과 단어만 바꿔놓은 경우가 많기 때문이다. 앞뒤의 조건을 바꿔놓거나, 날짜 · 기한, 주어 · 목적어, 또는 2가지 내용을 1가지만 해당하는 선택지가 있다. '다만', '꼭', '반드시' '~만 가능하다' 등의 단어를 유념해서 살핀다. |
| **4단계**<br>본문 확인<br>(오답 확인) | 선택지와 연결하여 본문의 소제목(항목별)의 위치로 필요한 부분을 찾는다.<br>오답 피하기<br>① 〈정정 · 삭제항목에서 확인〉 첫 문장에서 정정 또는 삭제를 요구할 수 있지만, 개인정보가 수집 대상으로 명시된 경우는 삭제를 요구할 수 없다.<br>② 〈열람항목에서 확인〉 정보 주체가 자신의 개인정보에 대한 열람을 공공기관에 요구하고자 할 때에는 2가지 방법이 있다. 공공기관에 직접 열람을 요구하거나 개인정보보호 위원회를 통하여 할 수 있는데, 개인정보보호 위원회를 통하여 자신의 개인정보에 대한 열람을 요구하려는 개인정보 열람 요구서를 개인정보보호 위원회에 제출해야 한다.<br>④ 〈정정 · 삭제항목에서 확인〉 개인정보 처리자는 정정 · 삭제 조치 사실을, 또는 조치 요구를 따르지 않은 경우에도 그 사실을 정보 주체에게 요구를 받은 날로부터 10일 이내에 알려야 한다. 정보 주체가 이의제기를 할 수 있는 날이 10일 이내 임은 확인할 수 없다.<br>⑤ 〈열람항목에서 확인〉 정보 주체는 정보의 주인, 자신을 말한다. A는 정보 주체가 되며 열람을 요구하려면 사항을 개인정보 처리자가 마련한 방법과 절차를 따른다. |

**유형 04**

**주제와 중심내용 찾기 유형 접근법**

주제나 중심문장이 등장할 수 있는 부분을 먼저 확인한다. 문단별 중심내용을 주제로 판단하지 않는다. 주제와 글 전체의 중심문장은 문단별 중심내용을 모두 포함해야 한다. 글의 전체 내용을 포괄하거나 중심 내용이 될 수 있는 가장 적절한 선택지를 고른다.

### 주제와 중심내용 찾기 문제

## 04 다음 글의 주제로 적절한 것은?

<1단계> 주제 확률이 높은 문장

① 첫문장과 마지막 문장 확인
② 접속사 확인
③ 주장, 의견이 있는 문장(필자)
④ 문단별 핵심 키워드

(① 첫문장 확인) 「지방자치는 지방을 단위로 일정 수준에서 국가(중앙정부)의 관여를 받지 않고 자율적인 행정을 수행하는 지방자치의 공통적 속성이 있다. 일반적으로 지방자치는 일정한 지역의 주민들이 지방자치단체를 구성하여 국가의 일정한 감독 아래 그 지역 안의 공동문제를 자기부담에 의하여 스스로 처리하는 것으로 규정되고 있다.」

(③ 문단별 핵심 키워드 밑줄) 「지방자치는 지역주민들이 스스로 자기의 일을 처리하는 것이 원칙이되, 국가와 마찬가지로 개개인에 의하여 실현되는 것이 아니라 집합적으로 지방자치단체라는 기관을 구성하여 처리한다. 또한 지역주민들이 공동으로 처리할 과제들인 자치사무가 있어야 하며, 이러한 자치사무를 국가의 간섭을 받지 않고 지역 주민들이 자기부담을 통해서 스스로의 결정에 따라 처리할 수 있어야 한다. 그러나(② 접속사) 지방자치는 국가가 부여하는 권한의 범위 내에서 운영되는 것이므로 국가 전체의 통합을 위하여 국가의 일정한 감독을 받게 된다.」

「이와 같은 지방자치는 탄생과 발전에 따라서 크게 두 가지 유형으로 구분되고 있다. 하나는 영국과 미국을 중심으로 발전된 주민자치이고, 다른 하나는 독일과 프랑스를 중심으로 발전된 단체자치이다. 주민자치는 영국에서 통일국가가 성립하기 이전부터 각 지방에서 주민이 참여하는 주민총회를 중심으로 자치전통이 수립되었고, 이후 통일국가가 성립된 이후에도 이러한 전통이 인정되면서 지방자치는 자연적이고 천부적인 권리로 인식된 결과이다.」

「이에 비하여 단체자치는 집권국가로서의 전통이 강한 독일과 프랑스에서 주민들의 생활문제와 관련된 해결을 국가로부터 독립적인 인격을 부여받은 지방자치단체가 수행하는 것이 효율적이라는 관점에서 출발한 것으로, 지방자치는 국가에 의하여 부여된 권리로 인식한 것이다. 따라서 주민자치는 지방자치단체와 주민과의 관계에 중점을 두고, 단체자치는 국가와 지방자치단체의 관계에 초점을 둔다. 그러나(② 접속사) 오늘날에는 주민자치와 단체자치가 수렴되어서 대부분의 국가에서 시행하는 지방자치에는 그 특징들이 혼합되어 있다. 우리나라의 지방자치도 다른 나라와 마찬가지로 주민자치와 단체자치의 특성들이 혼합되어 적용되고 있다.」 (① 마지막 문장 확인)

① 지방자치는 국가별 제도의 차이에 따라 다양한 접근이 이루어지고 있다.
② 지방자치가 탄생한 원인은 주민자치와 단체자치에서 보듯이 국가별로 차이가 있다.
③ 지방자치는 자율성과 국가의 권한 내에서 주민자치와 단체자치의 특징들이 혼합되어 있다.
④ 다수의 국가들이 지방자치를 실시하는 것은 다양한 효과 때문이다.
⑤ 지방자치단체의 주민과 국가의 관계에 따라 두 가지 유형으로 구분된다.

<2단계> 선택지 확인

해설

첫 번째 문단에서 지방자치의 자율성과 지방자치는 국가의 일정한 감독 아래 문제를 스스로 처리하며, 마지막 문단과 '그러나' 접속사를 이후의 글에서 우리나라와 대부분의 국가들이 주민자치와 단체자치의 특성들이 혼합되어 적용되고 있음을 알 수 있다.

더 알기 TIP

## 주제와 중심 내용 찾기 유형 구체적 접근 방법

| | |
|---|---|
| **1단계**<br><br>주제 확률이 높은 문장 먼저 보기 | 첫 문장과 마지막 문장을 확인한다.<br>– '지방자치는 지방을 단위로 일정 수준에서 국가(중앙정부)의 관여를 받지 않고 자율적인 행정을 수행하는 지방자치의 공통적 속성이 있다.'<br>– '우리나라의 지방자치도 다른 나라와 마찬가지로 주민자치와 단체자치의 특성들이 혼합되어 적용되고 있다.' |
| | '그러나, 하지만, 그런데, 결국, 요컨대' 등의 접속사가 들어간 문장과 그 주변 문장을 살핀다. '그러나, 하지만' 등의 역접 접속사는 앞의 내용과 전환되어 필자가 말하고자 하는 중심 문장이 담겨 있다. 또한 '따라서, 요컨대, 결국' 등의 접속사는 필자가 전체의 글을 정리하는 부분이다.<br>– 마지막 문장 또는 그 주변 문장에서 '그러나' 접속사를 확인할 수 있다. 우리나라와 대부분의 국가들이 주민자치와 단체자치의 특성들이 혼합되어 적용되고 있으므로 정답이 ③임을 확인할 수 있다. |
| | 필자의 주장이나 의견이 들어간 문장 |
| | 위의 방법으로 주제를 찾기 어려울 때는 첫 문장부터 순서대로 읽되, 핵심 키워드 위주로 빠르게 읽어 중심 문장을 찾는다. 이때는 문단별로 읽으며 문단별 중심 문장을 찾아 전체의 내용을 담고 있는 가장 적절한 선택지를 고른다. |
| **2단계**<br><br>선택지 확인 | 1단계에서 확인된 문장을 바탕으로 선택지에서 모두를 포함할 수 있거나(전체의 내용) 중심이 될 수 있는 가장 적절한 선택지를 찾는다. |
| **3단계**<br><br>문단별 중심 문장으로 추가적인 확인 과정 | 1, 2단계에서 주제가 확인될 확률이 높지만 단락별 중심 문장을 확인하여 주제가 맞는지 추가적인 과정이 필요하다. 이때, 부분(문단, 단락)을 보고 선택지를 고르는 오류가 발생하지 않도록 주의한다. 부분별 중심 문장을 전체의 주제로 판단하기 쉽기 때문이다. 그러므로 문단별 핵심 키워드로 중심문장을 대략적으로 파악한 후, 주제와 가장 가까운 선택지를 고른다.<br><br>– 문단별 중심 내용<br>첫 번째 문단 – 국가의 일정한 감독 아래 자율적으로 행정을 수행하는 지방자치<br>두 번째 문단 – 주민들은 자기부담을 통해 스스로 결정하나 국가통합을 위하여 국가의 일정한 감독을 받음 첫 번째 문단과 같은 내용<br>세 번째 문단 – 탄생과 발전에 따른 주민자치와 단체자치의 두 가지 유형<br>네 번째 문단 – 오늘날의 대부분 국가는 주민자치와 단체자치의 특징이 혼합됨<br><br>오답 피하기<br>① 제도의 차이에 대한 내용은 알 수 없다.<br>② 세 번째 문단에 대한 중심 문장이다. (부분)<br>④ 다양한 효과에 관련된 내용은 본문에서 알 수 없다.<br>⑤ 두 가지 유형, 즉 주민자치와 단체자치에 대한 내용은 세 번째, 네 번째 문단의 내용이다. (부분) |

유형 05 행정안전부에서 제공하는 '공공언어 바로 쓰기'를 참고하여 공문서 작성법과 어법 · 어휘 문제를 대비한다.

| 문장 부호 | 해설 |
|---|---|
| 06. 1 → 06. 1.<br>4. 29 ~ 10. 31 → 4. 29. ~ 10. 31.<br>2013. 6. 27(목) → 2013. 6. 27.(목) | 아라비아 숫자만으로 연월일을 표시할 때 온점(마침표)은 연월일 다음에 모두 사용해야 함 |
| 1950. 7월 ~ 1953. 1월 → 1950. 7. ~ 1953. 1. | '연월일' 표기 시 표기 방식을 통일해야 함 |
| 융복합 → 융 · 복합 | 열거된 단위, 용어가 대등하거나 밀접한 경우 '가운뎃점'을 사용<br>단, 한 단어로 사전에 등재된 말은 가운뎃점을 찍지 않음 예 시도, 내외, 대내외 |
| 시 · 도 부단체장 회의 → 시도 부단체장 회의<br>장 · 차관 → 장차관 | 한 단어로 쓰이는 말은 가운뎃점을 찍지 않음 |
| **띄어쓰기** | **해설** |
| 296억달러 → 296억 달러 / 10만톤 → 10만 톤 | 단위를 나타내는 명사는 앞말과 띄어 씀 예 두 그릇, 집 한 채 |
| 21,345천원 → 2,134만 5천 원 | '천 원' 단위는 일반인이 이해하기 어려우므로 일반적인 숫자 표현(만 단위)으로 고쳐 씀<br>'원'은 단위 명사이므로 띄어 씀 |
| 원장 : 김갑동 → 원장: 김갑동 | 쌍점(:)은 앞말에 붙여 쓰고 뒷말과는 띄어 씀 |
| 행정안전부장관을 → 행정안전부 장관을 | 관직명은 앞말과 띄어 씀 |
| 가야할지 모르겠다. → 가야 할지 모르겠다.<br>자전거열차운행 → 자전거 열차 운행 | 단어 단위로 띄어 쓰는 것이 원칙이므로 각각 다른 단어인 '가야'와 '할지'를 띄어 씀 |
| 기관간 칸막이 → 기관 간 칸막이 | 의존 명사는 앞말과 띄어 쓰며, '간'은 의존 명사이므로 띄어 씀<br>단, 기간을 나타내는 말 뒤에 붙는 '간'은 접미사이므로 붙여 씀<br>예 이틀간, 한 달간 |
| 50여명의 → 50여 명의 | 단위를 나타내는 의존 명사는 앞말과 띄어 쓰나, '여'는 접사이므로 앞말과 붙여 사용 |
| 제 1섹션 → 제1 부문 / 제1부문 | 단위를 나타내는 명사는 띄어 사용해야 하며, 순서를 나타내는 경우나 아라비아 숫자와 함께 쓰이는 경우는 붙여 쓸 수 있음 예 제1 과(원칙), 제1과(허용)<br>외래어 섹션 보다는 순우리말을 사용하는 것이 바람직 |
| 지방공무원 뿐만 아니라 → 지방공무원뿐만 아니라 | '뿐'과 '만'은 조사이므로 앞말과 붙여씀 |
| 그 동안 → 그동안 | '그동안'은 한 단어이므로 붙여 씀 예 이번, 이후, 그중, 지난해, 더욱더 |
| **소통성/용이성** | **해설** |
| 힐링 → 치유 / 인프라 → 기반 시설 | 되도록 이해하기 쉬운 우리말을 사용 예 매뉴얼 → 지침 |
| MOU → 업무협정(MOU)<br>IT기업 → 정보기술(IT)기업 | 외국 문자 표기나 외국어는 일반 국민이 이해하기 어려우므로 한글이나 우리 말로 표현하며, 필요한 경우 괄호 안에 외국 문자를 표기할 수 있음 |

| | |
|---|---|
| 지자체 → 지방자치단체(이하 지자체) | 준말(줄임말)을 사용할 때에는 원래의 온전한 용어를 기재한 뒤 괄호 안에 '이하 지자체' 형태로 준말을 기재해 사용 |
| 직협 → 직원협의회 | 누구나 알기 쉽게 되도록 줄임말 사용을 하지 않음 |
| 제고하기 → 높이기<br>내수진작과 → 국내 수요를 높이고 | 되도록 일반 국민이 이해하기 쉬운 용어를 사용 |
| **표현의 정확성** | **해설** |
| 적극 뒷받침하기 위해<br>→ 적극적으로 뒷받침하기 위해 | 과도한 명사화 구성은 문장의 의미 파악을 어렵게 하므로 조사나 어미를 써서 의미를 명확히 표현 |
| 만전을 기해 나갈 → 최선을 다할 | 되도록 한자어 표현을 피하고 우리말다운 표현을 사용 |

> 어법과 공공언어 문제

**05 다음은 문서 작성 시 필요한 행정안전부에서 제공하는 〈공공언어 바로 쓰기〉 사항이다. 이를 읽고 올바르게 이해하지 못한 사람은?**

[띄어쓰기]

1. 296억달러 → 296억 달러 / 10만톤 → 10만 톤
   (해설) 단위를 나타내는 명사는 앞말과 띄어 쓴다.
2. 행정안전부장관을 → 행정안전부 장관을
   (해설) 관직명은 앞말과 띄어 쓴다.
3. 가야할지 모르겠다. → 가야 할지 모르겠다.
   (해설) 단어 단위로 띄어 쓰는 것이 원칙이므로 각각 다른 단어인 '가야'와 '할지'를 띄어 쓴다.
4. 기관간 칸막이 → 기관 간 칸막이
   (해설) 의존 명사는 앞말과 띄어 쓴다. '간'은 의존 명사이므로 띄어 쓴다.
   (단, 기간을 나타내는 말 뒤에 붙는 '간'은 접미사이므로 붙여 씀. 예 : 이틀간, 한 달간)

[소통성 / 용이성]

1. 힐링 → 치유 / 인프라 → 기반 시설
   (해설) 되도록 이해하기 쉬운 우리말을 쓴다.
2. MOU → 업무협정(MOU) / IT기업 → 정보기술(IT)기업
   (해설) 외국 문자 표기나 외국어는 일반 국민이 이해하기 어려우므로 한글이나 우리말로 표현한다.
   (필요한 경우 괄호 안에 외국 문자를 표기할 수 있음)
3. 제고하기 → 높이기 / 내수진작과 → 국내 수요를 높이고
   (해설) 되도록 일반 국민이 이해하기 쉬운 용어를 사용한다.

[표현의 정확성]

1. 적극 뒷받침하기 위해 → 적극적으로 뒷받침하기 위해
   (해설) 과도한 명사화 구성은 문장의미 파악을 어렵게 하므로 조사나 어미를 써서 의미를 명확히 표현한다.
2. 만전을 기해 나갈 → 최선을 다할
   (해설) 되도록 한자어 표현을 피하고 우리말다운 표현을 쓴다.

① 보민 – '차 한 대'는 '차한 대'로 띄어 사용해야 해.
② 지연 – '매뉴얼에 따라 진행한다'를 '지침에 따라 진행한다'로 바꾸는게 좋겠어.
③ 민규 – 'ESS'용어를 사용할 때는 '에너지 저장 장치'라고 우리말로 표현하고 괄호 안에 넣으면 되겠구나.
④ 서연 – '○○위원회과장'을 '○○위원회 과장'으로 띄어 사용해야 해.
⑤ 태강 – '이 물은 음용수로 사용한다'를 '이 물은 마시는 물로 사용한다'로 바꾸는게 좋을 것 같아.

해설

띄어쓰기 1번에서 단위를 나타내는 명사는 앞말과 띄어 쓴다. '차 한 대' 는 단위 ~대에서 띄어쓰기하며 차와 수량을 나타내는 하나의 단어가 각각 다른 단어이므로 띄어쓰기가 옳다.

오답 피하기

② 소통성 / 용이성 1번 - 되도록 이해하기 쉬운 우리말을 쓴다. 매뉴얼보다 지침을 사용하는 것이 좋다.
③ 소통성 / 용이성 2번 - 외국 문자가 필요할 때는 우리말로 먼저 표현하고 괄호 안에 외국 문자를 표기할 수 있다.
④ 띄어쓰기 2번 - 관직명은 앞말과 띄어 사용하므로 맞는 말이다.
⑤ 표현의 정확성 2번 - 되도록 한자어보다 우리말을 사용한다. 음용수보다 마시는 물로 바꾸는 것이 좋다.

## 어휘문제 유형

유형 06

**유의어**

유의어는 비슷한 뜻을 가진 다른 낱말을 의미한다. 동의어와 비교해보면, 동의어는 거의 같은 뜻을 가진 다른 낱말인 반면, 유의어는 뜻은 비슷하나 단어의 성격 등이 다른 경우에 해당한다. 주어진 단어의 의미를 모두 알고 있다면 좋겠지만, 모르는 단어는 이미 알고 있었던 단어에 기대어 하나하나 무관한 것들을 소거해 나가도록 한다.

▶ 유의어 문제

**06 다음 중 연결된 단어가 유의 관계가 아닌 것은?**

① 속박 – 질곡
② 오침 – 낮잠
③ 단련 – 탁마
④ 숙환 – 지병
⑤ 차이 – 차별

해설

'차이'는 서로 같지 아니하고 다름, 또는 그런 정도나 상태를 뜻한다. 반면 '차별'은 둘 이상의 대상을 각각 등급이나 수준 따위의 차이를 두어서 구별함을 말한다.

오답 피하기

① 속박 - 질곡(몹시 속박하여 자유를 가질 수 없는 상태)
② 오침 - 낮잠(낮에 자는 잠)
③ 단련 - 탁마(학문이나 덕행 따위 닦음)
④ 숙환 - 지병(오랫동안 잘 낫지 아니하는 병)

유형 07

## 반의어

반의어는 서로 반대의 뜻을 가진 낱말을 의미한다. 반의 관계에 있는 낱말들은 둘 사이에 공통점이 있으면서 동시에 서로 다른 하나의 차이점을 가진다. 대상을 대조적으로 표현하여 의미를 분명하게 한다. 부정의 관계를 찾으며, 명확하게 의미를 알고 있는 단어부터 접근하여 소거해 나간다.

▶ 반의어 문제

**07** 다음 중 두 단어의 관계가 반의어가 아닌 것은?

① 성공 – 실패
② 정교 – 조악
③ 좌천 – 영전
④ 낭보 – 비보
⑤ 눌변 – 강변

해설

'눌변'은 더듬거리는 서툰 말솜씨이고, '강변'은 이치에 닿지 아니한 것을 끝까지 굽히지 않고 주장하거나 변명하는 것이다. 눌변의 반대말은 능변(말을 능숙하게 잘함)이다.

오답 피하기

① 성공 - 목적하는 바를 이룸
실패 - 일을 잘못하여 뜻한 대로 되지 아니하거나 그르침
② 정교 - 솜씨나 기술 따위가 정밀하고 교묘함
조악 - 거칠고 나쁨
③ 좌천 - 낮은 관직이나 지위로 떨어지거나 외직으로 전근됨
영전 - 전보다 더 좋은 자리나 직위로 옮김
④ 낭보 - 기쁜 기별이나 반가운 소식
비보 - 슬픈 기별이나 소식

더 알기 TIP

**빈출 유의어**

| | | | | | |
|---|---|---|---|---|---|
| 노년 : 만년 | 우수 : 염려 | 일치 : 부합 | 질곡 : 속박 | 찰나 : 잠시 | 타관 : 객지 |
| 힐책 : 책망 | 중개 : 주선 | 시병 : 간병 | 숙환 : 지병 | 수긍 : 납득 | 실정 : 내막 |
| 알력 : 불화 | 진수 : 알짜 | 홀대 : 푸대접 | 자태 : 맵시 | 중상 : 모략 | 언변 : 말재간 |
| 분노 : 부아 | 낭설 : 헛소문 | 추측 : 어림 | 애로 : 난관 | 단점 : 결점 | 개선 : 개량 |

**빈출 반의어**

| | | | | | |
|---|---|---|---|---|---|
| 강등 : 승격 | 강림 : 승천 | 격감 : 급증 | 경직 : 유연 | 고의 : 과실 | 공유 : 독점 |
| 경망 : 신중 | 광활 : 협소 | 구별 : 혼동 | 굴착 : 매립 | 귀납 : 연역 | 기립 : 착석 |
| 낙성 : 착공 | 낙천 : 염세 | 노련 : 미숙 | 대범 : 소심 | 독재 : 민주 | 막연 : 명확 |
| 몰락 : 번창 | 미명 : 황혼 | 발발 : 종결 | 인조 : 천연 | 전망 : 회고 | 발송 : 수취 |

유형 08

**다의어/동음이의어**

다의어는 하나의 낱말이 두 가지 이상의 의미로 쓰이는 낱말을 말한다. 다의어의 여러 가지 의미 중 기본적이고 핵심적인 의미를 '중심 의미'라고 하고, 문맥에 따라 중심의미가 확장되어 쓰이는 의미를 '주변 의미'라고 한다. 다의어의 뜻을 알려면 그 낱말이 쓰인 앞뒤 내용을 잘 살피면서 읽어야 한다.

* 다의어 : 하나의 낱말이 두 가지 이상의 관련된 의미로 쓰이는 낱말
* 동음이의어 : 소리는 같지만 뜻이 서로 다른 낱말

**다의어 문제**

## 08 밑줄 친 단어와 같은 의미로 쓰인 것은?

> 문제 삼아 봐야 득 될 사람은 아무도 없으니까 이제 그 일은 불문에 부치도록 합시다.

① 힘에 부쳐 더 이상 못하겠다고 말했어.
② 이 소포를 항공편으로 미국에 있는 친구에게 부치려고 합니다.
③ 비밀에 부치기로 마음 먹었어.
④ 그는 남의 논 두 마지기를 부치며 생계를 이어가고 있었다.
⑤ 비가 오니까 김치전을 부쳐 먹고 싶지 않니?

해설

여기서의 '부치다'는 어떤 일을 거론하거나 문제 삼지 아니하는 상태에 있게 하다의 뜻으로 쓰였다.

오답 피하기

① 모자라거나 미치지 못하다.

② 편지나 물건 따위를 일정한 수단이나 방법을 써서 상대에게로 보내다.

④ 논밭을 이용하여 농사를 짓다.

⑤ 번철이나 프라이팬 따위에 기름을 바르고 음식을 익혀서 만들다.

**동음이의어 문제**

## 09 다음 밑줄 친 단어의 뜻풀이가 적절하지 않은 것은?

① 보고서 양식을 좀 알려줘. → 일정한 모양과 방식

② 난 양식도 좋아하고 한식도 좋아해. → 서양식의 먹을거리

③ 그는 바다에서 굴 양식업을 하고 산다. → 길러서 번식시킴

④ 그는 양식있는 사람이다. → 분별있는, 합리적인

⑤ 우리가 가진 양식이 다 떨어져간다. → 사는 데 필요한 먹을거리

해설

동음이의어의 사전적 의미를 찾는 대표적인 문제이다. 여기서 '양식'은 뛰어난 식견이나 건전한 판단이라는 의미로 쓰였다.

더 알기 TIP

### 빈출 다의어

| | | | | | |
|---|---|---|---|---|---|
| 가다 | 가리다 | 갈다 | 걸다 | 굳다 | 그리다 |
| 나다 | 날리다 | 내리다 | 놓다 | 당기다 | 들다 |
| 듣다 | 돌다 | 맑다 | 맞추다 | 먹다 | 모으다 |
| 보다 | 사다 | 서다 | 세다 | 쌓다 | 쓰다 |
| 열다 | 울다 | 잡다 | 지내다 | 지다 | 켜다 |

### 빈출 동음이의어

| | | | | | |
|---|---|---|---|---|---|
| 발 | 머리 | 사이 | 눈 | 아래 | 사양 |
| 매진 | 무고 | 화상 | 원조 | 이론 | 정숙 |
| 전승 | 차도 | 초야 | 표시 | 합장 | 환영 |
| 사유 | 조화 | 양식 | 신장 | 인상 | 주지 |
| 발상 | 가공 | 기술 | 낭자 | 녹음 | 답사 |

유형 09

**문맥상 어울리는 어휘 선택**

문맥에 어울리는 단어를 찾을 때는 문장의 맥락과 표준어 규정이나 문법, 시제의 일치, 문맥상에서의 단어의 관계 등을 고려하여 적합한 단어를 찾도록 한다.

문맥상 어울리는 어휘 선택 문제

## 10 다음 중 문맥상 적절하게 사용된 어휘는?

살펴본 해외 선진국들의 에너지 복지정책은 이와 같은 정책 유형별 장 · 단점을 ① 심사하여 에너지 효율 개선사업과 에너지 구입비용 지원 사업 간에 ② 치우친 균형 속에서 운영되고 있는 것으로 ③ 짐작된다. 이는 국내 에너지 복지사업이 수년간 저소득층의 에너지 구입 비용, 그중에서도 요금할인 수단에 ④ 편중되어 있으며 그 재원마저도 에너지 공급자에게 전적으로 의존하고 있다는 점에서 큰 시사점을 ⑤ 제공된다.

① 심사
② 치우친
③ 짐작된다
④ 편중
⑤ 제공된다

해설

'편중'은 중심이 한쪽으로 치우쳤다는 뜻으로 문맥상 적절하게 사용되었다.

오답 피하기

① 심사(자세하게 조사하여 등급이나 당락 따위를 결정함) → 고려(생각하고 헤아려 봄)
② 치우친(균형이라는 단어와 연결되어야 하므로 틀림) → 적절한(꼭 알맞다는 뜻)
③ 짐작된다(사정이나 형편 따위를 어림잡아 헤아림) → 판단된다(사물을 인식하여 논리나 기준 등에 따라 판정을 내림)
⑤ 제공된다(어법에 맞지 않는다) → 제공한다

▶ 문맥상 어울리는 어휘 선택 문제

**11** **다음은 '○○일보' 기사의 일부분이다. 빈칸(㉠ ~ ㉢)에 들어갈 단어를 순서대로 바르게 나열한 것은?**

〈 교육부, 2022년 대입 개선안 발표 〉

이번에 발표된 교육부의 2022년 입시정책에 따르면 기존의 대입 수시( ㉠ )을(를) 다소 줄이고 정시가 확대되는 방향성을 보이고 있다. 수시 전형 중 학생부 종합전형의 공정성에 대한 비판이 ( ㉡ )되는 상황에서 정시의 비율은 2021년 대비 7.8% 늘었음을 알 수 있다. 따라서 수험생들과 학부모들은 교육부 정책을 잘 이해하여 본인에게 유리한 학습 ( ㉢ )을 수립하는 것이 무엇보다 중요하다.

| | ㉠ | ㉡ | ㉢ |
|---|---|---|---|
| ① | 역할 | 찬성 | 전술 |
| ② | 지위 | 강화 | 전술 |
| ③ | 입지 | 확장 | 전략 |
| ④ | 비율 | 제기 | 전략 |
| ⑤ | 목표 | 반려 | 전략 |

**해설**

- 비율 - 다른 수나 양에 대한 어떤 수나 양의 비이다.
- 제기 - 의견이나 문제를 내어놓는다는 뜻으로 쓰이고 소송을 일으킨다는 뜻으로도 쓰인다.
- 전략 - 전쟁을 전반적으로 이끌어 가는 방법이나 책략으로 전술보다 상위개념이다. 정치, 경제 따위의 사회적 활동을 하는 데 필요한 책략이라는 뜻으로도 쓰인다.

**오답 피하기**

㉡ 반려 - 짝이 되는 동무 또는 주로 윗사람이나 상급 기관에 제출한 문서를 처리하지 않고 되돌려준다는 의미로 쓰인다.

㉢ 전술 - 전쟁 또는 전투 상황에 대처하기 위한 기술과 방법으로 장기적이고 광범위한 전망을 갖는 전략의 하위 개념이다. 일정한 목적을 달성하기 위한 수단이나 방법이라는 뜻으로도 쓰인다.

유형 10

**구별해야 하는 어휘**

비슷하지만 뜻이 전혀 다른 어휘로 문장이나 지문 내에서 올바르게 사용된 어휘를 찾는 문제이다. 혼동되는 2가지 단어를 문장 내에서 올바르게 사용되었는지 구별해야 한다. 독해 지문에서 어휘문제로 연결되어 출제 빈도가 높은 편이다. 자주 등장하는 단어의 사전적 뜻과 사용법을 익히도록 한다.

**구별해야 하는 어휘 문제**

## 12 다음 밑줄 친 두 단어의 뜻풀이가 적절하지 않은 것은?

① 지양하다 – 더 높은 단계로 오르기 위하여 어떠한 것을 하지 아니함
지향하다 – 작정하거나 지정한 방향으로 나아감

② 혼돈 – 사물 또는 어떠한 상황이 분명하지 아니함
혼동 – 구별하지 못하고 이것저것을 뒤섞어서 생각함

③ 체결 – 의장이 의안의 채택 가부를 묻는 것
채결 – 서류, 계약서 등을 서명을 하여 공식적인 관계를 맺음

④ 응용 – 이론 또는 지식을 사례나 다른 분야의 일에 적용하여 이용함
인용 – 다른 사람의 말이나 글을 자신의 말이나 글 속에 끌어 씀

⑤ 결제 – 매매로 인한 대금을 주고받아 거래 관계를 끝맺는 일
결재 – 제출한 안건이나 서류를 검토하여 허가하거나 승인함

해설

- 체결 – 계약이나 조약 따위를 공식적으로 맺음
- 채결 – 의장이 의안의 채택 가부를 물어 결정함(이 의안은 여러 가지 사정으로 인하여 채결이 계속 미뤄지고 있다.)

**구별해야 하는 어휘 문제**

## 13 다음 중 밑줄 친 두 단어의 사용이 올바르지 못한 것은?

① 그는 자신이 믿는 종교의 권리와 정당성만을 절대화하고 다른 종교들은 <u>폄훼</u>하기 바빴다.
주변의 모든 사람을 <u>폄하</u>하며 세상을 부정적으로만 바라보았다.

② 기념식에서 '부패방지 <u>부문</u>' 국무총리 표창을 받았다고 밝혔다.
암세포는 다른 <u>부분</u>으로 전이되어 질환을 재발한다.

③ 공리문학은 창작 목적을 <u>실용성</u>이나 교훈성에 둔 문학이다.
이번 보고서에는 문제점이 정확히 지적되었지만 구체적인 대안이 없어 <u>실효성</u>이 떨어진다.

④ 영화 속에 장면을 보면서 나는 무엇이 현실이고 무엇이 가상인지 <u>혼동</u>이 되었다.
전 세계가 <u>혼돈</u>으로 치달으면서 국제정세를 읽기가 매우 힘들어졌다.

⑤ 우울장애의 <u>근원</u>과 대응책을 알아보기로 했다.
지식재산권은 창조경제의 <u>근간</u>이며 창조경제 실현의 필요충분조건이 되었다.

해설

- 폄훼 – 자신이 믿는 종교의 권리와 정당성만을 절대화하고 다른 종교들은 비판하며 가치를 깎아내려 헐뜯는 발언은 폄하이다.
- 폄하 – 주변의 사람들을 헐뜯고 가치를 깎아내리는 말을 하는 것은 폄훼이다.

오답 피하기

② 부문 – 일정한 기준에 따라 분류하거나 나누어 놓은 그 범위나 부분
부분 – 전체를 이루는 작은 범위, 또는 전체를 몇 개로 나눈 것 중 하나

③ 실용성 – 실제적인 쓸모가 있는 성질이나 특성
실효성 – 실제로 효과를 나타내는 성질

④ 혼동 – 구별하지 못하고 뒤섞어서 생각함
혼돈 – 마구 뒤섞여 있어 갈피를 잡을 수 없는 상태

⑤ 근원 – 사물이 시작되는 근본이나 원인
근간 – 사물의 바탕이나 중심이 되는 중요한 것

더 알기 TIP

### 구별이 필요한 빈출 어휘

| | | | | | |
|---|---|---|---|---|---|
| 혼돈 : 혼동 | 구분 : 구별 | 개발 : 계발 | 결제 : 결재 | 보상 : 배상 | 선별 : 선발 |
| 운용 : 운영 | 변조 : 위조 | 보전 : 보존 | 일체 : 일절 | 지양 : 지향 | 특색 : 특징 |
| 유래 : 유례 | 주체 : 주최 | 폐해 : 피해 | 재고 : 제고 | 단합 : 담합 | 원만 : 웬만 |
| 한참 : 한창 | 왠지 : 웬지 | 가늠 : 가름 | 게재 : 기재 | 발달 : 발전 | 변절 : 변질 |
| 한계 : 한도 | 부문 : 부분 | 조정 : 조종 | 체계 : 체제 | 출연 : 출현 | 폄하 : 폄훼 |
| 표기 : 표지 | 실재 : 실제 | 재연 : 재현 | 정체 : 지체 | 응용 : 인용 | 고안 : 착안 |
| 담그다 : 담다 | 해지다 : 헤지다 | 가르다 : 가리다 | 드리다 : 들이다 | 바라다 : 바래다 | 바치다 : 받치다 |
| 부치다 : 붙이다 | 돋구다 : 돋우다 | 겨누다 : 겨루다 | 늘리다 : 늘이다 | 두텁다 : 두껍다 | 비추다 : 비치다 |

유형 11

**어휘의 관계별 의미**

의미를 중심으로 어휘를 파악하다 보면 어휘끼리 특정한 연관성이 있다는 것을 알 수 있는데, 어휘의 관계별 의미는 유의 관계, 반의 관계, 부분 – 전체 관계, 재료 – 제품 관계, 도구 – 용도의 관계, 동위 관계, 인과 관계, 순서 관계, 주체–행위 관계, 같은 한자로 연결된 관계 등으로 나타낼 수 있다. 어휘별 관계를 잘 알면 어휘력 향상과 함께 글의 문맥을 파악하는 데 도움이 되므로 다양하게 익히도록 한다.

어휘의 관계별 의미 문제

## 14 다음 중 나머지 넷을 포함하는 단어는?

① 생식 기관 ② 생체 기관 ③ 소화 기관 ④ 순환 기관 ⑤ 신경 기관

해설

- 생체 기관(상위어 – 전체) – 생물의 신체를 구성하고 있는 기관
- 기타(하위어 – 부분) – 생식 기관, 소화 기관, 순환 기관, 신경 기관

어휘의 관계별 의미 문제

## 15 문맥상 ㉠ : ㉡의 관계와 같은 것은?

나무에 아주 ㉠ 친구가 없는 것은 아니다. ㉡ 달이 있고, 바람이 있고, 새가 있다. 달은 때를 어기지 아니하고 찾고, 고독한 여름 밤을 같이 지내고 가는, 의리있고 다정한 친구다. 웃을 뿐 말이 없으나 이심전심 의사가 잘 소통되고 아주 비위에 맞는 친구다.

– 이양하 '나무'–

① 계절 : 봄 ② 선생님 : 수업
③ 박학 : 천학 ④ 담합 : 단합
⑤ 메밀 : 냉면

해설

문맥상 달은 바람, 새 따위와 더불어 모두 나무의 친구이므로 달과 친구는 전체와 부분 관계라고 할 수 있다. ①의 봄은 한해의 네 철 가운데 첫째 철로 계절(1년을 기후적으로 구분한 것)의 한 부분이다. 따라서 계절과 봄은 전체와 부분의 개념으로 볼 수 있다.

오답 피하기

② 선생님이 학생을 가르친다.
③ 박학(배운 것이 많고 학식이 넓음) ⇔ 천학(학식이 얕음)
④ 담합(서로 의논하여 합의함) – 단합(많은 사람이 마음과 힘을 한데 뭉침)
⑤ 메밀로 냉면을 만든다.

더 알기 TIP

## 어휘의 관계

| 구분 | 내용 |
|---|---|
| 유의 관계 | 서로 비슷한 어휘들의 관계 (두 개 이상의 어휘들이 무리를 이루는 경우가 많음)<br>남자 : 남성, 남정, 사나이, 장정 / 여자 : 여성, 여인, 부녀, 숙녀, 아녀자 |
| 반의 관계 | 단어의 의미가 짝을 이루어 대립되는 관계<br>남자 : 여자 / 손 : 발 / 추위 : 더위 |
| 부분 – 전체 | 한쪽(부분)이 다른 쪽(전체) 단어의 구성요소가 되는 관계<br>핸들(부분) – 자동차(전체) |
| 재료 – 제품 | 재료 – 재료를 이용해 만든 제품을 나타내는 관계<br>밀가루 – 국수 |
| 도구 – 용도 | 도구 – 도구의 용도(쓰임)의 관계<br>볼펜 – 필기 |
| 동위 관계 | 같은 범주 안에서 다른 뜻을 가진 단어들의 관계<br>동물 – 식물 |
| 인과 관계 | 원인과 결과를 나타내는 관계<br>과음 – 숙취 |
| 순서 관계 | 시간의 흐름에 따라 변화하는 단어의 관계<br>봄 – 여름 – 가을 – 겨울 |
| 주체–행위 | 한 단어는 주체, 다른 단어는 주체가 하는 역할에 해당하는 단어의 관계<br>농부 – 농사 |
| 같은 한자로 연결된 관계 | 어휘에 같은 한자가 들어 있어 의미에 공통적인 요소가 있음<br>논박 : 어떤 주장이나 의견에 대하여 잘못된 점을 조리있게 공격하여 말함<br>논의 : 어떤 문제에 대하여 서로 의견을 내어 토의함, 또는 그런 토의<br>논쟁 : 서로 다른 의견을 가진 사람들이 각각 자기의 주장을 말이나 글로 논하여 다툼<br>논평 : 어떤 글이나 말 또는 사건 따위의 내용에 대하여 논하여 비평함 |

SECTION

# 02 수리능력 빈출 유형

합격강의

**유형 01**

**다른 속도로 가는 경우** : 시속 $a$km로 가다가 시속 $b$km로 갈 때는 각 구간에서 걸린 시간의 합을 구할 때
→ (시속 $a$km로 가는 데 걸린 시간) + (시속 $b$km로 가는 데 걸린 시간) = 총 걸린 시간

**더 알기 TIP**

- (거리) = (속력) × (시간)
- (속력) = $\dfrac{\text{거리}}{\text{시간}}$
- (시간) = $\dfrac{\text{거리}}{\text{속력}}$

### 속력 차이 문제

**01** 두 지점 A, B 사이를 전기자전거로 왕복하는 데 A 지점에서 B 지점으로 갈 때는 시속 20km로, B 지점에서 A 지점으로 돌아올 때는 시속 30km로 달려 ❷총 1시간 10분이 걸렸다. 이때, ❶두 지점 간 거리는?

단위 맞추기 = $\dfrac{70}{60}$

A부터 B까지의 거리=$x$

① 10km ② 12km ③ 14km ④ 16km ⑤ 18km

**더 알기 TIP**

A와 B 사이의 거리를 $x$라고 두고, 단위를 맞추기 위해 1시간 10분을 시간으로 바꾸면 $\dfrac{7}{6}$이 된다.

시간 = $\dfrac{(\text{거리})}{(\text{속력})}$이므로 식을 세우면 아래와 같다.

A --$x$--> B

① A → B 걸린 시간 = $\dfrac{x}{20}$

② B → A 걸린 시간 = $\dfrac{x}{30}$

→ 총 걸린 시간 = $\dfrac{7}{6}$

③ $\left(\dfrac{x}{20} + \dfrac{x}{30} = \dfrac{7}{6}\right) \times 60$

$3x + 2x = 70$

$5x = 70$

$\therefore x = 14$

**유형 02**

**시간 차가 발생하는 경우** : P가 출발한 지 $a$분 후 Q가 출발하여 $b$분 후에 만났을 때
→ 오래 걸린 시간 동안 간 거리 = 짧게 걸린 시간 동안 간 거리
→ P가 $(a+b)$분 동안 간 거리 = Q가 $b$분 동안 간 거리

**▶ 시간 차이를 둔 속력 문제**

**02** 윤지가 먼저 학교로 출발하고 ❶5분 뒤에 현우가 따라나섰다. ❷윤지가 분당 120m의 속도로 걷고 있을 때 ❷현우가 분당 180m의 속도로 따라간다면 ❶현우는 출발 후 몇 분 만에 윤지를 만나게 되겠는가?
❸ 이동거리가 같다.

① 13분 ② 12분 ③ 11분 ④ 10분 ⑤ 9분

**해설**

속력이 느린 사람이 속력이 빠른 사람보다 시간이 더 걸리고, 먼저 나간 사람보다 나중에 나간 사람이 속력이 더 빨라야 따라잡는 것이 가능하다. 또한 따라 잡았다는 것은 이동거리가 같다는 것을 의미하므로, 거리 = 속력 × 시간으로 식을 세우면 아래와 같다.

❶ 현우가 걸린 시간 $= \chi$ ❷ 현우 이동 거리 $= 180\chi$
❶ 윤지가 걸린 시간 $= \chi+5$ ❷ 윤지 이동 거리 $= 120(\chi+5)$

$180\chi = 120(\chi+5)$
$60\chi = 600$
$\therefore \chi = 10$

**유형 03**

**마주 보고 출발하여 중간에 만난 경우** : P, Q 두 사람이 $x$분 후에 만날 때
→ P, Q 두 사람이 $x$분 동안 걸은 거리의 합 = P, Q 두 사람이 있던 지점 사이의 거리

**트랙을 도는 경우** : P, Q 두 사람이 $x$분 후에 만날 때
- 반대 방향으로 돌 때 → P, Q 두 사람이 $x$분 동안 걸은 거리의 합 = 트랙 둘레의 길이
- 같은 방향으로 돌 때 → P, Q 두 사람이 $x$분 동안 걸은 거리의 차 = 트랙 둘레의 길이

**▶ 트랙 문제**

**03** ❶둘레가 2km인 학교 운동장을 정원이와 미아가 각각 일정한 속력으로 걷는다. 같은 지점에서 두 사람이 동시에 출발하여 ❷같은 방향으로 돌면 1시간 30분이 지나서 만나고, ❷반대 방향으로 돌면 30분만에 만난다. ❸정원이가 미아보다 빠르다고 할 때, 정원이의 속력은?(=χ) (단, ❸정원과 미아의 속력의(=y) 차이는 운동장 한 바퀴 만큼 차이가 난다.) ❶ 거리 ❷ 시간 ❸ 속력

① $\frac{8}{3}$ km/h ② $\frac{7}{3}$ km/h ③ $\frac{5}{6}$ km/h ④ $\frac{11}{6}$ km/h ⑤ $\frac{9}{2}$ km/h

해설

"정원과 미아의 속력의 차이는 운동장 한 바퀴 만큼 차이가 난다.", "정원이가 미아보다 빠르다."는 조건을 바탕으로 정원이의 속력을 $x$, 미아의 속력을 $y$라고 하자. 둘레가 2km인 것은 총 이동거리를 알려주는 것이므로, 거리 = 속력 × 시간으로 식을 세우면 아래와 같다.

ⅰ) 같은 방향으로 이동한 경우 : 정원의 이동 거리 = $\frac{3}{2}x$, 미아의 이동 거리 = $\frac{3}{2}y$

③의 조건에 의해 $\frac{3}{2}x - \frac{3}{2}y = 2 \rightarrow \frac{3}{2}(x-y) = 2$

(∵ 1시간 30분을 시간으로 고치면 $\frac{3}{2}$이 되고, 같은 방향으로 이동하므로 정원이의 속력에서 미아의 속력을 뺀 것을 곱한다.)

ⅱ) 반대 방향으로 이동한 경우 : 미아의 이동 거리 = $\frac{1}{2}y$, 정원의 이동 거리 = $\frac{1}{2}x$

③의 조건에 의해 $\frac{1}{2}x + \frac{1}{2}y = 2 \rightarrow \frac{1}{2}(x+y) = 2$

(∵ 30분을 시간으로 고치면 $\frac{1}{2}$이 되고, 반대 방향으로 이동하므로 정원이의 속력과 미아의 속력을 더하여 곱한다.)

∴ 두 식을 연립방정식으로 계산하면 $x = \frac{8}{3}$, $y = \frac{4}{3}$가 된다.

**배, 강물 문제**

**04** ❶배가 강을 따라 60km 떨어진 상류로 ❷올라가는 데는 5시간, 하류로 ❷내려오는 데는 3시간이 걸렸다. 이 강물의 유속은 얼마인가?(단, ❸배의 속력이 강물의 속력보다 빠르다.) ❶ 거리 ❷ 시간 ❸ 속력

(배의 속력 = $x$, 강물의 속력 = $y$)

① 16km/h ② 12km/h ③ 10km/h ④ 8km/h ⑤ 4km/h

해설

강의 총 거리가 60km 이고, 하류에서 상류로 올라갈 때는 마찰에 의해 속력이 감소되고, 상류에서 하류로 내려올 때는 가속도가 붙어서 속력은 증가하게 된다. 배의 속력을 $x$, 강물의 속력을 $y$라고 하자. 단, 배의 속력이 강물의 속력보다 빠르다는 조건을 이용하여 식을 세우면 아래와 같다.

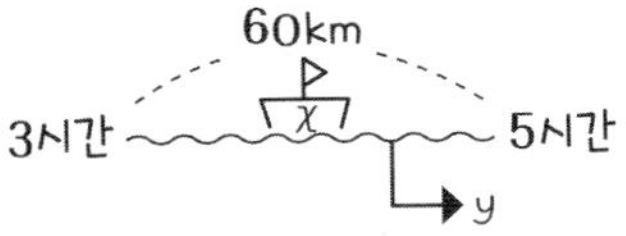


ⅰ) 하류에서 상류로 올라가는 경우 : $5(x-y) = 60$

ⅱ) 상류에서 하류로 내려가는 경우 : $3(x+y) = 60$

∴ 두 식을 연립방정식으로 계산하면 $x$=16, $y$ = 4가 된다.

> 기차의 길이 문제

**05** 일정한 속력으로 달리는 기차가 있다. 이 기차가 ❶300m가 되는 다리를 ❷완전히 통과하는 데 20초가 걸렸고, ❶900m가 되는 터널을 ❷통과할 때 걸린 시간은 50초였다. 이때, 기차의 길이는?

① 90m　　　　②100m　　　　③ 110m　　　　④ 120m　　　　⑤ 130m

> 거리 (❶)
> 시간 (❷)
> =χ

**해설**

기차가 다리 or 터널을 완전히 통과했다는 것은 "총 이동 거리 = 다리 or 터널의 길이 + 기차의 길이"가 됨을 알아야 한다. 같은 기차가 길이가 다른 다리와 터널을 완전히 통과한 조건을 이용하여 두 기차의 속력이 같으므로 식을 세울 수 있다.

기차의 길이를 $\chi$라고 하자. 속력 $= \dfrac{거리}{시간}$ 이므로 아래와 같이 식을 세울 수 있다.

$$\frac{300+\chi}{20} = \frac{900+\chi}{50} \text{ (대각선 방향으로 곱한 값이 서로 같다.)}$$

$$50(300+\chi) = 20(900+\chi)$$

$$30\chi = 3,000$$

$$\therefore \chi = 100$$

다리의 길이
기차의 이동 거리

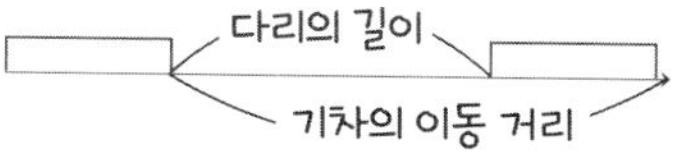

> 연습 문제

**06** 윤지는 집에서 회사까지 전기자전거를 타고 가면 10km/h의 속력으로 이동하고 걸어가면 4km/h의 속력으로 이동한다고 한다. 전기자전거를 타고 가면 걸어갈 때보다 45분 빨리 회사에 도착한다면, 집에서 회사까지는 거리는?

① 6 km　　　　② 5km　　　　③ 4km　　　　④ 3km　　　　⑤ 2km

**해설**

집에서 회사까지의 거리를 $\chi$라고 하고, 식을 세우기 시작한다. 전기자전거의 속력이 걸어가는 것보다 빠르므로 시간은 덜 걸리게 된다. 전기자전거의 속력이 10km/h이고 전기자전거를 타고가면 걸어갈 때보다 45분 빠르게 도착하므로 걸어간 시간에서 전기자전거로 이동한 시간을 빼면 45분으로 계산할 수 있다. (걸어간 시간) – (전기자전거로 이동한 시간) = 45분이라는 식에서 45분은 시속으로 시간 단위로 바꾸면 $\dfrac{45}{60}$가 된다.

$$\frac{\chi}{4} - \frac{\chi}{10} = \frac{45}{60} \rightarrow \left(\frac{\chi}{4} - \frac{\chi}{10} = \frac{45}{60}\right) \times 60$$

$$15\chi - 6\chi = 45$$

$$9\chi = 45$$

$$\therefore \chi = 5$$

정답은 ②이다.

**연습 문제**

**07** 둘레가 4km인 학교 운동장을 정원이와 미아가 각각 일정한 속력으로 걷는다. 같은 지점에서 두 사람이 동시에 출발하여 같은 방향으로 돌면 1시간 40분이 지나서 만나고, 다른 방향으로 돌면 50분 만에 만난다. 정원이가 미아보다 빠르다고 할 때, 정원이와 미아의 속력은? (단, 정원과 미아의 속력의 차이는 운동장 한 바퀴 만큼 차이가 난다.)

| | 정원이의 속력 | 미아의 속력 |
|---|---|---|
| ① | 3.4km/h | 1.0km/h |
| ② | 3.4km/h | 1.2km/h |
| ③ | 3.6km/h | 1.0km/h |
| ④ | 3.6km/h | 1.2km/h |
| ⑤ | 3.0km/h | 1.0km/h |

**해설**

조건에서 "정원과 미아의 속력의 차이는 운동장 한 바퀴 만큼 차이가 난다.", "정원이가 미아보다 빠르다."라고 제시되어 있으므로 정원이의 속력을 $\chi$, 미아의 속력을 $y$라고 하자.

둘레가 4km인 것은 총 이동 거리를 알려주는 것이므로 거리 = 속력 × 시간으로 식을 세우면

ⅰ) 같은 방향으로 이동한 경우 : $\frac{5}{3}(\chi - y) = 4$

(∵ 1시간 40분을 시간으로 고치면 $\frac{5}{3}$가 되고, 같은 방향으로 이동하므로 정원이의 속력에서 미아의 속력을 빼어 곱한다.)

ⅱ) 반대 방향으로 이동한 경우 : $\frac{5}{6}(\chi + y) = 4$

(∵ 50분을 시간으로 고치면 $\frac{5}{6}$가 되고, 반대 방향으로 이동하므로 정원이의 속력과 미아의 속력을 더하여 곱한다.)

∴ 두 식을 연립방정식으로 계산하면 $\chi = 3.6$km/h, $y = 1.2$km/h가 된다. 정답은 ④이다.

## 연습 문제

**08** 일정한 속력으로 달리는 기차가 있다. 이 기차가 600m가 되는 다리를 완전히 통과하는 데 40초가 걸렸고, 1,200m가 되는 터널을 통과할 때, 기차 전체가 터널 안에 있었던 시간은 50초였다. 기차의 길이는?

① 150m
② 170m
③ 180m
④ 200m
⑤ 210m

**해설**

기차가 다리를 완전히 통과했다는 것은 "총 이동 거리 = 다리 길이 + 기차의 길이"가 되고, 기차가 터널 안에 있었다는 것은 " 총 이동 거리 = 터널의 길이 - 기차의 길이"가 됨을 알아야 한다.(터널 안으로 기차의 끝 부분까지 들어가야 터널 안에 있었던 시간이 되므로)

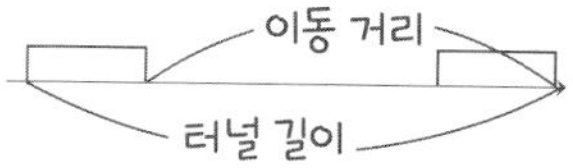


기차의 길이를 $\chi$라고 하자. 속력 = $\frac{거리}{시간}$이므로 아래와 같이 식을 세울 수 있다.

$$\frac{600+\chi}{40}=\frac{1{,}200-\chi}{50}$$

$50(600+\chi)=40(1200-\chi)$

$30{,}000+50\chi=48{,}000-40\chi$

$90\chi=18{,}000$

$\therefore \chi=200$

정답은 ④이다.

유형 04

**소금물에 물을 더 넣었거나 증발시키는 경우**

소금물의 양은 늘어나거나 줄어들지만 소금의 양은 변하지 않는다. 소금의 양의 변화가 없는 경우에는 소금의 양을 기준으로 하여 계산한다. 소금물의 양이 대부분 백의 자리이므로 100으로 약분하여 수를 줄여서 계산한 후 마지막에 100을 곱하면 계산이 쉽다.

더 알기 TIP

**소금물 문제**

- (소금물의 농도) = $\frac{\text{소금의 양}}{\text{소금물의 양}} \times 100$
- (소금의 양) = 소금물의 양 $\times \frac{\text{농도}}{100}$

**소금물에서 물 증발 문제**

**09** **❶농도가 6%인 소금물 300g에서 ❷일부가 증발하고 ❸난 후 농도가 8%가 되었다면 증발한 물의 양은?**

① 76g ② 75g ③ 74g ④ 72g ⑤ 70g

해설

소금물에서 물이 증발해도 소금의 양에는 변화가 없다는 것이 포인트이다. 따라서 증발 전과 증발 후의 소금의 양이 같다고 식을 세우면 답을 구할 수 있다.

$300 \times \frac{6}{100} = (300 - x) \times \frac{8}{100}$

$1{,}800 = 2{,}400 - 8x$

$8x = 600$

$\therefore x = 75$

또한, 분모의 100은 어차피 약분을 하고 소금물의 단위인 백의 자릿수도 100으로 약분하면 숫자가 작아져서 계산이 쉬워진다.

$18 = 24 - 8x$가 되며, $8x = 6$, $x = \frac{3}{4} = \frac{75}{100}$이 되므로 75g인 것을 빠르게 구할 수 있다.

다른 방법으로, 비례식으로 풀면 증발된 소금물과 증발 후의 소금물의 비는 농도의 비와 같음을 알 수 있다.

| 농도 | 6% | 8% |
|---|---|---|
| 농도의 비 | 3 | 4 |
| 비례식 풀이 | 4 : | 3 |
| 소금물의 양 | 300 - xg | 300g |

따라서 $300 : 300 - x = 8 : 6$

$300 : 300 - x = 4 : 3$

$4x = 300$

$\therefore x = 75$

유형 05

## 두 소금물을 섞을 경우

두 소금물을 섞으면 소금의 양은 두 소금물에 들어있던 소금의 양을 합한 것과 같고 농도는 변한다. 소금의 양 = 소금물의 양 × $\frac{농도}{100}$ 공식에 A 소금물의 양을 χ라고 두고 계산하면 소금물의 양이 대부분 백의 자리이므로 100으로 약분하여 수를 줄여서 계산한 후 마지막에 100을 곱하면 계산이 쉽다.

### 두 개의 소금물 혼합 문제

10 ❶3%의 소금물(300-χ)이 들어있는 컵에 ❷6%의 소금물을 넣었더니, ❸5%의 소금물 300g이 만들어졌다. 6% 컵에 들어있던 소금물의 양은(=χ)?

① 100g ② 140g ③ 200g ④ 210g ⑤ 240g

해설

농도 문제에서 주요 공식은 "소금의 양 = 소금물의 양 × $\frac{농도}{100}$" 이다.

6%의 소금물의 양을 χ라고 하면

3%의 소금물의 양은 300 - χ가 된다. 공식에 그대로 적용하면 아래와 같은 식을 얻을 수 있다.

$(300-\chi)\times\frac{3}{100}+\left(\chi\times\frac{6}{100}\right)=300\times\frac{5}{100}$

$3(300-\chi)+6\chi=300\times5$

$900-3\chi+6\chi=1,500$

$3\chi=600$

$\therefore \chi=200$

이 문제를 가중치로 푸는 방법도 있다.

| 농도 | 3% | | 5% | | 6% |
|---|---|---|---|---|---|
| 농도의 비 | | 2 | | 1 | |
| 비례식 풀이 | | 1 | : | 2 | |
| 소금물의 양 | 100g | → | 300g | → | 200g |

**소금물에서 물 증발 문제**

**11** 15% 소금물 300g에서 소금물을 퍼내고 퍼낸 소금물의 양만큼 물을 넣은 후 5%의 소금물을 섞어 8%의 소금물 500g을 만들었다. 퍼낸 소금물에 들어있는 소금의 양은?

(χ, -χ, ❶ 200g, ❷ χ, ❸)

① 15g ② 18g ③ 25g ④ 32g ⑤ 40g

**해설**

조건을 단계별로 정리하면 아래와 같다. 퍼낸 소금물의 양을 χ라고 하자.

❶ 5%의 소금물 양 구하기

15% 소금물 300g에서 소금물을 퍼냄 : $300\times\frac{15}{100}-\chi\times\frac{15}{100}=(300-\chi)\times\frac{15}{100}$

퍼낸 소금물만큼 물을 넣은 후 : 소금물의 변화량을 이용하여 5%의 소금물의 양을 알 수 있다.

$(300-\chi)+\chi+200=500$

❷ 퍼낸 소금물 χ 구하기

5%의 소금물을 섞어서 8%의 소금물 500g을 만듦 : $(300-\chi)\times\frac{15}{100}+200\times\frac{5}{100}=500\times\frac{8}{100}$

$4{,}500-15\chi+1{,}000=4{,}000$

$15\chi=1{,}500$

$\therefore\ \chi=100$

이 문제를 100씩 나누어 빠른 계산을 적용하면,

$45-15\chi+10=40$

$15\chi=15$

$\chi=1$

작은 숫자로 식을 세워 계산이 가능하며, 마지막 값에 100을 곱해주기만 하면 된다. 이유는 처음에 소금물의 단위를 100으로 약분하였기 때문에 환원해주는 작업을 해야 주어진 공식에 변화가 없기 때문이다(결국 100으로 나누었다 100을 다시 곱하는 것은 1이 됨).

❸ 소금의 양 구하기

소금물의 양 χ는 100이므로 $100\times\frac{15}{100}=15$

소금의 양은 15g이다.

▶ 농도는 같으나 소금물의 양이 다른 혼합물 문제

12 ❶A 소금물 100g과 B 소금물 150g을 섞으면 8%의 소금물이 되고, ❷A 소금물 200g과 B 소금물 50g을 섞으면 6%의 소금물이 된다. ❸A 소금물의 농도는 몇 %인가?

① 9% ② 8% ③ 7% ④ 6% ⑤ 5%

해설

농도가 다른 A와 B 소금물을 각각 주어진 조건에 따라 소금물의 양을 다르게 혼합하였을 경우 A와 B의 농도를 구하고자 하는 문제이다. 따라서 A와 B를 혼합한다고 할 때 소금의 양은 변화가 없으므로 소금의 양으로 계산이 가능하다. A의 농도를 $x$, B의 농도를 $y$라고 하자. 빠른 계산식으로 풀면 30초 안에 풀이가 가능해진다. 소금물을 100으로 약분 후 연립방정식을 세우면 아래와 같다.

$1x+1.5y=2.5\times8$

$2x+0.5y=2.5\times6$

주어진 식을 계산하면 두 번째 식에 3을 곱하여 $y$의 계수를 맞춰준다.

$1x+1.5y=2.5\times8$

$6x+1.5y=2.5\times6\times3$

두 번째 식에서 첫 번째 식을 빼면 $5x=25$, $x=5$가 됨을 알 수 있다.

따라서 A 소금물의 농도는 5%이다.

▶ 연습 문제

13 7%의 소금물이 들어있는 컵에 15%의 소금물을 넣었더니, 10%의 소금물 800g이 만들어졌다. 7%와 15% 컵에 들어있던 소금물의 양의 차이는?

① 160g ② 170g ③ 180g ④ 190g ⑤ 200g

해설

빠른 계산식을 적용하면

7%의 소금물을 $x$, 15%의 소금물을 $800-x$라고 하자. 10%의 소금물 800g이므로

$7x+15(8-x)=80$

$8x=40$

$\therefore x=5$

이므로 7%의 소금물은 500g, 15%의 소금물은 300g이 됨을 알 수 있다.

따라서 7%와 15% 컵에 들어있던 소금물의 양의 차이는 200g이 된다.

정답은 ⑤이다.

**연습 문제**

**14** 12% 소금물 200g에서 소금물을 퍼내고 퍼낸 소금물의 양만큼 물을 넣은 후 3%의 소금물을 섞어 5%의 소금물 300g을 만들었다. 퍼낸 소금물에 들어있는 소금의 양은?

① 6g ② 8g ③ 10g ④ 12g ⑤ 14g

**해설**

빠른 계산식을 적용하면,

$12\times2-12\chi+3\times1=5\times3$(농도×100으로 약분한 소금물)

$24-12\chi+3=15$

$12\chi=12$

$\therefore\ \chi=1$

따라서 퍼낸 소금물의 양과 추가한 물의 양이 100g이 됨을 알 수 있다.

퍼낸 소금물에 들어있는 소금의 양은 결국 (농도×100으로 약분한 소금물)이므로 $12\times1=12$g이 된다.

정답은 ④이다.

**연습 문제**

**15** A 소금물 200g과 B 소금물 300g을 섞으면 5%의 소금물이 되고, A 소금물 400g과 B 소금물 100g을 섞으면 3%의 소금물이 된다. B 소금물의 농도는 몇 %인가?

① 4% ② 6% ③ 7% ④ 8% ⑤ 9%

**해설**

농도가 다른 A와 B 소금물을 각각 주어진 조건에 따라 소금물의 양을 다르게 혼합하였을 경우 A와 B의 농도를 구하고자 하는 문제이다. 따라서 A와 B를 혼합한다고 할 때 소금의 양은 변화가 없으므로 소금의 양으로 계산이 가능하다. A의 농도를 $\chi$, B의 농도를 y라고 하자. 빠른 계산식으로 풀면 30초 안에 풀이가 가능해진다. 소금물을 100으로 약분후 연립방정식을 세우면 아래와 같다.

$2\chi+3y=5\times5$

$4\chi+y=5\times3$

주어진 식을 계산하면 첫 번째 식에 2을 곱하여 $\chi$의 계수를 맞춰 준다.

$-4\chi+6y=50$

$-4\chi+y=15$

$-5y=35$

따라서 $y=7$, $\chi=2$가 됨을 알 수 있다. B소금물의 농도는 7%이다.

정답은 ③이다.

유형 06

**학생 수가 증가/감소하는 경우**

학생 수의 증감량 문제는 우변이 정수가 나와야 하므로 분자의 배수가 우변의 값이 나오게 된다. 처음에는 연립방정식으로 연습하되 시간이 지나면 배수 개념으로 답을 구하면 쉽다.

**더 알기 TIP**

**증감량 문제**

① 작년 학생 수 − 감소한 학생 수 = 올해 학생 수

② 작년 학생 수 + 증가한 학생 수 = 올해 학생 수

③ $x$가 $a$% 증가 : $x\times(1+\frac{a}{100})$

$x$가 $a$% 감소 : $x\times(1-\frac{a}{100})$

▶ 학생 수 증감량 문제

**16** 작년에 어느 동아리에 가입한 회원 수는 총 60명이었다. 올해 가입한 회원 수는 작년에 비하여 남성회원은 10% 감소하고 여성 회원은 20% 증가하여 작년보다 전체 3명이 증가했다. 올해 가입한 여성회원의 수는?

① 38　② 36　③ 34　④ 32　⑤ 28

**해설**

인원수의 증감량 문제는 정수밖에 나올 수 없다는 것이 포인트이다.

작년 남성 회원의 수를 $x$라 하고, 작년 여성 회원의 수를 $y$라 하자.

$x+y=60$이 되고

작년 회원의 수를 기준으로 감소하고 증가한 값을 식으로 세우면

| | 남 | | 여 | | 인원 |
|---|---|---|---|---|---|
| 작년 | $x$ | + | $y$ | = | 60 |
| 증감 | $-0.1x$ | + | $0.2y$ | = | 3 |
| 올해 | $\frac{90}{100}x$ | + | $\frac{120}{100}y$ (정수만 가능) | = | 63 |

문제에서 올해 가입한 여성회원의 수를 구해야 하므로 $\frac{120}{100}y$ = 정수, $\frac{6}{5}y$ = 정수가 됨을 이용하면 올해 여성회원의 수는 6의 배수만 나올 수 있다는 것을 알 수 있다. 선택지 중에서 6의 배수는 하나밖에 없다.

유형 07

**비율과 비례식을 이용하여 인원수를 구하는 경우**

- 비율을 이용하는 경우 인원수의 증감량 문제는 정수밖에 나올 수 없다는 것이 포인트이다. 인원수를 각각 $x$, $y$라고 두고 감소/증가한 인원수가 결국 정수라는 점을 이용하면 배수가 성립 가능한 정답을 찾을 수 있다.
- 비례식을 이용하는 경우 문제에서 주어진 조건을 표로 정리하여 비례식으로 풀이하면 쉽다.

| 예시 | 그룹 A | 그룹 B | 총 인원 |
|---|---|---|---|
| 조건 1 비례식 | | | |
| 조건 2 비례식 | | | |

**비례식을 이용한 인원수 구하기 문제**

**17** 00기관에 지원한 지원자 수는 500명이다. 이 중에서 40%만이 1차 서류합격자이다. 2차 면접에서의 경쟁률은 1차 합격자에 대해서 4:1이다. 이때 전체 지원자 대 2차 면접합격자의 경쟁률은?

① 10 : 1 ② 11 : 1 ③ 12 : 1 ④ 12.5 : 1 ⑤ 13 : 1

**해설**

문제에서 주어진 조건을 표로 정리하면 아래와 같다.

| | 합격자 | 불합격자 | 총인원 |
|---|---|---|---|
| 1차 서류 경쟁률 | 40%(200명) | 60%(300명) | 500명 |
| 2차 면접 경쟁률 | 1(50명) | 3(150명) | 4(200명) |

2차 면접에서 합격자의 경쟁률이 4:1 이라는 것은 4명중에 1명이 합격이므로 전체를 4로 두고 계산을 해야한다.

따라서 2차 면접 합격자는 $200 \times \frac{1}{4} = 50$명이 된다. 전체 지원자는 500명이므로 전체 지원자 대 2차 면접합격자의 경쟁률은 500 : 50이므로 10 : 1이된다.

**연습 문제**

**18** 작년에 어느 동아리에 가입한 회원 수는 총 50명이었다. 올해 가입한 회원 수는 작년에 비하여 남성 회원은 10% 증가하고 여성 회원은 20% 감소하여 작년보다 전체 1명이 감소했다. 올해 가입한 남성 회원의 수는?

① 33 ② 30 ③ 24 ④ 22 ⑤ 18

**해설**

인원수의 증감량 문제는 정수밖에 나올 수 없다는 것이 포인트이다.
작년 남성 회원의 수를 $x$라 하고, 작년 여성 회원의 수를 $y$라 하자.
ⅰ) $x+y=50$이 되고
작년 회원의 수를 기준으로 감소하고 증가한 값을 식으로 세우면
ⅱ) $\frac{110}{100}x+\frac{80}{100}y=49$가 된다.

문제에서 올해 가입한 남성 회원의 수를 구해야 하므로 $\frac{110}{100}x$ = 정수, $\frac{11}{10}x$ = 정수가 됨을 이용하면 올해 남성 회원의 수는 11의 배수만 나올 수 있다는 것을 알 수 있다. 선택지 중에서 11의 배수가 ①과 ④가 있다.

두 가지의 경우로 계산을 해보자.
ⅰ) 올해 남성의 회원 수가 33명인 경우, 올해 여성은 16명이 되어야 하는데 4의 배수이므로 성립 가능
ⅱ) 올해 남성의 회원 수가 22명인 경우, 올해 여성은 27명이 되어야 하는데 4의 배수가 아니므로 성립 불가능
정답은 ①이다.

**연습 문제**

**19** ○○기관의 지원한 사람들의 남녀의 비는 2 : 3이다. 합격한 남녀의 비는 4 : 7이고, 불합격한 사람들의 남녀의 비는 1 : 1이다. 합격한 사람들이 220명이라고 할 때, ○○기관에 지원한 총 인원수는?

① 270명 ② 280명 ③ 290명 ④ 300명 ⑤ 310명

**해설**

문제에서 주어진 조건을 표로 정리하면 아래와 같다.

| | 남 | 여 | 총 인원 |
|---|---|---|---|
| 지원자 수의 비 | 2 | 3 | |
| 합격자의 비 | 4 | 7 | 220명 |
| 불합격자의 비 | 1 | 1 | |

문제에서 총인원의 수를 알고 있는 합격자의 수를 이용하여 남자와 여자의 인원수를 각각 구해보자.
남자 = $220\times\frac{4}{11}$ = 80명, 여자 = $220\times\frac{7}{11}$ = 140명

지원자의 수 = 합격자의 수 + 불합격자의 수이다. 불합격자의 비가 1:1 이므로 미지수 $x$라고 두면,

남자의 총 인원수는 $80+x$, 여자의 총 인원수는 $140+x$이렇게 정리가 된다.

i ) $80+x : 140+x = 2 : 3$이 되고 계산하면 $280+2x = 240+3x$ , $x = 40$이 됨을 알 수 있다.

ii ) 불합격자의 비는 1 : 1이므로 40명씩 총 80명이기 때문에 지원한 총 인원수는 220명+80명 = 300명이 된다.

정답은 ④이다.

유형 08

## 여러 가지 자료 해석 문제

자료 해석 문제는 증감추이 자료 해석, 전년 대비 자료 해석, 증감폭 자료 해석, 분수의 대소 비교 등의 문제가 자주 출제되므로 연습 문제로 계산 연습을 해두자. 전년 대비 자료 해석 문제는 분자가 분모의 몇 %인지 구하여 대략적인 값을 구하고, 분수의 대소 비교는 분자와 분모 중 증가율이 어느 것이 더 큰지 비교하는 것이 중요하다.

### 증감추이 자료 해석 문제

**20** 다음은 2016~2020년 신규채용현황에 대한 자료이다. 이어지는 질문에 ○, X를 구하시오.

| | 2016년 | | 2017년 | | 2018년 | | 2019년 | | 2020년 |
|---|---|---|---|---|---|---|---|---|---|
| 전체 | 20,954 | ↑ | 22,536 | ↑ | 33,896 | ↑ | 41,336 | ↓ | 30,735 |
| 공기업 | 5,991 | ↑ | 6,807 | ↑ | 9,076 | ↑ | 11,283 | ↓ | 7,684 |
| 시장형 | 3,665 | | 3,666 | | 4,208 | | 4,303 | | 3,231 |
| 준시장형 | 2,326 | | 3,141 | | 4,868 | | 6,980 | | 4,453 |
| 준정부기관 | 6,155 | ↑ | 6,966 | ↑ | 9,934 | ↓ | 9,258 | ↓ | 7,461 |
| 기금관리형 | 1,112 | | 1,790 | | 2,672 | | 1,651 | | 1,474 |
| 위탁집행형 | 5,043 | | 5,176 | | 7,262 | | 7,607 | | 5,987 |
| 기타공공기관 | 8,808 | ↓ | 8,763 | ↑ | 14,886 | ↑ | 20,795 | ↓ | 15,590 |

1) 기타공공기관의 신규채용현황은 '감소 – 증가 – 증가 – 감소' 추세이다. ( ○ )

2) 공기업과 준정부기관의 신규채용현황은 조사기간 동안 증감추이가 동일하다. ( × )

└ 2019년 공기업은 전년 대비 증가 준정부기관은 전년 대비 감소

3) 전체 신규채용현황은 2020년을 제외하고 지속적으로 증가한다. ( ○ )

Tip 분자는 분모의 몇 %인지 구하기

> 전년 대비 자료 해석 문제

**21** 다음은 에너지원별 신재생에너지 산업 투자현황에 대한 자료이다. 이어지는 질문에 ○, X를 구하시오.

| 에너지원별 | 2016 | 2017 | 2018 | 2019 |
|---|---|---|---|---|
| 총 투자액 | 8,009 | 8,130 | 1,420 | 2,500 |
| 태양광 | 6,198 | 7,594 | 1,087 | 2,103 |
| 풍력 | 587 | 223 | 264 | 113 |
| 연료전지 | 620 | 115 | 29 | 141 |
| 지열 · 수열 | 238 | 18 | 6 | 19 |
| 바이오 | 325 | 155 | 15 | 113 |
| 폐기물 | 39 | 25 | 19 | 8 |

1) 2017년 대비 2019년 풍력에너지의 투자 감소율은 50% 미만이다. ( ○ )

2) 전년 대비 2018년 태양광에너지의 투자 감소율은 약 86%이다. ( ○ )

3) 전년 대비 2019년 총 투자액의 투자 증가율은 80% 이상이다. ( × )

Q1 $\frac{113-223}{223}\times100 = \frac{-110}{223}\times100 \fallingdotseq -49.3\%$

Q2 $\frac{1,087-7,594}{7,594}\times100 = \frac{-6,507}{7,594}\times100 \fallingdotseq -85.6\%$

Q3 $\frac{2,500-1,420}{1,420}\times100 = \frac{1,080}{1,420}\times100 \fallingdotseq 76\%$

> 증감폭 자료 해석 문제

**22** 다음은 2017~2020년 공종별 해외수주실적에 대한 자료이다. 이어지는 질문에 ○, X를 구하시오.

| 공종별 | 2017 | | 2018 | | 2019 | | 2020 |
|---|---|---|---|---|---|---|---|
| 토목 | 48 | +8 ⑤ | 56 | -7 ③ | 49 | -4 | 45 |
| 건축 | 232 | +12 ④ | 244 | -47 ① | 197 | -107 | 90 |
| 산업설비 | 65 | -14 ② | 51 | +7 ③ | 58 | -9 | 49 |
| 전기 | 54 | -13 ③ | 41 | +47 ① | 88 | +20 | 108 |
| 통신 | 7 | -1 ⑥ | 6 | +1 ⑥ | 7 | +5 | 12 |
| 용역 | 218 | +46 ① | 264 | +4 ⑤ | 268 | -5 | 263 |

1) 2020년 전년 대비 증감폭이 가장 큰 항목은 건축이다. ( ○ )

2) 2018년 건축의 해외실적은 2017년 대비 30건 이상 감소했다. ( × )

3) 2018년 전년 대비 증감폭 순위와 2019년 전년 대비 증감폭 순위가 동일하다. ( × )

▶ 분수 대소 비교 문제

## 23 다음 분수의 대소관계를 비교하시오.

1) $\frac{345}{300}$ [ > ] $\frac{468}{423}$

$\frac{300}{300}+\frac{45}{300}$　　$\frac{423}{423}+\frac{45}{423}$

- 분자 증가율 : $\frac{123}{345}$
- 분모 증가율 : $\frac{123}{300}$

∴ 분모의 증가율이 분자의 증가율보다 더 크다.

2) $\frac{43}{264}$ [ < ] $\frac{51}{256}$

+8(분자 증가)

-8(분모 감소)

- 분자 증가율 : $\frac{8}{43}$
- 분모 감소율 : $\frac{8}{264}$

∴ 분자의 증가율이 분모의 감소율보다 더 크다.

3) $\frac{37}{258}$ [ > ] $\frac{11 \times 3}{86 \times 3}=\frac{33}{258}$

4) $\frac{472}{400}$ [ > ] $\frac{630}{559}$

- 분자 증가율 : $\frac{158}{472}$
- 분모 증가율 : $\frac{159}{400}$

∴ 분모의 증가율이 분자의 증가율보다 더 크다.

SECTION

# 03 문제해결능력 빈출 유형

합격강의

## 간단한 정언명제 풀이법

간단한 정언(모든), 정언(어떤)의 유형으로만 되어 있는 문제는 논리표로도 풀이가 가능하지만 벤다이어그램으로 풀이하는 것이 효과적이다. 특히 정언(어떤)명제로만 되어 있는 경우는 대우가 되지 않기 때문에 벤다이어그램으로 풀어야 한다. 다만 복잡한 정언(어떤)명제의 경우는 기호화로 풀이한다.

### 유형 01 간단한 정언명제 결론 찾기 유형(5가지)

'모든' 또는 '어떤' 형태의 전제 2개가 주어지고 결론을 찾는 5가지 유형의 문제는 중복된 것은 제외하고 나머지를 연결해서 정답을 찾으면 된다. 만약 선택지에 중복된 것이 있다면 제외하고 풀이한다.

더 알기 TIP

| 결론 찾기 1 유형 | 항상 참 |
|---|---|
| 전제 1 : 모든 A는 B이다.<br>전제 2 : 모든 B는 C이다.<br>결론 : (                    ) | 모든 A는 C이다.<br>어떤 A는 C이다.<br>어떤 C는 A이다. |

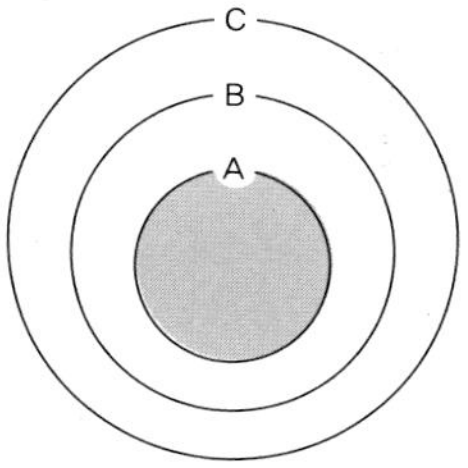


| 결론 찾기 2 유형 | 항상 참 |
|---|---|
| 전제 1 : 모든 A는 B이다.<br>전제 2 : 모든 A는 C이다.<br>결론 : (                    ) | 어떤 B는 C이다.<br>어떤 C는 B이다. |

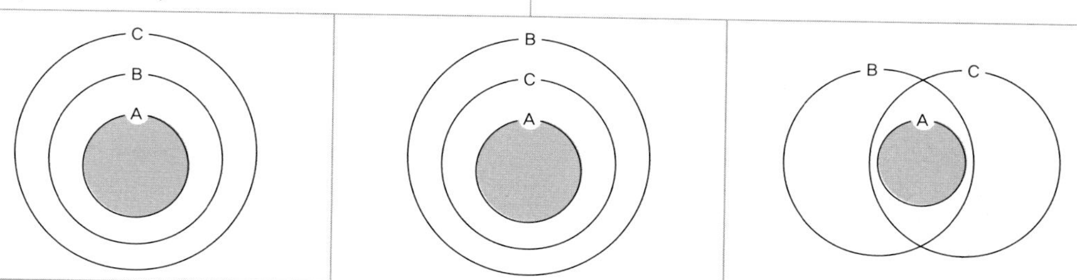

| 결론 찾기 3 유형 | 항상 참 |
|---|---|
| 전제 1 : 모든 A는 B이다.<br>전제 2 : 모든 C는 A이다.<br>결론 : (                    ) | 모든 C는 B이다.<br>어떤 C는 B이다.<br>어떤 B는 C이다. |

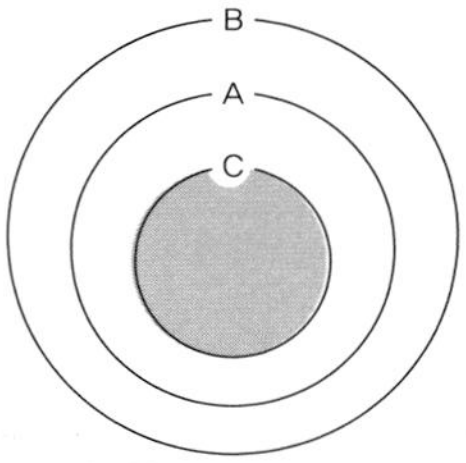


| 결론 찾기 4 유형 | 항상 참 |
|---|---|
| 전제 1 : 모든 A는 B이다.<br>전제 2 : 어떤 A는 C이다.<br>결론 : (                    ) | 어떤 C는 B이다.<br>어떤 B는 C이다. |

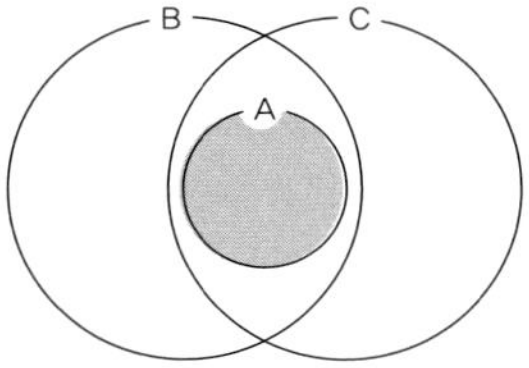


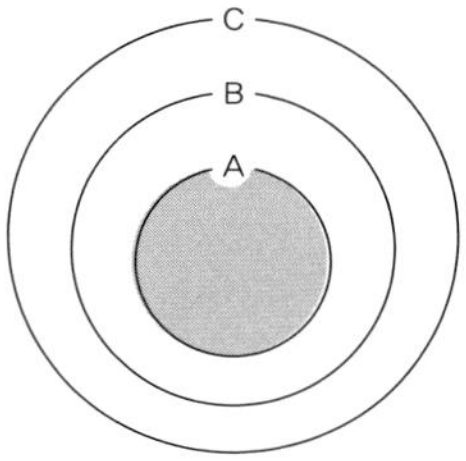


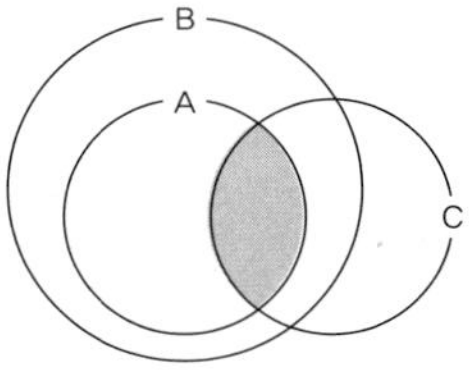


| 결론 찾기 5 유형 | 항상 참 |
|---|---|
| 전제 1 : 모든 A는 B이다.<br>전제 2 : 어떤 B는 C이다.<br>결론 : (                    ) | 없음 |

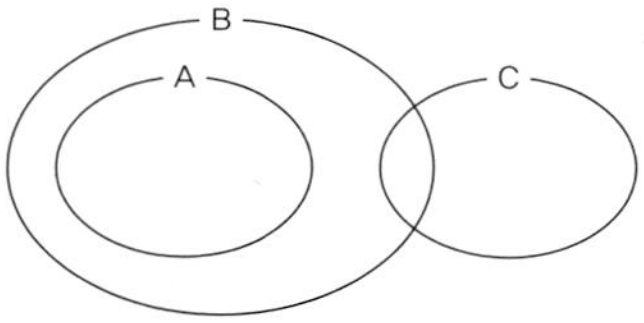


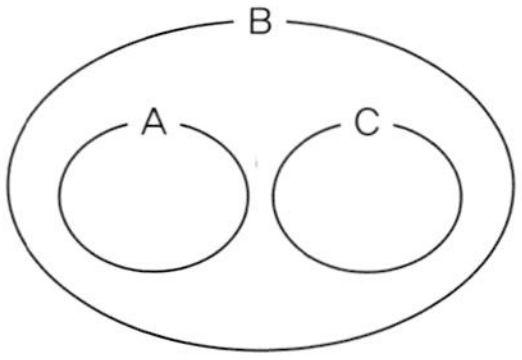


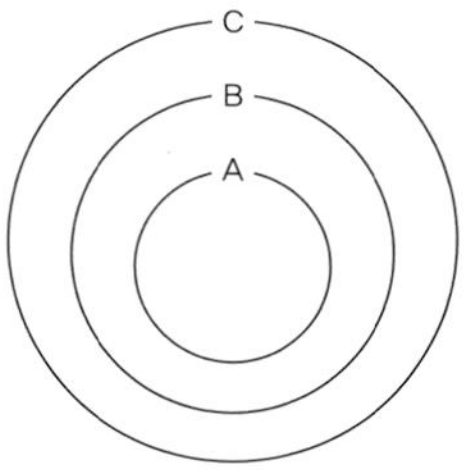


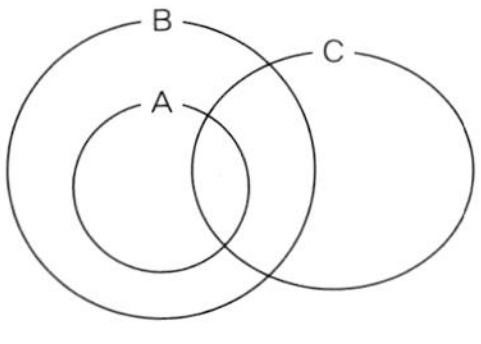


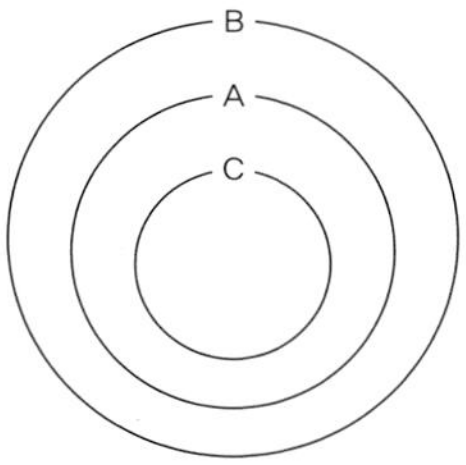


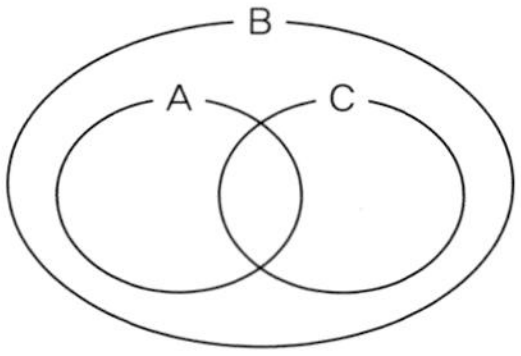

▶ 정언명제 결론 찾기(5유형) 문제

## 01 다음 중 결론에 들어갈 수 있는 명제로 바른 것은?

> **전제 1** : 모든 어린이는 만화책을 좋아한다.
> **전제 2** : 어떤 어린이는 위인전을 좋아한다.
> **결론** : (                                        )

① 어떤 어린이는 동화책을 좋아한다.
② 모든 어린이는 위인전을 좋아한다.
③ 위인전을 좋아하지 않는 어린이는 없다.
④ 모든 어린이는 만화책을 좋아하고 위인전도 좋아한다.
⑤ 어떤 어린이는 만화책도 좋아하고 위인전도 좋아한다.

**해설**

'모든'과 '어떤'이 들어간 간단한 정언명제의 풀이는 정언삼단논법 대입법을 통해 문제를 해결하는데, 주어진 문제는 출제 빈도가 높은 결론 찾기 유형에 해당하는 문제로 벤다이어그램을 통해 해답을 찾을 수 있다.

| | | |
|---|---|---|
| 주어진 제시문을 벤다이어그램으로 그린다. | 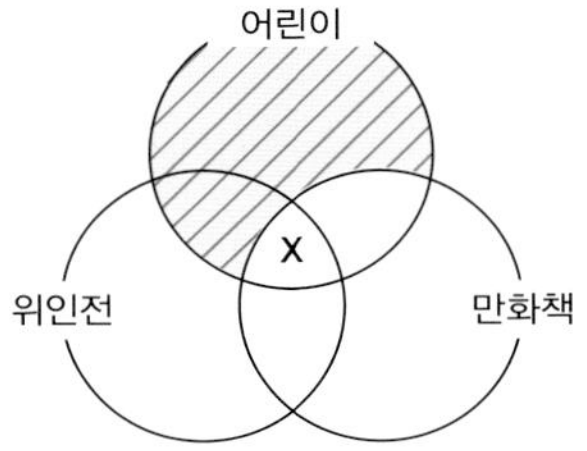 | X에는 어떤 값이 존재하고, 빗금 친 부분에는 값이 존재하지 않는다. |
| ① 어떤 어린이는 동화책을 좋아한다. | × | 동화책에 대한 언급이 없으므로 결론에 나올 수 없다. |
| ② 모든 어린이는 위인전을 좋아한다. | 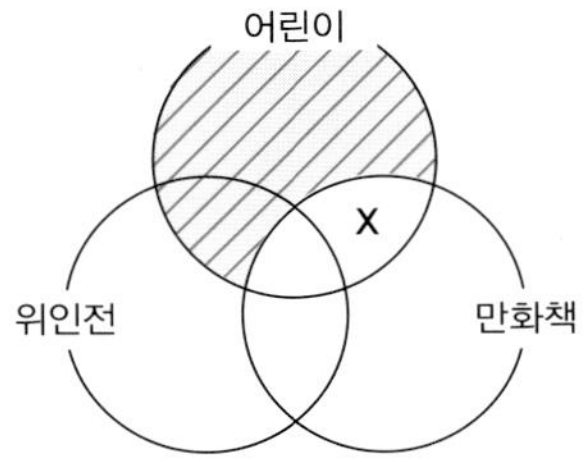 | X가 존재하기 때문에 오답이다. |
| ③ 위인전을 좋아하지 않는 어린이는 없다. | 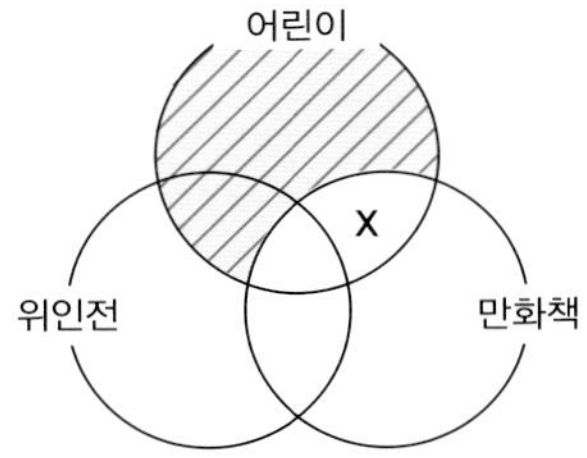 | ③의 대우는 '모든 어린이는 위인전을 좋아한다.'이므로 ②와 같다. |

| | | |
|---|---|---|
| ④ 모든 어린이는 만화책을 좋아하고 위인전도 좋아한다. | 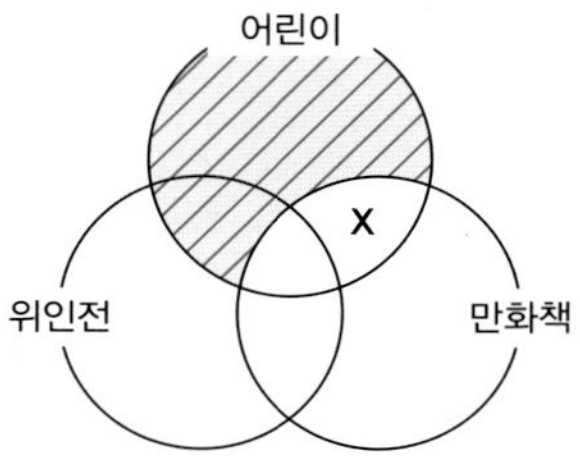 | 어린이 중에서 만화책을 좋아하지만 위인전을 좋아하지 않는 어린이가 있다. |
| ⑤ 어떤 어린이는 만화책도 좋아하고 위인전도 좋아한다. | 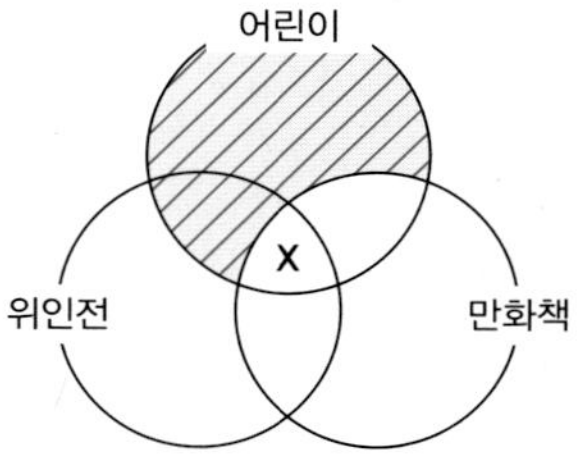 | 가능하다. |

유형 02

## 간단한 정언명제 전제 찾기 유형(6가지)

전제 1과 결론을 주고 이를 연결할 수 있는 전제 2를 찾게 하는 문제 유형으로 벤다이어그램을 통해 가능 여부를 판단하여 문제를 해결한다. 예를 들어 전제에서 A, C가 나오고 결론에서 A, B가 나왔다면 중복되는 A는 제외하고 전제에서 B, C가 연결되는 답을 찾으면 된다.

해설

| 전제 찾기 1 유형 | 전제 1 | 결론 | 항상 참 |
|---|---|---|---|
| 전제 1 : 모든 A는 B이다.<br>전제 2 : (　　　　　　　)<br>결론 : 모든 A는 C이다. | 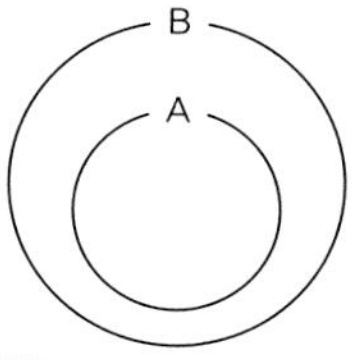 | 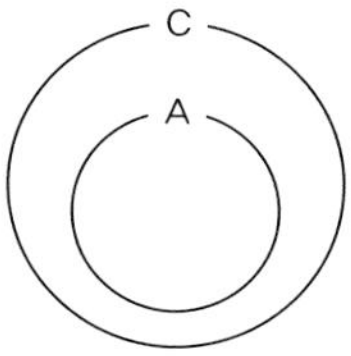 | 모든 B는 C이다. |

| 모든 B는 C이다. (○) | 모든 C는 B이다. (×) | 어떤 B는 C이다. (×) |
|---|---|---|
| 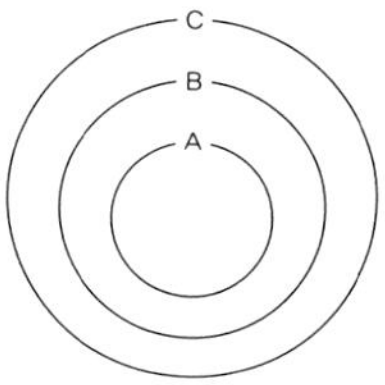 | 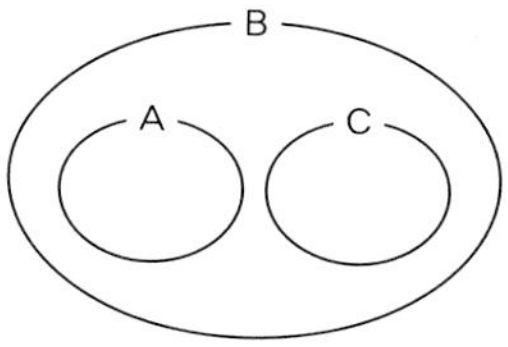 | 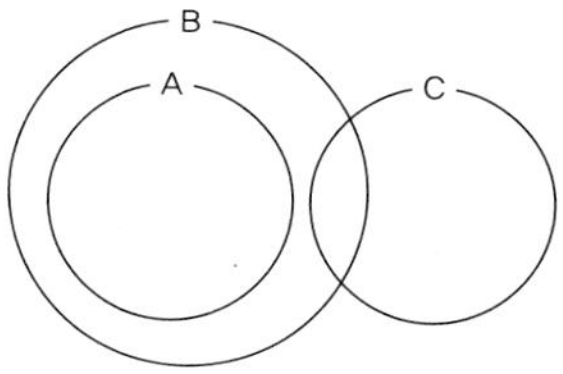 |

| 전제 찾기 2 유형 | 전제 1 | 결론 | 항상 참 |
|---|---|---|---|
| 전제 1 : 모든 A는 B이다.<br>전제 2 : (　　　　　　　)<br>결론 : 모든 C는 B이다. | 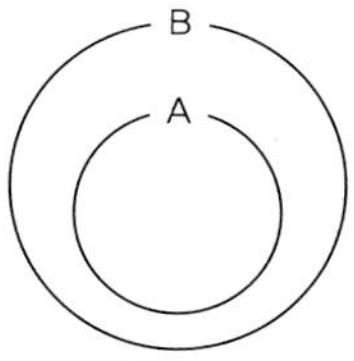 | 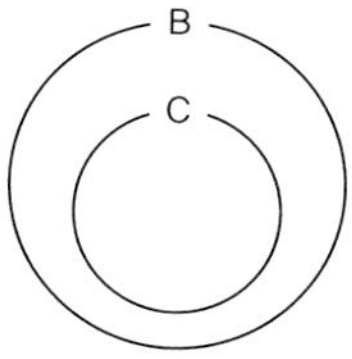 | 모든 C는 A이다. |

| 모든 C는 A이다. (○) | 어떤 A는 C이다. (×) | 모든 A는 C이다. (×) |
|---|---|---|
| 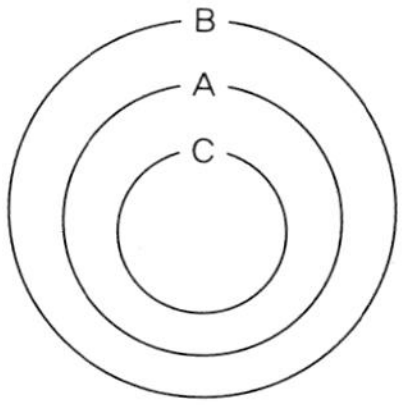 | 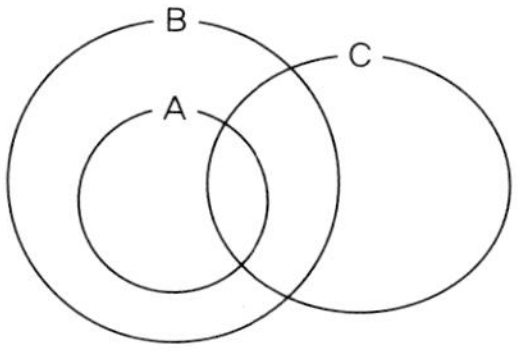 | 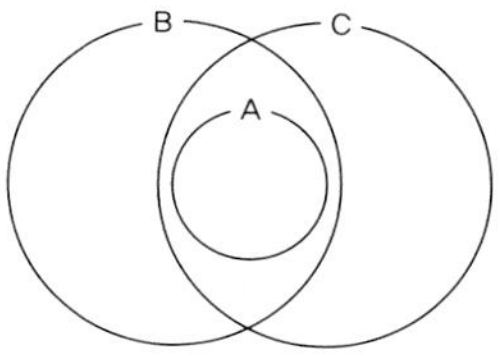 |

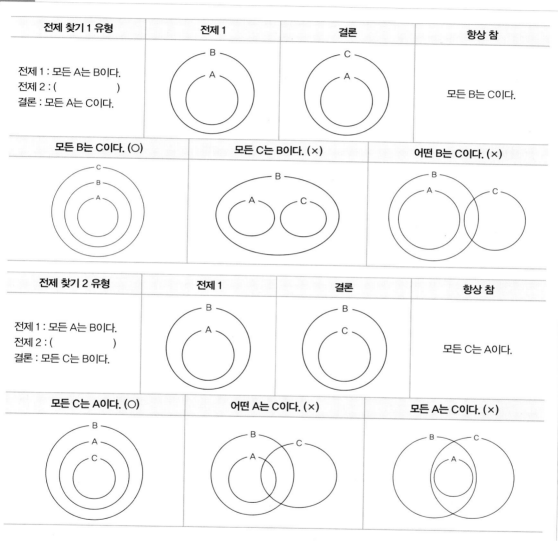

| 전제찾기 3 유형 | 전제 1 | 결론 | 항상 참 |
|---|---|---|---|
| 전제 1 : 모든 A는 B이다.<br>전제 2 : (　　　　　　　)<br>결론 : 어떤 A는 C이다. | 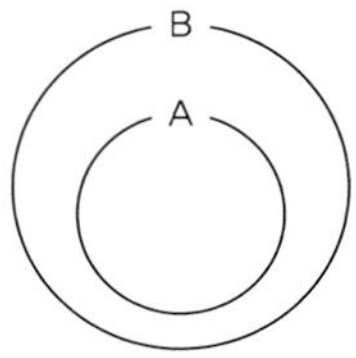 | 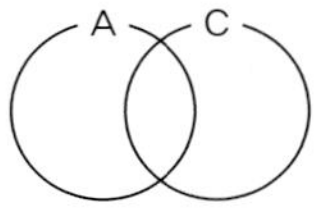 | 모든 B는 C이다. |

| 모든 B는 C이다. (○) | 모든 C는 B이다. (×) | 어떤 B는 C이다. (×) |
|---|---|---|
| 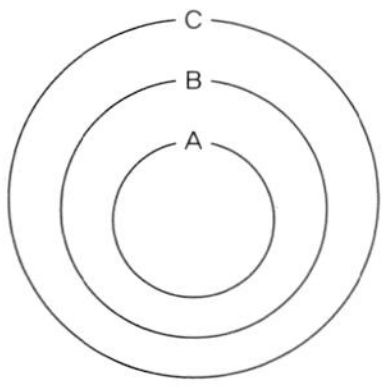 | 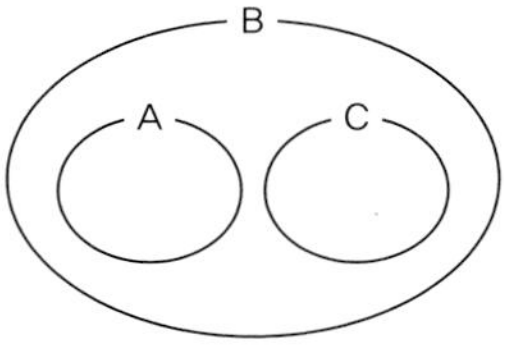 | 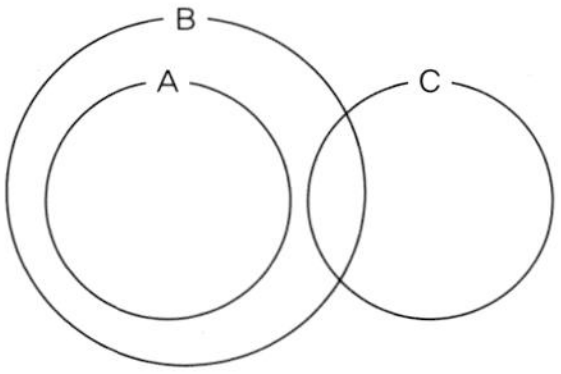 |

| 전제찾기 4 유형 | 전제 1 | 결론 | 항상 참 |
|---|---|---|---|
| 전제 1 : 모든 A는 B이다.<br>전제 2 : (　　　　　　　)<br>결론 : 어떤 B는 C이다. | 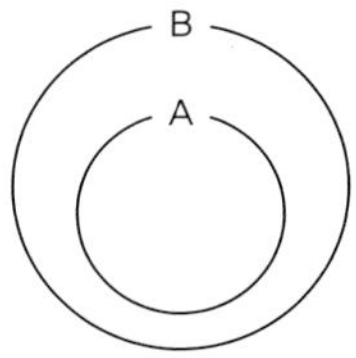 | 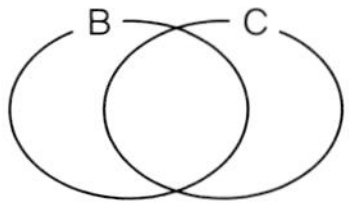 | 모든 C는 A이다.<br>모든 A는 C이다.<br>어떤 A는 C이다. |

| 모든 C는 A이다. (○) | 모든 A는 C이다. (○) | 어떤 A는 C이다. (○) |
|---|---|---|
| 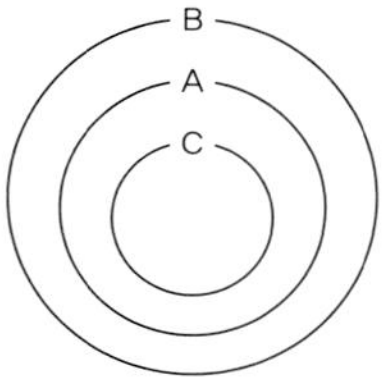 | 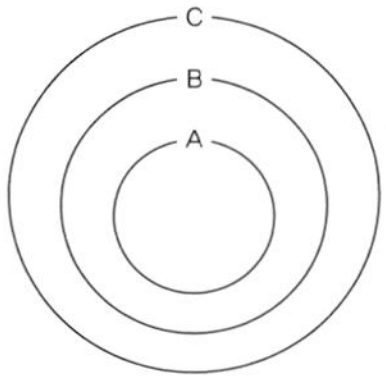 | 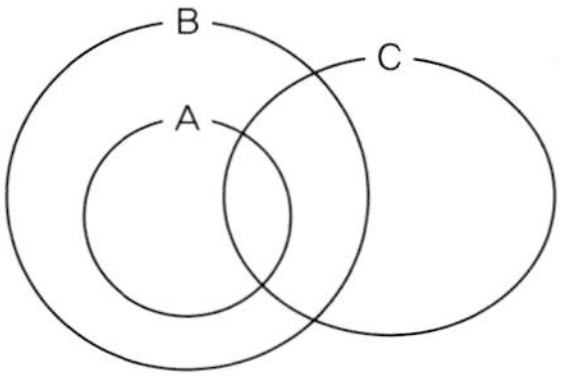 |

| 전제찾기 5 유형 | 전제 1 | 결론 | 항상 참 |
|---|---|---|---|
| 전제 1 : 어떤 A는 B이다.<br>전제 2 : (　　　　　　　)<br>결론 : 어떤 A는 C이다. | 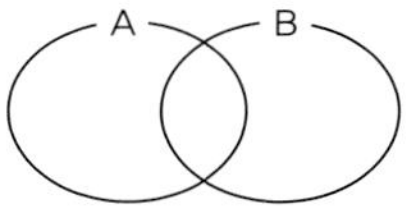 | 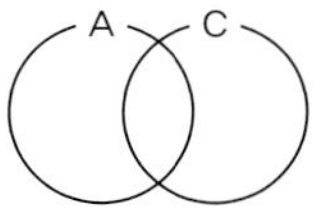 | 모든 B는 C이다. |

| 모든 B는 C이다. (○) | 모든 C는 B이다. (×) | 어떤 B는 C이다. (×) |
|---|---|---|
| 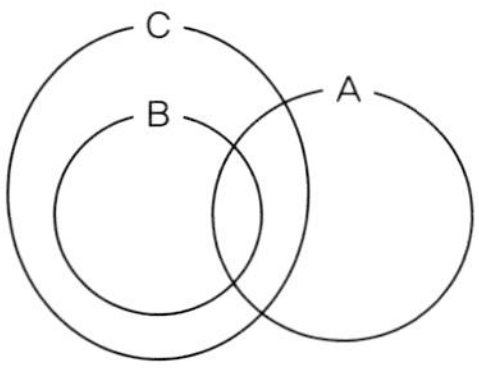 | 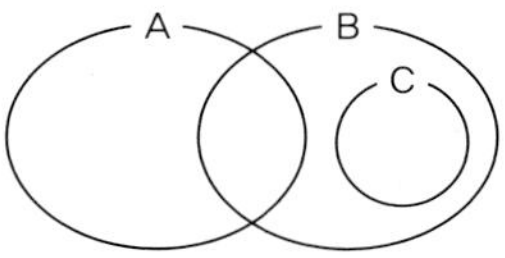 | 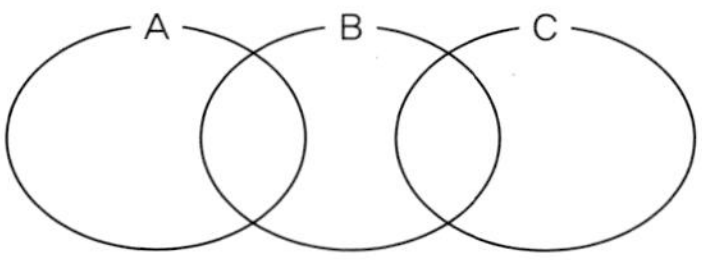 |

| 전제 찾기 6 유형 | 전제 1 | 결론 | 항상 참 |
|---|---|---|---|
| 전제 1 : 어떤 A는 B이다.<br>전제 2 : (　　　　　　)<br>결론 : 어떤 B는 C이다. | 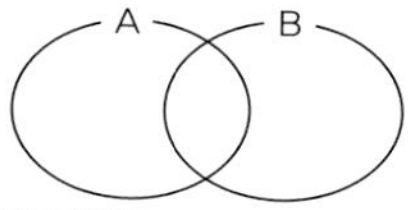 | 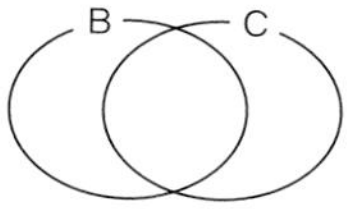 | 모든 A는 C이다. |

| 모든 A는 C이다. (○) | 모든 C는 B이다. (×) | 어떤 A는 C이다. (×) |
|---|---|---|
| 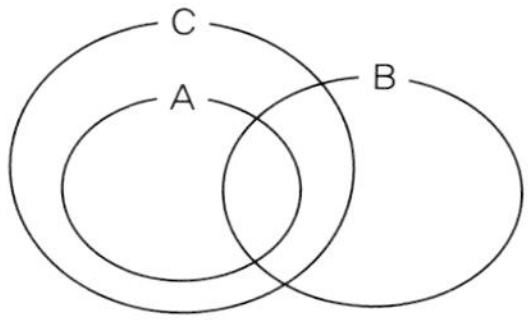 |  | 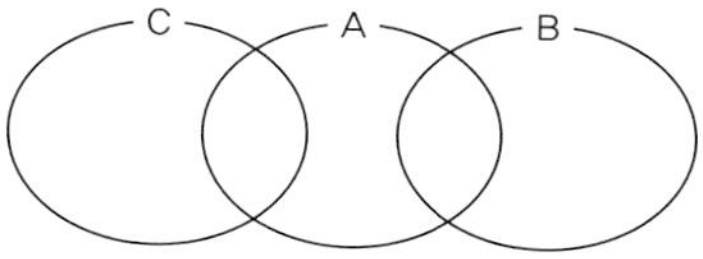 |

**정언명제 전제 찾기(6유형) 문제**

## 02 다음 중 빈칸에 들어갈 알맞은 전제는?

**전제 1** : 어떤 노래는 어렵다.
**전제 2** : (　　　　　　　　　　　　)
**결론** : 어떤 어려운 것은 음악이다.

① 어떤 노래는 어렵지 않다.
② 어떤 노래는 음악에 속한다.
③ 모든 음악은 어렵지 않다.
④ 모든 노래는 음악에 속한다.
⑤ 어렵지 않은 음악은 없다.

**해설**

주어진 문제는 전제 찾기(6유형)에 해당하는 문제로 정답은 '모든 A는 C이다'이다. 따라서 B가 포함된 ①, ③, ⑤부터 정답에서 제외시킨 후 '모든 A는 C이다'를 찾는다.

노래=A, 어렵다=B, 음악=C로 바꾼다.

전제 1 : 어떤 A는 B다(어떤 A → B)

전제 2 : A는 C다(A → C)

결론 : 어떤 B는 C다(어떤 B → C)

따라서 '모든 A는 C이다'에 해당하는 ④가 정답이다.

유형 03

### 복잡한 정언(어떤)명제

정언(어떤)명제로만 되어 있는 경우는 대우가 되지 않기 때문에 벤다이어그램으로 풀어야 하는데, 전제가 3개 이상 주어지는 등 복잡한 정언(어떤)명제의 경우는 기호화 풀이를 해야 한다.

▶ 복잡한 정언(어떤)명제 문제

## 03 주어진 제시문이 참일 때 항상 참인 것은?

ㄱ. 커피를 주문한 손님 중 몇 분은 샌드위치를 주문하였다.
ㄴ. 우유를 주문한 손님은 모두 조각케이크를 주문하였다.
ㄷ. 우유를 주문하지 않은 손님은 아무도 샌드위치를 주문하지 않았다.

① 커피를 주문하지 않은 손님 중 몇 분은 우유를 주문하였다.
② 우유를 주문한 모든 손님은 커피를 주문하였다.
③ 커피를 주문한 손님 중 몇 분은 조각 케이크를 주문하였다.
④ 샌드위치를 주문한 모든 손님은 커피를 주문하였다.
⑤ 샌드위치를 주문한 손님은 아무도 조각케이크를 주문하지 않았다.

해설

복잡한 정언(어떤)명제의 경우에는 벤다이어그램 대신 기호화를 통해 풀이해야 한다.
1단계 : 기호화를 한다.

| | 제시문 | 기호화 |
|---|---|---|
| ㄱ | 커피를 주문한 손님 중 몇 분은 샌드위치를 주문하였다. | 커피(어떤) ∧ 샌드위치(어떤) |
| ㄴ | 우유를 주문한 손님은 모두 조각케이크를 주문하였다. | 우유→조각케이크 |
| ㄷ | 우유를 주문하지 않은 손님은 아무도 샌드위치를 주문하지 않았다. | ~우유 → ~샌드위치 |

2단계 : 기호화한 것을 연결하여 분석해 본다.

| | 기호화 | 분석 |
|---|---|---|
| ㄴ+ㄷ | 우유→조각케이크<br>~우유→~샌드위치 | ~조각케이크 → ~우유<br>샌드위치 → 우유<br>샌드위치→우유→조각케이크, 샌드위치→조각케이크, ⑤는 제거 |
| ㄱ | 커피(어떤) ∧ 샌드위치(어떤)<br>샌드위치→조각케이크 | 커피와 샌드위치를 주문한 어떤 손님이 있고, 샌드위치를 주문한 손님은 조각케이크를 주문한 것이므로 ③이 정답이다. |

오답 피하기

| | 제시문 | 분석 |
|---|---|---|
| ① | 커피를 주문하지 않은 손님 중 몇 분은 우유를 주문하였다. | 커피를 주문하지 않은 경우도 연결이 안됨 |
| ② | 우유를 주문한 모든 손님은 커피를 주문하였다. | 우유와 모든 커피는 연결이 안됨 |
| ④ | 샌드위치를 주문한 모든 손님은 커피를 주문하였다. | 샌드위치와 모든 커피는 연결이 안됨 |

정언명제 결론 찾기(5유형) 문제

## 04 주어진 전제조건을 통해 도출될 수 있는 결론으로 알맞은 것은?

**전제 1** : 산악자전거 회원들은 MTB파크에 간다.
**전제 2** : 어떤 MTB파크는 원주에 있다.
**결론** : (                                        )

① 어떤 산악자전거 회원들은 MTB파크에 가지 않는다.
② 원주에 있지 않으면 산악자전거 회원이 아니다.
③ 산악자전거 회원들은 원주에 간다.
④ 원주는 MTB파크이다.
⑤ 어떤 산악자전거 회원은 원주에 갈 수도 있다.

해설

결론 찾기(5유형)에 속하는 문제이므로 공식에 대입하거나 벤다이어그램을 통해 해결할 수 있다.
1) 첫 번째 문제 풀이법 : 결론 찾기(5유형) 공식에 대입하여 풀이할 수 있다. 산악자전거 회원=A, MTB파크=B, 원주=C로 바꾸고, B가 중복되므로 MTB파크에 대한 ①과 ④를 소거하고 나면 "어떤 산악자전거 회원은 원주에 갈 수도 있다."가 답이 된다.

2) 두 번째 문제 풀이법 : 벤다이어그램을 통해 문제 풀이를 할 수 있다.

| | | |
|---|---|---|
| 산악자전거 회원들은 MTB파크에 가고 MTB파크 중 일부 또는 전체가 원주에 위치하고 있으므로 산악자전거 회원들은 원주에 갈 수도 있다. | ① 어떤 산악자전거 회원들은 MTB파크에 가지 않는다. | ② 원주에 있지 않으면 산악자전거 회원이 아니다. |
| 벤다이어 그램으로 풀면 빗금친 부분은 원소가 없고, X로 표한 곳에는 값이 존재한다. | 산악자전거 회원들은 모두 MTB파크에 가므로 MTB파크에 가지 않는 경우는 없다. | X 표시된 구간이 존재할 수 있다. |
| 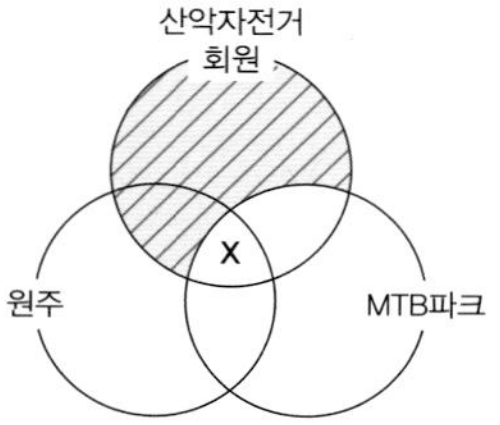 | 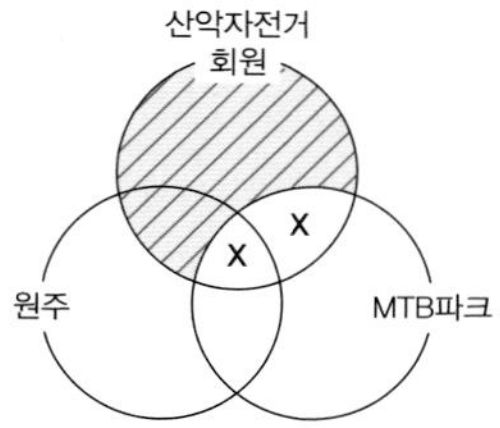 | 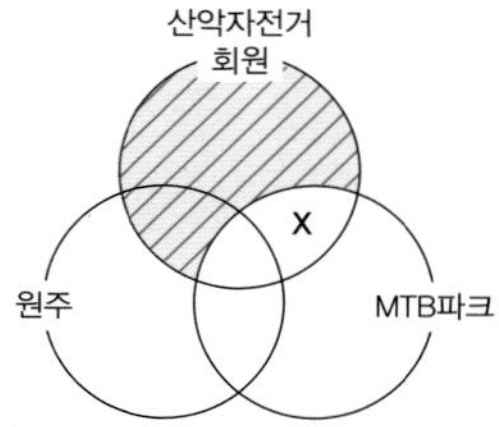 |
| ③ 산악자전거 회원들은 원주에 간다. | ④ 원주는 MTB파크이다. | ⑤ 어떤 산악자전거 회원은 원주에 갈 수도 있다. |
| X 표시된 구간이 존재할 수 있다. | X 표시된 구간이 존재할 수 있다. | 가능하다. |
| 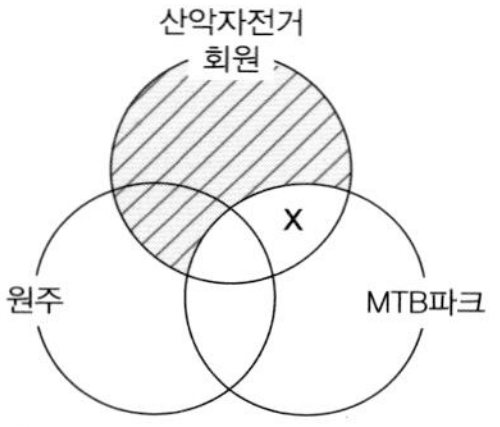 | 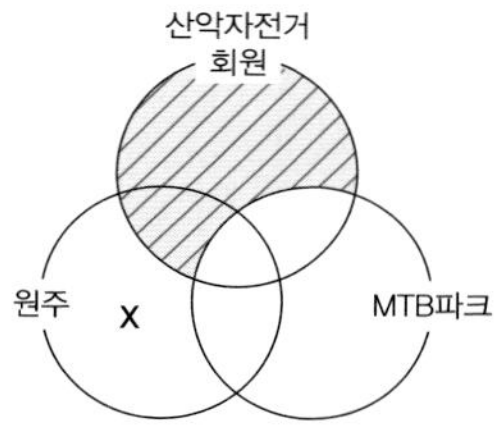 | 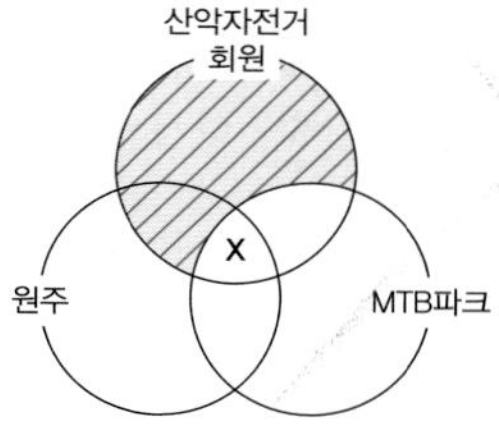 |

**▶ 정언명제 전제 찾기(6유형) 문제**

## 05 빈 칸에 들어갈 알맞은 전제는?

> **전제 1** : 어떤 학습은 어렵다.
> **전제 2** : (　　　　　　　　　　　　　　　　)
> **결론** : 어떤 과제는 어렵다.

① 모든 과제는 어렵지 않다.
② 어렵지 않은 과제는 없다.
③ 어떤 학습은 어렵지 않다.
④ 어떤 학습은 과제에 속한다.
⑤ 모든 학습은 과제에 속한다.

**해설**

전제 찾기(6유형)에 해당하는 문제이므로 기호화나 벤다이어그램을 통해 풀이할 수 있다.

1) 첫 번째 문제풀이법 : 간단하게 기호화해서 풀이할 수 있다.
 학습=A, 어렵다=B, 과제=C로 놓고, A와 C가 연결되는 선택지를 찾아야 하기 때문에 중복되는 B에 대한 ①, ②, ③은 제거한다. 제시된 문제가 전제 찾기 6에 해당하므로 '모든 A는 C이다'가 정답이 된다. 따라서 ⑤가 답이다.

2) 두 번째 문제풀이법 : 전제 찾기(6유형)에 해당하는 문제로 벤다이어그램을 통해 문제풀이를 할 수 있다.
 전제 2는 학습과 과제의 연관성을 따져야 하므로, ④와 ⑤가 가능한데, ④의 경우는 결론이 참이 될 수도 있고 참이 될 수 없는 경우도 발생할 수 있다. 따라서 ⑤가 답이된다.

| 전제 1 : 어떤 학습은 어렵다. | 결론 : 어떤 과제는 어렵다. | ④ 어떤 학습은 과제에 속한다. | ⑤ 모든 학습은 과제에 속한다. |
|---|---|---|---|
| 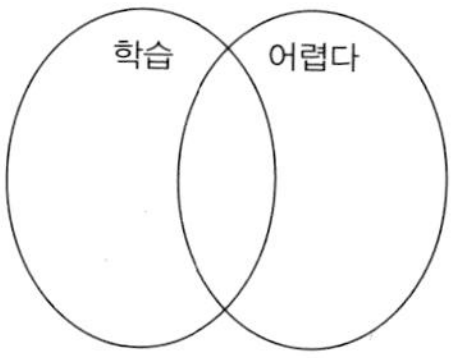  | 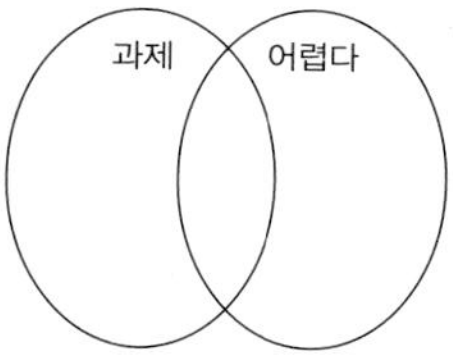  | 아래와 같은 경우가 발생할 수 있기 때문에 반드시 참은 아니다. | 가능하다. |
| | | 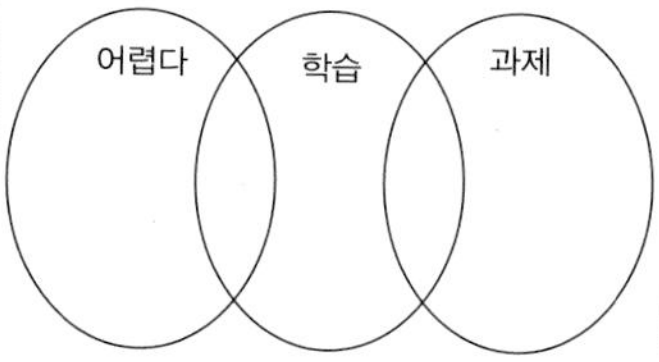  | 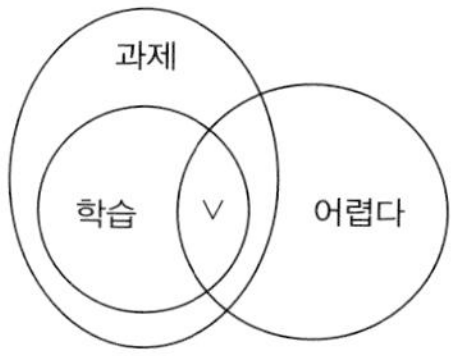  |

▶ 정언명제 전제 찾기(6유형) 문제

## 06 빈칸에 들어갈 알맞은 전제는?

> **전제 1** : 로맨스를 좋아하는 어떤 사람은 발라드를 좋아한다.
> **전제 2** : (                                        )
> **결론** : 섬세하지 않은 어떤 사람은 발라드를 좋아한다.

① 로맨스를 좋아하는 어떤 사람은 섬세하지 않고 발라드를 좋아하지 않는다.
② 로맨스를 좋아하는 어떤 사람은 발라드를 좋아하지 않는다.
③ 로맨스를 좋아하는 모든 사람은 발라드를 좋아하지 않는다.
④ 로맨스를 좋아하는 모든 사람은 섬세하지 않다.
⑤ 로맨스를 좋아하는 어떤 사람은 섬세하지 않다.

**해설**

전제 찾기(6유형)에 해당하는 문제로 기호화를 하거나 벤다이어그램을 통해 풀이가 가능하다.

1) 첫 번째 문제 풀이법 : 간단하게 도식화해서 풀이할 수 있다.
로맨스 영화=A, 발라드=B, 섬세X=C로 놓고, A와 C가 연결되는 선택지를 찾아야 하기 때문에 중복되는 B에 대한 ①, ②, ③을 제거한다. 남아 있는 선택지 중에서 전제 찾기(6유형)에 해당하는 답을 찾으면 ④ 로맨스 영화를 좋아하는 모든 사람은 섬세하지 않다가 답이 된다.

2) 두 번째 문제풀이법 : 전제 찾기(6유형)에 해당하는 문제로 벤다이어그램을 통해 문제풀이를 할 수 있다.

<table>
<tr><td>전제 1 :<br>로맨스 영화를 좋아하는 어떤 사람은 발라드를 좋아한다.</td><td>결론 :<br>섬세하지 않은 어떤 사람은 발라드를 좋아한다.</td><td>④ 로맨스 영화를 좋아하는 모든 사람은 섬세하지 않다.</td><td>⑤ 로맨스 영화를 좋아하는 어떤 사람은 섬세하지 않다.</td></tr>
<tr><td rowspan="2">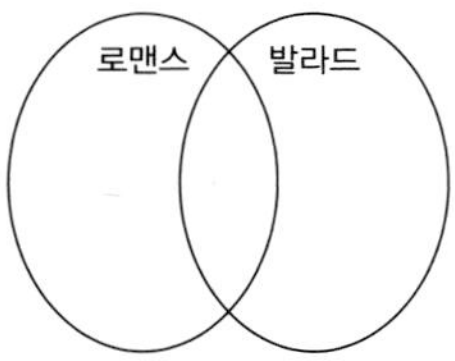
</td><td rowspan="2">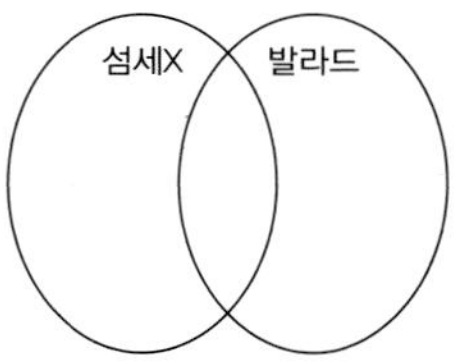
</td><td>가능하다.</td><td>아래와 같은 경우가 있기 때문에 언제나 참은 아니다.</td></tr>
<tr><td>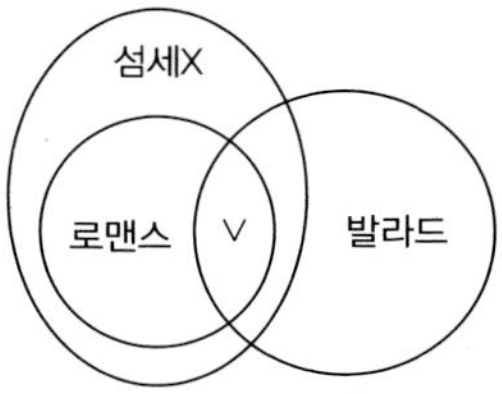
</td><td>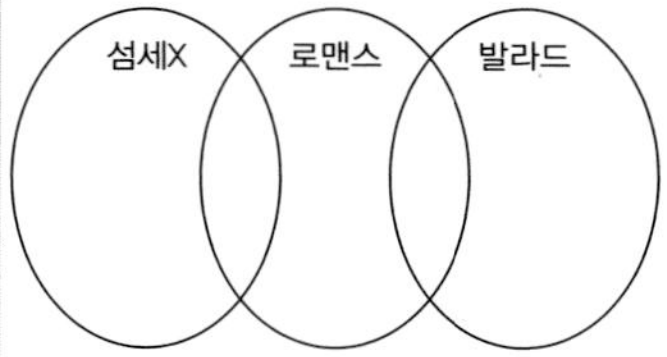
</td></tr>
</table>

## 기타 복잡한 명제 풀이법

**유형 04**

### 대우를 활용한 단순한 명제 풀이

보통 정언명제와 가언명제가 섞여서 나오는 일반적이고 단순한 경우로, 대우를 이용하여 연쇄적으로 연결하여 쉽게 풀이할 수 있는데, 정언으로 제시되어 확정된 정언(모든)명제를 기준으로 정언명제 → 가언(조건)명제 → 선언명제 순서로 조건들을 고려하면서 풀이한다.

**더 알기 TIP**

### 정언, 조건, 선언 명제 등이 복잡하게 섞여 있는 경우

앞에서 살펴본 대로 간단한 정언(모든), 정언(어떤)명제의 경우 정언삼단논법 대입법을 통해 풀이하면 되는데, 가언(조건)명제로만 되어있는 난해한 문제나, 정언, 조건, 선언 기타 명제 등이 복잡하게 섞여 있는 경우에는 기호화를 통해 빠르게 문제풀이를 하는 것이 효율적이다.

▶ 대우를 활용한 단순한 명제 풀이 문제

**07 공기업 입사에 성공한 홍길순이 아래의 일정으로 섬투어를 계획하고 있는데 주어진 일정대로 여행을 할 경우, 홍길순이 여행하게 될 모든 섬은?**

ㄱ. 홍길순이 제일 처음 여행할 섬은 제주도이다.
ㄴ. 홍길순이 가파도에 간다면 제주도에는 가지 않을 것이다.
ㄷ. 홍길순은 가파도에 가거나 우도에 간다.
ㄹ. 홍길순이 마라도에 가지 않는다면 우도에도 가지 않는다.
ㅁ. 홍길순은 우도에 가고 새섬에도 간다.

① 제주도, 가파도
② 제주도, 우도, 새섬
③ 제주도, 가파도, 마라도, 새섬
④ 제주도, 우도, 마라도, 새섬
⑤ 제주도, 가파도, 우도, 마라도, 새섬

**해설**

이 문제의 경우에는 정언(모든)명제를 중심으로 기호화 없이 쉽게 풀이해도 되지만 기호화를 하면 보다 간편하게 풀이가 가능하다.

| | | |
|---|---|---|
| ㄱ | 홍길순이 제일 처음 여행할 섬은 제주도이다. | 제주도 |
| ㄴ | 홍길순이 가파도에 간다면 제주도에는 가지 않을 것이다. | 가파도→~제주도, 따라서 ①, ③, ⑤는 소거 |
| ㄷ | 홍길순은 가파도에 가거나 우도에 간다. | 가파도∨우도 |
| ㄹ | 홍길순이 마라도에 가지 않는다면 우도에도 가지 않는다. | ~마라도→~우도=우도→마라도, 따라서 ② 소거 |
| ㅁ | 홍길순은 우도에 가고 새섬에도 간다. | 우도∧새섬 |
| 결론 | ㄱ에 의해 제주도, ㅁ에 의해 우도, 새섬, ㄹ에 의해 마라도에 가게 되므로, 홍길순이 여행하게 될 섬은 제주도, 우도, 마라도, 새섬이 된다. | |

유형 05

## 기호화를 활용한 복잡한 명제 풀이

가언명제로만 되어있는 난해한 문제나, 가언명제, 선언명제, 연언명제, 기타명제가 복잡하게 결합된 문제들은 기호화나 동치관계를 이용하여 풀이한다.

더 알기 TIP

**1. 기호화 : 명제 문제를 풀기 위해 우선적으로 해야 할 일은 명제를 단순하게 기호화하는 작업이다.**

| 기본명제 | | 기호화 | 의미 |
|---|---|---|---|
| 부정 | p가 아니다 | ~p | |
| 연언 | p 그리고 q이다 | p∧q | |
| 선언 | p 또는 q이다 / p이거나 q이다 | p∨q | |
| | | p⊻q | p가 성립하면 q가 성립하지 않고, q가 성립하면 p가 성립하지 않는 배타적인 관계의 경우의 표현법이다. |
| 가언 (조건) | p이면 q이다<br>오직 q만이 p이다<br>p이면 반드시 q이다<br>p이기 위해서는 q여야 한다<br>q일 경우에만 p이다<br>q에 한하여 p이다 | p → q | 명제 또는 조건명제라고 하고 p를 전건, q를 후건이라 부른다.<br>충분조건이 화살표의 꼬리에, 필요조건이 화살표의 머리에 오도록 기호화하면 된다. |
| | p가 참석하면 q는 불참한다 | p → ~q | |
| | p 또는 q가 찬성하면 r은 반대한다 | p∨q → ~r | |

**2. 동치 : 두 복합명제 p, q에 대하여 가능한 모든 경우에 같은 진리값을 가지면 p, q는 논리적 동치라고 하고 p ≡q로 표현한다. 필요충분 조건에 해당한다.**

**1) 조건 – 논리합 동치**

p → q는 ~p∨q와 논리적 동치이며 이것을 조건 – 논리합 동치라고 부른다.

p → q ≡ ~p∨q

**2) 드모르간 법칙**

드모르간 법칙이란 부정에 관한 것으로 ∧의 부정은 ∨가 되고, ∨의 부정은 ∧가 된다.

~(p∨q) ≡ ~p∧~q

~(p∧q) ≡ ~p∨~q

**3) 대우법칙**

명제의 '역'이란 가정과 결론을 바꾼 것, 명제의 '이'란 원래의 명제를 부정한 것, 명제의 '대우'란 '역'을 부정한 것을 의미한다. 어떤 명제가 있을 때 그 원래 명제와 '대우'는 진리값이 같다. 즉 명제가 참이면 명제의 대우도 참이고 명제가 거짓이면 대우도 거짓이 된다.

▶ 기호화를 활용한 복잡한 명제 문제

## 08 다음의 명제가 모두 참이라고 가정할 때, 반드시 참인 명제는?

**전제 1** : 회계부장이 외부에 출장을 가면 회계업무에 차질이 빚어진다.
**전제 2** : 회계업무에 차질이 빚어지면 결제가 지연된다.
**전제 3** : 결제가 지연되면 벌금이 발생한다.

① 벌금을 내면 결제가 지연된다.
② 결제가 지연되면 회계부장이 외부에 출장을 간 것이다.
③ 벌금을 내면 회계업무에 차질이 빚어진다.
④ 결제가 지연되면 벌금이 발생하지 않는 것이다.
⑤ 벌금이 발생하지 않는 것은 회계부장이 외부에 출장을 가지 않았다는 것이다.

**해설**

명제를 기호화하고, 대우를 통해 연결하여 풀이한다.

1단계 : 명제를 기호화하여 삼단논법으로 구성한다.
전제 1. 출장 → 회차
전제 2. 회차 → 결지
전제 3. 결지 → 벌금

2단계 : 각각의 전제를 연결하여 정리한다.
출장 → 회차 → 결지 → 벌금

3단계 : 시작과 끝을 연결하여 결론을 도출하고 대우를 찾는다.
출장 → 벌금 = ~벌금 → ~출장

기호화를 활용한 복잡한 명제 문제

**09** **주어진 제시문의 내용이 참일 때 반드시 참인 것을 보기에서 모두 고르시오.**

박사 4명 중에 적어도 한 명을 수능출제위원으로 추천하려고 한다. 추천 조건은 아래와 같다.
- 강 교수와 이교수를 추천하면 박교수도 추천한다.
- 박 교수를 추천하면 정교수도 추천한다.
- 정 교수는 추천하지 않는다.

〈보기〉

㉠ 강 교수와 박 교수 모두 추천한다.
㉡ 정 교수와 이 교수 중 누구도 추천하지 않는다.
㉢ 강 교수를 추천하지 않으면 이 교수를 추천한다.

① ㉠ ② ㉢ ③ ㉠, ㉡ ④ ㉡, ㉢ ⑤ ㉠, ㉡, ㉢

해설

추천 조건을 기호화하고, 대우를 통해 풀이하면 된다.

| 구분 | | 기호화 | 문제풀이 |
|---|---|---|---|
| 추천조건 | ⓐ 강 교수와 이 교수를 추천하면 박 교수도 추천한다. | 강∧이 → 박<br>(대우) ~박 → ~(강∧이) | ⓐ와 ⓑ에 의해 = 강∨이∨박∨정<br>ⓑ의 대우와 ⓒ를 연결 = ~박<br>ⓐ의 대우 = ~강∨~이<br>따라서 박 교수와 정 교수는 추천되지 않았고, 강 교수와 이 교수의 추천여부는 결정되지 않는다. |
| | ⓑ 박 교수를 추천하면 정 교수도 추천한다. | 박 → 정<br>(대우) ~정 → ~박 | |
| | ⓒ 정 교수는 추천하지 않는다. | ~정 | |
| 보기 | ㉠ 강 교수와 박 교수 모두 추천한다. | 거짓 | 박 교수는 추천되지 않았고 강 교수의 추천여부는 결정되지 않는다. |
| | ㉡ 정 교수와 이 교수 중 누구도 추천하지 않는다. | 거짓 | 정 교수는 추천되지 않지만 이 교수의 추천여부는 결정되지 않는다. |
| | ㉢ 강 교수를 추천하지 않으면 이 교수를 추천한다. | 참 | 박 교수와 정 교수가 추천되지 않으므로 강 교수가 추천되지 않는다면 이 교수가 추천을 받게 된다. |

▶ 참인 명제 찾기 명제 문제

## 10 다음에 제시된 내용을 근거로 할 때, 항상 참이 되는 명제는?

> **전제 1** : 짜장면을 좋아하는 사람은 칼국수도 좋아한다.
> **전제 2** : 싱글족들은 외식을 자주하거나 짜장면을 좋아한다.
> **전제 3** : 칼국수를 좋아하는 사람은 밀가루 음식을 즐겨 먹는다.

① 칼국수를 좋아하는 사람은 짜장면을 좋아하지 않는다.
② 싱글족들은 밀가루 음식을 즐겨 먹는다.
③ 외식을 자주하는 사람은 싱글족이다.
④ 짜장면을 좋아하는 사람은 외식을 자주한다.
⑤ 밀가루 음식을 즐겨 먹는 사람은 싱글족이다.

**해설**

명제를 기호화하여 연결한 후 결론을 도출하고 시작과 끝을 연결하여 풀이할 수 있다.

1단계 : 삼단논법을 적용하여 명제를 기호화한다.
전제 1 : 짜장면 → 칼국수
전제 2 : 싱글족 → 외식 or 짜장면
전제 3 : 칼국수 → 밀가루

2단계 : 연결하여 정리한다.
싱글족 → 짜장면 → 칼국수 → 밀가루

3단계 : 시작과 끝을 연결하여 결론을 도출한다.
싱글족 → 밀가루

기호화를 활용하여 명제 찾기 문제

## 11 다음 빈칸에 들어갈 문장으로 알맞은 것은?

**명제 1** : 체육을 잘하는 사람은 공부를 잘하지 못한다.
**명제 2** : (                                        )
**결론** : 공부를 잘하는 사람은 영어를 잘한다.

① 영어와 체육을 잘하는 사람은 공부를 잘한다.
② 영어 또는 공부를 잘하는 사람은 체육을 잘하지 못한다.
③ 체육을 잘하지 못하는 사람은 영어를 잘하지 못한다.
④ 체육을 잘하지 못하는 사람은 공부를 잘하지 못한다.
⑤ 영어를 잘하지 못하는 사람은 체육을 잘한다.

해설

명제를 기호화한 후, 겹치는 부분은 제외하고 대우 등을 적용하여 나머지 2개의 키워드가 연결된 답을 찾는다.

| 명제 | 내용 | | 기호화 |
|---|---|---|---|
| 명제 1 | 체육을 잘하는 사람은 공부를 잘하지 못한다. | | 체육 → ~공부 ≡ 공부 → ~체육 |
| 결론 | 공부를 잘하는 사람은 영어를 잘한다. | | 공부 → 영어 ≡ ~영어 → ~공부 |
| 분석 | 공부가 겹치기 때문에 공부를 제외하고 영어와 체육의 관계에 대한 명제를 찾아야 한다. 따라서 영어와 체육이라는 2개의 키워드가 들어가지 않은 ①, ②, ④는 제외하고 풀이한다.<br>(공부 → ~체육)과 (공부 → 영어)가 연결되기 위해 필요한 전제는 (~체육 → 영어) 또는 (~영어 → 체육)이 필요하다.<br>따라서 ⑤가 정답이다. | | |
| 분석 | 명제 1 | 명제 2 | 결론 |
| 분석 | 체육 → ~공부 ≡ 공부 → ~체육 | ~영어 → 체육 또는 ~체육 → 영어 | 공부 → 영어 ≡ ~영어 → ~공부 |

> 기호화를 활용한 결론 도출 문제

## 12 다음에 주어진 전제를 통해 도출될 수 있는 결론으로 적절한 것은?

**전제 1** : 홍길순이 대구에 있는 ㈜한국전자에 입사한다면 이사를 가지 않을 것이다.
**전제 2** : 홍길순이 이사를 가지 않는다면 컴퓨터를 잘하지 못할 것이다.
**결론** : (                                        )

① 홍길순이 이사를 가지 않는다면 ㈜한국전자에 입사할 것이다.
② 홍길순이 컴퓨터를 잘하지 못한다면 이사를 가지 않은 것이다.
③ 홍길순이 컴퓨터를 잘하지 못한다면 ㈜한국전자에 입사한 것이다.
④ 홍길순이 ㈜한국전자에 입사하지 않거나 컴퓨터를 잘하지 못할 것이다.
⑤ 홍길순이 ㈜한국전자에 입사했거나 컴퓨터를 잘할 것이다.

**해설**

명제를 도식화하고 연결하여 답을 찾는다. 대우 등을 적용하여 나머지 2개의 키워드가 연결된 답을 찾는다.

| 명제 | 내용 | | 기호화 |
|---|---|---|---|
| 전제 1 | 홍길순이 대구에 있는 ㈜한국전자에 입사한다면 이사를 가지 않을 것이다 | | 입사 → ~이사 |
| 전제 2 | 홍길순이 이사를 가지 않는다면 컴퓨터를 잘하지 못할 것이다. | | ~이사 → ~컴 |
| 분석 | 전제 1 | 전제 2 | 결론 |
| 분석 | 입사 → ~이사 | ~이사 → ~컴 | 입사 → ~컴 ≡ ~입사∨~컴 |
| 분석 | 전제 1과 전제 2를 연결하면 (입사 → ~이사 → ~컴) ≡ (입사 → ~컴) ≡ ~입사∨~컴<br>따라서 '입사하지 않거나 컴퓨터를 잘하지 못할 것이다.'가 정답이다. | | |

기호화를 활용한 명제 찾기 문제

**13** **월드컵 예선 A조에는 한국, 이란, 레바논, 아랍에미리트, 이라크가 속해 있는데, 16강에 진출하기 위해 치열하게 경쟁 중이다. 다음의 진술이 모두 참이라고 가정할 때 성실의 결론이 참이기 위해서 미아의 진술로 적절한 것은?**

> 은정 : 이란이 다음 경기에 패배하고 이라크까지 다음 경기에 패배한다면 한국은 16강에 진출할 수 있을거야.
> 병규 : 이란이 패배하지 않는다면 한국이 16강에 진출하게 된다는 것도 사실이지.
> 미아 : (                                        )
> 성실 : 모두의 말대로라면 한국의 16강 진출은 사실상 확정이라는 것이군, 야호!

① 한국은 다음 경기에서 반드시 승리할 것이다.
② 레바논은 다음 경기에서 반드시 패배할 것이다.
③ 이란 혹은 이라크 두 팀 중 최소한 한 팀은 반드시 패배할 것이다.
④ 이란이 승리한다면 이라크는 반드시 패배할 것이다.
⑤ 이라크가 패배하지 않는다면 한국은 16강에 진출하게 될 것이다.

**해설**

주어진 명제를 기호화하고 정리하여 풀이한다.

| 구분 | | 기호화 | 풀이 |
|---|---|---|---|
| 은정 | 이란이 다음 경기에 패배하고 이라크까지 다음 경기에 패배한다면 한국은 16강에 진출할 수 있을거야 | 이란∧이라크→한국16강 | 은정의 진술에 의해 이란과 이라크가 패배하면 한국이 16강에 진출하게 된다.<br>병규에 의하면 이란이 패배하지 않는다면 한국이 16강에 진출하게 된다.<br>위의 진술들에 의해 미아의 진술에는 이란과 이라크의 패배 여부와 무관하게 한국의 16강이 확정되어야 한다.<br>따라서 정답은 ⑤~이라크 → 한국16강이 된다. |
| 병규 | 이란이 패배하지 않는다면 한국이 16강에 진출하게 된다는 것도 사실이지 | ~이란→한국16강 | |
| 미아 | | | |
| 성실 | 모두의 말대로라면 한국의 16강 진출은 사실상 확정이라는 것이군, 야호!! | 한국16강 | |

PART

02

# 자소서·면접 완벽 가이드

차례

SECTION

# 01 쉽게 시작하는 지원서/자소서 작성

## 01 NCS 자기소개서의 이해

입사지원서 서류전형에 통과해야 하는 자기소개서는 면접전형에서도 유일한 자료가 되기 때문에 제대로 작성하는 것이 매우 중요하다. 자기소개서는 역량, 경험, 직무 3가지의 요소를 기억해야 한다. 자기소개서에서 가장 중요하게 평가하는 항목은 직무관련 경험이기 때문이다.
직무관련 경험은 과정과 노력으로 그 근거를 제시하여야 하며 경험을 통하여 지원자의 직무역량을 제시하여야 한다. 기업과의 적합성과 지원자의 특별한 지원동기 등 여러 가지 요소를 기업에서는 평가하지만 중점을 두는 부분은 직무와의 적합성이다.

자기소개서를 잘 작성하기 위해서는 지원자의 경험 정리는 필수이다. 경험 정리를 오래 전부터 준비해왔던 지원자라면 자기소개서를 작성하는 데 많은 도움이 될 것이다. 그렇지 못했다면 경험 정리표를 활용하여 지금까지 경험을 정리하며 '나'에 대한 분석이 필요하다. 그리고 직무기술서나 기업 홈페이지의 직무소개를 참고하여 직무역량을 파악하고 나의 경험과 가장 적합한 직무역량을 연결한다. 자기소개서를 작성하는 절차를 크게 나누면 다음과 같다.

| | |
|---|---|
| 1단계 | 자신의 경험 정리하기 – 경험 정리표 활용 |
| 2단계 | 직무역량 파악하기 – 직무기술서, 기업 홈페이지 |
| 3단계 | 역량과 경험을 연결하기 |
| 4단계 | 경험을 구체적으로 작성하기 |
| 5단계 | 가독성과 차별화를 중점으로 수정하기 |

수많은 지원자와 경쟁을 해야 하므로 나의 경험을 구체적으로 작성하여 가독성과 차별화에 신경써서 작성해야 한다. 단시간에 거쳐 자기소개서를 완성하는 것이 아닌 지속적인 수정과 첨삭을 거쳐 지원기업에 적격한 자기소개서를 작성하도록 한다.

## 02 자기소개서의 구조와 내용

문제의 유형에 따라 드러내야 하는 역량과 강점을 기술하는 방법은 여러 가지가 있을 수 있다. 산업분석과 기업분석의 내용이 필요한 회사 지원동기, 직무 전문성, 입사 후 포부 등의 문제는 산업과 기업에 대한 충분한 이해와 지원자의 직무를 위한 노력 또는 앞으로의 비전과 목표를 제시하며 연결과 나열식으로 작성할 수 있다. 직무 적합성, 조직 적합성 또는 인성 및 태도와 관련된 문제는 경험을 바탕으로 근거를 제시하여 나의 역량을 어필해야 한다. 경험 작성은 꼭 STAR기법, CAR기법 등에 맞추어 작성해야 하는 것은 아니지만 두 기법은 내 경험을 가장 논리적으로 설득시킬 수 있는 효과적인 방법이다. 다음의 STAR기법을 활용한 합격 자기소개서(경험 항목)를 보며 작성 시 꼭 지켜야 하는 구조와 내용을 살펴보도록 한다.

### 01 구조와 내용 기본을 지키는 경험 작성법

**소제목 작성**

도전! 창업경진대회

① 전체 글을 요약할 수 있는 소제목이다.
② 핵심역량 단어, 경험, 성과 등이 포함된다.
③ 너무 길지 않고 간단하면서 읽고 싶은 제목을 작성한다.
④ 공기업 자기소개서 평가자들은 시간관계상 전체 글을 읽지 않는다. 글의 제목을 제대로 작성하면 가독성이 높고 친절한 자기소개서가 될 수 있다.

**두괄식 첫문장**

○○○ 창업경진대회에서 제품을 개발하고 사업실현 과정을 PT로 발표하여 좋은 성과를 낸 도전의 경험이 있습니다.

① 첫 문장은 반드시 문제에 대한 답을 한 줄로 명확하게 요약한 전체 글의 중심 문장으로 작성해야 한다.
② 소제목을 한 줄의 문장으로 구체적으로 작성한다.
③ 경험(○○○ 창업경진대회)과 본인의 역할(제품 개발), 수행(PT 발표), 핵심역량 단어(도전), 성과를 작성한다.

**상황과 역할**

대중들 앞에서 발표하는 것을 두려워했고 대학교 조별 과제에서 발표를 맡아도 긴장감으로 망치는 등 발표는 극복해야만 하는 과제가 되었습니다. 그러던 중 창업경진대회에 대한 정보를 얻고 같은 과 친구들과 함께 도전하게 되었습니다.

① 경험의 원인 또는 문제점을 기재하며 지원자의 역할을 작성한다.
② 경험에 대한 상황을 작성할 때 경험의 원인이 문제 발생이고 지원자의 문제해결능력으로 설득하고자 한다면, 문제 발생 과정을 너무 나열하거나 글의 많은 부분을 차지하지 않도록 주의한다.

**행동 : ACTION**

팀원들과 함께 아이디어 발상과 제품 실현 가능성, 수익성에 대하여 자료를 조사하고 팀원으로서 발표를 지원하여 더욱 적극적인 자세로 대회를 준비하였습니다. 첫째, 긴장을 풀 수 있는 효과적인 방법으로 발표 내용을 완벽히 숙지하였습니다. 둘째, 전달력을 잘 살리기 위해 아나운서 스피치로 매일 아침마다 30분씩 교재를 낭독했고 10차례 이상 녹음본을 팀원들과 공유하며 단점을 찾아내고 수용하였습니다. 셋째, 우리의 사업 아이템에 관하여 타당성과 소비자 니즈에 대한 정보를 지속적으로 분석하고 조사하였습니다.

자기소개서에서 가장 중요한 부분이다. 경험의 상황이나 역할 또는 문제점 보다는 지원자의 역량이 가장 잘 드러나는 부분이기 때문이다.

① 문제를 해결한 방법과 상대방을 설득시키거나 어떤 문제를 해결하기 위하여 지원자가 어떤 방법과 얼마만큼의 노력을 하였는지, 포기하지는 않았는지 등의 태도를 평가할 수 있도록 작성한다.
② 평가자는 지원자가 얼마만큼 노력을 했고 그 과정 속에서 어떠한 역량이 드러나는지 행동에서 밝히려고 한다.
③ 가장 많은 분량을 작성하도록 한다. 공기업에서 문제를 항목별로 나누어(1-1. 경험과 원인, 1-2. 상황 및 역할, 1-3. 행동, 1-4. 느낀점 및 기여도) 작성하도록 한 경우를 볼 수 있다. 이때, 1-3 행동 작성 항목에서 글자 수(분량)가 가장 많이 주어진다.
④ 경험에 대한 지원자의 노력을 매우 구체적으로 작성하는 것이 좋다.

**결과 : 느낀점, 기여도**

우리 팀은 협동상과 3등을 수상하였고 제 인생에 가장 멋진 도전이었습니다. 이후로도 저는 효과적인 프리젠테이션 능력향상을 위하여 독서와 낭독을 꾸준히 실행하고 있습니다. 어려운 도전도 할 수 있다는 마음가짐으로 공단의 발전에 보탬이 되는 직원이 되겠습니다.

① 경험에 대한 결과를 작성한다.
② 경험의 결과로 지원자가 느낀점이나 경험으로 얻은 역량으로 국민, 기업, 국가에 기여할 수 있는 점을 작성한다.
③ 경험으로 인하여 지속적인 발전 또는 확장할 수 있는 역량을 작성한다.

---

※ 다음은 한수원의 자기소개서 질문이다. 행동부분 작성이 얼마나 중요한지 잘 보여주는 질문이다. 한 가지 문항을 3부분으로 나누어 기재해야 하며 1-2.에서는 구체적인 노력을 기술해야 한다. 또한 다른 부분의 2배 분량인 400자 이내로 작성해야 한다. 기업에서 지원자의 노력의 과정을 구체적으로 평가하고 싶지만 많은 지원자들이 노력보다는 문제에 더 많은 분량을 작성하거나 노력을 구체적으로 작성하지 않아 설득력이 떨어진다.

**1. 집단(학교, 회사, 동아리, 동호회 등)의 원만한 화합, 또는 공동의 목표 달성을 위해 남들보다 더 많이 노력하고 헌신했던 경험을 아래 세부 항목에 따라 구체적으로 작성해 주십시오.**

**1-1. 언제, 어디서 있었던 일이며, 당시 갈등 상황이나 목표는 무엇이었는지 기술하여 주십시오. (200자 이내)**

**1-2. 당신의 역할은 무엇이었으며, 집단의 화합 또는 목표 달성을 위해 구체적으로 어떤 노력을 하셨는지 기술해 주십시오. (400자 이내)**

**1-3. 본인이 노력한 결과는 어떠하였고, 이 일이 집단 혹은 공동체에 미친 영향을 기술하여 주십시오. (200자 이내)**

## 02 구조와 내용 : 가독성과 수치화

**행동 : ACTION**

팀원들과 함께 아이디어 발상과 제품 실현 가능성, 수익성에 대하여 자료를 조사하고 팀원으로서 발표를 지원하여 더욱 적극적인 자세로 대회를 준비하였습니다. 첫째, 긴장을 풀 수 있는 효과적인 방법으로 발표 내용을 완벽히 숙지하였습니다. 둘째, 전달력을 잘 살리기 위해 아나운서 스피치로 매일 아침마다 30분씩 교재를 낭독했고 10차례 이상 녹음본을 팀원들과 공유하며 단점을 찾아내고 수용하였습니다. 셋째, 우리의 사업 아이템에 관하여 타당성과 소비자 니즈에 대한 정보를 지속적으로 분석하고 조사하였습니다.

① 행동을 작성하는 부분에서 가독성을 높이고, 수치화로 지원자의 노력 및 과정을 강조할 수 있다.
② 지원자가 어필하고자 하는 '도전'과 유사한 표현을 사용하여 글의 흐름을 이어간다. '적극적인 자세, 책임감, 노력, 끈기, 포기하지 않은' 등의 비슷한 단어를 사용하여 한 문제에는 한 가지의 역량을 강조하여 통일성을 갖춘다.
③ 노력의 과정을 '첫째, 둘째, 셋째'를 사용하여 가독성을 높이면 평가자가 읽기에도 편하다.
④ '매우 노력했다, 잘 해결했다' 의 막연한 결과 및 과정이 아닌 구체적인 노력의 정도를 파악할 수 있는 '30분씩, 10차례' 등으로 수치화하여 지원자의 도전과 책임감 역량을 강화한다.
⑤ 흔한 경험일수록 더욱 구체적으로 쓰는 것이 좋다.

## 03 구체적 단어 사용

지원자의 경험이나 직무를 위한 노력 등을 작성 할 때, 관련된 단어를 구체적(하위 단어)인 단어로 사용한다. 어려운 전문용어가 아닌 과정과 노력을 나타낼 수 있는 관련된 구체적 단어를 사용하여 다른 지원자와 차별화할 수 있다.

**기술직 예시**

| X | O |
|---|---|
| ✓ 토목관련 강의와 지질학을 공부~<br>✓ 실무적인 이론을 ~<br>✓ 재료역학, 건설사업설계<br>✓ 입법자료와 안전관리<br>✓ 응용지질기사 자격증<br>✓ 산업안전보건법 이론<br>✓ 국토부의 현황자료를 ~<br>✓ 토질 및 기초에 관한 공부 | ✓ 현장에서 시공확인을 위한 검측을 진행하였고 공사의 규모와 현장조건을 감안한 검측절차, 검측시기 또는 검측빈도, 검측 체크리스트 등의 검측업무 지침에 따른 ~<br>✓ 가설공사, 흙파기 공사, 수장공사, 지붕 및 홈통 공사, 옥외공사 등 공사의 절차에 따라 ~, 공사의 범위에 따라 시방서의 내용을 구성 ~<br>✓ 터널 공법(락볼트, 숏크리트, 워터커튼, 굴착공법 등)을 경험했습니다. |

## 03 경험 정리법

동아리 활동, 팀프로젝트, 연구활동, 봉사활동, 인턴, 아르바이트, 공모전 등 지원자가 지금까지 어떤 경험을 했는지 정리해 보고, 단점보다는 장점이 부각될 수 있도록 작성해 본다. 경험마다 지원자가 어떤 역량을 드러내고자 하는지 잘 결정하고 자기소개서 문항과 가장 적합한 경험을 정리해 보도록 한다. 경험 정리는 어디에서 무슨 일을 했는지, 지원자의 역할은 무엇이었는지 세부적으로 작성할수록 좋다. 역할에 따른 역량을 정리하고 직무기술서나 직무용어를 참고하여 핵심 키워드까지 도출한다.

### 01 경험 정리 작성 예시

| 언제 | 어디에서, 무슨 일 | 역할 | 내가 했던 일, 구체적 | 직무역량, 핵심 키워드 |
|---|---|---|---|---|
| 2021.10. ~ 2021.02. | 편의점<br>아르바이트 | 전체 매장 관리 | 청소, 매장관리, 상품진열, 계산, 고객 응대, 판매, 재고관리, 상품 오더, 이벤트 상품 관리 등 | 꼼꼼함<br>멀티플레이어<br>의사소통<br>창의력, 준비성<br>고객 친화력 |
| 2022.06. ~ 2022.08. | ○○ 구청<br>대학생 봉사 | 초등학생지도<br>재능기부 | 방학 동안 초등학생 국어, 수학 과목을 지도하며 아이들의 성향 파악, 맞춤 지도, 상대방 배려 | 지도력, 통솔력<br>의사소통, 도전<br>학습준비<br>학생들 운영 및 관리<br>배려, 소통 |
| 2023.01. ~ 2023.10. | ○○에너지<br>서포터즈 | 블로그 활동,<br>SNS 홍보,<br>이벤트 홍보 | 에너지 사용 실태 조사<br>절약 방법 제안<br>홍보자료 제작<br>온라인 마케팅 | 자료조사 및 활용 능력<br>컴퓨터 활용<br>인터뷰 자료 준비<br>분석력 |
| 2023.03. ~ 2023.06. | 공모전 | 창업경진대회 | 발표, 사업계획서<br>자료조사, 시장분석<br>제품 타당성 조사<br>PT 디자인 | 팔로우십, 디자인능력<br>협업, 자료분석능력<br>자료활용능력 |
| ~ | 연구활동 및 학업 | ~ | ~ | ~ |
| ~ | 해외탐방 | ~ | ~ | ~ |
| ~ | 팀 프로젝트 | ~ | ~ | ~ |
| ~ | 인턴 | ~ | ~ | ~ |

## 04 자기소개서 대표 질문 분석

NCS 자기소개서 질문 유형은 표준화되어 지원자는 미리 질문 유형을 살펴볼 수 있다. ncs.go.kr 사이트에 자기소개서 질문 사례를 제시하고 있으며, 많은 공기업 및 공기관에서 실제로 사용하고 있는 질문이다. 대표적인 자기소개서 질문를 통하여 묻고 있는 역량은 다음과 같다.

| 유형 1 | 유형 2 | 같은 유형의 질문 |
|---|---|---|
| 인성&태도역량 | 책임감 | 성실성, 끈기, 열정, 도전 |
| | 전문성 | 자기계발, 입사 후 포부 |
| | 공익성 | 직업윤리, 봉사, 배려 |
| | 창의성 | 도전, 문제해결 |
| 직업기초능력 및 직무역량 | 의사소통 | 의사표현, 설득력, 갈등관계, 대인관계 |
| | 문제해결 | 상호협력, 팀워크, 조직관계 |
| | 조직적합 | 친화력, 상사와의 문제갈등 해결, 관련 부서와의 협업능력, 팀워크 |
| | 직무적합 | 직무를 위한 노력, 강점, 자기계발, 전문성, 직무 지원동기 |
| 기본사항 | 지원동기 | 1분 자기소개, 직무 지원동기, 회사 지원동기 |
| | 입사 후 포부 | 자기계발, 전문성 |
| | 성격 장단점 | 직무 지원동기 |

유형 2의 책임감부터 성격 장단점까지 항목별로 자기소개서를 작성해두면, 같은 유형의 질문도 연결하여 작성할 수 있다. 예를 들어, 조직적합도 자기소개서 항목을 작성하였다면 조직적합도를 묻는 질문, 상호협력이나 상사와의 문제갈등, 팀워크, 친화력 등의 질문에도 답변이 가능하다. 대표 질문별로 자기소개서를 작성하고 빈출 질문을 많이 살펴보며 어느 역량을 묻고 있는지 파악하는 것도 중요하다.

### 01 질문 분석과 작성 방향

#### 1) 의사소통능력

- **본인의 의사를 잘 전달하기 위해 어떠한 방법을 사용하는지 서술하고, 해당 방법을 통해 성공적으로 의견을 관철시킨 경험에 대해 작성해 주십시오.**

〈한국철도공사(코레일) 2020 하반기〉

- **자신이 속했던 조직(학교, 회사, 동아리 등) 안에서 자신과 의견이 다른 조직 구성원을 효과적으로 설득하거나 합의를 이끌어 낸 경험이 있습니까? 당시 상황을 간략하게 요약하고 성공요인이 무엇이라고 생각하는지 기술하여 주십시오.**

〈국민건강보험공단〉

의사소통능력을 평가하는 질문이다. 조직, 타인과의 대화하는 방법을 알고자 하는 질문이며, 설득, 협업 과정에서 논리적으로 제시하며 성공적으로 이끈 경험을 작성한다. 팀플, 불만 고객 응대, 문제를 적극적으로 개선했던 경험 등을 작성할 수 있다. 성과를 제시하고 경험으로 인하여 깨달은 점과 기업에 기여할 수 있는 부분을 작성한다.

### 2) 직무역량

• 지원하는 직무와 관련해서 타인과 비교하여 차별화된 자신만의 핵심 경쟁력이 무엇인지 기술하고, 그러한 경쟁력을 보유하게 된 과정과 입사 후 적용 방안에 대하여 작성해 주십시오.

〈한국철도공사(코레일)〉

• 지원분야와 관련하여 특정 영역의 전문성을 키우기 위해 꾸준히 노력한 경험에 대해 기술하여 주십시오.

직무역량을 묻고 있는 질문이다. 직무기술서 지식, 필요, 기술 중 본인의 경험과 연결하여 작성한다. 특정 영역의 전문성을 키위기 위해 꾸준히 노력한 경험을 노력의 과정 위주로 기재한다. 예를 들어, 예산이나 회계학 과목 공부 후 활용한 적이 있거나 그 후 더 배워야 할 것들, 또는 입사 후 적용하고 싶은 것들과 입사 후 포부로 기재할 수 있다.

### 3) 조직능력, 협업능력

팀원으로서 동료들과 협력하여 좋은 성과를 낸 경험을 소개해 주십시오. 구체적으로 본인의 역할과 협력을 위해 노력했던 점을 함께 기술하여 주십시오.

조직능력, 협업능력을 평가하는 질문이다. 타인과의 협업으로 문제를 잘 해결했던 경험, 소통과 협업으로 좋은 성과를 냈던 경험을 작성할 수 있다. 역할, 상황, 노력, 성과 순서로 노력을 구체적으로 기재한다. 직무 관련된 경험일수록 좋고 인성 · 태도적인 부분의 장점을 과정에서 제시한다.

### 4) 직무적합도(직무전문성)

지원분야의 업무 수행 상 어떤 점에서 본인의 전문성을 발휘할 수 있는지, 본인의 전문성이 소속 조직에 어떤 발전을 가져올 수 있는지 기술하여 주십시오.

직무적합도(직무전문성)을 묻고 있는 질문이다. 직무지원동기와 입사 후 포부 및 기여도로 작성할 수 있다. 지원직무의 필요역량과 나의 역량을 연결하여 작성한다. 경험 또는 직무를 위한 노력의 과정으로 증명하며 그 역량이 조직에 발전을 줄 수 있음으로 마무리 할 수 있다.

### 5) 문제해결능력

• 예상치 못한 어려움에 직면했지만, 이를 해결하신 경험에 대해 기술해 주십시오.

• 단체(학교, 동아리, 회사, 동호회 등)에서 대화나 토론을 통해 상호 입장과 상황을 정확히 이해함으로써 건설적으로 문제를 해결해 본 경험에 대해 기술하여 주십시오.

문제해결능력 또는 문제처리능력을 평가하는 질문이다. 업무를 수행함에 있어 문제 상황이 발생하였을 경우, 창조적이고 논리적인 사고를 통하여 이를 올바르게 인식하고 적절히 해결하였는가를 묻는 질문이며, 문제인식, 대안의 선택, 대안적용 방법 등을 세부적으로 평가한다. 경험으로 근거를 제시해야 하며 단체나 조직에서 대화나 토론을 통해 상호 입장과 상황을 정확히 이해하며 건설적으로 문제를 해결했던 과정을 질문에 알맞게 기재해야 한다. 지원자가 이해하는 문제의 인식과 해결을 해야하는 이유, 문제를 처리 및 해결했던 과정을 구체적으로 작성한다.

### 6) 직업윤리

- 윤리의식(근로윤리 또는 공동체윤리)이 높은 사람임을 입증할 수 있는 사례와 그 근거를 구체적으로 기술하여 주십시오.
- 직장인으로서의 직업윤리가 왜 중요한지 자신의 가치관을 중심으로 설명하십시오.

직업윤리의식을 평가하는 질문이다. 업무를 수행함에 있어 원만한 직업생활을 위해 필요한 태도, 매너, 올바른 직업관을 의미한다. 인간 존중을 바탕으로 봉사하며 책임있고 규칙을 준수하며 예의바른 태도로 업무에 임하는 자세를 갖추었는지가 주요 평가내용이 된다. 다른 사람을 위해 배려했거나 봉사했던 경험, 조직 및 단체에서 규정을 준수하려고 했던 경험을 작성한다.

### 7) 대인관계능력

- 학교나 조직 생활에서 구성원들과 협동을 통해 좋은 결과를 냈던 경험을 기술하시오.
- 본인이 참여하여 수행했던 프로젝트나 팀 작업 중 어려움이 예상되었으나 도전정신을 발휘하여 몰입해 보았던 경험에 대해 기술하여 주십시오.

대인관계능력 중에서도 팀워크능력, 협업능력을 평가하는 질문이다. 대인관계능력이란 업무를 수행함에 있어 접촉하게 되는 사람들과 문제를 일으키지 않고 원만하게 지내는 능력으로 다양한 배경을 가진 사람들과 업무를 수행했거나 다른 사람과 협상을 했던 경험을 기재하도록 한다. 적극적인 참여, 업무의 공유, 팀 구성원으로서의 책임감, 다양한 의견수렴, 협상 가능한 실질적 목표 구축, 최선의 타협방법을 찾는 이유와 과정 등을 드러내어 지원자의 대인관계 역량을 설득시켜야 한다.

### 8) 자원관리능력

팀 프로젝트나 그룹과제와 같은 공동 작업을 할 때 팀원들의 성격과 특성을 잘 파악하여 각 사람들에게 맞는 역할을 부여함으로써 효과적으로 일을 완료한 경험이 있다면 기술하여 주십시오. 구체적인 사례와 함께 본인이 취했던 전략이나 방식들을 중심으로 기술해 주십시오.

자원관리능력(인적자원관리)을 평가하는 질문이다. 자원관리에는 인적, 물적, 시간, 예산 등의 하위요소가 있으며 이와 관련된 경험을 작성한다. 확보하고 있는 자원을 파악하고 어떻게 활용할 것인가를 계획할 수 있어야 하며, 업무의 효율을 높이기 위하여 자원을 잘 관리하는 지원자임을 보여야 한다. 팀 프로젝트, 아르바이트 등에서 조직 내 사람을 잘 관리했던 인적자원관리 경험이나, 물품이나 재료 등을 오류나 낭비 없이 준비, 활용했던 물적자원관리 경험 등 구체적인 내용을 기재하여 이러한 역량이 앞으로 기업에 도움이 될 수 있다고 마무리한다.

## 05 직무기술서의 활용

### 01 역량 단어 찾아 경험과 연결하기

직무기술서 기반의 지식 · 기술 · 태도 핵심역량을 이해하며 나의 경험과 가장 적합한 역량을 찾을 수 있다. 사무행정직 직무기술서를 활용하여 역량 단어를 찾아보고 경험과 연결하는 방법을 알아보자.

| 사무행정직 직무기술서 지식/기술 | | |
|---|---|---|
| 필요 지식/기술 | 프로젝트 관리 | 전문가 판단에 대한 능력, 프로젝트 관리 계획서에 대한 지식, 작업 분류 체계에 대한 지식, 획득가치 관리에 대한 지식, 프로젝트 관리 정보 시스템에 대한 지식, 일정 관리 소프트웨어를 활용할 수 있는 능력, 신규 분야에 대한 학습 능력, 중급 이상의 사무자동화(OA능력) |
| | 경영기획 | 비즈니스 문서 작성 기술, 갈등(분쟁)관리 기술, 원가관리 개념, 경영 환경 분석 기법, 대내외 환경 변화를 고려할 수 있는 거시적 시각, 회의 기획 · 진행 기술, 예상 손익 산출 기술, 기획서 작성 기술, 조직관리 및 정원에 대한 개념, 이사회의 역할 및 운영 방법, 의회/정부/지자체 등의 역할,  중급 이상의 사무자동화(OA능력) – 워드프로세서, PT |
| | 인사 | 근로기준법 및 노동관계법에 대한 기초 지식, 임금관리 관련 지식, 소득세법의 기초 지식, 컴퓨터 활용 기술, 문서 작성 기술, 4대 사회보험 관련법, 전자 인사 관리 시스템 활용능력, 조직에 대한 이해, 직무 및 직무 분석에 대한 개념, 협상 기술, 신규 분야에 대한 학습 능력, 중급 이상의 사무자동화(OA능력) – 워드프로세서, PT |
| | 사무행정 | 숙련된 컴퓨터 활용능력, 공단 주요 규정 준수(문서관리규정, 회계규정 등), 회의 기획 · 진행 기술, 업무용 소프트웨어의 특성 및 활용 능력, 회계 시스템 사용 능력, 신규 분야에 대한 학습 능력, 중급 이상의 사무자동화(OA능력) – 워드프로세서, PT |
| | 예산 | 예산 관리 규정, 계정 과목 분류와 정의, 민감도 분석 능력, 예산 운영 지침, 목표 원가 관리, 위임전결 규정, 예산 프로그램 활용 능력, 회계 기초 지식, 사무자동화 능력, 신규 분야에 대한 학습 능력, 중급 이상의 사무자동화(OA능력) – 워드프로세서, PT |

많은 지원자가 사용할 경험이 부족하다며 호소한다. 하지만 직무기술서만 잘 살펴봐도 내가 어떤 경험을 사용하면 좋을지 생각할 수 있다. 또는 지식 · 기술 · 태도에서 지원자의 경험을 떠올리는 것도 도움이 된다. 워드프로세서, PT 활용은 학업 활동 중에 누구나 한번은 경험한 지식이다. 흔한 경험도 구체적으로 작성하면 좋은 경험이 될 수 있다. 신규 분야에 대한 학습 능력, 문서 작성 기술, 회계 프로그램 활용 능력과 관련된 경험등을 사용할 수 있다. 공모전, 봉사활동, 인턴 등의 활동적인 경험이 아닌 학교에서 학과 공부를 하며 깨우치는 과정, 그 과정에서 어려웠던 점과 배우고 향상했던 노력의 과정을 작성하는 것도 좋은 방법이다. 어떤 경험이라도 지원자가 무엇을 느끼고 깨달았는지에 따라서 좋은 자기소개서의 소재가 될 수 있다.

| 사무행정직 직무기술서 태도 | | |
|---|---|---|
| 직무수행 태도 | 프로젝트 관리 | 프로젝트의 성공은 이해관계자 관리에 있음을 직시하는 태도, 원활한 의사소통 창출을 위한 의지, 객관적인 평가, 합리적으로 작업을 분배하려는 태도 |
| | 경영기획 | 원활한 의사소통을 하려는 자세, 경영 철학을 정확하게 이해하려는 태도, 논리적/전략적 사고, 계량화된 자료에 대한 정확한 이해, 상호 발전적 협상을 하려는 태도, 사업 예산과 사업 내용을 이해하고 예산을 수립하려는 자세, 타부서와의 협업적 태도, 문제를 확인하고 해결하고자 하는 의지, 책임감, 책임 의식 |
| | 인사 | 전략적 사고, 개방적 의사소통, 정확성, 보안의식, 윤리의식, 분석적 사고, 객관적 태도, 책임감 |
| | 사무행정 | 정확한 업무처리 태도, 새로운 기술(디지털 기술)에 대한 학습 능력, 부서(팀)의 업무분장 파악 노력, 공단 주요규정(회계규정 등) 준수, 부서(팀)의 업무분장 파악 노력, 주의 깊은 관찰 및 기한 내 업무 완수, 회의 근거 서류 작성의 사실성을 유지하려는 태도 |
| | 예산 | 계정 금액의 정확성을 확인하기 위한 분석적 태도, 타 부서와 협업을 통해 대응하려는 자세, 예산운영에 대한 철저한 위기관리를 수행하기 위한 자세, 예산에 대한 정확한 작성을 위한 적극적인 태도, 전체 정보를 분석하기 위한 포괄적 사고, 사업예산과 사업내용을 이해하고 예산을 수립하려는 자세, 타부서와의 협업적 태도, 문제를 확인하고 해결하고자 하는 커뮤니케이션 의지, 책임감, 책임의식, 논리적/전략적 사고, 윤리성/청렴성/준법성 |

정확히 분석하고 적절한 보고서를 작성하려는 태도, 프로젝트 진척 현황을 파악하려는 태도, 프로젝트 목표를 달성하고자 하는 의지, 데이터의 특성을 이해하고자 하는 노력, 정확성을 기하려는 자세 등 기술과 지식과 관련된 경험에서 직무적합성을 강조하고 직무수행 태도에 제시된 단어를 연결하여 설득력을 강화할 수 있다. 자기소개서에 기재할 만한 단어는 직무기술서에 제시된 역량을 조사하여 찾을 수 있다. '문서정리 잘하는 법, 자료 조사하는 방법, 보고서를 잘 쓰는 방법, 프로젝트 일정 관리' 등 지원자가 사용할 단어를 조사하여 기술과 지식을 수행함에 있어 이론적인 부분을 작성할 수 있다.

## 02 직무기술서 지식/기술/태도 역량을 활용한 작성

### 1) 보고서 작성 능력

과제, 제안서, 보고서를 작성한 경험으로 역량을 설득시키고자 한다면, 검색창에 '보고서 잘 쓰는 방법'을 치면 많은 정보가 나오는데 그중에서 나에게 적합한 정보를 찾아 나의 경험과 연결하여 작성한다.

**보고서 잘 쓰는 방법**

① 목적을 파악하고 설계도를 그리자.

② 흐름을 잡았다면 소제목을 작성하자.

③ 결론을 먼저 제시하고 자료는 최대한 쉽고 간단하게 작성하자.

### 2) 자료조사와 정보처리 능력

자료조사 시 중요한 점을 검색한다. 공부하며 해결했던 과정에 집중하고 정보를 처리하며 분류했던 경험을 구체적으로 기재, 분류기준법의 사례를 제시해야 한다.

**사례 작성 시 유의할 점**

① 자료조사의 기준과 분류

② 자료조사 방법

– '물절약 관련 공모전'의 물 생활 습관 조사를 위하여 장소별, 상황별로 조사 방법을 선택하였다.

③ 자료의 출처의 중요성

– 자료의 출처 '통계청', 수자원공사, ○○정책자료를 사용하였고, 사용한 이유를 제시

– 자료출처의 신뢰성과 저작권의 기준

– 공부했던 책

### 3) 예산관리능력

직무기술서 상의 예산관리능력은 정보공개(원문정보공개 포함)에 관한 업무, 예산관련 제도의 개선 및 연구, 예산 차이 분석 및 집행관리 업무를 수행한다. 엑셀문서, PPT 활용 등의 기술과 협력적인 태도, 원칙 규정 준수로 효율적인 업무를 수행할 수 있는 태도가 있다.

**작성 사례**

학부 3학년 시절, 학생회에서 총무 역할에 임하여 원칙 및 기준을 준수하며 학생들과 협력적인 태도로 임무를 성공적으로 완수하였습니다. 당시 제가 맡은 업무는 학생회 행사 진행, 학생회 유지비용 관리 및 소모품 구입 및 관리였고, 회계장부과 소모품 관리대장을 살펴보며 모든 항목을 구입 날짜별, 구입 사유별로 정리하는 역할도 하였습니다. 엑셀 문서와 PPT로 데이터를 수치화하고 이를 그래프로 만들어, 학생들 누구나 쉽게 볼 수 있도록 SNS 단체톡방과 회계 관리 플랫폼을 운영하며 궁금할 때는 언제든 열람이 가능하게 하여, 회비 관리를 투명하게 효율적으로 처리하였습니다. 처음에는 아무도 필요성을 느끼지 못하였으므로 기존의 방식대로 임할 수도 있었지만, 분명 시간을 단축시키는 데 도움이 되었고 총무로서 효율적인 개선이 필요함을 느꼈습니다. 자료를 꼼꼼하게 준비하고 지출과 수입의 오차를 찾아내며 매달 'O'원에 맞추자 학생 모두에게 신뢰를 받았고, 다른 과 학생회에서도 저의 방법을 신뢰하게 되어 엑셀파일과 기타 자료를 요청하였습니다.

# 06 합격 자소서 VS 불합격 자소서 사례

## 01 NCS 자기소개서 평가 기준

| 못쓴 자기소개서 작성 | 잘쓴 자기소개서 작성 |
|---|---|
| ✓ 내용이 구체적이지 않음<br>✓ 평범한 스토리<br>✓ 누구나 실천이 가능한 사례나 행동<br>✓ 본인의 특별한 아이디어는 없음<br>✓ 포괄적이고 추상적인 개념적 서술<br>✓ 행동은 없고 사고만 기재 | ✓ 행동과 노력에 대한 서술이 구체적임<br>✓ 역할과 행동이 성과와 부합함<br>✓ 실천하기 어려운 사례<br>✓ 노력의 강도가 높음<br>✓ 경험에 기반하는 구체적 내용 제시<br>✓ 학문적, 이론적 전문성을 제시 |

## 02 합격 자소서 VS 불합격 자소서 사례

사례 1

**지금까지 살아오면서 포기하지 않고 도전했던 경험에 대하여 구체적으로 적고, 포기하지 않았던 이유와 성취 후 얻은 것이 무엇인지 기술하시오.**

〈'하면 된다'라는 가훈으로 포기하지 않는 도전〉

우리 가족 가훈은 '하면 된다'입니다. 부모님께서는 어릴 때부터 항상 노력하면 할 수 있다는 것을 강조하셨습니다. 이러한 가르침은 스스로 해결을 해야 하거나 결정을 내려야 할 때 큰 가치관으로 자리 잡았고 노력으로 인한 과정과 좋은 결실은 무엇이든 열심히 노력하면 이루어 낼 수 있다는 교훈을 얻었습니다.

대학교 4학년 때 산업기사 자격증 공부를 하면서 몇 번이나 저의 가치관은 흔들렸습니다. 한 번의 자격증 시험을 실패하고 다시 할 수 있을까? 두려움이 앞섰습니다. 하지만 같이 공부하는 친구들에게 많은 도움을 받으며 응원을 받았습니다. 저 또한 친구들에게 공부한 것들을 공유하면서 포기하지 않을 수 있었습니다. 결국, 저는 두 번째 도전에서 산업기사를 취득할 수 있었고 포기하지 않는 도전정신으로 좋은 결과를 얻었습니다. 00발전에 입사를 한다면 어떤 힘든 일도 포기하지 않고 임하겠습니다.

**〈평가점수 3~4점/10점 만점〉**
**경험은 쓰지 않고 가치관이나 사고에 대하여 기재, 노력 과정 보다 지원자의 의견을 제시하였다.**
**질문과 맞지 않은 답을 기재하였다.**

사례 2

**지금까지 살아오면서 포기하지 않고 도전했던 경험에 대하여 구체적으로 적고, 포기하지 않았던 이유와 성취 후 얻은 것이 무엇인지 기술하시오.**

〈공모전을 준비하며〉

대학교 4학년에 재학 중일 때 공모전에 도전했던 경험이 있습니다. 졸업 전 교수님의 추천으로 같은 과 친구들과 창업공모전에 도전하게 되었습니다. 팀원 모두 처음 해보는 창업공모전이라 아이템 선정, 아이디어를 만들어내는 과정에서 팀원들끼리 소통이 잘 되지 않았습니다. 또한 공모전을 준비했던 시기에는 다들 취업준비와 자격증 취득으로 각자의 생활이 매우 바빴습니다. 팀원들은 팀장에 대하여 만족하지 못하였고 서로의 역할에 충실하지 못하게 되었습니다. 그래서 공모전을 포기하는 편이 좋겠다는 의견이 나왔었습니다. 하지만 저는 팀장과 팀원들 간의 소통의 시간을 마련하여 공모전을 포기하지 않고 도전을 해보자고 자료를 조사하여 아이디어를 제시하였습니다. 결국에 팀원들 모두 공모전을 포기하지 않고 조금씩 시간을 내어 준비를 진행하였습니다. 막바지 시기에는 팀원 모두가 적극적으로 참여하였고 저희 팀은 공모전에서 입상할 수 있었습니다. 이러한 경험을 통해 상황이 좋지 않아도 끝까지 포기하지 않고 도전한다면 좋은 결과를 얻을 수 있다는 것을 깨달았습니다.

**〈평가점수 5~6점/10점 만점〉**
**누구나 할 수 있는 경험이거나 목표나 도전 또한 쉽게 가능하며 본인의 아이디어도 없다.**
**문제점만 나열하였다. 노력이 부족하거나 구체적인 노력의 과정이 없다.**

사례 3

**해당 지원 직무 분야에 지원자가 가진 강점이 무엇인지 기술하시오.**

(중략)

두 번째로, 주어진 업무를 빨리 습득하여 행동으로 옮기는 민첩성을 지녔습니다. 광고회사 촬영장에서 연출부 지원 스태프 역할로 전반적인 촬영지원, 소품관리, 촬영장 환경 조성 등 업무를 적극적으로 수행하였습니다. 촬영 시작 전 대기 시간에 피디님이 지시하진 않았지만 필요한 소품 리스트를 직접 체크하던 중에 없던 소품, 옥스선을 알아차렸습니다. 현장에 맞는 옥스선의 종류를 정확하게 확인한 후 재빨리 가까운 매장을 찾았습니다. 1시간 만에 3곳의 매장을 찾아 준비해 놓았고 촬영시간에 차질이 없게 하였습니다. 이로 인하여 피디님이 칭찬을 하시며 촬영이 잡힐 때마다 저를 불러주셨습니다. 단시간에 상황을 파악하고 적극적인 해결 방법을 찾아 ○○○공사에 필요한 인재가 되겠습니다.

**〈평가점수 8~9점/10점 만점〉**
**경험을 구체적으로 잘 기재하였고 과정과 노력으로 근거를 제시하였다.**

**사례 4**

**지금까지 살아오면서 학교 또는 소속된 단체에서 어떤 문제점을 찾아 개선하거나 문제를 해결했던 경험을 기술하시오.**

○○○ 편의점 아르바이트를 하며 매장 전체 운영을 경험하였습니다. 운영에 적극적으로 참여하며 빠른 습득력으로 전반적인 자원관리와 고객관리의 중요성을 배웠습니다. 편의점 아르바이트를 시작한 지 얼마 안 되었을 때는 전체 업무가 익숙지 않아 상품판매와 계산 및 환경정리에만 열심히 임했습니다. 차츰, 매장운영에 대한 다른 중요한 업무가 보이기 시작하였고 물건의 효율적인 배치와 재고량의 피해 최소화, 쾌적한 편의점 환경을 위한 주의 깊은 모니터링, 신속하고 친절한 고객응대의 중요성을 알게 되었습니다.

발렌타인 이벤트에 본사의 지침을 따르며 재고량이 많은 스위트 캔디류를 묶어 직접 상품화하였고 이벤트를 더욱 잘 홍보하기 위하여 포토샵으로 이미지를 만들어 판매 효율을 높였습니다. 자주 방문했던 고객에게 유통기한이 넘은 제품을 판매하게 되어 그 고객이 재방문하는 불편함을 겪게 하였습니다. 다행히 전부터 친화력을 유지하고 있던 고객이라 사과의 말씀을 드리고 재고 중에 유통기한이 지나지 않았지만 기한이 가까운 유사제품을 사장님과 연락 후에 선물로 드리는 조치를 해드렸습니다. 재차 사과의 말씀을 드리고 사장님께 보고하여 고객의 불편함과 유통기한의 중요성을 이해하려 했습니다. 저는 다음날부터 출근 후 즉시 선입선출로 모든 상품의 유통기한을 더욱 꼼꼼히 체크했고 모든 고객이 유통기한을 잘 볼 수 있도록 재배치하였습니다. 또한 판매 빈도와 물건 배치의 전략을 배웠고 고객에게 더욱 친절한 의사소통도 배웠습니다. 이처럼 어느 환경이든 적극적이고 내 일처럼 임할 것이며 고객의 목소리에 귀 기울여 문제를 해결하는 직원이 되겠습니다.

**〈평가점수 9~10점/10점 만점〉**
**경험을 구체적으로 잘 기재하였고 과정과 노력으로 근거를 제시하였다.**
**노력의 강도를 잘 표현하였다.**

자기소개서는 단기에 완성되는 것이 아니라 지원자의 경험을 정리하고 지속적으로 수정과 첨삭의 과정을 거치게 된다. 완성된 자기소개서도 제출하기 전 반드시 꼼꼼하게 살펴야 한다.

**제출 전 체크 사항**

① 질문에 맞는 답을 했는지 다시 한번 확인한다. 구체적인 작성법을 제시한 경우라면 반드시 그에 따라서 작성해야 한다.
② 과도한 칸 띄우기, 무의미한 용어의 사용과 반복, 불필요한 특수기호, 같은 내용을 반복하여 복사 붙여넣기 하는 불성실한 작성을 하지 않도록 한다.
③ 지원하는 기업의 이름을 정확하고 올바르게 작성한다. 한 번에 여러 곳을 지원하는 경우가 많아 이전 지원기업을 수정하지 않고 제출하는 실수를 하지 않는다.
④ 블라인드 채용에 위배되는 학교(학교명), 출신 지역, 가족관계, 신체적 조건과 또는 이를 유추할 수 있는 단어와 내용을 작성하지 않았는지 확인한다.
⑤ 맞춤법 및 띄어쓰기, 어법에 맞게 기재하였는지 등을 꼼꼼하게 확인한다.
⑥ 글자 수는 제시된 글자 수에 맞춰서 작성한다. 글자 수 세기 프로그램을 활용하여 확인할 수 있다.

SECTION

# 02 혼자서도 가능한 셀프 면접 스터디

## 01 면접의 이해

### 01 면접

면접이란 다양한 면접 기법을 활용하여 일을 하는 데 필요한 능력(직무역량, 직무지식, 인재상 등)을 지원자가 보유하고 있는지 확인하는 절차로, 서류전형이나 인적성검사에서 드러나지 않는 것들을 볼 수 있는 기회를 제공한다.

### 02 면접의 의미

대인관계능력은 직업생활에서 협조적인 관계를 유지하고 조직 구성원들에게 도움을 줄 수 있으며, 조직 내부 및 외부의 갈등을 원만히 해결하고, 상대방의 요구를 파악 · 충족 시켜줄 수 있는 능력을 의미한다. 지원자의 태도, 지원자의 적성, 지원자의 능력에 대한 정보를 심층적으로 파악하기 위한 선발 방법이며 선발의 최종 의사결정에 주로 사용된다.

### 03 면접의 특징

- 직무수행과 관련된 다양한 지원자 행동에 대한 관찰이 가능하다.
- 면접관이 알고자 하는 정보를 심층적으로 파악 가능하다.
- 서류상의 미비한 사항과 의심스러운 부분을 확인 가능하다.
- 커뮤니케이션, 대인관계행동 등 행동/언어적 정보도 얻을 수 있다.

### 04 면접의 유형

| 구조화 면접(Structured Interview) | 비구조화 면접(Unstructured Interview) |
|---|---|
| 사전에 계획을 세워 질문의 내용과 방법, 지원자의 답변 유형에 따른 추가 질문과 그에 대한 평가 역량이 정해져 있는 면접 방식 (표준화 면접) | 면접 계획을 세울 때 면접 목적만 명시하고 내용이나 방법은 면접관에게 전적으로 일임하는 방식(비표준화 면접) |

| | |
|---|---|
| • 표준화된 질문이나 평가요소가 면접 전 확정되며, 지원자는 편성된 조나 면접관에 영향을 받지 않고 동일한 질문과 시간을 부여받을 수 있음<br>• 조직 또는 직무별로 주요하게 도출된 역량을 기반으로 평가요소가 구성되어, 조직 또는 직무에서 필요한 역량을 가진 지원자를 선발할 수 있음<br>• 표준화된 형식을 사용하는 특성 때문에 비구조화 면접에 비해 신뢰성과 타당성, 객관성이 높음 | • 표준화된 질문이나 평가요소 없이 면접이 진행되며, 편성된 조나 면접관에 따라 지원자에게 주어지는 질문이나 시간이 다름<br>• 면접관의 주관적인 판단에 따라 평가가 이루어져 평가 오류가 빈번히 일어남<br>• 상황 대처나 언변이 뛰어난 지원자에게 유리한 면접이 될 수 있음 |

## 02 NCS 기반 면접의 이해

### 01 NCS의 개념과 능력중심채용

NCS(National Competency Standards, 국가직무능력표준)는 산업현장에서 직무를 수행하는 데 요구되는 지식, 기술, 소양 등의 내용을 국가가 산업분야별 수준별로 체계화한 것이다. NCS를 기반으로 하는 능력중심채용은 채용 대상 직무를 NCS 기반으로 분석하고, 그 결과를 바탕으로 해당직무의 상세 내용 및 직무능력 평가기준을 정하여 사전에 명확하게 공지하며, 해당 평가기준을 토대로 인재를 선발하는 채용 방식을 의미한다. NCS 기반 면접은 일(직무)을 하는 데 필요한 요건(지식, 기술, 태도, 자격, 경력, 경험 등)을 '직업기초능력 및 직무수행능력'으로 구분하여 채용 시 평가한다.

| | | |
|---|---|---|
| **직업기초능력** | ➡ | 직업인이 공통으로 갖추어야 할 능력<br>(10개 영역, 34개 하위영역) |
| **직무수행능력** | ➡ | 해당 직무를 수행하는데 필요한 능력<br>(지식, 기술, 태도 등) |

#### 1) 직업기초능력

직무수행능력을 최대로 발휘하기 위해 대부분의 산업 분야에서 공통으로 요구하는 능력으로 10개 영역과 34개 하위 영역으로 구성된다. 직업기초능력은 크게 산업현장에서 실제로 일어날 수 있는 직업적 맥락 파악을 직업상황, 실제 직무수행에 필요한 기초능력을 중점적으로 평가하는 기초직업능력, 특정 직무를 수행하고 있는 직업인을 대상으로 관찰 가능한 행동을 평가하는 행동 중심의 세 가지 척도를 기준으로 평가한다.

#### 2) 직무수행능력

업무를 수행하는 데 있어 필요한 능력을 의미하며 지원자의 지식, 기술, 태도를 아우르는 능력을 말한다. 해당 기업, 기관의 모집분야별 직무와 NCS를 비교, 분석하여 선발인원(신입, 경력)이 필수적으로 갖춰야 할 직무능력을 타당한 기준에 따라 객관적으로 평가한다.

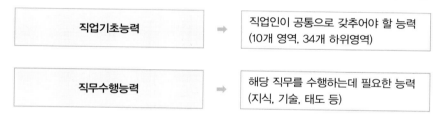

### 3) 기존 채용 vs NCS 기반 채용의 비교

| 구분 | 기존 채용 | NCS 기반(능력중심) 채용 |
|---|---|---|
| 채용 공고 | • 정직 00명/기술직 00명 등<br>• 단순 기초 정보 제공 | • 채용 분야 별 필요한 직무명세(NCS 기반)<br>• 채용 전형 등 사전 공개(모집 직급별, 직무 설명 자료 첨부) |
| 서류 전형 | • 직무와 무관한 인적사항(가족사항, 학력, 본적, 취미, 특기 등)<br>• 직무와 무관한 스펙(해외봉사, 토익 등)<br>• 자전적 자기소개서 | • 직무와 무관한 인적사항은 최소화<br>• 직무관련 스펙(직무 관련 교육, 자격, 경험 및 경력 등)<br>• 직무관련, 경험 중심 자기소개서 |
| 필기 전형 | • 인성, 적성 평가<br>• 단순 지식 측정 필기 시험 등 | 직무능력 측정 중심의 필기평가(직무 관련 상황 및 문항 설정) |
| 면접 전형 | 비구조화 면접(취미, 성장 배경 등 직무와 무관한 일상적 질문) | 직무능력평가 중심의 구조화된 면접(직무 관련 질문 및 유형으로 구성) |

### 4) 기존 면접(전통 면접)

- 일상적이고 단편적인 대화
- 인상, 외모 등 다른 외부 요소의 영향
- 주관적인 판단에 의존한 총점 부여

➡

- 면접내용의 일관성 결여
- 직무 관련 타당성 부족
- 주관적인 채점으로 신뢰도 저하

### 5) 구조화 면접(능력중심 면접)

| | |
|---|---|
| 일관성 | • 직무관련 역량에 초점을 둔 구체적인 질문 목록<br>• 지원자별 동일 질문 적용 |
| 구조화 | • 면접 진행 및 평가 절차를 일정한 체계에 의해 구성 |
| 표준화 | • 평가 타당도 제고를 위한 평가, 매트릭스 구성<br>• 척도에 따라 항목별 채점, 개인 간 비교 |
| 신뢰성 | • 면접 진행 매뉴얼에 따라 면접위원 교육 및 실습<br>• 면접위원 간 신뢰도 확보 |

### 6) 능력중심의 채용 준비

| 구분 | 기존 채용 | 채용의 준비 |
|---|---|---|
| 직무탐색 및 준비 단계 | 1단계 | 직업심리검사 · 진로적성검사 등을 통한 목표직무 설정 |
| | 2단계 | 교육 · 자격 · 경험 등 필요 스펙 준비 |
| 입사지원 단계 | 3단계 | 채용 공고의 '직무 설명자료(직무기술서)' 확인 |
| | 4단계 | 채용 전형 및 평가기준을 참고하여 준비 |

### 7) 입사 지원 단계 준비 방법

| | |
|---|---|
| **채용 공고** | 채용 모집 공고문을 통해 모집 분야, 채용 인원, 지원 자격, 근무 조건, 전형 일정, 우대사항 등을 확인하고, 채용 분야에 대한 '직무 설명 자료'를 통해 필요한 지식 · 기술 · 태도(KSA) 등의 내용을 명확하게 파악 |
| **서류 전형** | • 공고된 '직무 설명 자료'를 기반으로 입사지원서의 작성 항목을 정확하게 기입<br>• 채용 직무와 관련이 있는 지원자의 교육 이수 내용, 자격 사항, 경험 및 경력사항 등을 확인하여 작성 |
| **필기 전형** | • 채용 공고에서 제시된 필기 과목을 파악하여 해당 유형을 준비하고, '직무 설명 자료'에 제시된 직업기초능력과 직무수행능력 등을 학습<br>• 능력중심 채용 사이트에 공개된 직업기초능력 샘플 문항 · 학습자용 교재 등을 참고 |
| **면접 전형** | • 구조화된 면접의 주요 유형은 경험 면접 · 상황 면접 · 발표 면접 · 토론 면접 등이므로 이러한 유형에 대해 학습하고, 채용 공고문에 구체적인 면접 방법이 제시되면 해당 유형에 대한 면접 준비를 함<br>• '직무 설명 자료'에 제시된 직업기초능력과 직무수행능력을 확인하고, 능력중심 채용 사이트에 접속하여 공개된 면접 관련 예시 자료를 참고하여 준비 |

## 03 면접 기법

### 01 비구조화 면접

#### 1) 전통적 면접

| | |
|---|---|
| 방식 | 면접관이 가지고 있는 개인적 면접 노하우나, 관심사에 의해 질문을 실시함 |
| 판단 기준 | 면접관의 개인적 가치관과 경험에 의해 결정됨 |
| 특징 | 역량과 무관한 질문들이 많고, 지원자에게 주어지는 면접 질문, 시간 등이 다를 수 있음 |

#### 2) 전기자료 면접(Biographical Interview)

| | |
|---|---|
| 방식 | 지원자의 이력서 내용을 중심으로 경험, 지원동기, 미래 포부 등을 이야기 하도록 함 |
| 판단 기준 | 해당 역량의 수준, 경험 자체의 구체성, 진실성 등 |
| 특징 | 지원자들의 지원서에 적힌 내용을 토대로 질문을 하므로 지원자별 질문이 달라질 수 있음 |

#### 3) 압박 면접(Pressure Interview)

| | |
|---|---|
| 방식 | 지원자의 약점을 파고들어 발언의 진위를 검증하고 돌발상황에 대처 하는 자질을 평가함 |
| 판단 기준 | 스트레스 내성, 문제해결능력, 위기대처능력, 인내심 등 |
| 특징 | 지원자의 답변에 따라 반박하거나 돌발적인 질문으로 이루어지며 정답이 없는 경우가 많음 |

#### 4) 무자료 면접(Blind Interview)

| | |
|---|---|
| 방식 | 지원자에 대한 최소한의 정보로 면접 내용만을 통해 지원자를 평가함 |
| 판단 기준 | 지원자의 장점 및 단점, 면접관에 따라 평가요소 상이 |
| 특징 | • 지원자에 대한 어떠한 편견과 선입견도 배제하여 있는 그대로를 평가하며 이러한 측면에서 공정성이 확보됨<br>• 면접관의 면접 스킬에 따라 면접의 효과가 좌우될 수 있음 |

### 02 구조화 면접

#### 1) 경험 면접(Behavioral Event Interview)

| | |
|---|---|
| 방식 | 해당 역량의 발휘가 요구되는 일반적인 상황을 제시하고, 그러한 상황에서 어떻게 행동했었는지(과거 경험)를 이야기하도록 함 |
| 판단 기준 | 해당 역량의 수준, 경험 자체의 구체성, 진실성 등 |
| 특징 | 추상적인 생각이나 의견 제시가 아닌 과거 경험 및 행동 중심의 질의가 이루어지므로 지원자는 사전에 본인의 과거 경험 및 사례를 정리하여 면접에 대비할 수 있음 |

### 2) 상황 면접(Situational Interview)

| | |
|---|---|
| 방식 | 직무 수행 시 접할 수 있는 상황들을 제시하고, 그러한 상황에서 어떻게 행동할 것인지(행동 의도)를 이야기하도록 함 |
| 판단 기준 | 상황에 맞는 역량의 구체적 행동지표 |
| 특징 | 지원자의 가치관, 태도, 사고방식 등의 요소를 평가하는 데 용이함 |

### 3) 발표 면접(Presentation)

| | |
|---|---|
| 방식 | 지원자가 특정 주제와 관련된 자료를 검토하고, 그에 대한 자신의 생각을 면접관 앞에서 발표하며, 추가 질의 응답이 이루어짐 |
| 판단 기준 | 지원자의 사고력, 논리력, 문제해결능력 등 |
| 특징 | 과제를 부여한 후, 지원자들이 과제를 수행하는 과정과 결과를 관찰/평가함. 과제 수행의 결과뿐 아니라, 과제 수행 과정에서의 행동을 모두 평가함 |

### 4) 토론 면접(Group Discussion)

| | |
|---|---|
| 방식 | 상호갈등적 요소를 가진 과제 또는 공통의 과제를 해결하는 내용의 토론 과제를 제시하고, 그 과정에서의 개인 간의 상호작용 행동을 관찰함 |
| 판단 기준 | 팀워크, 갈등 조정, 의사소통능력 등 |
| 특징 | 면접에서 최종안을 도출하는 것도 중요하나 주장의 옳고 그름이 아닌 결론을 도출하는 과정과 말하는 자세 등도 중요함 |

### 5) 역할연기 면접(Role Play Interview)

| | |
|---|---|
| 방식 | 기업 내 발생 가능한 상황에서 부딪히게 되는 문제와 역할을 가상적으로 설정하여 특정 역할을 맡은 사람과 상호작용하고 문제를 해결해 나가도록 함 |
| 판단 기준 | 대처능력, 대인관계능력, 의사소통능력 등 |
| 특징 | 실제 상황과 유사한 가상 상황에서의 행동을 관찰함으로서 지원자의 성격이나 대처 행동 등을 관찰할 수 있음 |

### 6) 집단 면접(Group Activity)

| | |
|---|---|
| 방식 | 지원자들이 팀(집단)으로 협력하여 정해진 시간 안에 활동 또는 게임을 하며, 면접관들은 지원자들의 행동을 관찰함 |
| 판단 기준 | 대인관계능력, 팀워크, 창의성 등 |
| 특징 | 기존 면접보다 오랜 시간 관찰을 통해 지원자들의 평소 습관이나 행동 들을 관찰하려는 데 목적이 있음 |

## 04 능력중심(NCS) 면접 기법

### 01 경험 면접(Behavioral Event Interview)

다양한 유형의 질문을 단계별로 하여 지원자의 직무 능력을 검증하는 면접이다.

#### 1) 면접 프로세스

| | |
|---|---|
| 면접 안내 | 입실 후, 지원자는 면접관을 통해 인사말과 면접에 대한 간단한 안내를 받음 |
| 도입 질문 | • 지원자는 면접관에게 평가요소(직업기초능력, 직무수행능력 등)와 관련된 주요 질문을 제공받음<br>• 질문에서 의도하는 평가요소를 고려하여 응답할 수 있도록 함 |
| 추가 질문 | • 지원자가 응답한 내용을 토대로 해당 평가기준들을 충족하는지 파악하기 위한 세부 질문이 이루어짐<br>• 구체적인 행동/생각 등에 대해 응답할수록 높은 점수를 얻을 수 있음 |

#### 2) 경험 면접의 질문 및 평가지

① 질문지

- 도입 질문 : 해당 역량이 드러날 수 있도록 구체적인 경험을 이끌어내기 위해 선행되는 질문이다.
- 세부 질문 : 해당 역량을 평가하기 위해 구체적인 지원자의 경험을 듣기 위한 질문이다.

② 평가지

- 지원자 정보 확인란 : 지원 분야, 지원자, 면접관 등의 면접 기본 정보를 기재하는 란이다.
- 평가역량 및 정의 : 평가하고자 하는 역량에 대한 이해를 통해 무엇을 평가할 것인가를 제공한다.
- 평가척도 : 지원자의 경험으로부터 역량의 수준을 점수화하기 위한 기준이다.
- 관찰기록/총평 : 지원자의 응답 내용 및 행동을 관찰 및 기록하여 평가에 대한 근거를 남긴다.

### 02 상황 면접(Situational Interview)

실제 직무와 유사한 가상 상황을 제시하고 지원자가 문제를 해결하는 과정을 평가하는 면접이다. 직무와 관련된 상황에 대한 과제 대처 및 해결능력을 관찰하고 구조화된 면접을 실시한다.

#### 1) 면접 프로세스

| | |
|---|---|
| 면접 안내 | 입실 후, 지원자는 면접관을 통해 인사말과 면접에 대한 간단한 안내를 받음 |
| 도입 질문 | • 지원자는 상황질문지를 검토하거나 면접관을 통해 상황 및 질문을 제공받음<br>• 면접관의 질문이나 질문지의 의도를 파악하여 응답할 수 있도록 함 |
| 추가 질문 | • 지원자가 응답한 내용을 토대로 해당 평가기준들을 충족하는지 파악하기 위한 세부 질문이 이루어짐<br>• 구체적인 행동/생각 등에 대해 응답할수록 높은 점수를 얻을 수 있음 |

### 2) 상황 면접의 질문 및 평가지

① 질문지

- 도입 질문 : 면접 질문의 주요한 상황으로 지원자에게 제공되어 검토할 수 있도록 하거나 면접관이 직접적으로 제시한다.
- 세부 질문 : 해당 역량을 평가하기 위해 지원자의 상황인식, 판단, 결과, 대응책에 대한 의견(행동의도)을 듣기 위한 질문이다.

② 평가지

- 지원자 정보 확인란 : 지원 분야, 지원자, 면접관 등의 면접 기본 정보를 기재하는 란이다.
- 평가역량 및 정의 : 평가하고자 하는 역량에 대한 이해를 통해 무엇을 평가할 것인가를 제공한다.
- 평가척도 : 지원자의 응답으로부터 역량의 수준을 점수화하기 위한 기준이다.
- 관찰기록/총평 : 지원자의 응답 내용 및 행동을 관찰 및 기록하여 평가에 대한 근거를 남긴다.

## 03 발표 면접(Presentation)

### 1) 면접 프로세스

| | |
|---|---|
| 면접 안내 | • 입실 후, 지원자는 면접관을 통해 인사말과 면접에 대해 간략히 안내를 받음<br>• 면접 전 지원자는 과제 검토 및 발표 준비시간을 가짐 |
| 지원자 발표 | • 지원자들이 과제 주제와 관련하여 정해진 시간 동안 발표를 실시함<br>• 면접관은 발표내용 중 평가요소와 관련해 나타난 가점 및 감점요소들을 평가하게 됨 |
| 질의응답 | • 발표 종료 후 면접관은 정해진 시간 동안 지원자의 발표 내용과 관련해 구체적인 내용을 확인하기 위한 질문을 함<br>• 지원자는 면접관의 질문의도를 정확히 파악하여 적절히 응답할 수 있도록 함<br>• 응답 시 명확하고 자신있게 전달할 수 있도록 함 |

### 2) 발표 면접의 과제 및 평가지

① 과제

- 과제 안내문 : 과제 및 면접에 대한 안내 자료이다.
- 과제 상황 : 제시된 주제 및 문제와 관련된 상황이다. 구체적인 과제의 맥락을 파악한 후, 과제를 검토할 수 있도록 한다.
- 과제 자료 : 제시된 주제 및 문제와 관련된 신문기사, 그래프 등이 제시된다. 지원자는 자료를 검토하고 활용하여 주어진 문제를 해결하거나 대안을 선택해야 한다.

② 평가지

- 지원자 정보 확인란 : 지원 분야, 지원자, 면접관 등의 면접 기본 정보를 기재하는 란이다.
- 평가역량 및 정의 : 평가하고자 하는 역량에 대한 이해를 통해 무엇을 평가할 것인가를 제공한다.
- 평가척도 : 지원자의 발표와 응답으로부터 역량의 수준을 점수화하기 위한 기준이다.
- 관찰기록/총평 : 지원자의 발표, 응답 내용 및 행동을 관찰 및 기록하여 평가에 대한 근거를 남긴다.

## 04 토론 면접(Group Discussion)

### 1) 면접 프로세스

| | |
|---|---|
| 면접 안내 | • 입실 후, 지원자들은 면접관을 통해 토론 면접의 전반적인 과정에 대해 안내를 받음<br>• 지원자는 정해진 자리에 착석하면 됨 |
| 토론 | • 지원자들이 과제 주제와 관련하여 정해진 시간 동안 토론을 실시함(시간은 기관별 상이)<br>• 지원자들은 면접 전 과제 검토 및 토론 준비시간을 가짐<br>• 토론이 진행되는 동안, 지원자들은 다른 토론자들의 발언을 경청하여 적절히 본인의 의사를 전달할 수 있도록 하고 더불어 적극적인 태도로 토론 면접에 임하는 것도 중요함 |
| 마무리<br>(5분 이내) | • 면접 종료 전, 지원자들은 토론을 통해 도출한 결론에 대해 첨언하고 적절히 마무리 지음<br>• 본인의 의견을 전달하는 것과 동시에 다른 토론자를 배려하는 모습도 중요함 |

### 2) 토론 면접의 과제 및 평가지

① 과제

- **과제 안내문** : 과제 및 면접에 대한 안내 자료이다.
- **과제 상황** : 제시된 주제 및 문제와 관련된 상황이다. 구체적인 과제의 맥락을 파악한 후, 과제를 검토할 수 있도록 한다.
- **과제 자료** : 제시된 주제 및 문제와 관련된 신문기사, 그래프 등이 제시된다. 지원자는 자료를 검토하고 활용하여 주어진 문제를 해결하거나 대안을 선택해 다른 지원자들과 토론해야 한다.

② 평가지

- **지원자 정보 확인란** : 지원 분야, 지원자, 면접관 등의 면접 기본 정보를 기재하는 란이다.
- **평가역량 및 정의** : 평가하고자 하는 역량에 대한 이해를 통해 무엇을 평가할 것인가를 제공한다.
- **평가척도** : 지원자의 토론으로부터 역량의 수준을 점수화하기 위한 기준이다.
- **관찰기록/총평** : 지원자의 토론 내용 및 행동을 관찰 및 기록하여 평가에 대한 근거를 남긴다.

# 05 면접 예절

## 01 면접 복장

### 1) 용모 복장의 기본 3요소

| | |
|---|---|
| 청결 | 머리부터 발끝까지 깨끗이 하고, 복장은 깨끗하고 구김이 없도록 하여 착용해야 한다. |
| 품격 | 용모 복장은 이미지 형성에 중요한 역할을 하므로 자신의 마음가짐이나 태도를 품위 있게 표현해야 한다. |
| 조화 | 용모 복장은 시간과 장소, 상황에 맞게 갖추어야 한다. |

용모 복장은 자신의 내면을 겉으로 표현하는 것이다. 면접에서 면접자의 인상을 결정짓게 하는 요인이 되며, 면접 초기의 인상을 심어주는 요소가 된다. 지원 분야와 조직의 스타일에 맞는 옷차림을 선택한다.

### 2) 공기업, 공공기관의 용모 복장

① 이미지 연출

- 단정하고 편안한 이미지를 연출한다.
- 너무 유행을 따르거나 반대로 유행에 뒤떨어진 스타일은 피한다.
- 다양한 고객을 응대할 수 있도록 부담 없고 깔끔한 스타일을 연출한다.
- 깔끔하고 성실한 인상으로 빈틈없어 보이면서도 딱딱하지 않고 부드러우며 친절한 이미지를 연출한다.

② 용모 복장 연출

- 정장의 색상은 베이지, 감색, 회색 등이 무난하고, 셔츠는 아이보리, 연한 핑크, 스카이블루 등 밝은색이 좋다.
- 배려 있고 여유로워 보이도록 연출하고 싶다면 로맨틱 스타일이 좋지만 지나치게 여성스러움을 표현하는 것은 지양한다.
- 넥타이는 곡선 패턴의 유기적인 무늬가 좋다.
- 재킷과 바지 등 기본 스타일로 빈틈없어 보이되, 부드럽게 연출한다.
- 액세서리는 단순한 것으로 1~2개 정도 착용하고, 지나친 화장은 피한다.

## 02 면접 자세

### 1) 인사

인사는 인간관계의 첫걸음으로 서로에 대한 가장 기본적인 예의이다. 면접에서는 첫 대면에 마음을 열게 하는 효과적인 방법이다. 자신의 인격과 교양을 외적으로 나타내는 것이므로, 면접 시 인사 예절은 중요하다.

① 인사의 기본 자세

- **표정** : 밝고 부드러운 미소를 짓는다.
- **시선** : 상대의 눈이나 미간을 부드럽게 바라본다.
- **머리 – 가슴 – 허리 – 다리** : 자연스럽게 곧게 펴서 일직선이 되도록 한다.
- **어깨** : 힘을 빼고 자연스럽게 내린다.
- **손** : 남자는 주먹을 가볍게 쥐어 바지 재봉선에, 여자는 오른손을 위로 하여 공수 자세를 취한다.
- **무릎** : 곧게 펴고 무릎을 붙인다.
- **발** : 발뒤꿈치는 붙이고, 발의 앞쪽은 남자는 30도, 여자는 15도 정도 살짝 벌린다.

② 인사의 순서

- 인사 전, 후에는 상대방을 바라본다.
- 먼저 허리부터 숙이고, 이때 등과 목은 일직선이 되도록 한다.
- 시선은 일반적으로 상대의 발 끝에 둔다.
- 숙인 상태에서 잠시 멈춘다.
- 상체를 올릴 때는 굽힐 때보다 천천히 들어 올린다.
- 다시 상대를 바라보며 인사말을 한다.

### 2) 선 자세와 앉은 자세

올바른 자세는 면접관에게 신뢰감을 주어 자신에 대한 긍정적인 이미지를 형성하는 데 중요한 역할을 한다. 바른 자세는 자신감 있고 당당한 인상과 함께 안정된 분위기를 연출한다.

| 선 자세 | 앉은 자세 |
|---|---|
| • 등과 가슴을 곧게 펴고, 허리와 가슴은 일직선이 되도록 한다.<br>• 아랫배에 힘을 주어 단전을 단단하게 한다.<br>• 표정은 밝게 한다.<br>• 시선은 상대방의 얼굴을 바라보고, 턱은 살짝 당긴다.<br>• 여성은 오른손이 위로, 남성은 바지 재봉선 옆에 차렷 자세를 유지한다.<br>• 발꿈치는 붙이고 발의 앞은 살짝 벌려 V자형으로 한다.<br>• 몸이 한쪽으로 기울어지지 않도록 몸의 균형을 유지한다. | • 앉을 의자 옆에 바른 자세로 선다.<br>• 의자가 흔들리지 않도록 위쪽을 손으로 가볍게 잡는다.<br>• 의자의 반대쪽 발을 의자의 앞쪽으로 내딛는다.<br>• 의자 쪽 발을 의자에 앉을 때 놓는 위치에 둔다.<br>• 의자의 반대쪽 발을 의자에 내민 발과 가지런히 당겨 붙이고 손은 등받이에서 뗀다.<br>• 여자의 경우 오른손으로 치마의 뒤 폭을 정리하여 앉는다.<br>• 여성은 두 손을 무릎 위에 나란히 놓고 무릎을 붙여서 한 쪽 방향으로 모은다.<br>• 남성은 두 손을 무릎 위에 나란히 놓고 다리는 약간 벌려 앉는다.<br>• 등과 등받이 사이는 주먹이 하나 들어갈 정도로 간격을 두고 깊숙이 앉는다.<br>• 고개는 반듯하게 들고 턱은 당긴다. |

## 03 면접 진행

면접은 대기 → 면접장 입실 → 질의응답 → 퇴장의 순서로 이루어진다.

### 1) 면접 당일

면접 당일은 컨디션 관리를 잘 한다. 아침식사는 가볍게 하고, 면접 복장을 잘 챙겨 입는다. 거울을 통해서 자신의 복장을 살피며 최종 점검을 한다. 면접 장소에는 면접시간보다 20~30분 정도 여유 있게 도착하여 편안한 마음으로 면접을 대기한다.

### 2) 면접 대기

면접 장소에서 면접을 대기하면서 바로 면접이 시작 된다고 생각하자. 면접 대기실에서 휴대폰을 하거나 잡담하지 않도록 한다. 면접 예상 질문을 정리하며 자신의 차례가 되길 기다린다. 마음을 편안히 가다듬는다.

### 3) 면접장 입실

면접장에 입실할 때는 두세 번 노크한 뒤 들어가며 밝은 모습을 유지한다. 면접 볼 자신의 자리에 위치하여 바른 자세로 정면에 앉은 면접관을 향해 허리를 굽혀 정중례(45도)로 인사한다. 면접관이 앉으라고 하면 예절을 지키며 앉는다.

### 4) 질의응답

면접관이 면접을 시작한다. 면접관의 질문에 성실하게 답변한다. 함께 면접을 보게 되는 다른 면접자가 대답을 할 때는 경청하는 모습을 보인다. 면접에 끝까지 침착하게 임한다.

**답변법**

- 답변은 2초 후에 한다.
- 답변은 간단명료하게 한다.
- 답변은 두괄식으로 한다.
- 답변의 사례는 구체적이어야 한다.
- 답변은 스토리텔링으로 한다.
- 답변은 자신감 있게 한다.
- 답변은 자연스럽게 한다.
- 답변은 부정적인 표현을 지양한다.

### 5) 퇴장

면접관이 마무리가 되면, 자신의 자리에서 일어나서 인사하고 마지막까지 예절을 지키며 면접장을 빠져 나온다. 퇴실 후에 면접을 담당하는 직원에게 면접 이후 일정을 확인한다.

## 06 공공기관 기출 면접 질문 리스트

**[한국전력공사]**

① 다른 전공인데 한전에 지원한 이유는 무엇인가?
② 지원자는 왜 한국전력공사를 택했으며, 한전은 왜 지원자를 채용해야 한다고 생각하는가?
③ 최근 한전 관련 기사/한전 관련 뉴스에서 가장 관심 있는 것은?
④ 자기소개, 지원동기, 입사 후 포부가 무엇인가?
⑤ 삶에 대한 가치관과 직무의 연관성에 대해 어떻게 생각하는가?
⑥ 자신 삶의 가치관, 신념, 좌우명은?
⑦ 한전의 인재상 중 자신이 그 인재상에 적합한 이유는?
⑧ 본인이 생각하는 이성적인 상사 유형은?
⑨ 가정과 회사 일 사이에 어떤 것을 먼저 할 것인가?
⑩ 한전의 신입으로 입사하게 된다면, 자신의 능력을 어떻게 보여 줄 것인가?

**[코레일]**

① 코레일에 대해서 알고 있는 것을 자유롭게 말한다면?
② 코레일의 최근 이슈/뉴스 중 가장 관심 있는 것은?
③ 본인의 자료수집 방법은 무엇인가?
④ 사회생활을 잘하기 위해 본인이 하는 행동이 있다면?
⑤ 업무 중 관행을 따를 것인가 매뉴얼을 따를 것인가?
⑥ 지원했던 부서와 상관없는 부서를 가게 된다면 어떻게 할 것인가?
⑦ 살면서 비윤리적인 행위를 한 적이 있는가?

⑧ 대가없이 남에게 선행을 베푼 경험이 있는가?

⑨ 본인이 생각했던 규칙과 조직의 실제 규칙이 달랐던 적이 있는가?

⑩ 조직 내 갈등상황을 해결한 경험이 있는지, 있다면 어떻게 해결하였는가?

[국민건강보험공단]

① 국민건강보험공단의 지속 가능 경영을 위해 어떤 것이 필요한까?

② 국민건강보험공단의 장 · 단점과 개선할 점이 있다면 무엇인가?

③ 소득에 따라 차등적으로 부과되는 건강보험료에 대해서 어떻게 생각하는가?

④ 본인이 갖고 있는 능력 중에서 그것을 더 발전시키기 위해 했던 노력은 무엇인가?

⑤ 내가 먼저 나서서 일을 참여한 경험이 있는지, 있다면 거기서 본인의 역할은 무엇인가?

⑥ 새로운 사람들과 잘 지내기 위한 자신만의 방법이 있다면?

⑦ 자신이 조직에서 자발적으로 행동하여 조직에 이익을 가져다준 경험이 있는가?

⑧ 타인과 갈등을 겪어본 경험이 있는지, 있다면 어떻게 극복했는가?

⑨ 원리원칙과 본인만의 가치관(또는 규칙)이 충돌한 경험은 무엇인가?

⑩ 건강보험공단 입사를 위해 본인이 가장 노력한 행동은 무엇인가?

[한국수력원자력]

① 한수원이 하고 있는 사업분야 또는 진행 중인 사업은 어떤 것이 있는가?

② 한수원을 많은 사람들에게 어떻게 홍보할 수 있는가?

③ 한수원의 향후 과제는 무엇이라고 생각하는가?

④ 점검상에 중요하지 않은 부분을 상사가 괜찮다고 지나치자고 하면 어떻게 할 것인가?

⑤ 안전에 대해 어떻게 생각하는가? 안전과 효율 중 어느 것이 더 중요하다고 생각하는가?

⑥ 본인의 어떤 역량을 한수원에 기여할 수 있다고 생각하는가?

⑦ 자신을 희생하여 업무를 추진해 본 경험이 있다면?

⑧ 면접에서 떨어진 친구가 있다면, 해주고 싶은 말은 무엇인가?

⑨ 본인이 가장 중요하게 생각하는 신념이 있다면, 본인은 직장에서 어떤 사람이 되고자 하는가?

⑩ 정부가 신재생에너지를 적극적으로 추진하는 데 한수원의 대처방안은 무엇인가?

[한국수자원공사]

① 본인의 전공으로 다른 일을 할 수 있는데, 왜 한국수자원공사에 지원하였는가?

② 고도처리시설이 있음에도 불구하고 수돗물에서 흙냄새가 난다는 민원이 들어왔다면, 어떻게 할 것인가?

③ 두 지역에서 수원 문제로 갈등이 발생하였는데, 이유가 무엇이고 이를 어떻게 해결하겠는가?

④ 입사 후 수자원공사에서 본인의 역량을 어떻게 발휘하겠는가?

⑤ 스스로 준법정신을 가지고 있다고 생각하는가?

⑥ 상사로부터 부당한 요구를 받은 경험이 있는지, 있다면 어떻게 대처하였는가?
⑦ 본인이 계획하고 추진한 일 중 성공적으로 이끌었던 경험은 무엇인가?
⑧ 본인의 실수 또는 잘못으로 인해 공동의 목표를 달성하는 데 지장을 준 경험이 있다면?
⑨ 본인의 가치관이나 신념이 흔들린 경험이 있다면?
⑩ 본인이 통합 물(수자원)관리 개념 및 국내 물(수자원)관리의 현실에 대해서 어떻게 생각하는지?

[NH농협]

① 농협은행이 벤치마킹하면 좋을 비금융권의 기업이나 아이템이 있다면?
② 농협은행 발전 방법에 대해 구체적 예시를 들어서 설명해 본다면?
③ 본인이 입사하게 된다면, 농협은행에서의 본인의 비전은?
④ 농협은행 상품 중 가입하고 싶은 상품이 있다면, 또는 개선하고 싶은 상품이 있다면?
⑤ 4차 산업사회에서 농협은행이 당면한 문제가 무엇이라고 생각하는가?
⑥ 일 잘하는 직원 1명과 조금 부족한 직원 10명 중 누구를 선택할 것인가?
⑦ 자신의 성격을 두 단어로 표현하고 그것으로 어떻게 농협은행의 비전에 영향을 줄 것인가 설명한다면?
⑧ 본인이 생각하기에 농협은행의 행원에게 가장 필요한 역량은 무엇이고, 그 역량과 관련된 경험은?
⑨ 농협은행이 하는 사업 중 타행과 비교하여 차별화된 것이 있다면 어떤 것인가?
⑩ 농협은행에 본인이 입사하여 근무 하던 중 엄청난 실수를 했다. 인사고과에 반영되는 실수라면 언제 보고 하겠는가?

[한국농어촌공사]

① 본인을 한국농어촌공사의 인재상과 연관지어 소개한다면?
② 한국농어촌공사가 앞으로 나아가야 할 방향에 대해서 이야기해 본다면?
③ 한국농어촌공사에 입사하기 위해 어떤 노력을 했는가?
④ 현재 자신의 역량으로 농촌에 기여할 수 있는 방법은?
⑤ 4차 산업혁명에 대비하기 위한 농어촌공사의 발전 방향은?
⑥ 본인 분야 이외의 타 분야에서 함께 협업하여 성과를 낸 경험이 있다면?
⑦ 민원 응대 경험이 있는지, 경험이 있다면 악성민원은 어떻게 대처할 것인가?
⑧ 상사의 부조리를 목격했다면 어떤 방법으로 대응할 것인가?
⑨ 한국농어촌공사에 입사하게 된다면, 조직생활에서 가장 필요한 것은 무엇이라고 생각하는가?
⑩ 조직에서 적응력/친화력을 발휘해 본 경험이 있다면?

### [서울교통공사]

① 서울교통공사에 대해 알고 있는 최근 이슈에 대해 이야기해 본다면?
② 지하철을 이용하면서 과거와 현재 달라진 점이 있다면 어떤 것이 있는가?
③ 공사가 적자가 심한 편이다. 요금을 올리면 일정 부분 해결이 되지만, 왜 요금을 올리지 않는다고 생각하는가?
④ 본인이 중요하게 여기는 가치관을 서울교통공사의 경영에 어떻게 접목할 것인가?
⑤ 직무와 관련된 경험이 있는가, 그 경험을 회사에서 어떻게 활용할 것인가?
⑥ 업무 수행에 있어 선조치 후보고가 맞는가 또는 선보고 후조치가 맞는가?
⑦ 본인은 부정 청탁에 대해서 어떻게 생각하는가?
⑧ 본인만의 고객응대 방법이 있는지, 있다면 고객응대 방법에 대해서 이야기해 본다면?
⑨ 여러 가지 업무 중 하고 싶은 업무와 본인이 부족한 업무가 있다면 어떻게 보완할 것인가?
⑩ 자신이 모르는 일을 지시받았을 때, 어떻게 대처할 것인가?

### [인천국제공항공사]

① 자기소개, 당사 지원동기, 마지막으로 하고 싶은 말(공통 질문)
② 인천국제공항공사에 입사하게 된다면 어떤 일을 하고 싶은가?
③ 인천국제공항공사에 대해서 아는 대로 말해 본다면?
④ 본인이 해당 직무를 선택한 이유와 해당 직무에서 어떤 일을 하는지 말해 본다면?
⑤ 지금까지 살아오면서 가장 힘들었던 경험은?
⑥ 본인이 희망치 않은 분야에 배치된다면, 어떻게 하겠는가?
⑦ 가장 감명 깊게 읽은 책과 그 이유가 무엇인가?
⑧ 인천국제공항공사 입사를 위해 준비한 자신의 노력은 무엇인가?
⑨ 자신의 꿈이나 비전은 무엇인가?
⑩ 본인만의 스트레스 해소법이 있다면 무엇인가?

### [국민연금공단]

① 연금공단의 주요고객은 누구라고 생각하며, 그 고객에게 어떻게 홍보하면 좋겠는가?
② 외부에서 바라보는 공단의 이미지는 어떠하다고 생각하는가?
③ 국민연금이 좋다고 하는데, 왜 가입을 안하는 사람이 많은가?
④ 국민연금공단에 관해서 알고 있는 모든 것을 말해 본다면?
⑤ 상사와의 트러블이 있었던 경험이 있는지, 있다면 어떻게 해결했는가?
⑥ 최근 했던 경험 중 가장 의미 있었던 경험과 그 경험이 왜 특별한지 말해 본다면?
⑦ 조직 내부의 문제점을 새로운 아이디어로 해결한 경험은?
⑧ 국민연금공단에 입사해서 이루고자 하는 목표와 계획은 무엇인가?

⑨ 공단에게 대외적으로 가장 중요한 요소는 무엇이라고 생각하는가?
⑩ 점심시간이 다 돼서 온 민원인을 동료들 누구도 받지 않을 때 본인이라면?

**[한국가스공사]**

① 한국가스공사의 인재상과 연결하여 자기소개, 지원동기, 마지막으로 하고 싶은 말(공통 질문)
② 한국가스공사 대해서 조사한 내용을 바탕으로 아는 대로 다 이야기해 본다면?
③ 한국가스공사에 입사하게 되면 지방근무(비연고지 근무)가 가능한가?
④ 인생을 살아가면서 가장 중요하게 여기는 것은 무엇인가? / 자신의 가치관을 말해 본다면?
⑤ 지금까지 살아오면서 가장 힘들었던 경험과 그리고 그 경험에서 얻은 교훈이 있다면?
⑥ 자신의 장점(강점)과 자신의 단점(약점)을 말해 본다면?
⑦ 자신의 대인관계는 어떠한가? / 다른 사람들이 자신의 평가를 어떻게 하는가?
⑧ 함께 일하는 상사가 본인에게 부당하거나 불법적인 지시를 내린다면 어떻게 할 것인가?
⑨ 본인의 전공이 직무와 안 맞는데 지원한 이유가 무엇인가?
⑩ 입사 후 자신이 가진 역량을 한국가스공사에서 어떻게 발휘할 것인가?

MEMO

MEMO

MEMO

사람들은 의욕이 끝까지 가질 않는다고
말한다. 뭐, 목욕도 마찬가지 아닌가?
그래서 매일 하는 거다.
목욕도, 동기부여도.

지그 지글러(Zig Ziglar)

자격증은
이기적!